潍坊年鉴

2016

WEIFANG YEARBOOK

潍 坊 市 人 民 政 府　主办
潍坊市地方史志办公室 编

方志出版社
Publishing House of Local Records

图书在版编目（CIP）数据

潍坊年鉴．2016 / 潍坊市地方史志办公室编．—北京：方志出版社，2016.11
ISBN 978-7-5144-2226-9

Ⅰ．①潍… Ⅱ．①潍… Ⅲ．①潍坊—2016—年鉴
Ⅳ．①Z525.23

中国版本图书馆CIP数据核字（2016）第296851号

潍坊年鉴（2016）

编　　者：潍坊市地方史志办公室
责任编辑：陈　菁
出 版 人：冀祥德
出 版 者：方志出版社
地址　北京市朝阳区潘家园东里9号（国家方志馆4层）
邮编　100021
网址　http://www.fzph.org
发　　行：方志出版社发行中心
（010）67110500
经　　销：各地新华书店
印　　刷：山东麦德森文化传媒有限公司
开　　本：889×1194　1/16
印　　张：28
字　　数：1018千字
版　　次：2016年11月第1版　2016年11月第1次印刷
印　　数：0001～1500册
ISBN 978-7-5144-2226-9　定价：200.00元

潍坊市地方史志编纂委员会暨《潍坊年鉴》编纂委员会

名誉主任 杜昌文

主　　任 刘曙光

副 主 任 初宝杰　孙明亮　林红玉　刘明珂　王桂英　王继怀　油朝康　宋均圻

委　　员 赵崇发　阎宗子　康悦彬　侯福贵　高文庆　肖培灵　马中平　徐友礼　张宝胜　吴海源　田民利　李静波　白卫明　孙俐君　宫　智　王　丙　齐延升　傅廷伟

《潍坊年鉴》2016卷编审人员

主　　审 王桂英

副 主 审 宋均圻

主　　编 傅廷伟

副 主 编 吕俊峰　姚国平　刘金贵　葛诗忠　吉春利　李长山

责任编辑 王　伟　刘　敏　林荣军　李　光

第三十三届潍坊国际风筝会

第三十三届潍坊国际风筝会于2016年4月16日~23日在潍坊市滨海区举办。在继续重点办好传统的万人风筝放飞表演活动、世界风筝锦标赛、全国风筝分区选拔赛、潍坊风筝大赛、中国画节·文展会、外交使节潍坊行等有特色、有品牌价值活动的同时，创新设立了潍坊滨海风筝冲浪表演赛、2016首届中国（潍坊）国际风筝文化创意设计作品暨风筝扎制作品大赛、首届国际诗书画风筝文化主题大赛双年展、2016潍坊国际民间艺术之春活动、台湾佛光山潍坊风筝文化展演活动、2016世界500强暨行业领军企业潍坊对接会、“商会商机 合作共赢”全国各地潍坊商会会长大会、科技成果转移转化高端论坛等9项活动。国家体育总局副局长、国际风联主席冯建中和山东省副省长王随莲以及“一带一路”沿线重点国家外交使节、世界500强暨行业领军企业代表、全国各地潍坊商会会长、重点客商、台商、全国知名民营企业家、国内外高水平风筝团队等 1500多名贵宾客商应邀出席。本届风筝会暨第十二届世界风筝锦标赛，选拔了国内32个省（自治区、直辖市）的66支风筝代表队，美国、澳大利亚、新西兰等35个国家和地区的51支风筝代表队，共计400余名参赛队员参赛。另外，全市共有92支代表队926名参赛队员、972只风筝参加“潍坊风筝大赛”。

潍坊市委党史研究室

按照习近平总书记关于学好国史、党史的重要指示精神，为便于全市党史研究人员和党史爱好者查阅党史资料，市委党史研究室于2015年建成面积140平方米的潍坊市党史资料馆。馆藏主要有：中央党史研究室，省委党史研究室，潍坊市、县两级党史部门及省内其他市和部分省外党史部门的研究成果，共计各类资料书籍2万余册。本馆为潍坊市图书馆基础分馆，服务器、数据库全部保存在潍坊市图书馆，所有图书信息按照潍坊市图书馆统一标准进行加工，读者可通过潍坊市图书馆网站或系统查询到党史资料馆的资料目录信息，根据相关的借阅规则及手续前来查阅。党史图书资料正在进一步征集，一些重要党史资料正在逐步数字化，届时读者可直接在潍坊市图书馆电子阅览室查阅下载。

立足本职 强化服务
档案工作取得新进展

2015年，市档案馆（局）紧紧围绕市委、市政府中心工作，不断创新工作思路，拓展服务领域，各项工作取得新进展。

馆藏档案资源进一步丰富。征集明清、民国和解放战争时期关于潍县开埠、商业发展、潍县战役等相关资料及全市重大活动档案495件，接收市直单位档案5785件，社会捐赠档案资料105件（册），馆藏档案资料达33.4万卷（件、册）。馆藏无声影片《潍县大观》入选首批“山东省珍贵档案文献遗产名录”。

2015年10月16日，市委书记杜昌文（左一），省委副秘书长、省档案局局长杜文彬（左二）到市档案馆视察指导

档案开发利用服务成效显著。充分发挥市级爱国主义教育基地和全国中小学档案教育社会实践基地功能，接待50多家单位3000余人次参观展览和开展主题教育实践活动。市档案馆被省关工委命名为“山东省关心下一代教育基地”。市县联动举办“档案与你相伴”第7个档案馆开放日，开展各类活动26项。编纂出版《记录潍坊2014》《山东档案精品集》（潍坊卷）、《2015年潍坊大事记》等档案史料。与潍坊电视台联合开办《口述档案》访谈栏目定期播出。全年接待档案利用者1400余人次，提供档案资料4.8万余卷（件）。档案工作在资政参考、服务民生和服务经济社会发展等方面发挥了重要作用。

市档案馆政府公开信息和电子档案查阅大厅

潍坊市档案馆（局）馆长侯福贵（左）向档案资料捐赠者颁发捐赠证书

档案工作科学化管理水平不断提升。完成新进馆1.8万卷、300万页档案的数字化加工，馆藏档案全部实现数字化。投资20余万元全面改造升级档案安全设施。指导8家单位创建成为山东省档案工作科学化管理示范单位，12家单位创建成为先进单位。“电子文档云管理平台建设研究”项目被评选为“国家档案局优秀科技成果”三等奖，《八步工作法落实国家档案局10号令》等3个创新项目获山东省档案工作改革创新奖，市档案馆（局）荣获“全省档案宣传工作先进集体”称号。

小学生走进档案馆，接受爱国主义和革命传统教育

改革创新 务实奋进

市发改委努力绘就发展新蓝图

国家发改委秘书长李朴民（前左二）到潍坊调研

2015年，潍坊市发展和改革委员会在市委、市政府的正确领导下，认真贯彻落实中共十八大，十八届三中、四中、五中全会和习近平总书记系列重要讲话精神，履职尽责，开拓进取，全力抓好谋划发展、统筹改革、推进项目、争取资源等重点工作，较好完成了各项任务目标。主要亮点工作有：编制完成“十三五”规划建议和纲要，成为引领潍坊未来五年发展的纲领性文件；出台打好稳增长调结构主动仗18条措施，得到省长郭树清签批肯定；实施项目问题直报和问题会商解决机制，帮助项目单位解决问题82个；潍坊市“高端装备制造产业基地”列入环渤海地区合作发展纲要，提升了潍坊市的影响力；滨海区列入全国首批“产城融合试点”，为将滨海建设上升为国家战略打下了坚实基础；争取资源居全省前列，争取各类资金80亿元，获得进口原油指标788万吨/年；在全国率先探索实行现代产业竞争性用地管理办法，50个项目通过竞争获得用地指标4134亩，市委书记杜昌文在2016年全市经济工作会议上给予高度评价，该办法在全国推广实行；服务业实现历史突破，全市服务业增加值首次超过工业增加值，服务业占GDP的比重提高1.7个百分点；重大基础设施建设取得突破，济青高铁、潍日高速等项目开工建设，城海轻轨完成听证；谋划项目633个，总投资1.65万亿元，成为支撑“十三五”和2016年发展的基础。

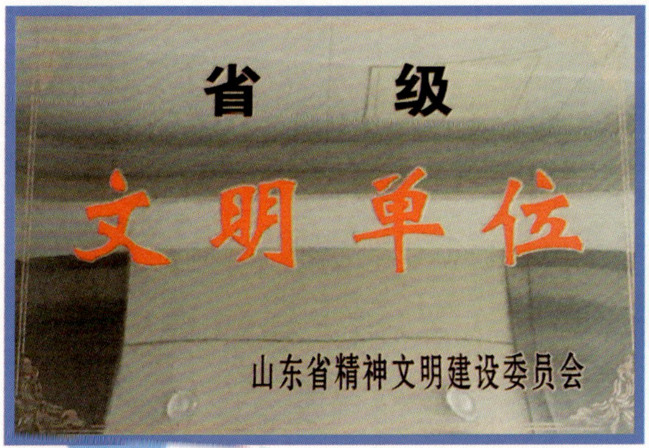

省级文明单位

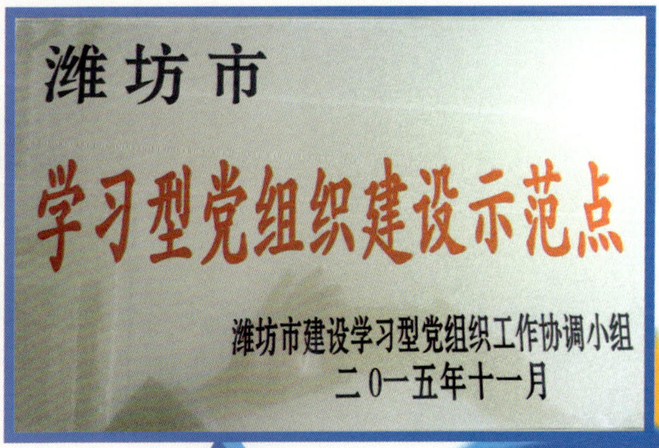

潍坊市学习型党组织建设示范点

突出重点抓改革　情系民生谱新篇

全国养老服务综合改革试点顺利实施，全市每千名老人拥有养老床位31张，赴台开展了两岸休闲健康养老产业合作交流活动。

城乡低保平均标准达到每人每月491元和每人每年3400元，完成了全市97所敬老院维修改造任务，建立了医疗救助“一站式”结算服务平台。

改造提升社区服务设施146个，在33个试点城市社区建立了“四社联动”机制，市政府在全省城乡社区治理和服务创新工作会议上介绍经验。

实施了“12810”防灾减灾救灾工程，完成了民生综合保险试点，创建全国、全省防灾减灾示范社区7个、12个。

市管行业协会商会完成人员、住所与行政机关脱钩。

组织了纪念抗日战争胜利70周年系列活动，擦亮了“五融合五创新”特色品牌。

落实了基本殡葬服务费用免除政策，打造了“鸢都温馨驿站”品牌，全省首例建立了市级地名人才储备库。

全市募集慈善资金2.13亿元，慈善救助困难群众31.5万人次。“定点选项冠名赞助”项目获山东慈善奖最具影响力慈善项目。

市社工协会被确定为全国社会工作实务实习实训基地。

2015年2月2日，民政局局长吴海源参加潍坊电视台《民生直通车》栏目，向人民述职

2015年2月4日，局党委领导班子集体走访慰问峡山贫困户代表

2015年3月19日，市政府召开全市民政工作会议

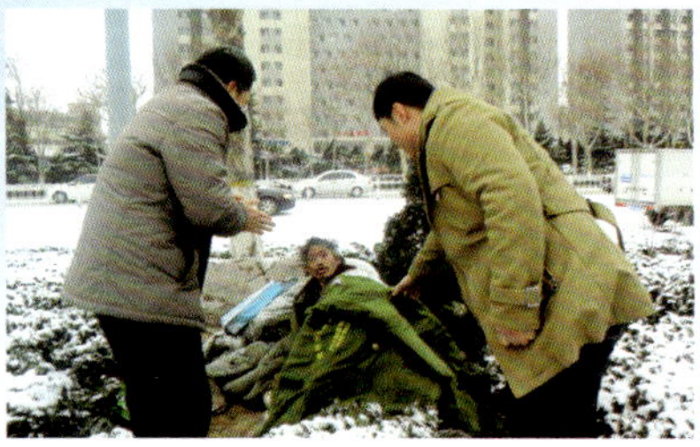

极寒天气，潍坊市救助管理站职工为执意不肯到站接受救助的流浪老人窦永勤送去御寒衣被

2015年9月25日，民政局局长吴海源在中日韩养老论坛作主旨演讲

潍坊市儿童福利院护理员杨守伟被评为全国劳动模范。图为 2015年4月28日，杨守伟在人民大会堂出席2015年庆祝“五一”国际劳动节暨表彰全国劳动模范和先进工作者大会

改革创新 争创一流
为全市转型发展提供坚实保障

山东省金融资产管理公司潍坊分公司签约仪式

2015年，潍坊市财政局对全市一般公共预算收入完成484.5亿元，增长12.6%，高于全省2.6%，居第4位；税收收入占比达82.7%，居第3位。全市一般公共预算支出完成612.2亿元，增长16%；其中，民生支出完成483亿元，占一般公共预算支出比重提高1%，构建起更加公平普惠可持续的民生保障体系。

完善政府引导基金体系，市级基金规模扩充到24亿元，设立专业投资基金29支，累计撬动金融、社会资本投入315亿元。组建市再担保公司、资产管理公司，做强齐鲁农村产权交易中心，新型金融业态不断完善。落实税式支出政策，累计减轻企业负担204亿元；免征31项行政事业性收费，降低企业发展成本。

全年争取各类资金资源超过400亿元，其中，争取省分配潍坊市地方政府债券额度218亿元，节省利息支出14亿元，有效化解地方债务风险；争取上级转移支付资金144亿元、超拨调度款12亿元，进一步增加全市可用财力；争取国家开发银行贷款40.6亿元，支持棚户区改造。撬动金融社会投资，增强项目支撑能力。大力推广应用PPP模式，设立150亿元PPP基金，成功运作40亿元全国首单高铁项目和13亿元城区学校提升项目。

深入推进预算管理改革，改革转移支付制度，初步建立农业转移人口市民化与转移支付挂钩机制。市直94个部门编制实施购买服务计划315项，提升资金效益和服务质量。市级完成政府采购23.5亿元，节支率14.2%。加快透明财政建设，全面公开市、县两级政府预决算、部门预决算和“三公”经费预决算，梳理公开5大类、85项民生政策，根据清华大学研究报告，潍坊市全口径财政透明度在全国294个城市中居第13位。

通过市级政府引导基金扶持的盛瑞传动8AT项目

市区棚户区改造民生项目

2015年5月21日，全国政协副主席卢展工在潍坊创业大学调研全民创业工作。 图为全国政协副主席卢展工在潍坊市政协主席崔建平（左三）、市人社局局长李静波（左二）的陪同下，在创业大学课堂与学员交流

2015年潍坊市首届创业知识竞赛圆满成功

国务院副总理马凯为在潍坊市康跃科技工作的美国专家阿诺德·史蒂夫颁发“国家友谊奖”

潍坊举办首届2015潍坊“互联网+”创业创新大会

潍坊市高技能人才优秀代表工作技师王钦峰荣获国家技能水平高奖“中华技能大奖”

立足新起点 适应新常态

推动人力资源社会保障事业转型跨越发展

2015年，全市人力资源社会保障系统认真贯彻落实市委、市政府决策部署，牢牢把握“民生为本、人才优先”的工作主线，深入实施就业优先和人才强市战略，加快完善覆盖城乡的社会保障体系，积极构建和谐稳定的劳动关系，各项工作取得了显著成效，为推动全市经济健康快速发展，促进社会和谐稳定作出了积极贡献。

一是就业工作成效显著。实现新增就业人员22.48万人，其中，城镇新增就业人员12.26万人，农村劳动力转移就业10.22万人。城镇登记失业率控制在2.93%的较低水平，城乡就业连续12年实现“双十万”目标。二是社会保障事业全面发展。强化扩面征缴，完善参保制度，社会保险体系的支撑保障能力进一步增强。连续十一年调整提高企业养老保险待遇，为146万城乡老年居民发放养老金16.87亿元。调整完善医疗保险政策，进一步扩大职工重特大疾病保障制度支付范围，全市享受长期护理保险待遇共4240人次。制定了《潍坊市建筑业参加工伤保险实施办法》。失业保险金标准提高到每人每月950元。三是人才队伍日益壮大。全市新增3名外国专家入选国家第五批“外专千人计划”，2名外国专家荣获省政府“齐鲁友谊奖”，共引进外国专家563人次。创新实施专业技术领军人才创新能力三年提升计划，全市共拥有国务院特贴专家124人，山东省有突出贡献的中青年专家56人，博士后科研工作站达到30家。全市已建立国家级技能大师工作室3家、省级技师工作站9个，全年新增高技能人才2.3万人。四是人事制度改革不断深化。积极探索推进政府雇员制度试点。扎实做好公务员考录工作，共考录公务员690人。稳步推进事业单位岗位设置管理，认真做好军转干部安置工作，全市接收安置军队转业干部261名。五是深化收入分配制度改革。稳步推进县以下机关职务与职级并行工作，深入推进国有企业负责人薪酬制度改革，连续第六年调整提高最低工资标准，促进了企业工资的正常增长。六是劳动关系和谐稳定，劳动者合法权益得到有力维护。全面加强劳动合同管理，深入落实集体合同制度，全面加强劳动人事争议调解处理能力建设，共建立基层调解组织4621个，各类调解组织化解争议纠纷3234件，加大劳动保障监察执法力度，依法查处各类违法案件7119起，责令支付工资报酬11498.9万元。

完善城市功能　提高服务水平
城市管理工作实现新突破

2015年，潍坊市市政局紧紧围绕市委、市政府工作部署和城市发展定位，各项工作实现了新突破。

“四通一治”便民工程成效显著。总投资1.74亿元（其中市级投资1.1亿元，区级投资0.64亿元），组织实施了人行道（盲道）缺陷整治、自行车绿道整治、拆墙透绿、摊点（群）整治、经营性商亭整治、消防通道整治、电力设备综合整治、停车难治理“八项工程”，显著提升了市容秩序和城市容貌。

潍坊市生活垃圾焚烧发电项目一期工程投入试运行。一期工程共完成投资5.86亿元，于11月27日正式投入试运行，实现并网发电，日处理生活垃圾1000吨，可实现每年上网发电1亿千瓦时以上。实施了市区公共自行车系统优化项目，新增80个站点2400辆自行车，满足新建路域、开发小区、城乡结合部群众需求。市区公共自行车系统达到1180个站点、32400辆自行车的建设规模，办卡用户39万，日均骑行量达到20万人次以上。

完成了东风街等3条道路30万平方米和新华路等6条道路75.5万平方米沥青路面微表处工程，中心城区微表处理总面积达到200万平方米。实施了东风街10处公交港湾、6处渠化岛和胜利街5处渠化岛进行改造。总投资4.3亿元，设计污水处理规模为20万吨/日的市污水处理厂迁扩建工程顺利完工。中心城区污水处理能力由现在的34万吨/日提升到44万吨/日。

“煤改气”任务圆满完成。全市拆改小型燃煤锅炉总数达到538台，其中，城区禁燃区内分散燃煤锅炉拆改工作基本完成，累计拆改304台。潍坊城区累计投资1.9亿元，改造燃气灰口铸铁管343公里，改造危旧户内燃气设施6万户。2015年，完成最后改造任务54.8公里，灰口铸铁管彻底退出城区燃气市场。

农村公路助力山村经济发展

引领新常态 实现新发展

——努力当好全市经济社会发展的先行官

12月10日，鲁辽陆海货滚甩挂运输大通道项目实现正式运营

2015年，潍坊市交通运输系统完成交通建设投资67.04亿元。全面启动《潍坊市交通运输“十三五”发展规划》编制工作，《潍坊市交通枢纽规划》完成评审稿，《潍坊港总体规划》形成报批稿，《潍坊港口经济区产业发展规划》获市政府批复，《潍坊市交通现代物流基地发展规划研究》通过评审，《潍坊临空经济区规划》正式启动，《滨海海洋经济新区综合交通规划提升、落地实施方案》编制完成并下发县（市、区）。潍日高速公路项目全线全面开工；济青高速改扩建工程全面启动；17条重点干线公路全面突破，安全生命防护工程加快实施。潍坊港疏港铁路开工建设。潍坊新机场场址获得批复，迁建工作进入项目立项阶段。潍坊机场临时国际通道改造竣工投用，口岸开放获得国家批复；2015年，潍坊机场客货运量再创历史新高，成为山东地区乃至环渤海区域的重要航空节点城市。港航实现扩能转型，潍坊港“中间突破，两翼齐飞”发展格局初步形成。潍坊市成为交通运输部“绿色交通试点城市”，市交通运输局荣获“全国文明单位”“全国交通运输系统先进集体”“全国交通运输行业文化建设示范单位”等称号，被市委市政府授予“集体二等功”。

潍坊机场实现口岸开放，客货运量再创历史新高

铁路运输服务水平逐步提升，铁路客货运量稳步增长

安全生命防护工程加快实施，隐患整治成效显著

地方铁路青临铁路完成货运量311.1万吨，创历史新高

潍日高速公路实现突破，项目全线全面开工

2015年全国农村饮水安全工作现场会

全国农村饮水安全工作现场会议之水厂

2015年5月28日,水利部在潍坊市召开全国农村饮水安全工作现场会议。时任水利部副部长李国英、副省长赵润田出席会议并讲话，市委书记杜昌文,市委副书记、市长刘曙光出席会议。省水利厅党组书记、厅长王艺华在会上介绍了山东农村饮水安全工作做法。潍坊市水利局党委书记、局长赵刚毅在会上作了典型发言。

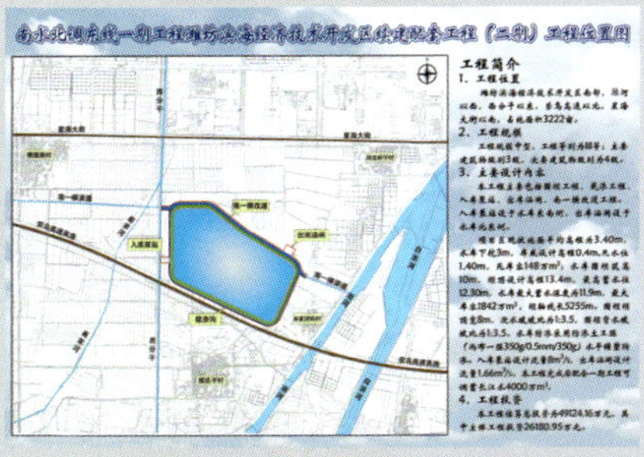

第二平原水库平面图

第二平原水库位于潍坊滨海经济技术开发区南部，潍河以西，西分干以东，荣乌高速以北，星海大街以南，占地面积3222亩。工程规模为中型水库，等级为Ⅲ等，主要建筑物级别为3级，次要建筑物4级。工程建设内容包括围坝工程、截渗工程、入库泵站、出库涵闸、南一横改道工程。本工程完成后配合一期工程可调蓄长江水4000万立方米。工程总投资为49124.16万元，其中主体工程投资26180.95万元。

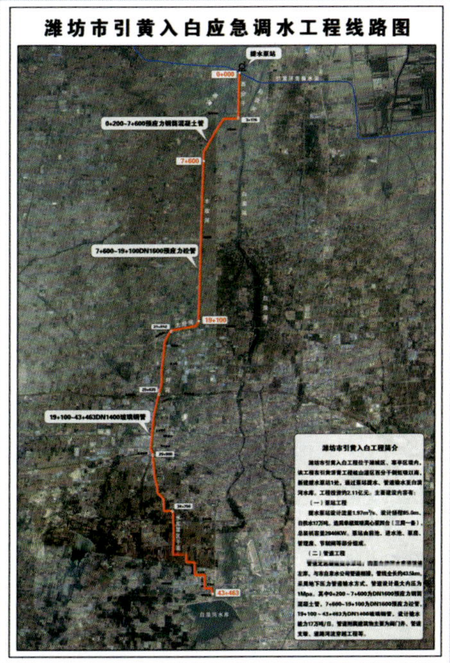

“引黄入白”应急调水工程线路图

潍坊市“引黄入白”工程位于潍城区、寒亭区境内，该工程在“引黄济青”工程峡山灌区西分干倒虹吸以南，新建提水泵站1处，通过泵站提水、管道输水至白浪河水库，工程投资约2.11亿元，计划工期10月底，于7月13日调试通水，比计划工期提前100天完成。

“引黄入白”工程泵站及厂区

“引黄入峡”工程二级泵站

潍坊市“引黄入峡”工程北起胶东调水输水渠道，通过4级泵站提水和34公里渠道输水，将水调到峡山水库，利用峡山水库进行调蓄，设计调水流量20.5立方米/秒，工程投资2亿元，于11月6日将黄河水调峡山水库，比计划工期提前2个月。

情系百姓　保障健康

潍坊市卫生和计划生育委员会

市委、市政府召开全市卫生和计划生育工作会议

重视科技创新。图为国家中医住院医师规范化培训基地在潍坊市挂牌

没有全民健康，就没有全面小康。卫生计生工作事关人民群众的健康利益，是一项重大民生事业。2015年是潍坊市卫生计生事业融合发展、改革创新的重要一年。

一年来，全市卫生计生系统紧紧围绕转作风、严纪律、抓落实、求突破、惠民生的工作基调，以建设“健康潍坊”为目标，以深化医药卫生体制改革和完善落实生育政策、稳定适度低生育水平为重点，以建设“善打硬仗、能打胜仗的钢班子铁队伍”为主线，围绕覆盖居民全生命周期的“大健康”服务体系，坚持全域统筹、重点突破，创新卫生计生体制机制，提升管理和服务能力，保障和改善健康民生，统筹做好卫生计生各项工作，全力打造人民放心满意的卫生计生事业。

全市人民群众健康水平进一步提高，服务体系更加健全，深化医药卫生体制改革取得明显成效，重大疾病得到有效防控，出生人口素质显著提高，行业管理水平和部门形象进一步提升，创建为“全国基层中医药工作先进市”和“省级区域医疗中心”，开创了全市卫生计生工作新局面，为促进全市经济社会发展发挥了积极的健康保障作用。

全面深化医改。图为公立医院改革试点医院对基本药物实行“零加成”销售

强化妇幼保健和中医药工作。图为全省妇幼健康中医药特色服务示范单位创建工作现场会暨管理人员培训会在潍坊市召开

坚持依法行政。图为卫生计生监督执法人员对医疗机构进行现场监督

提升计划生育管理服务水平。图为全国计生协十佳人物王庆华（中）走访计生特殊家庭

提升基础设施档次水平。图为正在建设中的华大基因健康产业园（潍坊妇女儿童健康中心）项目效果图

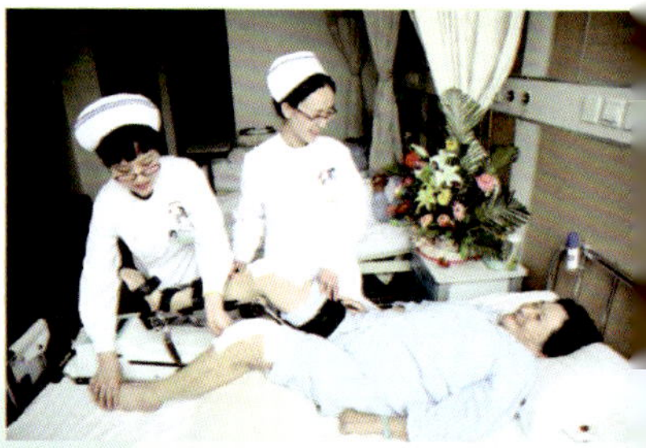

构建和谐医患关系。图为优质护理服务现场

依法履职尽责　服务发展大局

全市审计工作取得显著成效

2015年，潍坊市审计机关共完成审计（调查）项目796个，审计查处主要问题金额633亿元，审计移送处理事项21件，51人受到司法处理和党纪政纪等处分。

审计监督取得新成效。对全市简政放权等24个方面的政策措施落实情况进行了全面审计，有力推动了资金到位、项目实施、政策落地。全市完成预算执行和财政决算审计项目184个，查出违规金额52.9亿元，促进增收节支19.9亿元。全市共完成审计项目265个，核减工程造价6.6亿元。全市共完成264名领导干部的经济责任审计，查处领导干部负有直接责任的问题金额3042万元，推进了依法行政和法治政府的建立。

全面加强审计机关自身建设。扎实开展“三严三实”专题教育实践活动，严格落实主体责任和“一岗双责”，审计人员党性修养和工作作风明显提升。进一步提升审计队伍能力素质，在市委党校等地举办各类培训班24期，培训人员1600人次。进一步加强包村帮扶工作，市局多方筹资70余万元为峡山区王家庄街道鲍家官庄村打深水井，修建村级活动场所，硬化村内街道路面，密切了党群、干群关系。

审计人员在潍坊市审计文化书屋学习讨论

市审计局党组书记、局长宫智为全市审计干部讲“三严三实”专题党课

市审计局对农村商业银行信贷业务风险管控情况进行审计

市审计局举办审理业务培训班

市审计局为对口帮扶村鲍家官庄村打深水井

破解难题　创新模式

以市场机制推动食品药品安全协同共治

2015年，潍坊市食品药品监督管理局认真贯彻市委、市政府的决策部署，围绕“抓队伍、夯基础、谋长远、破难题、闯路子、探模式、建机制、求实效”，坚持发挥市场机制、让市场管市场的治理方向，积极探索“党政综治、部门合治、行业自治、业态整治、社会共治”五治并举的食药安全共治之路，构建起了政府监督有力、社会监督有序、企业诚信有度的食品药品安全共治格局，全市食品药品安全保障水平进一步提升。创新实施了“快检托管”全覆盖工程、“双四”宣教、“诚信联盟”、“六小整治”、阳光开放行动等举措，创出了具有潍坊特色的监管模式，有效解决了监管诸多难题，得到上级领导充分肯定，被中央主流媒体报道，国家总局信息刊物予以刊发推广。潍坊市被列为全国首批“创建国家食安城市试点市”，创建工作在国家中期评估、省组织的群众满意度预评估和省食品评价性抽检合格率方面均名列前茅。

全市食品安全暨创建国家食品安全城市工作会议

潍坊市政协食品安全提案办理协商座谈会

潍坊市食品药品监管局食品安全特邀监督员特邀宣传员聘任仪式

2015潍坊市暨高新区食品安全宣传周启动仪式

食品药品安全应急科普知识进社区进学校活动

潍坊邮政公司党委中心组学习

中国邮政集团公司潍坊市分公司由原潍坊市邮政局更名而来，2015年7月1日正式挂牌。现下辖10个县(市、区)分公司及1个城区分公司、260个城乡支局（其中金融综合类231处），另有5000个邮政便民服务站，是潍坊市最大的服务网络，担负着全市普遍服务和特殊服务任务。潍坊市分公司汽车邮运总里程5335公里，全年业务收入完成省公司预算的101%，同比增长7.6%。储蓄余额规模由年初的全国53位提升至43位。5月，余额净增列全国343个地市第1位。2015年，社会综合满意度得分92.6分，员工综合满意度得分95.9分，全省排名第3位，为潍坊邮政近十年来最高。机要通信连续11年质量全红。目前，潍坊邮政业务包含三大板块、170余种产品，涵盖金融、保险、证券、电商、汇兑、函件、包裹、集邮、物流、速递等多个领域，形成了集实物流、资金流、信息流于一体的服务网络，初步建成以信息化为引领、覆盖城乡、功能齐全的邮政综合服务平台，在保障公民基本通信权利，忠实履行普遍服务和特殊服务任务，深入服务民生、服务“三农”，促进潍坊经济和社会文化发展等方面发挥着重要作用。

阔步走在振兴潍坊邮政大道上

——中国邮政集团公司潍坊市分公司

潍坊邮政首届职工田径运动会开幕式

潍坊邮政团购东风小康汽车推动投递转型提升交车仪式

潍坊邮政系统“潍坊好人”事迹报告会

潍坊邮政系统“潍坊好人”合影

中国邮政集团公司副总经理李雄(左五）到潍坊慰问潍坊邮政离退休员工

潍坊高新技术产业开发区

工作人员展示3D打印工艺品

潍坊高新区成立于1991年，1992年获批为国家级，面积110平方公里，户籍人口14.9万，增长4.7%。现辖2个街道、2个经济发展区。2015年，全区实现地区生产总值359.6亿元，增长8.4%，实现财政总收入73.88亿元，增长8.0%，公共财政预算收入37.12亿元，增长15.0%。

在市委、市政府的坚强领导下，高新区紧紧围绕全市“科技创新高地、科学发展引擎”主体功能定位，积极适应经济发展新常态，沉着应对经济下行压力，抢抓发展新机遇，大力实施创新驱动战略，推动经济发展提质增效升级，发展质量有了新提升，结构调整实现新进展，改善民生取得新成效，综合实力再上新水平。科技创新体系不断完善。2015年，潍坊高新区被省政府纳入全省“6+1”（“6”就是济南、青岛、潍坊、淄博、烟台、威海等6个国家高新技术产业开发区，“1”就是青岛西海岸片区）模式，参与创建山东半岛国家自主创新示范区，成为全国首批开展创新驱动发展示范工程的23家国家高新区之一。大力实施“3+1+N”（“3”就是位于“蓝色智谷”的，中科院、北大、清华与潍坊高新区合作建设的中科创新园、北大燕园科技园、清华启迪之星孵化基地三大科技创新服务平台；“1”就是潍坊高新区在美国建设的、也是潍坊市首个海外科技企业孵化器——美国硅谷创源孵化器；“N”是在潍坊高新区集聚的若干家高校院所及3D打印中心、文化创意园、测绘地理信息产业基地等多个创新平台。以上统称为“3+1+N”）政产学研用创新工程，引进北大、清华、中科院等国内顶尖高校院所，集聚高端创新要素合力打造潍坊蓝色智谷，潍坊蓝色智谷正式开园。与机械科学研究总院共建山东省3D打印与先进制造创新服务平台，抢占先进制造产业发展制高点。金融服务能力进一步增强。围绕打造区域金融资源聚集区和金融创新引领区，投资18亿元建成26万平方米的科技金融园区，聚集各类金融机构143家。全力推进“三八六”环保行动（围绕三个目标、打响八大战役、强化六项保障），主要污染物总量减排工作取得优异成绩，已连续5年在市属开发区中名列第一，节能降耗成效显著。全区“蓝天白云、繁星闪烁”天数达到234天，同比改善73天。深入推进社会保障城乡一体化，提高13项民生保障标准，形成“区—街道—社区—小区”四级民生保障网络。教育事业全面发展，医疗卫生水平稳步提升，文化事业蓬勃发展。开通全省首家企业名称网上自主申报系统，颁发全省首张“多证合一、一照一码”营业执照，激发全民创新创业热情。

金融广场——泥水文化学会

高新区全景图

潍坊滨海经济技术开发区

潍坊滨海经济技术开发区（以下简称滨海区）成立于1995年，2010年被国务院批准为国家级经济技术开发区。滨海区是潍坊滨海海洋经济新区的核心区，陆域面积677平方公里，海域面积510平方公里，海岸线长69公里，辖2个街道，人口20万。滨海区是“黄区”重点发展的四大临港产业区之一，区内的滨海产业园是“蓝区”重点打造的三个中外合作产业园之一。滨海区先后被确定为国家科技兴贸创新基地、国家生态工业示范园区、国家职业教育创新发展试验区、全国科技兴海示范区和山东科学发展园区、循环经济示范区。2015年，全区完成地区生产总值290.38亿元，同比增长13.2%；规模以上工业企业主营业务收入843.45亿元，同比增长10.1%；规模以上固定资产投资380.14亿元，同比增长18%；财政总收入44.47亿元，同比增长5.5%；公共财政预算收入27.93亿元，同比增长15.2%。

良河大桥和摩天轮

“一带一路”新支点——潍坊港

跨境电商综合服务平台

全国海关特殊监管区创新发展情况交流会在潍坊召开

山东省副省长夏耕（前排右三）到综合保税区调研

潍坊综合保税区进口商品直营中心

潍坊综合保税区

潍坊综合保税区位于潍坊市中心区东部，于2011年1月25日获国务院批准设立，是全国第14个综合保税区。总规划面积30平方公里，分为南区、北区两部分，南区主要依托青岛机场和青岛港，为潍坊及周边地市企业服务；北区主要依托潍坊港、面向东北亚，为北部沿海2700平方公里地区服务。下辖1个发展区——汶泉发展区，该发展区位于潍坊综合保税区东南部，面积14.83平方公里，辖23个行政村。

潍坊综合保税区具有“保税加工、保税物流、货物贸易、服务贸易、虚拟口岸”五大功能和“进境保税、入区退税、免增值税、区港直通、集中申报、快速中转”等优惠政策，具有“承东启西”的辐射带动作用，服务辐射半径达300公里，向东承接青岛、烟台、威海等沿海城市，向西服务淄博、滨州、东营等内陆城市，对全市、全省的经济发展有重要的政策服务、项目聚集和国际化平台作用。

2015年，综合保税区全面对接自贸区和国内先进保税区，按照“干在实处、走在前列、起好带头作用”的总体要求，全力“打造六个100亿级产业链、申报五个国家级项目、建设五个国际服务平台”，经济社会发展取得了新的成绩。全年实现进出口额9.2亿美元，增长12.8%；保税物流货值14.6亿美元，增长54.9%；公共财政预算收入1.37亿元，增长15.5%，主要指标增幅连续4年在全国名列前茅。

潍坊峡山生态经济开发区

2015年，峡山区认真贯彻落实中央和省、市各项决策部署，抢抓机遇，保持定力，科学务实，埋头苦干，统筹推进改革发展稳定，各项工作实现“新提升”。

生态环境持续优化。峡山水库增容工程开工，制止浅滩非法耕种400公顷，建成环湖及湿地全封闭围网，落实了蓝绿藻防治应急措施及中长期解决方案。大力实施“绿满峡山”行动，完成造林1333.3公顷，森林覆盖率达45%。城乡环卫一体化工作成效显著，在2015年全省城乡环卫群众满意度调查中，居全市第2、全省第20位。基础功能不断完善。投资5700万元，新建兴峡路南段等主城区道路4条；新建公交车站亭20座，安装路灯700盏。潍胶路新收费站建成投用。投资2000余万元，新建改造农村公路50公里。中百佳乐家超市开业并运营良好，水中央公园建成。完成14处中小学校舍标准化建设，顺利通过全国义务教育发展基本均衡县验收。完成了全区104处村级卫生室的整改提升工作，方便了群众就医。生态产业加快发展。有机产业方面，华以国际农业科技孵化器建成国内最大的单体蔬菜种植智能温室，总投资2亿元的“有机汇”有机产品电商平台上线运营。先后获批国家有机产品认证示范区、国家出口食品农产品质量安全示范区，成为全省乃至江北“两区”共创的唯一单位。文化旅游方面，峡山湖生态湿地公园获批“省级原生态旅游景区”，微电影《峡山湖畔》荣获亚洲微电影艺术节和金丹若国际微电影艺术节8项大奖，成功举办了第六届国际乡野马拉松、首届国际骑士行、第七届晋冀鲁豫城市网球联谊赛、第二届全民运动会等赛事。现代教育方面，投资3.5亿元的“271”教育研发培训中心建成投用，峡山现代教育园区被评为全市十大现代产业园区之一。

2015“有机汇杯”潍坊（峡山）国际乡野马拉松赛开跑

国务院参事葛志荣（右四）到峡山区调研生态文明示范区建设情况

市委副书记、市长刘曙光（前排左二）到峡山区调研应急供水工程建设情况

峡山区联合8个国家有机产品认证示范区成立中国有机产业区域发展论坛

山东潍坊经济开发区

白浪河国家湿地公园

山东跨境电商总部产业园

山东潍坊经济开发区是1994年5月经省政府批准成立、2006年4月国家发改委审核确认的省级开发区，享有地市级管理权限。开发区位于潍坊核心市区北部，总规划面积96平方千米，辖3个街道、83个村（居），总人口15万。在全省省级开发区综合排名中列第21位，连续四年稳居第一方阵。开发区处于山东半岛蓝色经济区和黄河三角洲高效生态经济区两个国家战略的叠加区域，政策优势明显；青银高速、潍日高速、济青高铁从区内穿过，潍坊高铁站、潍坊新机场在周边布局，交通区位优越。区内建有国家级科技企业孵化器、白浪河国家湿地公园、山东省模具产业创新服务平台，目前正在创建国家生态工业示范园区。

“十二五”期间，开发区紧紧围绕国家“蓝黄”发展战略和潍坊市“提升市区”发展战略要求，牢牢抓住科学发展第一要务，主动适应经济增速放缓新常态，积极开拓经济持续健康发展新途径，加快建设“高新型、外向型、总部型、生态型”开发区。2015年，全区实现地区生产总值42.9亿元，增长8.1%；固定资产投资110.7亿元，增长13.9%；公共财政预算收入5.39亿元，增长12.5%；规模以上工业企业主营业务收入98.7亿元，利润4.4亿元，利税5.7亿元，分别增长4.9%、4.6%、7.4%；高新技术产业产值占比提高到37.3%，三次产业结构优化到1.8:67.4:30.8；进出口总额1.8亿美元，实际到账外资2213万美元。

国家级科技企业孵化器

强力推进 产业集聚 转型发展

—加快建设现代化商务中心区

潍坊市奎文区位于世界风筝都——山东省潍坊市的城市核心区域，因建于清代的“奎文门”而得名。1994年9月经国务院批准正式成立，行政区划面积187.78平方公里，总人口67.27万（直辖面积57.6平方公里，人口44.34万），辖8个街道办事处，共101个社区。先后荣获全国科技进步考核先进区、全国和谐社区建设示范城区、全国安全社区和山东省服务业发展先进区、先进重点服务业城区、双拥模范区、信访工作先进区、全国暖心工程创新奖、创建省级文明城市工作先进区、“平安山东”建设先进区、省级文明城区、省文化强省建设先进区、全省社会文化先进区、全省教育工作示范区、全省法治创建先进区等称号。

2015年，奎文区实现地区生产总值239.56亿元，按可比价格计算，比2014年增长7.3%。公共财政预算收入占GDP比重达13.3%。财政总收入完成38.5亿元，增长7.2%。其中，一般公共预算收入完成31.9亿元，增长10.0%。投资结构进一步深化调整。2015年，奎文区开工在建固定资产投资项目107个，完成投资126.7亿元，增长13.9%；社会消费品零售总额完成155.0亿元，比上年增长9.1%；居民收入稳定增长，居民生活水平持续提高。2015年，奎文区城镇居民人均可支配收入31060元，增长8.3%；城镇居民人均消费性支出19325元，增长10.5%。

潍城区

潍城区面积269.5平方公里，辖6个街道、2个管理区、1个省级开发区，共169个行政村、85个社区，总人口（户籍人口）35.7万人。2015年，围绕推进“一城、四基地”建设，坚持全区抓项目、重点抓投入、突出抓招商、关键抓作风，统筹推进稳增长、转方式、调结构，经济社会发展迈上新台阶。全区完成地区生产总值243亿元，比上年增长7.4%。其中，第一产业增加值9.9亿元，第二产业增加值95.8亿元，第三产业增加值137.2亿元，分别增长3.9%、6.4%和8.6%。固定资产投资230.6亿元，增长13.9%。一般公共预算收入20.6亿元，增长15.1%。社会消费品零售总额147.6亿元，增长10.6%。金融机构存贷款余额分别达353.3亿元和259.2亿元。城镇居民人均可支配收入达到32332元，农村居民人均可支配收入达到15601元。

豪德贸易广场

十笏园文化街区南大门

潍坊国家广告产业园孵器——西街88

郑板桥纪念馆

坊子区

坊子区位于潍坊市区东南部，面积412平方公里，辖5个街道、2个发展区、1个省级高新技术产业园区、301个村居，人口32万。2015年，主要经济指标增幅位居全市前列。全区实现地区生产总值138.1亿元，增长8.4%，增幅列全市第4位、四区第1位；一般公共财政预算收入12.4亿元，增长15.8%，增幅列全市第1位；固定资产投资131亿元，增长14.2%，增幅列全市第4位、四区第1位；社会消费品零售总额62.3亿元，增长12.5%，增幅列全市第5位、四区第1位。

产业结构更加优化。三次产业比例调整为6.3:52.4:41.3。规模以上工业主营业务收入、利税、利润分别增长9.7%、10.8%和10.1%。雷沃重工收割机、谷合传动驱动桥2个项目列入国家产业振兴项目，“雷沃”品牌荣获中国农业装备第一品牌。新引进10家企业总部，电子商务交易额达到134.9亿元，服务业税收增长25.1%，服务业占比提高1.7个百分点。新增农民合作社172家、家庭农场24家、“三品”品牌5个，新流转土地1.5万亩，被确定为全省农业“三项补贴”改革试点区。

发展动力加快转换。新增10家市级以上科技研发平台，2名专家入选泰山产业领军人才，48个项目列入省级以上技术创新项目。规划建设区创业孵化中心、青年创业园等创新创业平台，入驻企业116家，带动创业就业2100余人。新登记市场主体、新注册资本分别增长33.2%和58.1%。华美精陶和穆柯传感器2家企业挂牌上市。

城乡建设统筹推进。完成39项提升市区任务，改造提升五一、西华昌和行政街北小区3个老旧小区，新增绿色建筑52万平方米，新增绿色建筑52万平方米，常住人口城镇化率提高1.7个百分点。实施龙泉街西延、村庄主大街硬化等15项重点工程，基础设施投资达到8.9亿元。调整城乡环卫一体化管理体制，全省城乡环卫一体化农村群众满意度排名列全市第4位。“三八六”环保行动年度考核成绩列四区第1位。

民生事业全面发展。完成民生支出10.8亿元，占财政支出的比重达到80%，比上年提高8.9个百分点，群众满意度测评成绩列全市第5位、四区第1位。城镇新增就业3960人，农村劳动力转移就业3963人，城镇登记失业率控制在2.8%，城镇和农村居民人均可支配收入分别增长8.3%和9.3%。建成韩尔庄小学、石埠小学、涌泉小学，义务教育发展基本均衡区建设通过国家评估。成功举办首届群众文化艺术节。城乡居民基础养老金标准提高13.3%，社会保险综合覆盖率达到95.4%。

山东省委书记姜异康到坊子区玉泉洼种植专业合作社联合社调研

坊茨小镇——德军军官别墅区正门

山东测绘地理信息产业园

白沙河

寒亭区

寒亭区是潍坊市辖四个行政区之一，位于潍坊市中心城区东北部，东邻昌邑，西接寿光，紧临坊子、奎文、潍城三区和潍坊高新技术开发区。全区共辖8个街道和杨家埠旅游开发区，总面积623平方公里，年末常住人口41万人。

2015年，寒亭区加快提升传统产业，培育壮大新兴产业，恒天海龙、恒联集团等重点企业转型升级方案确定；潍坊总部基地签约中国铁塔集团潍坊分公司、潍坊冲融国际公司等总部企业42家。全面落实各项政策措施，强化服务扶持，帮助企业渡过难关。建立“助保贷”制度，通过专项政府风险缓释金撬动信贷投放近6亿元，缓解企业贷款难题。运用PPP模式融资5亿元。扎实开展农业品牌创建，朱里、固堤街道分获国家级、省级“一村一品”示范村镇称号，开轩农场获首批省级生态休闲农业示范园区称号。

全年全区实现生产总值197.93亿元，比上年增长7.5%。其中，第一产业增加值12.39亿元，第二产业增加值102.88亿元，第三产业增加值82.66亿元。固定资产投资254.17亿元，公共财政预算收入15.88亿元，公共财政预算支出18.91亿元，社会消费品零售总额79.70亿元，进出口总额6.55亿美元。城镇居民人均可支配收入29505元，农村居民人均纯收入14754元（含潍坊经济开发区）。

寒亭区获得省级文明区称号（右一）
（摄影：刘祥辉）

开轩农场
（摄影：孙传德）

圆友集团董事董兴梅（左一）陪同刚果（金）总统特使（左三）参观企业
（摄影：曹发勇）

潍坊东辰国际学校
（摄影：王建明）

青州市

青州，总面积1569平方公里，现辖4个街道、8个镇和1个省级经济开发区，人口93.7万，有汉、回、满等多个民族，少数民族人口2.7万。是国家历史文化名城、国家卫生城市、国家园林城市、中国优秀旅游城市，连续六次被表彰为“全国民族团结进步模范集体”，在全国县域经济基本竞争力百强县中列第67位。

青州市全面实施“一二四三”发展战略，围绕“再创新辉煌、实现青州梦”一个目标，突出“加快构建现代产业体系、加快构建新型城镇化体系”二个加快，紧抓“着力加强生态建设、着力推动文化建设、着力改善民本民生、着力抓好党的建设”四个着力，强化“全面激发社会创新创造活力、全面深化改革和对外开放、全面加强干部作风建设”三大保障，动员全市上下“树立正气、敢于担当、全面发展、再创辉煌”，为建设美丽、富强、文明、和谐新青州而努力奋斗，经济社会保持了又好又快的发展势头。2015年，全市实现地区生产总值578.8亿元，增长8.3%。全社会固定资产投资489.6亿元，增长14.1%。公共财政预算收入41.9亿元，增长10.1%。城镇和农村居民人均可支配收入分别达到30017元和14936元，城乡居民人均储蓄余额达到47500元。

第15届中国（青州）花卉博览交易会暨第9届山东省花卉交易会（摄影：焦文华）

井塘古村有喜事（摄影：焦文华）

青州农民画创作

青州卷烟厂

鲁新欧 青州号国际班列正式开行（摄影：王继林）

初夏南阳河（摄影：吕长胜）

邵庄镇雀山流苏林

诸城市

2015年，诸城市全年实现地区生产总值746.5亿元，实现财政总收入88亿元，一般公共预算收入68.2亿元。完成固定资产投资561.8亿元。城镇、农村居民人均可支配收入分别达到31599元和15833元。县域经济基本竞争力列全国百强县（市）第27位。成功创建为国家卫生城市，荣获全国商标发展百强县（市）称号，获批创建全国质量强市示范市、创建国家智慧城市试点市，被确定为国家新型工业化产业示范基地，农村新型社区建设项目荣获中国人居环境范例奖，连续五次荣获国家科技进步先进市称号。入选山东省首批电子商务示范县、首批循环经济示范县（市）创建地区，获全省城乡环卫一体化覆盖市称号，成功创建为省级生态市，蝉联山东省第四届文明城市、第二届全省文化强省建设先进市。

产业转型升级实现新突破。全市560家规模以上工业企业实现主营业务收入2463.6亿元、利税221亿元。主营业务收入过百亿元的企业有3家，过10亿元的有40家。新增“新三板”及其他场外市场挂牌企业24家，全市上市挂牌企业达到50家。限额以上商贸企业发展到255家，全市实现社会消费品零售总额232.9亿元。完成进出口总额19.3亿美元，境外投资企业达到38家。创新驱动取得新成效。完成专利授权1271件。省级以上品牌达到217件。高新技术企业达到33家，高新技术产业产值占比提高到39.5%。城镇建设实现新发展。完善市、镇、社区三级基础设施和服务功能，全市城镇化率达到58.1%。林木覆盖率、城市绿化覆盖率分别达到39.1%和44%。民生进一步改善。民生支出达到60.1亿元，占财政支出的比重达到85.6%。城镇新增就业人员1.6万人，农村劳动力转移就业1.3万人。

鼎泰盛立式连续杀菌釜

迈赫机器人

诸城电商创业园

山东大业全钢子午胎钢丝项目

寿光市

寿光市总面积2072平方公里，辖15个镇（街道、经济开发区）、975个行政村（社区）。2015年，全市户籍总人口107.4万人。全年实现生产总值806.9亿元，比上年增长8.3%。其中，第一产业增加值93.2亿元，第二产业增加值367.5亿元，第三产业增加值346.2亿元。固定资产投资575.6亿元，公共财政预算收入90.1亿元，公共财政预算支出94.9亿元，社会消费品零售总额260亿元，进出口总额35亿美元。农村居民人均纯收入25121元，人均生活消费支出15047元，金融机构存贷款余额分别达到844.5亿元和748.8亿元。

2015年，全市完成工业投入319亿元，超额完成万元GDP能耗控制指标。重点实施仓圣公园改造、圣城街立交桥打通等市政工程71项，寿光市成为全国首批国家生态园林城市。全面实施“营改增”、公务卡和公共资源市场化配置改革，启动区域综合水价改革，成功运作东城普通高中、福缘颐养中心、基础设施提升3个PPP项目，顺利完成859个村土地确权登记颁证。创新融资机制，新三板和齐鲁股权挂牌企业达到35家，实体经济直接融资首次突破100亿元。启动实施160项点源污染治理工程，圆满完成小清河流域生态治理任务，优良以上天气同比增加23天，水流域环境主要污染物浓度同比降低18.9%，林木覆盖率达到26.8%。成立全省首家创业创新学院，建成特色创业园区6处，城镇新增就业1.2万人，城镇登记失业率控制在1.35%以内。推进东城医院一期和中医院病房大楼建设，免费开展65岁以上老年人查体和农村妇女“两癌”筛查，建设提升农村卫生室148处，合法生育率稳定在95%以上。新建改造新型示范养老项目4个、镇街综合性文化服务中心5处、村级文体广场100处，为268个行政村配套体育健身设施，寿光蔬菜生产习俗被确定为第四批省级非遗项目。持续推进智慧寿光建设，启动公共场所免费WiFi建设等重点项目，财政用于民生领域的投入占财政总支出的84.6%。

菜博会展厅

寿北盐田风光

现代农业产业园

新型农村社区

寿光城区

安丘市

墨 鼓巷 · 幸福里社区

全市总面积1783平方公里，年末户籍总人口95.54万。全年实现生产总值286.6亿元，比上年增长8.6%。其中，第一产业增加值48.4亿元，第二产业增加值123.57亿元，第三产业增加值114.62亿元。固定资产投资 270.1亿元，公共财政预算收入19.06亿元，公共财政预算支出35.55亿元，社会消费品零售总额152.6亿元，进出口总额9.8亿美元。城镇居民人均可支配收入27282元，农村居民人均纯收入14047元。年内，被评为山东省乡村旅游示范市、省级创建文明城市工作先进市、全省四德工程建设示范市。2015年工作亮点。一是新兴产业蓬勃发展。新能源产业。利用风力、荒山荒坡、废弃矿山等资源，加强与中广核新能源投资（深圳）有限公司、山东天恩综合能源有限公司、浙江同景新能源集团有限公司等企业合作，大力发展风力发电和光伏发电。总容量150兆瓦的太平山、城顶山、摘月山3个风电场已并网发电；辉渠镇50兆瓦光伏电站于2015年12月建成并网，成为山东省最大的山地光伏发电项目；郚山镇、大盛镇2个40兆瓦光伏电站正在加紧建设。电子商务。规划兴安电子商务产业园，建成电商交易平台10个，设立农村淘宝安丘运营中心，建成一批淘宝村级服务站，成功举办2015中国（安丘）电子商务大赛。乡村旅游。制订乡村旅游发展三年行动计划，编制《乡村旅游发展总体规划》，建成全国特色景观旅游名镇2个、省旅游强镇4个，发展农家乐集群村6个。2015年，安丘市被确定为“山东省乡村旅游示范市”，柘山镇张家宅村被评为“中国乡村旅游模范村”。二是建成一批创业创新基地。规划建设金安、昌安2个小微企业孵化产业园，引进轻资产项目14个。建设安丘市创业创新孵化基地、大学生创业孵化基地、电商孵化中心等11个创业载体，入驻创业实体200多个。三是支持实体经济力度加大。设立企业风险缓释基金、产业发展引导基金等9支基金，成立2家融资担保公司。2015年，共为30多家企业担保贷款26.5亿元，通过风险缓释基金帮助20多家骨干企业周转贷款8亿多元。

太平山风力发电一角

淘宝大学颐高培训中心

天恩金山30兆瓦光伏发电项目

招商科瑞

五龙山

高密市

——诺贝尔文学奖获得者莫言的家乡

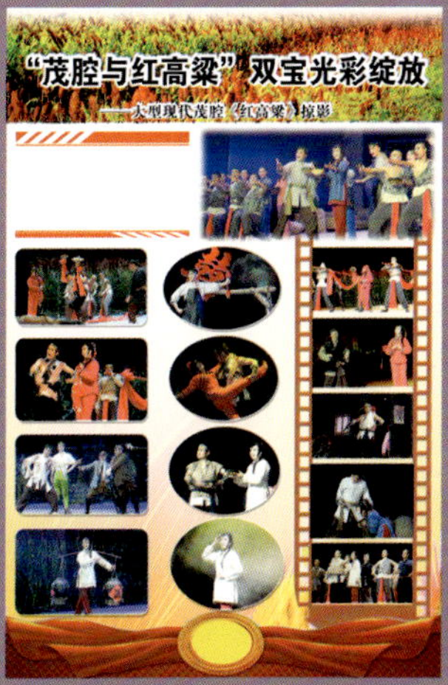

大型现代茂腔《红高粱》掠影

高密秦代置县，文化悠久。1994年撤县设市，总面积1526平方公里，2015年年末，全市户籍总人口88.96万人。高密是晏婴、郑玄、刘墉的故乡，扑灰年画、聂家庄泥塑、高密茂腔戏、高密剪纸被列为国家级非物质文化遗产。高密籍作家莫言获得2012年度诺贝尔文学奖。

2015年，实现地区生产总值586.57亿元，比上年增长8.8%。其中，第一产业增加值49.81亿元，第二产业增加值313.84亿元，第三产业增加值222.92亿元。全社会固定资产投资479.51亿元，公共财政预算收入59.09亿元，公共财政预算支出49.28亿元。社会消费品零售总额186.55亿元，进出口总额20.65亿美元。年末，金融机构本外币各项存款余额393.8亿元，其中，居民存款储蓄余额274.72亿元。

供销社综合改革经验在全国推广。2015年9月24日，全国供销合作总社农业社会化服务暨综合改革试点现场推进会在高密市召开。

荣获"中国安全防护用品产业名城"称号。2015年4月13日，在第九十届中国劳动保护用品交易会上，高密市被授予"中国安全防护用品产业名城"称号。

新编茂腔戏《红高粱》连获大奖。2015年，新创作大型茂腔现代戏《红高粱》荣获第八届"泰山文艺奖"、第三届"风筝都文化奖"，并入选山东省舞台艺术精品工程，入围山东文化艺术节新创作优秀剧目。

全国供销合作总社农业社会化服务暨综合改革试点现场推进会在高密召开

省长郭树清到高密视察

城区新貌

昌邑市

省委副书记、省长郭树清到昌邑调研

昌邑位于山东半岛西北部，渤海莱州湾南岸，属环渤海经济圈，市域总面积1627.5平方公里，辖6个镇、3处街道、691个行政村（社区），总人口58万，是“中国丝绸之乡”“华侨之乡”“中国溴盐之乡”，连续5年被评为“中国中小城市综合实力百强”和“中国最具投资潜力中小城市百强”。荣获全国唯一一家县级“和谐矿区建设示范点”和“首批国家智慧城市试点市”“全国文明城市提名城市”“全国科技进步先进市”“全国义务教育发展基本均衡县”“全国生态文明先进市”“全国粮食生产先进单位”“全国林业信息化示范市”“全国特色化品牌（产业）示范城市”“纺织业集群创新发展示范地区”“中国全面小康成长型百佳县市”“中国北方绿化苗木基地”“中国美丽乡村建设典范市”“省级文明市”“山东省投资环境最佳县市”“山东省国土资源节约集约模范市”“山东省社会文化先进市”“首批山东省信息消费试点市”“首批山东省生态文化示范市”“全省生态文明乡村建设工作先进市”“全省农业物联网技术应用示范市”“山东省农业机械化先进市”等称号。

2015中国（昌邑）北方绿化苗木博览会第二十届中国园林花木信息交流会

文化公园全景

绿博园之春

临朐县

位于潍坊市西南部，总面积1831平方公里，其中山区、丘陵面积占87.3%，辖13个镇（街、园、区）、350个村（社区），年末户籍总人口89.7万人。2015年，实现地区生产总值（GDP）244亿元，增长8.1%。财政总收入21.6亿元，公共预算收入14.2亿元，分别增长7%和15.1%。先后被评为“中国书法之乡”“全国全民参保登记试点工作示范单位”“全国基层中医药工作先进单位”“文化强省建设先进县”。弥河水利风景区创建为“国家水利风景区”，揽翠湖（天沐）温泉度假村晋升为国家AAAA级旅游景区，寨子崮村被评为“2015全国休闲农业与乡村旅游示范点”，牛寨村被评为“中国乡村旅游模范村”。

临朐大樱桃交易市场

国家AAAA级旅游景区临朐揽翠湖（天沐）温泉度假村

朐城新貌

临朐县中小企业创业产业园

大沂路夜景

昌乐县位于山东半岛中部，面积1101平方公里，人口62.3万，辖4个镇、4个街道、1个省级经济开发区、1个省级旅游度假区和1个水库管理区，共有53个新型社区，是国务院批准的沿海经济开放县。先后获得全国文明县城、全国科技进步先进县、全国科普示范县、全国计划生育优质服务先进县、全国食品工业强县、全国农业标准化示范县、全国群众体育先进县、全国法治县创建活动先进单位、全国义务教育发展基本均衡县、全国绿化模范县、国家园林县城、省级文明县、山东省国土资源节约集约模范县、全省水资源管理规范化建设示范县、全省双拥模范县、全省信访工作先进县、全省民兵工作先进单位等称号，被确定为国家智慧城市试点县、国家知识产权强县工程试点县，是全省唯一的承担国家积极发展农民股份合作、赋予农民对集体资产股份权能改革试点县。在全市科学发展综合考核和群众满意度调查中连续位居前列。2015年，全县完成地区生产总值275亿元，增长8.3%，实现一般公共预算收入22.9亿元，增长13.1%，完成固定资产投资298.4亿元，增长14.4%。

昌乐西瓜

城市一角

文艺汇演

乡村旅游

目　　录

特　　载

大 事 记

全市概况

中国共产党潍坊市委员会

党史工作

党校工作

老干部工作

潍坊市人民代表大会

重要会议

重要工作

人事任免

潍坊市人民政府

重要会议

综合政务

政府职能转变

督查工作

打击走私工作

应急管理

市长公开电话

地方史志工作

人事工作

外事与侨务

潍坊市科学发展研究院

潍坊市政务服务中心

中国食品谷

中国人民政治协商会议潍坊市委员会

重要会议

重要工作

人民武装

潍坊军分区

双拥工作

中国人民武装警察部队潍坊市支队

人民防空

法　　治

政法委综治工作

法治政府建设

公安工作

总部经济

银行业

保险业

证券业

投资业

健康养老

信息消费

交通·邮政·通信

交 通

海 事

口岸工作

邮 政

中国邮政集团潍坊分公司

中国移动潍坊分公司

中国联通潍坊分公司

无线电管理

建设·环保

城镇化发展

城市规划

科 学

科技工作和实施创新驱动发展战略

知识产权

防震减灾

气象测报

水 文

文化·卫生计生·体育

社会文化和文化体制改革

精神文明建设

文化创意旅游基地建设

新闻出版

社会·民生

居民生活

劳动就业

社会保险体系建设

老龄工作

民政工作

民族宗教

县（市、区）概况

奎文区

潍城区

寿光市

安丘市

高密市

昌邑市

临朐县

昌乐县

开发区概况

潍坊高新技术产业开发区

潍坊滨海经济技术开发区

潍坊综合保税区

CONTENTS

Special Collection

Chronicle of Events

General Situation of the City

Weifang Municipa Committee of the Communist Party of China

Weifang Municipal People's Congress

Weifang Municipal People's Government

Weifang Municipal Committee of the Chinese People's Political Consultative Conference

Weifang Municipal Commission for Discipline Inspection of the Communist Party of China

Democratic Parties, the Federation of Industry and Commerce, People's Organization

People's Armed Forces

Rule by law

Economic Supervision and Administration

Agriculture

Industry

Service

Transportation, Post and Communication

Construction and Environmental Protection

Trade and Tourism

Private Economy and Small and Medium-sized Enterprises

Finance and Taxation

Education

Science

Culture, Health and Family Planning, Sports

The People's Livelihood

The County Urban District

Developing Zones

Figure

Appendix

Indexes

特　　载

Tezai

杜昌文同志
在全市经济工作会议上的讲话

（2015年1月14日）

这次全市经济工作会议主要任务是，深入学习贯彻中央和全省经济工作会议精神，总结2014年经济工作，部署2015年经济工作。

刚刚过去的2014年，我们在中央和省委、省政府的正确领导下，深入学习贯彻习近平总书记视察山东重要讲话精神和省委关于工作指导重大转变的要求，紧紧围绕打好转方式调结构攻坚战，作出了着力转变经济发展方式、着力转变政府职能、着力转变工作作风的工作部署。全市各级各部门按照市委、市政府的要求，坚持稳中求进，大力改革创新，主动破解难题，经济社会发展取得了新的成绩。尤其是我们把转方式调结构作为稳当前、利长远的治本之策，按照腾笼换鸟、凤凰涅槃的思路，一手抓倒逼腾笼、深入推进“三八六”环保行动，一手抓创新驱动、不断强化科技支撑，努力推动经济转型升级，高新技术产业占比、服务业占比都有新的提高，万元GDP能耗、主要污染物排放都明显下降，结构优化、质效提升、环境改善趋势都逐步显现；我们把抓改革增活力作为稳增长、促转调的关键之举，紧紧围绕充分发挥市场配置资源的决定性作用和更好发挥政府作用，坚持问题导向，大力简政放权，创新政府监管，推进改革试点，在政府职能转变、商事制度改革、农村产权制度改革等重点领域取得突破性进展，市场主体数量大幅增长，经济发展活力显著增强；我们把改作风、转作风作为推动改革发展的重要保障，以贯彻落实中央八项规定精神为切入点，深入扎实开展党的群众路线教育实践活动，聚焦反对“四风”，加强学习教育、努力正本清源，强化正风肃纪、解决突出问题，坚持立破并举、建立长效机制，党的光荣传统和优良作风得到恢复和发扬。这些根本性、趋势性的变化，对潍坊经济转型发展和长远发展具有重要意义。

围绕贯彻落实好中央和全省经济工作会议精神，谋划好新常态下的经济发展，元旦前后，我们先后召开市委常委会和市委理论学习中心组读书会，深入学习上级精神，统一思想认识，为做好下步工作奠定了良好基础。下面，我根据市委常委会研究的意见，重点围绕如何正确认识新常态、主动适应新常态、科学引领新常态，讲三点意见。

一、正确认识新常态，深刻理解中央对经济工作新要求

这次中央经济工作会议的一个重大理论和实践创新，就是审时度势作出了我国经济发展进入新常态的重大战略判断，并将主动适应经济发展新常态纳入经济工作总体要求。习近平总书记系统阐述了我国经济进入新常态带来的九个趋势性变化，强调我国经济进入新常态呈现出“四个转向”的阶段性特征，明确提出在新常态下推动经济发展“一个更加自觉”和“八个更加注重”的新要求，强调认识新常态、适应新常态、引领新常态是当前和今后一个时期我国经济发展的大逻辑，为我们开展工作提供了根本遵循。我们一定要认真学习、深入研究、整体把握，着重弄清新常态下变化了什么、应转向哪里，该向哪个方向用力，自觉把思想和行动统一到中央和省委、省政府部署要求上来。结合潍坊实际，认识新常态、理解新要求，关键要把握好“四点”。

一是要把握好走在前列的立足点。省委、省政府强调要坚定不移把习总书记视察山东重要讲话和重要批示精神作为经济社会发展的根本指导方针，明确提出了以“走在前列”为目标定位，提升发展标杆、提升工作标准、提升精神境界的新要求。潍坊作为经济大市，必须认真落实总书记重要批示精神，按照省委、省政府“一个定位、三个提升”的目标要求，自觉在全省、全国大局中来定位潍坊的发展，各项工作都要按照这个标准去谋划、去推进、去衡量，全面对标，全面提升，努力在各个方面走在前列。这其中，最为关键的是在转变经济发展方式上走在前列。因为发展是第一要务，转变经济发展方式是新常态的核心要义，只有在转变发展方式上走在前列，才能在各个方面走在前列。我们必须增强加快转变经济发展方式的自觉性和主动性，遵循经济规律科学发展，遵循自然规律可持续发展，遵循社会规律包容性发展。要更加重视生态优先，坚持不懈推进节能减排和保护生态环境，推动绿色低碳循环发展；更加重视内涵发展，推动发展从规模速度型粗放增长转向质量效率型集约增长；更加重视统筹发展，着力推动新型工业化、信息化、城镇化、农业现代化同步发展；更加重视保障改善民生，不断提高人民生活水平，推动经济社会协调发展。

二是要把握好稳中求进的平衡点。中央经济工作会议指出，坚持稳中求进工作总基调，关键是保持稳增长和调结构之间平衡。结合潍坊实际，就是要把重点放在调整经济结构上，更加自觉地坚持以提高经济发展质量和效益为中心，在加快推动经济发展由过去的“一高一低”转向“一降一升”，即由高速转向中高速增长、产业由低端迈向中高端的过程中，来主动寻求平衡。这方面，我们需要着力把握的是，在新常态下，发展速度可以缓下来，但质量效益必须提上去，经济结构必须调整优化，努力以转求进、以调促优，切实做到调速不减势、量增质更优。必须坚持腾笼换鸟、凤凰涅槃的思路，不仅在“腾笼”上下足功夫，更要在“换鸟”上见到成效；要把握好增量与存量的关系，加快从增量扩能为主转向调整存量、做优增量并举；要注重综合施策，精准发力，充分运用市场机制、环境倒逼等多种措施，打好“组合拳”；不但要注意防止“速度换挡”过程中“惯性下滑”，避免经济失速，而且在有质量、有效益的前提下，还要鼓励有条件的地方发展快一点。

三是要把握好创新驱动的着力点。习总书记指出，新常态下发展动力正从要素驱动、投资驱动转向创新驱动，经济增长将更多依靠人力资本质量和技术进步。谁占领了创新制高点，谁就掌握了未来发展主动权。潍坊要走在前列，潜力在创新，希望也在创新。我们一定要强化创新意识，把创新驱动的着力点放在推动产业升级上，加强科技创新、推动技术进步，通过大力创新寻求新动力、拓展新空间、培植新的增长点。要明确科技创新导向，既要把握科技创新和产业变革大势，明确未来发展方向，更要从实际出发，确定创新突破口，围绕产业链部署创新链；要扩大交流合作，不求所有、但求所用，更有效地利用技术、人才等创新资源，让更多创新成果在潍坊加快转化、孵化、产业化，以此来培育和形成新的增长点；要优化创新环境，加强政策引导，健全激励机制，充分调动和激发各方面创新活力。

四是要把握好改革开放的突破点。改革开放是我国30多年经济快速发展的最大动力。习总书记强调，新常态下，必须深化改革开放，加快形成统一透明、有序规范的市场环境。适应新常态、引领新常态，我们要继续坚定不移推进改革开放，一方面，通过全面深化改革，突破体制机制制约，完善市场体系，激发市场活力；另一方面，通过对外开放倒逼改革，实现改革与开放相互促进，形成推动持续发展的合力。要把优化营商环境作为推动改革开放的集中突破口，加快转变政府职能，推进简政放权，打造快捷高效的政务环境；用全球视野、国际眼光谋划发展，以国际规则、国际市场倒逼我们深化改革，使各项规则、制度与国际接轨，营造与国际化相适应的营商环境；更加注重依法办事，加强诚信建设，自觉把各项工作纳入法治化轨道，着力营造法治化营商环境；大力倡导重商、尊商的社会风尚，营造放心投资、安心创业的社会环境。

二、主动适应新常态，积极开拓我市经济转型发展新途径

总的要求是：全面贯彻落实党的十八届三中、四中全会和中央、全省经济工作会议精神，以习近平总书记视察山东重要讲话和重要批示精神为指引，坚持稳中求进工作总基调，主动适应经济发展新常态，以提高发展质量和效益为中心，深入推进招商与转调创，围绕“四一三”战略重点（打造四个基地、建设一个体系、强化三个基础支撑）和统筹发展战略布局，加大转调力度，强化创新驱动，着力改革攻坚，加强民生保障，努力在新起点上推进更高层次新发展。适应新常态、开拓新途径，对我们各级来说都是一个崭新课题，需要认真研究、深入谋划、用心把握。从潍坊实际出发，要重点从以下八个方面着力。

一要更大力度地推进产业转型升级。产业转型升级是转调的主攻方向，在新常态下显得尤为重要和紧迫，必须以提质增效为核心，运用好习总书记提出的“加减乘除”四则运算，坚持“四集”发展，着力转变农业发展方式，加快传统产业优化升级，壮大战略性新兴产业和现代服务业，整体提升产业竞争力。总的是要把握产业发展规律，认真分析近几年我市产业发展、企业运行的基本走势，按照“敲开核桃”的要求，加强专业诊断，逐个行业制定转型升级方案，加强分类指导，深化对标挖潜。对电子信息、装备制造等快速增长的产业，要注意把握趋势性变化和市场对技术创新的要求，加快做大做强，尤其要支持推动潍柴、歌尔、豪迈等龙头企业积极参与国内、国际标准制定，抢占行业发展制高点。石化盐化、纺织服装、食品加工、造纸包装

等传统产业，是潍坊这些年工业化的重要成果，但在新常态下遇到了较大困难和挑战，必须按照腾笼换鸟、凤凰涅槃的思路，采取市场化兼并重组、强化环境倒逼等方法，充分运用“两化”深度融合、建立同业联盟等手段，让企业在市场经济大潮中优胜劣汰，在转型升级的进程中脱颖而出，推动传统产业向中高端迈进。这里我着重强调一下市场化兼并重组的问题。破产重组本身就是企业浴火重生的过程、凤凰涅槃的结果，对此大家一定要转变观念，不仅要乐于见到本地企业通过兼并别人实现快速发展，还要支持企业用好兼并重组政策，依法申请破产保护，实施资产、债务重组，实现企业再生、产业升级。对电子商务、智能装备、节能环保、教育培训、健康养老等新产业、新增长点，要按照市场要活、创新要实、政策要宽的要求，顺应四化同步大背景下科技创新、市场业态、营销模式和人们生产生活方式快速变化的新趋势，营造良好环境，鼓励“大众创业、万众创新”，促其加快发展壮大。比如，劳动力成本上升和人口老龄化，一方面使“机器换人”成为大势所趋，另一方面催生了健康养老这一前景广阔的新产业。再比如，由于资源环境约束日渐趋紧催生的绿色建筑、新能源汽车等产业，信息化时代快速涌现的大数据、云计算、物联网、智慧城市等新信息产业，我们已经具备了很好的基础，一定要立足现有基础，发挥优势、乘势而上，使其成为支撑和引领转型升级的重要力量。

二要更加自觉地落实区域统筹发展新布局。新常态下，统筹区域发展布局、优化经济发展空间显得尤为重要。这两年，我们适应四化同步发展新趋势，在城镇化发展的轨道上，提出实施突破滨海、提升市区、开发“两河”战略，取得明显成效。突破滨海、提升市区、开发“两河”是有机统一的整体，其中突破滨海是实施蓝黄战略、发展海洋经济、支撑和引领全市转型发展的战略重点，同时又在提升市区中承担着重要的功能；提升市区是优化区域布局的重头戏，主要是着眼推动全市城镇化和区域协调发展，增强中心城市的现代服务功能和辐射带动力；开发“两河”目的在于引导经济社会的布局与自然禀赋相适应，支撑潍坊永续发展。在新常态下，要按照“突出重点、创新机制、融合互动”的思路，更加自觉地推动规划和决策部署落地，全面展开生产力新布局。突出重点，就是要科学把握当前与长远的关系，推动各区域瞄准有重大引领和带动作用的关键领域，集中力量攻坚克难，着力打造区域发展新亮点。突破滨海要按照建设海洋经济新区的要求，加大统筹发展力度，在发展海洋经济、做大海洋产业和加快临港经济区、海洋科技大学园等重点园区开发建设上打造新亮点、形成新优势。提升市区要按照“13364”的总体思路（即编制一个覆盖中心市域的空间功能布局规划，强化水系生态、交通设施、能源保障三个基础支撑，打造动力机械、电子信息、工程装备三大产业基地，提升市民教育、健康医疗、文化创意、信息网络、物流商贸、金融资本六大服务功能，抓好简政放权、科技创新、社区治理、考核导向四项关键措施），把提升市区现代服务功能作为核心，在增强市民教育服务和健康医疗服务功能上有重要进展，在便民利民设施建设和服务标准上再上新层次，在解决农业转移人口市民化、老旧住宅小区环境改善方面实现新作为。开发“两河”，要着力提升规划水平，把南部山区整体纳入开发“两河”的范畴，同步展开河道整治、路桥建设、生态绿化等基础性工作，提高城乡统筹和区域协调发展水平。创新机制，就是要围绕破解融资、用地、招商等发展难题，加大改革创新的力度，以改革的思维、创新的办法、科学的机制，释放区域发展活力。融合互动，就是要树立全市“一盘棋”的理念，推动各县市区自觉融入全市统筹发展战略布局，加强对接合作，强化协同联动，促进整体提升。要努力形成基础设施互联、产业协作互补、资源要素共享、生态环境同治的经济发展新格局，促进区域协调发展。

三要更加深入地实施创新驱动发展战略。创新驱动是新常态下推动发展的新引擎，是抢占发展制高点、赢得未来主动的关键所在。在新常态下，实施好创新驱动发展战略，要用好“一个抓手”、建好“两个载体”、发挥好“三个作用”，增强科技进步对经济增长的贡献度，形成新的增长动力源泉。“一个抓手”，就是招商引智。对一个区域来说，可利用的外部资源是相对无限的，吸引聚集整合利用资源是一个地方发展能力的重要体现，是抓发展的永恒主题。过去招商主要是吸引投资，注重的是投资量，新常态下推动转型升级，必须把重心由招商引资转变为招商引智，更加注重科技要素、智力资源，尤其要通过引进具有转调创意义的“大商”，为我们在全球范围内吸引聚集创新成果、创新人才和创业团队等高层次创新资源，助推全市创新发展。“两个载体”，一个是企业为主，围绕科技创新成果产业化，深化与高校、科院团队、相关基金的合作，共建产学研战略联盟，真正把创新成果变成实实在在的产业活动，提高创新成果的实用性和转化率；另一个是依托园区特别是高新区，搭建孵化器、加速器等科技创新研发平台和创新成果转化载体，主动对接大院大所，吸引聚集更多创新成果在潍坊试验、孵化、产业化。为此要更加注重产权和知识产权保护，支持和推动市场主体运用知识产权参与市场竞争，形成竞争新优势。“三个作用”，就是发挥好企业主体作用、人才支撑作用和财政引导作用。世界产业发展的历史表明，真正发挥重大带动作用的技术几乎都来自于企业自身或是企业组织。要围绕发挥企业的主体作用，减少对企业研发活动的干预，使企业真正成为创新投入、科技研发、成果转化的主导者、受益者；支持企业围绕产业链部署创新链，组建创新联盟，突破核心关键技术，实现创新要素与生产要素良性互动、创新成果与产业需求有机衔接。要坚持人才培养与引进并举，围绕壮大创新型领军人才及团队、企业家、高技能实用型人才三支队伍，更大力度创新人才政策，营造良好环境，充分激发各类人才创业创新活力。要创新财政对科技创新的支持政策，整合各类与产业有关的专项资金，扩充科技创新引导基金，重点支持重大技术攻关、科技成果转化、创新平台建设。各级财政不仅要确保科技经费增幅明显高于财政经常性收入增幅、财政性科技投入占地区生产总值比重逐年提高，而且要更加注重发挥财政资金的杠杆作用，打通引导和聚集社会资本进入科技创新的“任督二脉”，使先进技术和市场资本实现有“倍增效应”的双赢。

*四要更有成效地推进改革开放。*适应新常态、引领新常态，重在深化改革扩大开放。要充分发挥经济体制改革的牵引作用，准确把握市场化的改革取向，围绕搞活市场主体、完善市场体系这一核心，着力创新举措、破除障碍，使市场主体享有充分的自主权、决定权，真正能够通过市场平等地获得资源要素，在公平的竞争环境中谋求发展。要着眼搞活市场主体，深度推进简政放权、农村改革、企业改革、工商注册制度改革、投融资体制改革、收入分配制度改革、健全城乡发展一体化体制机制及事业单位分类改革等基础性经济体制改革，最大限度取消对市场主体的不合理限制，激发市场内在活力、大众创业活力，既要去掉孙悟空头上的“紧箍咒”，也能让“八仙”各显神通。要着眼完善市场体系，推进市场监管体制改革，鼓励商品、劳动力、资金自由流动，加快土地、技术、人才、管理等要素市场建设。特别是要将市场在资源配置中的决定性作用与更好发挥政府作用有机结合，最大限度地实现资源要素包括公共财政、用地资源、环境容量等公共资源的公开、公平配置，使生产要素对市场主体而言都成为确定性因素。要顺应全球经济一体化大趋势和对外开放的新特点、新变化，抓住“一带一路”战略实施和中韩、中澳自贸区建设为我们提供的新机遇，主动融入、主动争取，在更大范围内整合配置资源，实现效益最大化。

新常态下推进改革开放，关键要坚持问题导向，找到破解发展难题的办法。要把农村产权制度改革作为转变农业发展方式和加快城镇化进程的基石，切实用好农村土地承包经营权确权登记颁证的改革成果，围绕“人口自主流动和要素自由流动”，有序推进耕地向新型农业经营主体集中、产业向园区集中、人口向城镇和农村新型社区集中。要加快完善企业资本结构，支持企业通过上市、众筹、股份转让等方式加大直接融资力度；创造条件发展私募股权，引入创投基金、天使基金，支持企业创新创业；建立健全多层次的企业债券市场，调整企业债券的品种和结构，创新债券融资工具，促进债券市场健康发展。要改进财政支持发展的办法，发挥好财政杠杆作用推动经济转型发展，继续做大产业引导基金，引入市场化机制，制定更加科学有效的使用办法，促其更有成效的发挥应有作用；要做实“平台”公司，积极争取国家政策性贷款，运用PPP模式，探索新的筹资建设机制，支持重大基础设施项目建设。

*五要更加积极地推动经济文化融合发展。*现代社会，人文精神正越来越多地融入经济社会发展，文化活动也越来越多地渗透于经济活动，推动经济获得新的发展态势和动力。文化是资本、是资源、是软实力，已成为普遍共识。要用战略眼光来看待经济文化融合发展，在做好传统文化挖掘和阐发的同时，突出抓好产业升级、新型业态培育、发展文化创意和设计服务等重点，提高文化资源利用水平，着力增强文化竞争力、创造力和影响力。要围绕建设文化创意产业基地，加快发展文化创意产业，着力抓好文化艺术品中心、广告产业园、文化创意产业园等重点项目，培育一批骨干文化企业和文化品牌，优先发展高附加值、高科技含量的新型文化业态，建设现代创意设计集聚发展区，推动文化产业规模化、集约化、专业化发展。要重点突破工业设计、创意策划和工艺美术，加快推出一批高水平的“潍坊创意”和“潍坊设计”，借助优势产业和品牌，融入具有鲜明地方特色的文化元素，着力提升经济社会发展的文化含量和价值含量。要深化文化体制改革，积极引导民间资本投资文化创意和设计服务领域，着力引进国内外知名文化创意企业和高端文化创意人才，着力培育具有地方特色的创意和设计企业，壮大市场主体，增强发展活力。要加快推进文化创意产业与旅游、体育、养生、科技等产业的深度融合，大力发展集展览展示、运动休闲、民俗体验于一体的文化旅游，以文化提升旅游的内涵质量，以旅游扩大文化的传播消费。要以实施全省社会信用体系建设规划为契机，加强诚信潍坊建设，弘扬诚信文化；着力办好风筝会、鲁台会、中国画节、文展会、茶博会等重大节会，不断扩大潍坊文化的影响力。

*六要更加坚决地加强生态文明建设。*更加尊重自然生态的发展规律、更加注重保护和利用好生态环境，是新常态下开辟转型发展新路径的应有之义和重要遵循。各级必须牢固树立生态优先理念，顺应民心、痛下决心，靠深入推进“三八六”环保行动、强化资源集约节约利用和长效化的制度安排，坚决把潍坊的生态环境保护好、治理好，让良好的生态成为潍坊的靓丽名片，加快建设生态美丽潍坊。要坚持源头严防、过程严管、后果严惩，深化“三八六”环保行

动，确保圆满完成“十二五”主要污染物减排任务，实现“三八六”环保行动既定目标。要全面推进资源节约集约利用，大力发展循环经济和节能环保产业，推广生活垃圾生态化处理、再制造等循环经济模式，推进智慧工业节能平台建设以及经济园区循环化改造，大力推广利用新能源，加强水、土地等资源的保护利用，加快创建国家循环经济示范市。要坚持治标治本多管齐下，建立生态文明区域统筹发展机制，落实分阶段逐步加严的污染物排放标准，探索实行行业环境容量控制，促进符合环保标准、有市场、有效益的产业集聚发展。要加大生态环保考核权重和执法问责力度，促进生态环境持续好转。

*七要更加突出地抓好安全发展。*新常态下经济增速下调，各类风险矛盾逐步显性化。各级必须进一步强化安全发展观，把安全放在第一位，切实增强底线思维，坚决守住安全红线。要研究加强安全管理的新办法，总的就是要做到先安全再生产、不安全不生产。目前，安全生产的设施、技术基础较为薄弱，必须更多地依靠加强管理，各方面要深刻汲取“11·16”火灾事故的惨痛教训，举一反三，标本兼治，全力做好消防、交通、建筑施工、化工、矿山以及大型集会活动等各方面的安全管理，坚决防止重特大事故发生。安全管理说到底是干部作风问题，必须传导压力、夯实责任，坚持“党政同责、常务分管，一岗双责、齐抓共管，安监专责、严查促管”，进一步把责任落实到基层、落实到岗位、落实到人头，确保工作一抓到底。当务之急是全面排查整治安全隐患，加强消防、交通等安全知识培训，最大限度地消除隐患、预防事故。同时，要切实保障食品药品安全，努力创建国家食品安全城市。要创新社会治理路子和方式，着眼提升基层治理能力，大力推广寿光市东斟灌村的做法，健全完善群众自主议事、自治管理、自我服务机制，健全基层综合服务管理平台，完善社区网格化、社会化服务机制，全面强化基层民主自治。特别是在解决信访问题、化解社会矛盾上，要站稳群众立场，坚持民主、法治手段，主动从民主自治角度思考问题，从群众路线中寻找化解方法，运用法治手段解决矛盾。同时，要推进重大决策社会稳定风险评估，完善社会治安防控体系，不断深化平安建设。要高度关注和防控各类风险，按照严控增量、区别对待、分类施策、逐步化解的原则，标本兼治、对症下药，认真防范化解产能过剩、房地产、政府性债务、金融等领域的潜在风险，坚决防止发生区域性系统性风险。尤其要重视金融风险防控机制建设，妥善处置企业资金链风险，维护良好的金融生态。

*八要更加扎实地保障改善民生。*改善民生是我们全部工作的出发点、落脚点。在新常态下，要坚持守住底线、突出重点、完善制度、引导舆论的基本思路，更加注重保障基本民生，更加关注低收入群众生活，多些雪中送炭，不搞锦上添花，努力给更多需要的人温暖和希望。要高度重视发展转型对就业的影响，创新工作思路，鼓励支持大众创业，以创业带动就业，同时强化就业技能培训和服务体系建设，认真做好高校毕业生、城镇困难人员、化解产能过剩中的下岗职工和农村转移劳动力的就业工作。要创新困难群体帮扶救助办法，加强对困难学生和特殊学校学生的教育保障，完善重特大疾病医疗救助制度，进一步提高城乡低保、农村五保、城镇“三无”人员供养标准，加快保障性安居工程建设，加大精准扶贫力度，努力编密织牢贫困人口基本生活安全网。要创新基本公共服务投入机制、提供方式，大力发展教育、医疗、文化等社会事业，着力解决上学难、看病贵等问题，让更多群众共享改革发展成果。

三、科学引领新常态，聚精会神抓党建促发展要有新作为

发展是我们党执政兴国的第一要务，抓好党建是第一政绩。各级党委要牢固树立抓党建就是抓发展的观念，自觉把抓党建与促发展有机统一起来，严格落实管党治党责任，努力在抓党建促发展上有新招数、新作为，为转型发展、走在前列提供坚强保证。

*一要着力提高驾驭经济工作的能力。*习总书记指出，经济发展进入新常态，党领导经济工作的观念、体制、方式方法也要与时俱进。要认真贯彻习总书记要求，着力加强领导经济工作制度化建设，提高领导经济工作的法治化水平和专业化能力。各级领导干部要科学认识当前形势，准确研判未来趋势，把握大势、保持定力，更加自觉地用符合中央精神、适应时代发展要求的理念和方式推动各项工作。要加强对新常态下重大经济问题的研究，定期分析经济形势，把握好经济运行动态，及时发现苗头性倾向性问题，增强工作的前瞻性、系统性和创造性。解决新常态下的许多矛盾，更多地要依靠法治。要坚决克服习惯于依靠行政命令等方式管理经济、习惯于用超越法律法规的手段和政策推动发展的做法，带头依法办事，自觉运用法治思维和法治方式来深化改革、推动发展。现在经济发展进入新常态，过去的知识积累已不能完全适应，我们不习惯、不熟悉、不懂不会的东西越来越多，发展中有大量的新情况新问题需要应对和解决，一定要把学习作为提高能力、增强本领的重要途径。要加强对习总书记系列讲话精神的学习，搞好对新常态有关方面的专题培训，多学一些政治、经济、社会方面的知识，多学一点国际、战略、心理等方面的知识，完善知识结构，加强实践历练，做到政治强、懂经济、会管理。特别要看到，互联网将极大地改变甚至颠覆传统的生产方式、商业模式和人们的思想观念、生

活方式，促进资源优化配置和高效利用，改变传统的所有权观念，催生制造服务化需求。要树立互联网思维，树立合作共赢理念，主动适应互联网时代分工协作方式、产业链关系、消费与生产关系的变化，积极培育新的经济增长点，努力催生新的产业形态和经济模式，提高发展的质量和效益。

二要持续推进作风建设。引领新常态要有新作风。作风建设永远在路上，抓作风建设的力度时刻不能放松。要进一步提升境界和标准，创造性贯彻落实中央和省委决策部署，力争各领域各方面的工作都争创一流。要敢于担当、锐意进取，始终把干事创业谋发展作为最大责任，始终保持奋发有为的精神状态，以改革创新的思路办法，一环扣一环、一步跟一步把定下来的事情落到实处。要多跑基层一线、多到项目现场、多下生产车间，了解掌握新情况，调度督促工作，寻求解决问题、推动发展的良策。新常态下经济增速下调，绝不是不干事的借口。要坚决克服等待、观望和畏难发愁情绪，坚决纠正懒政、怠政和为官不为现象，决不允许存在“只要不出事、宁肯不做事”等消极敷衍行为。我们需要的干部，是既干事业、又守规矩的干部。要坚持以严的标准要求干部、以严的措施管理干部、以严的纪律约束干部，使干部心有所畏、言有所戒、行有所止，自觉在从严约束下干事创业。各级党委（党组）要认真履行党风廉政建设主体责任，巩固和拓展教育实践活动成果，深入推进党风廉政建设和反腐败斗争，严肃查处吃拿卡要、以权谋私、干扰市场秩序等违法违纪问题，为经济持续健康发展营造良好环境。

三要注重强化基层基础工作。基层是改革发展稳定的基础，也是群众工作的最前沿。要坚持眼光向下，认真研究新常态下基层党建的新思路新举措，从工作指导、政策扶持、力量配备等方面向基层倾斜，突出抓好薄弱环节，充分发挥基层党组织推动转型发展、服务人民群众的作用。当前，要把服务作为基本价值取向，着力强化基层党组织服务功能，积极推进农村新型社区建设，尽快形成规范完善、周到便利的社区服务中心，解决好服务群众“最后一公里”问题。要适应农村社区建设的需要，推进干部资源下沉，尽快推动在面向基层的交流上“突破”，保证镇街满编运行，同时探索建立县乡干部资源合理配置、双向流动机制，打通“机关干部下得去、基层干部上得来”的双向通道，充分调动基层干部的积极性。特别要提醒大家，新的形势下，“两新”组织将大量涌现，逐步成为经济发展的活力源泉，要积极推进“两新”组织党建工作，扩大有效覆盖，充分发挥党组织政治核心作用和党员的模范作用，激发创造活力、协调利益关系、开展群众工作、维护社会稳定，形成推动改革发展的强大合力。

四要切实加强舆论引导。新常态下，社会预期对经济发展的重要性不断上升，舆论引导作用越来越大。良好的舆论环境对疏缓公众情绪、凝聚社会共识至关重要。要善于把握大众心理特点，理解市场心态，有针对性地做好舆论引导工作，凝聚改革发展正能量。要坚持围绕中心、服务大局，紧扣党委政府重大决策部署，做好阐释和解读工作，把党委政府的声音传播好，增强人们对改革发展的信念。要积极回应百姓关切，对社会热点问题做好有针对性的释疑解惑工作，在统一思想的过程中寻求“最大公约数”。要大力宣传潍坊改革发展的亮点和成绩，集中反映基层群众支持改革、大胆创新，推动转方式调结构、加快转型发展和自主自治、参与依法治国的新动态、好做法，营造全民支持参与改革发展的浓厚氛围。要有效管控舆论，强化舆情信息的收集、研判、处置和引导工作，对恶意攻击、造谣生事等错误行为要敢于回击，依法依规果断处理，打好舆论仗，赢得主动权。

同志们，做好今年经济工作，责任重大、任务艰巨。我们一定要紧密团结在以习近平同志为总书记的党中央周围，解放思想、锐意进取，努力保持经济平稳健康发展，为建设富裕文明新潍坊做出新的贡献。

（市委办公室）

政府工作报告

——2016年2月17日在潍坊市第十六届人民代表大会第五次会议上

潍坊市市长 刘曙光

各位代表：

现在，我代表市政府向大会报告工作，请予审议，并请市政协委员和其他列席会议的同志提出意见。

一、2015年经济社会发展计划和“十二五”规划完成情况

2015年是“十二五”规划的收官之年。面对宏观经济下行和错综复杂的国内外形势，在市委的坚强领导下，市政府与全市人民一道，坚持稳中求进的工作总基调，统筹推进稳增长、调结构、促改革、惠民生、防风险各

项工作，圆满完成了市十六届人大四次会议确定的目标任务。全市地区生产总值增长8.3%，一般公共预算收入增长12.6%，社会消费品零售总额增长10.6%，固定资产投资增长13.9%，进出口总额增长6.5%，城镇和农村居民人均可支配收入分别增长8.3%、9.2%，实现了“十二五”圆满收官，全市经济社会发展实现了新的历史跨越。

综合经济实力迈上新台阶。“十二五”期间，全市地区生产总值连续跨越4000亿元、5000亿元两个台阶，达到5170.5亿元，年均增长9.9%；人均地区生产总值在全省提高两个位次。一般公共预算收入连续跨越300亿元、400亿元两个台阶，达到484.5亿元，年均增长19.1%。固定资产投资、社会消费品零售总额分别达到4516.7亿元、2277.5亿元，分别增加了0.96倍和0.98倍。各类市场主体由30.9万户增加到64.8万户，增加了1.1倍，总量居全省第2位。

人民生活水平得到新提升。城镇和农村居民人均可支配收入分别达到31060元、14890元，分别比2010年增长了58%和68%。累计实施民生实事103件。民生总支出1873.2亿元，占财政支出的比重由73.4%提高到79%。减少贫困人口30.5万人。城乡居民基本养老和基本医疗保险实现并轨。居民供水、医疗救助实现城乡一体化。新增城镇就业及农村劳动力转移就业117.7万人。每千名老人养老床位由20张增加到31张。全市中小学标准化率由11%提高到97%，国家义务教育发展基本均衡县实现全覆盖。四级公共文化服务网络基本建成。城、乡人均住房面积分别达到41.5平方米和41平方米。城镇每百户拥有生活用汽车由18.8辆提高到66.6辆，农村由11辆提高到37辆。互联网普及率达到71%。人均预期寿命由77.95岁提高到78.5岁，高于全国2.7岁。

经济结构调整取得新进展。三次产业比例由10.7：55.6：33.7调整到8.8：48.2：43。高新技术、新兴产业产值占比分别达到31.9%和13.3%。新增各类农业规模经营主体22116家、现代农业示范园区912处，63.9%的土地实现规模化经营。规模以上工业主营业务收入和利税分别达到1.3万亿元、1115亿元。新增各类金融机构162家、境内外上市公司7家，引进各类总部及分支机构1028家。5A级物流企业、5A级旅游景区、国际品牌五星级酒店、国际产品交易平台实现了零的突破。

发展动力转换取得新成效。全社会研发投入占GDP比重达到2.5%。境外研发机构发展到25家，引进各类院所及分支机构92家。新建成1个企业国家重点实验室、2个国家级工程技术研究中心、4个国家产业技术创新战略联盟。福田汽车研究院、潍坊创业大学、中美技术转移中心、潍坊（美国）硅谷高科技孵化器、中以跨境多币种科技创新基金、3D打印暨先进制造中心、蓝色智谷等一批高端创新创业平台建成投用。新增各类孵化器163.8万平方米。获授权国内专利39985件，其中发明专利3343件，申请国际专利371件。发放小额担保贴息贷款46.6亿元，扶持14.4万人自主创业就业。驰名商标达到127件，增长154%。列福布斯2015中国最佳商业城市百强第32位。

体制机制创新实现新突破。省部共建国家职业教育创新发展试验区取得重大突破。市区管理体制进一步理顺。县级公立医院综合改革全面启动。现代农业综合改革试点深入推进，农民承包地、宅基地和农村集体建设用地确权登记颁证工作率先完成，农村产权交易中心建设、农村集体产权制度改革、新型农村合作金融试点、供销社综合改革试点扎实推进。率先推行财政产业专项资金基金化管理改革，市级政府引导基金规模达到24亿元，设立产业基金29支，撬动金融和社会资本315亿元。大力推行PPP融资机制，成功运作项目19个。市县两级政府均设立融资担保基金，总规模达到38.96亿元。财政透明度位居全国前列。先后探索实行产业竞争性用地、工业供地“先租后让”“长期租赁”“弹性年期出让”、房屋征收“裁执分离”、按行业环保先进标准管理重大项目、非制造业建设工程项目审批告知承诺制等一系列重要改革措施。建设工程项目审批由86天缩减为35天。2015年民营经济发展环境综合评价列全省第1位。

开放发展开创新局面。进出口总额从全省第5位跃居第3位，达到189亿美元，增加了0.6倍。五年累计实际到账外资42亿美元。建立海外工业园、能源资源供应基地10个，境外营销机构188家，新引进世界500强企业30家。潍坊出口加工区升级为全国第14个综合保税区，峡山区获批建设山东第一个生态经济区。东亚畜牧产品交易所、进口澳大利亚活体肉牛指定口岸获批建设。跨境电子商务平台顺利通过验收。成功举办风筝会、鲁台会、中国画节和首届中日韩产业博览会。

区域统筹发展趟出新路子。突破滨海、提升市区、开发两河扎实推进。涉海经济规模突破4000亿元。潍坊港吞吐量突破3000万吨。潍坊港国际集装箱航线、鲁辽陆海货滚甩挂运输大通道开通运营，潍坊渔港开港运行。市区“两廊两核四区多园”产业格局加快形成，教育、医疗等“六大服务功能”快速提升，中小学建设改造、“四通一治”等“七项工程”扎实推进，共实施各类提升项目313个、总投资415.6亿元。成功创建为全国文明城市，实现了潍坊近十年的夙愿。“两河”开发总体规划和6个专项规划编制完成。开工建设“十大工程”275个项目，总投资143亿元。流域生态治理、道路桥梁建设、南部山区保护开发取得阶段性成果。全市现代化综合交通、水利、能源保障体系加快形成。德大铁路及长深高速建成投运，济青高铁、潍日高速、黄大铁路、青银高速改造工程开工建设，通过潍坊的京沪高铁东线列入省“十三五”规划，潍坊机场实现对外开放。国华寿光电厂一期建设完成。引黄入峡、引黄入白工程建成运营，成为我市特大干旱情况下用水安全的根本保障。全市常住人口城镇化率达到55.8%，提高了8.8个百分点。

生态文明建设实现新突破。绿色生产、绿色建筑、绿色交通加快推进。完成建筑节能改造566万平方米。市区清洁能源公交车达到935台。投入运营公共自行车3.24万辆，年骑行量达到6032万人次，成为我市绿色文明的一道靓丽风景线。“三八六”环保行动圆满收官，三年共实施环保项目1668个，拆改燃煤锅炉538台，关停环保不达标企业和生产线829个（条），拒批缓批项目251个。全市生态环境质量有了根本改善，“蓝天白云、繁星闪烁”天数由2013年的150天增加到234天，跃升到全省第5位。PM2.5、SO_2、NO_2分别比2013年改善25.2%、42.8%和14.8%。

民主政治和社会治理再上新水平。坚持党的领导、人民当家作主、依法治国有机统一。认真执行市人大及其常委会决议决定并自觉接受其监督，把政治协商纳入决策程序，共办理人大代表议案建议和政协委员提案2307件。《法治潍坊建设纲要》印发实施，法治体系更加完善。获得地方立法权。在全省率先发布政府部门权力清单、服务清单、责任清单，累计下放市级审批事项189项。全面推行重大行政决策合法性合理性审查、听证、风险评估等制度和政府顾问制度。基层治理体系更加完善，平安潍坊建设成效显著。国家食品安全城市创建试点工作“三项评估”均列全国前茅。严格贯彻落实中央八项规定精神和省市相关规定，扎实开展党的群众路线教育实践活动和“三严三实”专题教育。党风廉政建设和反腐败工作深入推进，全市纪检监察机关共审查违纪案件8909件，党纪政纪处分8232人。

这些成绩是在宏观经济持续下行、我市遭遇有水文记载以来最严重旱情、铁腕治污、大力整治安全生产隐患的情况下取得的，体现了速度与质量、规模与结构效益、生产与生活生态、抓当前与利长远的有机统一。这是省委、省政府和市委坚强领导的结果，是市人大、市政协和社会各界同心同德、大力支持的结果，是全市广大干部群众、驻潍部队和武警官兵团结奋斗、开拓进取的结果，也是在外潍坊籍乡亲和海内外朋友关心支持的结果。在此，谨代表市政府表示衷心的感谢和崇高的敬意！

我们也清醒地看到，我市经济社会发展还存在许多短板：人均发展水平还不够高，大而不强的问题仍然突出。社会治理能力和治理体系现代化建设任重道远。经济结构不优的问题仍然突出；发展还不够平衡、协调；基础设施还不完善；土地、水、环境等约束趋紧，旱情仍在持续，水资源浪费的现象还大量存在。部分群众生活仍然困难，仍有20.3万人生活在省定贫困线以下；部分领域潜在风险加大；医疗、养老、生态、城市交通等优质资源供给不足。政府机关及工作人员作风不严不实甚至腐败问题依然存在。对这些问题，我们要高度重视，认真解决。

二、“十三五”经济社会发展的主要目标和重点任务

“十三五”是全面建成小康社会的决胜阶段，也是我市转型发展的关键时期。要全面落实市委十一届八次全体会议精神，协调推进“四个全面”战略布局，坚持发展第一要务，以创新、协调、绿色、开放、共享发展理念为引领，以提高发展质量和效益为中心，坚持稳中求进、以转促进、统筹发展，深入推进“四一三”战略重点和区域统筹发展布局，努力在全面建成小康社会进程中走在前列。努力实现以下目标：

——综合实力迈上新台阶。全市地区生产总值达到7500亿元，年均增长8%左右，人均地区生产总值达到1.3万美元以上，提前实现经济总量和城乡居民人均收入比2010年翻一番。产业迈向中高端水平，现代产业体系更加完善，产业竞争力明显增强。

——创新能力明显提升。构建起充满活力、富有效力的创新体制机制，全社会研发投入占比达到2.8%，科技创新的引领作用更加凸显，新技术、新产业、新业态蓬勃发展，创新型城市建设达到新水平。

——人民生活水平和质量明显提高。基本公共服务更加均等，社会保障能力明显增强，教育、健康水平和生活环境质量明显提升。改革发展成果更多更公平惠及全市人民。人均预期寿命提高到79.5岁以上。

——国民素质和社会文明程度全面提升。社会主义核心价值观更加深入人心，覆盖城乡的公共文化服务体系基本建成，市民思想道德素质、科学文化素质、健康素质、法治素养明显提升。文化产业成为支柱产业。

——发展的协调性全面增强。突破滨海、提升市区、开发两河取得明显成效，以人为核心的新型城镇化水平大幅提升。中心城市吸引力、辐射带动能力有新的跨越，滨海新区建成全国知名的现代化海洋经济新区。县城、小城镇、农村社区承载服务能力进一步增强。常住人口城镇化率达到65%左右。

——生态环境质量显著改善。大气、水、土壤环境质量持续改善，山水林田湖生态系统得到有效修复保护，城市PM2.5平均浓度下降到0.049毫克/立方米，“蓝天白云、繁星闪烁”天数稳定在252天以上。绿色生产方式、生活方式基本形成，生态美丽新潍坊形象进一步展现。

——体制机制更加健全。重点领域和关键环节改革取得决定性成果。开放型经济新体制更加完善，国际化水平大幅提升。社会治理体系和治理能力现代化取得重大进展，人民民主更加健全，法治政府基本建成。

各位代表，要实现“十三五”宏伟目标，必须坚持创新发展、协调发展、绿色发展、开放发展、共享发展。

坚持创新发展。把创新作为发展第一动力，作为结构性改革根本

措施，在全社会大力弘扬创新精神，传播创新文化，树立“人人可创新、事事可创新、改进即创新”理念，营造全社会崇尚、尊重、支持、参与创新创造的浓厚氛围，形成大众创业、万众创新的生动局面，建设创新型城市。突出科技创新。加大政府支持力度，落实企业主体地位和人才核心地位，围绕构建现代产业体系构建创新体系、人才体系。加快建设现代产业体系。大力发展品牌农业，引领农业由产量规模型向质量效益型、由生产型向一二三次产业融合发展的历史跨越。落实藏粮于地、藏粮于技战略，调整种养结构，改良土壤，突破种业，提升新型农业经营主体科学经营能力，加快农业信息化、品牌化、国际化步伐。实行最严格的农产品质量管理，争创国家农产品质量安全市。实施工业转型升级五年计划，落实“中国制造2025”潍坊行动方案、“互联网+工业”行动方案、制造服务化五年行动方案，推动传统制造业向中高端迈进，新兴产业由小到大跨越。到“十三五”末，工业主营业务收入突破2万亿元，新兴产业及高新技术产业占比达到50%以上，工业单位能耗、水耗及排放明显下降，综合质量效益明显提升，打造电子信息、生物医药、生物基材料三个新的千亿级产业链，智能装备、新能源及电动汽车两个300亿级产业链。实施新一轮服务业跨越发展计划，集中突破总部经济、金融、物流、电子商务、服务外包等生产性服务业，加快发展健康、养老、文化、旅游、家政等生活性服务业，拓展国际服务贸易和农村服务业，服务业增加值达到3700亿元、占比提高到50%以上。实施重大基础设施提升行动，五年完成基础设施投资9000亿元以上。潍坊港建成亿吨大港，新机场建成投用，济青高铁、潍莱高铁、疏港铁路、潍日高速、城海轻轨建成运营，京沪高铁东线加快推进。市区内“五横五纵”快速通道及与周边六市（县、区）快速连接通道基本建成，市区轨道交通1号线、2号线加快建设，全市现代化综合交通体系基本形成，把潍坊打造成为国内知名的现代化综合交通枢纽城市。能源、水资源保障能力进一步增强，加快石油战略储备及管道运输重点工程建设，节水城市体系基本形成。信息基础设施建设进入全国先进行列。

坚持协调发展。区域协同，城乡一体，军民融合，物质文明精神文明并重，经济社会发展与生态文明统筹，发展的协调性进一步增强。突破滨海、提升市区、开发两河协调推进，有序实现90万农业转移人口落户城镇，70万城中村、城边村居民完全市民化。完成9万套棚户区改造任务。实施农村社区服务中心建设三年行动计划，全市663个农村社区服务中心全部达到“一厅一校十室”标准。落实省农村改厕三年行动任务，完成改厕53.9万户。农村新建、改建房屋均按7度以上抗震设防。完善智慧城市体系和城市应急管理系统。建成地下综合管廊40公里。深入实施公民道德建设工程，完善公共文化服务体系，加速文化经济融合发展。争创军民融合发展示范市、军民融合产业试点示范区。

坚持绿色发展。落实国家、省主体功能区规划，按照主体功能区定位推动发展。实施绿色建筑三年行动计划，城市规划区内新建建筑全部执行绿色建筑标准。落实绿色交通、海绵城市、节水型经济建设规划。实施循环经济发展计划，建设国家循环经济示范市。开展新一轮环保行动，扎实推进“十项重点工程”。实施节能环保重大技术装备产业化工程。实行总量和强度双控管理及逐步加严的用能、用水、用地、排放标准。实施全民节能节水行动计划，全面推行能源管理，全社会重点领域单位能耗、水耗水平明显下降。

坚持开放发展。深入实施国际化四年计划，促进“引进来”与“走出去”并重、引资与引技引智并举，推动开放向结构优化、领域拓展、效益提升转变。实施出口市场多元化战略、服务贸易提升计划和进口促进战略，重点开拓服务与技术贸易、“一带一路”沿线国家市场、大宗商品进出口等。推动招商向产业、科技、文化、城建、民生、生态环保、智慧城市宽领域拓展，突出引进世界500强及行业领军企业，力争新增50家以上。加强对“走出去”的综合服务，支持优势企业更好地开展国际并购、境外基础设施投资和能源资源合作开发，建设大宗商品境外生产、营销基地。落实融入国家“一带一路”战略工作方案，选定部分战略支点城市深度开拓。深化开放体制机制创新，分行业对接国际标准、规则，规划建设一批国际社区、学校、医院，打造国际化营商环境。深入实施开发区转型升级三年行动计划，建设转型升级示范区。

坚持共享发展。强化政策兜底，引导社会投入，增进民生福祉，让全市人民一个不落地共同迈入全面小康社会。落实脱贫攻坚规划，力争两年基本完成省定贫困人口脱贫任务。实施教育优先发展战略，建设婴幼儿养育、学前教育、基础教育、职业教育、高等教育、终身教育全面发展创新区。实行更加积极的就业政策，实施高端人才创业引领计划，打造国内最优良的创新创业政策和服务环境，力争吸引10万大学生创业，带动城镇就业60万人以上，建设创业型城市。全面推行民生综合保险，居民基本养老保险、医疗保险覆盖率分别达到92%和93%。落实医疗健康产业发展规划。公立医院率先改革，大力发展民办医疗机构，推进市、县、镇（街）、社区医疗机构协同发展。统筹保健、医疗、食品、养老、康复，建设大健康产业发展聚集区，打造健康潍坊。

各位代表，实现“十三五”宏伟目标，是全市人民的期待，也是我们共同的责任。要始终坚持以人民为中心，把人民群众的向往作为我们追求的目标，同全市人民一道，戮力同心，砥砺奋进，共同开创更加幸福美好的明天！

三、2016年政府工作安排

2016年是全面建成小康社会决胜阶段的开局之年，是推进结构性改革的攻坚之年。我们要按照中央、省、市委的决策部署，认真贯彻落实宏观政策要稳、产业政策要准、微观政策要活、改革政策要实、社会政策要托底的总体思路，坚持目标导向和问题导向并重，大力推进结构性改革，落实“去产能、去库存、去杠杆、降成本、补短板”五项重点任务，推动工作指导重大转变，进一步提高发展质量和效益，努力实现“十三五”良好开局。

今年全市经济社会发展的主要目标是：地区生产总值增长8%左右，固定资产投资增长13%左右，社会消费品零售总额增长11%左右，进出口总额增长4.5%左右，一般公共预算收入增长9%左右，城镇登记失业率控制在3.8%以内，居民消费价格上涨2.5%左右，城镇、农村居民人均可支配收入分别增长8%和8.5%以上，全面完成省下达的年度节能减排降碳约束性目标。

（一）推进产业升级。认真落实22个产业转型升级实施方案和年度计划，把龙头企业培育、主体园区建设、产业平台搭建、对外招商合作、产业基金及政策支持等任务措施落到实处，加快构建现代产业体系。

落实品牌农业发展计划。鼓励以镇（街）、社区、村和规模经营主体为单位注册农业商标，组建经济组织，规范质量管理，开展“三品一标”（无公害农产品、绿色食品、有机农产品和农产品地理标志）认证。支持引进国际农产品质量认证机构，开展认证工作。扩大产地证明和准出、准入制度覆盖面。启动农村新型经营主体提升三年计划，促进各类合作组织更加紧密合作、经营大户科学经营、龙头企业规范化改制。支持扩大土地托管规模，开展全产业链托管服务。支持城市资本、外资下乡发展现代农业。开展化肥农药使用量零增长行动和耕地轮作休耕试点。健全农业对外深度合作机制，办好中美、中荷、中以农业合作示范项目和中韩农业认证互认试点。实施“互联网+农业”专项计划，大力发展智慧农业，搭建农业电商高端平台，建设农产品质量管理闭环系统。开展现代节水农业示范镇创建活动，年内20%的镇（街）达到节水农业标准。

做大战略性新兴产业。落实6个新兴产业发展实施方案，抓好总投资1249亿元的389个项目，新兴产业主营业务收入增长达到13%以上。电子信息产业，突出抓好光电产业园、山东测绘地理信息产业园等特色园区，培强做大歌尔声学、浪潮华光、新海软件等龙头企业，做大可穿戴设备、虚拟现实等新一代互联网终端产品及配套产业。智能装备产业，发展壮大帅克、迈赫、华创等龙头企业和3D打印技术创新中心，重点突破精密减速器、伺服电机、高精度传感器等核心技术，培强做大通用机器人、高档数控机床、工业机器人及自动化生产线等产业。生物基新材料产业，突出抓好总投资75.4亿元的产业化集群项目，今年建成投产兰典生物丁二酸及PBS产业化、3万吨纤维素纤维等重点项目，支持恒天集团建设新材料产业园。新能源及电动汽车产业，强化福田、泰汽、凯马、比德文等龙头企业带动，重点突破高速电动轿车牌照、插电式混合动力系统与自动变速器、汽车电子等关键环节和核心技术，建设好山东互联网汽车产业基地。

传统优势产业是我市产业的支撑、转型升级的基础，也是供给侧结构性改革的重点和难点。要坚持市场化机制、中高端目标、国际化视野，逐一敲开核桃，一业一企一策，扎实有序推进。改造提升一批。全面对接产业中高端和市场短缺供给，寻标对标，全面提升。组织实施好400个重点技改项目，促进产品、装备、技术、工艺、品牌换代升级。扎实开展化工行业整治，落实“四个全部”要求，推进昌邑化工原材料基地及中化弘润、鲁清石化基地等27个重点项目建设，推动重点园区优化升级。汽车及动力机械产业，完善整车、整机产品专业化协作配套链条，加快推进福田汽车及配套产业园、潍柴动力工业园扩能升级、林德液压国产化、盛瑞8AT变速器及配套产业园等49个重点园区和项目建设。纺织服装产业，加快时尚化、个性化、品牌化步伐，支持建设行业设计中心、孵化中心，加大品牌并购运营力度。食品产业，食品谷总部一期形成总部、培训、研发、孵化、展示交易、品牌运营主体功能，东亚畜牧产品交易所、中美食品中心、中荷农业创新及人才培训中心、中以现代农业研究院年内投入运营，加快30万头胴体牛进口加工分销等11个重点项目建设。优化重组一批。制定促进产业更新办法，鼓励传统企业就地转产发展新兴产业、制造企业就地发展服务业或2.5产业。支持企业开展市场化重组、并购和国际合作，支持龙头企业发展产业集团，组建产业联盟和技术创新联盟，领办、合办产业园区。有序转移淘汰一批。抢抓国际产能合作和国家去过剩产能机遇，引导低效产能向低成本地区有序转移。鼓励有条件的镇村布局特色产业园承接优势产业转移。制定实施“三高一危”企业退出计划，严格禁止新上“三高一危”项目。加快新一轮“退城进园”，年内取得重要阶段性成果。对资不抵债、扭亏无望的僵尸企业，积极稳妥地推进重组整合或退出市场，加快实现市场出清。

启动新一轮服务业跨越发展计划。推动生活性服务业向精细化和高品质转变，生产性服务业向专业化和价值链高端延伸，九个重点服务业增加值综合增长率达到12%以上，力争服务业占比再提高2个百分点左右。优先发展总部经济和楼宇经济，潍坊总部基地一期全面招商运营，总部基地二期、食品谷总部二期基本建成。继续引进各类企业总部及分中心，支持各类公司在潍坊开展专项交易结算。支持发展孵化、电商、金融、众创、养老等特色楼宇。落实电子商务发展实施方案和人才培养年度计划，规划建设特色电商产业园，与阿里巴巴、京东等重点企业合作建设互联网潍坊产业带，重点突破农业、工业品、文化及跨境电商，打造属地化互联网结算平台，办好"首届世界互联网+农业大会"。实施物流业发展规划，统筹推进综合物流基地和海港、空港、高铁、电商四个专业物流园区建设，重点打造航空物流、食品冷链物流、同城配送、快递物流四个体系，引进培育一批高端物流骨干企业。

适应产业跨界融合、要素整合大趋势，启动实施农业产业化提升工程、制造服务化推进计划，促进农产品加工走向中高端，农业、制造业向产业链两端延伸，发展创意设计、科技信息、电商物流、金融租赁、整体解决方案等，提升产业附加值。制定实施"品牌潍坊"五年行动计划，落实城市及地域、产业（行业）、企业、产品品牌培育具体措施，打造"品牌潍坊"。制定实施重点产业（行业）"互联网+"行动计划，促进互联网与经济社会各领域深度融合。实施新一轮主辅分离工程，鼓励企业（机构）把内设服务机构分离为独立法人，在市场中发展壮大。启动产城融合发展示范工程，支持滨海区争创国家产城融合发展示范区。

（二）扎实推进新型城镇化。深入实施"三大战略"。突破滨海，突出陆海统筹、产城一体，推进大家洼、央子两大城镇组团和海洋科技大学园、中央商务区等9大片区建设，促进海洋化工、海工制造等6大特色海洋产业转型升级，加快24个重点项目建设。提升市区，深入落实"13364"总体要求，实施中心城区规划、交通、产业、功能等"七项提升工程"，全面实施"六大服务功能"提升方案，突出抓好178个重点项目建设。每个街道选择一个社区建设"四全一特"品牌社区示范工程。开发两河，全面实施"一区三带"行动，加快推进140个重点项目建设，加强生态绿化、南部山区保护开发，突出抓好沿岸堤顶公路规划建设，推进峡山水库增容等水资源开发利用工程。

扎实推进"三个市民化"。加快户籍制度改革，全面实施居住证制度，年内实现15万外来务工人员落户城镇，实现基本公共服务城镇常住人口全覆盖。启动实施城镇棚户区改造三年行动计划，年内改造棚户区3.89万套以上，开工中心城区老旧小区改造2.5万户，实现13万城中村和城边村居民完全市民化。继续推进农业转移人口就地城镇化，将非农经济和就业超过70%的村庄和人口纳入城镇管理，年内就地转移农业人口3万人。

统筹县城、小城镇、农村社区发展。实施县域经济上档升级行动，促进县域经济上档进位。开展小城镇创新发展示范行动，落实扩权强镇措施，加快培育一批小城市。按照"一四六"标准，完善小城镇基础设施和公共服务功能，全面推行"镇区同建"。新建和改造提升农村社区服务中心166个。改造农村危房900户。完成农村2.5万户低电压治理。试点改造农厕14.9万户。

（三）扩大有效投资，加快城乡基础设施建设。当前，投资仍是补齐短板、增加有效供给、引领转型发展的关键措施。完善项目协调机制，落实项目建设主体责任，对规划的"十三五"期间总投资1.65万亿元的1685个项目逐一落实开工时限，提前做好开工准备工作，确保按期开工、顺利竣工。上半年开工412个，年内开工701个。全面推行"裁执分离"，依法征迁，破解发展瓶颈。用足用好中央、省各项政策，完善财政资金、政府基金综合利用机制，促进商业信贷规模稳定增长，最大限度用好政策性信贷，更大力度利用社会、境外资本，大力发展直接融资，扩大全社会融资总规模。市、县两级普遍设立PPP中心。

加快城乡重大基础设施建设。加快济青高铁、潍莱高铁、潍日高速、青银高速扩容潍坊段及胸沂铁路建设，做好京沪高铁东线前期工作。加快潍坊港17个5万吨级泊位建设和机场改造、迁建、运营。启动中心城区交通提升工程，基本完成市区2条以上快速通道，开工建设东、南2条新外环路。建设中心城区重点拥挤路段地下通道（过街天桥），全面启动城市地铁前期工作。开工建设城海轻轨，完成市区至滨海快速通道主体工程，同步推进BRT建设。加快推进"特高压入潍"工程。编制完成节水城市、海绵城市建设总体规划和重点领域专项规划，健全节水协调推进机制和政府规章，开展全民节水行动，建设一批节水示范企业和示范镇（街），力争尽快实现用水总量零增长并逐年下降。建成市云计算中心、大数据中心、云支付中心和"超级WiFi"无线城市网，搭建"物联城市"基础框架。完成市级政府重点部门平台整合。

（四）推动大众创业万众创新。全面落实市委《关于深入实施创新驱动发展战略加快建设创新型城市的意见》，成立创新创业委员会，健全工作机制，统筹推进理论创新、产业创新、技术创新、管理治理创新、发展模式创新。大力推广潍柴动力、歌尔声学、福田雷沃、豪迈科技、盛瑞传动等市内外先进经验。突出科技创新。强化高新区在促进高新技术产业化中的试验、引领、承载作用，全面优化政府产业基金支持机制，加速科技成果产业化。实施"金桥计划"，建设专利及技术成果路演中心和交易市场，发展一批技术转移中心和技术经纪组织，建立双向开放的技术转移机制。规划建设市科教创新园。加快福田汽车研究院、华大基因潍坊分院、北京大学分子育种（潍坊）试验室等平台建设。建设市工业研究院。依托重点行业龙头企业和骨干院所，统筹规划建设产业创新平台和人才团队，配套规划建设一批科技孵化器、加速器。运用市场化机制改造提升政府办创新创业孵化器，年内新增科技企业孵化器20万平方米以上。扩大科技开放合作，建设运营好重点国家、地区技术转移中心和中以跨境多币种科技创新基金，开展多形式专项对接活动。支持企业设立境外研发中心、申请国际专利、注册国际商标。实施创新金融发展专项计划，加大政府投入及创新力度，促进各类风险投资、天使基金、种子基金聚集发展、高效利用。实施“小升高”计划。高新技术产业产值占比再提高2个百分点左右。积极参与争创山东半岛国家自主创新示范区。

加快构建以众创空间、众创政策、众创服务、众创制度为重点的众创体系，发展众创、众包、众扶、众筹等创新新模式。实行“鸢都创业证”制度，吸引更多的人才创新创业。鼓励建设创新工场、车库咖啡等新型孵化器。支持市内各大中专院校创办众创空间、兴办科技型企业。

制定实施年度人才计划，把引进高层次人才与引进实用人才结合起来，继续引进一批“高精尖缺”人才，启动实施金融、设计、法律、外语、物流等实用人才千人计划。企业家是全社会最宝贵的人才资源之一。要在全社会大力弘扬企业家精神，提升企业家文化，营造支持企业家干事创业的浓厚氛围，打造一支具有国际视野、永不满足、创新创业、富有社会责任的宏大企业家队伍。

（五）深化改革、扩大开放。以供给侧结构性改革为根本，加大重点领域和关键环节改革力度。农村改革，深入推进现代农业综合改革和供销合作社综合改革试点，深化农村产权制度改革，建立市县镇一体化的农村产权交易体系。启动实施职业农民培训计划。探索建立质量效益主导型农业发展新机制。财税改革，落实“营改增”扩围改革政策。合理调整事权和支出责任，实现部门、单位预决算公开全覆盖。完善财政专项资金市场化运作机制。健全政府债务管理机制，加大债务置换力度，严防债务风险。金融改革，深化银企互利合作新机制，清理企业各种不合理负担，提升服务水平。实施资本市场开拓计划，开展新一轮“个改小、小上规、规改股、股上市”计划，年内35%以上规模企业完成改制并制定直接融资计划，新增境内外上市、挂牌企业30家以上，15%以上改制企业实现直接融资。扩大农村合作金融试点范围。加快齐鲁农村产权交易中心、基金谷、文化艺术金融试验区、金融市场等综合平台建设运营步伐。大力发展融资性担保业，加快企业互保联保贷款置换，加大商业银行不良贷款核销和处置力度，严厉打击恶意逃废银行债务行为，严控金融风险。资源要素配置改革，全面推行能源管理，探索实施用能、用水总量控制和新增规模竞争性办法，探索实行环境容量、排污权公开交易。优化公共资源招标、挂牌、采购等市场化配置机制。实施促进结构优化的价格、土地、财税政策，稳妥推进水、电、天然气等资源能源价格改革。国有企业改革，实行一企一方案，推进产权多元化和混合所有制改革，全面建立“三会一层”治理结构，有序推进竞争性领域国有股权退出。完善市级平台公司考核机制，实现市场化运作与服务大局有机统一。大力发展民营经济。落实鼓励社会资本进入社会事业领域政策，支持民营企业参与教育、医疗、文化、养老等事业单位改革和国有企业改制重组，落实民营企业在授信、评级、信贷以及土地供应等方面与国有企业同等待遇。重视新生代民营企业家培养，加大民营高级经营管理人才培训力度。改进产业引导方式。制定更为精准的产业政策，更加注重用法治思维和法治方式引导产业发展。建立更加完善的产业标准和预警机制，改进负面清单和产业目录管理，完善产业准入、管理和退出机制。加大政策落实力度和对重点产业、关键企业扶持力度。优化服务机制。完善领导干部、部门联系重点企业、重点项目制度，全面推行问题直报会商解决机制。建立政府及部门服务企业评价制度。扎实开展实体经济企业降低成本行动，研究落实降低实体经济企业成本的具体措施。

实施国际化“七项工程”，推动高水平双向开放。更大力度“走出去”。抓住“一带一路”战略机遇，确定一批战略支点城市深耕合作，支持企业开展工程承包和劳务输出。扩大境外投资，建设海外研发中心、工业园区、能源资源基地，并购国外优质资产、先进产能、技术、品牌等。支持综合保税区争创国家级跨境电商综合试验区，建设对外开放先行区。更高质量“引进来”。建设运营好东亚畜牧产品交易所、中国—东盟国际食品贸易港、进口肉类和冰鲜水产品口岸等，推动建设东亚畜牧产业合作综合平台。深化中欧城镇化伙伴关系合作。继续办好风筝会、鲁台会、文展会、中日韩产业博览会，全力争取纳入中国（山东）自由贸易试验区。落实招商工作责任制，建立精准招商新机制，推动招商工作向宽领域拓展。突出对世界500强及行业领军企业定向招商，年内力争签约引进项目10个以上。支持有条件的县市区、开发区规划建设特色国别园区。有序发展潍坊外地商会，支持在外潍坊籍乡亲为家乡发展献计出力。促进外贸稳定增长。实施“互联网+外贸”行动计划，组织开展“千企百展”活动，继续建设运营好海外潍坊商品营销中心。提升各级外贸服务平台综合服务功能，抓好进出口关键项目，推动有出口资质、无出口业务的企业突破发展，年内出口额达到134亿美元。

（六）进一步改善民生，改进社会治理。越是经济下行，越要注重保障和改善好民生，使民生更好地与经济社会发展水平相适应。今年民生支出占比再提高1个百分点，达到520亿元。认真落实全市精准扶贫三年规划，年内减少贫困人口10万人以上、省定贫困村100个以上，坚决打好脱贫攻坚第一仗。新建、改扩建100所标准化普惠性幼儿园，新建、扩建89所中小学，力争两年内解决城镇中小学大班额问题。开展职业教育混合所有制试点，支持各类企业和境外机构兴办、参股、合办职业教育。创建海洋科技大学，加大知名大学、国际知名教育机构引进力度。实施全民参保登记计划，稳妥推进机关事业单位养老保险制度改革。完善职工医保、居民医保和职工长期护理保险政策，稳步提高医保水平。推行民生综合保险，进一步完善社会救助体系，推动发展慈善及残疾人事业。启动建设“潍坊健康城”，打造医疗服务综合体。落实公立医院改革方案，加快建立现代医院制度和分级诊疗制度。启动基层医疗服务能力提升三年行动计划，建成规范化农村社区卫生室200所。每个县市区年内启动建设1处医养结合的新型养老综合体，新增养老床位5500张以上。推进中医进镇（街）、进社区。实施全面两孩政策。新增600处全民健身工程。

推动文化繁荣发展。加强社会主义核心价值观和“四德”教育，弘扬孝亲敬老传统美德，大力传播以王伯祥、王乐义为代表的先模精神，让潍坊优秀文化传统发扬光大。健全文明城市建设常态化机制。深入实施文化惠民工程和潍水记忆工程，做好市博物馆、美术馆、革命传统纪念馆改造建设前期工作。支持发展非国有博物馆、美术馆。启动建设中国（潍坊）创意设计产业综合集聚区，加快建设国际创意港，提升国家级广告创意产业园、软件园、十笏园文化街区、坊茨小镇、城隍庙片区等改造建设运营水平。培育引进知名文化旅游市场主体。

良好的生态环境是最基本、最重要的公共产品和民生福祉。实施新一轮环保行动年度计划的600个重点项目，全面完成年度预期目标。空气主要污染物浓度下降5%以上，“蓝天白云、繁星闪烁”天数达到240天以上。规划建设一批充电站（桩）等配套设施，购置新能源、清洁能源公交车300台以上。完成居住建筑供热计量及节能改造60万平方米以上。公共机构全面推行能源管理，单位建筑面积能耗降低2%以上。落实环境质量生态补偿政策，完善有奖举报和“一票否决”机制，对工作不力的进行约谈，对环境违法案件有一起严肃查处一起。全力争创国家森林城市。

促进社会治理创新。落实《法治潍坊建设纲要》，启动“七五”普法，建设公共法律服务体系。启动实施社会信用体系发展规划，建设市公共信用信息平台。培育发展各类社会组织。深化双拥共建，加强国防动员和国防后备力量建设。把控风险放在经济社会发展更加突出位置，持之以恒加强安全生产，全力创建国家食品安全城市，建设社会治安防控体系，提升反恐防恐能力，完善社会矛盾排查调处化解机制，健全防灾减灾体系，全面推行城市社区“四社联动”，确保全社会安全稳定。

（七）*加强政府自身建设*。顺应人民群众新期待，适应和引领经济发展新常态，提升引领发展、服务群众、治理社会的境界和能力。

要敢担当能担当。各级政府及其工作人员要增强大局意识、看齐意识、责任意识、表率意识，始终保持昂扬向上、奋发有为、干事创业的精神状态。带头落实创新、协调、绿色、开放、共享发展理念，以国际视野、辩证思维把握形势、谋划发展，以改革精神直面矛盾、破解难题，尊重基层和群众首创精神，虚心学习外地经验，不断开创工作新局面。要建立严格的追责机制、合理的容错机制、及时的纠错机制，支持、保护、褒奖担当者，为担当者担当！

要依法办事。落实中共中央、国务院《法治政府建设实施纲要（2015—2020）》，提升尊法学法守法用法能力和水平，自觉运用法治思维和法治方式深化改革、推动发展、化解矛盾、治理社会。严格执行市人大及其常委会制定的地方法规和决议决定，自觉接受人大依法监督和政协民主监督，广泛听取各民主党派、人民团体和社会各界意见建议。认真做好政府规章和规范性文件制定及实施工作。严格执行重大行政决策公众参与、专家论证、风险评估、合法性合理性审查、集体研究法定程序。严格规范行政执法行为，扩大基层综合执法试点范围。深化政务公开、企业和基层重大事项公开，落实经济责任审计制度，让权力在阳光下运行。

要提升服务效能。继续深化审批制度改革和商事制度改革，再依法取消一批审批项目。扩大网上申报、在线预审和远程输出批文证照比例，实现市、县、镇（街）三级“网上联审联办”。扎实开展各种收费清理专项行动，能取消的行政收费全部取消，中介评估及收费一律实行公开竞争，行业收费逐一规范，严肃查处违规收费行为。将现有24个政务服务热线整合为“12345”1个服务热线，实行“一个号码管服务”。充分运用大数据加强和改进政务管理服务。

要加强作风建设。巩固党的群众路线教育实践活动和“三严三实”专题教育成果，坚持正风肃纪、正本清源、正道直行，把党的纪律和规矩挺在前面，持之以恒落实中央八项规定精神和省市有关规定，坚决纠正“四风”。深入开展党风廉政建设和反腐败斗争，严肃查处各种违法违纪案件！

各位代表，新时期，新阶段，新目标，新期待。让我们更加紧密地团结在以习近平同志为总书记的党中央周围，在中共潍坊市委的坚强领导下，奋发有为、锐意进取，为实现全面建成小康社会宏伟目标，加快建设富裕文明新潍坊而努力奋斗！

（市政府办公室）

大事记

Dashiji

1月

4日 潍坊首支文化发展投资基金签约仪式在东方大酒店举行。这是潍坊市深化财政专项资金改革、市金融控股集团投入引导资金成立的第23支基金。

7日 潍坊市人民政府与深圳市灵狮文化产业集团在富华大酒店举行战略合作框架协议签约仪式，决定共同启动建设中国（潍坊）国家级创意设计产业综合集聚区项目，努力打造中国首个工业4.0产业园。市委副书记、市长刘曙光出席并在仪式前会见了深圳市灵狮文化产业集团董事长向帅兵一行。

14日 全市经济工作会议召开，深入学习贯彻中央和全省经济工作会议精神，总结2014年经济工作，分析当前经济形势，部署2015年经济工作。市委书记杜昌文，市委副书记、市长刘曙光出席会议并分别讲话。

15日 中国食品谷重点工作推进会举行。市委常委、副市长孙起生出席会议并讲话。

16日 中国工程院院士马克俭设立的山东首个院士工作站，在潍坊昌大建设集团举行揭牌仪式。

17日 市政府第一届顾问团成立暨第一次咨询会议在市级机关综合办公大楼召开。

18日 景芝酒机械化、自动化、信息化酿造技术荣获“第二届中国白酒科学技术大会十大优秀科技成果”奖。景芝酒业副总经理赵德义、来安贵分别荣获“中国白酒大师”和“中国白酒工艺大师”称号。

20日 市委召开2014年县（市、区）委书记抓基层党建工作述职评议会议，市委书记杜昌文主持会议并作点评。

21日 全省2014年度人口计生目标管理责任年终考核（潍坊）反馈会在东方大酒店举行。

同日 市委理论学习中心组暨全市领导干部理论学习辅导报告会在市级机关综合办公大楼举行。国务院参事室特约研究员、中国统计学会副会长、著名经济学家姚景源应邀作主题辅导报告。

同日 国家税务总局党组副书记、副局长解学智率调研组到潍坊，重点就公务员平时考核数据化管理试点工作进行调研。

22日 寿光市孙家集街道三元朱村党支部书记王乐义荣获第五届山东省省长质量奖。

同日 市委召开农村工作领导小组全体成员会议，传达学习中央和全省农村工作会议精神，对2015年全市农业、农村工作的主要任务和思路举措进行了讨论谋划。

24日 市委副书记、市长、市提升市区领导小组组长刘曙光主持召开提升市区领导小组第六次会议，听取了市提升办、主题活动指导办及各区、开发区有关工作汇报，研究部署2015年工作。

26日～31日 中国人民政治协商会议第十一届山东省委员会第三次会议在山东会堂举行。潍坊市35名省政协委员有34人参加会议。

1月27日～2月1日 山东省第十二届人民代表大会第四次会议在山东会堂举行。潍坊代表团77人参加会议。28日下午，省委书记、省人大常委会主任姜异康参加潍坊代表团审议。

同月 潍坊市虞河上游湿地（虞舜公园）综合整治工程和寿光市城市绿荫系统建设项目工程荣获2014年度“中国人居环境范例奖”。

2月

1日 《潍坊市“两河”流域保护与区域开发利用总体规划》获得通过。

4日 市委书记杜昌文在市级机关综合办公大楼会见中国科学院地理科学与资源研究所院士、副所长周成虎一行。周成虎一行到潍坊主要就智慧城市建设、地理信息产业园规划及信息产业化等进行实地调研。

同日 市政协十二届十五次常委会议在市级机关综合办公大楼召开。会议审议通过了关于召开市政协十二届四次会议的决定、议程、日程安排以及委员分组名单、联组发言分组名单、各组召集人名单、执行常委名单，审议通过了十二届市政协常务委员会工作报告和提案工作报告、市政协反映社情民意信息工作报告、其他专门委员会工作报告（书面）和有关人事事项，审议了市政协2015年度协商工作计划（草案）。

同日 潍坊市召开党风廉政建设和反腐败工作情况通报会。市委常委、市纪委书记李在武向市各民主党派、工商联主要负责人和无党派代表人士通报了全市党风廉政建设和反腐败工作情况。

6日 市纪委十一届七次全会召开，学习贯彻十八届中央纪委五次全会和省纪委十届六次全会精神，总结2014年全市党风廉政建设和反腐败工作，研究部署2015年的工作任务。市委书记杜昌文出席会议并讲话。

同日 市委副书记、市长刘曙光在富华大酒店会见了到潍坊考察的深圳市灵狮文化产业集团董事长向帅兵一行。双方就潍坊国家级创意设计产业综合集聚区4.0产业园规划工作情况进行了深入探讨和交流。

同日 潍坊交通现代物流基地发展规划研究报告评审会在市级机关综合办公大楼举行，“交通现代物流基地发展规划研究”通过专家评审。

12日 省委常委、常务副省长孙伟到教育实践活动联系点寿光市，走访慰问城乡困难群众、困难企业、困难党员和老党员，并对寿光市党的群众路线教育实践活动整改落实“回头看”工作进行督促指导。

同日 市政府在市级机关综合办公大楼召开民主党派、工商联和无党派人士代表座谈会，征求对《政府工作报告》的意见建议。

13日 市委全面深化改革领导小组召开第四次会议，研究调整市委全面深化改革领导小组有关专项小组设置，讨论审议了《关于推进现代农业综合改革试点的实施意见》《潍坊市深化文化体制改革实施方案》等，研究部署2015年全面深化改革工作。

同日 赛伯乐投资集团有限公司与奎文区人民政府签订战略合作框架协议，打造“升级版”金融中心。

同日 市十六届人大常委会第二十二次会议在市文化艺术中心大剧院举行。

14日 市委书记杜昌文在市级机关综合办公大楼会见了省政府副秘书长、省第七批援藏干部领队，日喀则地委副书记、行署常务副专员赵志远和返潍汇报工作的潍坊市第五批援藏干部代表，并同大家进行座谈。

1月26日～3月1日 中国人民政治协商会议第十二届潍坊市委员会第四次会议在富华国际会议中心举行。中共潍坊市委书记杜昌文，市委副书记、市长刘曙光，市人大常委会党组书记、第一副主任胡岗，市委副书记王献玲等出席大会。

1月27日～3月2日 潍坊市第十六届人民代表大会第四次会议在市文化艺术中心大剧院举行。市委书记、市人大常委会主任杜昌文主持并宣布大会开幕。市长刘曙光代表潍坊市人民政府向大会作《政府工作报告》。

28日 在中央文明委召开的全国精神文明建设工作表彰暨学雷锋志愿服务大会上，潍坊市以地级市第二名的优异成绩荣获第四届“全国文明城市”称号。市委书记杜昌文参加会见和表彰大会。同时，潍坊市还荣获第四届“全国未成年人思想道德建设工作先进城市”称号。

3月

6日 破解企业融资难、融资贵，支持实体经济发展座谈会在市级机关综合办公大楼召开。市委书记杜昌文出席会议并讲话。

同日 全市妇女创业、创新、创优行动大会在市级机关综合办公大楼召开。市委副书记王献玲出席会议并讲话。

17日 北京潍坊商会会长、光合园林股份有限公司董事长王明荣一行到潍坊市考察投资环境，对接滨海区、高新区有关招商项目。

同日 全市“两河”（潍河、弥河）流域防洪安全和水资源开发利用调度会议在峡山区召开。市委副书记、市“两河”开发领导小组组长王献玲，副市长、市“两河”开发领导小组副组长夏芳晨出席会议。

同日 全市深入推进政府权力清单制度暨编制政府责任清单工作会议在市级机关综合办公大楼召开。市委常委、常务副市长邹庆忠出席并就抓好相关工作作了安排和部署。

同日 市委副书记、市长刘曙光在市级机关综合办公大楼会见了美国能源与交通创新中心、美中清洁技术中心总裁安锋一行。双方就加快推动双方在中美低碳生态试点城市建设、节能环保产业发展、产业基金设立等方面的合作项目落地进行了深入探讨和研究。

17日～18日 全省流域水污染防治和生态环境保护工作会议在潍坊市召开。副市长于永生到会致辞。

20日 市政协十二届十七次常委会议在市级机关综合办公大楼召开。市政协主席崔建平、副主席刘伟分别主持会议。

24日 济青高铁建设工作推进协调会议在市级机关综合办公大楼召开。会上，市政府与沿线各县（市、区）、市属开发区签订了征地拆迁目标责任书。

25日～26日 全省关工委工作会议在潍坊市召开，省关工委主任高新亭出席会议并讲话，市关工委主任赵兴涛作典型发言。

31日 市委全面深化改革领导小组召开第五次会议，市委书记、市委全面深化改革领导小组组长杜昌文主持会议并讲话。

4月

2日 新华社总编辑、党组副书记何平到寿光市，就服务型党组织建设、基层民主自治和现代农业等情况进行调研。

同日 国家统计局总经济师李晓超一行到潍坊市就一季度经济走势进行调研。

同日 海洋科技大学园运营投资机制创设和规划建设工作调度会议在滨海区召开。

同日 潍坊市规划委员会2015年第一次会议在市级机关综合办公大楼召开。市委副书记、市长、市规划委员会主任委员刘曙光主持。

同日 国际资本与潍坊合作对接会在富华大酒店召开。市委副书记、市长刘曙光讲话。

8日～9日 全国妇联副主席、书记处书记崔郁一行到潍坊调研。

10日 省编办主任刘维寅一行到潍

坊市调研经济发达镇行政管理体制改革试点工作。

同日 全市“两河”流域生态建设暨南部山区保护开发专项调度会议在临朐县召开。

14日 中国文物保护基金会社会文物专项基金管理委员会山东工作站挂牌仪式暨古陶瓷高峰论坛新闻发布会在齐鲁酒地举行。市委常委、宣传部部长初宝杰为工作站成立揭牌。

15日 大连港集团有限公司与市港航局及潍坊森达美港有限公司战略合作协议签约仪式在富华大酒店举行。

16日 省委常委、宣传部部长孙守刚到潍坊市就加强基层宣传思想文化工作进行调研。

17日 市委副书记、市长刘曙光在富华大酒店会见了到潍坊参加2015外交使节潍坊行活动的俄罗斯驻华大使馆公使衔参赞陶米恒等嘉宾一行。

同日 全国书画名家展示馆揭牌暨全国书画名家精品展开幕仪式在十笏园文化街区举行。中国文联副主席、中国美术家协会主席刘大为致辞。

同日 潍坊产品北美市场推介会在东方大酒店举行。市委常委、副市长孙起生出席并致辞。

同日 潍坊银监分局举行“全国文明单位”揭牌仪式，山东银监局局长陈育林和副市长夏芳晨出席揭牌仪式并共同揭牌。

17日～23日 第五届中国画节•首届中国（潍坊）民间艺术博览会•中国（潍坊）第八届文化艺术展示交易会在鲁台会展中心举行。本届中国画节•民博会•文展会共有约48.5万人次到现场参观，总交易额达8.5亿元。

18日 第三十二届潍坊国际风筝会在浮烟山国际风筝放飞场开幕。国家体育总局副局长、国际风联主席冯建中宣布开幕，副省长王随莲致辞，市委副书记、市长刘曙光主持。本届风筝会安排了风筝类、经贸招商类、文化类16项重点活动。

同日 潍坊蓝色智谷开园暨清华科技园潍坊启迪创业孵化器入驻仪式在高新区潍坊蓝色智谷西广场举行。

20日 第十六届中国（寿光）国际蔬菜科技博览会在寿光国际会展中心开幕。副省长赵润田出席并启动开幕式水晶球，市委副书记、市长刘曙光出席并致辞。本届菜博会总展览面积45万平方米，其中室内16万平方米，设11个展馆（厅）和蔬菜博物馆、采摘园及广场展位区，共展示菜果品种2000多个，新增品种200多个，新技术100多项，新模式30多种。

同日 第三十二届潍坊国际风筝会潍坊市投资合作对接会在富华国际会议中心举行。对接会上，对22个投资过亿元的招商项目进行了集中签约，签约项目涉及总投资额177亿元。

21日 全国政协副主席、全国工商联主席王钦敏率领调研组，到潍坊市就“民营企业走出去”问题进行专题综合调研。

22日 全市组织部长会议在市级机关综合办公大楼召开，传达学习市委书记杜昌文在市委常委会听取全国、全省组织部长会议精神汇报后的讲话，安排部署下步工作任务。

同日 峡山生态经济开发区获山东省政府正式批复，成为全省首个生态经济开发区。

23日 潍坊市政府与中国海洋大学签署市校战略合作协议，携手建立市校合作发展新模式。市委书记杜昌文、中国海洋大学党委书记孙也刚出席签约仪式并致辞，副市长王桂英与中国海洋大学副校长李巍然代表双方签约。

同日 “爱我潍坊”首届潍坊大学生风筝知识电视大赛在潍坊电视台演播厅举行。

27日 全省工业经济运行座谈会在高密市召开。副省长于晓明出席会议并讲话，市委副书记、市长刘曙光陪同参加有关活动并致辞，市委常委、常务副市长邹庆忠作交流发言。

同日 中国社会科学院、中国地方志指导小组办公室国情调研临朐基地揭牌仪式在临朐县朐山文会阁广场举行。副省长王随莲、中国地方志指导小组办公室党组书记赵芮等出席仪式并为基地揭牌。副市长王桂英主持仪式。

28日 2015年庆祝“五一”国际劳动节暨表彰全国劳动模范和先进工作者大会在北京人民大会堂隆重举行。潍坊市的张敏之（潍柴重机股份有限公司滨海铸造厂车间主任、工程师）、康胜武（盛瑞传动股份有限公司壳体维修钳工）、杨守伟（潍坊市儿童福利院护理员）、姜滨（歌尔声学股份有限公司董事长、工程师）、韩爱娥（潍坊千业色纺有限公司班长）、东庆德（安丘市庆德线路维修队队长）、张宜宗（高密市夏庄镇张家官庄二村党支部书记）、杨明（寿光蔬菜产业控股集团董事长、经济师）被授予全国劳动模范；李树国（诸城市人民医院党委书记、院长、主任医师）、赵桂霞（潍坊广文中学校长、中学高级教师）、王新杰（潍坊市公安局刑警支队第六大队副大队长）被授予全国先进工作者。

29日 全市食品安全暨创建国家食品安全城市工作会议召开。市委副书记、市长刘曙光出席会议并讲话。会上，市政府与各县（市、区）、市属各开发区签署了2015年度食品安全责任书，部分单位作了交流发言。

同日 市十六届人大常委会第二十三次会议在市文化艺术中心大剧院举行。市人大常委会党组书记、第一副主任胡岗，党组副书记、副主任刘明珂分别主持会议。

5月

6日 市委副书记、市长刘曙光主持召开产业人力资源需求与培养引进对接座谈会，了解全市人才供求情况，征求意见建议，研究做好下步工作的措施、办法。

同日 市综合保税区、港口经济区（潍坊港）、中国食品谷三区联动发展工作推进会议在市级机关综合办公大楼举行。

7日 市委副书记、市开发“两

河”领导小组组长王献玲在市级机关综合办公大楼主持召开“两河”流域综合开发调度会议，专题研究今明两年“两河”流域综合开发重点工作。

7日～8日 山东省在昌邑市组织开展了军地联合、省市联动、多部门协同配合的大型地震应急救援综合演练活动。

8日 市委书记杜昌文主持召开市委常委会，集体学习中共中央、国务院《关于加快推进生态文明建设的意见》，研究贯彻落实意见。

同日 潍坊电网（特高压）工程建设工作会议在市级机关综合办公大楼召开。市委常委、常务副市长邹庆忠出席会议并讲话。

11日 市委在市级机关综合办公大楼举办“三严三实”专题教育党课，正式启动全市县处级以上领导干部“三严三实”专题教育。市委书记杜昌文为全市领导干部讲“三严三实”专题教育党课。

12日 潍坊市在市级机关综合办公大楼组织收看全国推进简政放权、放管结合职能转变工作电视电话会议。

13日 潍坊城市发展基金签约暨平安银行潍坊分行开业捐赠仪式在富华大酒店举行。市委副书记、市长刘曙光在仪式前会见了平安银行总行副行长吴鹏一行。仪式上，市政府与平安银行签订了潍坊城市发展基金战略合作协议，平安银行潍坊分行还将开业节省的10万元资金全部捐赠给潍城区一所小学。

14日 全国政协常委、副秘书长，致公党中央常务副主席、致公党中央医药卫生委员会主任蒋作君率队到潍坊就“互联网医疗发展情况”进行专题调研。

同日 《潍坊市域2049战略发展规划》暨《潍坊市域空间功能布局规划》编制工作动员会议在市级机关综合办公大楼召开。

14日～15日 省委常委、省纪委书记李法泉一行到青州市，就深入贯彻中央纪委和省纪委全会部署，严肃查处发生在群众身边的“四风”和腐败问题进行调研。

15日 省委书记姜异康专程到联系点昌乐县调研。他强调，在经济新常态下，企业要积极应对经济下行压力，坚持创新驱动发展战略，加快技术改造和科技研发，在转型升级上争取主动、走出新路。

18日 蒙古国政府采购大型农业机械项目在福田雷沃重工厂区发车。市委常委、副市长孙起生出席并讲话。此次福田雷沃重工获得蒙古国价值1亿元项目订单。

20日 市委书记杜昌文主持召开市委常委会议，传达学习省委书记姜异康在昌乐县调研时的讲话精神，研究贯彻落实意见。

同日 市委副书记、市长刘曙光在东方大酒店会见了2015海外华商博士投资创业潍坊行代表团成员。市委常委、常务副市长邹庆忠参加会见。

21日 全国政协副主席卢展工率调研组在省政协副主席栗甲陪同下到潍坊，就“‘十三五’期间就业政策有关问题”进行调研考察。

同日 市委副书记、市开发“两河”领导小组组长王献玲主持召开潍河流域市区段综合开发工作调度会议，专题研究今明两年的重点工作，推动“两河”开发重点任务措施的落实。

同日 省委副书记、省长郭树清到高密市就企业发展、经济运行等进行调研。

22日 市委常委、常务副市长邹庆忠在市级机关综合办公大楼主持召开“十三五”规划编制调度会议。

25日～26日 潍坊市举行专题研讨班，深入学习习近平总书记在省部级主要领导干部专题研讨班上的重要讲话精神，坚定不移地把全市各项工作全面纳入法治化轨道。市委书记杜昌文作辅导报告，市委副书记、市长刘曙光作总结讲话，市委副书记王献玲主持结业式。

26日 中国食品谷开发建设推进会议召开。市委副书记、市长刘曙光出席会议并讲话。

同日 全市立法筹备工作领导小组第一次会议召开，对潍坊市立法筹备工作进行安排部署。市委副书记、市立法筹备工作领导小组组长王献玲主持会议并讲话。

27日 市法学会行政法学研究会成立大会暨国有土地上房屋征收与补偿法律适用问题研讨会议召开。市委常委、政法委书记苏立科出席会议并讲话。会议选举产生了市法学会行政法学研究会第一届理事会领导机构，高成勇当选第一任会长。

同日 《潍坊市现代农业示范基地和品牌农业发展规划（2015—2020）》通过专家评审。《潍坊市现代农业示范基地和品牌农业发展规划（2015—2020）》全面系统分析了规划区的资源环境条件、产业发展基础、存在问题及机遇和挑战，提出了“一个主题、一条主线、一个基础、一个平台、一条路径、五项支撑”的“515”发展思路。

28日 水利部在潍坊市召开全国农村饮水安全工作现场会议。水利部副部长李国英、副省长赵润田出席会议并讲话，市委书记杜昌文，市委副书记、市长刘曙光出席会议。

同日 山东省暨潍坊市第十二届社会科学普及周活动在山东畜牧兽医职业学院开幕。省政协常委、社会和法制委员会主任高存山出席活动并作“依法治国，建设社会主义法治国家的几个问题”专题讲座。

29日 水利部副部长李国英到潍坊市督导检查胶东调水工程宋庄分水闸、峡山水库增容工程等重点水利工程。市委书记杜昌文陪同。

同日 潍坊市首个“五星级山东省科普教育基地”在诸城恐龙国家地质公园挂牌。

30日 北大潍坊燕园科技园在潍坊蓝色智谷开园运营。北京大学原党委副书记、北京大学校友会常务副理事长王丽梅，市委副书记、高新区党工委书记王献玲出席开园仪式。

本月 临朐县档案馆保管的“解放战争时期临朐支前《军鞋账》”被国家档案局公布为第四批《中国档案文献遗产名录》，成为潍坊市首个获批的中国档案文献遗产。

6月

1日 马石油润滑油二期项目在经济区举行开工仪式。市委常委、常务副市长邹庆忠在市级机关综合办公大楼会见了马石油润滑油国际集团全球首席运营官埃锐克一行。双方就推动项目建设和深化更高层次的合作发展进行了探讨和交流。

2日 市政府在市级机关综合办公大楼召开“6+6”现代制造业重点项目银企合作对接会。市会上，23家银行与企业签订了授信协议，授信金额达53.4亿元。

3日～4日 市委副书记、市长刘曙光带领有关县（市、区）和市直部门的主要负责人赴天津市，学习考察行政审批制度改革、城市规划建设、项目建设、开发区发展等方面的工作。

9日 市委书记杜昌文在山东畜牧兽医职业学院会见了到学院调研的省农业厅厅长王金宝一行。

同日 白浪绿洲生态旅游带建设动员会议在市级机关综合办公大楼召开。副市长夏芳晨出席会议并讲话。

10日 省总工会党组书记、常务副主席刘赞杰一行到潍坊市调研工会创新创业及班组建设等工作。市政协副主席、市总工会主席吴建民陪同调研。

11日 部分全国人大代表到潍坊视察法院工作，详细了解全市法院多元化纠纷解决机制等工作情况。省高院党组副书记、副院长侯建军等陪同视察。

同日 “印象潍坊”文化产业电商平台上线仪式在潍坊软件园举行。市委常委、宣传部部长初宝杰为平台揭牌。

12日 国土资源部党组成员、中央纪委驻国土资源部纪检组长赵凤桐一行在国家土地督察济南局局长赵龙等陪同下到潍坊调研。

同日 市政协在市级机关综合办公大楼召开村镇历史文化遗存保护与利用专题研讨会议。市政协主席崔建平出席会议并讲话，副市长夏芳晨出席并代表市政府发表了意见。

16日 首届中国（潍坊）古陶瓷文化节在安丘齐鲁酒地中国古陶瓷小镇——青龙小镇开幕。

17日 受市委委托，市委统战部在市级机关综合办公大楼召开党外人士情况通报会，向市各民主党派、工商联负责人和无党派人士代表通报中央统战工作会议和《中国共产党统一战线工作条例（试行）》精神。市委常委、统战部部长张小梅出席会议并讲话。

18日 市委副书记、市长刘曙光在市级机关综合办公大楼主持召开创新驱动座谈会，研究探讨下步潍坊市创新驱动发展的方向重点、关键问题、战略举措。

同日 全市文化产业工作现场会议在潍城区召开。省委宣传部副巡视员孙杏林出席会议，市委常委、宣传部部长初宝杰出席会议并讲话。

19日 市委副书记、市长刘曙光在市级机关综合办公大楼主持召开构建现代产业体系工作调度会议。

22日 第二十一届鲁台经贸洽谈会两岸文化创意产业合作研讨会在台北市圆山大饭店举行。中国国民党副主席黄敏惠，旺旺中时传媒集团副董事长胡志强，文化产业与博物馆专家黄光男，国民党中评会主席团主席、薇阁文教公益基金会董事长李传洪，威京总部集团主席沈庆京，山东省及潍坊市领导于晓明、刘曙光、孙起生等出席研讨会。

23日 由潍坊市人民政府主办，台湾工业总会、海商会协办的“中国食品谷·（台北）食品产业发展对接会”在台北市举办。

24日 市委理论学习中心组辅导报告会暨市十六届人大常委会第七次法制讲座在市工人文化宫举行，全国人大常委会法制工作委员会国家法室副处长王正斌就《中华人民共和国立法法》的修改及对地方立法制度的影响作专题辅导报告。

24日～25日 全市乡村文明行动城乡环卫一体化工作现场推进会议召开。市委副书记王献玲，市委常委、宣传部部长初宝杰出席会议并讲话。

26日 市十六届人大常委会第二十四次会议在市文化艺术中心大剧院举行。市人大常委会党组书记、第一副主任胡岗，党组副书记、副主任刘明珂分别主持会议。会议分组审议了有关报告。

29日 国家税务总局局长王军就“数字人事”试点工作开展情况到潍坊市进行专题调研。市委书记杜昌文、副市长潘强陪同参加有关活动。

7月

1日 滨海海洋经济新区重点工作重大项目推进会议在滨海区创业大厦召开。市委书记杜昌文出席会议并讲话。会议通报了滨海海洋经济新区建设情况，听取并研究了有关重点工作、重大项目推进情况和下步措施。

1日～5日 由潍坊市联合中国日报社和亚洲新闻联盟组织的“境外媒体聚焦魅力潍坊”采访团到潍坊市进行采访和宣传推介。

2日 省交通厅副厅长于洪亮带领省双拥模范城（县）年度考评组，到潍坊市检查考评双拥模范城创建工作。市委书记杜昌文主持汇报会，副市长潘强汇报全市双拥工作情况。

同日 市政协十二届十八次常委会议在富华国际会议中心召开。市政协主席崔建平、副主席刘伟分别主持会议。

同日 潍坊市在富华国际会议中心举办了加快发展现代保险服务业形势报告会。中国保监会山东监管局党委书记、局长孙建宁应邀作了题为《贯彻落实“保险新国十条”、助推地方经济社会发展》的专题报告。

8日 中日韩产业博览会筹备工作

推进会议在东方大酒店召开。中国国际商会会展部部长郭英会出席会议并介绍了招展、招商等情况。会后，中国国际商会会展部与潍坊市签署了中日韩产业博览会招展、招商协议。

9日 市委副书记、市长刘曙光主持召开上半年经济形势分析座谈会，听取上半年经济运行情况汇报，分析存在问题和当前经济形势，研究做好下半年经济工作的思路措施。

同日 全市司法和社会治理体制改革专项小组工作调度会议在市级机关综合办公大楼召开。市委常委、政法委书记苏立科出席会议并讲话。

同日 全省公安涉法涉诉信访工作改革暨“抓打强促”活动现场推进会议在潍坊召开。省公安厅副厅长、纪委书记任建军，副市长、市公安局局长于永生出席会议。

10日 继清华科技园潍坊启迪之星孵化器、北大潍坊燕园科技园相继成功开园之后，潍坊蓝色智谷三大创新“航母”之一——中科创新园正式开园运营。中国科学院原副院长杨柏龄，中国科学院北京分院副院长李静，市委副书记、市长刘曙光出席开园仪式。

同日 北汽福田汽车股份有限公司欧辉客车潍坊属地化生产项目暨国开新能源科技有限公司光伏发电项目签约仪式在潍坊举行。市委常委、常务副市长邹庆忠出席仪式并致辞。

13日 市委副书记、市长刘曙光主持召开座谈会，专题研究解决部分企业发展中遇到的困难和问题。

同日 市政府与中国银行山东省分行战略合作协议签约仪式在东方大酒店举行。仪式上，中国银行潍坊分行还分别与寿光市政府、山东豪迈集团签署了有关合作协议。

同日 “走进万印楼”当代国际篆刻名家邀请展开幕式在十笏园文化街区举行。全国政协常委、中国书法家协会副主席、篆刻专业委员会主任苏士澍，市委常委、宣传部部长初宝杰参加开幕式。

14日 引黄入白工程进行试通水。上午，市委书记杜昌文专程到引黄入白工程禹王台泵站现场查看试通水情况。

15日 全市卫生和计划生育工作会议在市级机关综合办公大楼召开。会上，市委书记杜昌文代表市委、市政府与有关县（市、区）、市直部门签订了2015年度人口目标管理责任书，并就做好人口计生工作发表了意见。

同日 全市“两河”流域综合开发推进会议在市级机关综合办公大楼召开。

20日 市委全面深化改革领导小组在市级机关综合办公大楼召开第六次会议，贯彻落实中央和省委全面深化改革领导小组会议精神，调度2015年中央和省委部署的改革任务在潍坊市贯彻落实情况、市委全面深化改革领导小组确定的12项年度重点改革事项进展情况。市委书记、市委全面深化改革领导小组组长杜昌文主持会议并讲话。

同日 市委常委、宣传部部长初宝杰在市级机关综合办公大楼会见了中国电影出版社社长宋岱一行。双方就电影《终极胜利》和纪录片《被遗忘的潍县集中营》的拍摄和后续工作进行了深入探讨。

22日 由山东省委宣传部、潍坊市委宣传部和寿光市委宣传部联合摄制的主旋律影片《王伯祥》，在济南南郊宾馆举行首映式。

23日 市委书记杜昌文在东方大酒店会见了大众报业集团党委书记、董事长、总编辑傅绍万一行，向客人介绍了潍坊市坚定不移打好经济下行阻击战，坚持解决突出问题和建立长效机制相统一的思路、举措和成效。

23日～24日 全国政协常委、提案委副主任、九三学社中央副主席赖明率九三学社中央调研组到潍坊，就土地规模经营与农业现代化和粮食安全课题进行调研。

25日 潍坊港、港口经济区和甩挂物流园规划论证与工作调度会议在市级机关综合办公大楼召开。市委常委、副市长孙起生出席会议并讲话。

28日～29日 日照市人大常委会党组书记、第一副主任黄金华等住日照市省人大代表一行18人，组成省人大代表专题调研组，到潍坊市就“完善老年人社会保障机制、加快养老服务体系建设”情况进行专题调研。

本月 美国《财富》杂志中文网发布2015年中国企业500强排行榜，潍坊市3家企业入选，分别是潍柴动力（排名第70位）、晨鸣纸业（排名第266位）、歌尔声学（排名第365位）。

8月

3日 全市“三八六”环保行动调度会议在市级机关综合办公大楼召开。市委书记杜昌文主持会议并讲话，市委副书记、市长刘曙光安排下步工作任务，市委常委、常务副市长邹庆忠通报全市“三八六”环保行动进展情况。

同日 潍坊机场临时对外开放项目获得国家口岸管理办公室正式批复，同意由国内航空公司执飞国际航线，时间为2015年9月15日至2016年2月15日。

3日～5日 市委副书记、高新区党工委书记王献玲带队赴北京，先后到中国机械科学研究总院、中科曙光、中央美术学院对接洽谈项目。

4日 全市治理淘汰黄标车工作现场推进会在安丘市召开。副市长于永生出席推进会。

6日 全省危险化学品重点县（市、区）主要负责人安全生产谈心对话会在富华大酒店召开。副省长张务锋讲话，市委副书记、市长刘曙光，市委常委、常务副市长邹庆忠出席会议。

7日 第四届中国创新创业大赛（山东赛区）暨启迪之星2015创业营山东站决赛高峰论坛在高新区举行。科技部火炬中心主任张志宏，市委副书记、市长刘曙光分别致辞。

同日 市政协主席崔建平在市级机

关综合办公大楼会见了波兰PMT公司董事长Mr. Andrzej Salamon（沙拉蒙）一行。双方就食品、农产品生产技术以及加强地区间友好合作进行了深入交流。

同日 提升市区工作调度会议在市级机关综合办公大楼召开，会议总结2014年以来提升市区工作情况，研究部署下步工作任务。市委副书记、市长刘曙光出席会议并讲话。

8日 包含电脑端、手机WAP和手机APP三种模式的“有机汇”电子商务平台在峡山区正式上线运营。国务院参事葛志荣，国务院参事室特约研究员张玉香，国家认监委副主任王大宁，市委常委、副市长孙起生等出席启动仪式。

12日 全省创新立体化社会治安防控体系建设现场会在潍坊市召开，研究部署深化创新立体化社会治安防控体系建设的任务措施。省委常委、政法委书记张江汀出席会议并讲话，副省长张务锋主持会议。

13日 全省法院多元化纠纷解决机制改革工作经验交流会在潍坊市召开。省委常委、政法委书记张江汀会前作出批示；省高级人民法院院长白泉民出席交流会并讲话，市委书记杜昌文出席并致辞，市中级人民法院院长姜树政出席会议。

18日 省委副书记、省长郭树清率领山东省党政代表团，到西藏自治区南木林县实地检查潍坊市对口援藏工作。市委常委、常务副市长邹庆忠随同检查并汇报潍坊市对口支援南木林县工作开展情况。

18日～26日 应联合国教科文国际民间艺术组织，意大利贝西托市政府，波兰奥尔什丁市政府、市议会的邀请，市政协主席崔建平率领潍坊市代表团赴意大利、波兰进行了交流合作洽谈。

20日 全省精神文明建设工作表彰大会在济南召开，省委书记姜异康，省委副书记、省长郭树清，省政协主席刘伟，省委副书记龚正等出席会议。市委书记杜昌文代表潍坊市领取“全国文明城市”奖牌并作大会交流发言，市委常委、宣传部部长初宝杰代表潍坊市领取“全国未成年人思想道德建设工作先进城市”奖牌。

21日 潍坊港综合客运枢纽中心项目在潍坊滨海开工，总投资6.5亿元。项目集公水联运、城市对外客运、城市公交、出租和社会车辆接驳于一体，具备运输组织管理、生产服务、客运信息服务、生产生活辅助服务和管理办公等基本功能。其中，一期工程包括客运中心、办公楼、公寓楼等项目，主体工程预计2016年6月竣工。

24日～25日 全国总工会副主席、书记处书记李世明率国家职业病防治规划督查组一行到潍坊督查指导工作。

27日～28日 潍坊市十六届人大常委会第二十五次会议在市文化艺术中心大剧院举行。会议分组审议、评议了有关报告、意见和条例草案。市人大常委会党组书记、第一副主任胡岗，副主任王卫东分别主持会议。

28日 由潍坊市人民政府和中科院科技促进发展局共同举办的中国（寿光）生物基材料产业发展研讨会在寿光市召开。市委常委、常务副市长邹庆忠出席会议并讲话。

同日 省委书记姜异康到潍坊市围绕研究制定省委关于“十三五”规划建议开展调研，并与潍坊部分县（市、区）委书记就牢固树立安全发展理念、抓好安全生产工作进行谈话。

31日 潍坊龙威渔港开港、潍坊中心渔港和潍坊海恒威渔港开工仪式举行。市委书记杜昌文出席仪式并宣布渔港开港开工。

9月

1日～2日 在纪念中国人民抗日战争暨世界反法西斯战争胜利70周年纪念日来临之际，市委书记、市人大常委会主任杜昌文，市政协主席崔建平，市人大常委会党组书记、第一副主任胡岗，市委副书记王献玲分别走访慰问了部分抗战老战士、老同志，代表市委、市政府向全市为抗战胜利做出巨大牺牲和贡献的先辈们致以崇高敬意。市领导孙明亮、林红玉参加走访。

4日 市委书记杜昌文专门组织召开抗旱供水调度会，分析全市水资源现状和供水形势，安排部署当前和今后一个时期的抗旱供水工作任务。市委常委、秘书长孙明亮参加会议。

6日 潍坊文化产权交易中心入驻蓝色智谷暨燕园东方文化资源交易平台启动仪式在北京大学潍坊燕园科技园举行。市委副书记、高新区党工委书记王献玲，市委常委、宣传部部长初宝杰出席仪式。

8日 市政府与齐鲁石化公司关于山东化工职业学院移交框架协议签字仪式在滨海区举行。副市长、滨海区党工委书记王树华出席签字仪式。

8日～9日 由国务院发展研究中心农村经济研究部与山东省供销社联合举办的服务规模化与农业现代化理论与实践研讨会在高密市召开。中华全国供销总社党组副书记、理事会副主任李春生，国务院发展研究中心副主任张来明，全国人大农业与农村委员会委员蒋省三等领导和专家出席研讨会。

9日 潍坊市与中科曙光战略合作签约仪式暨中科曙光（潍坊）大数据中心揭牌仪式在高新区举行。中科院党组成员、秘书长邓麦村，中科曙光总裁历军，市委书记杜昌文，市委副书记、高新区党工委书记王献玲，副市长潘强等出席签约仪式。

同日 国家统计局副局长郑京平带领调研组到潍坊市调研，召开企业经济形势座谈会，并到部分企业进行实地调研。市委书记杜昌文会见了调研组一行。

12日 2015国际风筝冲浪大满贯赛暨第七届潍坊滨海国际风筝冲浪邀请赛在滨海旅游度假区开幕，赛事为期4天。

16日～18日 省教育厅厅长左敏带

领省政府第七督查组到潍坊，对安全生产大检查、“打非治违”和专项整治工作进行督查。

17日 全市抗旱工作专题调度会召开，主要是分析当前旱情，研究抗旱措施，科学组织，全面动员，确保打好打胜抗旱节水攻坚战。市委书记杜昌文在会上与各县（市、区）、市属各开发区主要负责人签署抗旱“三保”责任书。

19日 中国（山东）首届房车露营大会暨露营地BOT模式研讨会在白浪河露营地举行。会上，潍坊市白浪河露营地被授予“国家标准露营地试点”称号并挂牌。

20日 由国土资源部土地整治中心与德国汉斯•赛德尔基金会联合举办的土地整治与农村发展研讨会在青州开幕。国土资源部副部长王世元、副省长王书坚分别致辞，副市长潘强出席会议。

21日 2015中国（昌邑）北方绿化苗木博览会、第二十届中国园林花木信息交流会在昌邑市绿博园开幕。全国绿化委员会副主任赵树丛、副省长赵润田为开幕按动启动球，国家林业局总工程师封加平致辞，市委书记杜昌文陪同参加有关活动。

同日 省委常委、政法委书记张江汀到潍坊市调研司法体制改革及法学会工作。市委副书记、市长刘曙光，市委常委、政法委书记苏立科陪同参加有关活动。

同日 市委副书记、市长刘曙光在富华大酒店会见了北京大学现代农学院院长邓兴旺和以色列特拉维夫大学生命科学院院长丹尼一行。

23日 2015（首届）中日韩产业博览会在鲁台会展中心开幕。副省长王书坚宣布开幕，市委副书记、市长刘曙光出席博览会并致辞。本次博览会于23日～25日在鲁台会展中心举行，内容包括五大展区和七项配套活动。

同日 两岸设计力暨青年创业论坛在东方大酒店举行。中国工业设计协会常务副会长赵卫国，副市长、滨海区党工委书记王树华分别致辞；省委台办副主任曹晓武等在论坛上宣布“白鹿杯”工业设计大赛开幕。

24日 全国供销合作社农业社会化服务暨综合改革试点现场推进会在高密市召开。中华全国供销合作总社党组书记、理事会主任王侠出席会议并讲话，副省长赵润田出席并致辞，市委书记杜昌文，市委副书记、市长刘曙光出席或陪同参加有关活动。

同日 2015（首届）中日韩产业博览会合作项目签约仪式在富华大酒店举行。市委副书记、市长刘曙光出席签约，市委常委、常务副市长邹庆忠主持仪式。本次签约仪式共签约项目47个，总投资376.6亿元，其中外方投资320.17亿元。

25日 市委理论学习中心组暨全市领导干部理论学习辅导报告会在市级机关综合办公大楼举行，国防大学姜鲁鸣教授应邀就军民融合发展作专题辅导报告。市领导杜昌文、胡岗、张小梅、邹庆忠、孙起生、孙明亮、郝树东等出席报告会。

29日 市委全面深化改革领导小组召开第七次会议。市委书记、市委全面深化改革领导小组组长杜昌文主持会议并讲话，市委副书记、市长、领导小组副组长刘曙光，市委副书记、领导小组副组长王献玲出席会议。

同日 第十五届中国（青州）花卉博览交易会暨第九届山东省花卉交易会在青州开幕。

同日 第六届中国（高密）红高粱文化节在高密开幕。

30日 潍坊市烈士公祭仪式在市革命烈士陵园举行。驻潍部队首长张岩、郭晓东，潍坊军分区司令员万伟锋，市领导杜昌文、崔建平、胡岗、王献玲等出席公祭仪式；市委副书记、市长刘曙光主持公祭仪式。

同日 潍坊市首批“三证合一、一照一码”营业执照启动仪式在市政务服务中心举行。市委副书记、市长刘曙光，副市长潘强出席仪式。

同日 2015中国（诸城）大舜文化节暨明德•和融全国中国画名家邀请展在诸城开幕。中国文联副主席、中国美术家协会主席刘大为致辞并宣布开幕。

同日 进口商品直营中心韩国馆在综合保税区开业。

本月 潍坊市获批国家知识产权区域布局试点城市。

10月

7日 市委书记杜昌文到昌乐县、临朐县调研抗旱秋种和精准扶贫工作。

8日～9日 省工商局党组书记、局长杨宜新一行就国家广告产业园区建设、公平交易执法、“三证合一、一照一码”登记制度落实情况到潍坊调研。

10日 市委副书记、市长刘曙光在富华大酒店会见了到潍坊参观考察的中国进出口银行行长助理兼山东省分行行长李健一行。

同日 市十六届人大常委会第二十六次会议在市文化艺术中心大剧院举行。市人大常委会党组书记、第一副主任胡岗，副主任王卫东分别主持会议。

同日 潍坊市科技馆开馆。市委副书记王献玲宣布开馆运行，市委常委、副市长孙起生出席开馆仪式。

11日 省司法厅党委书记、厅长王本群带领全省司法行政系统平安和谐发展（东片）现场观摩会的与会人员到潍坊，对潍坊市司法行政工作进行现场观摩。

12日～13日 潍坊市工会第十四次代表大会在富华国际会议中心举行。市委书记杜昌文、省总工会副主席赵立群出席会议并讲话。吴建民当选为市总工会十四届委员会主席。

13日 潍坊市人大工作理论研究会成立大会在市级机关综合办公大楼召开。选举胡岗为潍坊市人大工作理论研究会理事长，张军、丁子信为副理事长，张军兼任秘书长。

同日 市政协十二届十九次常委会

议在市级机关综合办公大楼召开。市政协主席崔建平、副主席刘伟分别主持会议。

14日 在济南召开的第五届全省道德模范表彰大会上，潍坊市4人荣膺第五届全省道德模范，分别是：临朐县人民医院医师王骁宙、诸城市文化馆书法培训教师刘晓清被表彰为助人为乐模范，昌乐县乔官镇西莱园村村民滕桂兰被表彰为诚实守信模范，潍坊千业色纺有限公司纺二车间丙班班长韩爱娥被表彰为敬业奉献模范。

15日 市委书记杜昌文到滨海区检查调度重点工作、重点项目推进情况。

16日 中国（昌乐）国际宝石博览会在昌乐开幕。市委常委、副市长孙起生出席开幕式。本届博览会为期4天。

17日 潍坊市直机关第八届职工运动会在潍坊学院体育场开幕。市领导孙明亮、吴建民出席开幕式。市直机关68个部门和单位的1800余名运动员参加比赛。

18日 市委副书记、市长刘曙光主持召开经济形势分析座谈会，听取当前经济运行情况汇报，分析存在问题，研究下步工作措施。

19日 副省长夏耕率省直有关部门负责人到潍坊督查重点企业外贸工作。市委书记杜昌文，市委副书记、市长刘曙光，市委常委、副市长孙起生出席活动。

同日 “鸢都先锋•党建云平台”启用暨工作部署会议在市级机关综合办公大楼召开。市委常委、组织部部长林红玉出席会议并就做好下步相关工作作了部署安排。

19日～21日 全国工会女职工工作座谈会在潍坊市召开。全国总工会副主席、书记处书记、全总第六届女职工委员会主任范继英出席座谈会并讲话；省总工会党组书记、常务副主席刘赞杰，市委副书记王献玲出席座谈会并分别致辞。

19日～22日 潍坊市召开转型发展观摩交流会议，重点观摩各县（市、区）和市属各开发区2014年以来转型升级的新增长点。市委书记杜昌文，市委副书记、市长刘曙光，市人大常委会党组书记、第一副主任胡岗，市委副书记王献玲等参加会议。会议分现场观摩交流和集中评选、开会两个阶段进行。

20日 全市庆祝老年节大会在市级机关综合办公大楼召开。大会对第二届潍坊市“敬老文明号”、第二批“潍坊市孝德文化教育基地（示范点）”进行命名授牌，表彰第三届“潍坊市十大孝星”。

21日 省委副书记、省长郭树清就外经外贸等工作到潍坊调研，实地考察山东浩信集团有限公司、市开放型经济综合服务平台、雁阵实训基地、多语种外贸市场开拓孵化基地。

同日 省委常委、统战部部长吴翠云率调研组到潍坊，就潍坊市贯彻落实中央和省委统战工作会议精神情况进行调研。

同日 省人大常委会副主任、党组副书记才利民一行到潍坊市，就《山东省特种设备安全条例（草案修改稿）》进行立法调研。

21日～22日 省委政法委常务副书记丛大鸣一行到潍坊，就政法队伍建设和社会矛盾化解工作进行调研。

22日 全省油气管道安全工作现场会在潍坊召开。省油区办公室主任杨希珍、中石化管道公司副总经理张洪奎等出席会议。

23日 省政协副主席张传林带领省政协调研组，到基层联系点寿光市调研。市委书记杜昌文、市政协副主席孙忠礼陪同调研。

同日 “庆祝中国致公党成立90周年暨潍坊致公书画院成立——中国画都书画名家邀请展”在十笏园文化街区全国书画名家展示馆开展。致公党市委会主委、副市长王桂英致辞并为潍坊致公书画院揭牌。

24日 2015年异地潍坊商会联席会议在青州举行。市委常委、统战部部长张小梅，市政协副主席、工商联主席李传恒出席会议；北京、上海、广东、烟台、青岛5家异地潍坊商会代表参加会议。

29日 省委副书记龚正到潍坊市就现代农业发展、基层组织建设和企业转型升级等情况进行调研。

11月

2日 市委统战工作和民族工作会议召开。会议研究部署当前和今后一个时期潍坊市统战工作和民族工作，书面传达了中央、省委统战工作会议和民族工作会议精神。市委书记杜昌文出席会议并讲话。

同日 市委理论学习中心组暨全市领导干部理论学习辅导报告会在市工人文化宫举行。省委统战部副部长牟强应邀作报告，市委常委、统战部部长张小梅主持报告会。

3日 市委副书记、市长刘曙光主持召开市政府第五十四次常务会议，讨论制定进一步支持创新创业的政策，研究解决城镇普通中小学大班额问题，部署推进机关事业单位工作人员养老保险制度改革工作。会议还研究了市区及县（市）不动产登记职责和机构整合等事宜。

4日～5日 全省开发区转型升级创新发展现场观摩会在潍坊市召开。市委常委、副市长孙起生出席观摩会并致辞。

5日 引黄入峡工程进行联合试运行。市委书记杜昌文实地查看工程联合试运行情况，并对工程安全运行、配套工程建设、优化供水服务提出要求。

5日～6日 由检察日报社和省检察院联合主办的派驻基层检察室建设研讨会在寿光市召开。

6日 全市经济运行调度会议召开，主要总结前三季度全市经济运行情况，动员全市上下真抓实干，扎实推进各项工作，确保全面完成今年和“十二五”确定的各项目标任务。市委副书记、市长刘曙光出席会议并讲话。

10日 市委副书记、市长刘曙光主

持会议，专题听取全市概念性空间发展战略规划成果汇报，研究进一步提升完善规划工作。

同日 潍坊市人民政府与美国加州大学戴维斯分校合作备忘录签约仪式在富华大酒店举行。市委副书记、市长刘曙光在签约仪式前会见了世界著名植物生物科学家、美国科学院院士、加州大学戴维斯分校世界食品中心主任罗杰•比奇一行。

12日 市委全面深化改革领导小组召开第八次会议，市委书记、市委全面深化改革领导小组组长杜昌文主持并讲话，市委副书记、市长、领导小组副组长刘曙光，市委副书记、领导小组副组长王献玲出席会议。

同日 潍坊市举行学习贯彻党的十八届五中全会精神宣讲报告会，邀请省委宣讲团成员、省委组织部副部长、省人社厅厅长韩金峰作报告。

13日 市委副书记、市长刘曙光调度重大项目谋划工作，强调要深刻认识重大项目对于促进经济社会持续健康发展的重要意义，高质量、高水平做好项目的谋划、策划和包装工作，为全市明年及“十三五”时期实现更高层次新发展提供坚强保障。

14日 全市精神文明建设工作会议召开，表彰精神文明建设工作先进单位和先进个人，杜昌文、刘曙光、王献玲、初宝杰等领导出席会议并为受表彰代表颁奖。

同日 市委召开党的群团工作会议，深入学习贯彻习近平总书记重要讲话精神和中央、省委党的群团工作会议精神，研究推进全市群团工作的任务措施。市委书记杜昌文出席会议并讲话。

16日 市委副书记、市长刘曙光在东方大酒店会见了荷兰食品谷总经理范湖思、荷兰瓦赫宁根大学及研究中心中国首席代表刘珍一行。

同日 潍坊市“十三五”规划编制工作调度会召开。市委副书记、市长刘曙光强调，要以中共十八届五中全会精神为指引，坚持科学谋划，提高质量水平，科学谋划，制定好“十三五”规划，引领潍坊市在更高层次上实现新发展。

同日 省委第十一巡视组在坊子区召开专项巡视工作动员会。省委第十一巡视组组长黄沂民作动员讲话，对巡视工作进行了部署安排。

17日 全国政协办公厅信息联系点2015年工作座谈会在富华大酒店召开。省政协副主席孙继业出席座谈会并讲话，全国政协办公厅研究室副主任黄安理主持座谈会，市委副书记王献玲致辞。

18日 市委副书记、市长刘曙光现场调度国家食品安全城市创建工作。

19日 市委副书记、市长刘曙光主持召开市政府第五十五次常务会议，研究当前进一步促进稳增长、调结构的政策措施，深化商标品牌战略，促进快递服务业健康发展等工作。会议还研究了潍坊市政府重大行政决策合法性、合理性审查办法，实施城市规划提升工程和加强政务督查工作等事项。

同日 中国农产品暨国际品牌食品电子商务博览会在富华国际展览中心开幕。

同日 省委第十一巡视组在寒亭区召开专项巡视工作动员会。

20日 市委副书记、市长刘曙光在富华大酒店会见了平安银行行长邵平一行，双方就现代农业、产业基金、电子商务、现代物流、文化旅游、金融创新、医疗健康等方面合作进行了深入交流和探讨。

同日 以“拥抱‘互联网+’，开创农业品牌时代”为主题的第二届中国农产品电子商务大会在富华国际会议中心开幕。市委副书记、市长刘曙光，平安银行行长邵平等分别致辞。

23日 市委召开全市基层党建工作会议，进一步明确今后一个时期基层党建工作的目标任务，进一步落实各级党委的主体责任，整体推动全市基层党建工作再上新水平。市委书记杜昌文出席会议并讲话。

25日 自动变速器配套产业园企业入园签约仪式在盛瑞传动公司举行，江苏金润公司等4家配套企业集中签约。市委副书记、高新区党工委书记王献玲出席仪式。

27日 市委在市级机关综合办公大楼召开农村工作领导小组全体成员会议，市委副书记、市委农村工作领导小组组长王献玲出席会议并讲话。

同日 全省农村公路安全生命防护工程东部片区调度会在潍坊召开。副省长王书坚出席调度会并讲话。

28日 山东省3D打印与先进制造创新服务平台启动暨企业技术合作项目签约仪式在潍坊3D打印技术创新中心举行。中国机械工业联合会副会长、机械科学研究总院院长李新亚，科技部火炬中心副主任盛延林出席活动，市委副书记、高新区党工委书记王献玲出席活动并致辞。

12月

1日 市委召开常委会，传达学习省委十届十三次全体会议精神，研究贯彻落实意见。市委书记杜昌文主持会议。

4日 国家高新区创新驱动发展示范工程暨中国（潍坊）创新创业孵化示范基地建设工作推进会议在高新区举行。科技部火炬中心副主任杨跃承、山东信息通信技术研究院管理中心副主任于永信出席会议，市委副书记、高新区党工委书记王献玲讲话，副市长王桂英致辞。

5日 市委书记杜昌文到昌乐县调研，听取基层干部群众对全市“十三五”发展、全面建成小康社会以及精准扶贫的意见和建议，了解基层群众的生产生活需求，强调要按照“三严三实”要求，问需于民，问计于民，把党委、政府的工作做到群众心坎上。

7日 中共潍坊市委召开党外人士座谈会，就中共潍坊市委关于制定潍坊市国民经济和社会发展第十三个五年规划的建议听取各民主党派市委、市工商联负责人和无党派人士的意见。市委书记杜昌文主持座谈会并讲话，市委副书记王献玲，市委常委、统战部部长张小梅出席座谈会。

同日　市委副书记、市长刘曙光在东方大酒店会见了由东华软件股份公司董事长、中国智慧城市投资联合体轮值主席薛向东带队的中国智慧城市投资联合体成员单位客人一行，双方就加强智慧城市建设合作进行了座谈交流。

9日　市委副书记、市长刘曙光在富华大酒店会见了到潍坊参加第三届中日农业交流合作研讨会的日本经济团体联合会经济外交委员会企画部会长、住友化学株式会社常务执行董事清水祥之和中国日本友好协会副会长王秀云一行。

同日　市政协召开十二届二十次常委会议，围绕《中共潍坊市委关于制定潍坊市国民经济和社会发展第十三个五年规划的建议（征求意见稿）》进行了专题协商。市政协主席崔建平主持会议。

同日　由中国人民对外友好协会、中国日本友好协会、日本经济团体联合会举办，潍坊市人民政府承办的第三届中日农业交流合作研讨会在富华大酒店举行。

9日～11日　省综治委督导检查组到潍坊对2015年度综治暨平安建设工作情况进行督导检查。市委常委、政法委书记苏立科出席有关活动。

10日　市委副书记、市长刘曙光主持召开市政府第五十六次常务会议，安排部署安全生产、深化与世界500强合作、国有企业改革、经济责任审计、慈善事业发展、社会救助、构建公共文化服务体系等工作。

同日　山东省第七届网络舆情管理论坛在安丘市举行。省委宣传部副部长、省互联网信息办公室主任李建军，市委常委、宣传部部长初宝杰分别致辞。

同日　鲁辽陆海货滚甩挂运输大通道“潍营”号首航仪式在潍坊港举行。

14日　市委全面深化改革领导小组召开第九次会议，审议并原则通过了《关于进一步理顺市区行政管理体制的若干意见》。市委书记、市委全面深化改革领导小组组长杜昌文主持会议并讲话。

16日　由大众报业集团、中共潍坊市委宣传部联合主办的第六届“蓝色经济大家谈”2015青潍对话在滨海区举行。国务院特殊津贴专家、北京第二外国语学院教授王兴斌出席活动。

17日　中央农村工作领导小组副组长袁纯清一行到潍坊专题调研农资综合补贴、粮食直补、农作物良种补贴改革试点工作。

19日　中国共产党潍坊市第十一届委员会第八次全体会议举行。会议审议通过了《中共潍坊市委关于制定潍坊市国民经济和社会发展第十三个五年规划的建议（讨论稿）》（以下简称《建议》（讨论稿））。杜昌文就《建议（讨论稿）》向全委会作了说明。

22日　市委全面深化改革领导小组召开第十次会议。市委书记、市委全面深化改革领导小组组长杜昌文主持并讲话，会议审议并原则通过了《关于加强农村社区卫生室规范化建设提升基层医疗卫生服务能力三年行动计划的实施方案》，决定进一步修改完善后按程序决策和组织实施。

同日　市委副书记、市长刘曙光在富华大酒店会见了中国恒天集团有限公司总裁刘海涛一行。双方就推进企业转型升级、产业园区建设等方面合作进行了沟通交流。

24日　市十六届人大常委会第二十七次会议在市文化艺术中心大剧院举行。市人大常委会党组书记、第一副主任胡岗，党组副书记、副主任刘明珂分别主持会议。

同日　市重点工程潍坊港疏港铁路开工建设。潍坊港疏港铁路是潍坊港重要的疏港通道，线路全长15.8公里，总投资10亿元。

28日～29日　全省文明行业创建工作座谈会在潍坊市召开。省委宣传部副部长、省文明办主任刘宝莅出席并讲话，市委副书记王献玲致辞并在会前会见了与会代表。

29日　市委书记杜昌文在富华大酒店会见了省政府副秘书长、省第七批援藏干部总领队，西藏日喀则市委副书记、常务副市长赵志远和潍坊市第五批援藏干部代表。

同日　盛瑞传动股份有限公司生产的陆风X7整车8AT第3万台下线，世界首款前置前驱插电式混合动力8AT研制成功。

29日～30日　全省网络精神文明建设工作座谈会在潍坊召开。中国文明网总编辑董青出席并讲话，省委宣传部副部长、省文明办主任刘宝莅主持，市委常委、宣传部长初宝杰致辞。

31日　省委书记姜异康在济南会见了出席潍坊市山东互联网汽车产业基地项目签约仪式的福田汽车集团党委书记、总经理王金玉一行。

同日　潍坊市在济南山东大厦举行山东互联网汽车产业基地项目签约仪式。签约仪式上，潍坊市人民政府与福田汽车集团签署了《关于山东互联网汽车产业基地项目投资合作协议》；北汽福田与浪潮集团签署了《共同打造互联网汽车合作备忘录》。

是年　全市一般公共预算收入完成484.5亿元，比2014年增长12.6%，增幅居全省第四位，圆满完成预算目标。其中，全市税收收入完成389.4亿元，占一般公共预算收入的比重达到80.4%，收入质量居全省第3位，综合体现了全市经济结构调整、推进转型发展的成果。2015年全市一般公共预算支出完成612.2亿元，占预算的100.9%，增长16%。在支出安排上，统筹财力向民生倾斜，全年民生支出达到483亿元，占一般公共预算支出的79%，有量化标准的民生项目全部达到或超过全省平均水平。

（刘树平）

全市概况

Quanshi gaikuang

潍坊市常住人口927.72万人，是著名的世界风筝都，是全国文明城市、国家环保模范城市、国家卫生城市、国家园林城市、中国优秀旅游城市、全国科技进步先进城市、全国循环经济示范市、全国文明城市，荣获中国人居环境奖。

自然环境

【地理环境】 潍坊市位于山东半岛中部，居半岛城市群中心位置，地跨北纬35°41′～37°26′，东经108°10′～120°01′。东与青岛、烟台两市连接，西邻淄博、东营两市，南连临沂、日照两市，北濒渤海莱州湾。

（董德才）

【土地资源】 全市土地总面积1.61万平方千米，其中农用地115.88万公顷，占71.8%；建设用地30.64万公顷，占19%；未利用地14.91万公顷，占9.2%。农用地中，耕地面积79.55万公顷，占68.6%。

【矿产资源】 全市共发现矿产80种（含亚矿种），其中查明储量的矿产46种。储量列全省第一位的矿产有天然卤水、蓝宝石、油页岩、重晶石、玻璃用石英岩、水泥用灰岩、膨润土、珍珠岩、沸石、陶瓷土、白云岩、硅藻土、云母13种，其中天然卤水和蓝宝石储量居全国首位。

（于　倩　魏一菡）

【气候】 2015年（2015年1月～12月，下同），潍坊市气温偏高，降水偏少，光照偏少。总的气候特点是：冬季气温偏高，降水略偏少，光照充足；春季气温偏高，降水偏多，光照充足，气候适宜；夏季气温偏高，降水偏少，光照充足，气候干旱；秋季气温偏高，降水偏多，光照不足。主要气象灾害为干旱。总的来看，本年度降水资源偏少，气候干旱，气象灾害影响较大。综合评价，全市2015年气候条件在农业上属于平年。

2015年，全市年平均气温13.9℃，较常年偏高0.9℃，较上年低0.3℃。全市年平均降水量460.3毫米，较常年偏少137.1毫米，较上年偏少7.3毫米。全市年平均日照时数2409.2小时，较常年偏少36.7小时，较上年偏少78.3小时。年气候特征：全年平均气温较常年偏高，降水偏少，光照偏少。

（李树军）

【河流】 潍坊市境内自西向东有小清河、弥河、汶河、白浪河、渠河、潍河、北胶莱河7条主要河流，均流入莱州湾，总控制面积10509平方千米，占潍坊市总面积的66.3%。

（李秀丽）

【自然灾害】 2015年，主要气象灾害为冰雹、干旱和大风。气象灾害次数较少，但个别灾害影响范围大且损失较重。

冰雹　从7月30日14时开始，全市部分地区出现冰雹、大风、暴雨天气。寒亭区、昌乐县、昌邑市、潍城区、坊子区、临朐县、安丘市、青州市8个县（市、区）受灾。据潍坊市民政局初步统计，截至7月31日11时，全市受灾人口313561人，倒塌房屋19间，严重损坏房屋41间，一般损坏房屋590间，农作物受灾面积达28588公顷、其中成灾面积15367公顷，绝收面积6194公顷，主要是玉米、黄烟、果树等农作物受灾，直接经济损失3.25亿元。各县（市、区）损失如下：

寒亭区：寒亭区受灾人口28700人，一般损坏房屋441间，农作物受灾面积3203公顷，其中成灾面积2381公顷、绝收面积1466公顷，直接经济损失17608万元。

昌乐县：受灾人口104907人，倒塌房屋14间，严重损坏房屋15间，一般损坏房屋18间，农作物受灾面积6522公顷，其中成灾面积4522公顷，绝收面积1496公顷，造成直接经济损失6263万元。

昌邑市：受灾人口53218人，倒塌房屋5间，严重损坏房屋26间，一般损坏房屋72间，农作物受灾面积2318公顷，其中成灾面积1921公顷，绝收面积537公顷，造成直接经济损失2874万元。

潍城区：受灾人口67676人，农作物受灾面积达3489公顷，其中成灾面积1057公顷，直接经济损失2425万元。

坊子区：受灾人口42000人，一般损坏房屋59间，农作物受灾面积3059公顷，其中成灾面积3059公顷，绝收面积2200公顷，造成直接经济损失2375万元。

临朐县：受灾人口11000人，农作物受灾面积9495公顷，其中成灾面积1995公顷，绝收面积495公顷，造成直接经济损失624万元。

安丘市：受灾人口5500人，农作物受灾面积470公顷，其中成灾面积400公顷，造成直接经济损失280万元。

青州市：受灾人口560人，农作物受灾面积32公顷，其中成灾面积32公顷，造成直接经济损失9.8万元。

干旱 2015年，潍坊市降水量持续偏少，全市部分地区出现旱情。截至7月20日，共有昌乐县、昌邑市、青州市、安丘市、潍城区5个县（市、区）遭受旱灾。据潍坊市民政局统计，截至8月25日，受灾人口71.2万人，因灾饮水困难157576人，农作物受灾面积5.15万公顷，成灾面积3.85万公顷，绝收面积1.23万公顷，造成直接经济损失3.54亿元。各县（市、区）损失如下：

青州市：受灾人口98507人，因灾饮水困难人口65568人，因灾饮水困难大牲畜3050头，农作物受灾面积2000公顷，成灾面积1653公顷，绝收面积638公顷，主要是玉米等农作物受灾，共造成直接经济损失近1136.5万元。

安丘市：受灾人口达111211人，花生、玉米、地瓜、蔬菜、果树等农作物受灾严重，受灾面积达到11560公顷，经济损失达6627.57万元。

潍城区：农作物受灾面积达到1819.85公顷，成灾面积1059公顷，绝收面积717.07公顷，受灾人口27529人，直接经济损失约1023.24万元。

昌乐县：全县64.37万亩作物，受灾面积20555公顷，成灾面积14395公顷，绝收面积4473公顷。旱灾导致农业经济损失约11159.4万元。全县370个行政村，饮水困难村庄293个，饮水困难人口91048人。

昌邑市：受灾人口133348人，因旱需生活救助人口960人；农作物受灾面积15734.46公顷，其中成灾面积12507.66公顷，绝收面积6440.27公顷，直接经济损失15429.2万元。

大风 受强对流天气影响，2015年8月5日下午至2015年8月6日，全市临朐县、青州市、昌乐县发生强降雨并伴有短时7～8级大风，遭受暴雨、大风灾害。据潍坊市民政局统计，截至8月6日，全市受灾人口38595人，农作物受灾面积1007公顷，成灾面积805公顷，绝收面积332公顷，倒塌房屋22间，严重损坏房屋5间，一般性损坏房屋185间，造成直接经济损失1659.1万元。各县（市、区）损失如下：

临朐县：受灾人口16139人，农作物受灾面积198公顷，成灾面积198公顷，一般性损坏房屋17间，造成直接经济损失209.7万元。

青州市：受灾人口7650人，农作物受灾面积134公顷，成灾面积134公顷，绝收面积105公顷，倒塌房屋17间，一般性损坏房屋168间，造成直接经济损失778.8万元。

昌乐县：受灾人口14806人，农作物受灾面积675公顷，成灾面积473公顷，绝收面积227公顷，倒塌房屋5间，严重损坏房屋5间，造成直接经济损失670.6万元。

（李树军）

政区·人口·民族

【行政区划】 2015年，潍坊市全年没有进行行政区划调整和变更。截至2015年12月底，潍坊市辖奎文、潍城、寒亭、坊子4个区，青州、诸城、寿光、安丘、高密、昌邑6个县级市，临朐、昌乐2个县，另有高新技术产业开发区、滨海经济技术开发区、峡山生态经济发展区、综合保税区4个市属开发区。全市共辖62个镇、56个街道办事处。

（董德才）

【建置沿革】 潍坊历史悠久。早在6000多年前，弥河故道旁就有人群定居。自夏以来，历代王朝政权在此封国建邑，设州立府。夏商代，境内有斟灌、斟、寒郚、平寿等封国。周初，武王封邦建国，封太公望于齐，都营丘（今昌乐境内）。至春秋时期，现市辖区曾分属齐、鲁、杞、莒等国。战国时期，现境大部属齐，诸城等地属鲁。秦代，东部属胶东郡，西部属临淄郡，东南部属琅琊郡。汉为青、徐二州刺史部所辖。两晋、十六国时为后赵、前燕、前秦、后燕依次占据。西晋太康三年（282年）的稳定时期，今市境属青、徐二州，北海、乐安二国，城阳、东莞二郡。南朝宋时属青、徐二州，北朝魏属青、胶、南青三州。隋时属北海、高密二郡。唐时属河南道青、密二州。宋时属京东东路，青、潍、密三州。金时属山东东路，置益都府及潍、密二州。元朝时属中书省山东东西道宣慰司益都路益都总管府所辖，分属潍、胶、密三州。明时置青州、莱州二府，属山东承宣布政使司。清代，今市境为山东省所辖，分属青州、莱州二府。

中华民国时期，国民政府行政建置初沿清制，民国2年（1913年），废府、州，实行省、道、县三级制。今市境内当时的潍县、昌邑、高密、益都、寿光、昌乐、临朐、安丘、诸城9县属胶东道（驻烟台）。民国14年（1925年），改划莱胶道、淄青道。今市境内当时的潍县、昌邑、高密、安丘、诸城、昌乐6县属莱胶道，寿光、益都、临朐3县为淄青道所辖。民国16年（1927年）裁道，以省领县，今市境各县（市、区）均直属山东省。

1948年4月27日，潍县解放。4月29日，潍坊特别市（省直辖）建立，市政府驻潍城，辖潍县城、东关、南关、北关、坊子、望留6个区。1949年6月，潍坊特别市改称潍坊市，仍为省辖市。1948年6月，昌潍专区建立，驻昌乐，辖昌乐、潍县、安丘、寿南、益临5县。1948年12月，省直辖之益都县划归昌潍专区。次年7月，专区机关迁驻益都。

中华人民共和国成立以后，现潍坊市域地专级行政建置主要为昌潍专区、昌潍地区、潍坊地区、潍坊市，以下领县。1949年到1958年1月前，县下设区乡。1958年1月～3月，撤区并乡。1958年9月，成立人民公社，实行政社合一。1983年，在进行经济体制改革的同时，改革行政机构，实行市管县的新体制，县下撤公社，设乡镇。

1950年5月25日，昌潍专区驻地由益都迁至潍坊，原胶东区西海专署所辖昌邑、昌南、潍北3县，及渤海区清河专署所辖寿光、益寿2县划归昌潍专区。昌潍专区时辖潍坊市（县级），昌乐、潍县、潍北、昌邑、昌南、安丘、丘南、淮安（后改名潍安）、寿光、寿南、益临、益都、益寿、临朐14县。同年，潍坊市建制撤销，并入昌潍专区。1951年，又重置潍坊市。

1952年7月，撤销益临、益寿、潍安3县。1953年7月24日，原淄博专区所辖临淄县划归昌潍专区。同时，撤销潍北、丘南、寿南3县。昌潍专区时辖潍坊市（县级），昌乐、潍县、昌邑、昌南、安丘、寿光、益都、临朐、临淄9县，及羊角沟直属区。

1955年3月，博山县由淄博市划入昌潍专区。同年，撤销羊角沟直属区并入寿光县，昌潍专区时辖潍坊市（县级），昌邑、潍县、昌南、寿光、昌乐、益都、临朐、安丘、临淄、博山10县。

1956年，胶州专区撤销，其所辖胶县、胶南、藏马、五莲、诸城、高密6县及莱阳专区的平度县一并划入昌潍专区。同年，藏马县撤销，昌南并入昌邑县。昌潍专区时辖潍坊市（县级）和潍县、益都、昌邑、寿光、昌乐、临淄、临朐、安丘、诸城、高密、五莲、博山、胶南、平度、胶县15县。

1958年10月，潍县并入潍坊市（县级），博山划归淄博专区，临淄并入益都县，胶南、胶县划入青岛市。昌潍专区时辖潍坊市（县级），益都、昌邑、高密、安丘、诸城、五莲、寿光、昌乐、临朐、平度10县。

1961年，胶南、胶县复归昌潍专区。临淄、潍县恢复原建制，仍属昌潍专区。

1967年3月13日，昌潍专区改为昌潍地区。辖潍坊市（县级）和益都、昌邑、高密、诸城、昌乐、临朐、寿光、安丘、潍县、五莲、平度、胶县、胶南、临淄14县。

1969年12月，临淄县划归淄博市。1977年，增设黄岛区，属昌潍地区。1978年，胶南、胶县及黄岛区划归青岛市。昌潍地区时辖潍坊市（县级）和益都、昌乐、安丘、临朐、潍县、寿光、昌邑、高密、诸城、五莲、平度11县。

1981年7月，昌潍地区改名潍坊地区，所辖县（市）不变。

1983年10月，撤销潍坊地区建制，改建省辖（地专级）市，沿用原潍坊名称，实行市管县体制。同时，平度县划归青岛市，原潍坊市（县级）和潍县析置为潍城、寒亭、坊子3个区。潍坊市时辖潍城、寒亭、坊子3区，益都、寿光、昌乐、临朐、昌邑、高密、安丘、诸城、五莲9县。

1986年3月1日，撤销益都县，设立青州市（县级），归潍坊市代管。1987年7月，撤销诸城县，设立诸城市（县级），归潍坊市代管。1992年年底，五莲县划归日照市。1993年6月，寿光撤县设市。1994年1月，安丘撤县设市。1994年5月，高密撤县设市。1994年5月，由潍城、寒亭划出部分村，增设奎文区。1994年6月，昌邑撤县设市。1991年，潍坊高新技术产业开发区成立。1995年，潍坊滨海经济技术开发区成立。2008年，峡山生态经济发展区成立。2011年，潍坊综合保税区成立。至此，潍坊市辖奎文、潍城、寒亭、坊子4个区，青州、诸城、寿光、安丘、高密、昌邑6个县级市，临朐、昌乐2个县，另有高新、滨海、峡山、保税区4个经济区。此后，潍坊市行政区划基本稳定。

（史志办）

【人口】 截至2015年12月31日，全市常住人口927.72万人。户籍人口8937068人，比上年增加53988人，其中，男性4514403人，女性4422665人，性别比102.1（女=100）。全市共有17岁以下1605860人，占总人口的17.97%；18～34岁2055815人，占总人口的23%；35～59岁3449019人，占总人口的38.60%；60岁以上1826374人，占总人口的20.43%。全市总户数2851063户，平均每户3.13人。全市城镇人口4531622人，占总人口的50.70%。

2015年，全市户籍人口共出生115043人，其中，男性60685人，女性54358人，出生婴儿性别比为111.63（女=100），出生率为12.90‰。共死亡58821人，其中，男性32861人，女性25960人，死亡性别比126.58(女=100)，死亡率8.14‰。2015年，全市自然增长56222人，自然增长率6.2‰。

2015年，全市户籍人口共迁入35939人，其中，省内迁入25513人，占迁入人口的71%；省外迁入10426人，占迁入人口的29%。共迁出35097人，其中，迁往省内24650人，占迁出人口的70.20%；迁往省外10447人，占迁出人口的29.80%。2015年度，机械变动净增额842人，机械增长率为0.9‰。

（左金伟）

【民族】 2015年，全市有回族、满族等少数民族50个，人口3.47万人，占全市总人口的0.38%。其中，人数最多的是回族，有2.23万人，占全市少数民族人口的64.3%；满族人口4913人。

（房光明）

组织机构（2015年）

市级领导班子

中国共产党潍坊市委员会

市委书记 杜昌文

副 书 记 刘曙光 王献玲

常　　委 苏立科 张小梅（女）

初宝杰 邹庆忠 孙起生
李在武 孙明亮
刘炳国（6月止）郝树东
林红玉（8月起）
秘书长 孙明亮
副秘书长 赵崇发 刘衍信 卞汉林
王发庆 鞠宝祥（2月起）
赵传江 吕尧良（2月止）
张祖钊（2月起）

潍坊市人民代表大会常务委员会
主 任 杜昌文
第一副主任 胡 岗
副 主 任 刘明珂
花兆贤（3月止）
王卫东（3月起）
李世光 毛秀凤（女）
秘 书 长 王秀禄
副秘书长 王增宝 毛洪涛
王福强
徐军伟（1月起）

潍坊市人民政府
市 长 刘曙光
副 市 长 邹庆忠（1月起）
孙起生 潘 强
王桂英（女，致公党）
夏芳晨（8月止） 王树华
于永生（1月起）
刘建国（10月起）
市政府顾问 辛丕宏（2月止）
秘 书 长 张洪全
副秘书长 谭炳建（3月止）
于为凯 陈 勇（3月止）
李玉祥 刘兰孝（3月起）
张宝庆（3月起，九三学社）
闫宗子（3月起）
胡晓坤（3月起）

中国人民政治协商会议潍坊市委员会
主 席 崔建平
副 主 席 刘 伟
王卫东（3月止）
李传恒 吴建民 王继怀
王贤臣（不驻会）
李士来 孙忠礼
在职原副主席 杨肖青
秘 书 长 许 华
副秘书长 于定斌（1月止）
王 沂 李树明
牛克智（11月起）
王清海（11月起）

中共潍坊市纪律检查委员会
书 记 李在武
常务副书记 马志勇（4月起）
副 书 记 李元忠（8月止） 王 玉
常 委 王培杰（正县级）
贺 建（正县级） 董胜俊
吉宗合 赵珊珊（正县级）
秘 书 长 贺 建

市委工作机构

中共潍坊市委办公室
主 任 赵崇发
副主任 侯福贵（2月止）
王秀泉 李 毅 李晓华
扈本溪（2月起，12月止）

组织部
部 长 林红玉（8月起）
常务副部长 邱尔臣
副 部 长 宋立军 殷修湖 陈延爱
郗焕德（1月起）

宣传部
部 长 初宝杰
常务副部长 丁汉邦
副 部 长 齐延升（1月止）
范明涛 范勋成（1月止）
刘玉祥（1月起）
张仁科（1月起）

统战部
部 长 张小梅（女）
常务副部长 王志明
副 部 长 于来刚（满族，正县）
秦明清（市民宗局局长）
胡 立（市工商联党组书记、副主席）
徐海宏（女）

政法委员会（综治办与其合署）
书 记 苏立科
常务副书记 刘效伟
副 书 记 秦 震 霍建平 秦景岗

社会管理综合治理委员会办公室
主 任 秦 震
副主任 张志强（1月起）

维护稳定工作领导小组办公室
主 任 苏立科
常务副主任 刘效伟
副 主 任 尹守庆（2月起）

机构编制委员会办公室
主 任 宋立军
副主任 张正志 臧传文 陈明山
刘 玲

政策研究室（改革办）
主 任 卞汉林
副主任 张祖钊（2月止） 张耀东
张志霄 李志林（2月起）
尚仕国 韩炳强（2月起）

台湾工作办公室
主 任 刘金凤
副主任 井光国 王希才
刘文芳（正县级）

市直机关工作委员会
书 记 王延泰
副 书 记 杨毅鹏 于亚明 马宪全
纪工委书记 冷继庆

农村工作领导小组办公室
主 任 刘衍信
副 主 任 李宗成 赵华安 袁增寿
党支部书记 李宗成
党支部副书记 王桂强
纪检委员 王敏廷

信访局
局 长 赵传江
副 局 长 王振军 邱文江
鲁文举 吕永明
刘学建

老干部局
局　长 殷修湖
副局长 肖振胜（1月起） 卞京春

潍坊市人大常委会办事机构

办公室
主　　任 王增宝
副 主 任 郑文东 李广懿
信访室主任 杨官松

人事代表工作室
主　任 毛洪涛
副主任 胡景东（12月止） 王海峰

研究室
主　任 徐军伟（1月起）
副主任 徐军伟（1月止）
　　蔡相山 王法顺（12月起）

法制工作委员会
主　任 胡景东（12月起）

预算工作委员会
主　任 王恒秋（12月起）
副主任 李焕青（12月起）

潍坊市人大各专门委员会

潍坊市人大内务司法委员会
主任委员 花兆贤（3月止）
　　王卫东（3月起）
副主任委员 孟祥志（1月止）
　　徐玉军（1月止）
　　杜士忠 朱乐凯（3月起）
工作室主任 袁永青（12月止）

潍坊市人大财政经济委员会
主任委员 花兆贤（3月止）
　　刘明珂（3月起）
副主任委员 孟庆亮（1月止）
　　李进民（不驻会，8月止）
　　刘勤友 朱振铎（3月起）
工作室主任 锡保平

潍坊市人大教育科学文化卫生委员会
主任委员 刘明珂
副主任委员 聂振萍（女，1月止）
　　陈本林 任洪武（3月起）
工作室主任 王恒秋（12月止）

潍坊市人大城乡建设与环境资源保护委员会
主任委员 刘明珂（3月止）
　　毛秀凤（3月起）
副主任委员 赵　东（8月止）
　　衣光明 王培福
工作室主任 于继才

潍坊市人大农业与农村委员会
主任委员 李世光
副主任委员 耿现江（1月止）
　　徐松萃 孙金生
工作室主任 刘晓东

潍坊市人大民族侨务外事委员会
主任委员 李世光
副主任委员 王永福
　　邢乐信（不驻会，12月止）
　　周晓钟
工作室主任 夏东哲

潍坊市人大法制委员会
主任委员 王卫东（3月起）
副主任委员 尹凤来（3月起）
　　刘　玉（3月起）

市政府工作机构

市政府办公室
党组书记 张洪全
副主任 刘跃东（3月止）
　　闫宗子（3月止）
　　胡晓坤（3月止）
　　李　波（3月止）
　　臧运宁（3月起）
　　葛晓东（3月起）
　　逄新军（3月起）
　　徐凤徽（3月起）

发展和改革委员会
主　　任 肖培灵
副 主 任 王淮清 张树高（2月止）
　　王　辉（2月止） 王明松
　　于乐飞（2月止）
党委书记 肖培灵
党委副书记 王　辉

经济和信息化委员会
主　　任 马中平
副 主 任 王成喜 杨希春 田庆利
　　王敬芳
党委书记 马中平
党委副书记 王春国

教育局
局　　长 徐友礼
副 局 长 李端梅（正县级，女）
　　张法成 刘海涛
党委书记 徐友礼
党委副书记 胡筱芹
高教办主任 徐友礼
高教办副主任 曹红旗（正县）
总　督　学 韩光福

科学技术局
局　长 张宝胜
副局长 安卫红 董　民 李振忠
　　张宏岩
党组书记 张宝胜

公安局
局　　长 于永生
副 局 长 丁新杰 夏　光 张志才
　　周国升 薛　林
　　杨学昌（1月止）
政　　委 隋汝文（9月止）
　　陈　强（11月起）
党委书记 于永生
党委副书记 隋汝文（9月止）
　　陈　强 禚振鹤
纪委书记 林少波

监察局（与纪委机关合署）
局　长 李元忠（8月止）
副局长 王培杰（正县级）
　　董胜俊 许传平（12月提名）

民政局

局　　长 吴海源
副 局 长 刘好民（2月止）
韩华南 辛雅丽（女）
刘新国（1月起）孙　成
党委书记 吴海源
党委副书记 都焕德（2月止）
刘好民（2月起）

司法局

局　　长 王立杰
副 局 长 孟中洋（正县级）
单连功 牟令岱 刘　晶
党委书记 王立杰
党委副书记 孟中洋（正县级）
纪委书记 赵爱君（女）

财政局

局　　长 田民利
副 局 长 李树范（正县级，女）
刘锡田（2月止）
姜钦亮 马进礼
王金祥（2月起）
党组书记 田民利
党组副书记 李树范

人力资源和社会保障局

局　　长 李静波
副 局 长 钮效正 高维义 葛坤培
刘丽宁
党委书记 李静波
党委副书记 郭祥锋 王家吉

国土资源局

局　　长 刘树亮
副 局 长 常怀志 许静波 温少波
党委书记 刘树亮
党委副书记 周德新（女）
纪委书记 马金城
总经济师 杨玉准

规划局

局　　长 孙守勤
副 局 长 刘军强 齐世堂
谭洪建（女） 王华龙
党委书记 孙守勤
党委副书记 齐世堂（兼）
总规划师 郭兆环
市纪委派驻第二纪检组 王成洪

住房和城乡建设局

局　　长 李广东
副 局 长 杜天斌 张　文（2月止）
孙占博（正县级，3月止）
崔华东（3月起）
总工程师 卢　波
党委书记 李广东
党委副书记 张　文（2月起）
纪检组长 何金波

城市管理行政执法局

局　　长 张志勇
副 局 长 李长东 徐　军 孙传平
党委书记 张志勇
党委副书记 庄　鹏
纪委书记 孙金奎（市纪委派驻第二纪检组副书记）

交通运输局

局　　长 张兆平
副 局 长 陈海全 刘　波 马洪波
郭　华 钟景文
于志公（2月止）
徐光辉（2月起）
党委书记 张兆平
副 书 记 钟景文

水利局

局　　长 赵刚毅
副 局 长 王元昆 赵清松 范庆忠
孟凡顺
党委书记 赵刚毅
党委副书记 徐来鹏
党委委员、市南水北调建设管理局
局　　长 周寿宗
总工程师 孟祥明

农业局

局　　长 王汉成
副 局 长 赵建武（2月止）
张光武（12月止）
祁立新 云增忠（2月起）
杨廷文 张丙来 冷明辉
党委书记 王汉成
党委副书记 王金林
总农艺师 祁立新

海洋与渔业局

局　　长 徐润启
副 局 长 叶　林 李承源 赵树云
赵玉国
党组书记 徐润启

商务局

局　　长 白卫明
副 局 长 刘振德 张春旭 王好田
姜亦灿
党委书记 白卫明
党委副书记 王　富
党委委员 刘仓义（市经济技术合作中心主任）
赵　坚

文化广电新闻出版局

局　　长 孙俐君
副 局 长 孙建秋 梁玉华
苗庆安（3月起）
党委书记 孙俐君
党委副书记 张荣平（2月起）

卫生和计划生育委员会

主　　任 杨锡广
副 主 任 孟庆阳 李长祥 任翠爱
祝业光 李迎春 王鸿勇
李宗泉 赵景利 丁曰林
蔡　威
党委书记 杨锡广
党委副书记 孟庆阳 李长祥

审计局

局　　长 宫　智
党组书记 宫　智
副 局 长 刘树龙 李宏德 陶德义
总审计师 郑栋强

环境保护局

局　　长 郑金来

副局长 姜在杰 李国秀 李建文
总工程师 王春艳（女）
党组书记 郑金来

外事与侨务办公室
主　　任 王　浩
副主任 宋悦林 刘伟地 刘作亮
党组书记 王　浩

民族宗教事务局
局　长 秦明清
副局长 王和平 郝信富

国有资产监督管理委员会
党委书记 孙起生（11月止）
王志刚（11月起）
党委副书记 王志刚（11月止）肖建华
主　　任 王志刚
副主任 冯纪伟 胡嘉敏（女）
汤振国（1月起）

体育局
局　　长 孙　沂
副局长 王卫东 刘树宏 张启宾
曹丽华（女）
党组书记 孙　沂

统计局
局　　长 王　丙
副局长 冯传森 李　军 齐永刚
党组书记 王　丙

林业局
局　　长 张金玉
副局长 杨锡栋 郭玉章 韩瑞东
党组书记 张金玉

工商行政管理局
局　　长 陈忠民（2月止）
谭炳建（2月起）
副局长 刘学杰 陈景功
张其亮 许建成
党组书记 陈忠民（2月止）
谭炳建（2月起）
党组副书记 郭　辉（11月止）

市质量技术监督局
局　　长 岳　尧（2月止）
陈　勇（2月起）
副局长 安爱华 王希臣 周锡胜
王作献
党组书记 岳　尧（2月止）
陈　勇（2月起）
总工程师 董　瑛（4月起）

安全生产监督管理局
局　　长 尹文林
副局长 刘光山 张则永（正县级）
魏在江
党组书记 尹文林

食品药品监督管理局
局　　长 陈　勇（12月止）
李　平（12月起）
副局长 宋希明（正县级）
祝业光 刘洪宝（正县级）
王　斌
党组书记 刘建国（11月止）
陈汝孝（11月起）
党组副书记 宋希明

旅游局
局　长 于慰杰
副局长 邱兆水 孙建洪 李相群
井光国（2月止）
赵永清（2月起）

法制办公室
主　　任 高成勇
副主任 李家松 李　刚 李清环
党组书记 高成勇

潍坊市人民防空办公室
主　　任 张须义（2月起）
副主任 孙占博（3月起） 姜有格
李　明（2月起）
崔华东（3月止） 于　利
党组书记 张须义

金融工作办公室（地方金融监督管理局）
主任（局长） 李传顺
副主任（副局长） 李　涛 张新华
欧永生

派出机构

潍坊市政务服务中心管理办公室
主　　任 张正志
副主任 邱　垒 张士林 张春勇
王　涛 陈仁栋
党组书记 张正志

潍坊高新技术产业开发区
党工委书记 王献玲
党工委副书记 宋赤锋 陈甲才
张龙江（2月止）
管委会主任 宋赤锋
管委会副主任 陈甲才（2月止）
张龙江 钱文亭 董书礼
王教法（1月起）
纪工委书记 傅庆学（2月止）
赵文君（2月起）

潍坊滨海经济技术开发区
党工委书记 王树华
党工委副书记 张恒道 李树森
管委会主任 张恒道
管委会副主任 宋世伟（3月起）
杜长明 王希光 张　华
纪工委书记 王仲民

潍坊综合保税区
党工委书记 孙起生
党工委副书记 徐洪吉 石铭奎
主　　任 徐洪吉
副主任 王守全 王得志 王有强
纪工委书记 刘庆德

峡山生态经济开发区
党工委书记 马清民
党工委副书记 李华刚 张守富
许　珍（女，5月止）
主　　任 李华刚
副主任 许　珍（女）
栗祥平 周锡玉 窦金光
陈杰斌（1月止，挂职）
姜　颖（3月起，挂职）
纪工委书记 刘传胜

潍坊食品谷协调推进办公室

党组书记 王　勇（11月起）
主　　任 于冬菊（女，12月起）
副 主 任 李丹永（12月起）
管从勇（12月起）
王贵祥（12月起）

政协机关工作机构和办事机构

办公室

主　任 王　沂
副主任 张　建 张玉国

研究室

主　任 李树明（11月起）
副主任 张耀才 李臣涛

委员活动工作室

主　任 牛克智（11月止）
赵会堂（11月起）
副主任 孙　军

提案委员会

主　　任 刘　伟（兼）
副 主 任 曹学芹 宋继武
魏志强（3月起）
史跃峰（不驻会）
李静波（市府办，不驻会）
陈甲才（不驻会）
郭富斌（不驻会）
刘秀平（女，不驻会，3月起）
宋立军（不驻会，3月起）
李向云（女，不驻会，3月起）
工作室主任 王钦殿

经济委员会

主　　任 吴建民（兼，3月止）
李传恒（兼，3月起）
副 主 任 王有亭（2月止）
李乐忠 王义正（3月起）
陈忠民（3月起）
王承策（不驻会）
刘庆祥（不驻会）
刘延民（不驻会）
闵令民（不驻会）
唐玲玲（女，不驻会）
崔建生（不驻会，2月止）
墨　萍（女，不驻会）
胡　立（不驻会，3月起）
工作室主任 王清海（11月止）

人口资源环境外事委员会

主　　任 王继怀（兼）
副 主 任 姜　荣 玄承洵
于定斌（3月起）
王新航（不驻会）
刘衍信（不驻会，2月止）
张恒道（不驻会）
李中元（不驻会）
杨锡广（不驻会）
柳松波（不驻会）
史新霞（女，不驻会）
潘昌虎（不驻会）
曹　春（不驻会）
刘金凤（女，不驻会，3月起）
工作室主任 翟述英

科教文卫体委员会

主　　任 吴建民（兼，3月止）
李士来（兼，3月起）
副 主 任 高永贤（2月止）
呙智义 耿　文（3月起）
黄　进（3月起）
王卫东（市体育局，不驻会）
孙志强（不驻会）
安卫红（女，不驻会）
李瑞梅（女，不驻会）
郑建伟（不驻会）
盛兆辉（不驻会）
王居明（不驻会）
高振忠（不驻会）
白宗家（不驻会）
崔向东（女，不驻会）
曹晓楠（女，不驻会，3月起）
孙淑芳（女，不驻会，3月起）
工作室主任 王咏诗

社会法制委员会

主　　任 王卫东（兼，3月止）
孙忠礼（兼，3月起）
副 主 任 李春水（2月止）
王玉春 李亚军
韩国庆（3月起）
李　平（女，不驻会）
李静波（市人社局，不驻会）
马言圣（不驻会）
张广孝（不驻会）
岳　尧（不驻会）
吕梅贞（女，不驻会，3月起）
郭召义（不驻会，3月起）
工作室主任 徐之丰

文史资料委员会

主　　任 王继怀（兼）
副 主 任 张世臣（2月止）
李志强（2月止）
郑世诗（3月起）
孙克森（3月起）
王成利（不驻会）
闫万刚（不驻会）
张兰友（不驻会）
李树平（不驻会）
曹希波（不驻会）
谭树中（不驻会）
工作室主任 赵会堂（11月止）

纪委机关、监察局内部机构及派驻机构

办公室

主　任 李峰山

组织部

部　长 孙振元

宣传部

部　长 王怀瑞

研究室（挂政策法规室牌子）

主　任 王　霞（11月起）

党风政风监督室（挂市政府纠正行业不正之风办公室牌子）
主　任　曹田友

信访室（挂潍坊市国家行政机关工作人员违法违纪举报中心牌子）
主　任　郭晓辉

案管监督管理室
主　任　张德明

第一纪检监察室
主　任　吴理健

第二纪检监察室
主　任　孙春山

第三纪检监察室
主　任　郭建伟

第四纪检监察室
主　任　高崇华

第五纪检监察室
主　任　刘泽峰

第六纪检监察室
主　任　丁　伟

案件审理室（挂案件申诉复查室牌子）
主　任　陶建胜

纪检监察干部监督室
主　任　周千里

派驻第一纪检组、监察室
书　记（主　任）　赵　清
副书记（副主任）　麻福春　孙广远
　　陈百波　王同章

派驻第二纪检组、监察室
书　记（主　任）　胡黎光
副书记（副主任）　王成洪　孙金奎
　　何金波　王国成

派驻第三纪检组、监察室
书　记（主　任）　刘　琳（女）
副书记（副主任）　王化林　张　勇
　　刘　波　闫法平
　　薛维明

派驻第四纪检组、监察室
书　记（主　任）　张玉和
副书记（副主任）　王增虎
　　钟　波（女）
　　王增贵　梁大勇

派驻第五纪检组、监察室
书　记（主　任）　柳　林
副书记（副主任）　李培法　王承栋
　　张元刚　耿祥波

派驻第六纪检组、监察室
书　记（主　任）　关凤云（女）
副书记（副主任）　王　伟　刘俊卿
　　沈万怀　邱和平

派驻第七纪检组、监察室
书　记（主　任）　郭瑞燕（女）
副书记（副主任）　陈金亮　姜其盛
　　于跃海
　　孙建梅（女）

派驻第八纪检组、监察室
书　记（主　任）　吴洪江
副书记（副主任）　鞠新民　刘玉庆
　　陈　蕾（女）
　　徐安国　张京利
　　王汉文

市委、市政府直属事业单位

市委党校
校　　长　杜昌文
常务副校长　丁志伟
副　校　长　林国祥　裴　红（女）
　　赵桂梅（女）
　　孙爱云（女）
机关党委书记　赵桂梅（女，7月止）
　　明　伟（8月起）

潍坊日报社（潍坊报业集团）
潍坊日报社
社　　长　齐延升
副　社　长　谭树中（2月止）
　　孙向中（2月止）
　　李培华（2月止）孙学明
　　袁训新　徐学俊　于全义
　　马清平　任新华
总　编　辑　谭树中（2月止）
　　孙向中（2月起）
副总编辑　孙向中（2月止）
　　李培华（2月止）
　　孙学明　袁训新　徐学俊
　　于全义　马清平　任新华
党委书记　齐延升
党委副书记　谭树中（2月止）
　　孙向中（2月起）
　　李培华（2月起）
潍坊报业集团
董　事　长　齐延升
副董事长　谭树中（2月止）
　　孙向中（2月起）
董　　事　孙向中（2月止）
　　李培华（2月止）
　　窦锦平　袁训新　王述章
　　于全义（2月起）
　　马清平（2月起）
总　经　理　谭树中（2月止）
　　孙向中（2月起）
副总经理　孙学明　徐学俊　任新华
总　编　辑　谭树中（2月止）
　　孙向中（2月起）
监事会主席　赵克增
党委书记　齐延升
党委副书记　谭树中（2月止）
　　孙向中（2月起）
　　李培华（2月起）

潍坊广播影视集团
董　事　长　钟耕民
副董事长　谭树中（3月起）
总　经　理　谭树中（2月起）
副总经理　杜　涛（1月止）
　　范勋成（1月起）
　　扈本军　刘继升
　　谭晓涛　邓世武
监事会主席　许祖平
党委书记　钟耕民

党委副书记 谭树中（2月起）
刘德民

潍坊广播电视台

台　　长 钟耕民
副 台 长 谭树中（3月起）
杜　涛（1月止）
范勋成（2月起）
扈本军 刘继升 谭晓涛
邓世武
党委书记 钟耕民
党委副书记 谭树中（2月起） 刘德民

潍坊市地震局

局　　长 王云华
副 局 长 陈小君 颜　政
党组书记 王云华

知识产权局

局　　长 高玉国
副 局 长 孟祥仁 史元静
党组书记 高玉国

潍坊市老龄工作委员会办公室

主　　任 丁利民
副 主 任 傅庆学 寇建辉
党组书记 丁利民

口岸办公室

主　　任 远　伟
副 主 任 陈洪刚 闫怀信
党组书记 远　伟

潍坊市住房公积金管理中心

主　　任 刘煜东
党组书记 孙玉江
副 主 任 任玉清 祁　峰 黄志强
常怀新

潍坊市供销合作社联合社

理事会主任 张长坤
理事会副主任 王沼东 宋智勇 郭友亮
监事会主任 冯　铸
监事会副主任 李克伟
党委书记 张长坤
党委副书记 孙开华

市级机关事务管理局

局　　长 刘桂臻
副 局 长 孟　军 侯玉芬
党组书记 王发庆（8月止）
刘桂臻（8月起）

潍坊滨海海洋经济新区建设推进办公室

主　　任 徐润启
副 主 任 陈秀亮 赵显刚 曾　国
吉发静
党组书记 徐润启

潍坊市文化艺术中心

主　　任 葛继卿
副 主 任 于治伦 马道刚
党组书记 赵建武

潍坊市科学发展研究院

党组书记 常祖领（12月起）
副 院 长 李　波（2月起）
党组副书记 李　波（2月起）

法院、检察院

潍坊市中级人民法院

院　　长 姜树政
副 院 长 张广孝 王贤臣 宋允厚
卢卫国
党组书记 姜树政
党组副书记 张广孝
纪检组长 王建平

潍坊市人民检察院

检 察 长 杨洪旭
副检察长 马言圣 陈　曦 任光武
法云江（回族）
党组书记 杨洪旭
党组副书记 马言圣
纪检组长 高培文

潍坊市城郊地区人民检察院

检 察 长 徐光明（1月起）
副检察长 韩国荣（女，2月止）

民主党派与工商联

中国国民党革命委员会潍坊市委员会

主　委 李向云（女）
副主委 王增祥 李安战 王学军
秘书长 迟同全

中国民主同盟潍坊市委员会

主　委 毛秀凤（女）
副主委 李来传 张敬军
秘书长 白宗家（驻会）

中国民主建国会潍坊市委员会

主　委 刘秀平
副主委 李明喜 李瑞文 李通利
秘书长 墨　萍

中国民主促进会潍坊市委员会

主　委 王贤臣
副主委 王道奎 周赤舟 刘煜东
秘书长 孙其孝

中国农工民主党潍坊市委员会

主　委 刘棣俭
副主委 郑建伟 钟　池 于贞杰（女）
秘书长 崔向东（女，驻会）

中国致公党潍坊市委员会

主　委 王桂英
副主委 崔伯瑜 钟　毅 王泳亮
秘书长 曹　春

九三学社潍坊市委员会

主　委 李士来
副主委 梁文道 郭文君 单庆茂

潍坊市工商业联合会

主　　席 李传恒
副 主 席 胡　立 秦学民
张启云（女，11月止）
刘杰然（11月起） 郭富斌
秘 书 长 秦学民（兼）
党组书记 胡　立

人民团体

潍坊市总工会

主　　　　席　王秀河（1月止）
　　　　　　　吴建民（1月起）
常务副主席、党组成员　郭召义
副主席、党组成员　刘春强　于守君
　　　　　　　朱建平（正县级）
经审委主任、党组成员　李付顺
女职委主任、党组成员　栾仁霞（女）
党　组　书　记　王秀河（1月止）
　　　　　　　吴建民（1月起）

共青团潍坊市委员会

书　　记　赵学坤（11月止）
　　　　　刘艳芳（11月起）
副　书　记　李志为（11月止）
　　　　　高　斌　陈珊珊
党组书记　赵学坤（11月止）
　　　　　刘艳芳（11月起）

妇女联合会

主　　　　席　田素英（女）
副主席、党组成员　吕梅贞（女）
　　　　　　贺玉洁（女，11月止）
　　　　　　张启云（女，11月起）
　　　　　　郑可新（女）
党　组　书　记　田素英

文学艺术界联合会

主　　　　席　孙淑芳（女）
副主席、党组成员　冯传增
　　　　　　谭述霞（女）
　　　　　　陈雪梅（女）
　　　　　　王燕妮（女）
党　组　书　记　孙淑芳（女）
党　组　成　员　王治喜

潍坊市科学技术协会

主　　席　王志亮
副　主　席　李焕昌　任学军　高峰松
党组书记　王志亮

潍坊市归国华侨联合会

主　　　　席　柳松波
副主席（不驻会）赵　鹏　温明春
　　　　　　　徐秋霞（女）
党　组　书　记　柳松波
党　组　副　书　记　张再升

社会科学界联合会

主　　席　高文庆
副　主　席　张瑞业　李启胜
党组书记　高文庆

中国国际贸易促进委员会潍坊市委员会

会　　长　张增顺
副　会　长　王明阳（8月起）
党组书记　张增顺

潍坊市残疾人联合会

理　事　长　原　理
副理事长　姜林骄　王　军　王志刚
党组书记　原　理

潍坊市红十字会

会　　　长　王桂英
专职副会长　张善绘

潍坊市法学会

会　　　　长　秦景岗（2月起）
副会长兼秘书长　葛金军
兼　职　副　会　长　于复泰　王常青
　　　　　　卢卫国
　　　　　　孟中洋（3月起）
　　　　　　苗金春　夏　光
　　　　　　高明芹

驻潍部队

潍坊军分区

司　　令　　员　万伟锋
政　治　委　员　郝树东
副　司　令　员　油朝康
副　政　治　委　员　徐延田　皮先标
　　　　　　　李树春（8月止）
参　　谋　　长　郇　敏
政　治　部　主　任　皮先标（8月止）
　　　　　　　姜　波（8月起）
后　勤　部　部　长　胥　辉
军分区党委第一书记　杜昌文
军分区党委书记　郝树东
军分区党委副书记　万伟锋
军分区纪委书记　徐延田

武警潍坊市支队

支　队　长　张国庆（1月止）
　　　　　　沙诗恒（1月起）
第一政治委员　于永生
政　治　委　员　左建山（1月止）
　　　　　　刘国敏（1月起）
副　支　队　长　曹　磊
　　　　　　齐洪涛（1月止）
　　　　　　张卫华（1月起）
　　　　　　李润清（3月止）
副政治委员　傅　涛（1月止）
　　　　　　于金升（1月起）
参　谋　长　刘连东
政治处主任　张世权（1月止）
　　　　　　傅　涛（1月起）
后勤处处长　孙　建
第　一　书　记　于永生
党　委　书　记　左建山（1月止）
　　　　　　刘国敏（1月起）
党委副书记　张国庆（1月止）
　　　　　　沙诗恒（1月起）
纪　委　书　记　傅　涛（1月止）
　　　　　　于金升（1月起）

中央、省驻潍单位

国家税务局

局　　长　孙庆华（12月止）
副　局　长　赵洪华　裴连升　杨玉法
　　　　　　熊　彪（12月止）
党组书记　孙庆华
党组副书记　秦学栋
纪检组长　杨　磊

潍坊市地方税务局

局　　长　张　辉
副　局　长　张传庭（正处级）
　　　　　　滕一良（9月起）
　　　　　　李　强　武伟刚
党组书记　张　辉
党组副书记　张传庭
纪检组长　滕一良（9月止）

沈　彦（9月起）

潍坊海关
关　　长 张　越
副 关 长 崔　强（兼潍坊海关缉私分局局长）
田忠承 郭京鹏
党组书记 张　越

潍坊出入境检验检疫局
局　　长 张艺兵
副 局 长 章红兵（11月止）
王克刚
党组书记 张艺兵
纪检组长 常　军
党组成员、青州办事处主任 傅苏友

潍坊市邮政管理局
局　　长 于志公（1月止）
徐光辉（1月起）
副 局 长 管廷强（正科级）
党组书记 徐光辉（副处级）
纪检组长 管廷强（正科级）

中国邮政集团公司潍坊市分公司
总　经　理 韩全胜
副 总 经 理 王永海
杨连辉（3月起）
总经理助理 牛月锋
党 委 书 记 韩全胜
纪 委 书 记 王永海（3月起，3月止）
杨连辉（3月起）

气象局
局　　长 王令军
副 局 长 秦增良 马劲松
党组书记 王令军
纪检组长 马泮明

潍坊市水文局
局　　长 杨化勇
副　局　长 王金钟 吴启宗 李　飞
党 组 书 记 杨化勇
党组副书记 吴启宗

胶东调水
党委书记 马安堂
局　　长 马安堂
副 局 长 王建民 王维纯
工会主任 于德光

潍坊海事处
处　　　长 张家友（10月止）
胡建升（10月起）
副　处　长 王方友
王　勇（10月起）
党 支 部 书 记 怀源昌（10月止）
胡建升（10月起）
党支部副书记 张家友（10月止）
纪 检 组 长 王方友（10月起）

中国银行业监管管理委员会潍坊监管分局
局　　长 刘世明
副　局　长 张志荣 宋孚军
党 委 书 记 刘世明
党委副书记 张志荣
纪 委 书 记 王　静

潍坊市盐务局
局　　长 尹延明
书　　记 赵培德
副 书 记 马汉波
副 局 长 马汉波 王子军
纪委书记 王子军

中国联合网络通信有限公司潍坊市分公司
总　经　理 张志辉（1月起）
副 总 经 理 吴乃强 程振学 范维东
马效文
党 委 书 记 闫万刚
党委副书记 张志辉

中国移动通信集团山东潍坊分公司
总 经 理 李祥兵
副总经理 李华杰 李保军 焦　阳
党委书记 李祥兵
工会主席 李华杰
纪检书记 焦　阳

潍坊市烟草专卖局（山东潍坊烟草有限公司）
局　　长 曹红祥
副 局 长 张万光 王林立 杨旭亮
袁志仲（12月止）蒋其华
总 经 理 曹红祥
副总经理 孙培杲 王喜功 张玉芹
党委书记 曹红祥

国网山东省电力公司潍坊供电公司
总　经　理 孙 华（11月止）
副 总 经 理 于金涛 文鸣鑫 林凡勤
李振杰（8月止）程学启
党 委 书 记 于金涛
党委副书记 孙　华（11月止）
纪 委 书 记 刘岚岚
工 会 主 席 辛克升
总 会 计 师 孙　晓

高等院校

潍坊医学院
党 委 书 记 石增立
党委副书记 管英俊 张潍华
校　　长 管英俊
副　校　长 孙宏伟 朱　军 井西学
葛国文
纪 委 书 记 傅大军

潍坊学院
党 委 书 记 孙文亮
党委副书记 王守伦（6月止）
冯滨鲁（6月起）
牛钟顺（11月止）
院　　长 王守伦（6月止）
冯滨鲁（6月起）
副　院　长 冯滨鲁（6月止）
王清明 丁子信 朱猷武
赵光强
纪 委 书 记 马茜华

潍坊职业学院
党 委 书 记 陈仁杰
党委副书记 王家爱 宋桂言（3月起）
院　　长 王家爱
副　院　长 赵君堂 贺志强
毕建华（3月起）
纪 委 书 记 李瑞昌（3月起）

潍坊技师学院

党委书记 傅大军（12月止）
　　　　 刘世杰（12月起）
党委副书记 韦　民
副 院 长 韦　民 刘成平 胡　斌
纪委书记 曹卫东

潍坊工程职业学院

党委副书记 肖明胜 李　琳（女）
院　　长 肖明胜
副 院 长 崔照忠 王金明
纪委书记 邢菊华（女）

山东信息职业技术学院

党委书记 许　敏
党委副书记 肖朋旭 刘桂玉
院　　长 肖朋旭
副 院 长 巩志强 朱连庆 刘同顺
纪委书记 刘福玉
工会主席 张全栋

山东畜牧兽医职业学院

党委书记 曲国庆
党委副书记 郑立森 徐建义
院　　长 郑立森
纪委书记 乔立印
副 院 长 张绍秋 周其虎

山东经贸职业学院

党委书记 鲁庆波
党委副书记 冷韶华 高法贵
院　　长 冷韶华
副 院 长 马德胜 周仕俭 王　洲
纪委书记 王爱国
工会主席 马爱平

山东交通职业学院

党委书记 陈继梦
党委副书记 陈留彬 楚卫涛
院　　长 陈留彬
副 院 长 刘福举 崔振民 单志强
纪委书记 楚卫涛
工会主席 李建军

山东工业技师学院

党委副书记 李献坤
院　　长 李献坤
专职副书记 孙义宝
副 院 长 王忠厚 张品文
纪委书记 于书兴

山东科技职业学院

党委书记 李建铁（12月止）
　　　　 王万杰（12月起）
院　　长 徐建明（8月止）
纪委书记 宿成山

潍坊护理职业学院

党委书记 曹晓楠
党委副书记 崔照忠（1月起） 刘海波
院　　长 崔照忠（1月起）
副 院 长 王长智 苏建福
纪委书记 王坤法

金融部门

中国人民银行潍坊市中心支行

行　　长 刘福毅
副 行 长 李万友 陈海青 王新军
　　　　 林　琳
党委书记 刘福毅
纪委书记 陈光升

中国农业发展银行潍坊市分行

行　　长 韩玉忠
副 行 长 杜　军 庄红梅 隋全亮
党委书记 韩玉忠
纪委书记 隋全亮

中国农业银行股份有限公司潍坊分行

行　　长 闵令民（12月止）
　　　　 付　晓（12月起）
副 行 长 田树江（7月止） 贾建生
　　　　 贺祥君（1月止）
　　　　 张俊国（2月起）
　　　　 黄砚章 王永明
党委书记 闵令民（12月止）
　　　　 付　晓（12月起）
党委副书记 田树江（7月止）
　　　　 贾建生
纪委书记 黄砚章

中国银行股份有限公司潍坊分行

行　　长 汪　雷
副 行 长 宋若钦 冯传亮（2月止）
　　　　 付廷泉
　　　　 武明国（3月起，7月止）
　　　　 林志明（11月起）
　　　　 张朝阳（6月起）
党委书记 汪　雷
纪委书记 曹亚军（9月起）

中国建设银行股份有限公司潍坊分行

行　　长 陈　鹏
副 行 长 王佳军 辛立国 刘志勇
　　　　 黄　杰（12月止）
党委书记 陈　鹏
纪委书记 王德春

交通银行股份有限公司潍坊分行

行　　长 李相伟
副 行 长 陈允建 齐文江
党委书记 李相伟
纪委书记 陈允建

中国邮政储蓄银行股份有限公司潍坊市分行

行　　长 路　滔
副 行 长 张俊兰 薛　梅 王凤华
　　　　 梁伟业
党委书记 路　滔
纪委书记 王凤华
总审计师 王凤华

潍坊农村商业银行股份有限公司

董 事 长 袁义东
行　　长 曹洪启（8月止）
副 行 长 张友彪（10月起）
　　　　 周瑞清（8月止）
　　　　 董兴磊（8月止）
　　　　 李桢卿 范晓明
监 事 长 单亦聚（8月止）
　　　　 高　明（8月起）
党委书记 袁义东
纪委书记 高　明（8月止）
　　　　 周瑞清（8月起）

招商银行股份有限公司潍坊分行
行　　长 罗宇英（1月起）
副 行 长 董绍东 郑延玲（9月起）
行长助理 王少波

兴业银行股份有限公司潍坊分行
行　　长 吴永林
行长助理 马曙平 郭　强 张廷文
党委书记 吴永林

华夏银行股份有限公司潍坊分行
行　　长 杨晓丽（女）
副 行 长 栾桂旭 孙绍军
于伟民（7月止）
李兆亮（7月止）
党总支书记 杨晓丽（女）

上海浦东发展银行股份有限公司潍坊分行
行　　长 朱金禄
副 行 长 刘兆建 刘　炜 宋立华
党委书记 朱金禄
纪委书记 刘兆建

中国民生银行股份有限公司潍坊分行
行　　长 马　涛
副 行 长 史兆伟 井　昌
行长助理 李继龙
党委书记 马　涛
纪委书记 史兆伟

恒丰银行潍坊分行
行　　长 孟　凯
行长助理 毛文东 于乃里
王光明（挂职）

齐商银行股份有限公司潍坊分行
行　　长 李　庆
副 行 长 王　文 李　涛 付宪桐
党委书记 李　庆

日照银行股份有限公司潍坊分行
行　　长 许传国
副 行 长 何守信 肖育生
行长助理 李文超
党委书记 许传国

潍坊市寒亭区蒙银村镇银行股份有限公司
行　　长 王全宏
副 行 长 于彩丽 刘　俊
党委书记 孙悦钢
党委副书记 王全宏

中国人民财产保险股份有限公司潍坊市分公司
总 经 理 李东峰
副总经理 杨志勋 曹岩萍 高仁强
党委书记 李东峰
纪委书记 杨志勋

中国人寿保险股份有限公司潍坊分公司
总 经 理 常保华
副总经理 程金虎 刘遵友 郭福义
田春生
党委书记 常保华
纪委书记 郭福义

中国太平洋财产保险股份有限公司潍坊中心支公司
党委书记 陈洪英
党委副书记 朱继冬（8月止）
卢旭辉 徐衍生（4月起）
阎建伟（4月起）
主　　任 王延庆
纪委书记 朱继冬（3月起，8月止）

新华人寿保险股份有限公司潍坊中心支公司
总 经 理 董林增
副总经理 钟经胜 丁　伟 岳光波
佟素美
党组书记 董林增
纪检组长 钟经胜

潍坊市投资公司
董 事 长 王曰普
总 经 理 王曰普
副总经理 朱洪池 陈宝庆（2月起）
宋海省（2月起）
党委书记 王曰普
党委副书记 陈茂年（2月起）
总会计师 陈宝庆（2月止）
张　英（2月起）

县市区、开发区

奎文区

中共奎文区委
书　　记 李　辉
副 书 记 高志秀
常　　委 李　辉 宋均圻
高志秀（女） 高东洋
李　伟 李　强 王峰贵
张兴业 沃付贤 权文松
王　勇

奎文区人大常委会
主任、党组书记 李　辉
党组书记、第一副主任 冯天韬
党组副书记、副主任 陈民亭
副 主 任 王颖红（女）
翟福生 侯卫平
党组成员 王万堂 卫清涛
邢　杰

奎文区人民政府
区　　长 宋均圻
副 区 长 李　伟（2月起）
贾　平（女，2月止）
刘棣俭 任　祥
曹端升 刘新国（2月止）
陈香萍（女，2月起）
李义龙（挂职）

政协奎文区委员会
主　　席 刘良嘉
副 主 席 陈立宝 郭文君
李　莉（女） 张洪军
高殿臣 王　巍
党组书记 刘良嘉
党组成员 王春雷 李建文 刘占清
于　波

奎文区纪律检查委员会
书　　记 高东洋

奎文区人民武装部
政　　委 王　勇（2月起）
韩廷珍（2月止）

部　　长 杨君星（2月起）
张希林（2月止）

奎文人民法院
院　　长 韩　亮

奎文区人民检察院
检 察 长 徐　军

潍城区

中共潍城区委
书　　记 王兆辉
副 书 记 刘泮英 扈洪波（11月止）
赵学坤（11月起）
常　　委 王兆辉 刘泮英
扈洪波（11月止）
赵学坤（11月起）
秦保荣（女）
李　伟（1月止） 刘华东
贾　平（女，1月起）
李　明（1月止）
王龙堂（1月止）
孙文力 刘本河
潘立东 武法栋（1月起）
张逢春（1月起）

潍城区人大常委会
主　　任 王兆辉
第一副主任 张顺涛
副 主 任 马文远 滕玉云（女）
冀团元 董承森

潍城区人民政府
区　　长 刘泮英
副 区 长 李　伟（2月止）
贾　平（女，2月起）
孙文力 王延军
武法栋（2月止）
王若水 李铁柱（2月起）
刘　超（2月起）
田　峥（女，挂职）
方斯实（挂职，1月止）
王　军（挂职，5月起）

政协潍城区委员会
主　　席 徐金明
副 主 席 刘　波 刘宏亮（女）
李汝林 韩德信 王向东
李树东

潍城区纪律检查委员会
书　　记 刘华东

潍城区人民武装部
政　　委 刘本河
部　　长 杨发军

潍城区人民法院
院　　长 郭宝信

潍城区人民检察院
检 察 长 朱国宝

坊子区

中共坊子区委
书　　记 贾有余（6月止）
刘升勤（女，9月起）
副 书 记 刘升勤（女，9月止）
扈洪波（10月起） 潘振东
常　　委 常祖领（11月止）
王希慧 许文远
宋伟伟（女）
张仁科（1月止）
江　波（1月起）
赵　伟（政府）
牟　杰（11月起） 肖继林

坊子区人大常委会
主　　任 贾有余（8月止）
第一副主任 赵　伟
副 主 任 王　波 常庆科 郝本杰
李　玉（女）
党 组 书 记 赵　伟
党组副书记 张洪胜 毕王孝

坊子区人民政府
区　　长 刘升勤（女，11月止）
副 区 长 常祖领（12月止）
宋伟伟（女，12月起）
赵　伟 蔡志敏
牟　杰（12月止）
田立军 于鹏展（1月起）
李寿岩（12月起）
李飞雨（挂职）
胡　峻（挂职，3月起）

政协坊子区委员会
主　　席 张钢星
副 主 席 田立胜 于仁之 李子木
张柏山 李叶忠
张秀霞（女）
党 组 书 记 张钢星
党组副书记 田立胜 王建利
党 组 成 员 孙希安

坊子区纪律检查委员会
书　　记 王希慧

坊子区人民武装部
政　　委 肖继林
部　　长 高庆厚

坊子区人民法院
院　　长 韩旭东

坊子区人民检察院
检 察 长 于清友

寒亭区

中共寒亭区委
区 委 书 记 孟晓雷
副 书 记 李兰祥 王文琦
常　　委 孟晓雷 王文琦
葛凤春（女） 孙修炜
庞胜明 丁爱辉
吴兴安 孙吉海（11月止）
李良华 王垂军
田永全（11月起）

寒亭区人大常委会
主　　任 孟晓雷
第一副主任 蔡俊忠
副 主 任 张辉忠 武伟乐 王玉良
朱群英（女）
党 组 书 记 蔡俊忠
党组副书记 范连军 徐海涛
党 组 成 员 王先明

寒亭区人民政府
区　　长 李兰祥

副　区　长　孙修炜　庞胜明　马继山
　　　　　　刘向东　李永光（2月止）
　　　　　　郭春媛（女）
　　　　　　卢芳芳（女，挂职）
　　　　　　初咏梅（女，挂职，8月起）
　　　　　　孙占勇（1月起）
　　　　　　赵宝华（10月起）

政协寒亭区委员会
主　　　席　韩国礼
副　主　席　李会录
　　　　　　刘伟宏（不驻会）
　　　　　　高允琴（女）
　　　　　　王建岗（不驻会）
　　　　　　陈　宁　王格山
党组书记　韩国礼
党组副书记　李梅生　邵丕清
党组成员　南怀明

寒亭区纪律检查委员会
书　　　记　葛凤春

寒亭区人民武装部
部　　　长　贺志富
政　　　委　王垂军

寒亭区人民法院
院　　　长　吕宜民

寒亭区人民检察院
检　察　长　邓树刚

青州市

中共青州市委员会
市委书记　孙忠礼（6月止）
　　　　　韩幸福（6月起）
市委副书记　韩幸福（6月止）
　　　　　杨晓辉　葛英煜（11月起）
市委常委　任宪强　刘永福　陈同洲
　　　　　宋正树　高凌云（女）
　　　　　杨君星（7月止）　罗相贤
　　　　　贺玉洁（挂职，3月起，11月止）
　　　　　杨照明（挂职，3月起，11月止）
　　　　　刘　峰（7月起）
　　　　　刘金国（11月起）

青州市人大常委会
主　　　任　孙忠礼（6月止）
第一副主任　杨云生（回族）
副　主　任　陈群光　董广凤（女）
　　　　　　俎海涛

青州市人民政府
市　　　长　韩幸福（11月止）
　　　　　　杨晓辉（代市长11月起）
副　市　长　葛英煜（11月止）
　　　　　　刘金国
　　　　　　贺玉洁（挂职，3月起，11月止）
　　　　　　杨照明（挂职，3月起，11月止）
　　　　　　郭永超　王万信
　　　　　　马雪莲（女）
　　　　　　岳　元（女，挂职）

政协青州市委员会
主　　　席　董连胜
副　主　席　李金凤（女，不驻会）
　　　　　　牛建一（不驻会）
　　　　　　王寿礼　贾来友　刘传明

青州市纪律检查委员会
书　　　记　任宪强

青州市人民武装部
政　　　委　杨君星（7月止）
　　　　　　刘　峰（7月起）
部　　　长　明　辉

青州市人民法院
院　　　长　宋宝华

青州市人民检察院
院　　　长　王兆生

诸城市

中共诸城市委
书　　　记　陈汝孝（9月止）
　　　　　　李　峰（9月起）
副　书　记　李　峰（9月止）
　　　　　　刘峰梅（女）
　　　　　　孙吉海（11月起）
　　　　　　李　明（挂职，12月止）
常　　　委　鞠进增（1月止）
　　　　　　孙利宝　杜建华（1月止）
　　　　　　李庆华　刘作勋　赵治国
　　　　　　陈　盛　李永光（1月起）
　　　　　　鞠俊海（1月起）
　　　　　　赵　莉（女，12月起）
　　　　　　薛宗刚
　　　　　　王安东（挂职，6月止）

诸城市人大常委会
主　　　任　陈汝孝（9月止）
党组书记、第一副主任　李　宁
党组副书记　张福秀（女）　王洪伟
副　主　任　郑晓瑛（女）　于明堂
　　　　　　颜廷忠　杨景良
党组成员、常委（副县级）　王金友

诸城市人民政府
市　　　长　李　峰（11月止）
　　　　　　刘峰梅（女，11月起代市长）
副　市　长　杜建华（1月止）
　　　　　　李庆华　鞠俊海　许传平
　　　　　　赵　莉（女）　孔晓明
　　　　　　赵玉德（1月起）
　　　　　　王大伟（挂职）

政协诸城市委员会
主　　　席　王玉邦
副　主　席　张海轶　吴建智　臧晋运
　　　　　　蒋德华　韩培武　宗素霞

诸城市纪律检查委员会
书　　　记　孙利宝

诸城市人民武装部
政　　　委　薛宗刚
部　　　长　范德祥

诸城市人民法院
院　　　长　王学功

诸城市人民检察院
检　察　长　王重国

寿光市

中共寿光市委

市 委 书 记 朱兰玺
市委副书记 赵绪春 邱 旺
市 委 常 委 朱兰玺 赵绪春 邱 旺
李宝华 王惠玲（女）
王教法（1月止）
侯法强 徐 莹（女）
孙成华 武治强
袁世俊（1月起） 李志平

寿光市人大常委会

主 任 杨德峰
副 主 任 林立星 李昌武 房师平
郑建民 傅小妹（女）

寿光市人民政府

市 长 赵绪春
副 市 长 李宝华 王惠玲（女）
孙亚峤（7月止）
袁世俊（1月止）
刘广斌 王安文
宋执湖（1月起）
刘建东（7月起）

政协寿光市委员会

主 席 方新启
副 主 席 刘建安 袁昌彪 丁世波
崔建军 寇振彦
刘美霞（女）

寿光市纪律检查委员会

书 记 侯法强

寿光市人民武装部

政 委 李志平
部 长 胥永利

寿光市人民法院

院 长 王光才

寿光市人民检察院

检 察 长 孙 炜

安丘市

中共安丘市委

市 委 书 记 刘兴明
市委副书记 桑福岭 原 理（1月止）
杜建华（1月起）
市 委 常 委 刘兴明 桑福岭
杜建华（1月起）
张振城 刘兴军
王龙堂（1月起） 李光明
闫凤林 王国强
李建英（女）
刘子庆（1月起）
付华东（挂职，3月至12月）
原 理（1月止）
肖振胜（1月止）
江 波（1月止）

安丘市人大常委会

主 任 刘兴明
第一副主任 任海燕（女）
副 主 任 王洪书 任 健 王学昌
孙 钧

安丘市人民政府

市 长 桑福岭
副 市 长 肖振胜（1月止）
张振城（1月起） 刘兴军
付华东（3月起12月止）
刘子庆（1月止）
张宝庆（1月止）
邱海芳（女） 于新兵
刘兆泰（1月起）
王冰林（11月起）
管增军（挂职）
朱庆增（挂职，8月起）

政协安丘市委员会

主 席 李广庆
副 主 席 宿明明（不驻会）
王振红（女，不驻会）
于庆满 于振法 王培范

安丘市纪律检查委员会

书 记 闫凤林

安丘市人民武装部

政 委 王国强
部 长 刘乃纲（2月止）
范长青（2月起）

安丘市人民法院

院 长 何彤斌

安丘市人民检察院

检 察 长 于建立

高密市

中共高密市委

书 记 范福生
副 书 记 杨建华 万 丽（女）
贾勤清（援藏）
常 委 刘明伦 刘建成 徐振刚
王保功 徐方吉
孙业宗 刘 斌
殷玉萍（女）

高密市人大常委会

主 任 范福生
第一副主任 钟亮成
副 主 任 刘松青
毛进兰（女）
于钦明 宫德胜

高密市人民政府

市 长 杨建华
副 市 长 刘建成 殷玉萍（女）
王永亮 赵海龙
赵云贤 韩文宏
翟 敏（女，挂职）

政协高密市委员会

主 席 杜洪君
副 主 席 陈 明 张兆年
栾 涛 唐屹立
吴金晶
施玉梅（女）

高密市纪律检查委员会

书 记 刘明伦

高密市人民武装部

政 委 刘 斌
部 长 童光江

高密市人民法院

院 长 李鲁民

高密市人民检察院
检　察　长　隋国华

昌邑市
中共昌邑市委
书　　　记　马跃启
副　书　记　吕珊珊（女）　鞠立强
常　　　委　马跃启　吕珊珊（女）
　　　　　　鞠立强　孙晓非　陶金先
　　　　　　高文奎（11月止）
　　　　　　刘杰然（11月止）　王志强
　　　　　　田洪波　黄志华（2月止）
　　　　　　李志为（12月起）
　　　　　　王　伟　李　鹏（12月起）
　　　　　　陈永锁（7月起）

昌邑市人大常委会
主　　　任　马跃启
第一副主任　周　娟（女）
副　主　任　庞明庆　李建军（不驻会）
　　　　　　董凤杰　戚风乾

昌邑市人民政府
市　　　长　吕珊珊（女）
副　市　长　陶金先　高文奎（11月止）
　　　　　　李　鹏　王海岩
　　　　　　于冬菊（女，11月止）
　　　　　　李明杰
　　　　　　柯宇丰（挂职，1月止）
　　　　　　王　胜（挂职，9月止）
　　　　　　张　琛（女，挂职，3月起）
　　　　　　刘　煜（12月起）

政协昌邑市委员会
主　　　席　李中福
副　主　席　张天辉　冯义军
　　　　　　夏麦香（女）
　　　　　　吕继贤（不驻会）
　　　　　　孙孝工　吴红玉（女）

昌邑市纪律检查委员会
书　　　记　孙晓非

昌邑市人民武装部
政　　　委　黄志华（2月止）
　　　　　　陈永锁（2月起）
部　　　长　陈永锁（2月止）
　　　　　　李明刚（2月起）

昌邑市人民法院
院　　　长　王振星（1月止）
　　　　　　薛明友（1月起）

昌邑市人民检察院
检　察　长　张　杰

临朐县
中共临朐县委
书　　　记　顾建华
副　书　记　刘裕斌　杨锡栋　马常春
常　　　委　顾建华　刘裕斌　马常春
　　　　　　刘世海　衣利民　郭家荣
　　　　　　郭宝花　冯　波　周书坤
　　　　　　王　勇（2月止）
　　　　　　孙启军（1月起）
　　　　　　于飞奇（7月起）
　　　　　　张晓乙（挂职，3月起）

临朐县人大常委会
主　　　任　顾建华
第一副主任　王晋成
副　主　任　衣　萍（女）
　　　　　　许孝新（不驻会）
　　　　　　张元平　段庆孔

临朐县人民政府
县　　　长　刘裕斌
副　县　长　衣利民　郭家荣
　　　　　　张晓乙（挂职，3月起）
　　　　　　赵同祥　王永刚
　　　　　　孙启军（1月止）
　　　　　　黄　芳（女）
　　　　　　李　倪（1月起）
　　　　　　张新明（挂职，12月止）
　　　　　　罗　布（挂职，3月起）
　　　　　　鲁在君（挂职，9月起）

政协临朐县委员会
主　　　席　赵永娟（女）
副　主　席　刘学海
　　　　　　张惠玉（女，不驻会）
　　　　　　倪若强（不驻会）
　　　　　　白雪峰（不驻会）
　　　　　　傅来昌　许佃永

临朐县纪律检查委员会
书　　　记　冯　波

临朐县人民武装部
政　　　委　王　勇（1月止）
　　　　　　于飞奇（1月起）
部　　　长　姜先福

临朐县人民法院
院　　　长　孙绍军

临朐县人民检察院
检　察　长　张素敏（女，2月止）
　　　　　　季运忠（2月起）

昌乐县
中共昌乐县委
书　　　记　张新强
副　书　记　高立伯　肖建华
常　　　委　张新强　高立伯　肖建华
　　　　　　田元君　张建伟　高登友
　　　　　　徐玉山　包艳伦
　　　　　　孙春雷（5月止）
　　　　　　刘艳芳（女，11月止）
　　　　　　田永全（11月止）
　　　　　　何玉洁（女，11月起）
　　　　　　王　勇（11月起）

昌乐县人大常委会
主　　　任　张新强
第一副主任　王　备
副　主　任　王少鹏
　　　　　　周晓玲（女，不驻会）
　　　　　　刘　坚　田本义

昌乐县人民政府
县　　　长　高立伯
副　县　长　张建伟　高登友　崔全华
　　　　　　陈香萍（女，1月止）
　　　　　　李培进　丁进全
　　　　　　姜俊刚（挂职）
　　　　　　高延鹏（挂职，9月止）
　　　　　　魏林卿（1月起）

政协昌乐县委员会
主　　　席　周保进
副　主　席　张宝峰　滕恩禄　王泳亮

滕建勋 刘树铭

昌乐县纪律检查委员会

书　　记 田元君

昌乐县人民武装部

政　　委 包艳伦

部　　长 张立俊

昌乐县人民法院

院　　长 杨培锋（1月止）

韩昆亮（2月起）

昌乐县人民检察院

检 察 长 郑爱之

潍坊高新技术产业开发区

党工委书记 王献玲

党工委副书记 宋赤锋 陈甲才

张龙江（2月止）

管委会主任 宋赤锋

管委会副主任 陈甲才（2月止）

张龙江 钱文亭 董书礼

王教法（1月起）

纪工委书记 傅庆学（2月止）

赵文君（2月起）

潍坊滨海经济技术开发区

党工委书记 王树华

党工委副书记 张恒道 李树森

管委会主任 张恒道

管委会副主任 宋世伟（3月起）

杜长明 王希光 张　华

纪工委书记 王仲民

潍坊综合保税区

党工委书记 孙起生

党工委副书记 徐洪吉 石铭奎

主　　任 徐洪吉

副 主 任 王守全 王得志 王有强

纪工委书记 刘庆德

潍坊峡山生态经济开发区

党工委书记 马清民

党工委副书记 李华刚 张守富

许　珍（女，5月止）

主　　任 李华刚

副 主 任 许　珍（女） 栗祥平

周锡玉 窦金光

陈杰斌（1月止，挂职）

姜　颖（3月起，挂职）

纪工委书记 刘传胜

（注：组织机构及负责人收录时间范围为2015年1月1日至2015年12月31日，其间职务有变动的标明起止月份，没有变动的不标明）

2015年潍坊市国民经济和社会发展统计公报

2015年，面对复杂严峻的国内外经济形势，全市上下深入贯彻落实市委、市政府各项决策部署，统筹稳增长、调结构、促改革、防风险、惠民生各项工作，及时采取了一系列有针对性的政策措施，加快推进经济转型升级，新动能、新优势逐步集聚，积极因素不断累积，全年经济运行稳中向好，社会事业全面发展，民生福祉不断改善。

一、综合

2015年年末，全市常住人口927.72万人，户籍人口893.71万人。全年出生人口86489人，下降22.3%，合法生育率94.7%，人口自然增长率4.02‰，出生人口性别比106.4。

初步核算，全市地区生产总值（GDP）5170.5亿元，按可比价格计算，增长8.3%。一、二、三、四季度GDP累计分别增长8%、8%、8.2%、8.3%，呈现平稳向好发展态势。其中，第一产业增加值455.1亿元，增长4.1%；第二产业增加值2490.8亿元，增长7.9%；第三产业增加值2224.6亿元，增长9.8%，三次产业占比为8.8∶48.2∶43。一、二、三产业对经济增长的贡献率分别为4.1%、52.2%和43.7%，分别拉动GDP增长0.34、4.33和3.63个百分点。按常住人口计算，人均GDP达到55824元（按年末汇率折算为8597美元），增长8%。

2015年，各县（市、区）、市属开发区生产总值完成情况：潍城区243亿元，寒亭区（含经济开发区）197.9亿元，坊子区138.1亿元，奎文区239.6亿元，青州市578.8亿元，诸城市746.5亿元，寿光市806.9亿元，安丘市286.6亿元，高密市586.6亿元，昌邑市376.2亿元，临朐县244亿元，昌乐县275亿元，高新技术产业开发区359.6亿元，滨海经济开发区290.4亿元，峡山生态经济开发区26.5亿元。

区域发展稳步推进。截至2015年年底，在提升市区方面投资232.9亿元，项目开工率达到82.9%，逐步形成“两廊两核四区多园”的发展格局。“两河”开发成效初显，“两河”流域共建成湿地公园20处，面积73万亩，已建成新型农村社区88个，26万农村居民实现生活社区化。滨海海洋新区建设加快推进，首条外贸航线“潍坊—釜山”航线开通，是潍坊港开通的第一条国际航线。跨渤海湾的鲁辽陆海货滚甩挂运输大通道航线开通，成为连通华东至东北、欧洲的绿色低碳物流大通道。潍坊渔港开港运营，结束潍坊市无外海渔港的历史。

市场主体快速增长。全市各类市场主体户数64.8万户，增长23.8%，注册资本（金）6484.9亿元，增长33.8%。其中，新登记企业类市场主体42357户，同比增长60.4%，总量达到13.7万户，增长38.8%。新型农村市场主体发展壮大。全市农民专业合作社22760户，家庭农场6162户，农村（社区）经济股份专业合作社4764户，农民专业合作联社332户。

非公有经济发展稳中有升。全市非公有经济户数63.7万户，从业人员542.6万人，注册资金5150.5亿元。全市非公有经济增加值3031.7亿元，增长8.8%，其中，民营经济增加值2728.3亿元，增长9%。

就业工作成效显著。实现新增就业人员22.5万人，其中，城镇新增就业人员12.3万人，农村劳动力转移就业10.2万人。城镇登记失业率控制在2.93%的较低水平，城乡就业连续12年实现“双十万”目标。

物价水平小幅上涨。全市居民消费价格上涨0.9%，涨幅比上年低0.4个百分点。其中，食品类、烟酒类价格分别上涨1.3%和2.9%，娱乐教育文化用品及服务类、居住类、衣着类、家庭设备用品及服务类、医疗保健和个人用品类价格分别上涨2.8%、1%、1%、0.8%和0.6%，交通和通信类下降2.8%。工业生产者购进和出厂价格分别下降3.6%和3.3%。

财政预算圆满完成，收支结构更趋优化。全市一般公共预算收入484.5亿元，完成年度预算的100.9%，增长12.6%。其中，税收收入389.4亿元，增长9.5%，剔除转列基金因素后，占一般公共预算收入的比重为82.7%。全市一般公共预算支出612.2亿元，完成年度预算的105.1%，增长16%。在支出安排上，统筹财力向民生倾斜，全年民生支出达到483亿元，占一般公共预算支出的比重为79%，较上年提高1个百分点。

二、农业

粮食及经济作物生产总体平稳。据抽样调查，全市粮食播种面积1085.1万亩，减少1%，全年粮食总产量456万吨,减少1.8%；棉花产量2.5万吨，减少30.5%；油料产量20万吨，减少6.1%；烤烟产量2.5万吨，减少9.7%；蔬菜产量1235.9万吨，增长3%；水果产量80.8万吨，减少7.9%。

林业生态建设取得新成效。全年完成造林31.6万亩，四旁植树2816万株，中幼林抚育45万亩，育苗28.7万亩。全市森林面积达589.6万亩，活立木蓄积量1479万立方米，林木覆盖率35.5%。

畜牧业生产增势放缓。全市肉类总产量133.8万吨，减少4.6%；禽蛋产量25.7万吨，增长3.6%；奶类产量25万吨，减少3.5%；大牲畜年末存栏35.8万头，减少5.6%；生猪年末存栏424万头，减少9.6%；家禽年末存栏10618.5万羽，减少4.4%；生猪出栏806.3万头，减少4.5%；家禽出栏43380.6万只，减少6.3%。

渔业生产稳定增长。全市渔业总产值达到49.6亿元，按可比价增长9.2%。水产品总产量60.1万吨，增长0.2%。

农业机械化水平提高。全市农业机械总动力1380万千瓦，增长0.6%；联合收获机24884台，增长2.1%。全年共完成机耕面积964万亩，机播面积1492万亩，机收面积1356万亩，机耕水平、机播水平、机收水平分别达到98.5%、89.6%和81.5%，耕播收综合机械化水平90.7%。

抗旱应急调水工程建设有序推进。全市投入资金12.1亿元开展抗旱，调引黄河水、长江水2.3亿立方米，保障了中心城区供水安全和北部农田灌溉。引黄入白工程于7月13日调试通水，引黄入峡工程于11月6日将黄河水调入峡山水库，两工程年可实现年调水量2亿立方米。

三、工业和建筑业

2015年年末，全市规模以上工业企业达到3848家，工业增加值增长8.4%。按经济类型分，国有企业增加值减少1.3%，集体企业增加值增长13%，股份制企业增加值增长9.1%，外商及港澳台商投资企业增加值增长4.5%。按轻重工业分，重工业增加值增长8.2%，轻工业增加值增长8.7%。2015年，全市统计范围内的221种主要产品中，有141种主要产品生产量同比增加或持平，占63.8%。大型拖拉机、初级形态塑料、子午线轮胎外胎等产品增幅30%以上，其中，太阳能电池、锂离子电池、工业机器人等增速超过50%。

工业运行平稳。全市规模以上工业实现主营业务收入13167.6亿元，增长6.2%；利润总额719.7亿元，增长4.9%；利税总额1115.2亿元，增长5.8%；全年产品销售率98.5%。前100名工业企业实现主营业务收入4891.5亿元，增长3.5%，占全市收入的37.1%；实现利润总额245.3亿元，下降2.5%；实现利税总额364.2亿元，下降1.4%。新兴产业发展良好。专用设备制造业、电气机械和器材制造业、医药制造业分别实现主营业务收入859.9亿元、315.6亿元和329.1亿元，增长9.2%、13.6%和12.7%；分别实现利润总额53.5亿元、15.4亿元和25.1亿元，增长8.4%、12.4%和21.2%；分别实现利税总额76亿元、23.3亿元和40.6亿元，增长10.9%、13.9%和28.6%。

建筑业平稳发展。实现建筑业总产值767.6亿元，增长3.7%。全员劳动生产率为32.5万元/人，增长17.3%。其中，建筑工程完成产值650.9亿元，增长1.4%；安装工程完成产值102.1亿元，增长19.7%；其他产值14.6亿元，增长14.3%。签订合同额1049.2亿元，增长6.3%，其中本年新签订合同额661.4亿元，增长7.7%。

四、固定资产投资

固定资产投资增长较快。固定资产投资4516.7亿元，增长13.9%。5900个投资施工项目中总投资过1000万元的项目5830个，占总数的98.8%。其中，第一产业投资131.7亿元，增长21.7%；第二产业投资2442.8亿元，增长21.1%；第三产业投资1942.2亿元，增长5.3%。其中，民间投资4052.2亿元，增长13.6%，占固定资产投资的89.7%；基础设施建设投资551亿元，增长10%。工业投入力度加大。完成工业投资2404.4亿元，增长19.7%，全市2867个工业在建项目中有2014个项目建成投产，计划投资5000万以上工业项目2045个，其中过亿元项目682个，完成投资1200亿元，占固定资产投资的26.6%。

房地产开发投资小幅回升。房地产开发投资467.9亿元，增长4%，其中住宅投资356.1亿元，增长10.5%。商品房销售面积844.5万平方米，增长9.1%，其中住宅销售面积756.7万平方米，增长9.8%。商品房销售额380.8亿元，增长17%，其中住宅销售额329.7亿元，增长19.4%。保障房建设顺利实施。全市开工各类保障房17984套，基本建成21092套。

五、国内外贸易

国内消费品市场增势平稳。全市社会消费品零售总额2277.5亿元，增长10.6%。按城乡属性分，城镇零售额实现1549.3亿元，增长9.3%；乡村零售额实现728.2亿元，增长13.3%。按消费形态分，商品零售2061.1亿元，增长10.3%；餐饮收入216.4亿元，增长13.4%。

对外贸易稳定增长。全市进出口总额189.3亿美元，增长6.5%。其中，出口130亿美元，增长5.4%，进口59.4亿美元，增长8.8%。骨干企业拉动作用强劲。全市40家重点出口企业出口50.3亿美元，占全市出口总额的38.8%，40家重点进口企业进口45亿美元，占全市进口总额的75.8%。新兴市场贸易增长迅速。对南非、印度尼西亚、越南、俄罗斯、阿联酋进出口额分别增长62.8%、57%、28.4%、23%、19.8%。

对外投资和经济合作势头良好。全年派出各类劳务人员5797人次，同比增长1.5%，完成对外承包工程营业额1.7亿美元，同比增长8%；新增境外实际投资4.5亿美元，同比增长64.7%。“一带一路”沿线13个项目全年新增实际投资1.3亿美元，占28%。新批外商投资项目38个，下降5%，合同利用外资17.6亿美元，增长1.2%。实际到账外资10亿美元，增长11.5%。

六、交通运输、邮政电信、旅游业

交通基础设施建设逐步完善。全年累计完成交通基础设施投资94.1亿元，其中，公路建设累计完成投资56.3亿元，港航、客运场站、物流园区、城市公交等完成投资37.8亿元。全市公路通车里程26269.1公里，公路密度162.7公里/百平方公里，二级及以上公路里程4459公里。全市营业性机动车辆95889辆，其中线路客车（含旅游）2768辆、载货汽车88219辆、出租车4902辆。潍坊港“一主两副”港区分布格局基本形成，生产性泊位29个，其中万吨级以上泊位8个，港口总通过能力1788万吨。

交通运输生产稳步增长。全市道路运输完成客运量7067万人次，下降5%，旅客周转量49亿人公里，增长1%；完成公路货运量2.3亿吨，增长4.2%，货物周转量490.2亿吨公里，增长0.5%。水上运输完成货运量1475.3万吨，增长5.2%，货物周转量106.3亿吨公里，增长5.1%。潍坊港完成货物吞吐量3017.6万吨，增长15.9%。航空运输完成客运量46.5万人次，增长18%，货邮吞吐量2.1万吨，增长1.4%；青临铁路完成货运量311.1万吨，增长19.9%。

邮政业务发展迅猛，电信业总体稳定。邮政业务总量16.2亿元，增长69%。其中，快递业务6141.8万件，增长106.3%。全市电信企业实现电信业务总量75.6亿元，同比下降1.5%。电话用户总数1073.1万户，普及率达116.1部/百人，同比下降6%。其中，固定电话用户107.2万户，固定电话普及率11.6部/百人；移动电话用户965.9万户（包括3G用户198.2万户，4G用户241.01万户），移动电话普及率104.5部/百人。互联网用户达到678.4万户（包括无线上网用户512.1万户），互联网普及率达到73.4%；通信光缆总长度129.5万芯长千米；互联网出口带宽1230G。

旅游业发展势头良好。全市共接待境内外游客5611.5万人次，增长8%；旅游总收入559.4亿元，增长12%。截至2015年年底，全市A级旅游景区91家，其中AAAAA级旅游景区1家、AAAA级旅游景区23家；星级饭店58家，其中五星级饭店3家、四星级饭店19家；旅行社150家，其中出境组团社11家。

七、金融、证券和保险业

金融机构存贷款余额不断增长。2015年年末，全市金融机构本外币各项存款余额为6217.6亿元，比年初增加650亿元，增长11.7%，其中住户存款为3606.7亿元，比年初增加389.9亿元，增长12.1%。金融机构本外币各项贷款余额为4760.4亿元，比年初增加310亿元，增长7%。

企业直接融资能力增强。全年新增54家企业在“新三板”和齐鲁股权交易中心挂牌，在“新三板”挂牌企业累计达到22家，在齐鲁股权交易中心挂牌企业累计达62家。债券融资力度加大，企业通过发行短期融资券、中期票据、集合债、商业银行债券、私募债等方式募集资金226.2亿元。依托市金控集团累计设立专业子基金29支，基金滚动投入49.8亿元，直接撬动金融及社会资本140.2亿元，间接撬动其他金融及社会资本175亿元，累计支持了136个重点园区、重点产业链、重点企业和项目。

保险业健康发展。驻潍保险机构65家，比上年增加3家，其中，财产险机构30家，人身险机构35家。全年保费收入160.4亿元，增长20.8%，赔给付48.7亿元，增长20.5%。其中，财产险保费收入52.7亿元，增长7.2%，赔付26.5亿元，增长3.6%；人身险保费收入107.7亿元，增长28.8%，赔给付22.2亿元，增长49.6%。承担社会风险2.1万亿元，增长6.9%。

八、教育、卫生、文化和体育

教育事业成效显著。2015年年末，全市共有普通高校14所，在校学生15.7万人；中等职业学校34所，在校学生9.4万人；普通高中54所，在校学生18万人；初中265所，在校学生25.2万人；小学818所，在校学生59.2万人；幼儿园1712所，在园幼儿22.2万人。全市12个县（市、区）通过国务院组织的义务教育基本均衡发展检查验收。实施市区中小学建设提升工程，投资14.5亿元，开工建设中小学校37所，其中15所建成投入使用。投资4.7亿元，新建改扩建幼儿园168所，完成建设面积23.9万平方米，新增学位2.4万个。国家教改办将潍坊市教育综合改革经验向全国印发推广，被中央文明委表彰为“全国未成年人思想道德建设先进城市”。

深化医改工作进展顺利。市2家医院入选“国家全面提升县级医院综合能力第1阶段县级医院”名单。人均基本公共卫生服务经费补助标准由35元提高至40元。全市27家助产医疗机构创建为国家级爱婴医院。潍坊市人民医院创建为全省7家“省级区域医疗中心”之一。潍坊市妇幼保健院获“全国百家优秀爱婴医院”称号。建成数字化预防接种门诊81处，开通12条心理援助热线。中医药体系不断完善，建成“国医堂”等“三堂一室”134处，潍坊市全域及5个县（市、区）创建为“全国基层中医药工作先进单位”。

文化产业快速发展。华艺雕塑公司入选第6批国家级文化产业示范基地，翰林轩文化公司入选2015年国家新闻出版改革发展项目库，6家单位入选第二批山东省版权示范单位、园区（基地）。“中国印象商城•印象潍坊”文化电商平台正式上线运行，成为国内第一家O2O模式文化电商平台，成功打造雅昌艺术网青州画廊、一诺收藏青州书画商城等电子交易平台，参与画廊近300家，“好品潍坊”、九州书画商城等一批本地电子商务平台建成并上线运营。

体育工作成绩突出。成功举办了“潍坊杯”国际青年足球邀请赛（女子组），并上升为国家级比赛。组队参加了全国第一届青年运动会并取得2金、4铜的优异成绩，其中，潍坊男排夺冠实现历史性突破。组织922名运动员参加了2015年山东省锦标赛26个大项的比赛，取得115金、59银、63铜的优异成绩。群众体育蓬勃发展，开展群众健身活动700余项，直接参与群众20万人，完成体质监测6000人，建成群民健身工程1384处。

九、科学技术、质量监督及人才工作

科技创新能力显著增强。实施市级以上各类科技计划672项，其中天维膜、潍柴动力、浪潮华光等企业争取国家级科技计划项目53项，扶持资金1.1亿元；争取省级科技计划项目127项，扶持资金1亿元。科技成果培育力度进一步加大，共有6项成果获得省级科技进步奖，寿光富康制药有限公司科技成果获得国家科技进步二等奖。高新技术产业较快发展。2015年，全市实现高新技术产业产值4188.5亿元，占规模以上工业的31.85%，比年初提高了1.23个百分点。新认定高新技术企业86家，昌乐智能制造特色产业基地获批建设国家火炬计划特色产业基地。

科技创新平台建设取得新成效。获批建设国家级农业科技园区1家、省级农业科技园区5家。组建省级企业重点实验室3家、省级示范工程技术研究中心7家。潍柴动力创建为国家重点实验室。组建市级工程技术研究中心50家、市级重点实验室30家。新备案省级众创空间9家，组建市级科技企业孵化器12家，新增孵化面积32.5万平方米，在孵企业376家。市科技孵化中心已建成并投入运营，共引进中科院山东综合技术转化中心潍坊中心等技术转移机构5家，入驻科技型创业企业20家。

知识产权工作成绩显著，全市共申请国内专利18571件，专利授权总量11055件。其中，发明专利申请6093件，发明专利授权1348件。

质量技术监督和商标注册工作成效显著。新创山东名牌产品25个，总量达到228个；新增山东省服务名牌14个，总量达到47个；新增地理标志保护产品1个，总量达到12个。行政认定驰名商标11件，总量达到89件。新认定山东省著名商标38件，总量达到359件。地理标志证明商标总量达到78件。国家级“守合同重信用”企业总量达到30家，省级395家，市级745家。

人才队伍日益壮大。全市新增3名外国专家入选国家第五批“外专千人计划”，2名外国专家荣获省政府“齐鲁友谊奖”。共引进外国专家563人次，组织执行引智项目326个，解决关键性技术和管理难题近400个，获批上级引智专项资金426万元。全市共拥有国务院特贴专家124人，山东省有突出贡献的中青年专家56人，潍坊市拔尖人才1184人，博士后科研工作站达到30家。高技能人才队伍建设取得积极成效。全市已建立国家级技能大师工作室3家，省级技师工作站9个，市级技师工作站30个，全年新增高技能人才2.3万人，组织职业技能鉴定11.2万人。

十、居民生活和社会保障

城乡居民收入不断提高。据抽样调查，城镇居民人均可支配收入31060元，增长8.3%；城镇居民人均消费性支出19325元，增长10.5%。城镇居民人均住房建筑面积达到41.5平方米。农村居民人均可支配收入14890元，增长9.2%；农村居民人均消费支出9099元，增长12.4%。农村居民人均住房建筑面积41平方米。

社会保障事业全面发展。企业五项社会保险扩面净增19.2万人，社保基金总收入236亿元。连续十一年调整提高企业养老保险待遇，全市34.2万名企业退休职工养老金月人均增长261元；城乡居民基础养老金提高到每人每月85元，为146万城乡老年居民发放养老金16.9亿元。调整完善医疗保险政策，门诊特殊慢性病病种增加到72种，降低居民医保一级医院住院起付标准，全市享受长期护理保险待遇共4240人次。失业保险金标准提高到每人每月950元。

城乡低保和五保供养标准不断提高。全市城市低保平均标准达到每人每月491元，农村低保平均标准达到每人每年3400元。建设了医疗救助“一站式”结算服务平台，医疗救助比例提高到70%。投资2.9亿元，改造提升了146个社区服务设施，培训社区工作人员4147人次。新办养老机构3家，新增养老床位3008张。潍坊市代表山东省参加了第四届中国养老产业博览会。全市福利彩票销量14.5亿元，募集公益金3.8亿元，慈善资金2.1亿元。

创业工作取得新进展。市级新设立1亿元的创业带动就业扶持资金，全市创业贷款担保机构达到15家，担保基金规模达到4.1亿元，共发放创业担保贷款15.2亿元。在城区规划建设了中国潍坊国际人才创业孵化中心和山东半岛大学生创业孵化中心，指导推动各县市区新建各类创业孵化器115个，新增省级创业孵化示范基地（园区）4家，省级创业孵化示范基地（园区）达到11家。

十一、城市建设、环境保护和安全生产

重点项目建设成效显著。启动实施老旧小区改造，15个老旧小区改造基本完成，拆除危房240户，近5万名群众居住生活条件明显改善。城市路网进一步优化，三里庄路（北宫街—东风街）、利昌北路（东风西街—安顺路）等道路建成通车。白浪绿洲生态旅游带自行车绿道及驿站建设全面完工，修建绿道58公里、自行车驿站4个，白浪河绿道实现全线贯通。

新型城镇化步伐加快。2015年年底，全市常住人口城镇化率达到55.8%，提高2.23个百分点。农村社区建设取得突破。累计建成农村新型社区200个，50万农村居民实现生活社区化。寿光市被确定为省级新型城镇化综合试点县，安丘市辉渠镇被授予全国宜居小镇称号。

绿色低碳建筑全面推行。开展“211”绿色低碳建筑行动（通过2年时间，在全市打造100项、1000万平方米绿色低碳建筑示范工程），共立项建设绿色低碳建筑104个。峡山区获批省级绿色生态示范城区。滨海区未来之家超低能耗项目成为全省首个通过国家验收的被动式绿色建筑。潍坊市与美国签署了低碳生态城市技术支持合作谅解备忘录，被列为第七轮中美战略与经济对话重要成果。

环境保护取得明显成效。全市共完成713项重点环保工作任务，主要污染物化学需氧量、氨氮、二氧化硫、氮氧化物排放同比削减5.8%、3.7%、3.4%和5.3%。全年“蓝天白云、繁星闪烁”天数234天，主要污染物PM2.5、PM10、SO_2、NO_2分别同比改善7.7%、8.3%、24.9%和10.3%。省控7条河流COD、氨氮全部稳定达到控制目标要求，Ⅴ类以上水质断面达标率100%。市控23条河流COD、氨氮平均浓度同比分别改善8.5%、18.3%，峡山水库、白浪河水库水质常规监测指标全部达到国家Ⅲ类标准以上。

全市累计发生各类生产安全事故204起，下降1.9%，死亡89人，下降16%。

注：（1）公报所列地区生产总值（GDP）、增加值等价值指标按当年价格计算，增长速度按可比价格计算。

（2）公报所列数字为年快报数或初步统计数字，正式数字以《2016年潍坊统计年鉴》为准。

（潍坊市统计局 国家统计局潍坊调查队）

中国共产党潍坊市委员会

Zhongguogongchandang weifangshi weiyuanhui

重要会议

【全市民营经济工作会议】 1月14日，市委、市政府召开全市民营经济工作会议，动员各级主动适应经济发展新常态，弘扬创业精神，优化创业环境，激发创业活力，推动形成大众竞相创业的崭新局面。会议强调，一要解放思想，充分认识大众创业对转型发展的重大意义，适应和把握好新的社会需求，充分激发大众创业的活力，营造浓厚的创业氛围，推动经济向形态更高级、分工更复杂、结构更合理的高端方向发展。二要多措并举，积极培育创业主体，拓宽创业领域，做好各个创业环节的服务，着力解决创业者自身难以解决的问题，推动大众竞相创业形成热潮。三要创新驱动，大力推进科技创新，加快建立现代企业制度，着力优化资本结构，积极培育产业集群，推动民营经济转型升级。四要深化改革，重点打造好公平竞争、规范有序的市场环境，支持有力、落实到位的政策环境，公开透明、便捷高效的政务环境，崇尚创业、支持创业的社会环境，努力推动全市民营经济扩量提质，提速增效，为加快经济转型升级、实现更高层次新发展提供强大动力和坚实支撑。

【市委全面深化改革领导小组第五次会议】 3月31日，市委召开全面深化改革领导小组第五次会议，贯彻落实中央和省委全面深化改革领导小组会议精神，审议到2020年的重要举措实施规划、领导小组工作要点及重点改革事项、全面推进依法治市工作要点，研究部署今年全面深化改革和依法治市工作。会议强调，一要明确分工、落实责任，各级各部门要强化责任担当，领导小组统筹把握改革大局，各专项小组对本领域承担的改革任务做好整体把握、任务分解及协调调度，牵头部门要担负起落实改革措施的主体责任，相关部门要加强协作、主动配合，保障改革成果。二要突出重点、主攻难点，对确定的重点改革事项集中力量，重点突破，一鼓作气把改革难点攻克下来。三要强化督导、严格考核，领导小组要加强协调调度，定期听取汇报，市委改革办要及时跟进各项改革进展情况，深入开展督察工作，着力在推进落实、跟踪问效上下功夫。要加大考核力度，增加考核权重，明确考核导向，确保改革举措落地生根、开花结果。

【市委“三严三实”专题教育党课】 5月11日，市委举办“三严三实”专题教育党课，正式启动全市县处级以上领导干部“三严三实”专题教育。会议要求，努力建设“三严三实”的干部队伍，一要重品行、有信仰，加强党性锻炼和自身修养，带头弘扬社会主义核心价值观，把坚定理想信念作为安身立命的主心骨、修身立业的压舱石，增强“四个自信”，坚定改革信心、转型定力、法治信仰。二要守纪律、讲规矩，把“三严三实”的要求落实到政治自觉、秉公用权、依法办事上，自觉同党中央保持高度一致，不折不扣地落实中央和省、市委各项决策部署，自觉在法律约束下用权、在制度“笼子”里用权，带头尊崇法治、敬畏法律，带头学习法律、厉行法治，真正把每项决策和全部工作整体纳入法治化轨道。三是要敢担当、有作为，坚持问题导向，善于破解难题，抓住事关改革发展稳定的重大问题，着力寻求破解的办法和措施，在推进经济转型升级、全面深化改革、加强和创新社会治理上下功夫、求突破。会议强调，全市各级一定要高度重视，切实增强责任感和使命感，突出问题导向，抓好“关键动作”，着眼常态长效，把专题教育融入日常工作，以高度的思想自觉和行动自觉落实好这项重大政治任务。

【滨海海洋经济新区重点工作重大项目推进会议】 7月1日，市委、市政府召开滨海海洋经济新区重点工作重大项目推进会议，通报滨海海洋经济新区建设情况，研究有关重点工作、重大项目推进情况和下步措施。会议强调，加快滨海海洋经济新区建设，一要增强机遇意识和责任意识。抓住“一带一路”、省部共建潍坊职业教育创新发展试验区等宝贵机遇，努力把新区在港口物流、海洋产业发展、海洋经济应用型人才培养等方面的优势转化为发展优势、经济优势，打造潍坊发展新的增长极。二要进一步解放思想、拓宽思路。提高规划建设标准，统筹规划好交通、水利、能源、通信等各种基础设施，做到超前布局、超前建设。坚持问题导向，深化改革，克难攻坚，以市场化手段，积极创新融资路子和办法，吸引社会资本投资基础设施建设。抓住编制“十三五”规划的机遇，认真研究，科学谋划，争取有更多重大项目纳入国家和省“十三五”规划。三要通力合作、狠抓落实。锁定目标，倒排工期，责任到人，专人靠上，组织得力团队，派出得力干部，拿出得力措施，一件事一件事地抓好落实。要建立高效运行的工作机制，加强指挥调度，强化协调配合，加大推进力度，确保如期完成新区建设任务目标。

【全市“两河”流域综合开发推进会议】 7月15日，市委、市政府召开全市“两河”流域综合开发推进会议，总结前期工作，深入分析形势，研究部署新常态下推进“两河”流域综合开发的任务措施。会议强调，要坚持因水制宜、以水定需、以水定发展，下大气力搞好“两河”流域生态建设，大幅度提高“两河”流域生态功能。要念好“封”“育”“管”“改”“四字诀”，通过育林、培田、治山，来涵养水源、保护生态、培育功能，增强南部山区的生态涵养功能。要保持水资源采补平衡、河流自净能力的平衡，水循环系统和生物系统之间的平衡，增强“两河”的生态平衡功能。要坚持海陆统筹、育护并举，加大滨海地区生态建设力度，增强淡水资源保障能力，增强抵御海水入侵能力、生态承载能力。会议要求，要坚持整体把握、科学统筹，统筹市域生态系统规划，统筹生态环境与经济社会发展布局，统筹工程措施和政策制度，促进各方面重大举措良性互动、协同配合，确保“两河”开发有序推进。

【全市领导干部会议】 8月3日，市委召开全市领导干部会议，传达贯彻省委十届十二次全体会议精神，分析形势，保持定力，强化措施，狠抓落实，全力打好稳增长、调结构主动仗。会议要求，要立足潍坊实际，抓住关键，定向发力，着力抓好十个方面的重点工作。一是创新和改善金融服务，提高企业运行效益。二是围绕重大项目建设，强化调度深化改革，实行全要素保障。三是着眼产业集群布局，大力推进园区转型升级。四是创新政府服务，鼓励大众创业万众创新。五是深化农村改革，在培育新型农业经营主体、建立社会化服务体系，推动农业现代化和统筹城乡发展上下功夫。六是推进信息化，大力发展互联网经济。七是积极融入国家开放战略，加快经济全球布局，在推动更高层次对外开放上加大力度。八是拓宽投资领域，创新投资模式，大规模推动基础设施建设。九是围绕环境质量改善，把生态环保与稳增长、调结构统一起来，大力培育绿色增长点。十是抓住事业单位改革和国家放宽公益事业准入的机遇，加快发展现代服务业。会议强调，要守住底线，确保安全发展，要勇于担当，破难攻坚抓落实，以踏石留印、抓铁有痕的过硬作风推进各项工作。

【全市“三八六”环保行动调度会议】 8月3日，市委、市政府召开全市“三八六”环保行动调度会议，主要是总结调度“三八六”环保行动进展情况，安排部署下步工作任务，打好“三八六”环保行动收官之战。会议强调，要紧盯目标任务，逐项查找差距，主攻薄弱环节，集中力量突破，确保全面完成既定目标。要强化执法监管，建立严格的工作责任制，搞好督查考核，对失职、渎职部门和人员严肃问责。要完善体制机制，把行之有效的好做法、好经验固化下来，加快推进关键制度建设，健全生态文明制度体系。要完善环保倒逼机制，分阶段逐步加严污染物排放标准，依法推动高排放产能改造升级，按环保先进标准管理重大项目，引导产业集中布局、集群发展。要落实政府属地责任和部门共同责任，构建严格的生态保护责任体系，完善公众参与制度，努力营造全社会关心和支持生态环保建设的浓厚氛围。

【全市抗旱工作专题调度会议】 9月17日，市委、市政府召开全市抗旱工作专题调度会，主要是分析当前旱情，研究抗旱措施，科学组织，全面动员，确保打好、打胜抗旱节水攻坚战。会议要求，一要认清形势，充分估计旱情的严峻性，站在对全市发展大局和人民群众高度负责的高度，用党性、用良心对待抗旱工作，从更加自觉地意义上科学谋划、精准施策，迎难而上、敢于担当，确保打赢、夺取全胜。二要坚守底线，全力打好抗旱攻坚战，按照“三严三实”要求，以责任倒逼思路措施落地，切实把抗旱工作各项目标任务落到实处，确保城乡居民基本生活用水安全、生态基础安全和经济社会运行安全。三要化危为机，通过强化全社会节水意识，发展节水型经济，建设节水型社会，提高水资源利用效率，用节水倒逼转型发展新常态，为潍坊永续发展奠定坚实基础。

【市委统战工作和民族工作会议】 11月2日，市委召开市委统战工作和民族工作会议，主要是传达学习中央、省委统战工作会议和民族工作会议精神，研究部署当前和今后一个时期潍坊市统战工作和民族工作。会议强调，要明确任务，突出重点，推动统战工作创新发展，一要着眼更好发挥作用，做好民主党派和无党派人士工作；二要着眼激发创新创造活力，做好党外知识分子工作；三要着眼促进“两个健康”，做好非公有制经济领域统战工作；四要着眼引导宗教与社会主义社会相适应，做好宗教工作；五要着眼深化交流争取人心，做好港澳台和海外统战工作；六要着眼科学使用发挥作用，加强党外代表人士队伍建设。要做好新形势下民族工作，促进各民族共同团结进步、共同繁荣发展，一要提高少数民族群众生产生活水平，二要做好外来少数民族群众服务工作，三要强化依法管理和宣传教育。要强化政治责任，加强党对统战工作和民族工作的领导，推动形成做好统战和民族工作的合力，切实抓好各项工作落实。

【市委党的群团工作会议】 11月14日，市委召开市委党的群团工作会议，传达学习习近平总书记重要讲话精神和中央、省委党的群团工作会议精神，研究推进全市群团工作的任务措施。会议要求，一要深刻认识做好群团工作的特殊重要性和现实紧迫性，以强烈的责任感、使命感，把群团工作作为争取人心、凝聚力量的大事来抓，努力推进群团事业蓬勃发展。二要加强和改进新形势下党的群团工作，坚持党的领导和正确政治方向，紧紧围绕中心服务大局，不断提高联系服务群众能力，防止和克服机关化、行政化、贵族化、娱乐化“四化”问题，全面提高群团工作水平，努力开创群团事业新局面。三要加强党对群团工作的领导，强化做好群团工作的政治责任，以改革创新精神加强群团组织自身建设，严格落实加强和改进党的群团工作的政策规定，为推动群团事业发展提供有力保障。

【全市精神文明建设工作会议】 11月14日，市委召开全市精神文明建设工作会议，隆重表彰精神文明建设工作先进单位和先进个人，激励全市围绕“四个全面”，深化文明创建，提升文明水平，促进文明发展。会议强调，要以习近平总书记关于精神文明建设的重要指示精神为统领，着眼新布局，适应新常态，把握新要求，以更宽的视野、更高的目标，把精神文明建设推向新水平。要把深化文明创建放在“四个全面”战略布局中来把握，找准服务大局的着力点；要围绕主动适应经济发展新常态来创新，汇聚推动转型发展的强大能量；要按照“走在前列、起好带头作用”的目标要求来定位，大力提升精神文明创建的层次和水平。要突出把握好坚持文明城市、文明村镇、文明单位、文明家庭同步创建，坚持党风、政风、家风、社风一体建设，坚持城乡环境、公共秩序、社会保障、服务质量统筹改善，坚持组织推动、群众参与、舆论引导、典型带动协同发力“四个关键”，形成文明创建的整体效应。

【全市基层党建工作会议】 11月23日，市委召开全市基层党建工作会议。会议强调，要把思想高度统一到中央和省委的部署要求上来，认真落实基层党建工作任务，以思想自觉引领行动自觉。要牢牢把握全面从严治党这条主线，以推动基层建设全面进步、全面过硬为目标，以实施“基层服务型党组织建设三年行动计划”为抓手，立足群众满意，坚持从严从实，注重改革创新，不断提高基层党组织服务能力，为加快建设富裕文明新潍坊、努力在全面建成小康社会进程中走在前列提供坚强组织保证。要坚持问题导向，抓好关键环节，进一步强化基层党组织的政治引领作用，提升基层党组织服务能力和水平，抓好基层党员干部队伍建设，创新完善基层党组织设置，努力推进各领域基层党建工作水平全面提高。各级党委要进一步落实主体责任，加强党建工作力量，强化基层基础保障，以更严格的标准、更务实的作风抓好基层党建各项任务落实。

【市委十一届八次全体会议】 12月19日，市委召开十一届八次全体会议，深入学习贯彻中共十八届五中全会和省委十届十三次全体会议精神，听取和讨论了杜昌文受市委常委会委托作的工作报告，审议通过了《中共潍坊市委关于制定潍坊市国民经济和社会发展第十三个五年规划的建议》。会议强调，要准确把握“十三五”时期的形势任务，准确把握“五大发展理念”（即创新发展、协调发展、绿色发展、开放发展、共享发展）的内涵要求，准确把握面临的挑战，时刻把发展作为第一要务，切实加强党的领导，团结动员各方面力量共同奋斗，扎实做好“十三五”时期各项工作。要全面落实“五大发展理念”，深入推进工作指导重大转变，以新的发展理念引领发展行动，努力在全面建成小康社会进程中走在前列。一要围绕创新发展，培育发展新动力，拓展发展新空间，实施创新驱动战略，大力发展现代农业，构建产业新体系和发展新机制，不断引领经济发展新常态。二要围绕协调发展，深入实施突破滨海、提升市区、开发“两河”区域统筹发展战略，推动城乡一体化发展，推动物质文明与精神文明建设协调发展，推动军民深度融合发展，着力构建均衡发展新格局。三要围绕绿色发展，加大主体功能区战略实施力度，推进生产生活绿色化，加大环境治理力度，筑牢生态安全屏障，大力发展绿色产业，健全生态文明制度体系，不断开拓文明发展新途径。四要围绕开放发展，实施更加积极主动的开放战略，构建互利合作双向开放新格局，深度融入“一带一路”建设，加强对外开放平台建设，营造开放发展良好环境，进一步培育对外合作新优势。五要围绕共享发展，推进教育现代化，促进就业鼓励创业，完善社会保障体系，推进健康潍坊建设，深入实施精准扶贫、精准脱贫，完善制度安排，强化政策兜底，引导社会投入，不断增进民生福祉，奋力共创全面小康新生活。

（王富强）

政策研究

【综合文稿起草与重大课题调研】 积极适应新形势、新任务、新要求，围绕市委部署，以创新理念推进工作，着力提高决策服务效能。承担市委全部重要会议主要领导讲话、重要文件和重要报告等的起草工作，开展一系列重要调研活动。起草市委十一届七次、八次全委会以及全市经济工作会议、领导干部会议、“两河”流域综合开发推进会议等重要会议主要领导讲话28篇，起草市委常委会2015年工作要点、制定“十三五”规划建议等重要文件11个，撰写各类调研报告20余篇，起草报告、汇报、致辞等40余篇，高标准、高质量地完成了综合文稿起草任务。着力服务加快经济转型升级。按照“走在前列”的目标定位，认真谋划促进全市创新、协调、绿色、开放、共享发展的思路举措，助推全市经济转型升级，一批调研成果产生了广泛影响。省委书记姜异康对《积极作为强化服务破解难题，推动经济稳中向好转型发展——对潍坊市应对经济下行推动转型发展的调查与启示》，省长郭树清对《高密市加强与世界500强企业合作助推经济转型升级》和《深化农村金融改革不断注入“三农”发展活力——寿光探索走农村惠普型金融的路子》分别作出重要批示，3个调研报告均印发全省学习。着力服务全面从严治党。认真学习贯彻中央和省委、市委关于从严治党的一系列新部署、新要求，努力为市委落实主体责任、推动从严治党提供预见性、前瞻性强的决策服务。先后负责筹备了7次市委常委会集体学习交流、10次市委理论学习中心组专题辅导讨论。特别是积极服务全市“三严三实”专题教育，主持或参与起草相关领导讲话、情况汇报、交流发言、对照检查、问题清单等各类文字材料30多篇。着力服务区域统筹协调发展。围绕服务突破滨海，多次到滨海区开展决策执行的跟进性调研，为领导决策及时提供了科学依据，特别是筹备滨海海洋经济新区建设领导小组成员会议，在时间紧、任务重的情况下，克服重重困难，圆满完成文稿起草任务。作为提升市区工作领导小组改革创新组牵头单位，认真履行工作职能，全年共调度工作进度22次，形成阶段性总结和工作计划8个，有效地助推了中心城区功能提升。作为“两河”开发领导小组成员单位，全程参与“两河”开发相关会议讲话起草、规划制定和工作调研等各方面工作，为“两河”开发的顺利推进提供强力支撑。全力做好“十三五”规划建议起草工作。按照市委部署要求，从2015年6月组织力量开展专题调研，认真研究建议稿的主线、总体框架和主要内容，最终形成市委《关于制定潍坊市国民经济和社会发展第十三个五年规划的建议》，为制定潍坊市“十三五”规划纲要提供了重要指导意见。

【全面深化改革】 认真贯彻落实市委关于全面深化改革的决策部署，确保中央、省委改革举措在潍坊落地生根。12项年度重点改革事项全面完成，258项改革任务基本完成，市级层面出台改革文件114个。完善体制机制，强化服务保障。全面深化改革领导小组专项组由7个调整为9个，全部落实了联络员单位和具体负责人员。各县（市、区）、市属开发区相应调整工作机构，完善推进体系，形成了领导小组统筹协调、专项小组协调调度、牵头部门和参与部门具体推进的组织框架和工作格局。制定了领导小组会议议事规则、改革方案报审办法、改革督察工作实施办法以及会议筹备、公文处理、协调联络等8项内部工作制度。搞好统筹谋划，狠抓工作推进。先后起草重要文件10多个，筹备7次全面深化改革领导小组会会议，审议通过22个改革方案，调度协调重要改革任务21项。完善定期调度制度和督察机制，建立了258项改革要点任务、12项重点改革事项，贯彻落实中央和省改革文件，承接国家和省改革试点项目4本台账，开展调度督察35次，承办中央改革办、省委改革办专项督察各2次。加强宣传引导，注重总结推广。制定全面深化改革宣传工作方案，集中宣传报道全市贯彻落实中央和省委改革决策部署、推进全面深化改革的措施和成效，市级组织开展系统性专题报道40余次，主流媒体刊发改革宣传报道530余篇，编发《改革工作简报》42期，省委改革办采用13篇，列全省第一位。对生态环保倒逼机制、整合财政专项资金等20多项改革创新做法，及时进行了专题调研和总结推广，其中整合财政专项资金的经验做法被省委改革办作为典型案例上报中央全面深化改革领导小组。

【党刊编发与对外宣传工作】 切实创新党刊编发工作，充分发挥市委机关刊物《潍坊通讯》的以文辅政平台作用。《潍坊通讯》连续七次被全国城市党刊研究会授予“全国城市十佳党刊”称号，继2014年获得全国首家“十佳特别贡献奖”后，2015年继续保持这一殊荣。全国城市党刊研究会为此专门发来贺信，市委书记杜昌文就此作出批示并给予充分肯定和大力褒扬。《潍坊通讯》与全国300余家大中城市党刊建立了协作关系，广泛开展全方位互动交流。先后在中央政策研究室《学习与研究》、省委政策研究室《山东通讯》等中央和省以上报刊发表领导署名文章和调研文章18篇，潍坊市委政研室被中央政研室评为2015年度《学习与研究》学刊用刊调研工作先进集体。

（孙家强）

组织工作

【深入推进“三严三实”专题教育】 抓好统筹谋划。把握常态化教育特点，研究制定全市“三严三实”专题教育《实施方案》及配套文件，对关键动作逐一明确时间安排、具体要求和责任单位，保证专题教育有序高效推进。

抓好学习教育。坚持以高质量专题党课起步，组织对县（市、区）和市直部门党委（党组）书记党课讲稿进行评审，对14个被评为一般等次的进行了会议通报。认真组织学习研讨，两月一专题、一月一研讨，每个专题举办一场辅导报告会，运用正反两方面典型深化学习教育，不断夯实践行“三严三实”的思想根基。

抓好专题民主生活会。组织各级征求意见建议8500多条，严格审阅把关领导班子对照检查材料和主要负责人的发言提纲、批评意见、问题清单，派员指导县（市、区）、市直部门（单位）专题民主生活会，确保民主生活会质量。

抓好问题整改。坚持边查边改，组织市县领导干部查摆不严不实问题8200个，已整改6750个。扎实开展“3+5”（在基层全面推行以“民情直访、民意直通、民事直办”和“事前公告制、定事合议制、事定承诺制、事中监督制、事后评议制”为主要内容的工作方法）、为官不为、基层干部损害群众利益问题3期专项整治，印发通报62期，涉及典型问题133件，给予党纪政纪处分或组织处理387人。

抓好督查落实。采取派员旁听专题研讨交流、开展专题调研、组织“回头看”等方式，对每个关键动作都严格督导把关。建立工作评价记实制度，把材料备案、党课评价、调研督查等情况记录在案，及时进行通报，推动了各项要求落地见效。

【领导班子和干部队伍建设】 探索考准考实干部的有效办法。完善科学发展综合考核机制，制定差异化考核办法，增强了考核评价的针对性和科学性。组织开展县（市、区）领导班子和领导干部年度考核及后备干部专题调研，整合干部考核考察、信访举报、经济责任审计、教育培训等信息资源，研发干部综合表现信息系统。

从严选拔任用干部。制定《市管干部选拔任用工作流程》，改进民主推荐方法，力求好中选优、优中选适。严把个人有关事项报告查核、档案任前审核、廉政审查、信访举报核查“四关”，对存在有关问题的14名干部暂缓任用或取消了提拔重用资格。积极推进干部能上能下，对6名不适宜担任现职的县级干部及时作了调整。坚持培养锻炼干部与解决基层干部力量薄弱问题相统一，从市直部门（单位）择优遴选了50名缺少基层工作经历的年轻干部到镇街挂职。

做好干部综合管理和测试测评工作。扎实开展干部档案专项审核，对1765名市管干部档案进行审核，补充收集材料4500余份；对283名干部的“三龄（年龄、工龄、党龄）二历（学历、工作经历）一身份（干部身份）”等情况进行了调查；指导市直和县（市、区）管档单位完成38423名科级以下干部人事档案审核。积极推进考试测评服务规范化，提供考试测评服务147批次，在中组部考评中心组织的试题质量评比中，潍坊市参评试题获3个一等奖、2个二等奖、2个三等奖，列全国31家省级分题库第一位；“县市区政府副职重要行为特征与好干部标准研究”课题获中组部考评中心重点调研科研成果一等奖。调整认定市级重点企业131家。

扎实做好老干部工作，努力提升离退休干部党建工作水平，注重文化养老工作。认真做好军转干部安置、县级以下机关职务与职级并行、镇机关科级非领导职务设置、市直党群政法部门遴选工作人员、大学生村官期满考核录用、党内统计和公务员统计、援疆和援藏干部服务等工作。

【干部教育培训工作】 抓好中共十八届五中全会精神轮训。在市委党校举办6期专题培训班，对全市2100名县级干部和镇街党委书记进行了集中轮训。

突出重点项目培训。紧扣市委、市政府重大决策部署，组织实施创新驱动发展战略、现代产业体系建设、现代企业管理等24个重点培训项目，培训各级各类干部960人次。培训结束时组织结业考试，不及格的当年度不得提拔重用。

改进主体班次培训。培训内容上，针对不同班次学员特点，有重点地强化能力培训，县级班突出新常态下谋划和推进工作能力培训，科级班突出担当精神、服务意识和执行能力培训，青年干部培训班突出新常态下推进工作和解决实际问题能力培训。培训方式上，每期班次都组织听1场先模人物事迹报告、研读1篇经典原著、参加1次社区志愿服务、接受1次警示教育、交流1次党性锻炼体会“五个一”活动，在青年干部培训班中开展了“三同”教育。管理办法上，实施学员百分量化考核，依据考核成绩评选优秀学员和十佳学员，并向派员单位负责人书面反馈。全年共举办主体班次培训班4期，培训县级干部349人、科级干部245人、青年干部41人。

抓实干部自主选学和在线学习。组织全市4.8万名党政干部和1.7万名企业党组织书记开展了网络培训。坚持工作需求和干部个性化需求相结合，协调7个干部培训基地新开发80门培训课程；组织开设了123个培训班，培训市直机关科级干部6875人。

【人才工作】 强化牵头抓总作用。研究出台《关于加快建设人才强市的若干意见》，改进全市人才工作发展水平考核办法，充分调动各方面抓人才工作的积极性，推动形成了大抓人才工作的浓厚氛围。

突出抓好高层次创新创业人才引进扶持。实施现代产业人才引领支撑计划，遴选产生了26名产业发展急需的高端人才。开展人才项目对接活动20余场次，对接科技人才项目400多个，新引进硕士学位以上高层次人才2700余人，新增国家“千人计划”专家4人、“万人计划”教学名师2人、泰山产业领军人才17人、泰山学者1人、留学人员到鲁创业启动支持计划人选3人。

加强人才创新创业平台建设。积极推进孵化器、创业基地、企业科研平台等平台载体建设，全市新建孵化器12个，新增孵化面积32.5万平方米，新建成企业国家重点实验室1个、博士后科研工作站6个，新建省级重点实验室、企业技术中心等科研创新平台34个。中国潍坊国际人才创业孵化中心和山东半岛大学生创业孵化中心正式启用，蓝色智谷揭牌运营。

不断优化人才发展环境。认真落实领导干部联系专家人才制度，各级领导干部共联系专家人才2300多名。探索科技金融融合发展，引导市金融控股集团组建中以（山东）科技创新、大学生创业等23支基金和六大金融平台，撬动社会资本142亿元，支持重点园区、重点企业91家。创新实施购房券制度，对符合条件的到潍坊自主创业人才发放10万～50万元购房券。加大各类人才培训力度，对市级以上重点高层次人才进行了健康查体。潍坊市被评为全省人才工作先进单位。

【基层党建工作】 抓好系统谋划推进。着眼突破薄弱环节，补齐短板，推动基层党建工作全面进步、全面过硬，组织召开全市基层党建工作会议，制定《全市基层服务型党组织建设三年行动计划》，提出了10项重点任务，对加强和创新基层党建工作作出全面部署。

落实基层党建工作责任制。配强配优党建队伍，调整充实市、县党建工作领导小组和市、县、镇党建办工作力量，保证基层党建工作有人抓、有人管。扎实开展县、镇党委书记抓基层党建工作述职评议考核，组织制定县、镇、村三级党组织书记抓基层党建工作责任清单，督促引导各级党组织及书记强化管党治党意识，落实管党治党责任。潍坊市2015年度抓基层党建工作述职评议考核成绩位居全省前列。

建立农村新型社区服务机制。制定出台《关于镇（街）党（工）委转变工作方式推进农村社区服务能力建设的指导意见》，在规划的农村新型社区同步建立党组织，有935个社区规范设立便民服务大厅、卫生室和警务室，把近百项公共服务事项纳入便民服务大厅集中办理，推动50%以上的镇街干部下沉到农村社区开展服务，实现了服务职能下沉、干部力量下沉、工作重心下沉。

大力加强村级治理。建立软弱涣散党组织常态化整顿机制，排查出的60个已换届但不稳定的村全部有效转化。制定《关于建设基层服务型党组织规范村级治理机制的指导意见》，建立健全依法依规治村、矛盾纠纷化解等八项制度，提升了村级治理规范化水平。深入开展包村联户工作，选派1435名第一书记到省定贫困村和经济薄弱村抓党建、促脱贫，制定《第一书记管理考核办法》，举办4期第一书记培训班，协调落实第一书记相关待遇和专项帮扶资金，各包村工作组累计投入资金及实物折款2.1亿元，帮助办实事好事10245件。健全基层组织运转保障机制，市、县、镇财政安排村级组织运转经费5.5亿元，村均8.1万元。每个城市社区党组织为民服务专项经费达到20万元，办公服务用房全部达标。

积极推进"两新"组织党建工作（新经济组织和新社会组织）。深化"建组织、扩覆盖"活动，出台《非公有制企业党建工作规范化建设实施办法》，选派3256名党建指导员，有形有效覆盖不断增强。

强化党员教育管理。制定《组织员工作规范》，编印《组织员工作手册》，组织对市、县、镇三级1568名专兼职组织员进行了全员培训。分批分类抓好农村、城市社区党员集中培训工作，全市共举办各类培训班1174期，培训村、城市社区党员34.4万人次，在寿光成功承办了全国农村党组织书记培训示范班。组织开展发展党员和党费收缴使用管理专项检查，制定《市管党费收缴、使用和管理办法》，委托审计部门对2008～2014年市县管党费进行了审计。推进远程教育工作转型发展，建设打造了集党员教育、管理、服务为一体的"鸢都先锋•党建云平台"，摄制的专题片《情系百姓》作为全国"三严三实"专题教育学习教材下发学习，在全省党员教育电视片观摩交流活动中有10部作品获奖，列各市第一位。

（谭海伟）

宣传工作

【学习宣传贯彻习近平总书记系列重要讲话精神】 理论学习扎实推进，健全完善党委（党组）中心组学习制度，全年组织市委理论学习中心组暨全市领导干部专题辅导报告会12场。对全市各级党组织中心组"三严三实"专题教育学习研讨作了整体部署，积极组建党组织理论中心组成员宣讲团，下基层开展"三严三实"专题教育宣讲1200余场次。推进学习型党组织建设，将"破解问题学习法"和"系统学习法"两大学习型党组织建设品牌纳入全市科学发展综合考核。

宣讲普及层层展开，完善市、县、镇、社区（村居）四级宣讲网络，建立微宣讲、百姓宣讲、村村大宣讲三支队伍。新发展市级宣教基地132家，推动风筝都大讲堂标准化、规范化建设。成立潍坊市百姓宣讲团，开展"中国梦•我们的价值观"百姓宣讲活动1600余场次。深入开展"理论进基层、政策进万家、思想面对面、聚力共圆梦"系列活动，全面提升全市350个学习型党组织示范点和220个理论大众化示范点，组织市委宣讲团、千名理论宣讲员等专业宣讲队伍深入基层开展系列宣讲活动1.5万余场次，听众120余万人次。

社科理论研究成果丰富，紧紧围绕市委、市政府中心工作，组织开展"村级治理能力研究""潍坊市新常态下发展战略研究""潍坊城市竞争力解读——基于《中国城市竞争力报告No.13》"等重大应用对策研究，形成系列重要理论成果，得到市委、市政府主要领导的肯定和批示。评选表彰10名社会科学研究拔尖人才、10名优秀人才，确立首批17个市级社科普及教育基地。

【舆论宣传引导工作】 重大主题宣传鲜明有力，精心组织全面深化改革、“四个全面”战略布局、“三严三实”专题教育、抗日战争胜利70周年、突破滨海、提升市区、开发“两河”、构建现代产业体系、大众创业万众创新等重大主题宣传。对中国画节、文展会、风筝会、鲁台会、首届中日韩产业博览会等重要节会进行全方位宣传报道。

对上宣传取得新突破，在中央和省级重点媒体刊发了一批有较大影响的稿件，《经济日报》头版头条《潍坊：换挡升级不减速》、《大众日报》头版头条《定力之中见功力》《有为政府激活有效市场》等重点报道；对全市主动适应新常态、着力转变经济发展方式进行了全方位重点深度报道；《光明日报》头版头条对全市教育改革进行了深度报道，《人民日报》（海外版）头版头条对全市建设食品谷进行了重点报道。

对外宣传和新闻发布工作扎实推进，举办“境外媒体聚焦魅力潍坊”集中采访活动，组织协调拍摄抗战题材电影《终极胜利》和纪录片《被遗忘的潍县集中营》。举办全市党委政府新闻发言人培训班，召开市级新闻发布会50场。积极推进政务新媒体矩阵体系建设，官方微信公众号“潍坊发布”在新华网舆情监测中心发布的地级市以上政务微信影响力榜单中，长期位列全省第一。新浪微博“@潍坊发布”粉丝数量达129万，被新浪网评为“山东十大党政新闻发布政务微博”，荣获“市级机构政务微博优秀运营奖”。全市各级政务微博、微信账号达200余个。

网络宣传引导能力进一步提升，潍坊属地新闻网站首发原创新闻2600余篇，设立专题120余个，转载各类涉潍报道3万余篇。组织“互联网+在山东”全国网络媒体行、“第十一届中国网络媒体山东行”等在潍坊采访活动，形成采访报道原创稿件300余篇。市网管处被省网信办表彰为抗日战争胜利70周年重要纪念活动全省网络工作先进集体。围绕重大突发热点事件主动介入引导，累计发帖评论4万余条。向市委、市政府提报《网上舆情专报》356期，编报手机短信2800余条，应对处置涉及潍坊重大网络舆情事件30余起，依法关闭违法违规网站2家、用户账号38个、微信公众账号3个。修订《潍坊市网络评论员管理办法》，网络应急和应对重大舆情引导队伍作用发挥明显。

新媒体融合发展稳步推进，确立“两微一端”发展战略，组织潍坊报业集团和潍坊广播影视集团围绕媒体融合发展积极探索，潍坊报业集团推出“新华视讯”手机新闻视频平台和“中华名家”移动书画推介平台，启动了“潍坊人家”全媒体新闻发布平台项目，潍坊广播影视集团着力打造“新媒体中心”数字全媒体融合平台。

调研和舆情信息工作取得新突破，围绕新常态下宣传思想文化工作形势、文化体制改革、培育和践行社会主义核心价值观、乡村休闲度假旅游等课题，深入基层一线调研，形成重要理论文章24篇，完成省重点课题7个。加强对全市社会思潮动态动向、重大舆论事件等意识形态领域新现象、新问题的分析研究，向市委、市政府报送《舆情专报》48期，其中4篇得到市领导批示。加大舆情信息对上报送力度，被省委宣传部采用3411条、中宣部采用197篇，10篇信息得到上级领导批示，其中中宣部部长批示2篇，省领导批示4篇，舆情信息工作连续两年居全省第一。加大宣传信息编写上报力度，全年编写《宣传工作简报》55期，采编稿件150余篇，在《山东宣传工作简报》发稿15篇，数量位居全省第一。

【社会主义核心价值观建设】 核心价值观学习宣传进一步加强，积极开展社会主义核心价值观的密集化、常态化宣传，开展公益广告征集展播活动，全市各级各类媒体累计刊播各类公益广告84.36万条次，新设户外公益广告宣传设施1.2万余处，印发公益宣传海报20余万份，在各类公共场所张贴宣传。

抗战胜利纪念活动浓墨重彩，对全市纪念抗日战争胜利70周年活动作出安排部署，广泛组织开展“缅怀英烈 圆梦中华”系列主题教育活动，在市属各新闻媒体开设抗战主题专栏，

中国美术协会主席刘大为在第五届中国画节·首届中国（潍坊）民间艺术博览会·中国（潍坊）第八届文化艺术展示交易会开幕式上致辞 （供图：王绍芳）

累计刊发、播发各类稿件220余篇。新增省级爱国主义教育基地3处、市级21处，对4家爱国主义教育基地进行改陈布展，在公共场所、爱国主义教育基地开展爱国主义教育宣传。

四德工程建设深化拓展，深入实施善行义举四德榜普及提升行动，分级分类推动四德榜向城市社区、机关、企业、学校拓展延伸，全市村居（社区）建榜7049个，企业建榜541个，学校建榜709个，机关建榜801个。全市3人被省委宣传部评为2015年全省善行义举四德榜“榜上有名”先模人物，诸城市、安丘市入选全省四德工程建设示范县（市、区）。

典型宣传有声有色，持续加强典型选树宣传工作，全市4人获得“第五届山东省道德模范”称号，6人获“第五届山东省道德模范提名奖”。建立市、县、镇、村四级常态化好人推荐评选机制，全市共有131人入选潍坊好人榜，46人入选山东好人榜，5人被评为山东好人之星，12人入选中国好人榜，3人入选好人365封面人物，印发好人海报14万份。组建身边好人宣讲团，开展道德宣讲100余场。为150名市级以上先进典型、省级道德模范免费健康查体。

“厚道鲁商”倡树行动扎实推进,召开全市“厚道鲁商”倡树行动工作推进调度现场观摩交流会，联合有关部门对全市68家试点企业进行集中督导调研，开展“厚道鲁商”企业集中采风活动，在《潍坊日报》发表社论文章100余篇，在潍坊电视台开设专栏，播出28家企业典型。召开全市企业文化现场会，总结推广高密豪迈集团企业文化，举办全市企业政工干部培训班，组织做好全市政工职称评审工作。

【第五届中国画节·首届中国（潍坊）民间艺术博览会·中国（潍坊）第八届文化艺术展示交易会】 2015年17日～23日在鲁台会展中心举办。本届节会由中国民间文艺家协会、中国画学会、中国油画学会、中央数字电视书画频道、中国美术协会中国画艺委会、中国艺术研究院中国画院、新华社手机电视台、中国出版集团荣宝斋、山东省文学艺术界联合会、潍坊市人民政府联合主办，由中共潍坊市委宣传部、中共潍城区委、潍坊报业集团、潍坊市文化广电新闻出版局、潍坊市文学艺术界联合会、共青团潍坊市委、潍坊市人民政府台湾事务办公室、潍坊市旅游局、潍坊广播影视集团、潍坊市文化市场综合执法局、潍坊市文化旅游建设投资有限公司共同承办。展会的参观群众达48.5万人次，交易总额达8.5亿元。

（王绍芳）

统一战线工作

【概况】 2015年，在市委正确领导和省委统战部的具体指导下，全市统战部门认真学习贯彻中央和省委统战工作会议精神，坚持围绕中心，服务大局，开拓进取，努力推动统战工作创新发展。市委统战部被评为全省统战工作先进单位及全省统战理论调研宣传“四新工程”先进单位、全省统战刊物宣传工作先进单位、全省统战信息工作先进单位，4项调研成果分获一等奖、三等奖和创新奖。

【凝聚思想共识】 加强学习培训。市委常委理论学习中心组集体学习研讨习近平总书记重要讲话精神，举办市委理论学习中心组暨全市领导干部理论学习辅导报告会、党外代表人士通报会、市各民主党派、工商联和无党派人士学习研讨会。6月中旬，市委统战部组织全市统战部门领导骨干到中央统战部培训中心进行了专题培训。9月上旬，会同市委组织部在市委党校举办全市统战干部专题培训班，对市、县、乡三级统战部部长（委员），县、乡两级党委分管领导、高校党委分管领导和统战部部长共190余人进行了专题培训。强化社会宣传。研究制定全市宣传工作方案和市直统战系统学习计划，在《潍坊日报》刊发专栏文章，市委统战部网站设立学习贯彻专栏，通过微信、QQ群、微博等媒体手段，广泛开展统一战线知识的宣传。精心研究部署。部主要领导带队赴北京、江苏等地学习考察贯彻落实会议精神的先进做法，并组织开展全市党外知识分子工作大调研活动，形成调研报告报市委。研究制定《潍坊市贯彻落实<中国共产党统一战线工作条例（试行）职责分工方案>》，明确责任主体、工作举措和解决时限，以钉钉子精神抓好贯彻落实。11月2日，召开市委统战工作会议和民族工作会议，市委书记杜昌文作重要讲话，市委常委和人大、政协主要领导出席，各县（市、区）委、各部门主要负责人等400余人参加，形成了良好的统战工作氛围。

【参政议政】 坚持完善市委与民主党派和无党派人士协商议事制度，协助市委起草《中共潍坊市委关于加强社会主义协商民主建设的实施意见》，协助市政府出台《潍坊市人民政府关于进一步加强同民主党派工商联及无党派人士联系工作的通知》。协助市委、市政府组织开展“十三五”规划编制意见和纲要以及政府工作报告协商会等协商活动12次；指导民主党派确定7项重点调研课题，开展专题调研活动17次，召开座谈会13个，形成9篇调研报告，现已全部结题并汇编成册（《潍坊市民主党派2015年度重点调研课题汇编》）。指导各民主党派积极建言献策。2015年，市政协会上各民主党派提交提案145件，提案总量比上次会议增加10%，集体提案比上次会议增加22%，其中，14件提案得到市委、市政府主要领导批示，占批示总数的57%。积极打造建言献策“直通车”，2015年编报的9期《潍坊建言献策》，有8期被市委市政府主要领导批示，并由相关职能部门落实。

【助推经济科学发展】 围绕全市“走在前列”目标要求，充分发挥统战优势，有效整合资源，服务全市转型发展。组织召开全市民营企业家座谈会，开展新常态下全市民营经济发展情况调查摸底工作，走访调研50余家企业。举办5期民营企业家专题培训班，培训人数达到1000多人次。加大对年轻一代企业家的培养力度，与市委组织部、市工商联联合举办全市新生代企业家培训班，帮助他们实现代际传承和健康成长。加强部领导班子成员与统战对象的联谊交友工作，部领导班子成员以“一人多企”方式实地走访非公有制企业50余家次，及时掌握非公有制经济人士思想动态，了解企业转型发展存在问题及诉求。

【开展社会服务活动】 各民主党派开展义诊医疗、法律咨询、捐资助学等社会服务公益活动27次，服务群众4000余人次。组织全市“同心•光彩助学行动”捐助仪式，引导非公有制经济人士弘扬光彩精神，履行社会责任。加强民族宗教工作，及时掌握舆情动态，探索少数民族流动人口服务与管理体系，制定下发《关于少数民族流动人口服务与管理体系建设试点工作》的通知，在全市范围开展少数民族流动人口服务与管理体系建设试点工作。加大治理基督教私设聚会点工作力度，认真开展佛、道教寺观管理有关问题专项治理工作，2015年，共制止或查处有关问题14起，确保全市民族宗教领域和谐稳定。

【加强党外代表人士队伍建设】 加强教育培训，制定《市委统战部2015年度培训计划》，创新培训形式，丰富培训内容，已培训各领域统战成员1000多人次。结合全市党外知识分子大调研，初步掌握了各领域党外知识分子情况，形成了全市律师行业统战工作调研报告。加强党外代表人士实践锻炼，指导县（市、区）建立实践锻炼基地，推荐6名市直机关党外科级干部到镇（街）挂职副镇长（副主任）。做好党外人士在政协的安排工作，推荐2人任省政协委员、常委，新增补党外市政协委员13人。新推荐3人为省社会组织联合会理事人选，1人为副会长。会同市委组织部加大党外干部的实职安排力度，市政府工作部门配备党外干部的比例达到三分之一，其中配备党外正职1人，市人大常委会、市政协和法院、检察院均配齐了党外干部；有6名县级党外干部得到提拔重用，安排6名科级党外干部到镇（街）挂职锻炼，党外干部成长路径进一步优化；推荐2名党外代表人士确定为省委领导联系对象，市教育局等6个市直部门聘请特约人员99人。

【部门务实清廉作风建设】 认真贯彻落实中央和省委、市委关于改进工作作风的各项规定，进一步修订完善岗位责任制和机关工作制度。全面落实党风廉政建设责任制，积极开展廉政专题教育活动，在市纪委组织的德廉知识测试中，部机关人员测试通过率为100%。认真开展帮扶活动，建立了部机关干部调研联系点制度，深入社区开展入户走访、结对帮扶活动。争取省海联会支持，为临朐县新建5处“海联新农村卫生室”。

（丁建营）

机构编制工作

【政府职能转变和审批制度改革】 在全省率先组建政府职能转变领导小组及其办公室，印发《潍坊市推进简政放权放管结合转变政府职能工作方案》，会同市政府办公室、市发改委等牵头部门，以深入推进简政放权、放管结合、转变政府职能为目标，围绕行政审批、投资审批、职业资格、收费清理、商事制度、教科文卫体、社会组织、优化服务八大领域研究落实改革举措。全市共取消下放行政审批事项13项，涉审中介收费项目由77个减少到35个，非行政许可事项退出历史舞台，“三证合一、一证一码”在全省率先推开。在全省率先编制公布政府部门责任清单，共纳入部门单位487家，编制主要职责4035项、具体责任16470项、追责情形16141项，为政府部门“法无授权不可为、法定职责必须为”奠定了制度基础。以潍坊市被列为“山东省行政审批规范化试点市”为契机，深入推进以规范领导体制和运行机制、政策法规体系、审批事项、审批流程、网上审批、中介服务、批后监管、政务服务平台、队伍管理、执纪问责和考核评估为主要内容的“十规范”工作体系建设，行政审批制度改革迈出新步伐。深化“两集中、两到位”改革（推进一个行政机关的审批事项向一个处室集中、行政审批处室向行政审批服务中心集中，保障进驻行政审批服务中心的审批事项到位、审批权限到位），先后印发了《关于调整市直有关承担行政审批职能部门单位内部机构设置的通知》等6个文件，市直部门行政审批职能承办科室由改革前的81个减少到37个，并全部向政务服务中心集中。编制印发市、县两级行政许可事项目录及《服务指南》《业务手册》，审批规范化建设迈上新的台阶。继续在创新优化审批流程上下功夫，印发《潍坊市非制造业建设工程项目告知承诺制实施办法》，在全国创新实施非制造业建设工程项目告知承诺制，该做法被国务院推进职能转变协调小组办公室印发推广。加强政务服务建设，组建千人代办队伍，在全市推行重点项目无偿代办服务，缩短了项目落地时间。升级完善网上审批系统，全市基本建成了“一网式运转、一体化协作、一站式服务”的网上审批运行平台，累计受理事项32726件，办结31238件，事项审批时限比法定时限均提速60%以上。强化事中事后监管，制定印发了《加强行政审批事中事后监管的实施意见》，加强对食品药品安全、安全生产、环境保护三大重点领域监管，其他领域实现监管办法全覆盖。

【行政管理体制改革】 扎实推进理顺市区行政管理体制工作，会同相关部门拟定了理顺市区行政管理体制的若干意见和理顺市区权责关系各领域的具体工作方案，市住建、市政、国土、城管、规划等部门主动削减部门权力事项，对涉及市区权责的300余项权力事项、事权事项提出了调整下放意见。深入推进扩权强镇试点工作，在认真抓好省级试点镇基础上，将市级扩权强镇改革试点从11家扩展到24家，实现了12个县（市、区）全覆盖，共向试点镇下放行政权力2230项，落实了土地、资金、人才、户籍等7条发展政策，推动试点镇做大做强。积极推进有关领域改革，全面完成市、县政府机构改革任务，在创新县级市场监管体制等方面迈出坚实步伐。加快推进市、县两级不动产登记职责和机构整合，顺利完成改革任务。加强市级公共资源交易平台建设,一年来，完成项目涉及预算资金51.18亿元，实际成交46.89亿元，总节支率达8.37%。积极推进综合执法体制改革工作，进一步整合大部门制改革涉及的执法队伍，推进系统内综合行政执法。指导高密市扎实做好全国综合行政执法体制改革试点市有关工作，将原先分散在13个部门（单位）的17个领域、1295项行政处罚权集中交由综合行政执法部门统一行使，在借机打造镇（街）综合执法平台方面，也做了大量创新性工作。

【事业单位改革与监管】 积极推进事业单位分类改革，研究出台了配套改革意见，明确加快推进事业单位分类改革等5大项14小项重点任务分工。对暂缓分类事业单位明确了分类意见，市、县两级圆满完成了5152家事业单位经费类型规范工作。推行“123456”绩效考评模式（一个目标引领，区分两种情况，发挥三方作用，突出四项内容，采取五种方式，落实六个挂钩），注重平时考评和现场考评相结合，进一步规范了事业单位管理，提升了事业单位公益服务水平。2015年，市、县两级将事业单位全部纳入绩效考评范围，实现了全市事业单位绩效考评的全覆盖。探索推进法人治理结构试点工作，带着56个问题赴先进地区学习考察，在全市教育、卫生、文化系统选取了43家公益性较强的事业单位进行试点，组建理事会、监事会，初步建立起了决策、执行、监督“三位一体”的法人治理架构。在全省率先完成了政府购买服务范围初审工作，有效缓解了编制需求的压力。

【机构编制管理】 围绕市确定的重点任务调设机构，配备执政资源，2015年，按照“撤一建一”等有关规定，全市共调整组建县级机构11个、科级机构241个，服务中心更加有力。创新机构编制管理评估，重点在优化评估指标、完善评估方式和强化跟踪督查等方面创新，完成了市卫计、国土等10个部门评估，对存在的人员混岗、人员结构不合理等30个问题分别提出整改意见。创新推进中小学教师“县管校聘”工作，对中小学教师编制实行总量控制，联合市教育、人社等部门出台相关文件，下放中小学教师编制管理权限，该做法得到了省长郭树清和常务副省长孙伟的充分肯定。探索公立医院编制备案制管理，会同市卫计等部门拟定了全市公立医院人员控制总量备案管理意见，研究成果被省编办肯定，并在全省予以推广。创新设立高层次人才和专业技术人才专项编制，有效解决部分事业单位人才断档的问题。搭建起横向连接部门，纵向跨越市、县、镇的实名制信息系统管理平台，实现了机构编制核心业务网上办理。

【机关党建和自身建设】 扎实开展“三严三实”专题教育，对3个专题学习研讨过程中查摆的49个问题作了认真整改，召开了高质量民主生活会，不断改进工作作风，切实增强了敢于担当、主动作为、清正廉洁的正能量。在南京大学举办了简政放权、转变政府职能专题培训班，邀请省编办领导和专家对信息调研、综合执法体制改革等进行专题辅导，进一步提升了推进改革、服务大局的能力。为期一年的全市机构编制系统法律培训班圆满结业，参训学员200余名，进一步

省编办主任刘维寅（前排左二）到寿光羊口调研经济发达镇改革情况

（供图：庞 宁）

增强了编制干部的法治思维和依法办事能力。创新改善信息宣传和调研方式，建立市县联动机制，在全省信息宣传和调研考核中取得了“双第一”的好成绩。

（庞　宁）

对台工作

【第二十一届鲁台经贸洽谈会】 坚持“常态筹备、双向对接”的办会思路，入台前已达成中华购、国泰财险、峡山湖生态养生等项目。入台集中举办会议期间，全市对接洽谈台资项目30个，意向总投资额8.5亿美元。在台期间，市领导推动新建立合作意向20个，签署合作框架协议8项，截至2015年年底，取得实质性进展的有22个。副省长于晓明、市长刘曙光等领导带队赴台，中国国民党副主席黄敏惠、台湾海基会董事长林中森及400多位台湾企业家参加潍坊市举办的各项活动，台湾《中国时报》、《旺报》、《联合报》、TVBS电视台、东森电视台、中天电视台及香港卫视等近50家两岸媒体对活动盛况进行报道。

【对台经贸】 全年新批台资项目9个，总投资额12227万美元，合同台资额5096万美元，其中总部经济项目2个。增资项目7个，增资额12290万美元。入台投资项目2个，双向投资规模不断扩大。世界500强国泰财险、首家台湾电商平台中华购、峡山湖生态养老、喜满客影城、中能世通环保科技、蔬菜垃圾处理等新兴业态项目落户潍坊。市台办牵头引进涉台项目4个，到位资金1.8亿元。创新举办了中国（潍坊）工业设计周暨两岸设计力精品展，活动由中国工业设计协会重点指导，台湾工业总会、工业设计协会共同主办，王书坚、杜昌文、刘曙光等省、市领导出席相关活动，展出国际知名工业设计奖项IF奖、红点奖、红星奖两岸三地获奖作品160余件，200多人出席两岸设计力暨青年创业论坛。与市高新区等共同发起“白鹿杯”工业设计大赛，有效服务全市大众创业、万众创新。

【潍台交流】 全年共接待台胞58290人次，应邀赴台107批620人次，其中厅级干部6人，企业商务赴台38批83人次。重点推动科技创新、农业、旅游、文创、健康养老、教育、中小企业七大领域人员赴台交流，引进的台湾经验和模式有效推动了“1789”南大营文创园、宝岛生态文化城、魏仕养老、“3公里”土壤托管保护中心等新兴业态，为传统产业注入了“台湾智慧”。举办了“魅力丹青•睛彩潍坊”、“台湾名家翰墨雅集”书画作品展等活动，举办两岸文化交流活动10余场次，台湾文化艺术馆功能不断提升，欧豪年、江明贤、刘国松等台湾知名书画家均在此举办画展。山东潍坊民间文化艺术馆在台湾台中科学园区建成开馆。先后邀请屏东、高雄、基隆等基层社区、村（里）到潍坊交流，潍坊市苇湾、东上虞两个社区被省台办誉为“海峡两岸基层交流示范点”。创新举办“两岸中学生手球交流活动”，并与农业、风筝等4项活动并列为国台办重点交流项目，13项活动被推荐为全省重点交流项目。

【对台宣传】 全年各大媒体共刊发全市对台工作及经济文化社会发展信息3000余篇，其中，国家级391篇，省级600篇，市级1520篇，中央电视台《新闻联播》等播放潍坊市工作信息。成功推动潍坊市列入国台办“走进山东”专题项目，组织开展两岸媒体“山东沿海行”等活动，制作《魅力潍坊》系列节目、《陆创投育成 潍坊模式成典范》等在台湾播出，海基会董事长林中森评价潍坊为“六宜城市”。市台办网站、鲁台会网站、华夏经纬网潍坊网页、省台办网站客户端、潍坊台湾精品馆微信公众账号等网络及新兴媒体更加健全，对台舆论宣传途径进一步拓展。

【涉台服务】 创建班子成员对口联系县（市、区）、开发区和台资企业制度，每名班子成员对口联系2个县（市、区）、2家台资企业，服务意识和能力不断增强。扎实开展“台资企业走访季”，创新开展“进台企、话亲情、送温暖、助发展”活动，服务台胞台属效率进一步提升。强化对市台协会、台联会管理，指导市台协会完成理事会换届，帮助市台联会争取潍坊银行1亿元信用授信，妥善处理台胞投诉6起，有效维护了台胞合法权益。

【自身建设】 认真开展“三严三实”专题教育活动，工作执行力不断提升，全省对台工作抓落实座谈会在潍坊市召开，市台办作典型发言，省台办对全市工作给予高度评价。市台办被省人社厅、省台办评为全省台办系统先进集体。深入推进精准扶贫，为临朐县沂山风景区管委会前唐家河中心村筹集资金60余万元，为村里安装路灯96盏，整修河道30余米，修建水坝6处，解决了村民出行难、用水难等问题。推动潍坊黑光企业集团出资5000元与前唐家河村共建围棋特色幼儿园，配备教学设备、图书等100余套，培训教师3名，解决村民上学难问题。

（韦　武）

保密工作

【概况】 2015年，全市保密系统按照市委书记杜昌文在中保委通报上批示“各级各部门必须时刻绷紧保密这根弦，严格按照通报要求，坚持问题导向，加强保密教育，增强保密观念，严格保密纪律，落实保密责任，全方位强化保密防范措施，坚决消除失泄密隐患，维护党和国家秘密安全”的要求，发扬不怕苦、不怕累的实干精神，在各级党委、政府的大力支持下，围绕“三大管理”（定密管理、网络保密管理、涉密人员管理），夯实日常监管，凝心聚力，攻坚克难，创造了可喜业绩。潍坊市保密局、昌乐县保密局被山东省人力资源和社会保障厅、山东省国家保密局、山东省公务员局联合表彰为“全省保密系统先进集体”。

【保密管理】 强化组织领导。全市各级保密委员会按照市委保密工作决策部署，加强统筹谋划，积极协调，及时研究解决保密工作中的重大问题和难点问题，认真做好《“十二五”时期潍坊市保密事业发展规划》落实情况的督导验收和效果评估工作，确保各项规划落到实处。

加强作风建设。以践行习近平总书记“五个坚持”（坚持绝对忠诚的政治品格、坚持高度自觉的大局意识、坚持极端负责的工作作风、坚持无怨无悔的奉献精神、坚持廉洁自律的道德操守）要求为重点，结合“三严三实”专题教育活动，在全市保密行政管理部门和保密工作机构中深入开展忠诚教育、职业精神教育和作风教育。

强化定密管理。在进一步规范定密授权、定密责任人确定等重点工作的基础上，指导市直各部门科学确定各自涉密事项范围，积极协调推动重点领域和行业定密授权工作。年内，已有80多家市直部门根据工作实际制定了涉密事项范围，进一步夯实了定密管理科学化、精准化基础。

推进网络保密管理。全面完成检察院系统14家涉密网络、全市组织系统涉密网络保密测评工作，抓好潍坊市纪检监察专网建设指导工作，加强全市电子政务内网互联互通保密监管，《全市电子政务内网建设总体方案》已基本完成。

开展涉密人员管理。进一步明确任务要求和责任分工，对全市各级各部门涉密人员进行分类登记、审查备案、动态管理，并做好涉密人员的日常管理和教育培训工作。

加强重点监管力度。加强重点涉密单位和涉密事项的保密管理，通过人防、物防、技防等有效措施，突出抓好党政机关重要部门、重点领域、核心岗位和风筝会、鲁台会等重要会议活动，以及重要计算机信息系统等重点涉密单位和部位的保密管理，有效防止了泄密事件的发生。加强国家公务员考试、高考、中考及司法、会计师、医师、畜牧师、建筑师等各类考试的保密管理，全年共参加20多场次各类考试保密管理，没出现任何失泄密问题。

加强国家秘密载体销毁管理。截至目前，共销毁涉密文件83880份、光盘1900张、录像带230盘、硬盘560个，有效防止了废旧涉密载体的流失、泄密。

加强保密指导管理。组织对国家秘密载体定点印制单位进行重新申请认定，1家企业已通过甲级资质的现场审查；抓好军工保密资质管理，1家企业通过复审，1家新申报企业通过现场保密资格审查；加强党政通信专网管理。

坚持典型推动。2015年度，潍坊市人力资源和社会保障局、潍坊市保密局联合表彰了全市保密系统15个先进集体和30名先进个人。

【保密宣传教育】 组织开展了以学习贯彻《中华人民共和国保密法》及其配套法规、规章为主要内容的“六五”保密法制宣传教育。把保密教育培训全面纳入全市干部教育培训规划，作为公务员初任、任职和在职培训的重要内容，各级党校主体班次全面开设了保密教育课程，各级组织、人社部门把保密教育课程纳入党员培训、军转干部培训、公务员初任及任职等培训计划。

市保密局应邀到市直有关部门辅导授课20场次，全年共培训各级领导干部、公务员1万多人次。10月，市保密局在市委党校举办为期2天的保密工作和公文管理培训班，全市共200余人参加培训，取得良好效果。投资5万多元，编印《保密工作日常行为手册》1万余册，发放到全市干部手中。认真开展《保密工作》《山东保密》的学刊用刊工作，全市共向上级保密刊物投稿20多篇，已有10篇在《保密工作》和《山东保密》上采用。积极开展保密教育示范基地评选推荐及有关资料的收集整理工作，诸城王尽美烈士纪念馆被评为全省第一批省级保密教育示范基地。

【保密检查】 利用3个月的时间，对16个县（市、区）（市属开发区）60家重要涉密单位、42家市直部门单位进行了保密和公文管理工作联合检查，重点检查了文件管理、保密管理制度建设、计算机及网络保密管理、移动存储介质使用管理、技术装备配备使用等情况。

组织开展了涉密网络、国有企业保密管理等专项检查，重点抽查了4家检察院系统的涉密网络保密管理和保密制度落实情况等，有效遏制了失泄密事件的发生。

【保密技术保障与服务】 年初，市保密局协调财政部门，申请了46万元专项经费，用于购买多功能保密检查取证工具箱等保密检查工具。

安丘市、滨海经济开发区投资70多万元率先建设完成“主机安全保密检查与信息监管系统”，将办公用非涉密计算机全部纳入日常监管，增强了网络失泄密预警能力，取得了良好成效。在滨海开发区召开现场推进会议，对两地做法进行了推广。

2015年以来，市、县两级已投入科技经费180余万元，同比增长100%，全市技术防护能力有了明显提升。

（李洪河）

市直机关党建工作

【“三严三实”专题教育活动】 根据市委的统一部署，把开展“三严三

11月5日，全市机关工委书记座谈会在高密召开，高密市委副书记万丽（右七）到会致辞，市委市直机关工委书记王延泰（左六）出席会议并讲话　（供图：刘红宾）

实”专题教育作为加强和改进领导班子作风建设的重要抓手，督促市直机关各级党组织严格标准程序，落实“严”“实”要求，抓好重点环节。市直机关各级领导干部坚持以身作则，带头学习，带头征求意见，带头查找“不严不实”问题，带头为机关党员干部上党课；围绕对党忠诚、个人干净、敢于担当，组织专题学习研讨；聚焦“不严不实”突出问题，建立了领导班子和领导干部问题清单，组织召开了高质量的民主生活会，受到了一次严格的党内生活锻炼。

【学习型党组织建设】　坚持把学习宣传贯彻习近平总书记系列重要讲话精神和中共十八届三中、四中、五中全会精神作为加强学习型党组织建设的主要内容，组织举办了习近平总书记系列讲话精神、中共十八届五中全会专题宣讲报告会，充分运用“科长论坛”“清风大讲堂”“机关讲堂”“快乐学习平台”等多种有效形式，把学习不断引向深入。创新开设“机关大讲堂”，探索实施“三统一、两自主”的党员干部教育新模式（由机关工委负责统一提供备选课程、统一安排听课场所、统一支付相关费用；由所属基层党组织自主选择教育培训内容、自主组织人员参加学习），全年共征集课题19个，集中授课4次，送课上门2次，受教育干部职工达3000余人次，大大提高了学习教育的针对性和实效性。

【机关基层组织建设】　大力加强机关党的基层组织规范化、制度化建设，建立完善机关党组织书记、副书记任前考察制度，从严把好换届选举方案、议程、报告、委员设置等环节的审核把关；严格规范党费收缴、管理和使用，做到账目清楚，凭证完备，专款专用，并定期向所属基层党组织和党员公示，做到党务公开；规范完善竞争性发展党员机制，提升党员队伍质量；制定下发《关于严格执行党的组织生活制度的意见》，对机关党组织严格执行“三会一课”、民主生活会、组织生活会等一系列党的组织生活制度作出了明确规定，对严格执行党的组织生活制度提出了配套保障措施，建立了落实组织生活台账制度；制定印发了《关于开展创建基层党建工作示范点活动的意见（试行）》，在所属机关党组织中广泛开展创建“基层党建工作示范点”活动；完善了市直机关党建工作在线测评实施办法和机关党组织书记述职评议制度，分组对85个市直部门单位的党组织书记和16个市委直属党委机关党组织书记抓党建工作述职进行点评、打分，全面传导和压实了各部门单位党组织书记抓党建的责任。

【党员干部队伍建设】　4月，在北京成功举办机关党组织书记培训班，对87名市直机关党组织书记和县（市、区）机关党（工）委书记进行系统高端培训，提升市直机关党组织书记抓机关党建工作的责任意识。是月，在市委党校举办党员发展对象培训班，对59名发展对象进行系统地党的知识培训，并将培训结果与后续发展挂

12月11日～16日，2015年度市直机关党组织书记述职会议在市级机关综合办公大楼举行　（供图：刘红宾）

钧。9月，在市委党校举办第二期基层党支部书记培训班，邀请国家部委、省直机关工委领导就新形势下党支部工作法等内容对132名基层党支部书记进行专题辅导培训，着重解决基层党支部书记干什么、怎么干的问题。10月，组织所属89个部门单位的组织成员参加全市统一组织的专题业务培训，提升市直机关组织成员队伍业务素质。

【机关作风建设】 组织市直机关广大党员干部深入到基层、企业和农村一线，建立基层工作联系点，制定落实定期联系帮扶制度，点对点、面对面帮助基层和群众排解发展过程中遇到的困难和问题。引导市直部门机关党组织结合服务中心工作，积极开展“优质服务项目”创评活动，经申报、立项和汇报评审，评选出56个项目进行通报表彰；在《潍坊日报》开辟《优质服务项目》专栏，对上年度19个涉及转型发展、服务民生的《优质服务项目》进行跟踪问效，集中宣传；广泛发动市直各部门机关党组织用身边人、身边事激励带动广大党员干部建功立业，先后树立表彰9名相关人员的先进事迹；全面推进在职党员到社区报到服务，市直机关184个部门（单位）的近1.2万名在职党员到社区亮明党员身份，公开服务承诺，认领服务岗位，参加社区活动。

【反腐倡廉工作建设】 督促机关各级党组织建立健全监督考核和责任追究制度，严格落实“一岗双责”，确保党风廉政建设各项任务目标落到实处。认真落实党风廉政建设责任制，层层签订党风廉政建设责任书，明确了任务目标。强化党的政治纪律和政治规矩的学习教育，严守党的政治纪律红线，严格按照党的各项规定办事。深入开展廉政主题教育活动，通过集中学习、演讲比赛、知识竞赛等形式，引导党员干部切实增强党的观念和政治意识、组织观念和规矩意识。定期召开党风廉政建设工作会，分析形势，调度情况，研究解决问题的办法和措施。严肃查处党内违纪案件，深入开展廉政文化进机关活动，持续抓好“廉政文化建设示范点”的创建工作，打造了一批机关廉政文化精品工程。

【文明和谐机关建设】 动员发动市直机关党员干部积极投入全国文明城市复查中，组织开展“做主人,争先锋,我与城市共提升”主题实践活动和文明引导志愿服务活动。深化文明单位创建工作，市直机关先后有8家单位荣获国家级、61家单位荣获省级、30家单位荣获市级文明单位称号。制定完善《潍坊市直机关工会会员重大疾病帮扶办法（试行）》和《关于对系统内困难职工及家庭的帮扶办法》，全年帮扶困难职工及家庭共91人次，帮扶资金及物资折款30余万元。组织开展“汉藏一家亲、真情一线牵”爱心编织活动，为藏区孩子们编织1100余件御寒衣物。举办市直机关庆“三八”跳绳比赛、市直机关乒乓球普及培训、迎“五一”健康跑和风筝放飞活动。10月，成功举办潍坊市直机关第八届职工运动会，共有68个部门和单位的1820名干部职工参加比赛。

（刘红宾）

信访工作

【概况】 2015年，全市信访工作在市委、市政府的正确领导和各级各部门的共同努力下，紧紧围绕市委、市政府的决策部署和打造“法治信访”“阳光信访”“责任信访”的工作主线，强化措施，健全机制，落实责任，有效地推动了信访“事要解决”和信访事项办理群众满意度提升，推动了全市信访秩序的持续明显好转，特别是围堵市级机关大门访数量同比下降85%，滞留访数量同比下降60%。从纳入省科学发展信访考核的信访事项办理群众满意度指标看，全市网上信访事项办理群众满意度居全省第1位，来访事项办理群众满意度居全省第1位，来信事项办理群众满意度居全省第2位，较好地完成了省下达的各项信访指标考核任务，省科学发展考核对全市信访事项办理群众满意度工作的给评价等次是“好”。1月～12月受理的1333起到市上访、1886起到省上访、3728封群众来信和4254起“网上信访”全部得到妥善处理。全年，潍坊市共计发生进京非正常上访334人次，同比下降61.3%，全市没有发生非正常上访人员进京事件，较好地维护了潍坊市对外形象。

【法治信访有序推进】 组织开展了“信访法治建设年”活动，着力将信访工作纳入法治化轨道。加大信访法规宣传力度。分别将2015年5月、2015年12月定为《国务院信访条例》《山东省信访条例》集中宣传月，通过新闻媒体宣传、开展集中宣传活动等多种途经广泛宣传信访法规。对日常群众来访，积极进行信访法律法规知识的宣传，做到以案释法、现场讲法，引导群众正确行使信访权利，依法逐级走访，立足本级和属地反映诉求，解决问题。坚持依法解决信访问题。对来信来访案件，坚持依法、按政策办理，依照《信访条例》等法律法规解决信访问题。同时，积极稳妥推进诉讼与信访分离，引导涉法涉诉信访问题在法治框架内妥善解决。注重依法规范信访基础业务。结合“三严三实”专题教育的开展，在全市信访系统开展了规范信访基础业务百日专项整治活动，对信访事项受理、办理、答复、送达、信息录入、督查督办等环节不依法、不依规的6个方面15个问题，逐一进行整改，排查发现程序或实体存在瑕疵的303件信访事项全部完成整改。依法做好进京非正常上访处置工作。对进京非正常上访，牢固树立系统治理的意识，配合市综治、维稳、公安等部门，在严格落实诉求合理的解决问题到位、诉求无理的思想教育到位、生活困难的帮扶救助到位的基础上，对仍违法违规进京非正常上访的，协调公安机关依法及时作出处理，努力维护社会稳定和社会治安秩序。

【阳光信访扎实开展】 加大网上信访宣传力度。通过新闻媒体等多种渠道广泛宣传网上信访，引导群众更多地变走访为“网访”。2015年11月4日，召开“打造网上信访主渠道”新闻发布会，介绍网上信访业务流程，进一步提升了群众对网上信访工作的知晓度。2015年以来，全市群众通过网络等现代手段反映诉求明显上升，全市良性信访结构正在逐步建立。2015年12月22日，全省网上信访受理平台应用推进工作会议在潍坊召开，推介潍坊市网上信访工作的经验做法。着力推进全部信访业务网上办理。按照来访必登、来信必登、应登尽登的要求，进一步健全网上受理、办理、督办一条龙运行机制，将全部信访业务纳入网上进行阳光办理，切实提高信访工作时效和质量。着力提升信访事项办理群众满意度。将信访事项办理群众满意度作为提升信访工作公信力、推动全市信访工作提质升位的关键举措来抓。2015年7月8日，召开了全市信访事项办理群众满意度评价工作专题调度会议，对满意度评价工作进行强调部署。在做好阳光信访的同时，大力推行稳定风险评估、律师参与接访、信访代理、复查复核等工作，积极推进信访听证制度向全面和纵深发展，推动了复杂、棘手问题的解决。

【责任信访有效落实】 层层落实责任。市委、市政府主要领导率先垂范做好信访工作，亲自包靠信访积案、阅批群众来信，带头公开接访。同时，进一步强化层级责任和属地责任、一岗双责责任，市与县（市、区）、县（市、区）与镇（街）都层层签订了信访工作责任书，严格落实了属地属事信访工作责任，更好地保证了信访各项措施落地生根。加大信访考核督导力度。修订完善《潍坊市群众信访工作考核奖惩办法》，进一步加大了信访调度通报督导力度。先后印发包括全市面上信访工作情况通报、信访单项业务工作通报在内的各类通报共计29个。为进一步抓好信访各项措施落实，2015年10月上旬，专门成立了5个督导检查组，分赴各县（市、区）、市属开发区，对信访重点工作进行了一次全面督导检查。及时反馈发现的问题，并提出了下步工作意见建议，切实做到查缺补漏，及时改进。健全信访约谈制度。对基层部门、单位信访工作开展滞后、越级重复上访数量较多或满意度评价工作进展缓慢的，由市委分管领导、信访部门主要负责人进行约谈。2015年，先后有3个县（市、区）委副书记、9个县（市、区）委政法委书记、29个镇街党（工）委书记、1个市直部门负责人因信访工作开展滞后或者进京非正常上访数量较多被约谈。

【重点时期信访平稳有序】 始终坚持把重点时期的信访工作作为一项重大政治任务来抓，作为全年的一项重要工作要抓。深入推进信访矛盾排查化解。围绕做好全国、全省“两会”，中共十八届五中全会及其他重大活动期间的信访工作，深入开展信访矛盾排查化解活动，对排查掌握的重点群体和重点人员，逐一明确责任领导、责任单位、责任人员，采取有力有效疏导措施，努力把上访人员吸附在当地，把信访矛盾化解在基层。组织精干力量进京值班或去省值班，做好进京去省上访人员的查找、疏导、稳控工作，切实把牢进京非正常上访、去省异常访最后一道防线。以全国“两会”为例，市驻京值班人员仅在外围查控并劝返全市进京上访人员46名，杜绝了滋事现象的发生。全力减少信访上行。重点时期，严格落实了县、镇领导每天公开接待群众接访制度，确保来访群众人人得到及时接待、事事得到妥善处理。同时，严格落实各级信访部门实行领导带班、24小时值班制度，随时处置异常情况，加强联络沟通，确保重大信访信息早发现、早介入、早化解，最大限度地减少了信访上行。

（李荣涛）

党史工作

【党史研究工作取得新成果】 按照年度计划，编纂出版了《中共潍坊地方史二卷专题资料汇编（第一辑）》。市、县两级同步启动《改革开放实录》征编工作，《改革开放实录（山东卷）》潍坊7个专题分别由7个相关部门撰稿。开展《改革开放实录（潍坊卷）》专题的研究，确定了158个专题，分别由98个部门承担撰稿任务。开展《改革开放实录（潍坊卷）》各县（市、区）专题的研究，已确定34个专题。

【党史宣传教育推进向立体化发展】 面向不同对象宣传。集中力量编写制作《潍县战役》《民主革命时期潍坊地方党史讲稿》等优秀课件，进入潍坊市委党校主体班次，同时，作为全市初任公务员培训班课程；与市关工委联合编纂了《中共潍坊历史青少年读本》，充实到全市中小学图书室；派出党史专家为入党积极分子讲授地方党史课，收到良好反响。开展系列纪念活动。为纪念抗日战争胜利70周年，编撰出版《铁证》《血证》两本抗战史料图书。与《潍坊日报》、潍坊电视台等市级媒体合作，撰写发表党史宣传文章30篇，录制播出抗战题材专题片50期。建成潍坊党史资料馆。通过购买和收集，使馆藏图书达2万册，经与市图书馆协商，将党史资料馆建成市图书馆分馆，将馆藏资料对社会开放。

【革命遗址保护利用和纪念场馆建设取得新进展】 摸清底数。在2009年革命遗址普查的基础上，再次深入全市12个县（市、区），对革命遗址分布及现状考察调研，摸清了全市重点革命遗址的基本情况，编纂出版了《潍坊市革命遗址》一书。加强保护。各县（市、区）党史部门分别对辖区内20余处重点革命遗址和纪念场馆进行了修缮，陈少敏纪念馆等7处遗址和纪念设施被命名为山东省党史教育基地。

（潘桂红）

党校工作

【教学工作】 聚焦主业主课，优化教学布局，创新推进主体班次工作，学员对教师授课满意率达到96%以上；统筹抓好对外培训和业余教育，打造党校教育品牌。2015年，共举办、承办各级各类培训班306期，培训学员5.2万人次。其中，承办市内专题培训班172期，培训全市党员干部44342人次；承办全国17个省、市专题培训班59期，培训市外干部2509人次。2015年，研究生招生94人，在校研究生达到183人。2015年7月，在第一届全省党校系统精品课评选中，潍坊党校荣获一等奖，实现新突破。连续举办6期全市领导干部学习贯彻中共十八届五中全会精神专题培训班，对全市1937名副县级以上干部和127名镇（街道）党（工）委书记集中轮训；选派骨干教师宣讲中共十八届五中全会精神，培训1万余人。

【科研工作】 围绕课题带动，以前沿理论、时政热点及重大社会现实问题为研究方向，2015年，申报、立项课题105项，其中中央党校2项、中组部1项、省委党校4项、省行政学院6项，确立校级重大课题30项，完成课题结项118项，荣获省、市级年度科研成果奖13项，发表学术论文63篇。围绕市情研究，以市委、市政府中心工作为研究重点，开展调查研究。上半年，以“守规矩、敢担当”为主题，会同潍坊日报社以理论专版形式刊发优秀研讨文章8篇，配发评论员文章，深刻阐释了“守规矩”与“敢担当”的内在联系及本质要求。向中央党校《内参》、省委党校《咨政参考》报送领导专报4篇，编印《党政干部论坛》双月校刊6期。围绕科研合作，牵线协调山东社会科学院与潍坊市政府签订战略合作协议，依托党校挂牌建立“山东社会科学院潍坊调研基地”。

【学风建设】 深入贯彻落实“从严治校”方针，推动校风学风形成新常态。全年4期主体班次学员早操出勤率、上课出勤率平均达到95%以上；2013级52名研究生毕业答辩全部一次性通过，2014、2015级研究生班学员上课出勤率全部达到80%以上。坚持以“最受学员欢迎课程”“精品课”评选为抓手，严肃教风师风，全年有12名教师所授课程被评为“最受学员欢迎课程”，评选表彰精品课程5个。市委党校常务副校长丁志伟在中央党校培训班毕业典礼上对这一做法作了典型发言，《山东党校报》予以专版集中宣传推介。

【行政管理】 配合奎文区委、区政府，认真落实“潍坊国际创意港”项目建设，对老校区沿街房、2号楼等公建部分6416.2平方米建筑依法拆迁，完成老校区资产移交和核销工作。期间，市委书记杜昌文，市委副书记、市长刘曙光，市委常委、常务副市长邹庆忠等多次到老校调研指导工作。推行精细管理，深化“美丽校园”建设，进一步提升新校区综合管理和后勤服务保障能力。精心编写党校校志，校志编纂工作取得阶段性成果。卢旺达爱国阵线干部考察团以及井冈山干部学院、江西省委党校、咸阳市委党校等37批次380余名领导、专家学者到校考察指导。

【队伍建设】 选派26名教师到中央党校、国家行政学院、浙江大学、中国人民大学等跟班学习，选派14名教师参加高层次学术研讨会，选派4名教职工到镇、村挂职锻炼。深入开展“三严三实”专题教育，校委成员带动全校县级党员干部查找并解决“不严不实”问题156个。圆满完成新一届机关党委、纪委换届选举，强化主体责任和监督责任，深入推进党风廉政建设。在全市“守纪律、讲规矩、做表率”演讲比赛中，党校教师荣获第一名；15名科级干部在全市领导干部德廉知识考试中全部一次性通过。落实资金50万元为帮扶村建设提水站，直接联系服务群众。

【业务指导】 创设教学、科研交流平台，加大业务指导力度，不断提升全市党校系统整体功能。深化校委联系点制度，到寒亭区、高密市、安丘市、临朐县等党校开展调研活动20多次。召开县（市、区）党校常务副校长座谈会，研讨交流新形势下加强和改进党校工作的新思路、新举措。评选县（市、区）党校精品课12个，主办“党校教师教研能力提升暨智库建设专题研修班”，评选县（市、区）科研成果57项。

（孔　磊）

老干部工作

【概况】 2015年，市委老干部局局机关通过省级文明单位复查。全省关工委工作会议在潍坊市召开，中国关工委主任顾秀莲对全市“四点半学校”经验做法作出批示肯定。潍坊市荣获“全国关心下一代工作先进集体”称号。

【“两项建设”】 组织全市3.8万名离退休干部党员参加“三严三实”专题教育。邀请国防大学黄祖海大校为全市离退休干部作形势报告。组织编印《人品•家风•官德》《我说抗战》等书籍4000余册。将离退休干部党建工作纳入全市科学发展综合考核。全市共评选表彰13个星级党支部，打造24个社区党建工作示范点。探索推进老干部社团党建工作，中组部老干部局、《中国老年报》等对该项工作进行推介。举办市直离退休干部党支部书记培训班，组织141名支部书记进行党建述职。北京、浙江等20余个省市到潍坊市学习离退休干部党建工作。

【服务管理】 市直医疗统筹金基数达到每人每年2.2万元。为市直46家困难单位183名离休干部补贴医疗统筹金352.44万元。为市直246名离休干部建立了医疗费个人账户，为市属企事业单位1025名离休人员增加定点就医医院。为87名离休干部及遗属发放困难帮扶金28.54万元。承接省属破产企业移交全市18名离休干部服务管理工作。走访省外易地安置老干部14人。开展纪念抗日战争胜利70周年活动，对抗战时期参加革命工作的417名离休干部发放了纪念章和每人5000元的慰问金。做好干休所工作，组织赴外地考察学习，探索转型发展新路子。

【文化养老】 在中心城区新建2处老年大学分校和6处社区教学点，扩招900名学员，东、西两校区达到7个系、45个专业，在校学员5500多名。录制《中国风筝文化与制作技艺》音像教材，被评为全国优秀教材。举办老干部艺术节、老干部书画摄影作品展、楹联大赛等活动300余场次。市老干部艺术团共参加全市大型文艺宣传活动11场次，被评为“潍坊敬老模范先进单位”。市老年书画研究会全年举办各类书画展览、笔会达20余场次。市老年大学代表队参加全市第八届中老年健身活动电视大赛、全市中老年健身广场舞大赛均获一等奖。在第六届全省老干部艺术节上，潍坊市代表队获一等奖。

【作用发挥】 组织离退休干部开展“展示阳光心态、体验美好生活、畅谈发展变化”为主要内容的增添正能量活动。依托网上党建论坛，培训390名网宣骨干，发帖量居全省前列，达9.6万条。中组部老干部局在山东省召开正能量活动座谈会，全省3个地级市参会，潍坊市作重点发言。全面做好关心下一代工作，市政府将中小学厨房建设工作，纳入30件民生实事之一。全市共建成215个“四点半学校”示范点。

（王文杰）

潍坊市人民代表大会

Weifangshi renmin daibiao dahui

重要会议

【市十六届人大四次会议】 2015年2月27日～3月2日在潍坊举行。本届市人民代表大会共有代表名额570名，实有代表568名。会议听取审议了市长刘曙光代表潍坊市人民政府向大会作的政府工作报告，市人大常委会第一副主任胡岗作的潍坊市人民代表大会常务委员会工作报告，市中级人民法院院长姜树政作的潍坊市中级人民法院工作报告，市检察院检察长杨洪旭作的潍坊市检察院工作报告；书面印发了潍坊市2014年国民经济和社会发展计划执行情况与2015年计划草案的报告、潍坊市2014年预算执行情况和2015年预算草案的报告。会议表决通过了关于上述报告的决议；通过了关于接受有关辞职的决定、关于设立市人大法制委员会的决定、大会选举办法、关于通过市人大法制委员会组成人员和补充调整有关专门委员会组成人员的办法、市人大有关专门委员会组成人员名单；补选王卫东为潍坊市第十六届人民代表大会常务委员会副主任，油朝康为潍坊市第十六届人民代表大会常务委员会委员。

【市十六届人大常委会第二十一次会议】 2015年1月24日下午，市十六届人大常委会第二十一次会议在市文化艺术中心大剧院举行。副市长夏芳晨受市长刘曙光委托提请人事任命名单，市人力资源和社会保障局局长李静波介绍了提请任命干部的有关情况；市人大常委会秘书长王秀禄受主任会议委托提请人事任免名单，并介绍了提请任命干部的有关情况；市检察院检察长杨洪旭提请人事任免名单，并介绍了提请任命干部的有关情况；部分被提请任命干部作了供职发言。会议分组审议了有关辞呈、决定，酝酿了人事任免名单。采用无记名投票的方式，表决通过了人事任免名单，决定接受孟祥志等人辞去潍坊市人民代表大会常务委员会委员及有关专门委员会副主任委员职务的请求，并报潍坊市人民代表大会备案。胡岗向部分被任命干部颁发了任命书。

【市十六届人大常委会第二十二次会议】 2015年2月13日，市十六届人大常委会第二十二次会议在市文化艺术中心大剧院举行。市人大常委会秘书长王秀禄作了关于市十六届人大四次会议筹备工作情况的汇报；市人大常委会代表资格审查委员会主任委员张军作了关于个别代表的代表资格的报告；王秀禄受主任会议委托提请人事任免名单，并介绍了提请任命干部的有关情况；副市长潘强受市长刘曙光委托提请人事任免名单，市人力资源和社会保障局局长李静波介绍了提请任命干部的有关情况；市中级人民法院、市检察院负责人分别提请人事任免名单，并介绍了提请任命干部的有关情况；部分被提请任命干部作了供职发言。在分组审议的基础上，会议议定了市人大常委会在市十六届人大四次会议上的工作报告，表决通过了拟提请市十六届人大四次会议预备会议通过的大会议程草案、大会主席团和秘书长名单草案，市人大常委会代表资格审查委员会关于个别代表的代表资格的报告和人事任免名单。胡岗向部分被任命干部颁发了任命书。

【市十六届人大常委会第二十三次会议】 2015年4月29日，市十六届人大常委会第二十三次会议在市文化艺术中心大剧院举行。市委常委、常务副市长邹庆忠作了关于全市新兴产业发展情况的报告；市中级法院院长姜树政作了关于全市法院司法公开工作情况的报告；市人大农业与农村委员会副主任委员徐松萃作了市人大常委会执法检查组关于检查全市贯彻实施农产品质量安全法情况的报告；市人大内务司法委员会副主任委员杜士忠作了《关于构筑老年人关爱服务体系的议案》处理意见的报告；市人大教育科学文化卫生委员会副主任委员陈本林作了《关于加强食品安全检验检测体系建设的议案》处理意见的报告；姜树政提请人事任命名单，并介绍了提请任命干部的有关情况；市检察院检察长杨洪旭提请人事任命名单，并介绍了提请任命干部的有关情况。会议分组评议、审议了有关报告和决议草案，酝酿了人事任命名单。市人大常委会委员邢乐信、孔宪俊、赵军、王辉、董光和市人大代表赵萍，分别作了联组审议、评议发言。会议对全市新兴产业发展情况进行了测评，结果为满意（84.61分）。会议还表决通过了人事任命名单，潍坊市人民代表大会常务委员会关于办理《关于构筑老年人关爱服务体系的议案》的决议、《关于加强食品安全检验检测体系建设的议案》的决议。

【市十六届人大常委会第二十四次会议】 2015年6月26日,市十六届人大常委会第二十四次会议在市文化艺术中心大剧院举行。市人大内务司法委员会副主任委员杜士忠作了市人大常委会执法检查组关于检查全市贯彻实施道路交通安全法情况的报告；市教育局局长徐友礼作了关于全市深化中小学管理体制改革工作情况的报告；市规划局局长孙守勤作了关于贯彻实施《中华人民共和国城乡规划法》、推进城乡一体化发展情况的报告；市外事与侨务办公室主任王浩作了关于全市发挥侨务资源优势、助推经济转型发展情况的报告。会议分组审议了有关报告。市人大常委会委员王辉、朱乐凯、徐建明、徐鹏强、周晓钟分别作了联组审议发言。

【市十六届人大常委会第二十五次会议】 2015年8月27日～28日，市十六届人大常委会第二十五次会议在市文化艺术中心大剧院举行。副市长王树华作了关于市十六届人大四次会议以来代表所提建议、批评和意见办理工作情况的报告；市发展和改革委员会主任肖培灵作了关于潍坊市2015年上半年国民经济和社会发展计划执行情况的报告；市财政局局长田民利作了关于潍坊市2014年财政决算和2015年上半年预算执行情况的报告；市审计局局长宫智作了关于潍坊市2014年市级预算执行和其他财政收支的审计工作报告；市人大财政经济委员会副主任委员刘勤友作了关于潍坊市2014年市级财政决算审查结果的报告暨潍坊市2015年上半年预算执行情况和2014年度审计工作报告的初审意见；市人大法制委员会副主任委员尹凤来作了关于《潍坊市制定地方性法规条例（草案）》的说明；市中级法院院长姜树政提请人事任免名单，并介绍提请任命干部的有关情况。会议分组审议、评议了有关报告、意见和条例草案，审查了2014年市级决算草案，酝酿了人事任免名单。市人大常委会委员孔宪俊、朱振铎、秦学昌和市人大代表王致娟分别作了联组审议、评议发言。会议对市政府办理代表建议工作情况进行了测评，结果为满意（83.98分）。会议表决通过了潍坊市人民代表大会常务委员会关于批准潍坊市2014年市级财政决算的决议和人事任免名单。

【市十六届人大常委会第二十六次会议】 2015年10月10日，市十六届人大常委会第二十六次会议在市文化艺术中心大剧院举行。副市长潘强作了关于市级国有资产管理情况的报告，受市长刘曙光委托提请了人事任免案；市人大农业与农村委员会副主任委员徐松萃作了关于“两河”流域农业面源污染治理情况的视察报告；市财政局局长田民利作了关于潍坊市2015年市级预算调整方案（草案）的报告；市检察院副检察长法云江受检察长杨洪旭委托，作了关于全市检察机关控告申诉工作情况的报告；市人社局局长李静波介绍了提请任命干部的有关情况。会议分组审议了有关报告、决议草案、人事任免案和《潍坊市制定地方性法规条例（草案修改稿）》。市人大常委会委员赵学坤、朱振铎、朱乐凯和市人大代表辛国志分别作了联组审议发言。会议采用电子表决的方式，表决通过了潍坊市人民代表大会常务委员会关于批准潍坊市2015年市级预算调整方案的决议；采用无记名投票的方式，表决通过了人事任免案。

【市十六届人大常委会第二十七次会议】 2015年12月24日，市十六届人大常委会第二十七次会议在市文化艺术中心大剧院举行。市人大法制委员会副主任委员刘玉作了关于《潍坊市制定地方性法规条例（草案）》审议意见的报告；市人大城乡建设与环境资源保护委员会副主任委员衣光明作了市人大常委会执法检查组关于全市贯彻实施《中华人民共和国环境保护法》（以下简称《环保法》）、推进“三八六”决策部署落实情况的报告；副市长刘建国作了落实市人大常委会关于办理构筑老年人关爱服务体系的议案、关于加强食品安全检验检测体系建设的议案决议情况的报告；市人大常委会秘书长王秀禄受主任会议委托，作了关于评选潍坊市第十六届人民代表大会优秀人大代表情况的说明，并提请人事任免名单、介绍提请任命干部的有关情况；市中级人民法院党组副书记、副院长张广孝受院长姜树政委托提请人事任免名单，并介绍了提请任命干部的有关情况；市人大常委会代表资格审查委员会主任委员张军作了关于个别代表的代表资格的报告；部分被提请任命干部作了供职发言。会议分组审议了有关报告、条例草案、决定草案和人事任免案。市人大常委会委员徐鹏强、刘云江、杜士忠、南秀霞分别作了联组审议发言。会议表决通过了市人大常委会关于提请市十六届人大五次会议审议《潍坊市制定地方性法规条例（草案）》的议案、关于召开市十六届人大五次会议的决定、关于表彰潍坊市第十六届人民代表大会优秀人大代表的决定，向评选出的优秀市人大代表颁发了证书。会议还表决通过了市人大常委会代表资格审查委员会关于个别代表的代表资格的报告和人事任免案。胡岗向部分被任命干部颁发了任命书。

重要工作

【坚持正确政治方向】 把党的领导贯彻于人大工作各方面、全过程。坚决维护市委的集中统一领导，健全请示报告制度，对立法准备、加强县乡人大工作和建设、召开重要会议等人大工作中的重大问题，及时向市委请示报告，依法按程序做好相关工作，确保人大工作在党的领导下顺利进行。坚持党管干部与人大依法任免相统一，全年共任免国家机关工作人员55人次。落实宪法宣誓制度，增强宪法观念和法治意识。4月，市人大常委会党组向市委常委会作了专题工作汇报。

紧扣市委部署开展工作。开展了简政放权、创业创新、法治潍坊、生态安全、民生保障、基层民主6个方面的重点调研，收集各方面意见建议2300多条，具体问题600多个，形成了一批调研成果。

扎实开展“三严三实”专题教育。坚持以上率下，贯彻从严要求，立足解决问题，联系实际拓展“三严三实”专题教育成效。认真学习贯彻《中国共产党廉洁自律准则》和《中国共产党纪律处分条例》，严格执行中央“八项规定”，巩固党的群众路线教育实践活动成果。

【加强改进监督工作】 一年来，共听取审议“一府两院”专项工作报告19项，组织调查、视察、执法检查60余次。

促进经济转型升级提质增效。主动适应经济发展新常态，常委会听取了全市新兴产业发展情况的报告，并进行工作评议。听取审议推进城乡一体化发展情况的报告。树立绿色发展理念，大力推进生态文明建设，对“两河”流域农业面源污染治理情况进行视察，对大气污染防治问题进行跟踪监督，持续推进“三八六”行动向纵深发展。听取审议了全市发挥侨务资源优势、助推经济转型发展情况的报告。对家庭农场发展、重大节会筹备情况等进行了调查、视察。

加强预算决算审查监督。成立了专门的预算监督工作机构，坚持全面审查和重点审查相结合、审查的专业性和广泛性相结合、人大监督与审计监督相结合，迈出了由程序性监督向实质性监督的重要一步。听取审议了年度决算、审计和上半年计划、预算执行等情况的报告，并督促有关方面对审计查出的突出问题认真整改、严肃问责。针对上级下达的地方政府债券资金引起的收支变化，审查批准2015年市级预算调整方案。对全市国有资产管理情况进行调查。围绕“十三五”规划纲要编制工作开展专题调研，提出了有价值的意见和建议。

推动保障和改善民生。加强人代会上确定的“构筑老年人关爱服务体系”“加强食品安全检验检测体系建设”2件议案的跟踪督办，4月，听取审议有关处理意见的报告，并作出相应决议；12月底，专门听取了办理落实情况的报告。面对严峻旱情，对全市抗旱工作进行检查。聚焦群众生产生活用水安全，以水源地保护为主题开展了风筝都环保世纪行活动。听取审议全市深化中小学管理体制改革工作情况的报告。

保障法律法规实施。加大执法检查力度，对《环保法》《中华人民共和国食品安全法》《中华人民共和国农产品质量安全法》《中华人民共和国道路交通安全法》等法律实施情况进行了检查，针对发现的问题提出意见建议。监督支持司法体制改革，听取审议全市法院司法公开工作情况的报告、全市检察机关控告申诉工作情况的报告。加强备案审查制度和能力建设，全年共完成21件规范性文件的备案审查工作。配合全国及省人大就《旅游条例》《特种设备安全监察条例》《地名管理条例》等6件法律法规开展了立法调研。依法做好人大信访工作，共受理来信来访1138件次，对85起案件进行了重点督办。

【高起点谋划推进地方立法工作】 8月，潍坊市成为首批获得地方立法权的城市。加强立法能力建设。市十六届人大四次会议作出设立法制委员会的决定后，及时组建相关工作机构，配备专门立法工作队伍，组织外出学习，加强立法业务培训。借鉴外地立法经验，制定了地方性法规立项、起草、立法调研、论证、听证、评估等方面的制度和程序。选聘23名专家学者组成立法咨询专家组，为地方立法提供智力支持。组织开展立法专题宣传，提高社会各界关注度。

科学制定立法计划。紧密结合全市改革发展稳定大局和群众普遍关注的热点难点问题，到各县（市、区）和20多个部门开展立法调研，广泛征求社会公众意见，征集立法建议项目41件。报请市委同意，制定2016年立法计划，确定了立法项目和立法调研项目。

拟定《潍坊市制定地方性法规条例（草案）》（以下简称《条例（草案）》）。《条例（草案）》全文向社会公布，广泛征求人大代表和社会公众意见，进行反复修改完善。常委会对《条例（草案）》进行三次审议后，提请市十六届人大五次会议审议。

【发挥代表主体作用】 搭建代表学习和履职平台。适应地方立法和全口径预算监督等新要求，举办以《中华人民共和国全国人民代表大会和地方各级人民代表大会代表法》《中华人民共和国预算法》《中华人民共和国立法法》为主要内容的代表学习班。共有410名代表参加培训，提前完成届内所有基层代表轮训一遍的目标。组织住潍坊省人大代表到菏泽市就社会化养老进行跨区域调研，组织青州、诸城、寿光、安丘、高密、昌邑等地开展代表跨区交流调研。主任会议成员带头参加小组活动，联系代表260多人次；深化“听民声、访民意”主题活动，走访联系群众8560人次，收集建议意见696条，为群众办实事好事535件。

增强代表建议督办刚性。落实问责机制，针对个别承办单位重答复轻落实、办理措施不力、审查答复意见把关不严等问题，对4家承办单位负责人进行了约谈。探索通过代表小组活动推动建议落实，有11个代表小组提出督办意见建议90余条。

调动代表履职积极性。制定了邀请人大代表列席市人大常委会会议的办法，全年共有46名代表列席常委会会议，提出建议意见62条；邀请代表参加调查、视察、执法检查等各类活动189人次。组织193名市人大代表向原选举单位述职并接受评议，评选表彰了68名履职优秀的市人大代表。

【加强县乡人大工作和建设】 研究确立了“四个始终”的工作要求。中央18号文件下发后，及时召开全市人大工作座谈会。常委会密切与县、乡人大的联系，县、乡人大积极协助市人大开展执法检查、立法调研等活动，推动了人大工作整体水平的提高。

着力加强县、乡人大组织建设。组织专门力量，深入各县（市、区）、市属开发区和50多个镇（街）开展专题调研，实地了解县、乡人大工作情况，加强与有关方面的协调沟通，建议市委出台了一系列加强县、乡人大组织建设的意见。

健全县、乡人大工作机制。着力推动镇（街）人大工作规范化建设，推广寿光、青州、高密等地的经验做法，指导开好镇人大会议，发挥基层代表作用，实现代表活动的制度化、常态化。各专门委员会积极做好专题调研、视察、执法检查等工作。着眼加强人大制度理论和实践研究，成立人大工作理论研究会，确定系列研究课题，展开了相关工作。持续加强人大机关思想、组织、制度和作风建设，机关的服务保障能力和水平明显提升，涌现出爱岗敬业、服务群众的全市重大典型，连续6年被评为省级文明机关。

人事任免

2015年1月24日，潍坊市第十六届人民代表大会常务委员会第二十一次会议召开，根据市人大常委会主任会议的提请，任命徐军伟为潍坊市人民代表大会常务委员会副秘书长、研究室主任。免去孟庆亮的潍坊市人民代表大会财政经济委员会副主任委员职务，耿现江的潍坊市人民代表大会农业与农村委员会副主任委员职务，周晓钟的潍坊市人民代表大会常务委员会代表资格审查委员会副主任委员职务。根据市长刘曙光的提请，决定任命邹庆忠为潍坊市人民政府副市长，于永生为潍坊市人民政府副市长。根据市人民检察院检察长杨洪旭的提请，任命徐光明为潍坊市城郊地区人民检察院检察长。免去徐光明的潍坊市人民检察院检察委员会委员、检察员职务。决定接受孟祥志、徐玉军辞去潍坊市第十六届人民代表大会常务委员会委员、潍坊市第十六届人民代表大会内务司法委员会副主任委员职务，聂振萍辞去潍坊市第十六届人民代表大会常务委员会委员、潍坊市第十六届人民代表大会教育科学文化卫生委员会副主任委员职务的请求，报潍坊市人民代表大会备案。

2015年2月13日，潍坊市第十六届人民代表大会常务委员会第二十二次会议召开，根据市人大常委会主任会议的提请，任命毛洪涛为潍坊市人民代表大会常务委员会代表资格审查委员会副主任委员，邱尔臣为潍坊市人民代表大会常务委员会代表资格审查委员会委员，王洪玲为潍坊市人民代表大会内务司法委员会委员，李玉华为潍坊市人民代表大会内务司法委员会委员，张凤梅为潍坊市人民代表大会内务司法委员会委员，房德业为潍坊市人民代表大会内务司法委员会委员，李祥兵为潍坊市人民代表大会财政经济委员会委员，李少亚为潍坊市人民代表大会教育科学文化卫生委员会委员，齐全胜为潍坊市人民代表大会城乡建设与环境资源保护委员会委员，辛国志为潍坊市人民代表大会农业与农村委员会委员，脱安利为潍坊市人民代表大会民族侨务外事委员会委员。免去马东宁的潍坊市人民代表大会内务司法委员会委员职务，刘玉的潍坊市人民代表大会内务司法委员会委员职务，任洪武的潍坊市人民代表大会民族侨务外事委员会委员职务。根据市长刘曙光的提请，决定任命谭炳建为潍坊市工商行政管理局局长，陈勇为潍坊市质量技术监督局局长，张须义为潍坊市人民防空办公室主任。决定免去陈忠民的潍坊市工商行政管理局局长职务，岳尧的潍坊市质量技术监督局局长职务。根据市中级人民法院院长姜树政的提请，任命韩亮为潍坊市中级人民法院审判员、审判委员会委员，张国良为潍坊市中级人民法院立案一庭庭长，王振星为潍坊市中级人民法院审判员、刑事审判第一庭庭长、审判委员会委员，尹福山为潍坊市中级人民法院刑事审判第二庭庭长，张同文为潍坊市中级人民法院未成年人案件审判庭庭长，徐伟东为潍坊市中级人民法院民事审判第三庭庭长，张玉娟为潍坊市中级人民法院民事审判第四庭庭长，徐金江为潍坊市中级人民法院执行一庭庭长、审判委员会委员。免去张国良的潍坊市中级人民法院民事审判第四庭庭长职务，尹福山的潍坊市中级人民法院刑事审判第一庭庭长职务，张同文的潍坊市中级人民法院执行一庭庭长职务，徐伟东的潍坊市中级人民法院未成年人案件审判庭庭长职务，张玉娟的潍坊市中级人民法院立案一庭庭长职务，韩昆亮的潍坊市中级人民法院审判委员会委员、刑事审判第二庭庭长、审判员职务，薛明友的潍坊市中级人民法院审判委员会委员、民事审判第三庭庭长、审判员职务。根据市人民检察院检察长杨洪旭的提请，任命高文军为潍坊市人民检察院检察员、检察委员会委员，邓树刚为潍坊市人民检察院检察员、检察委员会委员，韩国荣为潍坊市人民检察院检察员、检察委员会委员，王彦青为潍坊市人民检察院检察员、检察委员会委员，宋教德为潍坊市人民检察院检察员，盛荣波为潍坊高新技术产业开发区人民检察院检察员、检察委员会委员、副检察长。免去宋修栋的潍坊市人民检察院检察委员会委员职务，焦方善的潍坊市人民检察院检察委员会委员职务，王兆生的潍坊市人民检察院检察员职务，韩国荣的潍坊市城郊地区人民检察院副检察长、检察委员会委员、检察员职务，王彦青的潍坊高新技术产业开发区人民检察院检察委员会委员、检察员职务。批准任命张素敏为寒亭区人民检察院检察长，季运忠为临朐县人民检察院检察长。批准免去邓树刚的寒亭区人民检察院检察长职务，高文军的青州市人民检察院检察长职务，张素敏的临朐县人民检察院检察长职务。

2015年4月29日，潍坊市第十六届人民代表大会常务委员会第二十三次会议召开，根据市中级人民法院院长姜树政的提请，任命赵伟贞为潍坊高新技术产业开发区人民法院立案庭庭长，石慧昉为潍坊高新技术产业开发区人民法院民事审判庭庭长，谭宁为潍坊高新技术产业开发区人民法院审判员、立案庭副庭长，张培泉为潍坊高新技术产业开发区人民法院刑事审判庭副庭长，姜琪砚为潍坊高新技术产业开发区人民法院刑事审判庭副庭长，武法焕为潍坊高新技术产业开发区人民法院民事审判庭副庭长，李吉为潍坊高新技术产业开发区人民法院行政审判庭副庭长，隋玉茹为潍坊高新技术产业开发区人民法院审判员，张伟伟为潍坊高新技术产业开发区人民法院审判员，段玉娟为潍坊高新技术产业开发区人民法院审判员，刘恩科为潍坊高新技术产业开发区人民法院审判员。根据市人民检察院检察长杨洪旭的提请，批准任命王兆生为青州市人民检察院检察长。任命刘宝玲为潍坊市人民检察院检察员，孙强为潍坊市人民检察院检察员，李芳珊为潍坊高新技术产业开发区人民检察院检察员，台培森为潍坊高新技术产业开发区人民检察院检察员，宋振兴为潍坊高新技术产业开发区人民检察院检察员，殷海波为潍坊高新技术产业开发区人民检察院检察员。

2015年8月28日，潍坊市第十六届人民代表大会常务委员会第二十五次会议召开，根据市中级人民法院院长姜树政的提请，任命刘序滨为潍坊市中级人民法院审判员，周建明为潍坊市中级人民法院审判员，陈伟为潍坊市中级人民法院审判员，林林为潍坊市中级人民法院审判员。决定接受赵东辞去潍坊市第十六届人民代表大会常务委员会委员、潍坊市第十六届人民代表大会城乡建设与环境资源保护委员会副主任委员职务，李进民辞去潍坊市第十六届人民代表大会常务委员会委员、潍坊市第十六届人民代表大会财政经济委员会副主任委员职务的请求，报潍坊市人民代表大会备案。

2015年10月10日，潍坊市第十六届人民代表大会常务委员会第二十六次会议召开，根据市长刘曙光的提请，决定任命刘建国为潍坊市人民政府副市长。决定接受夏芳晨辞去潍坊市人民政府副市长职务的请求，报潍坊市人民代表大会备案。

2015年12月24日，潍坊市第十六届人民代表大会常务委员会第二十七次会议，根据市人大常委会主任会议的提请，任命王恒秋为潍坊市人民代表大会常务委员会预算工作委员会主任，胡景东为潍坊市人民代表大会常务委员会法制工作委员会主任。根据市中级人民法院院长姜树政的提请，任命王鹏飞为潍坊滨海经济技术开发区人民法院院长，陈永升为潍坊滨海经济技术开发区人民法院审判员、审判委员会委员、副院长，刘景芝为潍坊滨海经济技术开发区人民法院审判员、审判委员会委员、副院长，秦海涛为潍坊市中级人民法院审判员，张永明为潍坊市中级人民法院审判员，张同升为潍坊市中级人民法院审判员，孙鹏为潍坊市中级人民法院审判员。免去王鹏飞的潍坊滨海经济技术开发区人民法院副院长职务，陈永升的潍坊市中级人民法院审判员职务，刘景芝的潍坊市中级人民法院审判委员会委员、行政审判庭庭长、审判员职务，孙世和的潍坊市中级人民法院审判委员会委员、审判员职务，宋金星的潍坊市中级人民法院审判员职务，王义民的潍坊市中级人民法院审判员职务，王军的潍坊市中级人民法院审判员职务，郭金棣的潍坊市中级人民法院审判员职务，栾桂秀的潍坊市中级人民法院审判员职务。决定接受邢乐信辞去潍坊市第十六届人民代表大会常务委员会委员、潍坊市第十六届人民代表大会民族侨务外事委员会副主任委员职务的请求，报潍坊市人民代表大会备案。

（郭凤孝）

潍坊市人民政府

Weifangshi renminzhengfu

重要会议

【全市工业经济研讨会议】 1月11日，全市工业经济研讨会议在市级机关综合办公大楼召开，主要是研究探讨经济发展新常态下全市工业经济转型升级的新思路、新举措、新办法，进一步推动打造潍坊工业发展新的竞争优势和增长极。市委副书记、市长刘曙光讲话，市委常委、副市长孙起生主持会议，市政协副主席李传恒出席会议。研讨会上，来自国内工业经济领域的多位知名专家就当前工业形势、产业政策、重点领域发展等分别作了报告，并与全市部分重点企业负责人进行了互动交流，认真解答了企业发展中遇到的具体问题和困惑，对潍坊市下一步工业企业发展提出了具有针对性的意见和建议。

【市政府全体（扩大）会议暨市政府廉政工作会议】 4月15日上午，市政府全体（扩大）会议暨市政府廉政工作会议在市级机关综合办公大楼召开，主要是认真贯彻落实国务院和省政府廉政工作会议、市纪委十一届七次全会精神，总结工作，安排部署今年政府自身建设尤其是党风廉政建设和反腐败工作，动员各级各部门以更加奋发有为的状态和扎实的工作，全面落实今年政府各项任务，确保全市经济社会持续健康发展。市委副书记、市长刘曙光出席会议并讲话，市委常委、常务副市长邹庆忠主持会议，市领导孙起生、李在武、王桂英、夏芳晨、王树华、于永生出席会议。

【市防汛抗旱指挥部成员（扩大）电视会议】 5月5日，潍坊市在阳光大厦组织收听收看全省防汛抗旱总指挥部成员（扩大）会议，召开全市防汛抗旱指挥部成员（扩大）电视会议，分析当前形势，安排部署今年工作，动员全市上下积极行动起来，努力夺取抗旱防汛工作的全面胜利，为全市经济社会持续健康发展创造良好环境。市委副书记、市长刘曙光出席会议并讲话。

【上半年经济形势分析座谈会】 7月9日，市委副书记、市长刘曙光主持召开上半年经济形势分析座谈会，听取上半年经济运行情况，分析存在问题和当前经济形势，研究做好下半年经济工作的思路措施。市委常委、常务副市长邹庆忠等参加会议。刘曙光指出，本年，在宏观经济下行压力加大的情况下，全市经济运行总体平稳、稳中有升，呈现出良好态势，为做好下半年工作打下了坚实基础。但同时也要清醒地看到，当前经济形势依然错综复杂，经济下行压力仍然较大，发展中仍存在诸多困难和问题。各级各部门要围绕市委、市政府“四一三”战略重点和统筹发展战略布局，紧盯年初全市“两会”确定的各项目标任务不放松，进一步坚定信心，完善对策，切实把稳增长、调结构的各项措施落到实处，确保高质量、高水平完成全年目标任务。要切实转变作风，既要守纪律、讲规矩，又要敢担当、干事业，坚持问题导向，及时研究解决经济运行中出现的困难和问题，确保全市经济社会持续健康发展。

【市政府党组“三严三实”专题教育第二专题第一次集中学习研讨会】 8月16日召开，市委副书记、市长刘曙光主持会议。会上，传达学习了《中共中央组织部关于在“三严三实”专题教育中联系反面典型深入开展研讨的通知》，集体学习了《习近平谈治国理政》《习近平关于党风廉政建设和反腐败斗争论述摘编》的有关篇目；党组成员结合各自实际，联系违法违纪反面典型，深入查找在执行政治纪律和政治规矩、组织纪律和廉政纪律等方面存在的问题并剖析根源，相互交流，深化认识，进一步增强了践行“三严三实”的思想自觉和行动自觉。会议还对当前安全生产、城市供水、金融风险防控、经济运行等工作进行了安排部署。

【经济形势分析座谈会】 10月18日，市委副书记、市长刘曙光主持召开经济形势分析座谈会，听取当前经济运行情况汇报，分析存在问题，研究下步工作措施。会议指出，本年，在各级各部门的共同努力下，全市经济运行总体平稳，结构不断优化，生态环境持续改善，社会和谐稳定，民生保障水平继续提升，各项工作取得了新的进展和成效，为完成全年各项目标任务，保持全市经济社会持续健康发展打下了坚实基础。同时，也要清醒地看到，当前经济形势依然错综复杂，经济下行压力仍然较大，发展中仍存在诸多困难和问题。各级各部门要围绕市委、市政府决策部署，紧盯年初全市“两会”确定的各项目标任务不放松，进一步坚定信心，完善对策，切实把稳增长、调结构的各项措施落到实处，确保高质量、高水平完成全年目标任务。要强化调度，对于经济运行中出现的重大问题，主管部门要切实负起牵头职责。要坚持问题导向，全面收集、梳理制约项目建设和企业发展的问题。要密切关注当前金融领域的新情况、新问题，对全市企业融资情况进行深入系统地调研。要坚定不移、持之以恒保安全、保生态，全面落实安全生产和生态环保责任制，全面排查治理安全隐患和生态隐患，持续深入推进“三八六”环保行动，为全市经济社会持续健康发展提供有力保障。

【全市经济运行调度会议】 11月6日，全市经济运行调度会议召开，主要是认真贯彻中共十八届五中全会精神，回顾总结前三季度全市经济运行情况，分析形势，查摆问题，研究对策，动员全市上下进一步加油鼓劲，真抓实干，以更加奋发有为的精神状态扎实推进各项工作，确保全面完成今年和“十二五”确定的各项目标任务。市委副书记、市长刘曙光出席会议并讲话，市委常委、常务副市长邹庆忠主持会议。会议强调，下步工作，要深入贯彻落实中共十八届五中全会精神，按照“走在前列、起好带头作用”的总体定位，紧盯年初确定的目标任务，统筹做好“稳增长、调结构、促改革、惠民生、控风险”等各项工作。一要全力稳增长，巩固全市持续发展的基础。要把稳农业作为首要任务，坚持引水、蓄水、找水和大力发展节水农业并重，千方百计打赢抗旱攻坚战。要把稳定“三驾马车”作为关键，明确目标，落实责任，分解任务，强化措施，全力做好稳投资、促消费、稳出口工作，为促进经济持续健康发展提供充足动力。要把稳企业作为根本，进一步完善企业问题直报和会商解决机制，强化综合服务和协调机制，倾力服务企业，与企业共渡难关。要严格落实稳增长和促进企业发展的各项政策，不断强化宣传引导，加大督查力度，形成齐心协力促进稳增长的工作合力。二要着力调结构，加快构建现代产业体系。要适应新形势和新要求，强化统筹兼顾和指导协调，用好各种综合手段和措施，推动潍坊市发展更加适应国家战略调整、产业政策变化，促进潍坊市结构调整的力度、稳增长的速度、改善生态和民生的进度以及资源要素支撑可持续发展的程度更加有机统一，推进产业结构、产品结构、组织结构和区域布局结构更加科学合理，推动农业转调创、传统产业改造、新兴产业培育和服务业提速齐头并进，夯实全市经济稳增长基础。三要着力转变方式，加快发展动力转换。在坚持安全发展、绿色发展的前提下，以更大力度推进全面深化改革、全面扩大开放和创新创业工作，增强全市经济发展的内生动力。四要加快实施区域发展战略，加快突破滨海、提升市区、开发两河步伐，加快开发区转型发展，加快推进棚户区改造、农村新型社区建设及小城镇建设，促进区域协调均衡发展，引领城镇化加快发展、提质提效。五要加强财税金融工作，进一步深化财政金融改革，增强金融服务保障能力，严守不发生系统性金融风险底线。六要大力加强民生建设，全力促进就业，做好低收入群体和困难家庭帮扶工作，保障好人民群众的基本公共服务，确保社会平安稳定。七要科学谋划好明年国民经济社会发展计划和“十三五”规划，以中共十八届五中全会精神为指引，紧密结合潍坊实际，严格程序，加快推进，确保计划和规划能接地气、能管用、可落实，促进全市经济社会持续健康发展。

2015年潍坊市市政府常务会议一览表

表1

会议时间	主　持	主要议题
2月13日 第三十九次	市委副书记、市长刘曙光	研究2015年《政府工作报告》（送审稿）、国民经济和社会发展计划、财政收支预算安排和乡村旅游发展、做好第三十二届潍坊国际风筝会准备工作等事项
3月19日 第四十次	市委副书记、市长刘曙光	传达学习全国“两会”精神，研究贯彻落实意见，听取全市2015年《政府工作报告》分解立项和全市1月～2月经济运行情况汇报、研究新能源汽车推广应用管理办法、2015年城市建设重点项目计划、海洋功能区划等事项
4月1日 第四十一次	市委副书记、市长刘曙光	学习贯彻中央、省关于推动发展的政策规定，集中研究在新常态下支持企业转型，确保经济持续健康发展的一系列重要政策措施。会议确定实施2015年全市重点项目“61111”工程计划，研究通过《关于进一步依法加快推进市区国有土地上房屋征收与补偿工作的意见》，研究了《关于改革完善工业用地供应制度的试点意见》、突发事件总体应急预案修订等事项

续表1

会议时间	主　持	主要议题
4月2日 第四十二次	市委副书记、 市长刘曙光	研究中心城市产业发展规划、开发区发展总体规划、规范市区公共停车管理秩序、招商工作
4月29日 第四十三次	市委副书记、 市长刘曙光	研究规范行政审批中介服务、承接落实省政府取消下放行政审批事项、推进智能装备产业和节能环保产业发展等工作
4月30日 第四十四次	市委副书记、 市长刘曙光	研究中日韩产业博览会筹备、创建文化艺术金融融合发展试验区及建设白浪河“百里花廊•生态观光休闲带”、潍坊机场口岸临时开放设施改造等工作，研究全省加强海上涉外渔业综合管理工作领导小组第一次会议精神贯彻意见
5月17日 第四十五次	市委副书记、 市长刘曙光	研究推进“十三五”规划编制、加快科技创新、促进房地产业健康发展及市区特色示范商务楼宇建设、开展全民参保登记试点、按行业环保先进标准管理重大项目等事项
5月29日 第四十六次	市委副书记、 市长刘曙光	研究推进食品加工产业转型升级、新能源汽车产业发展及城市房屋安全管理、加强停车服务收费管理、进一步推进户籍制度改革等事项
6月15日 第四十七次	市委副书记、 市长刘曙光	研究生物基材料产业发展、人口与计划生育及水价改革、机关事业单位工资制度改革等事项
6月25日 第四十八次	市委副书记、 市长刘曙光	研究推进重点投资项目审批代办制、政府部门责任清单、政府与社会资本合作（PPP）、水生态文明建设规划、推进市直部门行政审批中介服务收费项目清单、规模企业规范化公司制改制、中心城市建设综合用地规划和土地管理实施办法等事项
7月20日 第四十九次	市委副书记、 市长刘曙光	分析研判上半年经济形势，部署下步经济运行和抗旱工作，研究行政审批事中事后监管、现代物流基地规划建设、人才强市建设和法治潍坊建设的政策措施
7月29日 第五十次	市委副书记、 市长刘曙光	研究部署全市及中心城区节约用水、城市环境综合整治、城区用水应急保障、开发供热潜能优化城区供热布局等工作
8月7日 第五十一次	市委副书记、 市长刘曙光	研究电子信息、纺织服装、机械装备等产业发展方案及推进措施，部署推进中日韩产业博览会筹备工作、城市周边永久基本农田划定等事项，安排承接落实省政府下放行政审批事项
10月9日 第五十二次	市委副书记、 市长刘曙光	研究部署深入实施创新驱动发展战略、推进简政放权、社会信用体系建设、重大行政决策程序规范及修订食品安全举报奖励办法、市县行政许可事项目录编制及城区供热价格调整等事项
10月23日 第五十三次	市委副书记、 市长刘曙光	研究促进外贸稳定增长和转型升级的政策措施、中心城区居住小区供水一户一表建设管理工作等事项，安排部署全市液化石油气市场专项整治行动等工作
11月3日 第五十四次	市委副书记、 市长刘曙光	讨论制定进一步支持创新创业的政策，研究解决城镇普通中小学大班额问题，部署推进机关事业单位工作人员养老保险制度改革工作、市区及县（市）不动产登记职责和机构整合等事宜
11月19日 第五十五次	市委副书记、 市长刘曙光	研究当前进一步促进稳增长、调结构的政策措施，深化商标品牌战略，促进快递服务业健康发展，潍坊市政府重大行政决策合法性，合理性审查办法，实施城市规划提升工程和加强政务督查工作等事项
12月10日 第五十六次	市委副书记、 市长刘曙光	传达学习省有关会议精神，安排部署安全生产、深化与世界500强合作、国有企业改革、经济责任审计、慈善事业发展、社会救助、构建公共文化服务体系等工作
12月26日 第五十七次	市委副书记、 市长刘曙光	研究理顺市区行政管理体制、深化“三八六”环保行动推进绿色发展、对接融入“一带一路”战略及全面深化与澳韩两国经贸合作、市政府规范性文件清理、非税收入管理等事项

综合政务

【综合文字工作】 进一步转文风、促作风，兢兢业业、优质高效地撰写市政府领导讲话、《政府工作报告》等各类文稿900余篇，材料的指导性、操作性更强，为政府科学决策提供了优质服务。建立政务调研联系点制度，及时深入地掌握基层实际情况，使政府决策更“接地气”。

【调查研究工作】 起草调研报告30多篇，其中《以企业国际化推动我市产业转型的调查与建议》得到郭树清省长和杜昌文书记的批示。在省政府研究室组织的优秀调研成果评比中，3篇获一等奖，4篇获二等奖，分别居全省各市第一位和第三位。

【政务信息和政府信息公开】 着力构建大信息工作格局，编发和上报政务信息3600余条，有32条被国务院和省政府领导批示，市领导批示60多次。政务信息上报工作列全省第2名，被评为全省政务信息报送工作先进单位。政府信息公开专项考核位居全省前列。

【文电处理】 建立健全首接负责、工作补位、风险排查等制度，优化公文处理流程，进一步提升公文审核质量和水平。收转各级文电4.8万件，制发文电1900多件，整理各类文档900余份。文印工作保持零差错。不断加强保密工作，被表彰为保密工作先进集体。

【接待和会务工作】 严格落实中央“八项规定”、省委和市委改进作风的实施细则，接待考察团组及各类来宾285批、1900余人，做到了热情周到、规范有序、勤俭节约。

【干部队伍建设】 认真落实《党政领导干部选拔任用工作条例》，坚持正确用人导向，严格选人用人标准。2015年以来提拔、调整、交流县级干部24人，其中从科级干部中提拔6人。从基层遴选4名工作人员，进一步优化了办公室人员结构。

政府职能转变

【权力清单制度体系】 编制公开行政权力清单，于2015年年初完成了市、县、镇三级政府行政权力清单编制公布工作，共纳入权力事项77000余项。编制公开政府部门责任清单，按照“全面部署、试点先行、梯次推进、率先完成”的思路，将面向公民、法人和其他组织行使管理权力的部门、单位列入编制范围，市、县同步部署、同步推进，截至2015年7月底，市、县责任清单全部完成编制并公布。市、县共纳入部门（单位）487个，编制主要职责4035项、具体责任16470项、追责情形16141项、部门职责边界748项，明确公共服务事项1333项。编制公开行政审批事项目录清单，在及时承接和取消下放审批事项基础上，组织市直35个相关部门进行了重新编制，纳入市级审批事项285项，县（市、区）公布《县级行政审批事项目录》，平均每个县（市、区）纳入31个部门241项审批事项。

【简政放权】 加大向区级放权力度，研究拟定《关于理顺市区行政管理体制的若干意见》，对集体土地用地审批、保障房审批、物业维修基金使用等相关事项提出了下放意见，将同步下放土地执法监察和城管执法等相关执法权，减少执法层级。精简下放审批事项，共承接国家和省取消、下放审批事项6批156项，全部纳入审批目录，进驻政务服务中心集中办理；对省规定市、县均能实施的237项审批事项，除确需市级实施的174项外，其余全部下放县级办理，县级实施事项数量较省规定数量提升113%。完成非行政许可审批事项清理工作，清理非行政许可审批事项15项，不再保留非行政许可这一类别。将103项工商登记前置审批事项改为后置审批，有效释放改革红利，为企业发展松绑，为扩大就业助力。建立起机构编制部门牵头、各审批部门积极参与的简政放权工作机制，结合市区环保职能调整，将4个市辖区环保分局12名行政编制及100名事业编制一并划转区级；结合市区规划管理职能调整，同步划转区级行政编制32名。在理顺市区职责关系中，随职责调整相应划转人员编制，充实区级工作力量，确保人员编制与职能相匹配。

【事中事后监管】 健全完善监管工作体系，印发《关于加强行政审批事中事后监管的实施意见》，同步制定了《行政审批事中事后监管任务分工表》。整合监管力量，市级层面先后在农业、卫生计生、城市管理、文化四大领域将9个执法机构整合为4个，县级层面将县级的工商、质监、食药3个政府工作部门职责整合组建统一的市场监督管理局，将各县（市、区）分散在相关部门的市容环卫、园林绿化、市政管理、公用事业等机构职责统一整合到县（市、区）住房和城乡建设部门，将金融办列入同级政府工作部门。创新监管方式，强化信息化监管手段，市工商局利用“全国企业信用信息公示平台”对市场主体实行“双随机”抽查，及时将抽查结果通过全国企业信用信息公示系统向社会公示，落实《失信企业协同监管和联合惩戒合作备忘录》有关要求，“一处违法，处处受限”的社会信用约束机制更加完善；在食品药品监管领域启动信息化监管平台项目建设，将食品供货商档案与食品经营“一票通”合为一体，在全省率先推行食品经营“一本通”制度，目前药品零售企业电子监管入网成功率已达到90%。建立健全社会监督机制，按照“一个号码管服务”要求，优化“12345”市长公开电话，科学整合市直部门、单位热线服务资源，把各类举报、便民服务、行业监管、政务监督等统一纳入受理范围。

【政务服务标准化建设】 大力推进政务服务标准化建设，在市、县两级政务服务中心推广岗位职责、信息管理、财务管理、安全与应急管理等12个方面284项服务管理标准体系，切实提升管理服务规范化水平。实施政务服务标准化建设以来，中心办件时限平均缩短32%，服务满意度提升14%。出台重点投资项目审批代办制度，市、县、镇三级政务服务中心共向社会公开招聘238名专职代办员，并从政务服务中心和审批窗口选拔了811名兼职专办员，建立了市、县、镇三级代办服务体系。按照“标准化管理、承诺制审核、放宽准入条件、加强事后监管”的原则，制定出台《非制造业建设工程项目告知承诺制实施办法》，相关做法被国务院推进职能转变协调小组作为典型案例进行推荐。升级完善全市网上审批系统，全面提升网上申报、在线预审、过程查询、评议投诉、全程监督和远程输出批文证照等7大功能，各级中心办理的审批服务事项网上咨询、表单下载、远程申报、在线受理和实时查询基本达到100%。

【事业单位改革与监管】 研究制定《关于事业单位分类的意见》等10个配套文件，形成全市事业单位改革“1+10”的政策体系。明确事业单位改革重点任务分工，建立分类推进改革、完善财政人事制度等5大项14小项重点任务分工推进机制，加大改革推进力度。理顺市直422家事业单位经费类型，完成经费类型与分类类别的挂钩。在全省率先完成政府购买服务范围审核和暂缓分类事业单位的类别划分工作，制定《市属从事生产经营活动事业单位转制为企业工作方案》等改制政策文件。深入开展事业单位绩效考评工作，实行考评结果与评先树优、干部使用、经费预算、机构编制调整和市直部门科学发展综合考核“五挂钩”，全市实现事业单位绩效考评全覆盖。在全市教育、卫生、文化系统选取42家公益性较强的中小学、公立医院、文化场馆进行法人治理结构试点工作。

督查工作

【督查制度建设】 制定《关于进一步加强和完善政务督查工作的意见》，修订完善《关于进一步加强政务督查工作的意见》。借鉴威海市的工作经验，制定督查工作岗位职责说明书，进一步明晰了岗位职责和工作要求，为做好督查工作打下了基础。全年共下发《督查通知》46期、《督查通报》15期，形成《督查专报》82期。

【联合督查督办】 对上级党委、政府及市级重大决策事项、重点工作等，实行市委、市政府督查室联合督办。对上级和市政府出台的促进经济发展政策措施落实情况和重点专项以及一个时期的重点工作，联合市政府有关部门进行专项督查，确保政令畅通，督促落实。2015年以来，围绕全市重点工作、市级重点项目、民生实事、安全生产、中央“八项规定”、国家森林城市创建、胶东调水等工作，会同市委督查室、市纪委、市发改局、市财政局、市经信委、市招商局、市建设局等部门组成联合督查组开展督查20余次，尤其对建设速度缓慢的个别项目，实行重点调度，不定期深入项目现场进行实地督查，找准影响进度的关键环节，督促解决，增强了督查工作的针对性和实效性。

【督查方式方法】 市《政府工作报告》确定事项、民生实事、领导批示、会议、文件、现场调研确定事项、人大代表建议、政协提案等纳入平台（涉密除外）进行网上立项督查，实现了对全市重点工作进展情况进行网上实时监督，从督查事项立项、执行、落实到考核进行全方位动态监管，以信息化促进政务督查工作，切实提高了督查督办的时效性、实效性。通过市政府网络督查平台，对于确定的事项完成情况一律标注上分管领导，督促其既抓好分管工作的决策部署，又抓好分管工作的督促落实。各县（市、区）、市属各开发区，市政府各部门、单位都设立了督查机构或明确督查人员，形成了大督查格局。

【市《政府工作报告》督查】 按照可量化、易考察、重实事的原则，对2015年市《政府工作报告》确定事项进行立项分解，明确了各项任务目标的责任单位、责任人及完成时限。对《政府工作报告》确定的365项工作任务，实行季调度、季通报制度，并对已经完成全年任务目标和没有完成季度计划目标的工作任务形成《督查专报》。对报告中确定的30件民生实事，年初制定工作方案，建立了月调度、月通报制度，并联合有关部门、新闻媒体，以汇报座谈、现场查看、抽查等不同形式进行了督查。对各项工作任务实行台账式管理，对于完成全年任务目标的工作任务通过网络督查平台即时销号。

【会议事项分解立项和督查工作】 全年，先后对市政府6次工作性会议、17次市政府常务会议、6次市长办公会议、15个专题会议和16个会议文件进行了立项分解，共分解事项343项，并在规定的时限内进行了跟踪调度督查，及时将落实情况报送有关领导审阅。

【领导批示件办理和临时交办事项督查工作】 共办理省政府领导批示件44件、市委领导批示件84件，并完成了相关事项的督查落实及汇总反馈工作。办理市政府领导批示件884件，其中督办件380余件。共参加市政府主要领导调研活动26次，通过网络督查平台，立项分解领导临时交办事项153项，已落实136项。

【人大代表建议、政协委员提案办理工作】 全年督查相关县（市、区）政府和市政府责任部门、单位办理省人大代表建议4件，全部办理完毕；督促办理市人大代表建议144件，已答复143件；督促办理市政协委员提案312件，已全部办理完毕；督促2件人大议案形成工作方案，印发各县（市、区）、市属各开发区和市政府有关部门；督促办理市人大常委会审议评议意见落实情况报告12件，已按程序形成正式文件报市人大；督办市十六届人大一次会议以来“回头看”建议5件，二次督办建议11件，形成了市十六届人大四次会议以来代表建议办理情况报告、落实市人大常委会对市十六届人大四次会议以来办理情况评议意见的报告、市政协十二届四次会议以来提案办理情况的报告等材料。

打击走私工作

【反走私宣传教育】 广泛开展反走私法律法规宣传，累计发放宣传材料14000余份。利用冬季和伏夏渔船民集中教育之机，对出海船舶进行重点宣传，签订反走私责任状1460余份，明确了船长、船员各自反走私职责，营造了“不买私、不护私、不走私”的良好氛围。深入开展“送法宣讲进企业”活动，注重发挥新闻媒体作用，积极曝光典型案件，进一步提高了全社会防范走私能力。市海关、烟草、商务等部门组织进出口企业开展了4次法规政策培训，与进出口企业签订了责任状，企业诚信守法的自觉性进一步提高。

【基层反走私综合治理】 落实全员打私、立体防控、源头治理，推动构建“防控、监管、打击”三位一体反走私工作机制。加强基层群防群治组织建设，指导成立渔民协会7个，整顿群防组织31个，充实人员156人，创新开展“船管进社区”和“海上党旗红”工程，检查各类船舶1680余艘次，查处违规船舶112条，处罚169人。积极推进反走私领域企业守法诚信体系建设，推动落实各部门对“诚信企业”的优惠政策，实行重点进出口企业“每日约见”制度，从源头上防范走私案件发生。

【开展“五大战役”等专项行动】 深入开展牛肉走私综合整治、“五大战役”（开展农产品走私、偷逃税走私、毒品枪支走私、洋垃圾走私、濒危动植物走私等专项打私行动）等专项行动，组织市海关、公安、工商、边防等部门对所有重点地区、重点场所逐一建立工作档案，完善监管、整改措施，及时消除了走私隐患。海关缉私部门侦破JN04专案后，以深挖扩线，又连续查处2起内贸船舶走私成品油案，总案值1620余万元，涉税300万元。同时，集中力量开展“JN1503”打击固体废物专项查缉行动，共立刑事案件3起，抓获犯罪嫌疑人3人，查获走私固体废物760余吨，总案值300余万元。公安部门长线经营，一举打掉一个特大毒品走私犯罪团伙，抓获犯罪嫌疑人6名，缴获毒品冰毒501克、伪麻黄碱690克、麻黄素52克。市烟草、公安部门紧密协作，成功破获了一起非法网络经营走私卷烟案，抓获涉案人员200余人，案值400余万元，斩断了销往14个省27个地市的链条。

【打私工作成效显著】 始终保持反走私高压态势，在清查整顿市场、规范企业行为、打击非法资金流通、口岸管理、海上查缉等各个环节开展专项整治，构建了打防控立体防线，2015年，被省打私办评为全省反走私工作“先进单位”。2015年以来，全市共立案侦办刑事案件10起，案值3亿元，涉税1300余万元，抓获犯罪嫌疑人19人，移送起诉刑事案件3起。立案调查行政违规案件6起，审理处罚行政案件6起，罚没入库816万元。烟草部门查获涉烟违法案件1215起，查扣违法卷烟2799万支，案值1434万元，采取强制措施，判刑329人。其中走私烟案件15起，查扣走私卷烟23.4万支，涉案总值13.12万元，涉私案件刑事拘留18人，逮捕10人，判刑12人。破获符合公安部、国家烟草专卖局标准的制售假烟、走私烟网络案件3起。

【队伍建设】 认真落实理论学习和业务培训制度，采取以会代训、举办培训班等形式，积极开展政策法规和业务知识学习交流活动，年内，深入县（市、区）开展业务指导3次，组织培训4次120余人。积极适应“一带一路”战略需要，组织职能部门围绕港口码头、重点敏感商品和重点进出口企业，深入开展调查研究，加强对热点、难点及敏感问题的调研分析，形成专题调研报告11篇，准确掌握了走私活动新动向、新特点，增强了工作前瞻性、针对性。大力加强网络信息化建设，一年来编写更新“潍坊反走私在线”网页信息256篇，上报打私综合信息48期，确保了信息报送、缉私数据统计及时准确。

应急管理

【预案体系建设】 以《山东省突发事件应对条例》和《山东省突发事件总体应急预案》等为基础，修订印发《潍坊市突发事件总体应急预案》，修订《潍坊市生产安全事故应急预案》《危险化学品应急预案》《非煤矿山应急预案》等7个专项预案，全市28个市级专项预案和80个部门预案已全部实现纸质件和电子化的双备档。

【应急演练】 1月30日，在荣潍高速公路组织开展高速公路恶劣天气应急拉动暨交通事故应急处置演练，并首次动用了无人机参与救援。5月8日，“山东省2015年地震应急救援综合演练”在潍坊市举行。全市13支地震系统现场工作队、地震灾害紧急救援队、潍坊军分区、武警潍坊支队应急救援队伍，市民政局救灾队伍，市政局工程抢险抢修队伍，市交通局应急队伍，市卫生局卫生防疫队伍，市气象局监测队伍，移动、联通、电信公司通信应急保障队伍，电力应急保障队伍共25支队伍参加演练。5月22日在武警潍北农场训练基地、7月30日在临朐县嵩山林场分别举办了全市扑救森林火灾实战演练。全市全年各类应急演练2900余次，演练人数129000余人次。

【宣教培训】 制定印发《2015年全市应急管理宣教意见》，围绕《中华人民共和国突发事件应对法》《山东省突发事件应对条例》等法律法规，重点在社区、农村、企业、学校等基层单位深入开展应急宣教活动。在《潍坊日报》《晚报》、政府门户网等媒体开辟应急知识专栏，介绍应急避险知识，并在市人民广场利用LED电子屏每天随片循环播放《健康素养66条》Flash动漫。利用安全生产信息平台，及时发布预警信息，宣传应急知识，上半年总计发送各类信息20余次2万多条，发送防灾减灾公益短信480万条，发放灾害防范资料123万余份，“防灾减灾日”宣传扑克3200余副。7月6日～9日、8月24日～27日，分别举办两期安全生产应急管理培训班。

【平台建设】 对市应急管理平台的日常值守、应急管理、应急通讯、多路传真和图像接入等十余项功能进行了整合，形成互联互通、互相支撑、安全畅通的市政府应急平台体系。3月，对应急终端、单兵进行了升级改造，将4G通信技术应用于应急管理工作，实现了由单一的信息传递到现场图像采集、录像时时回传等功能。

【专业救援队伍保险】 自2015年始，由市政府为全市各类应急救援队伍购买人身意外伤害保险。按照“逐步推进，分批实施”的原则，已为市级综合救援队伍（市消防支队）、医疗卫生保障队伍共计1269人购买了人身意外伤害保险。

市长公开电话

【群众来电受理】 按照工作流程做好每项工作，认真受理处办群众反映的每件事项，使群众反映的问题得到妥善解决，达到“事事有着落，件件有回音”。2015年以来，中心共受理群众来电反映事项410400件次，其中市长公开电子信箱邮件1849个，制单160132件次，转交各网络单位办理的事项154686件次，人均日通话量120个，人日均通话时长达到3.6小时，按时办结率99.9%，反馈率100%。

【技能培训】 紧紧围绕“为群众提供优质高效服务”的总目标，从大处着眼、小处着手，加强了对工作人员的政治素质和业务技能的培训学习，2015年，增加6名受理座席，进行了周质检报告单48次，学习各类政策、法律法规、通知等960多个（条），共培训4300人次。坚持日晨会、周业务分析会和周学习考核制度，进一步提高了政策水平和工作能力。

【工作制度建设】 认真梳理工作流程中的每个细节，对照“制度管理、质量监督、量化考核、技术支撑”四个体系的要求，查遗补缺，加强内部管理，完善学习、请销假等制度。通过到县（市、区）调研、召开座谈会等形式，在征求各网络单位意见的基础上，对《潍坊市市长公开电话网络单位年度工作考核办法》进行修改和印发，纳入一次办结率，提高各网络单位的处办质量。根据工作实际对“12345”市民互动平台报表系统进行修改，特别是对网络单位一次办结率、多次转办率两个统计报表进行完善。整理汇总并印发《潍坊市市长公开电话受理中心文件资料汇编（2013—2014）》，投资1万余元配备监控设备，制作受理座席学习版面，相关制度上墙。充实市长公开电话资料库，加强市长公开电话信息资源的收集和整理工作，全年充实85条法律法规和28条相关政策知识。

【网络单位管理监督工作】 结合“三严三实”专题教育，中心加强了对各网络单位的管理监督和指导工作，特别是对经常申请延时、超时、办理质量不高的网络单位加大督办力度，采取《季度通报》、电话沟通、实地调研等方式督促这些部门单位加强工作责任落实，处办质量和办结率明显提高。

【要情专报】 充分发挥市长公开电话渠道畅、反应快、信息灵、辐射广的优势，及时将群众反映强烈的社会热点、难点问题搜集、分析整理后，呈报市政府领导参阅。2015年，共上报《情况专报》23期、《季度通报》4期、《月分析》11期，公开征集2016年潍坊市民生实事项目22件，征求2016年政府工作及“十三五”规划意见建议3件，调查统计全市非应急类服务热线资源情况，并整理汇总全市稳增长、调结构、惠民生政策受理投诉情况，为领导民主决策、科学决策提供参考依据。其中，《情况专报》第21～23期连续三期受到市政府主要领导好评。

（康恒杰）

地方史志工作

【扎实推进二轮史志】 以第二轮修志为抓手，积极推动主体业务开展。拟定了《潍坊市志》续修工作计划，加强了与各承编单位对接，举办了部分单位续志业务专题培训班。积极推进县（市、区）二轮修志工作，上半年，分片召开了县（市、区）第二轮修志调度会议，在充分调研基础上，确立了一县一策、积极推进的工作思路，加大了调度和指导力度。在已完成6个县（市、区）二轮修志的基础上，《安丘市志（1986—2013）》于2015年12月召开了志稿评审会，顺利通过省志办专家组评审；《寿光市志（1991—2010）》形成送审稿，寒亭、潍城等市区二轮修志工作明显加快，全市第二轮县级志书已完成总量的60%。加强部门志、专业志、基层志的指导，年内，举办业务培训班3次，培训人员110多人。指导编纂出版《冶源镇志》《姚哥庄村志》等镇、村志6部，组织审阅了《潍坊军事大事记》《潍坊人民防空志》《潍坊审计志》《潍坊水文志》等志稿。

【创新年鉴工作运行机制】 2015卷《潍坊年鉴》首次实行财政全额拨款，出版印刷由政府采购方式进行；同时，继续开展改版创新活动，除《潍坊年鉴》调整版面、实行全彩印刷外，还对年鉴袖珍版进行改版，编辑出版了《潍坊市情手册》，变“案头书”为“口袋书”，提高了年鉴服务的针对性。积极推动县级年鉴“一年一鉴全覆盖”的要求，加强对县（市、区）年鉴编纂工作的调研、规划和督导力度。年内，《寒亭年鉴》出版发行，临朐、诸城、高密、寿光列入第一批“一年一鉴”县、市工作规划。

【拓展史志工作服务领域】 与市关工委联合举办“党史国史教育校园行”活动，深入12个县（市、区）、4个开发区，为16所学校7000多名师生及关心下一代工作者宣讲、介绍潍坊历史文化，受到广大师生和关工委工作人员好评。《潍坊历史青少年读本》形成初稿，将作为全市中小学生课外读物发放，探索了发挥史志工作“教化”功能，推动史志成果进校园、进社区的新形式。系统开展市情资料收集、整理、研究、开发利用工作，与团市委、市风筝办等部门合作开展了第三十二届潍坊国际风筝会“首届潍坊大学生风筝知识电视大赛”活动，利用社会文史资源编纂出版了《郑板桥艺术精品集》，拓展了史志工作影响。为方便各级领导干部深入了解市情、地情，编辑出版了包括自然环境卷、风俗民情卷、建置沿革卷、历代人物卷四卷本“潍坊市情丛书”。加快《潍坊风筝志》编纂步伐，目前已有10多个部门完成初稿撰写工作。

【市情网站建设】 不断丰富潍坊市情网内容，加快资料整理更新，及时上传新出版年鉴、志书电子资料。适应城市智慧化需求，与专业网络公司协作，对潍坊市情网及各县（市、区）地情网站全面升级改版，重新编制程序、界面，充实内容，建成了以“潍坊市情网”为主站，以12个县（市、区）地情网站为子站的潍坊地情网站群，一次性解决了多年来县（市、区）地情网站建设难题，提高了市情信息传播能力。

【做好国家、省有关供稿任务】 为配合完成省、市抗日战争胜利70周年纪念活动，组织力量收集整理提供抗战资料12万字，顺利完成省史志办“山东纪念抗战胜利70周年丛书”资料上报和潍坊市潍县集中营解放70周年资料核实工作。按时、按要求完成《中国城市年鉴》《山东年鉴》《山东军事年鉴》《山东地方史志志》《山东省地方史志年鉴》组供稿任务。搜集、整理各类资料30余份，向社会提供资料查询服务50余次。

【自身建设】 年内，按市委、市政府统一部署，领导班子扎实开展了“三严三实”专题教育活动，研究制定了《专题教育工作方案》和《专题教育学习研讨方案》。5月20日，以支部书记上党课的形式启动了专题教育活动。征集意见建议40条，梳理汇总为领导班子3条、班子成员21条。截至2015年年底，属于具体问题的已基本整改到位，属于长期坚持的完成了当年整改计划。全年召开以党风廉政建设为主题的领导班子专题会议两次，落实了党风廉政建设“第一责任人”和领导班子成员“一岗双责”职责，完善了廉政建设台账管理等相关措施，组织开展了集中廉政教育和廉政谈心谈话活动。在机关内部深入开展了“守纪律、讲规矩、做表率”活动，以临朐县史志办为标杆，树立有压力才有动力、有作为才有地位、把工作当事业干的理念，努力克服“庸懒散浮”，传递和凝聚正能量。一年多来，共组织集体学习活动7次、专题研讨1次，营造了相互信任、相互支持、团结和谐的良好氛围。

（刘　敏）

人事工作

【高层次人才队伍建设】 加大海内外高层次人才引进力度，全市新增3名外国专家入选国家第五批“外专千人计划”，2名外国专家荣获省政府“齐鲁友谊奖”，共引进外国专家563人次，组织执行引智项目326个，解决关键性技术和管理难题近400个，获批上级引智专项资金426万元。创新实施专业技术领军人才创新能力三年提升计划，全市共拥有国务院特殊津贴专家124人、山东省有突出贡献的中青年专家56人、潍坊市拔尖人才1184人、博士后科研工作站达到30家。

【技能人才队伍建设】 高技能人才队伍建设取得积极成效，全市已建立国家级技能大师工作室3家、省级技师工作站9个、市级技师工作站30个，全年新增高技能人才2.3万人，组织职业技能鉴定11.2万人。

【公务员管理】 完善创新公务员管理体制，拟定了政府《雇员管理办法》，积极探索推进政府雇员制度试点。扎实做好公务员考录工作，2015年，共考录公务员690人，修订完善平时量化绩效考核办法，认真做好公务员平时量化考核，进一步提升了考核的科学性和公平性。

【事业单位人事制度改革】 稳步推进事业单位岗位设置管理，事业单位岗位设置管理目标已完成94.8%，推行聘用制度的事业单位覆盖率达到100%。

【军转安置】 军转安置任务圆满完成，企业军转干部解困维稳工作成效明显，共接收安置军转干部261名，其中计划分配160名、自主择业101名，接收随调家属17名，军转干部安置率、安置政策落实率均达到100%。

（刘先谨）

外事与侨务

【启动国际化战略工程】 借力北京大学政府管理学院高端智库资源，形成《提升潍坊国际化水平对策研究》报告，制定发布《提升潍坊国际化水平计划（2015—2018年）》，并纳入“十三五”规划和“提升市区”战略，成立推进国际化领导委员会。2月，牵头启动“潍坊国际化计划”。征集确定2015年全市提升国际化水平重点项目，并组织启动实施，取得积极成效。加快城市国际形象标识设计推广。启动“双语标识工程”。与市质监局联合发布了关于公布信息图形符号系列国家标准、公共场所双语标识英文译法的函。建立城市品牌立体网络营销体系。运用自媒体平台、电子商务平台、线下体验、一对一导入等方式，经营潍坊推广资源。截至12月，“山东潍坊”微信公共平台粉丝突破21万，影响力排名进入全国政务类别前列，最高日排名曾列第二位。

市长刘曙光（左六）签署潍坊中美食品中心合作备忘录　　（供图：杨永花）

【构筑多元化交流体系】 积极融入国家“一带一路”和东亚区域合作战略，争取外交部支持，推进东亚畜牧交易所获批，东亚畜牧产品交易平台建设纳入李克强总理2015年东盟“10+3”领导人峰会讲话重要内容。牵头推动市政府与世界农业类大学排名第一的美国加州大学戴维斯分校签署合作备忘录，与其所属世界食品中心共建潍坊中美食品中心。宣传推介中日韩产业博览会，并积极赴外招商招展，成功邀请8家世界500强企业、3家友好城市参展。

【提升个性化城市魅力】 密集打造集中营品牌。抓住抗日战争胜利70周年纪念活动机遇，组织潍县集中营幸存难友及家属等60余人进行潍坊行活动，在央视《新闻联播》播出，协助中国、中国香港和美国三方完成大片《终极胜利》拍摄，并与满源（北京）国际文化发展有限公司联合创作了纪录片《被遗忘的潍县集中营》，配套书籍的出版发行工作也正在进行。配合完成了集中营热心人士程龙、崔书田翻译书籍《山东集中营》《中国逃亡记》的出版工作。举办系列文化活动。参与承办“海外华裔青少年中国寻根之旅”及“中华文化大乐园活动”等品牌活动，以山东省华文教育基地为载体，推动风筝文化走向世界。

【提高全方位服务水平】 加强外事服务，促进经济外向型发展。拓展市级友好城市发展格局，缔结了4对县级友好关系城市，促成4对县级城市达成友城意向。开展“2015因公出国（境）管理规范年”活动。制作外事纪律光盘，创新团组行前教育方式。建立健全出访成果报告制度、出访成果汇总制度和出访报告评选制度三项制度，实行任务管理。与市组织、财政、审计等部门联合开展因公临时出国（境）检查。大力推介APEC商务旅行卡。2015年，新发卡259张，申办量与办结量仍居全省第一。办理出国（境）团组174批447人，组织319家企业参与全市外事活动，组织156家企业走出去开展合作，组织55批169人次专业技术人员到境外交流培训。

加强为侨服务，推进招才引智工作。提高困难归侨侨眷补贴，并将其纳入县（市、区）、开发区财政年度预算。自2015年1月1日起，1978年年底以前回国，在国有和县以上集体所有制企业工作的退休归侨职工的生活困难补贴由现行的每人每月150元提高到每人每月200元，无退休金收入的归侨生活困难补贴由现行的每人每月150元提高到每人每月260元。

加强领事服务与管理，维护社会安全。邀请省外办专家举办领保知识讲座，参与处理了9次领保事件，为72个机构、65名中国公民提供领事保护，提供境外风险预警提示473条次。11月，在青州市建成潍坊市境外领事保护培训基地一处、境外领事宣传角一处，被机关党工委评为优质服务项目。规范管理外国人来华邀请工作。埃博拉疫情期间，针对严控国家所占比重大的现状，采取提供实质性业务往来记录、建立与中国驻外使领馆沟通机制、来访情况反馈跟踪制度三项措施。建立邀请企业信息库，分析企业对外合作的重点国家、重点产业、重点领域，通过外事活动搭建企业对外合作的平台。截至2015年，共为592批909人次签发外国人来华邀请函，签发邀请确认函6批6人次。

（杨永花）

潍坊市科学发展研究院

【研究院筹建】 潍坊市科学发展研究院为市政府直属事业单位，于2014年2月22日由市编委批准设立，2015年3月正式开展筹建工作，设1个内设职能机构、6个直属研究所。研究院定位为市委、市政府决策咨询机构，全市经济社会发展综合性研究机构，政府系统决策咨询研究组织协调机构，主要围绕全市经济社会改革发展的战略性、全局性、前瞻性问题开展研究；承担市委、市政府安排的决策咨询研究项目，提供咨询研究报告和政策建议；搭建研究平台，加强与国内外经济社会改革发展研究领域知名专家学者的交流与合作。

【决策咨询研究】 开展公共资源要素市场化配置相关研究。参与制定潍坊市国民经济和社会发展第十三个五年规划相关研究。与市政府办公室、市金融办、市科技局、市住建局联合开展破解企业融资难、科技成果转化难、居民住房难等研究。与市商务局合作开展推进企业“走出去”研究。开展提前完成精准扶贫脱贫任务、破解水资源短缺、实施突破滨海提升市区开发“两河”战略、打造现代物流枢纽城市、推进以人为核心的城镇化、再造潍坊农业发展新优势、进一步强化和彰显潍坊教育优势的研究。

【搭建研究平台】 与国务院发展研究中心建立日常联系机制，达成合作意向。与安永、毕马威、安邦等高端智库多次对接，拟在课题研究等方面开展合作。与国务院发展研究中心信息中心、中国知网签订信息合作协议。与潍坊学院经济管理学院签订战略合作协议，共同组建战略研究联盟。聘请多位高校教授、著名企业家为市科学发展研究院特邀研究员。

【组建研究队伍】 逐一制定人员岗位标准、明确评价要素及打分办法，作为研究院招聘人才的重要依据。从市内选调3名具有研究工作经历的人员。招考5名具有研究生学历的研究人员。外聘国务院发展研究中心城市发展研究所综合研究室主任张晓欢担任研究院综合发展战略研究所执行所长。招选多名国内知名高校、科研院所的实习博士研究生联合开展兼职研究工作。

【提升研究能力】 为保证研究水平和研究高度，多次组织研究人员赴国内外知名研究机构和智库进行调研学习，赴复旦等高校进行业务能力提升，邀请国研中心专家对全体研究人员进行培训。同时以干代训，开展自选课题研究，通过研究最大限度提升研究能力和研究素养。

（王 伟）

潍坊市政务服务中心

【概况】 2015年，全市各级政务服务中心办理审批服务事项达727万件，市政务服务办荣获全市“创建全国文明城市工作先进单位”“中日韩产业博览会先进单位”等称号。由市政务服务办拟定并组织实施的非制造业建设工程项目告知承诺制实施办法，国务院推进职能转变协调小组办公室以简报的形式做了转发，李克强总理对这项工作进行了肯定，并强调指出，要研究推广告知承诺，创新监管和服务。

【加大行政审批制度改革力度】 大力推动集中审批。配合市编办对市直部门（单位）行政审批服务职责进行优化整合，通过设立或加挂审批服务科、审批服务办公室牌子，为37个部门（单位）设立了审批服务科或审批服务办公室，并全部集中到中心窗口办公。结合公布市、县两级权力清单和服务清单，协调市经信委等19个部门（单位）将79个行政审批事项集中到市政务服务中心办理。同时，通过制发授权书、负责人带班等措施，抓好充分授权环节，进驻事项办理率达到100%。创新实施网上审批。建设市、县、镇一体的网上审批平台，让基层和群众享受到更为优质便捷的服务。引入物联网及云概念要素，实施数字证书、电子印章和影像传输技术，并借助物流快递实现申报材料和审批结果在中心窗口和办事群众间的流转。梳理规范县级初审、市级审核的各类事项1030项。不断提升审批服务标准化水平。按照办公平台、运行机制、事项名称、申报材料、承诺时限、办理流程“六统一”的原则，建立全市统一的审批标准体系。在全面统一行政许可事项名称基础上，进一步规范审批要件、完成时限、审批流程等要素，确保同一事项的名称、材料、流程、时限等在全市相对统一。

【公共资源交易改革成果丰硕】 基础设施更加完善。建立了“一委一办一中心”的管理体制和管办分离的运行模式，整合市级工程建设项目招投标、政府采购、土地使用权和矿业权出让、国有产权交易、公立医院医疗器械采购五大类公共资源交易活动，统一到市公共资源交易中心集中交易。同时，投资100多万元建设了开标室、评标室、答疑室、监控室、样品室等，实现门户网站上线运行。

交易制度更加健全。出台《紧急项目交易规程（暂行）》，起草《潍坊市公共资源要素交易管理办法（试行）》《潍坊市公共资源要素交易监督与投诉举报处理办法（试行）》《市级公共资源要素交易目录（第一批）》，强化了对交易行为的刚性约束。建立公共资源交易管理办公室、行业主管部门、监察部门和社会“四位一体”的监督机制，健全开评标记实和督办制度，实现对交易活动的全程监督。

重点项目保障有力。采取专题研究、重点盯靠、专人督办等措施，及时了解全市重点项目建设动态，主动做好部门对接，保障优先进行办理。目前，已高质量完成济青高铁（潍坊段）、潍坊市引黄入峡和引黄入白工程、中日韩产业博览会等一系列重点项目的招投标工作。截止到2015年12月，共完成公共资源交易项目748个，其中采购类项目731个，涉及预算资金51.18亿元，成交额46.89亿元，节支资金4.28亿元，节支率8.37%；出让类项目17个，成交额5.87亿元。

【投资创业服务体系日趋完善】 推行全程代办服务。以市政府名义印发《潍坊市投资项目审批代办制实施意见》；市级建立起以专职代办员为主体、窗口负责人为协办员的代办网络，为中国食品谷等24个重点投资项目代办审批服务事项35项；对市委、市政府确定的重大投资项目开辟绿色通道，实行上门服务，做到特事特办。上年全年共为44个项目开辟绿色通道，审批效率总体提速50%以上。

实行基本建设项目联审联办。积极牵头组织各审批环节的相关部门实施并联审批，推动投资项目同步办理。2015年，共召开联审会议13次，涉及投资额达11.44亿元，受到广泛好评。

提高企业设立审批效率。开发企业设立并联审批网上办公系统，会同市工商局建立企业登记并联审批窗口，完成企业设立并联登记事项264项；推行企业设立“一证一码、三证合一”，进一步简化了手续，提高了企业设立审批效率。

积极拓展创业服务范围。组织建设项目审批专题辅导培训班，让投资者进一步熟悉投资项目审批手续办理流程；举办政府与社会资本合作（PPP）模式专题培训班，为下一步在全市推广政府与社会资本项目合作、增强经济增长内生动力打下了基础。

【完善大厅服务功能】 优化大厅功能布局。对大厅窗口进行了撤并整合，组建公用事业服务区，设立自助服务区，配备专业导引员为办事人员提供相关帮助；组建了中介服务超市，确定实体入驻中介机构21家，挂牌入驻22家，虚拟入驻19家。

创新考核管理模式。建立完善以百分制考核为基本模式，以办件效率和服务质量考核为具体内容，以计算机管理为基本手段的评价体系，使考核评价工作更加科学合理、公平公正。同时，把各县（市、区）、市属开发区的政务服务情况纳入全市科学发展综合考核，充分发挥了考核的“指挥棒”和“导向标”作用。2015年，市中心共评出月度红旗窗口122个、文明窗口65个、优秀服务标兵122名。

（任　云）

中国食品谷

【概况】 2015年11月，潍坊食品谷协调推进办公室正式组建成立，为市政府派出机构，正县级规格。中国食品谷是潍坊市为推动食品产业转型升级、建设国家食品安全区而打造的战略平台。涵盖潍坊全域范围，呈“一核、五区、多点”式分布。“一核”，即在寒亭区规划建设45平方公里的食品谷核心区；“五区”，即寿光蔬菜种子谷、安丘出口农产品标准化基地、峡山有机农产品生产加工基地、诸城和昌乐肉食加工基地、港口经济区食品产业园配套功能区；“多点”，即全市若干现代农业、食品加工、流通园区和企业。中国食品谷被认定为第二批国家农业产业化示范基地。

【功能定位】 中国食品谷核心区定位于打造食品产业高端要素资源的聚集区、引领食品产业转型发展的综合平台，以供给侧结构性改革为切入点，主动融入国家“一带一路”战略。主要发展企业总部、科研孵化、创客空间、展示交易、商贸金融、仓储物流、电子商务、品牌运营、综合服务等功能业态。重点以中国食品谷总部基地为平台，着力打造展示交易及大数据、检验检测认证、人力资源、创新孵化、品牌运营、国际合作交流“六个中心”。

【项目建设】 食品谷总部基地项目。计划总投资10亿元，规划用地92亩，总建筑面积16.7万平方米，主要规划建设涵盖总部办公、科技研发、检验检测、电子商务、展览交易等多种功能。一期项目7栋楼主体全部完成，部分楼座已交付装修；二期项目于2015年10月中旬开工建设。

中百大厨房项目。占地216亩，总

建筑面积15万平方米，2015年4月投入运营，日配货量达280吨。公司自有种植基地近万亩，已与100多个种植基地、合作社签订了协议，年实现销售额30多亿元。

中国潍坊畜禽产品交易城项目。占地1120亩，主要建设60万吨冷链储存仓库和专业畜禽产品交易市场，被列入山东省重点建设项目、山东省服务重点建设项目、国家黄河三角洲高效生态经济区重大项目。一期项目已建成并投入使用，具备20万吨冷藏能力。

东亚畜牧产品交易所项目。向证监会正式提交了使用“交易所”名称的申请，等待证监会批复；进境牛羊国家级标准化隔离场已完成选址并经省进出口检验检疫局初核通过。

【合作交流】 2015年11月11日，市政府与美国加州大学戴维斯分校签署合作备忘录，“中美食品中心”项目正式落户食品谷。与荷兰瓦赫宁根大学就建设“中荷（农业）创新中心”项目初步达成合作意向。与以色列特拉维夫大学进行对接，在食品谷的配套区峡山区建设农业项目合作。

（高志强）

中国人民政治协商会议潍坊市委员会

Zhongguo renmin zhengzhi xieshang huiyi weifangshi weiyuanhui

【概况】 中国人民政治协商会议第十二届山东省潍坊市委员会于2012年1月换届产生，任期5年。现有委员547人、常委83人。市政协第十二届委员会下设办公室、研究室、委员活动工作室3个办事机构，提案委员会、经济委员会、人口资源环境外事委员会、科教文卫体委员会、社会法制委员会、文史资料委员会、民族和宗教委员会、委员联络工作委员会8个专门委员会。

重要会议

【市政协全委会议】 2月26日～3月1日，市政协十二届四次会议在富华国际会议中心举行。会议听取并审议通过了第十二届市政协常委会工作报告和提案工作报告，审议并批准了市政协2015年度协商工作计划和市政协十二届四次会议提案审查情况的报告；与会委员列席了市人大十六届四次会议，听取并讨论了市政府工作报告及相关报告；进行了大会发言和联组发言。会议增补孙忠礼为中国人民政治协商会议第十二届潍坊市委员会副主席，增补于定斌、王志明、孙克森、陈忠民、徐延田、魏志强6人为政协第十二届潍坊市委员会常务委员。大会同意高永贤、张世臣、李中元、李树平、李树春、李建军6人因工作和年龄原因辞去政协第十二届潍坊市委员会常务委员职务，同意王卫东因工作原因辞去政协第十二届潍坊市委员会委员、副主席职务。会议审议通过了市政协十二届四次会议决议。

【市政协常委会议】 **市政协十二届十五次常委会议** 2月4日，在市级机关综合办公大楼召开。市政协主席崔建平、副主席刘伟分别主持会议。会议听取了市政协十二届四次会议筹备工作情况汇报；审议通过了关于召开市政协十二届四次会议的决定；审议通过了市政协十二届四次会议议程和日程安排；审议通过了十二届市政协常务委员会工作报告和提案工作报告，并分别推举了报告人；审议通过了市政协反映社情民意信息工作报告和其他专门委员会工作报告(书面)；审议通过了市政协十二届四次会议委员分组名单、联组发言分组名单、各组召集人名单、执行常委名单；审议了市政协2015年度协商工作计划(草案)。会议还听取并审议通过了有关人事事项。

市政协十二届十六次常委（扩大）会议 2月25日，在富华国际会议中心召开。市政协主席崔建平主持会议。会议听取了关于市政协工作机构设置和有关人事事项的说明；通过了机构设置的决定和有关人事事项。

市政协十二届十七次常委会议 3月20日，在市级机关综合办公大楼召开。市政协主席崔建平、副主席刘伟分别主持会议。会议传达学习了全国政协十二届三次会议精神；通报表彰了先进委员活动组；[illegible]

改委、市环保局的工作；审议通过了《市政协2015年工作要点》和有关人事事项。

市政协十二届十八次常委会议 7月2日，在市级机关综合办公大楼召开。市政协主席崔建平、副主席刘伟分别主持会议。会议听取了市政协有关部门对市中级人民法院、市检察院工作考察情况的说明，并民主评议了上述两部门工作情况；通报了市政协十二届十七次常委会议民主评议的有关情况；分组讨论并审议通过了《关于组建“大潍坊港”推进港产联动发展的几点建议》《关于我市科技企业孵化器发展情况的调研报告》和有关人事事项。

市政协十二届十九次常委会议 10月13日，在市级机关综合办公大楼召开。市政协主席崔建平、副主席刘伟分别主持会议。会议传达了省委政协工作会议精神；听取了市农业局、市林业局工作情况汇报和市政协有关工作考察情况的说明，并民主评议了上述两部门工作情况；通报了市政协十二届十八次常委会议民主评议的有关情况；审议通过了《中心城区水资源开发利用与保护调研报告》及有关人事事项。

市政协十二届二十次常委会议 12月9日，在市级机关综合办公大楼召开。市政协主席崔建平主持会议。会议围绕《中共潍坊市委关于制定潍坊市国民经济和社会发展第十三个五年规划的建议（征求意见稿）》进行了专题协商。

【市政协主席会议】 **市政协十二届十七次主席会议** 2月2日，在市级机关综合办公大楼召开。市政协主席崔建平主持会议。会议审议通过了市政协十二届十五次常委会议议程和日程；审议了市政协十二届四次会议议程和日程（草案）；审议了市政协十二届四次会议委员分组名单、联组发言分组名单、各组召集人名单、执行常委名单（草案）和会议列席单位名单（草案）；审议了十二届市政协常务委员会工作报告（草案）和提案工作报告（草案），并分别推选了报告人；审议了市政协2015年度协商工作计划（草案）、市政协反映社情民意信息工作报告和其他专门委员会工作报告（书面）；审议通过了《关于加强和改进专题调研工作的意见》。会议还对有关人事事项进行了审议。

市政协十二届十八次主席会议 3月16日，在市级机关综合办公大楼召开。市政协主席崔建平主持会议。会议审议通过了市政协十二届十七次常委会议议程和日程；审议了《政协潍坊市委员会2015年工作要点》、通报表彰先进委员活动组事宜和有关人事事项。

市政协十二届十九次主席（扩大）会议 6月29日，在市级机关综合办公大楼召开。市政协主席崔建平主持会议。会议进行了"三严三实"专题教育第一专题的学习研讨；审议通过了市政协十二届十八次常委会议议程、日程；审议了《关于尽快组建大潍坊港推动港产联动发展的几点建议（讨论稿）》和《关于我市科技企业孵化器发展情况的报告（讨论稿）》；审议了有关人事事项。

市政协十二届二十次主席会议 9月28日，在市级机关综合办公大楼召开。市政协主席崔建平主持会议。会议审议通过了市政协十二届十九次常委会议议程、日程；审议了《关于我市中心城区水资源开发利用及污水处理排放现状的调研报告（讨论稿）》；审议通过了《关于评选优秀市政协委员的实施方案》；审议了有关人事事项。会议还进行了"三严三实"专题教育第三专题学习研讨。

【市政协其他重要会议】 **提案委全体成员会议** 1月5日，在市级机关综合办公大楼召开。市政协副主席刘伟主持会议。会议讨论审议了《市政协十二届四次会议提案工作报告（讨论稿）》《市政协提案委2015年工作要点》《关于潍坊市政协委员网上评议承办单位提案办理情况的报告》。

全市各界人士迎春茶话会 2月10日，在富华大酒店召开。市委书记杜昌文出席茶话会并讲话，市政协主席崔建平主持，市领导刘曙光、胡岗、王献玲、李在武、孙明亮等出席。市政协领导班子成员，市政协往届主席、副主席、秘书长，市各民主党派、工商联、人民团体主要负责同志，社会各界人士代表，市直有关部门负责人和社会知名人士代表出席茶话会。

市政协理论与实践研究会第一届理事会第三次会议 3月24日，在市级机关综合办公大楼召开。市政协副主席刘伟出席会议并讲话，市政协理论与实践研究会会长王有亭作工作报告，会议补选任立先为副会长兼秘书长。

全市政协信息工作会议 4月10日，在市级机关综合办公大楼召开。市政协副主席刘伟出席会议并讲话，秘书长许华主持会议。会议总结了2014年度全市政协信息工作，表彰了先进集体和个人，部分县市区政协作了交流发言。

全市政协文史工作会议 4月17日，在市级机关综合办公大楼召开。市政协副主席王继怀出席会议并讲话。会议就征编《潍县集中营》专辑及省政协《记忆山东》系列丛书《记忆小清河》《记忆胶济铁路》、《天南地北山东人》及抗战史料等专辑资料征集作了部署。

市政协"三严三实"专题教育党课报告会 5月19日，在市级机关综合办公大楼举行。市政协党组书记、主席崔建平讲专题党课，市政协党组副书记、副主席刘伟主持，副主席吴建民、王继怀、王贤臣、李士来，秘书长许华出席。

食品安全提案办理协商座谈会 6月2日，在市级机关综合办公大楼召开。市政协主席崔建平出席会议并讲话，副主席刘伟主持会议，秘书长许华出席会议。会上，市食药监局负责人就全市食品安全工作及相关提案办理落实情况作了汇报；"提""办"双方围绕提案办理落实、推动食品安全工作开展进行了互动交流。

村镇历史文化遗存保护与利用专题研讨会 6月12日，在市级机关综合办公大楼召开。会议组织有关专家学者和政协委员就相关问题进行研讨交流。市政协主席崔建平出席会议并讲话，市政府副市长夏芳晨出席会议并代表市政府讲了意见，市政协副主席王继怀主持会议，秘书长许华参加会议。

市政协"三严三实"专题教育第一专题集中学习研讨会 6月29日，市政协召开"三严三实"专题教育第一专题《严以修身，加强党性修养，坚定理想信念，把牢思想和行动的"总开关"》学习研讨会议。市政协主席崔建平主持会议，副主席刘伟、李传恒、吴建民、王贤臣、李士来，在职原副主席杨肖青，秘书长许华出席会议。

市政协"三严三实"专题教育第二专题集中学习研讨会 8月13日和8月24日，市政协召开"三严三实"专题教育第二专题《严守党的政治纪律和政治规矩，自觉做政治上的"明白人"》的第一次和第二次集中学习研讨会议。市政协主席崔建平、副主席刘伟分别主持会议，副主席李传恒、吴建民、王继怀、王贤臣、李士来、孙忠礼，在职原副主席杨肖青，秘书长许华出席会议。

市政协"三严三实"专题教育第三专题集中学习研讨会 9月28日和10月23日，市政协召开"三严三实"专题教育第三专题《严以用权，真抓实干，实实在在谋事创业做人，树立忠诚、干净、担当的新形象》的第一次和第二次学习研讨会议。市政协副主席刘伟、王继怀、王贤臣、李士来，秘书长许华出席会议。

全国政协办公厅信息联系点2015年工作座谈会 11月17日～18日，在潍坊富华国际会议中心召开。省政协副主席孙继业出席座谈会并讲话，全国政协办公厅研究室副主任黄安理主持，市委副书记王献玲致辞，市政协主席崔建平、副主席刘伟、秘书长许华出席，全国20个信息联系点60余名代表参加会议。会议学习了上级文件精神；通报了2014年以来信息联系点工作情况和全国政协修订《反映社情民意信息工作条例》的情况；交流了信息工作情况和经验；开展了信息工作培训；研究探讨了下步信息工作。

构建和谐医患关系专题协商会 11月24日，在市级机关综合办公大楼召开。会议就“进一步构建和谐医患关系”进行协商议政。市政协主席崔建平、市政府副市长王桂英出席会议并讲话，市政协副主席李士来主持会议。会上，来自中国政法大学的刘革新教授作了题为《全方位多层次联动，构建和谐医患关系》的辅导报告。

全市政协宣传工作会议 12月10日，在市级机关综合办公大楼召开。市政协副主席吴建民出席会议并讲话。会议对去年全市政协宣传工作取得的成绩给予充分肯定，对进一步做好政协宣传工作提出了意见。

提高司法公信力专题研讨会 12月22日，在市级机关综合办公大楼召开。会议组织政协委员和有关政法部门负责人就“提高司法公信力”进行研讨交流。市政协副主席王贤臣主持会议，副主席孙忠礼出席会议并讲话。

市政协党组“三严三实”专题教育民主生活会 12月31日，在市级机关综合办公大楼召开。市政协党组书记、主席崔建平主持会议，党组副书记、副主席刘伟，党组成员、副主席吴建民、王继怀、孙忠礼，党组成员、秘书长许华出席会议，党外副主席李传恒、李士来列席会议。

重要工作

【考察调研】 4月13日～20日，市政协副主席李士来带领考察组赴江苏苏州、广西钦州等地，考察学习职业教育创新发展情况。

4月14日～16日，市政协副主席王继怀带领部分政协委员、专家学者和有关部门负责人赴青州、昌邑和安丘等地调研村镇历史文化遗存保护与利用情况。

4月22日～28日，市政协副主席李传恒带领考察组赴浙江宁波舟山港、广西北部湾港等地，考察学习两地在整合港口资源、壮大港口规模、推进港产城一体化方面的经验做法。

5月26日～28日，市政协副主席李士来带领调研组围绕全市科技企业孵化器发展情况进行专题调研。

6月3日～5日，市政协副主席王继怀带领部分政协常委、委员和有关部门单位负责人，就中心城区水资源开发利用及污水处理排放现状开展专题调研。

7月7日，市政协组织住潍坊省政协委员和部分市政协委员到寿光市就医疗卫生工作情况进行视察。市政协主席崔建平带队，市委常委、统战部部长张小梅，市政协副主席李传恒、王贤臣、李士来，秘书长许华参加视察。

9月1日，市政协副主席李传恒带领部分政协委员和有关部门负责人，对全市农村电子商务发展情况进行专题视察。

9月24日，市政协副主席李士来带领部分政协委员对市区学校建设提升情况进行专题视察。

10月16日，市政协副主席孙忠礼带领部分政协委员就城区公安机关立体化治安防控体系建设情况进行视察。

10月19日～20日，市政协副主席王贤臣、孙忠礼带领部分市政协委员就全市少数民族经济发展情况进行专题调研。

10月21日～22日，市政协副主席王继怀带领部分政协委员和有关部门负责人，就市区老旧小区改造整治提升情况进行专题视察。

11月6日，市政协组织部分住潍坊省政协委员到青州就文化产业发展情况进行专题视察。市政协主席崔建平带队，秘书长许华参加活动。

【市政协新任委员暨信息员培训班】 12月1日～2日，在诸城举办。市政协主席崔建平出席开班仪式并作动员讲话，副主席孙忠礼主持开班仪式。省政协和市政协有关委室负责人分别就发挥委员主体作用、反映社情民意信息和提案工作进行了授课。

【潍坊、铜仁两市政协签署友好合作框架协议】 4月17日～19日，贵州省铜仁市政协主席陈达新率队赴潍坊考察，与潍坊市政协座谈交流并签署两市政协友好合作框架协议。市政协主席崔建平主持座谈会并介绍潍坊市经济社会发展和政协工作情况。潍坊市政协副主席王继怀、秘书长许华，铜仁市政协副主席汤志平、秘书长李科良出席座谈会。

【全国及省级政协领导到潍坊考察视察】 4月14日，全国政协提案委副主任田杰率调研组到潍坊市就“加强提案办理协商制度建设”进行专题调研，并召开座谈会，听取全市有关情况介绍。市政协副主席刘伟主持座谈会，市委常委、市政府副市长孙起生出席并介绍了市政府系统提案办理协商工作情况。

4月21日，全国政协副主席、全国工商联主席王钦敏率领调研组在省政协副主席、省工商联主席王乃静的陪同下，到潍坊就“民营企业走出去”问题进行专题综合调研。市政协主席崔建平，副主席刘伟、李传恒分别陪同参加活动。

4月27日～29日，省政协副主席、省工商联主席王乃静率调研组到潍坊就深入推进国家现代农业示范区建设工作进行专题调研。市政协主席崔建平，副主席王继怀，秘书长许华分别陪同参加有关活动。

5月19日～21日，以省政协常委、威海市政协原主席刘玉党为团长的住威海市省政协委员视察团一行，对全市农业现代化建设情况进行了专题视察。市政协主席崔建平、副主席刘伟、秘书长许华分别陪同参加有关活动。

5月21日，全国政协副主席卢展工率调研组在省政协副主席栗甲陪同下到潍坊，就“‘十三五’期间就业政策有关问题”进行专题调研。市政协主席崔建平、秘书长许华陪同调研。

6月4日～5日，湖北省政协主席杨松率领住鄂全国政协委员考察团，在省政协副主席许立全陪同下，到潍坊就循环经济发展情况进行考察。市政协主席崔建平、副主席李传恒、秘书长许华分别陪同参加有关活动。

7月23日～25日，江西省政协副主席、民进省委主委汤建人一行到潍坊考察农业电子商务发展情况。市政协主席崔建平、副主席李传恒、秘书长许华分别陪同参加有关活动。

7月23日～24日，全国政协常委、提案委副主任、九三学社中央副主席赖明率九三学社中央调研组到潍坊，就土地规模经营与农业现代化和粮食安全课题进行调研，市政协副主席李士来陪同参加活动。

9月15日，省政协副主席栗甲率调研组到潍坊，就进一步做好全省民商事仲裁工作进行专题调研。市政协主席崔建平出席座谈会，副主席孙忠礼、秘书长许华等出席有关活动。

9月16日～18日，省政协副主席许立全率调研组到潍坊，就培育和践行社会主义核心价值观、委员开展活动、发挥委员主体作用情况进行专题调研。市政协主席崔建平、副主席孙忠礼、秘书长许华陪同参加有关活动。

10月13日～14日，省政协副主席雷建国率调研组到潍坊，就政协委员队伍和乡镇（街道）政协工作机构建设进行专题调研。市政协主席崔建平、副主席孙忠礼、秘书长许华陪同参加有关活动。

各专门委员会工作

【提案委员会工作】 潍坊市政协十二届四次会议期间，共收到提案355件，立案334件，分别转交58个部门（单位）办理。立案提案当年办复率、委员满意或基本满意率达到99%以上。全委会期间，遴选出29件重点提案，呈报市委书记、市长阅批。实施《市政协领导分工联系提案承办单位、开展提案办理协商和督办工作制度》，由市政协主席、副主席领衔开展了提案办理协商、督办活动。围绕食品安全开展了提案办理专题协商活动，市政协主席崔建平出席会议并讲话。迎接了全国政协提案委副主任田杰到潍就提案办理协商制度建设和省政协提案委到潍就政协全会期间提案交办、分办工作的调研活动，潍坊市政协开展“三联四方”提案办理协商的经验做法受到全国政协和省政协领导肯定。组织政协委员和58个部门（单位），就提案质量和提案办理质量进行“背靠背”网上“双向评议”。将提案办理工作纳入潍坊市科学发展综合考核体系，起草报批了考核方案，印发提案承办单位实施。继续与“12345”市长公开电话、“行风在线”、“潍坊民声网”、市信访网“两线两网”联动，搜集提案线索，年内，从征集到的200余条意见建议中筛选出85条挂到市政协征集提案线索综合平台上供委员参阅。

【经济委员会工作】 上半年，组织部分政协委员和有关部门负责人，到潍坊港、寿光港、下营港、潍坊渔港等，就如何优化整合潍坊港口资源，组建“大潍坊港”，推进港产联动发展问题开展专题调研，并赴宁波舟山港、广西北部湾港进行了考察学习，形成了《关于组建“大潍坊港”推进港产联动发展的几点建议》，报送市委、市政府后，许多建议被市委、市政府采纳落实。根据市委和市政协主要领导意见，组成专题考察组，先后赴烟台市和济南市进行考察学习，起草了《关于增强进位争先意识，把潍坊打造成山东“第三极”的分析和建议》，报送市委后得到市委书记杜昌文高度重视。下半年，组织部分政协委员到部分县、市开展专题视察活动，形成了《关于我市农村电子商务发展情况的调研报告》。组织专门力量，就如何在“十三五”期间发挥优势，补齐短板，以重点领域和关键环节的突破，带动全市经济转型升级问题，开展专题研讨论证活动，形成了《着眼开放发展，发挥区位优势，构建国际化综合性物流枢纽城市》，为科学制定潍坊市“十三五”规划发挥了重要作用。按照市政协2015年总体工作部署和《市政协常委会议民主评议工作暂行办法》，对全市发改委系统和市农业局的工作情况进行了考察了解，形成了考察报告，并在市政协常委会议上作了情况汇报。

【人口资源环境外事委员会工作】 组织部分政协委员、专家学者和市规划局、市住建局、市文化局、市旅游局等有关部门召开村镇历史文化遗存保护与利用专题研讨会，形成《会议纪要》，并报送市委、市政府，杜昌文书记作出批示，市委以《参阅件》印发各县（市、区）和有关部门负责同志阅研，并将其纳入市委常委会议题进行专题研究部署。根据市政协年度协商计划，将“中心城区水资源开发利用与保护”列为协商议政重点，赴潍城区、奎文区、坊子区、高新区4个中心城区，开展中心城区水资源开发利用及污水处理排放情况调研，形成

《关于中心城区水资源开发利用与保护调研报告》，得到市委、市政府领导的充分肯定。组织部分政协委员和市住建局、市政局等部门负责人，赴坊子、寒亭、潍城、奎文4区的8个改造项目的相关现场，对市区老旧小区改造整治提升工作情况进行专题视察，形成《关于市区老旧小区改造整治提升工作情况的视察报告》。根据省政协工作安排，组织赴香港承办“感知传统文化”山东文化交流系列活动之“山东风筝艺术导赏”，弘扬传播以风筝、年画为代表的潍坊传统文化。

【科教文卫体委员会工作】 组织部分委员成立调研组，先后赴高新区、寿光市等地就全市科技企业孵化器发展情况进行了深入调研，形成了《关于我市科企业孵化器发展情况的调研报告》。调研报告报送市政府后，市长刘曙光作出批示。根据市政协2015年度协商计划的安排，组织医院、患者、第三方代表召开了构建和谐医患关系专题协商会。组织部分政协委员组成视察组，会同市教育局，就市区学校建设提升情况进行了视察。组织人员赴苏州、钦州市学习职业教育的发展经验，赴奎文区、经济技术开发区、保税区参加市教育局组织的2015年度全市教育工作的督导评估，多角度关注教育事业的发展。与市总工会联合对豪迈企业文化进行调研，参与撰写了《两个50%、两个7亿元的背后解读——豪迈公司企业文化调研报告》，召开了全市企业文化建设现场会。组织部分书画家参加环渤海书画联谊会第四次（东营）年会暨“渤海翰墨情.相约黄河口”书画联展，与环渤海城市的书画家切磋交流。组织部分医药卫生界委员赴市政协扶贫村，安丘市大盛镇娄家庄村进行进行了义诊。

【社会法制委员会工作】 积极组织开展专题调研活动。10月中旬，组织开展了全市少数民族经济发展情况专题调研；组织部分政协委员组成视察组，对城区公安机关立体化治安防控体系建设情况进行了视察。精心组织专题研讨会议。12月中旬，组织召开了提高司法公信力专题研讨会，与会人员围绕如何提高司法公信力情况进行专题发言。8月中下旬，根据市委统一安排，市政协副主席孙忠礼率第七检查组成员，赴诸城市、滨海区、保税区和市委办公室等13家单位检查验收“六五”普法依法治理工作。按照市政协2015年总体工作部署和《市政协常委会议民主评议工作暂行办法》，对市检察院和市中级人民法院进行工作考察，写出了考察报告，并在市政协常委会上作了情况说明。9月中下旬，组成考察组赴宁夏回族自治区银川市、甘肃省嘉裕关市、青海省西宁市等地考察清真食品行业发展情况。

【文史资料委员会工作】 为纪念世界人民反法西斯战争暨中国人民抗日战争胜利70周年，征编出版了《潍县集中营》文史专辑。该专辑挖掘整理了有关中国人民抗日战争历程中，潍坊人民无私援助西方难友的珍贵资料，共收录了有关乐道院及潍县集中营资料30多万字、140余幅照片。召开了全市政协文史资料室、音像库建设现场会，推广寒亭区政协工作经验，推动全市政协文史资料室、音像库的建设。组织新闻出版和社科联界部分委员，到临朐县和高新区就文化产业发展情况进行专题视察，提出了合理化的意见和建议。举办了纪念中国人民抗日战争胜利70周年暨潍县集中营解放70周年大型书画展。为市史志办出版《潍坊市志》《潍坊风筝志》两部专著提供资料。积极做好《春秋》杂志的征订工作，2015年全市《春秋》杂志的征订数达到10605份，位居全省前列。

（惠　刚）

中共潍坊市纪律检查委员会

Zhonggong weifangshi jilv jiancha weiyuanhui

重要会议

【市纪委十一届七次全会】 2月6日，中国共产党潍坊市纪律检查委员会十一届七次全体会议召开。出席会议的市纪委委员34人，列席274人。全会深入贯彻习近平总书记系列重要讲话精神，传达学习十八届中央纪委第五次全会、省纪委十届六次全会精神，回顾总结2014年全市党风廉政建设和反腐败工作，研究部署2015年任务。市委书记、市人大常委会主任杜昌文出席会议并讲话。市委常委、市人大常委会、市政府、市政协及市法院、市检察院领导出席会议。全会审议通过了李在武代表市纪委常委会所作的《坚持从严依规治党，强化监督执纪问责，坚定不移地推进党风廉政建设和反腐败斗争》的工作报告。

重要工作

【督促落实党风廉政建设主体责任】 协助市委抓好对党风廉政建设责任制落实情况的检查考核，对16个县（市、区）、市属开发区和部分市直部门落实党风廉政建设责任制情况进行重点检查，发现问题69个，提出意见建议77条。将考核成绩纳入市委、市政府对县（市、区）科学发展综合考核成绩和对市属开发区、市直部门（单位）绩效综合考核成绩。细化党风廉政建设责任清单，协助市委制定下发《2015年度党风廉政建设责任书》，以责任清单的形式明确了党委6大类20项主体责任、纪委6大类15项监督责任。建立日常管理台账，组织每季度一填报，做好日常考核。督促各级各部门层层签订责任书，完善了党风廉政建设目标任务体系。督促落实“一岗双责”（各级干部在履行本职岗位管理职责的同时，还要对所在单位和分管工作领域的党风廉政建设负责），督促市、县两级党政领导班子制定完善并认真履行党政领导班子成员党风廉政建设岗位职责，市纪委常委围绕落实主体责任与57名县处级正职进行廉政谈话。严格责任追究，坚持“一案双查”（是指在查处党员干部违纪违法案件时，既要查清当事人的违纪事实和应负的责任，又要查清发案地区、部门领导班子和领导干部应承担的责任）、“一案双究”（既严肃给予当事人党纪政纪处分，又严肃追究所在单位领导干部的领导责任），对违反或未能正确履行党风廉政建设责任制的，严格追究责任。2015年，共对79名领导干部实施了责任追究，其中县处级干部7人，公开通报曝光典型问题17期30起。

【驰而不息纠治“四风”】 织密监督检查网，组成7个明察暗访组，对全市作风建设情况开展不间断、常态化监督检查。在五一、中秋、元旦、春节等重点节点，采取“暗访检查人员不固定、检查区域不固定”的方式开展交叉暗访，及时发现问题线索。坚持重心下移，公开举报电话和电子信箱，紧盯重点区域、重点部位和重点人员，严肃查纠挪用公款、侵占集体资金、贪污土地补偿款等问题，共查处发生在群众身边的“四风”和腐败问题1741起，给予党纪政纪处分1772人。加大通报曝光力度，把“四风”问题列入纪律审查重点，全市共查处违反中央八项规定精神问题238个，处理252人，查处执行不力、不负责任、工作失职、效能低下等“为官不为”问题253个，处理261人。加大点名道姓通报曝光力度，全市共通报382期795起典型问题，在面上形成有力震慑。

【加强纪律审查工作】 制定问题线索排查处理办法，对重要信访举报件每半月形成一次书面台账，信访举报情况每季度一分析，对问题线索按市管干部和一般线索分类进行管理，按照拟立案、初核、谈话函询、暂存、了结五类标准提出处理意见，建立系统追踪、随机追查、问责追究“三位一体”的督查机制，落实接待群众来访双向承诺制。2015年，全市纪检监察机关共受理信访举报8054件次，其中市纪委受理5867件次，汇总管理重要信访举报件831件。改进纪律审查方式，树立“抓纪律、纠小错也是政绩”的理念，重点查找党员干部在遵守党章党规、执行纪律方面存在的问题，加大函询、诫勉谈话力度，推行“团队式”“交叉式”纪律审查模式，增强了纪律审查合力。全市纪检监察机关共审查违纪案件3350起，给予党纪政纪处分3130人，同比分别增长39%、38%，移送司法机关38人，谈话函询市管干部问题线索71人次。以纪律审查推动部门履职尽责，对中央、省、市推进行政审批制度改革、优化政务服务环境、惠民生等有关政策落实情况进行专项检查，发现问题154个，对44名责任人实施责任追究，促进了部门履职尽责。确保纪律审查质量和安全，编印《模拟案卷》及《乡案县审模拟案卷》，规范纪律审查程序，协助县级纪委审查案件76起，提高了审查质量。制定《关于进一步加强办案安全工作的意见》《纪检监察机关安全办案18条》，指导县镇纪委设置、完善谈话室118处，占全部镇街总数的94.4%，开展专项检查4次，确保纪律审查安全。

【强化党风廉政教育】 认真抓好《中国共产党廉洁自律准则》和《中国共产党纪律处分条例》的学习宣传，在《潍坊日报》《潍坊纪检监察》开设“书记谈贯彻《中国共产党廉洁自律准则》和《中国共产党纪律处分条例》”专栏、刊登测试题，组织全市党员学习、答题，组织法规业务人员深入部门系统宣讲，把党纪党规刻印在党员干部心上。深入开展主题教育活动，开展“守纪律、讲规矩、做表率”主题教育活动，派员或组织各级“一把手”到党校上廉政课，编发《党风廉政建设简明学习手册》5000册，开展“党风廉政建设主体责任知识答卷”活动，组织5959名正科级领导干部和近2万名农村党员干部参加德廉和党风党纪知识学习测试，开展主题演讲比赛，增强了党员干部的遵规守纪意识。抓好警示教育和示范教育，制定《关于组织旁听职务犯罪案件庭审开展警示教育活动的意见》，编印《潍坊市党员领导干部违纪违法典型案件警示录》，在市委全委会上发放给每位与会人员，拍摄《潍水镜鉴》警示教育片，组织党员干部到警示教育基地参观、旁听职务犯罪典型案件庭审等，增强了警示教育效果。区分不同行业、系统、岗位，分3期对市直部门单位211名重点岗位人员进行了廉政教育培训；举办全市先进事迹报告会，引导党员干部自觉守纪律、讲规矩、做表率。扎实推进廉政文化建设，培植廉政文化示范点，开展廉政文化优秀作品创作评比和展播展示活动，组织编写打造《潍水廉政史话》《心灵的守望》《一代名臣丘月林》等廉政文化精品工程。加大舆论宣传力度，在中央纪委“一报两刊”、《大众日报》等媒体刊发稿件78篇，在《潍坊日报》开辟“落实主体责任•书记谈”等专栏，刊发文章129篇；编报舆情信息45期，撰写网评文章171篇，开通“鸢都清风”微信公众号，为推进工作营造了良好氛围。

纪律检查体制改革

【抓好党风廉政建设主体责任、监督责任落实】 在全面推行镇（街）纪（工）委书记向县（市、区）纪委全委会、县（市、区）党政领导班子成员向同级纪委全委会述责述廉的基础上，制定《关于市直部门（单位）主要负责人向市纪委全委会述廉述责试点工作的意见》，从权力集中、廉政风险高或关系民生、社会关注度高的市直部门中，选取市住房和城乡建设局、市财政局、市科技局等8家单位进行了述廉述责试点并将逐步推开。

【制定实施市管干部案件线索管理暂行规定】 制定了《关于市管干部案件线索管理的暂行规定》，建立了市管干部案件线索管理台账，每月定期调度，共掌握相关线索290条。同时，配套制定了《关于反映市管干部问题线索排查办理办法（试行）》《关于对反映市管干部问题线索进行函询的意见（试行）》，规范了问题线索排查和函询工作，共函询71件次。

【出台县（市、区）纪委书记、副书记提名考察办法（试行）】 市纪委起草了《县（市区）纪委书记、副书记提名考察办法（试行）》《市纪委派驻纪检组组长、副组长提名考察办法（试行）》《市管企业纪委书记、副书记提名考察办法（试行）》3个文件，经省纪委审核同意、市委全面深化改革领导小组会议和市委常委会审议通过，市委办公室以潍办发〔2015〕30号文件正式印发，并按新办法提名考察了1名县（市、区）纪委副书记和1名市纪委派驻纪检组副组长。另外，还制定了《县（市、区）纪委常委、监察局副职任免职办理工作程序》《县（市、区）纪委干部室主任任免职办理工作程序》，实现了双管干部任免的规范化、程序化、具体化。

【加强纪检监察派驻工作】 认真学习贯彻《中国共产党巡视工作条例》，修订《中共潍坊市纪委中共潍坊市委组织部潍坊市监察局派驻机构巡查办法（试行）》，改进巡查工作。采取交叉巡查方式，对市直8个部门（单位）进行了全面巡查，发现党风廉政建设方面的重点问题36个；围绕重点单位、重点项目、专项资金使用等方面存在的问题，打破派驻组的界限，对社会关注度高的4家具有行政监督职能的政府部门下属事业单位，以及社会救助资金等4个惠民资金项目监管情况开展专项巡查，发现党风廉政建设方面的重点问题57个，对262名责任人采取约谈、诫勉谈话等方式进行了提醒预警。

【健全反腐败领导体制和工作机制】 根据人员变动情况，及时印发《关于调整市委反腐败协调小组组成人员的通知》，对反腐败协调小组成员进行调整。认真贯彻落实中央《关于在查办党员和国家工作人员涉嫌违纪违法犯罪案件中加强协作配合的意见》，制定下发《关于在查办党员和国家工作人员涉嫌违纪违法犯罪案件中加强协作配合的实施办法》，进一步加强各成员单位的协作配合，各成员单位向纪检监察机关移送线索和案卷226件，其中公安系统移送175件，检察机关通报案件14人次，审计机关移送8件，法院系统报来判决（裁定）书47件，纪检监察机关向司法机关移送案件38件。

（赵延明）

民主党派　工商联
人民团体

Minzhu dangpai Gongshanglian Renmin tuanti

中国国民党革命委员会潍坊市委员会

【自身建设】 积极稳妥做好组织发展工作。2015年，考察党员14人，其中具有高级职称的占14%，拥有硕士学位的占35%，进一步优化了组织结构、提高了整体素质。不断加强领导班子和后备干部队伍建设。继续完善市委班子联系支部制度，对支部工作年中有检查、年末有评议，按照“千分制”考核成绩，综合确定了9个先进支部。

【参政议政】 全年参加各级党委、政府召开的民主协商会、意见征求会、情况通报会及座谈会30余次，就重大问题的决策、重大方针政策的制定进行协商。市政协会议上提交集体提案10件，其中1件提案作了大会发言，另有1件得到市领导批示。扎实搞好重点课题调研，将“农村社会化服务体系建设”做为调研重点，深入农村进行专题调研，形成有较高价值的调研报告。社情民意信息工作得到进一步提升，提报反映社情民意信息40余篇，其中1篇被全国政协采用，市委会连续第三年被评为“为民革山东省委反映社情民意信息工作做出贡献的先进集体”。

【社会服务】 组织开展“博爱•牵手”系列活动。多次赴青州、寒亭、安丘等地开展义诊、助学、帮扶等活动。继续开展好“三下乡”活动。各级组织到边远地区送医送药、到乡村社区开展医疗和法律服务等活动10余次，累计服务人数2000余人次。书画联谊工作取得新进展。中山书画院进行了院长改选，协助市委到安丘山区大集开展书画下乡活动，开展书画笔会3次。

【祖国统一工作】 坚持以做好台湾人民工作为主线，积极促进两岸经贸文化交流。7月，组织部分党员企业赴台进行经贸考察和文化交流，会见台湾劳动党荣誉主席罗美文，增进两岸同胞间的相互交流。11月，两岸商会交流（山东）对接合作会部分台湾企业家到潍坊，与党员企业签订了创意文化合作协议。祖统委员会组织赴台资企业了解生产经营状况和在潍坊台胞生活情况，积极联系帮助解决他们在生产生活中遇到的困难和问题。

（刘大伟）

中国民主同盟潍坊市委员会

【组织发展】 2015年，共发展盟员22人，平均年龄39.4岁，具有硕士以上学历的6人，具有中高级职称的16人，副县级干部1人，正科级干部1人。2015年，共有14个支部（小组）建立规范化活动场所——“盟员之家”，为基层组织更好地开展盟务活动创造条件。

【参政议政】 2015年，民盟潍坊市委会向市政协十二届四次会议提交个人和集体提案20余件。其中《关于加快实施“医养结合”养老服务模式的建议》被收编为大会发言，《关于改善城市道路交通状况的建议》受到市长刘曙光亲自批示。提报“我为全面深化改革献一策”十篇，其中《关于加快发展民办博物馆的建议》受到市委书记杜昌文批示。《关于完善老年人社保机制，加快养老服务业体系建设的调研报告》被选为潍坊市重点调研课题。积极协助上级部门做好参政议政调研工作，7月，民盟省委专职副主委仪平策带领专家学者到潍坊就山东高校改革与发展问题进行专题调研，并召开高等教育改革发展座谈会。徐伟委员和职业教育支部盟员以此撰写的《以信息化建设为契机加速高等职业教育发展》等3篇论文入选民盟省委高等教育论坛。11月，市委会组织部分市委会委员和盟员骨干就潍坊市“十三五”规划制定召开专题座谈会，提出各类意见建议26条。

【社会服务】 2015年，民盟潍坊市委组织所属基层组织开展多项社会活动。潍城综合支部开展“迎新春、送温暖”走访慰问活动，为华都颐年园的广大老年朋友们捐赠价值近万元的慰问品；潍城经济支部开展“橙色行动 微爱助力”送温暖活动，向潍城区西关街道广大环卫工人和文明志愿者捐赠保暖手套1000副，并帮助潍城区西关街道马良冢子村民李国永修缮院墙和房屋；职业教育支部为临朐县柳山镇养老院捐赠衣物270余件、被褥20套，并为临朐县蒋峪镇小学5名儿童连续捐款4000余元；坊子支部开展“关爱环卫工 夏季送清凉”活动，捐赠茶叶等防暑纳凉物品价值8000余元；市直二支部多次到敬老院看望老人，到聋哑学校看望学生，并带去慰问品。

（孙照军）

中国民主建国会潍坊市委员会

【参政议政】 在市政协十二届四次会议上，市委会共提交集体提案6篇，其中《关于促进民营科技企业孵化器发展的建议》《关于推动废弃油脂资源化利用无害化处理的建议》《关于挖掘历史文化资源 提升城市文化品位的建议》分别作了大会发言和联组发言，《关于推动废弃油脂资源化利用无害化处理的建议》《关于建立农民工欠薪预防机制的建议》获市委、市政府主要领导批示。

市委会围绕《加强职业院校学生职业能力培养》《科学处理医患纠纷 构建和谐医患关系》《村镇历史文化遗存保护与利用》《加强盐田生态建设》等课题深入基层开展调研，2015年，收到社情民意信息20余篇，报送新闻信息等60余篇次，完成重点调研课题1项。《我国食盐专营放开后科学合理加碘的建议》被省政协采用，《关于建立农民工欠薪预防机制的建议》《关于加强和规范政府干预学生营养工作的建议》被省民建采用。

【思想建设】 市委会学习贯彻中共十八大，十八届三中、四中、五中全会精神，组织市委会委员、支部领导班子、机关人员约40人次参加省、市举办的各类培训班。组织市委会委员、支部领导班子赴重庆、上海参观学习，进行传统教育和爱国主义教育，寒亭支部主委闫修川代表潍坊市参加民建中央全国基层组织主委培训班。深入开展坚持和发展中国特色社会主义学习实践活动进社区，赴奎文区多个街道开展义诊及普法宣传。开展“读会史颂伟业，学会章树新风”主题征文活动，1篇征文被民建中央评选为主题征文活动优秀作品，2篇被民建省委评选为主题征文优秀作品。

【组织建设】 2015年，发展新会员13名，9人具有本科及以上学历，平均年龄41岁。为进一步激发支部活力，对部分支部进行了调整，并筹备成立了高新支部。截至12月底，共有基层组织16个，会员270人，平均年龄51.7岁，经济界会员占会员总数81%。根据民建中央和省委进一步提高对会员组织系统录入工作的要求，9月，对会员组织档案进行了清点、整理，11月，完成会员信息录入工作，要求必须录入的十项内容达到100%，受到了民建省委表彰。为纪念中国民主建国会成立70周年，市委会根据要求及时部署评选工作，推选出13名会员参加民建中央、省级优秀会员评选。奎文三支部被民建中央评选为全国先进集体，陈培文被评为全国优秀会员。

【社会服务】 整合会内资源，服务中小企业，2015年1月，成立民建企业家联谊会。多次组织会员走访困难家庭，慰问环卫工人，累计捐赠物品价值2.8万元；赴潍坊盲校献爱心，捐赠价值1万元的食品；赴奎文区育才小学、十里堡小学捐资助学，捐赠价值2.6万元的图书2500册；在青州开展慈善义卖活动，所得款项全部用于资助贫困大学生和特困家庭；走访鹤翔安养中心，为孤寡老人送去价值近万元的食品；为贫困村庄修建1个文化活动广场、2个文化活动室、1.5公里乡村公路。

（惠铁英）

中国民主促进会潍坊市委员会

【自身建设】 自2015年8月20日～28日，所属8个基层支部相继顺利完成换届工作。积极推荐骨干会员参加各级组织举办的培训班。积极举荐符合条件的会员，担任潍坊市特约检察员、特约审计员、教育督导员等有关社会职务。进一步完善自我教育的网络宣传平台。编辑出版《潍坊民进信息》，建立“民进之家”QQ、飞信，各基层组织设立了微信公众平台等，将市委会的主要工作情况和支部、会员个人的活动情况进行网上沟通交流。认真学习中共十八大，十八届三中、四中、五中全会精神，中央统战工作会议精神和《中国共产党统一战线工作条例》，特别是习近平总书记系列重要讲话精神。以庆祝中国民主促进会成立70周年为契机，开展系列纪念活动。

【参政议政】 积极参加省、市、区三级人大、政协会议，讨论政府工作报告和“两院”工作报告，认真审议常委会工作报告和提案工作报告，以饱满的政治热情和优良的精神状态，积极建言献策，展现了民进潍坊市委会的良好形象。市委会提交6件集体提案，其中2件被市长签批，1件被列为市政协重点督办提案。确定《打造传统文化示范市，提升文化影响力》《全力推动文化旅游产业大融合大发展》为重点调研课题。市委会先后赴潍城、青州、寒亭等地开展调研，积极与对口部门市文广新局、市旅游局等单位座谈，了解全市文化、旅游产业发展情况，为市委、市政府决策提供科学依据。同时，市委会将提报社情民意信息作为参政议政的一项重点工作，市委会机关及时、准确地收集上报社情民意和相关信息，助推经济社会发展。2015年，编印上报信息16期。

【社会服务】 市委会向贵州省金沙县中小学捐赠图书3000余册。在春节前夕，市委会组织10余名书画家到潍城区南关街办马家黄土埠子村，开展“迎新春、送春联——书画家进社区”活动。在全国老人节到来之际，市委会走进华都颐年园养老中心，参加庆祝全国敬老月暨华都养老十五周年大型公益活动，向华都颐年园养老中心捐助了50把轮椅和巨型无糖蛋糕，为老人们送去了节日的问候和祝福。为临朐县柳山镇冢子河村一对小姐弟筹集特殊会费13860元，并送去棉被、粮油、食品及1000元现金，鼓励他们勇敢面对困难，坚持完成学业。市委会与姐弟俩所在的学校、当地村委会及他们的家人商定了长期资助事宜。积极开展会员联谊活动，走进会员企业看发展。联谊会充分发挥自身优势，热心社会公益事业。教师节期间，与市教育局联合开展为教师发放配镜卡活动，免费为全市6000余名教师每人发放价值360元的配镜卡一张，累计价值200余万元。

（王晓菲）

中国农工民主党潍坊市委员会

【自身建设】 2015年，发展新党员11人。全市共有党员202人，其中医药卫生界党员114人，占党员总数56%；博士、硕士43人，占21%；高中级知识分子176人，占86%；省、市、县市区人大代表、政协委员37人，占18%。及时组织学习活动，在全市党员中开展“三学两比活动”（学讲话、学党史、学党章，比作风建设、比工作业绩），组织党员参加农工党中央举办的“学精神、学党章、学党史”知识竞赛活动，上交答卷135份；参加农工党省委会组织的“学精神、学党章、学党史”知识竞赛活动，并荣获省区二等奖。有5名党员获得农工党中央和省委的表彰。潍坊市人民医院总支被推荐为农工党中央先进基层组织。

【参政议政】 在市政协十二届四次会议上，市委会提交大会发言材料、联组发言材料3篇，上报市委会集体提案9件、个人提案20余件、社情民意2条，提出的意见建议进入市委、市政府决策。副主委于贞杰代表市委会作题为《重视创作、提高实力、打造中国当之无愧之画都》的大会发言，受到与会委员的高度赞扬；《拉长产业链条、提升核心实力、把文化创意产业打造成为提升市区经济发展的新引擎》《关于对生活垃圾进行分类处理的建议》作为联组发言，在政协第二、第三联组做了口头发言。《关于进一步规范我市农村土地集体流转工作的建议》提案得到市领导签批。《关于促进我省行业协会发展的建议》《关于促进我市基层医疗卫生机构健康发展的建议》《关于推广无水洗车技术节约点滴水资源的建议》被市委统战部我为“全面深化改革献一策”采用，获市委领导批示。

【社会服务】 以“中国环境与健康周”和“国际科学与和平周”为载体，组织开展义诊、健康咨询等系列活动。按照农工党中央第八届“中国环境与健康宣传周”的统一部署，6月，由农工党山东省委、山东绿色低碳经济发展促进中心、农工党潍坊市委等单位联合发起的低碳齐鲁行“绿手帕”公益宣传活动在潍坊市举行。11月，第二十七届“国际科学与和平周”期间，市委会联合坊子区委统战部在坊子区埠头社区鞠家村开展了义诊咨询活动，共接诊病人100余人次，发放宣传材料100余份。积极参加全市民主党派“同心服务团”活动。10月，市委会联合奎文区委统战部和奎文区工商联到奎文区则尔庄社区开展了同心服务义诊活动，共接待就诊咨询群众100多人次。

（孙秀珍）

中国致公党潍坊市委员会

【参政议政】 2015年，市委会切实加强参政议政工作，连续第3年获得致公党省委会、市政协、市委统战部表彰。在市政协十二届四次会议上，共提交集体提案6件，2件提案得到市委、市政府领导批示，列为重点提案。其中，《关于加强我市农村食品安全工作的建议》作了大会发言，《关于在我市开展适龄儿童政府购买窝沟封闭、涂氟防龋工作的建议》纳入潍坊市民生25件实事。通过致公党省委社情民意信息、市委统战部建言献策等渠道共整理上报各类信息50余篇，被各级采用14篇，其中《我国互联网医疗发展必须引起高度重视》被中央统战部采用，被致公党省委表彰为参政议政优秀成果奖，《关于发展“互联网+”大健康产业，推进经济转型升级的建议》和《关于滨海开通BRT，加速与市区融合的建议》2篇建议被市委主要领导批示。同时，切实加强参政议政队伍建设，举办第四期参政议政培训班，建立市委会参政议政咨询专家团。

【社会服务】 重点开展了致公服务“三进”（进社区、进校园、进企业）系列活动。结合省委“同心•服务社会实践周”和各民主党派“同心社会服务团”活动，在奎文区东关街道工福街社区开展了“致公服务进社区”义诊、法律咨询服务活动；在白浪河湿地公园组织了“我爱母亲河，环保在行动”公益活动；“六一”儿童节前，党员自发到市儿童福利院献爱心，捐献物品、现金累计折合4万余元；在寒亭区朱里街道举行了“致公服务进社区”环保公益资金捐赠活动。继续开展捐资助学活动，连续三年到昌乐县高崖库区学校开展“一帮一”活动，捐助21名贫困学生；企联会与潍坊学院文学院共同打造“梦想双行线”公益品牌活动。积极探索社会服务工作的新形式，组织开展了“致公公益大讲堂”活动。

【自身建设】 2015年，市委会深入开展坚持和发展中国特色社会主义学习实践活动，集中学习中共十八届五中全会会议精神和《中国共产党统一战线工作条例（试行）》。开展了中国致公党成立90周年系列纪念活动，成立潍坊致公书画院，举办“庆祝中国致公党成立90周年——中国画都书画名家邀请展”和书画院第一期学术邀请展，开展追寻革命足迹、弘扬优良传统教育活动，引导党员不断加深历史使命感和责任感，自觉拥护中国共产党的领导。2015年，市委会重点开展了“创先争优”活动。积极推动支部工作规划化、制度化建设，各支部全部设立党员活动室，制定各项工作制度，利用自身资源解决基层组织活动场所的做法，得到了致公党省委和市委统战部的充分肯定。2015年度所发展党员全部具有本科以上学历，其中博士1人、硕士4人，各级人大代表政协委员4人，80%以上具有侨海特色。加强机关和宣传工作，两人被致公党省委表彰为优秀机关工作者；发挥“潍坊致公”微信公众号、微信群和市委会网站的宣传平台作用，宣传致公党工作，引导党员弘扬正能量。

【海外联谊】 2015年，市委会组织召开海外联谊工作暨市“五侨”单位联席座谈会，市人大、市政府外侨办、市政协、市侨联负责人参加座谈，深入交流工作和计划。在此基础上，与市外侨办联合开展了“为侨企服务”活动。

（孙鹏飞）

九三学社潍坊市委员会

【概况】 截至2015年年底，全市共有九三学社社员340人，平均年龄53.8岁，其中高级职称173人，占50.9%。全年发展社员18人，平均年龄42.0岁，其中研究生以上学历8人、高级职称9人、代表性人士1人，社员队伍界别和知识结构进一步优化。社员中有各级人大代表、政协委员40人，占社员总数11.8%；担任县（处）级以上领导职务的13人，各级人大、政协、政府部门聘任的特约人员7人，市政府立法智库成员2人。市委会增补委员1名，研究推荐了后备干部人选，调整专委会组成人员，成立新一届参政议政工作委员会、组织和妇女工作委员会、社会服务和宣传工作委员会。

【参政议政】 积极参与政治协商，在市委、市政府及有关部门组织的座谈会、通报会、征求意见会上，围绕学习贯彻中共十八届五中全会精神、中央统战工作会议和《中国共产党统一战线工作条例（试行）》精神、“三严三实”专项教育活动、制定“十三五”规划等，先后提出10余项意见建议，得到市委、市政府领导及有关部门的重视。提案工作成效显著，市委会先后提交集体提案、建议13件，个人提案、建议34件。其中，市委会《关于加快新型社区建设 创新农村社会治理机制的建议》转化为社省委在省政协大会提案并得到专题报道，《关于加快在我省推行政府购买公共服务的建议》在省政协立案，由省财政厅办理并专程答复。市委会《关于尽快推进我市大数据技术研发与示范应用的建议》得到市委书记杜昌文批示，《关于加快我市推行政府购买服务的建议》和《关于推动我市科技孵化器提质增效的建议》得到市长刘曙光批示，《关于创新农村社会治理机制的建议》等2项建议在市政协大会发言。扎实开展专题调研，社中央副主席赖明到潍坊进行“土地规模经营与农业现代化和粮食安全”调研活动，市委会积极做好协调保障工作，得到社中央、社省委肯定。积极参加省政协、市政协社情民意征集，省委统战部议政建言和市委统战部“献一策”活动，2项建议被省政协采用，8项建议被社省委采用，1项建议被市政协采用。

2015年7月23日～24日，全国政协常委、提案委副主任、九三学社中央副主席赖明（前排左三）到潍坊调研。图为市政协副主席、九三学社市委会主委李士来（右一）陪同到寿光市调研　（摄影：岳建利）

【社会服务】 积极开展“三下乡”社会服务活动，发挥资源优势，为基层社区和弱势群体办实事，先后8次开展“送医药、送科技、送关爱”活动，出动40余人次，发放防病保健和科技知识宣传资料5800余份，2600余名群众受益。广泛开展爱心公益活动。广大社员积极参与捐资助学、助残帮困、助农帮扶等公益活动，累计70余人次，捐款捐物6万余元。

【自身建设】 学习贯彻中共十八大和十八届三中、四中、五中全会精神，中央统战工作会议，《中国共产党统一战线工作条例（试行）》和习近平总书记系列重要讲话精神，在全市社员中组织开展学习讨论活动。制订实施学习实践活动计划，组织开展了“纪念抗日战争胜利暨九三学社成立70周年书画雕塑摄影展”、赴威海爱国主义教育基地和安丘文化创意产业园参观学习等系列活动。参加社中央、社省委和省、市委统战部组织开展的“中国特色社会主义”论坛和“庆祝九三学社创建70周年”“同心中国梦网上正能量”“齐鲁科学论坛”等征文活动，在全市倡议开展了“五个一”系列活动，1篇获社省委“思想宣传工作”二等奖，2篇获三等奖，1篇被社中央《民主与科学》采用，1篇入选社中央论文集，7篇入选社省委论文集。研究制定基层组织社务工作评价办法并试行。充实完善市委会网站、九三潍坊社讯、手机快讯、微信公众平台及微信骨干群等社务工作沟通交流平台的栏目与内容，省、市媒体及社内网站采用信息稿85篇次。张雪岩纪念馆入选社中央命名的首批“九三学社全国传统教育基地”。市委会获社中央“2014～2015年度参政议政工作先进集体”“2011～2015年全国社会服务工作先进集体”称号，社省委“参政议政工作先进集体”“信息工作先进集体”“思想宣传工作先进集体”“网站供稿工作先进单位”称号，市委会办公室被市委统战部表彰为“统战信息工作先进单位”，21人次获社中央、社省委、市政协或市委统战部表彰奖励。

（王兴全）

潍坊市工商业联合会

【思想政治工作】 通过召开座谈会、执（常）委会、组织论坛交流、开设网络专栏等形式，全方位、立体式学习宣传中共十八大，十八届三中、四中、五中全会和习近平总书记系列重要讲话及中央、省、市委统战工作会议、群团工作会议精神。深化理想信念教育实践活动，突出守法诚信主题，组织开展“厚道鲁商”倡树行动，选树24家示范企业，推荐10名省级优秀中国特色社会主义事业建设者，召开企业文化建设现场推进会。突出新生代创业者的教育引导，举办全市新生代企业家培训班和潍坊首届新生代企业家论坛，全面启动组建新生代创业者商会。积极引导广大非公有制经济人士投身扶贫开发、光彩事业等活动。2015年，市、县两级工商联共成立光彩扶贫基金18个，组织企业家参与各类公益救助捐款4578余万元，帮扶救助4895人次。

【举办全市新生代企业家培训班暨潍坊市首届新生代企业家论坛】 10月26日～27日，潍坊市新生代企业家培训班暨潍坊市首届新生代企业家论坛在临朐县举办。市委常委、统战部部长张小梅出席论坛并讲话，市政协副主席吴建民出席论坛并授课。市委统战部副部长、市工商联党组书记胡立主持会议。市委统战部、市工商联、市总工会、团市委、市妇联等有关领导及全市新生代企业家近200人参加活动。论坛以“传承、创新、发展”为主题，聚焦非公有制经济人士年轻一代的教育培养。论坛上，临朐县工商联、杭州市江干区工商联、临朐县新生代商会分别就发展新生代企业家组织、做好新生代企业家培育等方面作了经验介绍，还进行了新老企业家对话活动。

【经济服务】 积极落实全国工商联十一届三次执委会暨全国知名民营企业家入鲁助推转调创洽谈会招商成果，先后组织寿光、诸城、临朐、昌乐、奎文等县（市、区）及工商联和所属会员企业，进京对接全国工商联专业商会和知名民营企业。截至2015年年底，落地项目数占签约项目总数的86%，到位资金860.08亿元，占签约项目总投资的42.03%。与市发改委、经信委、科技局等部门举办政策解读

潍坊市首届新生代企业家论坛于2016年10月26日～27日在临朐县召开，市委常委、统战部部长张小梅出席论坛并讲话 （供图：朱 波）

座谈会7次，编发《潍坊工商联》信息15期，传达各级党委政府扶持民营经济发展政策178条。举办“企业转型管理”等培训56场，培训人员9800多人次。与市金融办和各大银行开展银企精准对接23次，发挥各商会信用联盟作用，帮助企业新增授信融资52亿元。牵头做好民营经济发展环境满意度考核，2015年，潍坊市民营经济发展环境综合评价列全省第1位。

【参政议政】 针对企业普遍反映的“融资难”问题，结合新常态下非公有制经济人士思想动态、企业发展方向和对党委政府的工作需求，实地走访考察企业120多家，发放调查问卷近300份，汇总整理意见建议80多条，及时与有关部门对接，帮助企业解决实际困难。组织工商联界别政协委员就新生代创业者队伍建设、潍坊市南部山区扶贫开发等深入调研，制定实施意见，逐步推动落实。承接全国政协副主席、全国工商联主席王钦敏就全市民营企业“走出去”的考察调研和全国工商联会员部的商会专题调研。一年来，全市工商联系统围绕经济社会发展情况组织专题考察调研32次，形成调研报告26篇，其中有市级领导签批意见的8篇，提交提案议案43件。市工商联被评为全省工商联系统理论调研工作先进单位。工商联组荣获市政协2015年度先进委员活动组。

【全国政协副主席、全国工商联主席王钦敏到潍坊调研民营企业“走出去”工作】 4月21日，全国政协副主席、全国工商联主席王钦敏率调研组一行15人，在省政协副主席、省工商联主席王乃静，省工商联副主席刘冠凤的陪同下，到潍坊市就民营企业“走出去”工作进行专题调研。全国工商联副主席、中国民生投资有限公司董事局主席董文标，全国工商联副主席、东岳集团董事长张建宏，中央统战部五局巡视员戚建美，全国工商联经济部部长谭林及全国工商联、国家发改委、商务部等有关人员参加调研，市委书记杜昌文、市长刘曙光出席有关活动，市政协主席崔建平，市委常委、副市长孙起生，市政协副主席、市工商联主席李传恒，市工商联副主席张启云陪同调研或参加座谈会。

4月21日，全国政协副主席、全国工商联主席王钦敏（左二）到潍坊调研。市政协主席崔建平（左一），市政协副主席、市工商联主席李传恒（左三）陪同考察歌儿声学股份有限公司（供图：吴锦霞）

【资源整合利用】 借助全国工商联执委会在山东召开期间建立的上级资源优势，盯紧、抓牢、靠上，不间断地开展联络对接。一年来，先后带领有关县（市、区）进京对接全国工商联专业商会和知名民营企业12次，邀请6家商会到潍坊考察对接，推荐全市12家企业加入全国工商联直属商会，3家企业成为相关商会的副会长单位。注重发挥异地潍坊商会资源优势，先后在北京、上海等地召开了京潍、沪潍合作发展专题会议，广泛宣传推介潍坊市发展环境，助推经贸合作。10月，在青州召开异地潍坊商会联席会议，6家商会的近40名企业家回乡考察对接。与市委组织部、市总工会、团市委、市妇联等部门联合开展“党建带工建，党工共建”活动、“万众创新促发展”竞赛活动、“节约用水，我们共同的责任”活动等。与市发改委、经信委、招商局、金融办等单位共同举办专题培训、项目对接、金融对接等服务活动，最大限度地整合部门优势，服务民营经济发展。

【组织和队伍建设】 加强县级工商联建设，注重“抓两头、带中间”，加强分类指导，促进平衡发展。开展全市工商联系统创新性工作项目评选，选树19个创新性项目并汇编成册。开展商会建设年活动，制定《商会指导与服务办法》，召开直属商会规范化建设座谈会。发挥商会服务行业和地方经济发展的作用，组织异地潍坊商会返乡考察投资，截至2015年年底，在外潍商在全市投资项目8个，总投资额50多亿元。加强非公有制企业党建工作，突出商会党建，探索出“楼宇+商会+党组织”“商会+支部”等模式，基本实现了符合条件非公有制企业党的组织、工作全覆盖。打造高素质会员队伍，注重吸收企业实力强、社会贡献大、公众形象好、热爱工商联事业的优秀企业家加入工商联组织。截至2015年年底，全市工商联新发展会员608家，会员总数已达到14805个。认真开展“三严三实”专题教育，抓实专题教育党课、专题学习研讨、专题民主生活会、整改落实和立规执纪4个关键动作，列出问题清单35条，目前已全部整改完成。2015年度，市工商联被评为全省工商联系统“标兵单位”，市工商联机关荣获“省级文明单位”称号。

【召开异地潍坊商会联席会议】 10月24日，2015年异地潍坊商会联席会议在青州举行。市委常委、统战部部长张小梅，市政协副主席、工商联主席李传恒，青州市委书记韩幸福，潍坊市委统战部副部长、市工商联党组书记胡立，潍坊市工商联副主席郭富斌出席会议，北京、上海、广东、烟台、青岛5家异地潍坊商会代表约40余人参加会议。

（王　莉）

潍坊市总工会

【潍坊市工会第十四次代表大会胜利召开】 10月11日～13日，潍坊市工会第十四次代表大会胜利召开。市委书记、市人大常委会主任杜昌文，山东省总工会副主席赵立群出席大会开幕式并讲话。这次大会全面回顾总结市工会十三大以来的工会工作，研究部署今后五年的目标任务，选举产生市总工会新一届领导机构，农民工代表王钦峰、一线律师高明芹当选为兼职副主席，一线职工杨守伟当选为市总工会常委。12个县（市、区）总工会，高新区总工会，市属各开发区总工会，市直各产业、委局公司工会，各直属基层工会组成16个代表团，正式代表402名，特邀代表34名。

【扎实开展“三严三实”专题教育】 全市各级工会党组织认真学习贯彻中共十八届三中、四中、五中全会和习近平总书记系列重要讲话精神，遵从中央和省、市委部署要求，通过发放调查问卷、召开座谈会和群众提、上级点、互相谈、自己找等形式，深入查找了班子“不严不实”存在的9个方面的突出问题，认真剖析了原因，制定了整改措施，明确了努力方向。

【工人阶级主力军作用充分彰显】 完成全国劳模和省、市劳动奖状、奖章评选表彰，11人被评为全国劳模和先进工作者，127个单位和个人被表彰授予省、市劳动奖状（章），72家单位被授予省、市“工人先锋号”。在全市组织职工开展“万众创新促发展”竞赛活动，涌现了豪迈公司等一批创新型企业。命名表彰10个市级劳模创新工作室，组建劳模事迹报告团并巡回报告10场，引起良好反响。积极参与全国文明城市创建，牵头开展“节约用水•我们共同的责任”全民节水行动，取得明显成效。引进文鼎艺术发展中心，完成招商引资任务。

潍坊市工会第十四次代表大会胜利召开　　（供图：崔　放）

【工会组织覆盖面影响力不断扩大】 会同市委组织部等部门召开全市工会组织建设工作会议，开展“党工共建”示范点创建活动，在寿光试点推行工会主席直选。组织“农民工入会集中行动”，新建基层工会1388个、工会基层组织（涵盖单位）5945家，新发展会员16.4万余人，其中农民工会员10.6万余人。深化“四亮三比一创”活动［就是“亮牌子、亮身份、亮职责、亮承诺，比规范、比作为、比服务，创先进职工之家（先进基层工会）”］，在全省工会组织建设工作会议上作典型发言。全国化工医药系统工会工作研讨会暨“两个普遍”工作推进会在潍坊市召开，推广了昌邑市石化医药行业工会联合会的经验做法。

【职工合法权益得到有效维护】 深入开展“厂务公开民主管理法治推进年”活动，国有及集体控股企业职代会、厂务公开建制率均达100%，规模以上非公企业职代会、厂务公开建制率均达95%以上。市总工会和新郎集团先后在全国民主管理工作经验交流会议上介绍经验，孚日集团在全省纪念《职工代表大会条例》颁布10周年座谈会上作了发言。深入开展企业工资集体协商“履约落实年”和“百日要约集中行动”，全市建会企业工资集体协商建制率达87%。寿光市木制品行业工资集体协商被全总集体合同部确定为典型案例，经验在全国推广。市总工会在全省工资集体协商工作现场推进会上作了书面发言。全总在潍坊市召开“工会女职工工作座谈会”，推广昌乐和潍柴工会女职工工作的经验。

【服务职工效能实现全面提升】 积极响应“大众创业、万众创新”号召，

全总工会女职工工作座谈会在潍坊召开 （供图：崔 放）

深入开展工友创业示范园（企业）创建活动。组织职工创业情况调研，调研报告被市委以《参阅件》形式印发。深化开展“四季服务”活动，全市各级工会共筹集发放送温暖资金941万元，走访慰问困难企业190家，慰问困难职工8633户；开展“适应经济新常态，工会就业在基层”活动，举办全市工会联企下乡招聘活动，提供就业岗位8600多个，帮助840人实现就业；筹集发放送清凉资金322.4万元，走访企业89家，慰问职工（农民工）4.5万人次，在全市建立128个“环卫工人爱心驿站”；筹集发放助学金926余万元，资助4417名困难职工子女上学。推进职工服务体系建设，市、县两级困难职工帮扶中心全部转型升级为职工服务中心，联合潍坊银行发行工会会员服务卡达11万张。深化女职工“美丽健康•创新创业”讲堂活动，到基层工会、企业、学校等单位送课36场。不断扩大在职职工互助保障计划覆盖面，有26万余人次加入职工互助保障活动，为7509人次发放互助金558万余元。

【职工精神文化生活丰富多彩】 坚持用社会主义核心价值观引领职工，开展“中国梦•劳动美”主题宣传系列活动，提升职工思想道德素质。加强职工教育阵地建设，5家企业被授予“全国工会职工书屋示范点”，2家企业被授予“全国职工教育培训示范点”。组织开展第三十二届潍坊国际风筝会风筝扎制创新比赛及广场万人放飞活动，举办乒乓球、象棋比赛，承办了省总第一届职工乒乓球比赛，丰富了职工的业余文化生活。发挥文化宫阵地作用，到一线放电影120余场次，慰问职工5.8万余人。加强工会重点工作宣传，创刊《潍坊工运》，在《工人日报》等各级新闻媒体发稿2300余篇。深入挖掘豪迈集团企业文化建设经验，调研报告被市委以《参阅件》形式印发。推动以市委名义召开全市企业文化现场会议，推广豪迈文化理念，引领全市企业文化建设方向。

【工会自身建设持续加强】 狠抓党风廉政建设和反腐败工作，持之以恒正风肃纪。面向社会公开招聘121名社会化工会工作者，加强基层力量。积极推动县（市、区）总工会主席按同级副职配备，有9个县（市、区）按要求落实到位，8个县（市、区）配备了常务副主席。机关党建、工运理论研究、老干部服务管理、包村扶贫、对口援藏等工作也实现新的发展。2015年，市总工会被全总表彰为“全国财务工作先进集体”“全国工会经审工作先进集体”“全国工会系统开展农民工工资支付情况专项检查先进单位”，被省政府安委会表彰为“全省安全生产工作先进单位”，被省总工会评为“全省市级工会经审工作规范化建设特等奖”“全省财务工作竞赛一等奖”，被市、委市政府表彰为“创建全国文明城市工作先进单位”。

（崔 放）

共青团潍坊市委

【概况】 2015年，潍坊团市委各项工作实现了重点突破、整体跃升。团员规范化管理在《中国青年报》头版头条报道，创业平台建设、大学生创业等工作在《大众日报》等省级以上主要媒体报道35次，服务大众创业、万众创新工作得到市委书记杜昌文、市长刘曙光的充分肯定；成功推报出获中国青年创业奖、全国五四红旗团委、全国优秀共青团员、全国优秀团干部、山东青年五四奖章等称号的大批青年典型，共青团工作呈现出蓬勃发展良好态势。

【青春建功行动再创佳绩】 服务党政中心有力有为。举办未来500强全省优秀青年企业家助推转调创活动，实施助力县域科学发展工程，动员县域团组织开展送文化下乡、农村青年文化月等活动127场，为困难村修路建渠10.8公里。

服务青年人才成果显著。建成全省首家青企协实体化机构汉鼎财智，成立全市青年电商联盟；深化青工技能振兴计划，全市7家单位获评省级青年安全生产示范岗，6人获评省级最美青工；承办全省农村大学生创业座谈会，举办全市农村致富带头人培训班，促进青年共同提升。

服务社会建设引领新风。广泛参

与中日韩产业博览会、风筝会、文展会等大型节会，累计提供志愿服务4万小时，获得社会各界一致好评。

【青春导航行动扎实有力】 推动中国梦教育入脑入心。实施重大战略学习宣传行动，举办青年先模访谈会、红领巾相约中国梦团队日等活动700场，加深青少年对中国梦的理解；举办党团史教育、青年进军营、革命遗址体验等活动2100场，筑牢青少年理想信念根基。

推动价值观教育规范言行。开展中华优秀传统文化主题教育，举办国学达人挑战赛，吸引45万名青少年参与，推选7人参加省国学达人挑战赛并取得优异成绩，团市委获省优秀组织奖；成功推报全国五四红旗团委、全国优秀共青团员等先进典型，潍坊市郭炳莉获评百名全国向上向善好青年。

依托新媒体阵地弘扬正气。筹建潍坊市青年全媒体中心平台，建成5.1万人的青年网络文明志愿者队伍，在网上发出正面评论3万条，吸引关注30万人次，形成强大正能量。

【青春创业行动成效显著】 突出抓好平台建设。建设全市青年创业园、青年创业中心等37处，成立青年企业家活动中心、青年电商活动中心，建立市级青年创业基地30家、大学生就业创业见习基地11处。

全面强化资金支持。实施鲁青基准贷项目，建立金融助力青年创业企业主办银行制度，为7家企业争取青春创业贴息15万元，为72家企业争取5988万元贷款，为创业青年授信1.47亿元。

积极营造浓厚氛围。举办第七届全市青年创业大赛，争取银行扶持资金近1亿；成功推报潍坊市首个中国青年创业奖获得者张磊，全国农村青年致富带头人范海、由守昌等创业典型，为创业青年树立标杆榜样。

【青春同行行动助力成长】 精准掌握利益诉求。建立全市特殊困难青少年台账、青年之声平台，推动12355热线与肖岚热线合并，开展人大代表、政协委员面对面活动12场，及时掌握第一手青年诉求。

创新整合资源平台。培育青少年社工机构10家、青少年社工人才256人，争取省资金260万元建立社区青年志愿服务站18处、青年社会工作示范项目工程8个，新建省级青少年维权岗2家、希望小学2所、中小学生素质教育社会实践基地300家，形成帮扶资源合力。

努力培育载体项目。成立全省首家励志学校，开展希望工程助学、助残阳光行动、牵手关爱行动，资助困难学生1500人，结对帮扶留守儿童7783人，切实抓好重点群体帮扶。

【青春绿色行动彰显活力】 强化绿色力量，形成覆盖青年社会组织、企业、学校的1.5万人绿色行动骨干队伍。

开展绿色宣传。在全市公交车内悬挂绿色宣传版面，制作微博、微信青年碳汇林等专题页面12个，开展森林日、环境日等主题宣传30次，发放宣传单11万份，吸引18万人次关注。

注重绿色实践。举办全民节水行动，开展全市青少年植绿护绿、绘制绿色文明墙、环保实践月等活动，发放节水海报1万份，累计植树370亩，绘制文明墙2400平方米。

推动工作延伸。在青联、青企协会员中大力推广环保技术，广泛动员学生、家长参与绿色行动，积极开展小手拉大手、红领巾收旧利废等活动，收集回收废品价值30万元，团市委在全省“小手拉大手 共筑碧水蓝天行动”推进会议上作为唯一地级市代表发言。

【团的自身建设稳步推进】 严把团员入口关。举办全市团员规范化管理培训班，建立团员发展花名册，全市团学比为47.4%，新团员注册志愿者率达100%。

积极打造一流队伍。举办全市共青团系统中共十八届五中全会精神、群团工作会议精神主题读书班，深入推进“三严三实”专题教育、团干部健康成长大讨论、走转改大调研、基层团干部轮训，积极推动优秀干部进入各级班子，市、县、乡三级团干部配备率均达90%以上。

扎实巩固基层基础。加强城市区域化团建、非公领域团建，抓好农村领域合作社、产业联盟团建，深化学校领域团队一体化建设，认真落实县级预算不少于10万元、镇级预算2万元经费保障。全年新建非公团组织174家，初中团队一体化建设工作被团中央评为优秀项目。

认真落实全团带队。抓好市、县少先队总辅导员配备，推动少先队活动课进课表、少先队工作列入教育督导，规范少先队队室、礼仪建设，认真贯彻少先队工作经费规定，市、县少工委和义务教育学校少先队工作经费全部落实到位。

（周　密）

潍坊市妇女联合会

【妇女创业创新创优取得新进展】 深化“女企业家成长计划”和“女大学生创业就业筑梦行动”。发挥女企业家和女大学生创业联盟作用，联合北京大学、上海等机构举办高端培训，组织到高密、潍坊综合保税区等参观学习，有6家企业在保税区落地，发放小额担保贴息贷款9860万元。联合市人社局举办“春风送岗位”暨第十七届妇女就业招聘洽谈，112家用工单位参与，提供岗位3400多个。深化“好潍姐”巾帼家政服务品牌提升行动。重点打造“好潍姐”形象示范店，召开巾帼家政服务创新示范工作会，首批吸纳8家机构加盟“好潍姐”品牌。首次承办全省巾帼家政服务员技能鉴定工作，500人顺利通过中高级技能鉴定。联合7部门举办潍坊首届巾帼家政技能大赛，17支代表队51名选手参加决赛，推荐的“好潍姐”代表队在全省巾帼家政大赛中获二等奖。深化新农村新生活培训及新型农业经营主体培育行动。2015年，将社会主义核心价值观、反邪教警示教育等内容纳入培训，同时加大了对农业科技、实用技术、新型职业女农民电商创业、“互联网+现代农业”等方面的培训，市县两级共举办培训班2000多场次，培训妇女骨干18.9万人次，其中巾帼科技致富女能人2680名。注重引导返乡女农民和致富女农民领办或创办家庭农场、妇女合作组织、“农家乐”等项目，共培育妇字号龙头企业、合作社、家庭农场、农家乐等新型农业经营主体2976个，充分发挥其培训、示范、服务作用，引领妇女增收致富。深化巾帼文明岗创建行动。联合文明办召开全市妇女优化发展环境暨巾帼建功行动大会；开展“百岗联百村、岗村联建、岗区联创”等活动，与进城务工妇女、农村致富女能手、农村妇女合作组织等结对帮扶，推动城乡妇女协调发展。

【维护妇女儿童权益工作】 “两个规划”（妇女发展规划和儿童发展规划）实施工作有新进展。推动国策教育进机关、进社区、进校园，国策宣传贯彻不断深入。市县将为妇女儿童办实事和农村妇女“两癌”免费检查纳入各级科学发展综合考核，下发办实事意见，办理妇女儿童民生实事近百件。关爱妇女健康有新突破。全市落实专项经费2600余万元，为21.5万多名农村妇女进行“两癌”免费检查，在全省17地市中经费投入最多、检查人数最多。市县设立专项救助资金130万元，争取全国专项基金30万元，救助贫困“两癌”患病妇女583名。层层开展“巾帼牵手连心工程”，关爱弱势妇女儿童民生。成立市女企协慈善工作站，实施牵手留守儿童爱心行动，开展“爱心妈妈”亲情帮扶、送温暖爱心走访慰问等活动，举办留守儿童夏令营，关心留守儿童健康成长。继续开展春蕾女童、贫困母亲救助活动，发动社会捐款127.97万元，解决实际困难113件，救助贫困妇女儿童2382人。维护妇女儿童权益有新举措。强化普法宣传，广泛开展“建设法治中国•巾帼在行动”活动，提高妇女依法维权能力。与新农村新生活培训密切结合，对关系妇女切身利益的《中华人民共和国婚姻法》《中华人民共和国妇女权益保障法》《中华人民共和国土地法》以及反邪教知识进行了集中培训和深度解析，引导家庭成员拒绝家暴、远离毒品、抵制邪教。

【引领妇女促进文明和谐展现新作为】 加强妇女“四德”教育，践行社会主义核心价值观。层层设立巾帼道德讲堂，举办优秀传统文化、家庭教育等公益讲堂120余场次，5万多名妇女儿童受益。开辟儿童校外教育阵地，组织“美德在我家”书画摄影展、“弘扬美德”摄影大赛等文化活动。大力开展“四德歌”广场舞进社区活动，举办骨干培训班378期，培训38600人次，覆盖全部中心社区，组织团队参加全省“四德歌”广场舞比赛，取得优异成绩。开展“巾帼建新功•共筑中国梦”主题教育活动。大力选树优秀妇女典型和巾帼道德模范180多个，其中56个先进典型受到省级以上表彰。举办了近百场巾帼先模事迹报告会及“好爸好妈好家风事”迹报告会。联合市委宣传部等单位为“中国最美家庭”刘晓清举办了“大爱人生”个人书法作品展暨义拍捐助残疾人活动，拍卖近百幅作品所得善款20多万元，全部捐助慈善事业。大力加强家庭文明建设。大力倡扬尊老爱幼、夫妻和睦、科学教子、勤俭节约、邻里互助的家庭文明风尚。深入开展寻找“最美家庭”活动，全市推出1630多户，8户荣获省以上“最美家庭”，其中1户荣获全国“最美家庭”。6月，召开推进家庭文明建设工作现场会。

【加强妇联组织自身建设迈出新步伐】 抓好基层“党建带妇建、妇建服务党建”。扎实推进村、社区女性进“两委”工作，实现了100%村、社区委员会中有女性成员，100%村、社区妇代会主任进“两委”，女性进村支部比例大幅度提升。深入搞好聘任兼职基层妇女干部工作，最大限度发挥优势作用，总结经验并在全省发言交流。基层组织活力不断提升。争取省级资金56万元，新建8处省级妇女儿童家园，发挥全市7913处“妇女之家”和168处省市级家园作用，服务妇女儿童。全市16个县（市、区）、开发区妇联、妇工委及148个镇（街）妇联工作经费全部列入财政预算，共计851.6万元；并规范经费管理使用于实施妇女教育培训、文明和谐创建、妇女创业就业、妇女维权等服务项目。

（丁　琳）

潍坊市文学艺术界联合会

【概况】 2015年，市文联在市委、市政府的坚强领导下，在省文联、市委宣传部的支持指导下，全面贯彻落实习近平总书记在文艺工作座谈会上重要讲话精神，坚持“二为”方向和“双百”方针，强化以人民为中心的工作导向，大力弘扬社会主义核心价值观，突出文艺界行风建设主线，着力推动“中国精神•中国梦”主题创作实践，积极开展“深入生活、扎根人民”文艺采风和志愿服务，真抓实干，进位争先，推动了文艺事业的繁荣发展，为建设富裕文明新潍坊发挥了积极作用，较好地完成了年度工作目标。市文联被评为2015年度省级文明单位。

【扩大文艺志愿服务品牌影响】 “文联社会，艺进万家”文艺志愿服务品牌深入民心，志愿服务工作得到中国文联、省文联的充分肯定，《中国文联简报》专题刊发，在全省文艺志愿服务工作会上作典型发言，《中国艺术报》发表长篇通讯，在全国文联系统产生较大影响。推进文艺志愿服务品牌。举办全市文艺志愿服务现场会、工作推进会，开设全市文联系统干部培训班。深化组织体系建设。12个县（市、区）文联、市直16个文艺家协会全部成立文艺志愿服务（团）队，市、县、镇（街）、村（社区）四级文艺志愿服务队伍110余支，全市建立志愿服务基地、实践基地、创作基地100余处，建立特色村2个，其中市级文艺服务基地36处，经推荐寿光市被中国民协授予中国民间文化之乡。山东省“王羲之书法”特色学校在临朐第二实验小学揭牌。扶持激励推进志愿服务。授予奎文区文联、诸城市文联、寿光市文联等7个文艺志愿服务团（队）“全市文艺志愿服务先进集体”称号，评选出20位全市文艺志愿服务先进个人。文艺志愿服务活动丰富多彩。推出了文艺进校园”、文艺进社区、书法进万家等活动，继续抓好“高密之光”“相约寿光”等10余个特色地域文艺品牌。一年来，市文联及文艺家协会共举办文艺志愿服务活动50余次，1000余人次参加文艺志愿者服务分队赴农村社区开展活动，受益群众达到10万多人。

【主题性文艺活动丰富多彩】 争取中国民间文艺家协会支持，积极承办中国（潍坊）民间艺术博览会。展会现场交易额860万元，意向交易额1600万元，取得较好的社会效益和经济效益。围绕大局，助推全市经济社会发展。推出“文艺走进滨海”“文艺助推高新”等系列主题性文艺活动。助推文明城市创建，弘扬社会风尚。积极融入创建全国文明城市活动，开展面向未成年人的“阅读推广”活动，组织开展“我们的节日”主题文化活动，推进“道德模范”故事曲艺作品创作，采取群众喜闻乐见的文艺形式，创造一批本地道德模范、身边好人为素材的艺术品。加强文联法治化建设。深入实施“六五”普法依法治理规划，大力开展法律“进机关、进乡村、进社区、进学校、进企业、进单位”六进活动，开展纪念世界反法西斯战争胜利暨抗日战争胜利70周年主题文艺实践活动。

【对外文化交流进一步拓展】 承接了中国民协第八届理事会第三次会议。挖掘推介潍坊金石文化，主办“走进万印楼”——当代国际篆刻名家邀请展。此次当代国际篆刻名家邀请展，不仅是继陈介祺之后百余年来第二次遍及海内外的最大规模、最高水平的篆刻精品征集收藏活动，也是中国篆刻史上又一次以“万印楼”为主题的国际篆刻艺术交流盛事。宣传推介摄影艺术。举办了第十届中国摄影金像奖作品展，此次展览在潍坊展出，是中国摄影金像奖第一次出京展出。加强与国内文艺组织的交流。一年来，市文联接待国内文艺组织到潍坊考察学习团10余个。加强与国内外艺术家的交流。组织承办国内各类艺术家的展示、展演和展览100余场。举办山东省青少年舞蹈大赛，主办了首届中韩美术交流双年展、中韩书艺文化交流展。举办艺术名家藏品展。参与主办潍坊国际艺术双年展，展览展出了达利、毕加索等大师作品；参与画都之邀——大师作品走进潍坊——吴昌硕艺术展。成功举办第五届中国画节。

【文艺精品创作实现新突破】 2015年，全市文联系统出版文学作品集40余部。在国家级、省级专业刊物发表文学文章500余篇。全国知名网络平台发表1000余篇。在省委宣传部、省作协组织的纪念抗日战争胜利70周年征文中，6篇文学作品获奖。山东省第八届“泰山文艺奖”有13件作品获奖。第三届风筝都文化奖市文联推荐各艺术门类10名文艺人才或作品获奖。群舞“风筝”参加第八届泰山文艺奖颁奖晚会献演，受到好评。加大对重点作者、重点作品推介与宣传。2015年，先后举办了10余场个人展示展演，举办潍坊市第二届书法篆刻展作品展，组织“中国画都首届潍坊艺术百家艺术”邀请展，举办潍坊市第三届舞蹈大赛，组织潍坊市首届原创歌曲大赛，发现培养和整合潍坊市优秀音乐创作人才。扶持奖励，营造文艺人才脱颖而出的良好环境。召开全市精品创作推进会，争取宣传文化基金15万元。制定出台潍坊市文联扶持文艺精品创作办法，实施作家签约，获得财政30万元资金重点扶持。

（李龙启）

潍坊市科学技术协会

【科学普及工作】 农村科普工作。联合市财政局推荐的16个基层科普组织和2名科普带头人被省科协和中国科协表彰，4个基地被省科协授予“星级科普教育基地”，筛选了90个基层科普组织和个人入选第四批市级科普项目库。社区科普工作。印发《潍坊市社区科普大学建设工作方案》，召开现场推进会，统一各项制度、工作标示。全市建成社区科普大学总校1个、县（市、区）分校12个，有教学点106个。指导奎文区全面开展全国科普示范区创建，顺利通过省科协检查验收组的考核。完成300台数字科普终端安装任务并实现全部开通，全市数字科普终端数量达到920台。青少年科普工作。推荐优秀作品参加第三十届山东省青少年科技创新大赛，共有110件作品受到表彰（一等奖40项、二等奖36项、三等奖34项）。有9项作品被省科协推荐参加全国青少年科技创新大赛，其中一等奖4项、二等奖3项、三等奖1项。组织全市青少年机器人竞赛、七巧科技竞赛、太空种子种植、农村中小学课外科技活动、青少年创新成果展、教具创新大赛等科普活动，全市900多所学校数万名中小学生

中国工程院院士王辰教授（左三）、山东省科协副主席秦维强（左二）、潍坊市副市长王桂英（右一）、潍坊市卫生和计划生育委员会主任杨锡广（左一）为潍坊呼吸病医院院士专家工作站成立按动启动球　　（供图：尹以成）

积极参与。组织参加山东省青少年机器人竞赛，共有33个参赛队获奖（一等奖17个、二等奖7个，三等奖9个），有4支参赛队代表山东省参加全国比赛。组织流动科技馆在青州、潍坊一中和市科技馆展出，累计参观学生1万余人次。企业科普工作。成立临朐县中小企业技术创新联盟、山东省蝴蝶兰产业技术创新战略联盟、专利技术联盟和滨海创业孵化基地，成立山东寿光蔬菜种业集团有限公司、潍坊呼吸病医院、潍坊永和药业有限公司、潍坊国能光电有限公司4家院士专家工作站，成立潍坊学院、潍坊科技学院2家高校科协。

【全民科学素质工作】 代表山东省接受由中国科协牵头组成的国家全民科学素质督查组对山东省“十二五”科学素质纲要实施情况的督查。联合中国山东网、潍坊日报社、潍坊市实验教学研究中心组织全市科学素质知识竞赛，网络参与人数2.1万人，纸质答题参与人数5.18万人，表彰优秀选手110名、优秀组织奖8个。与《潍坊日报》、潍坊广播电视报、潍坊电视台、中国山东网签订宣传协议，2015年，出版科普专栏、专版14期，编印《公众科学素质学习手册》《科普宣传挂图》《公众科学素养读本》等10万余册（张），录制全民科学素质专题片1部。印发《提升全民科学素质宣传工作实施方案》，调整、充实全民科学素质工作领导小组。召开领导小组第七次全体（扩大）会议，市委副书记王献玲，市委常委、副市长孙起生出席会议。指导12个县（市、区）组织形式多样的全国科普日系列活动。

山东省科协副主席纪洪波（左六）、潍坊市政协副主席李士来（右五）、山东省科协国际部部长葛玉芝（右四）、潍坊市科协主席王志亮（右三）、高新区管委会副主任张龙江（左五）为山东省科协海智计划潍坊高新区工作基地授牌　　（供图：尹以成）

【学会工作】 建立山东省科协创新驱动助力工程昌乐示范区，邀请5名专家与7家企业提出的21项需求进行技术对接，建立全省创新驱动助力工程服务站5个，与昌乐县新能源（汽车）产业发展办公室和4家企业签订合作协议。在高新区建立省级海智基地，为光电园、生物园、软件园、蓝色智谷4个园区建设海智基地工作站。建立潍坊海智专家人才库和海智高新技术项目库，有67名海外高端人才和109项高新技术项目入库。

设立“鸢都科技论坛”，邀请麦康森院士等11名行业专家，组织6场高水平论坛。承办众创空间的理念与研讨会，围绕“发展众创空间、服务创新创业”主题，就服务创新创业的山东模式进行深入研讨。推荐6项学术活动参加省科协评选，潍坊农科院“国外优质园林树种引进筛选及繁育技术研究”、潍坊学院“第六届非线性物理国际会议”学术交流项目获省科协经费资助。召开潍坊市科协系统学会建设报告会和重点学会承接政府职能转移座谈会，建立潍坊市科技专家（思想）库，已录入446名专家，成立潍坊科协专家服务团，开展3次知识培训和技术指导服务。组织近30家学会参加潍坊市科技周和全国科普日宣传活动，发放科普宣传资料2万多份，展出宣传挂图、展板20余幅，科普宣传1600多人次。推荐1人参评中国青年科技奖，3人被评为第十届山东省青年科技奖。申报并获批省科协第三批科技思想库试点单位，推荐15名专家学者入选省科协国家级科技思想库第二批决策咨询专家。推荐6人申报省泰山产业领军人才工程计划，引进海外高层次人才15名。潍坊学院等8个社团被表彰为全省大学生优秀科技社团，9名大学生被评为优秀大学生科技社团干部。

【科技馆建设】 完成消防和工程质量验收。联合市委宣传部、市财政局印发《潍坊市科技馆免费开放工作实施方案》。与《潍坊日报》《潍坊晚报》《潍坊广播电视报》等新闻媒体签订合作协议，加大对免费开放工作的宣传力度。10月10日，组织科技馆开馆仪式，顺利实现开馆运行。坚持公众至上，优化资源，统筹力量，制定预案，科学应对，总体运行安全平稳有序。通过健全安全管理规章制度，制定安全管理工作预案，有效杜绝了各类事故发生。

（尹以成）

潍坊市归国华侨联合会

【发挥优势服务经济建设】 组织侨界群众围绕“一带一路”（丝绸之路经济带和21世纪海上丝绸之路）战略主动作为，大力发展归侨侨眷民营经济，发挥侨界在资金、技术、智力等方面的优势，支持企业适应经济发展新常态，发展高新技术和外向型经济。组织召开全市侨界创新创业工作座谈会，了解企业生产运营情况，协调解决各种实际困难。坚持领导班子成员联系点制度，定期走访帮扶，为企业提供各类政策信息，帮助企业“走出去”开展经济技术合作。全市归侨侨眷民营经济整体上保持了平稳较快发展，企业总数发展到800多家，产值及营业额30多亿元。其中出口创汇的归侨侨眷民营企业达到100家以上，创汇额近2亿美元。

【拓宽联络联谊空间】 涵养侨务资源，健全侨情资料库，做好海外华侨华人、侨社团信息库的更新充实。培育侨界新生力量，加强与华裔新生代、新华侨华人、社团新力量沟通交流。接待到潍坊参观考察的海外知名华侨华人、重要侨社团、重点客商12批、60余人次。出席中国新加坡商会山东分会庆祝新加坡建国50周年国庆暨中新建交25周年活动。承接“亲情中华•汉语桥”夏令营潍坊地区的活动，组织20多名荷兰籍青少年参观杨家埠民俗园、风筝博物馆等潍坊特色文化场所。建立“潍坊侨界”微信群，利用“互联网+”等新媒体平台，加强与知名海外侨胞的联络，向侨胞提供各类政策信息2000余件次。

【对外宣传和侨界群众活动】 开展侨界文化进校园、进社区、进图书馆、进群众活动，向潍坊图书馆、潍坊职业学院、潍坊医学院、潍坊学院、有关街道社区和部分侨界群众赠送反映全市侨界历史的书籍资料800余册。与中国华侨出版社合作发行《潍水侨心》图书，收录归侨口述回忆文章共计20多万字、图片120余幅，反映了侨胞海外创业的艰辛历程和心系家乡、报效桑梓的赤子情怀，是潍坊市唯一记叙归侨历史的书籍。做好扶持贫困归侨工作，坚持按规定履行程序，确保补助对象公平、公开，共发放2.65万元用于特困归侨救助慰问金。组织中小学生参加中国侨联主办的“第十六届世界华人学生作文大赛”活动，33名学生和教师分获二、三等奖。

【参政议政工作】 围绕经济社会发展的重大问题和涉及群众切身利益的突出问题，科学选题，深入调研，侨联界政协委员共报送提案11件。潍坊市侨联主席、市政协常委柳松波荣获“优秀政协委员”称号，提出的《关于潍坊市就业创业工作存在问题及对策》被确定为市政协十二届四次会议书面发言材料，并在委员联组会议上发言。潍坊市侨联副主席、市政协常委温明春提出的《关于加强对民办养老机构监管的建议》，被大会列为重点提案；《关于设立潍坊市全民健步行活动的建议》，经市政府有关部门研究采纳后，确定将每年6月的第1个星期六设立为“潍坊全民健步日”。

【机关党建和精神文明建设】 树立“抓好党建是第一政绩”思想，抓好“三严三实”专题教育活动，领导班子成员带头讲授专题党课6人次，组织集中学习14次，参加专题研讨3次，查摆班子及个人自身存在的问题20条，建立问题台账，提出具体可行的整改措施，“行政化、机关化、贵族化、娱乐化”四化问题得到初步解决。加强廉政文化建设和警示教育，落实廉洁自律准则和纪律处分条例，完善廉政风险防控机制。对侨界群众做出20项公开承诺，提供法律咨询和支持，没有发生侨界群众重复上访、越级上访和影响社会稳定的问题。积极参与提升市区和精神文明创建，开展学雷锋志愿者服务、创建国家卫生城、党员进社区等活动，进行爱国主义、集体主义、社会主义及职业道德、社会公德、家庭美德和个人品德的教育，潍坊市侨联获得2015年度“省级文明单位”称号。

（王凤阳）

潍坊市社会科学界联合会

【应用理论研究】 完成2014年度潍坊市社会科学规划重点研究课题评审鉴定。经潍坊市社会科学学术委员会鉴定，有123项课题准予结项，其中15项课题鉴定为优秀课题。完成2015

年度“潍坊市社会科学规划重点研究课题”立项工作。明确研究方向和重点，组织引导广大社科工作者，紧紧围绕市委、市政府确立的目标任务和思路举措设计研究课题。压缩立项数量，提高立项课题质量。全市共申报课题514项。7月上旬，召开课题立项专家评审会议，确定立项课题160项。完成2015年度潍坊市社会科学规划重点研究课题评审鉴定。经潍坊市社会科学学术委员会鉴定，有132项课题准予结项，其中17项课题鉴定为优秀课题。

【应用对策研究】 第一季度，呈报市委的《新常态下滨海新区发展有关问题研究》《寿光市东斟灌村民主自治模式探析》专题研究报告，得到市委领导的肯定。根据市委书记杜昌文批示，市委办将2个研究成果以《参阅件》印发，供全市各级领导干部阅研。3月，书记杜昌文亲自安排社科联组织开展“潍坊市新常态下发展战略研究”，包括8个方面：新常态下发展方式转型、政府职能转变、现代农业文明、城市文明建设、区域布局统筹、开放发展布局、持续发展动力、城市性质定位。市社科联组成8个课题组，分头对8个课题进行深入研究，形成课题调研报告。10月16日，市委书记杜昌文作出专门批示，市委办公室以《参阅件》印发。5月，根据市长刘曙光的指示，形成《潍坊城市竞争力解读—基于<中国城市竞争力报告No.13>》的研究报告。7月19日，市长刘曙光作出专门批示，并印发相关部门、分管领导参阅。

【第十二届社科普及周】 5月底6月初举办，主题是宣传贯彻中共十八届四中全会精神，推进法治潍坊建设。5月28日上午，潍坊市第十二届社会科学普及周开幕式在山东畜牧兽医职业学院举行。山东省政协常委、社会和法制委员会主任高存山，省社科联副主席、党组成员孙淑娜，潍坊市委常委、宣传部长初宝杰等领导出席开幕式。各县（市、区）委宣传部分管部长、社科联主席，市委党校、各高等院校分管负责人、社科联主席，市属各学会、协会、研究会负责人及部分社科理论工作者，共200余人参加开幕式。同时举办《全面推进依法治国，推进法治潍坊建设》大型展览，高存山主任作“依法治国，建设社会主义法治国家的几个问题”专题讲座。

【举办社科普及主题活动】 把面向基层、服务群众作为社科普及活动的立足点，着眼基层广大群众的实际需要，精心设计活动载体，推进社科普及重心下移，组织开展“社科理论面对面，专家服务进万家”社科普及主题活动，着力打通社科普及工作联系服务群众的“最后一公里”。围绕落实中宣部培育践行社会主义核心价值观行动方案，从北京邀请国学研究专家到潍坊举办“弘扬中华优秀传统文化、践行社会主义核心价值观”主题讲座，先后到潍城区、坊子区、寒亭区、寿光市、诸城市、滨海区等地，深入到机关、社区、学校，开展面对面、对象化、分众化的专题讲座，深受基层群众欢迎。

【社科优秀成果评奖】 潍坊市社会科学优秀成果奖是市委、市政府颁发的全市社会科学研究成果最高奖，每年评选一次。为做好评奖工作，保证评奖的科学性、权威性和公正性，2015年评奖增加专家评审环节，组织20名学科专家，分4个学科组，采取统一地点、集中时间、封闭运行的方式进行评审。在总评委会上对候选一、二等奖实行差额评选。形成了市评奖办初审、学科专家组评审、总评委会最终评定的评奖工作程序，程序更加严谨、科学、公正。评选结果公布前，在《潍坊日报》和社科天地网站对评审专家和获奖成果名单一并进行公示，接受群众和社会监督。公示期间未接到任何不良投诉和反映，评奖公信力进一步提高。年初，市社科联印发《关于组织潍坊市第二十三次社会科学优秀成果评选工作的通知》，全市共申报候选成果380项。经过严格评选，最终评出一等奖14项、二等奖47项、三等奖88项。

【社会科学研究拔尖人才和优秀人才评选】 为加强对社科研究人才的培养和扶持，鼓励多出成果、多出人才，更好地为全市经济和社会发展服务，评选出10名社会科学研究拔尖人才和10名优秀人才，并进行表彰奖励。

【加强对基层社科联工作指导督导】 7月，组织全市县（市、区）、高校社科联负责人16人参加了省社科联举办的全省（市、区）、高校社科联负责人培训班，对组织建设、机制运转、课题立项、社科评奖组织等工作进行了专门培训，进一步提升了基层社科工作者业务素质和工作能力。通过组织开展社科普及、社科评奖、社科规划重点研究课题立项等工作，有针对性地对基层社科联工作进行推动。

【社科理论服务水平提升】 在社科宣传普及工作中，社科联坚持“两个面向”，即面向广大群众开展社科知识普及，面向全市领导干部，宣传推介社科研究最新成果，为领导决策提供多角度理论参考服务。市社科联于2007年创办品牌刊物《社会科学动态参阅》，在社会上产生广泛的影响，2014年共出版36期。

（刘玉峰）

中国国际贸易促进委员会潍坊市委员会

【首届中日韩产业博览会圆满完成】 首届中日韩产业博览会于2015年9月23日～25日在潍坊隆重举办。本届博览会由中国国际商会、日本国际贸易促进协会、韩国贸易协会等中日韩国家级贸易促进机构联合主办，以“开

2015年9月23日，首届中日韩产业博览会在鲁台会展中心开幕。山东省副省长王书坚（第一排左七）、世界海关组织能力建设司司长艾瑞克•凯克（第一排左八）、潍坊市市长刘曙光（第一排左五）等出席开幕式　（供图：徐菁）

放、合作、共赢”为主题。室内展出面积4万平方米，室外展出面积8000平方米。境内外报名参展企业共2120家，申请展位5223个；日韩等国家或地区参展企业567家，申请展位1486个。邀请采购商和专业观众16002人，其中采购商4364人、专业观众11638人。本届博览会实现贸易总额71.6亿元，洽谈招商项目116个，总投资895.6亿元，其中外方投资740.2亿元。日本丰田汽车、韩国三星电子、欧美施耐德电气等27家世界500强企业特装参展。展会同期设置了东亚贸易投资便利化论坛、中日韩企业采购对接会、中日韩科技合作论坛暨高新技术成果推介会等七项配套活动，涵盖了贸易投资、产业合作、科技成果推介、企业对接等三国合作的多个主题和领域。邀请了世界海关组织（WCO）等国际组织以及博览会日韩主办和支持机构的高层领导，国家贸促会、商务部、科技部、民政部、农业部、环保部、海关总署、口岸协会、农科院、中国商业联合会等国家部委领导和专家，三星、松下、JFE、TCL等国内外知名企业家，以及日韩驻青岛总领事馆总领事、境内外著名经协组织、科研机构、高等院校相关专家、学者到会演讲，实现了以会促展的良好成效。

【组织参与“2015米兰世博会山东活动周”】 米兰世博会是省政府重点涉外经贸活动，2015年5月1日在意大利米兰市隆重开幕。9月16日～20日，省政府举办“2015年米兰世博会山东活动周”。潍坊市推荐的《齐民要术》作为山东省唯一入选参与中国馆“农业文明”主题部分展项元素展示；山东活动周全省选派7个非物质文化遗产代表性项目参演，其中潍坊市占6席，分别是潍坊风筝、杨家埠木版年画、高密剪纸、面塑、农民画和葫芦雕刻；山东景芝酒业集团荣获“百年世博 山东荣耀”百年品牌；潍坊市参与的工作得到了省世博办的充分肯定和高度赞誉。

【2015中国（潍坊）装备制造业博览会】 11月13日～15日在潍坊鲁台国际会展中心成功举办。本届展会参展企业294家，展出面积14000平方米，实现合同交易额7.32亿元。设置机床工模具展、轴承及专用装备展和五金机电及焊接切割展3个专业展区，形成了以机床及功能部件为主、五金焊接工具及机械零部件共同发展的专业化格局。上海、江苏、浙江等二十多个省市及地区的机电行办或商协会组团参展参会，外市参展企业254家，占参展企业的86.4%。制博会已经成为国内外装备制造企业产品展示、信息交流和贸易成交的重要平台。

【国内外展览】 坚持“广覆盖，抓重点”的原则，结合全市产业结构调整和产品优势，以及企业开拓国际市场需求，以纺织服装、食品、消费品等优势产业作为企业参展重点，全年共向1600家企业发放各类展会信息80余种，组织32家企业申请33个摊位，分别

省委副书记王军民（前排左一）在意大利米兰世博会中国馆接见非物质文化遗产农民画传承人李志君（右一）　（供图：徐菁）

参加了第四十届日本国际食品及饮料展、2015迪拜汽配展、2015美国纺织成衣展、2015日本大阪纺织成衣展等33个国际展（博）览会，签订进出口贸易额近2.5亿美元。同时，用好用足国家和省、市鼓励企业开拓国际市场补贴优惠政策，多渠道争取省、市两级财政资金支持，对重点市场、展会进行扶持，提报市级外经贸发展资金支持展会项目19个，帮助企业降低出展成本，促进企业发展和对接国际市场进程。

【对外联络】 对门户网站进行扩容升级，增加了链接端口，建立起国家和省、市贸促会“三位一体”信息直通车；发放宣传册1000余份，贸促品牌知名度、影响力进一步提升；全年接待国内外重要来访团组8个、30余人次。接待荷兰青年农民组织代表团考察寿光蔬菜集团，在肥料、种子推广及农业领域投资等项目达成初步意向；为福田雷沃集团牵线搭桥，促成出口印度尼西亚农机设备项目；促成俄罗斯西伯利亚工商会与潍柴动力发动机研发项目。

【法律服务】 积极推广CA数字证书，稳步推进电子原产地证明书（ECO）工作，实现企业申请、审核、签章电子化，营造便利的贸易环境。全年签发一般原产地证29772份、优惠制产地证1907份，认证涉外商业单据2725份，代办领事认证1067份。年审企业750家，新增注册企业175家。努力开拓服务领域，与山东省贸促会留学服务中心合作，为潍坊信宏新能源、寿光富康制药等企业办理赴日签证5人次。

【扎实开展“三严三实”专题教育】 按照中央和省、市委统一部署，自5月开始，在会领导班子中深入开展了“三严三实”专题教育。班子成员紧扣“三严三实”主题，聚焦对党忠诚、干净干事、敢于担当，集中开展学习研讨5次；完成即知、即改问题6项，完成率100%；修订完善各类规章制度28项，作风建设长效机制初步形成，党员干部队伍的凝聚力和战斗力得到有效锤炼，党的群众路线教育实践活动成果进一步巩固。

（徐　菁）

潍坊市残疾人联合会

【概况】 2015年，全市残联系统紧紧围绕残疾人“整体赶平均，共同奔小康”总目标，以创新机制为动力，以残疾人民生保障、康复救助、教育就业、文体艺术等服务项目为抓手，脚踏实地，开拓创新，圆满完成了年度各项任务目标。

【残疾人民生保障】 为70名0～9岁残疾儿童实施免费人工耳蜗手术，为1.79万名低保重度残疾人发放生活补贴1720.8万元，为生活不能自理的2.3万名重度智力、精神和肢体残疾人发放护理补贴1665.2万元。投入资金453万元，为在校残疾学生和贫困残疾人家庭学生发放助学补助。投入资金100万元，改善贫困残疾人家居条件。投入资金270万元，全面提升残疾人托养服务水平。为1000户符合条件的残疾人家庭实施改造，有效改善残疾人居住环境。从6月1日起，中心城区约3万名残疾人实现免费乘坐公交车。

【残疾人康复救助】 为150名贫困肢体残疾人免费安装假肢，为40名聋儿配发数字助听器，为1470名低视力患者配发助视器，为200名贫困白内障患者免费实施复明手术，对120名重度精神病患者给予免费住院3个月的救助，为23名肢体残疾儿童实施免费肢体矫治手术。积极推行政府购买服务，开展儿童抢救性康复救助规范化建设。加强社区残疾人康复工作，举办残疾人社区康复员培训班，为提升社区康复服务水平和0～6岁残疾儿童筛查工作奠定基础。

【残疾人教育就业】 全市324所义务教育学校开展随班就读工作，542名残疾学生接受全纳教育，为全市694名重度残疾儿童少年实施每年216课时的免费送教上门服务。认真开展残疾人职业技能培训，共计免费培训残疾人2500人次。评选出省级和市级优秀残疾人就业扶贫基地16处、残疾人自主创业标兵和残疾人致富能手各15名，共投入扶持奖励资金112.5万元。投入资金62.4万元，扶持208名残疾人从事

2015年残健乒乓球对抗赛中，残疾人运动员在赛场上顽强拼搏　（供图：许　祥）

自主创业。投入资金158.8万元，帮扶794户贫困残疾人家庭实现脱贫致富。

【残疾人宣传文体】 在市电台新闻频道播出残疾人事业专题节目，在《潍坊日报》开设残疾人事业专版，在《潍坊晚报》开设“爱心助残”专栏，在市电视台开办电视手语新闻栏目。组织开展第二十五次全国助残日活动，努力营造良好的扶残助残氛围。在全市精选残疾人自强典型和扶残助残先进人物进行宣传，向社会各界展示残疾人自强自立的精神风貌。举办残疾人书画艺术作品展和残疾人公益演出以及残疾人文化进社区、残疾人读书会等文化助残活动，丰富残疾人文化生活。加强残疾人体育事业发展，对在全国残运会中获奖的运动员给予奖励；开展残疾人体育项目培训，为全市残疾人体育运动储备人才。

【残疾人组联维权】 完成残疾人基本需求入户专项调查工作，对127672名残疾人基本服务状况和需求进行专项调查。规范残疾人证办理程序，全市共办理残疾人证142734件。残疾人信访工作进一步加强，共受理残疾人来信来访129件（次），处结率达98%。为1346名残疾人发放残疾人机动轮椅车燃油补贴35万元，帮助残疾人走出家庭、融入社会。

（许　祥）

潍坊市红十字会

【人道救助】 积极开展大病救助，为32名困难白血病患儿审核办理中国红十字基金会小天使基金救助申请，每名患儿可获不超过5万元的资助，为15名困难先天性心脏病（以下简称先心病）患儿审核办理天使阳光基金救助申请，每名患儿可获不超过3万元的资助。为2014年申报救助的20名白血病患儿、16名困难先心病的患儿办理拨款手续，两类患儿分别获救助款87万元、48万元，救助款由山东省红十字会直接划拨至患者银行账户。元旦、春节期间，开展送温暖活动，慰问造血干细胞捐献者、遗体角膜器官捐献者家属及困难群众款物总值1.2万元，陪同市卫计委领导走访慰问诸城麻风村并赠送现金2万元。

2015年3月4日，潍坊市红十字会办公室工作人员在会议室向白血病患儿家长发放中国红基会救助告知书　（摄影：任　萌）

【应急救护培训】 加强应急救护培训设施建设，强化培训师资力量，举办应急救护培训班17期，601人经培训通过理论考试和技能操作考核，取得急救员证。开展应急救护知识普及培训，组织应急救护培训讲师及山东省南丁格尔志愿服务团潍坊医学院服务队的志愿者多次走进企业、社区、学校，宣传普及突发事件、意外伤害现场应急处理知识和技能，受益3000余人，有效地保护了群众的生命安全与健康。

【造血干细胞、遗体角膜、器官捐献】 采集造血干细胞捐献志愿者血样604样份，全市累计入库数据资料10958份，25名造血干细胞捐献志愿者初筛合格，11人进行高分辨，8人进行捐献前查体，6人成功实施捐献。为5名2014年造血干细胞捐献者进行捐献后健康查体。新登记遗体角膜器官捐献者16人，完成遗体捐献7例、角膜捐献12例、器官捐献3例。市红十字会荣获全省造血干细胞捐献工作先进单位、全省遗体器官组织捐献工作先进单位。

【筹建遗体器官捐献者纪念碑林】 为方便全市遗体角膜、器官捐献者亲属祭奠缅怀，鼓励捐献行为，2015年开始筹备建立潍坊市红十字会遗体器官捐献者纪念碑林，建设用地由昌乐县政府无偿提供，设在昌乐县烈士陵园内，确定规划设计方案，并募集部分建设资金，项目将于2016年建成投入使用。

【疾病应急救助基金经办管理】 完善疾病应急救助基金经办管理制度，制定《〈潍坊市疾病应急救助基金管理实施办法（试行）〉的补充规定》，成立由市卫计、财政、公安、民政、人社、红会相关负责人和医疗专家组成的基金审核专家库。召开各县（市、区）卫计局和急救医院相关负责人参加的应急救助基金工作会议，培训讲解基金申请经办要求。组织2次集中审核，共审核32家医院503份疾病应急救助基金支付申请，提请市财政局直接拨付相关医疗机构应急救助基金共计131.1万元。

（张善绘　贾俊德）

人民武装

Renmin wuzhuang

潍坊军分区

【概况】 2015年，潍坊军分区深入贯彻习近平主席系列重要讲话精神，以强军目标为统领，以整风整改为基调，突出正风肃纪，聚焦强军备战，坚持依法从严，确保了各项任务顺利推进和圆满完成，部队、民兵预备役建设取得新的发展进步。

坚持用习近平主席系列重要讲话精神武装头脑、指导实践。结合参加军区、省军区理论读书班组织团职干部同步培训，区分专题组织领导干部交流学习体会，配齐学习书目，编发学习材料研读原文，促进讲话精神学习普及深化。“学习践行强军目标、做新一代革命军人”主题教育活动和“新一代革命军人样子”大讨论深入扎实。积极开展拥护支持改革教育，专题召开思想政治工作形势分析会，坚决肃清郭徐案件影响，官兵思想纯洁稳定。组织开展纪念抗日战争胜利70周年系列活动，遴选的抗战支前模范代表吴德娟光荣参加“9•3”大阅兵。新闻报道、双拥共建、计划生育、涉军维权、应急信访等工作成效明显。

严格战备值班制度规定，开展值班系统整治，修订各类战备方案，加强民兵应急分队和民兵信息员队伍建设，战备基础更加扎实。参加山东省海防管控演练、组织保障部队机动过境、迎接军区国防动员实战化建设和海防建设检查调研等活动圆满完成。军事训练教练员、军分区首长机关和团级单位主官集训、年度战备训练检查考核组织严密，省军区基础训练考核和现役干部普考成绩优异。落实党委议训制度，在诸城市召开党委全会专题议训，现地研究加强社区民兵组织建设、推进深化备战的对策措施。超额完成民兵预备役年度训练任务。高密市和预备役高炮团参加省军区实弹战术演习考核成绩优秀，冬季野营训练、海上适应性训练如期完成。

合理调整编组布局，组织基层武装部长整组业务培训。在昌邑市、潍城区分别成立省、市抗震救灾分队，高标准完成山东省抗震救灾应急救援综合演练任务。顺利完成新兵征集任务，大学生征集比例提高一倍，退兵比例明显降低。定向培养直招士官体检面试、退伍军人和地专对口预备役登记统计等工作组织严密，为现役部队预编人员基础技能集训成效明显。联合市委、市政府出台主动问需部队建设推动军民融合发展《意见》，组织县（市、区）人武部党委第一书记述职，开展“党管武装好书记”等评选表彰活动，促进了党管武装制度落实。军分区协调资金为帮扶村整修道路、改造村小学，受到群众赞誉。

深入开展“学法规、用法规、守法规”活动，定期组织法规考核、队列会操、军容风纪检查，官兵、职工条令意识和法纪观念得到增强。坚持“三委”联动合抓机制，开展“百日安全竞赛”，坚持挂账销号排查整治安全隐患，促进了经常性安全管理工作末端落实。加强关键岗位涉密人员政治考核和教育管理，推进核心要害部门建设，安全保密秩序更加规范。积极适应“两次选取、两季退役”新情况、新特点，及早筹划部署，士官选晋和士兵退役工作顺利完成，实现第十二个“安全年”目标。军事编研、警备工作卓有成效。

认真贯彻《后勤战备工作规定》，更新后勤战备数据资料，完成省军区赋予的规范后勤战备方案计划任务，调整民兵后勤专业保障分队，后勤常态化战备水平进步提升。开展财务工作大检查，高标准迎接省军区督导检查和问题整改，落实经费预算、联审会签等制度，经费使用效益明显提升。开展房地产租赁、不合理住房等专项清理整治，果断停止征兵接待楼对外租赁、卫生所对外服务等有偿服务。军交运输、医疗卫生、军需油料、营房管理工作扎实有效开展。严格民兵武器装备仓库管理制度，组织武器装备普查整治，无差错完成各类武器弹药保障任务。开展公务用车清理整治，指导预备役高炮团维护保养堪用车辆，装备车辆管理秩序更加规范。

适应老干部身心特点，搞好理论学习和政治教育，保证了老干部思想常新、信念永存，老红军齐克先进事迹被新华社内参刊发。开展上门服务活动，健全干休所、家庭、社会“三位一体”保障模式，工作人员业务能力和服务质量进一步提高。坚持常委挂钩帮带、机关对口服务，抓好干休所全面建设。协调推进干休四所、五所营房配套设施升级改造，圆满完成3名退休干部移交安置任务。

3月30日，潍坊军分区组织参加“学习践行强军目标、做新一代革命军人”主题教育活动动员部署会（摄影：段增顺）

扎实开展“三严三实”专题教育整顿，从严从紧推进8个专项清理整治，坚决做好军委巡视组反馈问题和移交线索查处整改任务落实，纠风治弊成效明显，省军区2次帮抓考核给予充分肯定。广泛开展“向身边典型学习”活动，军分区党委作出向干休一所老红军齐克和昌乐县人武部学习的《决定》，举行先进典型事迹报告会，树立了崇善向好鲜明导向。扎实开展“在党言党、爱党信党”和“守党规、严纲纪、正品行”教育活动，下力抓好领导干部上党课、过双重组织生活、报告个人有关事项等制度落实，党员干部党性观念得到加强。及时利用典型案件问题通报搞好警示教育，紧盯经费使用、兵员征集等关键问题，加大督查执纪力度，领导干部纪律规矩意识和部队党风廉政建设有新加强。

【思想政治建设】 2015年，潍坊军分区坚持把学习贯彻习近平主席系列重要讲话精神作为首要政治任务，用好总政编发的《习近平关于国防和军队建设重要论述选编》等教材，配齐《习近平谈治国理政》《习近平关于党风廉政建设和反腐败斗争论述摘编》等书目，组织党员干部学原文、读原著、悟原理。紧紧围绕举旗铸魂、能打胜仗、纠治“四风”和政治建军、“四个全面”战略布局、军民融合发展等基本观点，集中组织24名领导干部立足岗位谈体会感悟，带动了学习讲话精神向官兵普及深化。4月，集中开展“学习践行强军目标，做新一代革命军人”主题教育活动，增强了官兵对新一代革命军人本质内涵和实践价值的理解认同。12月，深入开展拥护支持改革和“珍惜生命、关爱生命”教育讨论活动。

【军事训练】 2015年，潍坊军分区认真贯彻习近平主席“能打胜仗”指示要求，狠抓军事斗争准备拓展深化，努力提高遂行任务能力。1月，结合新年度开训动员，组织现役干部集中考核比武。6月，召开党委全体（扩大）会议专题议训，结合现场检查民兵应急分队遂行任务行动，查看人武部战备训练设施和基层民兵部室家建设，现地研究社区民兵队伍建设和训练问题，深度思考当前城镇化进程加快、农村社区化普及给民兵组织建设带来的新情况、新问题，研究了加强社区民兵组织建设、推进深化备战的对策措施。突出首长机关训练，先后组织现役干部比武竞赛、全区教练员集训、基础训练封闭式集训、年度军事训练检查考核等活动，在5月省军区基础训练检查考核中，取得优异成绩。11月，组织对全区各单位年度军事工作进行检查考评，摸清了全区官兵训练底数，进一步掀起了军事训练热潮。扎实开展基干民兵入队训练、专业基础训练和小专业兵集训，全年共组织民兵连排长、专武干部和基干民兵训练6022人次。先后参加山东省地震应急救援综合演练、山东省海防管控行动筹划演练、保障部队机动过境、

1月6日，潍坊军分区组织开训动员和战术课目比武（供图：张杰培）

迎接军区海防工作检验评估等活动，部队遂行多样化任务能力得到检验提升。结合季节和社会维稳形势变化，及时组织抢险救灾、应急维稳综合演练，组织参加冬季野营拉练、海上适应性训练和省军区实弹战术演习，圆满完成各项训练任务。

【安全管理工作】 2015年，潍坊军分区以争创第12个安全年为牵引，积极开展“学法规、用法规、守法规”和“百日安全竞赛”等活动，不断增强官兵、职工条令意识和法纪观念。制定下发《军分区“五项整治”活动实施方案》，采取统一部署、按级负责，同步展开、逐项整治，分专业、按系统检查验收的办法，按照“有什么问题就解决什么问题、什么问题突出就下大力解决什么问题”的原则，区分层次，细化标准，重点整治信息安全保密、车辆事故预防、枪弹危险爆炸物品、演训活动安全、小散远单位和机关公勤人员管理5个方面的突出问题。自7月开始，广泛开展“百日安全竞赛”活动，采取军分区统一部署、各单位具体实施的方式进行，重点围绕履职尽责、日常秩序、军容风纪、军车管控、重要目标5个方面搞好对照检查，并突出重大活动、重要时节、重点部位、重点人员抓好安全管控。按照军区《加强训练安全防范二十条措施》，强化训练安全组织领导，严密组织各类演训活动。每季度召开安全工作电视电话会议，对安全工作进行讲评部署。军分区安全委员会、保密委员会、政法委员会坚持“三委”联动合抓机制，每月召开“三委”会分析安全形势，及时下发《纪要》对团级单位安全工作进行指导。每周组织机关昼巡夜查，制定巡查重点，提高巡查工作针对性。积极做好涉军维权工作，协调军地双方妥善处理15起涉军纠纷。6月，会同市司法局成立潍坊市军人军属法律援助工作领导小组，签订潍坊市军人军属法律援助协议，设置法律援助工作站。

1月28日，山东省军区工作组到潍坊军分区检查安全管理工作　（供图：张杰培）

坚持教育为先、技管并重、积极防范、堵塞漏洞，扎实抓好安全保密工作。先后组织全区性安全大检查3次，下发整改通知单30余份，一些倾向性问题得到有效纠治，圆满实现第12个安全年。

【专项清理整治】 2015年，潍坊军分区采取党委领导自查、业务部门核查、听取群众反映等方式，认真清理整治干部工作、财务管理、住房和人员清理等方面存在的突出问题。4月，组织参加省军区“7个专项清理整治”推进工作电视电话会议，指导机关各科（室）按照分工拟制各专项清理整治方案计划和具体措施。组织对干部档案审查中发现的400余处问题进行集中纠治，对财务人清查中发现的8个方面16类问题逐一进行认真纠改，对106套公寓房、463套经济适用房住用情况再次核实认定。中止了凯旋国际酒店的对外租赁。在训风、演风、考风方面，从难、从严组织海防管控演练、迎接上级军事斗争准备检验评估和军事训练监察考核等大项任务，推动了训风、演风、考风持续好转。在行业风气方面，逐级签订廉洁征兵《责任状》《保证书》，严格落实集体定兵制度，征兵工作中的吃拿卡要、收受钱物等现象得到有效遏制，“不廉洁”举报较往年有大幅下降。在基层风气方面，军分区下发相关规定，明确要求，划出红线。纪委不断加大明查暗访力度，及时发现问题和整改问题。严格落实接待管理有关规定，公务接待喝酒、私客公待等问题解决力度大、效果好。在社团清理方面，全区620人以书面形式报告参加社团有关情况，军分区教育整改领导小组办公室会同地方民政部门进行调查核实，对涉及到的3名离退休领导干部提出了整改意见。

【综合保障】 协同潍坊市完善交通战备、经济动员组织机构，理顺了军地保障关系。1月，组织军地后勤动员需求对接，协同搞好经济动员中心建设，全面提升了后勤动员能力。严格落实预算编报正规化，充分运用信息管理手段，汇总完善服装信息档案，提高了官兵服装适体率。建立普查数据库，房地产正规化管理水平进一步提升。以军队单位对外有偿服务管理的一系列政策规定为依据，牵头开展有偿服务单位清理摸底和招接待机构、部队卫生机构清理整顿工作，全面摸清了开展对外有偿服务单位项目和审批情况，纠正了各类问题。5月～6月，顺利中止租赁协议，完成

2月3日，潍坊军分区组织召开“三严三实”专题教育动员部署会议 （供图：张杰培）

征兵接待楼收回交接和设备设施检查备案工作。指导干休一所、二所、三所完成军用土地评估工作，四所、五所供暖接市政管网改造方案通过总部“清煤工程”专家评审。坚持保障向中心聚焦，补充完善各级各类战备器材，指导昌邑人武部对训练基地建设方案进行论证。军分区党委机动费共安排战备训练、解决基层急难问题约216万元。突出抓好后勤经常性管理和重点区域的节能降耗，一些消耗性开支项目与往年同期相比，支出明显下降。严密组织车辆和驾驶员年度审验工作，4月，配合海军青岛保障基地组织潍坊区域驻军单位军车安全环保检测。9月～10月，组织开展“军车交通安全月”和红旗车驾驶员、分队评选活动。11月，组织驾驶专业士兵技能鉴定，提高了驾驶员队伍的素质。以迎接总部油料供应核查和军区安全检查为契机，组织各单位对2013年以来油料供应情况进行全面梳理，组织加油站进行隐患排查，10月～11月，圆满完成生产基地加油站升级改造，在上级安全检查中受到好评。

【开展“三严三实”专题教育整顿】 2月3日，军分区组织召开“三严三实”专题教育整顿动员部署会，军分区政治委员郝树东大校作动员讲话。3月，指导团级单位制定计划方案，开展集中学习教育和完善有关资料。3月17日～20日，军分区召开党委常委专题民主生活会，省军区装备部曹建军部长带工作组到会指导，并对军分区领导班子进行考核和政治生态评估。3月26日，组织召开军分区教育整改领导小组第一次会议，明确军分区教育整改领导小组人员组成和主要职责，传达学习上级文件精神，研究工作措施办法。5月～6月，军分区党委常委带工作组到团级单位联系点指导召开党委专题民主生活会。

【广泛开展“向身边典型学习”活动】 3月，军分区党委分别作出向昌乐县人武部和干休一所老红军齐克学习的决定。9月，推荐干休五所卫生所所长李雪梅参加了省军区身边典型代表事迹报告会。11月，遴选高密市人武部、干休四所卫生所所长刘建红，潍城区城关街道武装部长王均海，预备役高炮团勤务队公务班班长金永兴，预备役高炮团修理所工程师张杰培等5个典型，组织召开军分区先进事迹报告会，通过树典型、学典型，弘扬正气，传递正能量。

【国防动员和后备力量建设】 4月，组织全市基层武装部长集训暨整组业务培训，对整组工作和民兵信息员建设进行专题辅导，编印下发民兵预备役部队《组织整顿实施手册》《组织整顿流程图》《检查考评实施表》，提供对照抓好的具体遵循，推进整组工作规范化落实。严格人员编组的“年龄健康、思想文化、保持在位、能力素质”四个关口，队伍整体素质得到提升。充分利用地方科技人才、技术装备等资源优势，着眼提高专业对口率，在科技含量高、生产效益好、从业人员稳定的单位编组，提高了民兵分队整体建设水平。完善应急管理和指挥机制，健全行动预案，强化针对性训练演练，应急力量遂行任务能力进一步提高。按照“一季征兵、全年准备”要求，狠抓征兵各项工作落实。下发征兵工作量化考评细

11月13日，潍坊军分区先进典型合影 （供图：段增顺）

5月29日，潍坊陆上管控指挥部参加山东省海防演练　　（供图：段增顺）

则，将年度征兵工作区分为好、较好、一般、差4个层次，根据征兵工作实际数据进行综合评价，征兵结束后通报排名。研究制订全市征兵宣传实施计划，对每月、每季度、每阶段征兵宣传的重点对象、主要内容和实施方法进行明确。广泛开展“征兵宣传进校园”活动，在各高校设立征兵咨询站，会同团市委共同组织高校征兵宣讲活动，组织对高校征兵宣传进行专项检查，结合市高考咨询会集中组织宣传动员，充分利用多种传媒及时发布征兵信息，确保人人了解应征条件、入伍程序和优抚待遇。对初审、初检的时间安排、检查项目进行规范统一，并结合初审、初检广泛开展“与应征青年见一次面、谈一次心、查一次体、宣传一次政策、观看一次宣传片”的“五个一”活动，真实掌握了应征青年思想底数，提高了上站人员体检合格率。军分区指导高密市人武部探索展开体检、政治考核“双合格”青年先训后补、集中封闭开展役前教育新模式，按照连队化要求设立班排，通过组织队列训练和基础体能训练、合理安排昼夜执勤任务、参观驻地营区等活动，让应征青年了解部队环境，适应部队生活，增强国防观念，巩固报国信念。

【参加山东省地震应急救援综合演练】 5月7日～8日，山东省在潍北靶场7号阵地组织地震应急救援综合演练。潍坊军分区成立领导小组，潍城区、昌邑市人武部分别成立民兵预备役应急救援队代表军分区参加演练。7日，各救援队远程拉动至演练场地，搭建营地，开展野外宿营、通信、供电、照明、食宿等自我保障，并做好展示准备。8日上午，各救援队伍完成人员装备集结和装备展示准备，潍坊市抗震救灾指挥部在指挥帐篷中组织桌面推演，省、市领导和观摩人员检查各救援队集结、装备展示、宿营及自我保障情况。下午，组织次生灾害抢险处置演练后各分队有序撤出。

（余建国　李建魁）

双拥工作

【开展扶贫帮困活动】 4月，指导各单位按照全省新修订的贫困村名单调整帮扶对象和项目，细化完善帮扶贫困村方案计划，建立帮扶工作档案，健全扶贫落实机制，上报军区经费帮扶的贫困村重点项目实施。6月，组织军分区机关开展“慈心一日捐”和在职团以上干部捐资助学活动，共捐款5.6万元。8月～11月，军分区首长先后到军分区帮扶村临朐县柳山镇郭家庄村现地了解情况，协调资金30万元对村小学进行了升级改造，筹集资金30万元整修村庄道路。

【大力推动军民融合发展】 为深入贯彻中共十八届三中、四中全会精神，认真落实习近平主席提出的军民融合深度发展战略思想，建立健全主动问需部队建设工作机制，全力服务驻潍部队提升战斗力，促进军地共建共享、互利共赢，潍坊军分区联合潍

2015年12月30日，潍坊军分区司令员万伟锋大校（前排）深入到昌乐县乔官镇响水崖村调研　　（供图：段增顺）

坊市委、市政府制定下发《主动问需部队建设、推进军民融合发展意见》（以下简称《意见》）。《意见》对统一思想认识、规范问需内容和相关职责制度等进行了明确规范，要求各级发扬爱国拥军优良传统，牢固树立服务部队优先思想，自觉服从国防建设和军事需要，进一步创新支持部队发展的方式和途径，多领域、全方位了解部队需求，促进主动问需部队建设规范化、常态化，切实做到主动对接、高效服务、全力保障，推进军民融合实现更高层次新发展。11月上旬至12月下旬，潍坊军分区司令员万伟锋大校带机关有关人员围绕各单位年度工作完成情况和军民融合发展情况进行检查调研。通过了解各单位年度重点工作开展和完成情况，认真总结经验做法，查找矛盾问题，研究对策措施，为筹划新年度工作做准备。通过讨论研究、交流发言、参观军民融合发展项目，为"十三五"军民融合深度发展理清思路。

8月1日，市委书记杜昌文（前排左二）在军事日期间与部队首长共同研究军地发展问题（供图：董德才）

【潍坊市人民政府被山东省军事设施保护委员会表彰为"军事设施保护工作先进单位"】 潍坊市认真学习贯彻《中华人民共和国军事设施保护法》等法律法规，按照"健全组织强领导、宣传教育固根基、统筹协调谋作为、完善机制促常态"的思路，积极适应形势发展，努力破解矛盾难题，各项工作有效落实。2012年，迎接总部军事设施保护执法检查得到充分肯定。2015年，潍坊市人民政府被山东省军事设施保护委员会表彰为"军事设施保护工作先进单位"。

（余建国　李建魁）

【深化双拥国防宣传教育】 结合"双拥宣传月""双拥法规宣传月"活动，与部队共同开展以《中华人民共和国兵役法》《军事设施保护法》《关于加强维护国防利益和军人军属合法权益工作的意见》等为主要内容的双拥法规宣传活动。认真办好双拥和国防教育专题、专栏，精心策划"潍坊双拥""鸢都子弟兵""双拥英模"等栏目，进一步提高了潍坊市双拥工作的影响力。结合中国人民抗日战争胜利70周年、第15个全民国防教育日、烈士纪念日等时机，开展了主题国防教育月活动。举办了全市双拥网络系统安全保密培训班，对全市的双拥办公网络进行了安全检查。

【支持部队军事斗争准备】 加强与驻潍部队、到潍部队的沟通协调，积极配合部队完成重大训练演习、战备执勤和维护海洋权益军事行动等任务。积极做好演训场地清理、交通战备、通信保障、群众转移、损失补偿等方面的保障工作，确保各类军事活动圆满完成。组织慰问团到青岛走访慰问海军"潍坊舰"。落实好部队年初所提意见建议，协调相关县（市、区）、单位做好解决工作，全年共为部队解决33个问题。随军家属未就业补助金标准提高到600元。以关爱基层连队、关爱困难官兵、关爱"小散远"单位、关爱功臣为主要内容，积极开展特困官兵救助、"慈善进军营"活动。

【推进军民融合深度发展】 加大对军民融合深度发展的宣传力度，举办了全市领导干部"军民融合发展"专题讲座，邀请国防大学姜鲁鸣教授授课，在全社会特别是各级领导干部中牢固树立富国与强军相统一的观念。联合市经信委制定了"军民融合发展""十三五"规划。积极适应国家发展战略和安全战略新要求，加强军地相互支持与合作，以"五融合、五创新"为抓手，认真落实《主动问需部队建设推进军民融合发展的意见》，推进军地思想政治建设、科技资源优势、人才资源体系、国防动员等全方位融合。

【开展双拥共建活动】 春节期间，积极开展走访慰问活动。"八一"期间，举办"军营一日"活动，26集团军主要领导、驻训部队独立团以上领导和市四大班子主要领导及成员单位主要负责人、四区区委书记参加了活动。10月30日，26集团军军长张岩、政委郭晓东到潍坊城市规划展览馆参观调研，市委书记杜昌文陪同调研。各成员单位和各行业部门发挥自身职能特点和优势，深入开展行业拥军活动，努力打造部门行业拥军活动系列化、经常化。

【双拥模范城考评工作】 下发《关

于做好省双拥模范城（县）年度考评工作的通知》，明确考评标准要求。对迎检县（市、区）跟踪指导，组织县（市、区）互相检查观摩、交流学习，多次召开会议梳理点评，认真整改，实实在在地促进了各项工作的落实。对照考评标准，逐项整理创建资料，制作全市双拥工作专题片，印制全市双拥工作图册。在全省军地联合考评组的考评中，潍坊取得了基本分满分、加分项满分的好成绩，迎检的诸城、高密、昌乐3个县市均取得了较好成绩。

（董德才）

7月2日，组织官兵参观潍坊红色文化纪念馆　（供图：汪帮林）

中国人民武装警察部队潍坊市支队

【思想政治】 突出抓好习近平主席系列讲话、全军和武警部队政工会精神学习贯彻；扎实开展主题教育，举办“强军故事会”，组织“强军梦•我的梦”大讨论；抓好经常性思想教育，开展“学张楠事迹，立军人样子”活动；持续开展“读书伴我成长”和强军战歌教唱活动，政治工作时代感、针对性明显增强。

【中心任务】 大力加强执勤战训法研究，深入治理执勤隐患，严密组织执勤等级评定；狠抓反恐力量建设，按实战化要求，大抓基础科目和干部骨干训练，部队遂行任务能力不断增强。年内，先后完成市“两会”、菜博会、风筝会、中日韩产业博览会和武装押解、城市联勤武装巡逻等各类临时勤务，受到驻地党委政府和人民群众赞誉。

【依法治警】 深入开展“条令学习月”“学法规、用法规、守法规”活动，着力正规部队秩序；严密组织“百日安全竞赛”“紧盯六十天，全力保安全”等活动，建立健全安全风险评估机制，狠抓重点部位、重点时段管控，有效促进部队安全稳定。

2月9日，召开支队党委三届五次全体（扩大）会议　（供图：汪帮林）

【基层建设】 认真落实当兵蹲队和“常委包片、股队挂钩”等制度，加大帮建帮抓力度；以“学纲要、知纲要、用纲要”为主题，广泛开展岗位练兵活动，着力提高各级干部素质能力；以争创“成武式中队”活动为载体，激发各级争先创优动力，部队建设基础底蕴更加厚实。

【综合保障】 扎实开展“伙食管理规范年”活动，与驻地13家医院签订对口支援协议；着力强化应急保障能力，修订完善应急保障预案，组织专业训练和实兵演练；协调2000余万元完成六中队基础设施建设，持续推进潍坊监狱、一中队和安丘中队营房新建搬迁工作，官兵工作生活环境得到改善。

【班子建设】 严格按规矩、按程序实施决策，提高集体领导水平；深入开展“三严三实”专题教育整顿活动，认真落实党课教育制度；坚持带头转作风，大力纠治倾向性问题，努力办好“暖心惠兵十件实事”，树立党委机关良好形象。

5月16日，人防共同训练现场　　（供图：鲁雪华）

【支队党委三届五次全体（扩大）会议】 2月9日，召开支队党委三届五次全体（扩大）会议。潍坊市委常委、政法委书记苏立科，副市长兼公安局局长、支队第一政治委员于永生等领导出席会议，并为获奖单位和个人颁奖。

【参观红色纪念馆】 7月2日，组织官兵参观潍坊红色文化纪念馆。

【全省看守所安全工作会议】 7月16日～17日，全省看守所安全工作会议在潍坊召开。总队司令员李苏鸣、省公安厅副厅长王兆玉等领导，全省各地市公安局和武警支队领导到现场观摩指导。

【欢送退伍老兵】 9月5日，举行2015年度夏秋季退伍老兵欢送仪式。潍坊市委常委、政法委书记苏立科，副市长兼公安局局长、支队第一政治委员于永生和潍坊监狱、潍北监狱、潍坊市看守所等目标单位领导到仪式现场，看望慰问退伍老兵。

（汪帮林）

人民防空

【概况】 2015年，聚焦人防“能打仗、打胜仗”核心能力建设，狠抓工程建设管理、组织指挥体系、依法行政和“准军事化”机关建设，提出“应建必建，以建为主”的工作思路，各项工作整体推进，稳步发展。被市委、市政府表彰为“潍坊市创建全国文明城市工作先进单位”。

【“三严三实”专题教育】 按照中央和省、市委的统一部署，认真开展“三严三实”专题教育。注重用好正反两方面典型，组织班子成员进行研讨，认真查找领导班子和班子成员个人存在的“不严不实”问题及原因，提出切实可行的解决办法，并抓好整改落实。积极探索践行“三严三实”的制度机制，扎实做好建制度、立规矩工作，强化权力运行、制约、监督等，将制度笼子扎紧织密。

【信息保障】 突出新知识、新理论的熟悉掌握，摸索人防训练新路子，组织两期共80人次的共同训练。加强信息化建设，加强对城区警报报知设施的检查和维修，完成全市“6·15”防空防灾警报试鸣。继续推进城市防空袭方案的修订，组织重要经济目标单位普查，低空雷达建设签订采购合同，提高应急情况下遂行任务的能力。

【人防工程建设】 加强结合民用建筑修建防空地下室工作，全年结合民用建筑修建防空地下室的报审率、结建

11月21日，市人防办预备役人员参加按纲施训总结大会　　（供图：鲁雪华）

人防工程面积大幅度提高。2015年，全市共审批防空地下室面积达到历史总和的70%以上，人防工程建设管理成效明显。

【依法行政】 制定部门责任清单，完成执法主体审核登记工作，规范行政执法主体、执法程序和档案管理。建立行政执法责任制，法制监督不断强化。清理规范行政审批事项和服务事项，实行行政审批一审制、会审制，推行行政审批标准化和网上审批，规范人防中介服务事项，优化审批流程，减少审批层级，提升审批质量和效率。2015年，行政审批事项的办结率、准确率、群众满意率均达到100%，市人防办行政审批窗口被表彰为全市“文明服务窗口”。加强防空地下室易地建设费收缴管理，12月，执行省定易地建设费收费标准，对潍价费发〔2010〕17号文件确定的收费标准进行规范调整。

【人防机关“准军事化”建设】 严格落实中央“八项规定”，持续抓作风建设，围绕“能打仗、打胜仗”中心任务，努力造就一支“战时用得上，平时拉得出”的人防队伍，在潍坊军分区大力支持下，市直人防系统全员加入预备役，正式对干部职工实行预备役管理。通过分期强化军事训练，增强了人防干部军事知识和技能，锻炼了队伍。

（鲁雪华）

法　治

Fazhi

政法委综治工作

【概况】 2015年，在全市科学发展综合考核群众满意度电话访问中，潍坊市群众对社会治安状况的满意度，在访问的六项指标中，分数名列第一。市委政法委被评为全市优秀基层党组织、学习型党组织、工会工作先进单位、创建全国文明城市先进单位。

【维护社会稳定】 加强群体性事件应急处置机制建设，健全完善组织领导、工作预案、应急保障、基础防范“四个体系”，构建市—县（市、区）—镇（街道）三级应急处置网络，形成总分结合、责任明确、配套联动的处置体系。加强信息搜集研判工作，及时回应社会关切的问题，依法妥善处置敏感案件，牢牢掌握舆论主动权。开展依法治理进京非正常上访工作，突出“事要解决”，加大依法治理力度，有效规范信访秩序；健全完善治理进京非正常上访工作考核办法、处理“跨离”进京非正常上访事项责任认定办法、涉法涉诉信访工作程序和办理机制，严格落实通报约谈、黄牌警告、一票否决等制度，推动工作责任落实。

【服务经济发展】 主动服务经济社会发展大局，推动裁执分离举措实施，依法保障国有土地上房屋征迁工作，有效服务市委提升市区发展战略。省委副书记、省长郭树清对潍坊市依法推进国有土地上房屋征迁工作的经验做法作出批示肯定。出台《中共潍坊市委政法委员会关于全市政法部门加强司法执法职能维护金融秩序的意见》《关于在全市农信系统和潍坊银行开展依法治理恶意逃废银行债务专项活动的实施方案》。出台《关于加强防范打击信息诈骗犯罪工作的意见》，推动成立反信息诈骗中心，在全省率先建立预防打击信息诈骗犯罪新机制，实现对信息诈骗犯罪的快速处置。整顿和规范市场经济秩序，依法打击各类经济犯罪，促进经济健康运行，全市法院依法审结一审商事案件26013起，审结各类知识产权纠纷案件427起。组织做好农民工工资支付保障工作，推动依法查处各类拖欠农民工工资案件，依法维护劳动者合法权益。

【化解社会矛盾】 加强社会矛盾化解工作，坚持一手抓矛盾化解，一手抓机制建设，出台《关于进一步深化“4+2”依法化解社会矛盾机制建设的意见》，探索建立以人民调解为基础，以“专业调解、警民联调、检调对接、诉调对接”四个工作平台为依托，以“听证法、律师参与社会矛盾化解”两种工作方法为抓手的“4+2”依法化解社会矛盾新模式，把大量复杂矛盾纠纷化解在基层。新华社《山东参考》清样刊发潍坊市推进“4+2”多元化矛盾纠纷解决机制建设的经验做法，省委常委、政法委书记张江汀作出批示肯定。完善重大决策社会稳定风险评估工作，出台《潍坊市重大决策社会稳定风险评估提醒制度》《潍坊市重大决策社会稳定风险评估备案制度》《2015年度全市重大决策社会稳定风险评估工作专项考核实施方案》，完善配套制度体系，从源头预防和减少社会矛盾发生。推进医疗纠纷第三方调解机制建设工作，下发《关于成立潍坊市医患纠纷处置工作领导小组的通知》《关于成立潍坊市创建平安医院暨维护医疗秩序打击涉医违法犯罪专项行动领导小组的通知》，推动化解医疗卫生行业矛盾纠纷。

【平安潍坊建设】 市委、市政府主要领导代表市委、市政府与12个县（市、区）、4个市属开发区党委、政府主要负责人签订了《2015年度社会管理综合治理暨平安潍坊建设工作承诺责任书》，全面推动平安潍坊建设工作落实。坚持常态化打击和专项整治相结合，依法打击整治各类违法犯罪行为，潍坊市打黑除恶综合成绩连续两年均居全省首位。加强立体化社会治安防控体系建设，制定《关于加强和创新立体化社会治安防控体系建设的实施意见》《潍坊市立体化社会治安防控体系建设三年规划（2015—2017年）》，健全完善地面、地下、空中、海域、网络“五位一体”的立体化社会治安防控体系，构建党委领导、政府主导、综治协调、部门齐抓共管、社会积极参与的工作格局；省委、省政府在潍坊市召开全省创新立体化社会治安防控体系建设现场会，推广潍坊市创新立体化社会治安防控体系建设的经验做法。推进视频监控

2015年8月12日，全省创新立体化社会治安防控体系建设现场会在潍坊市召开
（供图：王 川）

全覆盖工程，将“天网工程”纳入“智慧城市”建设，全市一、二、三类监控目标视频覆盖率均达到100%。开展社会治安重点地区和突出问题排查整治，加强寄递安全管理，推进规范烟草市场秩序，加强铁路护路联防工作，维护社会治安秩序。推进基层综合服务管理平台建设，深化城乡社区网格化管理，健全网格管理服务队伍，夯实综治工作基层基础。开展见义勇为人员表彰奖励、权益保护、救济救助等工作，制定《潍坊市见义勇为基金会奖励和救助标准（试行）》，年内，表彰奖励19名先进个人；设立“爱心账户”，对生活困难的见义勇为人员家庭进行救助；加强见义勇为先进典型推树工作，安丘市赵洪涛被评为全国见义勇为英雄司机、全省见义勇为模范，青州市王金国被评为全省见义勇为模范。

【法治潍坊建设】 制定《市直有关部门贯彻实施<中共潍坊市委关于贯彻落实党的十八届四中全会和省委十届十次全会精神全面推进依法治市的实施意见>重要举措分工方案》《贯彻实施〈中共潍坊市委关于贯彻落实党的十八届四中全会和省委十届十次全会精神全面推进依法治市的实施意见〉重要举措2015年工作要点》《深化司法和社会治理体制改革2015年工作要点》，加快推进司法和社会治理体制改革。制定《2015年潍坊市“百名法学家百场报告会”法治宣讲活动实施方案》，组织开展“百名法学家百场报告会”活动。加大普法宣传教育工作力度，抓好以宪法为核心的中国特色社会主义法律体系教育。加强执法监督和案件评查工作，对重点涉法涉诉信访案件进行集中评查，推动政法机关公正、廉洁、文明、规范执法。开展司法救助工作，出台《潍坊市国家司法救助资金管理办法》，对生活贫困的案件当事人实施司法救助。完善公共法律服务体系，全面推进社区法律服务诊所建设，全市建成社区法律服务诊所770个，基本实现社区全覆盖；中国法学会党组书记、常务副会长陈冀平对潍坊市推进社区法律服务诊所建设的经验做法作出批示肯定。

【法学会建设】 开展法学研究，成立市法学会行政法学研究会、市法学会企业破产法学研究会，市法学会机关被市编委确定为群众团体机关。推进法学法律人才库建设，出台《潍坊市法学法律人才库建设工作实施办法》，为开展法学研究、司法援助、普法宣传等工作提供法律人才保障。

（侯永军）

2015年5月27日，市法学会行政法学研究会成立　　（供图：程国平）

法治政府建设

【地方立法工作】 山东省十二届人大常委会第十五次会通过决定，从2015年8月1日起赋予潍坊市地方立法权。市政府从有关领域遴选110名专家，成立潍坊市政府立法智库，为政府立法提供智力支持。做好基础调研工作，征集到30个立法建议项目，并分别列入年度立法计划和5年立法规划。

【规范性文件管理工作】 落实规范性文件“统一登记、统一编号、统一公布”制度，2015年，共对市政府14个规范性文件、市直各部门89个规范性文件进行统一登记、统一编号和统一公布。严把文件合法性审查关，对98个规范性文件和政策类文件进行审核。开展文件清理，对2011年12月31日以前以市政府令、市政府文件和市政府办公室文件形式发布规范性文件进行了清理。共清理出市政府规范性文件426件，保留156件。

【政府法律顾问工作】 印发《潍坊市人民政府办公室关于有效发挥政府法律顾问作用的意见》，明确政府法律顾问参与的事项，建立健全法律顾问保障制度。推行政府法律顾问挂职法务助理制度，选派能力强、作风正的律师到政府法制机构挂职。2015年，政府法律顾问共参与重大决策合法性审查13件，政府合同审查60件，规范性文件审查11件，行政应诉案件15起，行政复议案件27起，行政赔偿案件2起，政府信息公开案件12起。

【行政执法监督工作】 开展行政执法主体审核确认工作。公布确认市级具备行政执法职能的单位88家，其中法定行政机关39个、法律法规授权单位26家、依法受委托执法单位23家。推行行政执法责任制。组织市政府与各执法部门签订行政执法责任书，行政执法部门与执法人员签订行政执法责任书。落实行政执法人员持证上岗和资格管理制度。组织全市6897名执法人员参加了省政府法制办统一组织的公共法律考试。

【行政复议应诉工作】 开展行政复议规范化建设，制定《潍坊市行政复议规范建设实施方案》，对行政复议机构建设、队伍加强、规范复议程序、完善办案场所等提出明确要求，并确定诸城、高密、寿光3个市为试点市。改进办案方式，广泛采取公开听证、实地调查、调解和解、集体会审等办案方式。2015年，全市各级复议机关共收到行政复议申请859件，比上年增加274件，增幅为46.83%。2015年，全市共发生行政应诉案件697起，各县（市、区）共发生行政应诉案件582起，市政府及其部门发生行政应诉案件115起。全市共收到以市政府为被告的行政应诉案件34起，出庭应诉36次，实现零败诉。

【仲裁工作】 全年共受理各类仲裁案件477起，案件标的额4.06亿元。全年共审结案件429起，收结率达到90%。设立潍坊金融仲裁院，建立信息查询、微博、微信、短信四个平台，为案件当事人提供全方位免费仲裁法律查询、咨询服务。

（王　涛）

公安工作

【概况】 2015年，省公安厅考核市级公安机关114项指标，潍坊市优秀率73.68%，位居全省第一。省公安厅巡视巡察市局党委班子综合评价优秀率99.57%，领导班子成员民主测评优秀率均在99.5%以上。市公安局被评为“全省优秀公安局”，省公安厅记集体二等功。“三八六”环保行动淘汰黄标车数量全省首位，市委、市政府被记集体二等功。

【打击防范成效提升】 完成各级“两会”、中共十八届五中全会、“9•3”阅兵和中日韩产业博览会等安保维稳任务。完善敏感案事件应对处置机制，未发生敏感舆情炒作。推动反暴恐工作责任落实，做到“领导、队伍、方案、装备、演练”五到位，确保一方有急、八方支援。加强应急处突，建立“中心城区、相邻县市区、全市范围”3个防控圈，全市1700名警力轮值轮守。对110指挥调度平台数字化升级改造，警情数据鲜活真实、云端存储，智能分析“三高”警情。依托大数据情报分析平台，试点对各类案件、重点人员、公共安全事故等警情数据撒点标注，在全市镇街、村居、小区立体化展现，对全市各个区域进行平安指数测算、安全评估，引领打防管控。中心城区、县（市）城区每天保持1100车次、3300人次四班三运转，网格化布警，24小时巡逻。加快推进视频监控建设，16个县（市、区）全部建设视频监控平台，组建1200人的视频巡逻队伍，全市110有效警情、治安警情、刑事警情同比大幅下降。全面推进“平安网络”建设，加强上网场所管控，开展网上公开巡查执法300余次，发现处理涉稳涉警信息2143条，处罚违法网站56家。坚持严打方针不动摇，破获刑事案件26387起，抓获犯罪嫌疑人11137名，现行命案破案率达到100%。深化打黑除恶斗争，全市共打掉黑恶犯罪团伙137个，一审判决团伙成员910名，打黑除恶成绩全省名列前茅。深化禁毒人民战争，开展易制毒化学品专项整治行动，破获毒品刑事案件469起，缴获毒品折合冰毒21.14公斤。加强经济领域风险预警，破获经济犯罪案件421起，避免和挽回经济损失4.7亿余元，及时侦破山东金河投资集团有限公司非法吸取公众存款案。

【服务管理效能提升】 创新回访模式，完善潍坊民生警务平台，办理群众诉求事项20.6万件，群众满意率达99.8%。启动“移动卫士通”物联网防盗工程，有效破解电动车管理难、破案难、追赃难、返还难问题。成立省内首家反信息诈骗中心，公安、通信、银行、法院四方联动、一体处置；推出异地办理居民身份证、户口网上迁移，推行出入境“电子护照”和“一表通”等便民新举措。参与“三八六”环保行动、“国家级食品安全城市”创建等活动，淘汰黄标车6.8万辆。侦办食品药品环境案件421

起，打掉窝点299处，打击成效居全省前列。开展“五项整治”行动，强化交通、消防、危爆物品安全监管，排查交通安全隐患1913处，整改1692处；发现整改火灾隐患16.5万处，责令“三停”单位174家，未发生群死群伤公共安全事故。

【信息化建设水平提升】 研发建设潍坊公安大数据警务云研发中心，完成52个非涉密主干业务系统迁移上云，为45个业务应用系统提供虚拟服务器调用服务，开启基础信息化“云上警务”新模式。按照“共享是原则、不共享是例外”的要求，引进整合公安内外部数据750类、51.77亿条，标准化处理数据89类、9.2亿条，在全省率先完成大数据警务云计算安全服务中心试点建设任务。建成一体化指挥调度、大情报、网络社会综合管控、合成作战和神眼大数据“五大平台”，强化对“人、地、事、物、案件”重点要素的管控。开发移动警务“软件商店”，挂接APP应用62项，移动警务手机终端列装率达到100%，“动中通”卫星通信系统列装形成战斗力，纳入公安部管理序列，确保信息建设成果落地。

【执法规范化水平提升】 依托问题数据管理系统，汇集警务回访、公安信访等28个网上网下、内部外部监督渠道的问题数据，每月汇总分析。落实司法体制改革各项举措，开展立案突出问题专项治理，推行刑事案件法制部门“统一审核、统一出口”工作模式，推广应用执法办案闭环管理系统，实行执法办案积分激励机制，严格执法管理，提升执法质量。在全省公安机关率先完成行政权力清单、责任清单、行政审批事项清单编制任务。

【队伍整体素质提升】 严格干部选拔任用，调剂使用政法专项编制50个，优化机构编制资源配置，增设保税分局、反信息诈骗中心、禁毒等10个正科级机构和4个副科级机构，增配相应领导干部职数，协调指导县（市、区）局高规格单设禁毒机构，在干部政策范围内最大限度倾斜，科级非领导职务职数设置比例和数量均大幅提高。创新队伍管理措施，研发“警意数据管理云平台”，实时收集、动态掌握近万名民警思想动态、职业规划、身心健康、教育训练、兴趣爱好，有针对性地深化爱警工程，科学管理队伍。联合浙江大学、中国人民公安大学等高校，举办领导干部能力提升研究班、派出所所长培训班，提升队伍素质。年内，49名民警通过国家司法考试，总数达到454人，占总民警数的5.04%，通过总人数和占比连续4年居全省第一。推行“菜单式”警营兴趣小组建设，丰富警营文化。实施基层减负工程，制定《服务基层二十项措施》等12项制度文件，每年评选为基层服务10件实事，农村派出所全部落实“一警一宿舍”，民警的职业认同感和满意度提升。深化立功创模，集中涌现出“全国先进工作者”“二级英模”等5个重大典型。

（赵 敏）

检察工作

【概况】 2015年，全市检察机关共立查各类职务犯罪案件226件295人，其中大案要案264人。批准逮捕犯罪嫌疑人3040人，提起公诉8565人。依法追捕、追诉531人，不捕、不诉1782人。提出刑事抗诉54起，法院已审结34起，采纳28起。对认为确有错误的民事行政裁判，抗诉、提请抗诉和发出再审检察建议49起，办理执行监督、调解监督和诉讼违法调查案件78起。加强刑事执行监督，纠正刑罚变更违法34起，监督收监暂予监外执行罪犯6人，监督特赦罪犯149人。潍坊市人民检察院连续三年被山东省人民检察院表彰为“全省优秀检察院”，全市检察机关有22个集体和14名个人受到省级以上表彰。

【查办和预防职务犯罪】 查办济宁医学院原党委书记侯端敏（正厅级）、济南铁路局原副局长罗洪祥（副厅级）、中铁二局青岛工程公司原总经理任宗军（正县级）、潍坊市妇幼保健院原党委书记王清图（正县级）、潍坊银行股份有限公司原副董事长王宗华等9起县处级以上干部受贿案，市国有资产经营投资公司资产部原主任徐晓东、寒亭区商务局原局长王延君等74起科级干部受贿案。在人防领域立查包括市人防办原主任王玉春（正县级）在内的贪贿窝案14起19人，在商务系统查办实施“万店千村”项目中出现的渎职串案9起9人，在青州市工商局立查领导班子成员集体贪污案7人。查办“小官大贪”19人，其中潍城区望留街道财政所原会计朱航贪污公款269万元，诸城市埠口村原党委书记李储坤等3人合伙贪污征地补偿款154万元。查处司法行政人员徇私舞弊、以案谋私等职务犯罪14人。查处行贿犯罪人员26名。坚持惩防并重，组建警示教育宣讲团14个，面向基层一线、高等院校、金融企业等宣讲196次，受教育干部群众7万余人。开展专题预防，深入138个乡村、70个社区开展法律政策宣传活动。加强专业化预防，受理行贿犯罪档案查询10312次，19个单位被取消市场准入资格，在22项政府投资重点工程中开展预防约谈137人次。开展司法会计介入重点项目专项预防38件，该项工作被评为潍坊市“优质服务项目”。

【强化诉讼监督】 坚持宽严相济，对830余起轻微刑事案件依法建议从宽处理，对856名轻微犯罪人员作出不捕或不诉决定。建立涉罪未成年人批捕、公诉、监管、预防一体化机制，对116名涉罪未成年人依法宽缓处理。全面推行检察宣告制度，对264起不批准逮捕和不起诉案件进行公开宣告，全部实现案结事了，全市检察机关连续三年未出现涉检越级访。开展“完善诉访分离、司法导入机制”工作，构建第三方参与信访化解机制，全面实施律师参与化解和代理涉法涉诉信访案件工作，共妥善处置各类信访案件1406起，7家单位被评为全国文明接待室。加强刑事立案监督、侦查监督和审判监督，与市公安局会签了《加强和规范刑事立案监督工作的意见》，与市法制局、监察局搭建了“两法（刑事司法与行政执法）衔接”信息共享平台，全年共监督立案83起，监督撤案176起。开展对公安派出所刑事侦查活动监督试点工作，共监督立、撤案74起，纠正违法177起。对认为不当的刑事判决裁定，严格把握抗诉标准，青州市检察院抗诉的王继一等人生产、销售有毒、有害食品案被最高人民检察院评为“全国精品刑事抗诉案件”。开展行政执法检察监督和公益诉讼试点工作，发出的检察建议被采纳78件。加强刑事执行监督，监督纠正违法交付、违规提讯、超时劳动等监管违法52件，督促法院及看守所交付执行17人，对在社区服刑人员管理专项检察活动中发现的脱管、漏管36人和又犯罪15人，监督司法行政部门依法纳入监管、收监执行或启动新的诉讼程序，健全超期羁押防控长效机制，实现全市看守所连续31年无超期羁押，成为全国检察机关知名品牌。

【服务保障民生】 坚决惩治危害民生民利犯罪，先后查处发生在基层政权和村民自治组织中虚报冒领惠农资金、侵吞征地补偿款、套取低保金等职务犯罪82人。加强对弱势群体的司法保护，严厉打击非法拘禁、拐卖、猥亵妇女儿童等犯罪66起。注重人文关怀，开展司法救助，对89名因遭受犯罪侵害或民事侵权、生活陷入困境的当事人及其亲属发放救助金80余万元。构建以派驻基层检察室为阵地、以“五进两服务”大走访为载体、以民意诉求快速办理为目标的常态化机制，切实打通联系服务群众的最后一公里，先后走访基层群众1.4万人次，提供法律服务2100余次，解决困难问题527件，帮扶困难家庭788户。

【执法规范化建设】 开展规范司法行为专项整治活动，组织案件质量评查和检务督察137次，发现纠正问题545个。建成标准化的指定居所监视居住区和35个专用讯问室，完成市、县两级院同步录音录像控制中心，形成全空间封闭、全范围监控、全过程防范的办案控制平台。坚持以信息化促规范化，搭建侦查信息平台，建成标准化电子证据实验室。建立司法活动可视化系统，对侦查、提审、出庭、出警等活动实时监督、动态管控。健全完善检察权透明运行机制，利用检察门户网站、官方微博和检察微信发布信息5600余条，通过案件信息公开平台发布重要案件信息96条、法律文书2361份、程序性案件信息14470余件。全省检察机关推进司法规范化建设工作会议在潍坊召开，给予高度评价。

（孙立波）

法院工作

【概况】 2015年，潍坊法院受理各类案件121865起，办结115952起，同比分别增长16.5%和16.6%，结案标的额309.2亿元。其中，市中级人民法院受理12215起，办结12121起。市中级人民法院被最高法院确定为“全国多元化纠纷解决机制改革示范法院”，高密人民法院被最高法院授予“全国模范法院”，有33名法官被授予省级、国家级称号。

【审判执行工作】 贯彻“宽严相济”刑事政策，共审结各类一审刑事案件6279起，判处罪犯8942人，同比分别上升9.5%和11.0%；依法严惩职务犯罪，审结贪污贿赂、渎职等犯罪案件149起，判处罪犯179人；严格罪犯减刑假释条件及办理程序，依法减刑假释4260人，根据全国人大常委会的决定，对符合条件的149名罪犯依法裁定予以特赦。依法审结一审民事纠纷案件42453起，同比上升3.6%。审结一审商事案件26013起，同比上升27.9%。审结一审行政诉讼案件805起，审查执行非诉行政案件2302起；深化依法行政与公正司法的良性互动，推进行政机关负责人依法出庭应诉，制作发布行政审判和房屋征迁行政案件白皮书，促进法治政府建设。加强对驰名商标、核心技术和新兴产业知识产权的司法保护，共审结专利权、商标权、著作权等知识产权纠纷案件427起；开展知识产权司法服务，召开知识产权新闻

4月15日，潍坊中院对原菏泽市委常委、统战部部长刘贞坚受贿案作出一审宣判

8月13日，全省法院多元化纠纷解决机制改革工作经验交流会在潍坊召开

发布会，发布知识产权司法保护状况和十大典型案例，营造有利于“大众创业、万众创新”的良好法治环境。加大执行工作力度，共执结各类案件27391起，结案标的额102.8亿元；建立司法查控中心，完善司法协助网络工作平台，全年查询冻结存款1.27亿元；依法惩戒失信被执行人，及时公开发布36534名“老赖”信息，在融资贷款、高消费、乘坐飞机高铁等方面加以限制。

【服务经济社会发展】 完善专业审判机制，共审结各类金融借款纠纷9143起，标的额75.1亿元。审结涉房屋征收补偿的一审行政案件68起，受理审查非诉行政执行案件47起，裁定准予执行46起，促进了全市房屋征迁工作的法治化和规范化建设。

【司法便民利民工作】 全市各法院诉讼服务中心全面升级改造，搭建集诉讼服务、诉调对接、立案登记、案件速裁、信访接待等多项功能于一身的一站式、综合性诉讼服务平台，方便当事人在一个中心即可集中办理庭审以外的全部诉讼事项。推进立案登记制改革，兑现“有案必立，有诉必理”的郑重承诺。落实诉访分离要求，共审查申诉、申请再审案件227起，提起再审60起。开通与最高法院、省高级法院联网的远程视频接访系统，把网络信访打造成信访主渠道。建立律师代理申诉制度，每个工作日皆有律师于信访大厅值班，共接待群众申诉、咨询145人次，息诉息访96起。

【推进社会矛盾化解】 市中级人民法院和各基层法院均设立诉调对接中心，各基层法院在镇（街）综治维稳中心均设立诉调对接工作站，在全市人口集中社区和偏远农村设立122个法官联系点、437个巡回审理点，构筑“全面覆盖、有机衔接”的基层矛盾纠纷预防化解网络。实行“诊、调、裁、审”四步走工作流程，对起诉到法院的各类民事纠纷进行有序分流和高效化解；加强与相关职能部门、类型化调解组织的协调沟通，形成纠纷解决合力。全市法院收案增幅连续多年低于全省平均水平，全市一审民商事案件万人成讼率仅为0.8%，初步形成可推广可复制的诉调对接“潍坊经验”。8月13日，省法院在潍坊召开现场会，推广“潍坊经验”，《新华社内参》对潍坊的做法给予大篇幅介绍。

【司法规范化建设】 推进司法责任制改革，在市中院刑事审判庭开展了主审法官、合议庭办案责任制试点，在基层法院探索组建审判团队，建立专业法官会议制度专门研讨疑难案件，实现“让审理者裁判、由裁判者负责”的改革目标。深化司法公开，实行裁判文书“二维码”制度，继续委托社会第三方评估机构开展司法公开评估工作，全市法院在互联网公布裁判文书14万余份，上网数量位居全省第一；通过门户网站或官方微博直播庭审案件963起；通过短信实时发送案件流程节点信息55万余条。加强人民陪审工作，全市法院一审案件陪审率达95.7%。推进智能化法院建设，已建成覆盖两级法院的专网和信息集控管理中心；推行网上办案，实现对案件进度、权力运行的同步跟踪监督；推进“互联网+诉讼服务”，开通12368诉讼服务热线和律师服务平台，建设诉讼服务网。

（刘　鹏）

司法行政工作

【概况】 2015年，潍坊市司法局被省人社厅、省司法厅、省公务员局联合表彰为“全省司法行政系统先进集体”并记集体二等功，被省文明委授予“2015年度省级文明单位”称号。国家司法考试、信息化建设被省司法厅记专项集体二等功。

【法治潍坊建设】 贯彻市委《全面推进依法治市的实施意见》，推动落实“谁执法谁普法”责任制，召开普法依法治理调度会议和市普法依法治市领导小组全体会议，对加强普法依法治理工作作出部署。9月12日，市委、市政府印发实施《法治潍坊建设纲要》。突出以宪法为核心的中国特色社会主义法律体系教育，开展“学习宪法、尊法守法”主题活动。“12·4”国家宪法日暨全国法治宣传

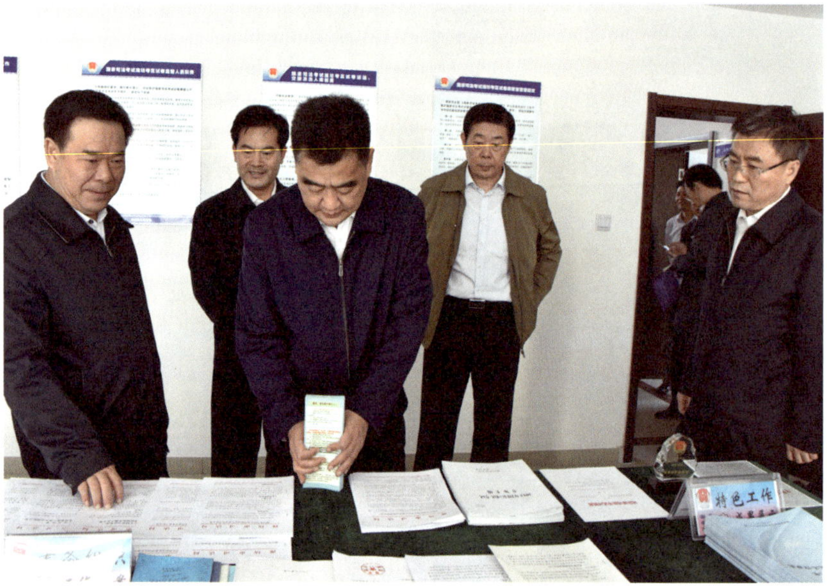

2015年10月11日，全省司法行政系统平安和谐发展（潍坊）现场观摩会召开（左一：市委副书记、市长刘曙光，左五：市委常委、政法委书记苏立科）　（供图：张立刚）

日期间，开展现场集中宣传和法治书画创作笔会。抓住“关键少数”，与市委组织部、市委宣传部、市人社局联合下发《关于进一步加强全市领导干部和公务员学法用法工作的实施意见》，建设学法考法系统，编印《党员干部学法用法手册》，建设“潍坊法治大讲堂”，重点对象学法用法工作成效显著。创新青少年法治教育模式，与潍坊学院、市教育局联合推进“法治校长”和“法治课程进课堂”机制建设。创新推进法治文化建设，成立法治宣传人才库、法治宣讲团和法治文化人才库“三支队伍”，开展法治微型小说征集和传统法治文化作品征集活动，编印以年画、风筝、剪纸、农民画等特色文化为题材的“潍坊法治文化丛书”。开展法治城市、法治县（市、区）、民主法治示范村（社区）等创建活动，全市共有“全国法治县（市、区）”5个、“全国民主法治示范村（社区）”16个、“全省民主法治示范村（社区）”102个。

【法律服务工作】 2015年，全市共有法律服务机构330余家、法律服务人员2600余名；建成“四个中心”、法律服务工作站、司法行政（律师）工作室等175个，形成以司法行政机关为主导、法律服务机构为主体、法律服务中心和站点为支撑的、覆盖城乡的公共法律服务网络。引导法律服务机构及从业人员为深化改革、转方式调结构以及突破滨海、提升市区、开发“两河”等中心工作提供专业化服务。建立律师参与城市房屋依法征迁工作机制，提供全程法律服务。建立法律服务对接企业制度，帮助企业防范和化解法律风险，促进企业依法经营管理。协调市法制办出台《加强政府法律顾问制度建设的意见》，完善律师担任政府法律顾问工作机制和考核机制。加强民生领域法律服务，做好律师代理申诉工作，拓展金融业强制执行公证业务，引导基层法律服务机构发展非诉讼业务。落实公证机构双休日、节假日办证，“12348”专线律师值班等制度，落实法律援助监督措施。建立军地法律援助协作机制，在军分区设立法律援助工作站。严格规范法律服务管理。高规格召开全市律师工作会议，对构建律师与司法人员新型关系、强化律师执业权利保障、促进律师业健康发展作出了部署。推进ISO 9001质量认证体系建设，深化“零投诉、零错证、零上访”竞赛活动，开展“公证与您同行”主题宣传活动和质量大检查。开展“司法鉴定内部管理规范年”活动，对案件受理、合同签订、鉴定人指派、文书出具、诚信执业等环节进行全面规范。开展“爱岗敬业为民”主题活动，加强《基层法律服务执业

2015年10月14日，山东省人大常委会副主任于建成（左三）率省“六五”普法依法治理检查验收组到潍坊市检查验收（左二：市委副书记王献玲，左一：市委常委、政法委书记苏立科）　（供图：张立刚）

手册》落实情况督查和新录用法律服务工作者管理。开展职业道德和执业纪律专题教育。

【矛盾纠纷化解和特殊人群管理工作】 2015年，全市共有行业性专业性调解组织196个。创新矛盾纠纷化解机制，建立完善“警民联调”“听证法”“律师参与”三项机制。围绕重要节点、重点领域，开展排查调处活动，努力把矛盾纠纷化解在基层和萌芽状态。全面推进社区矫正工作。落实监督管理、教育矫正和社会适应性帮扶任务，创新分类管理、分阶段教育机制，建立适用前、入矫初、矫正中、解矫前四个阶段风险评估机制，开展脱管虚管专项检查，加大违规行为处理力度。贯彻《暂予监外执行规定》，加强未成年社区服刑人员管理教育，动员组织社会力量参与社区矫正工作。做好安置帮教工作。落实重点人员必接必送和帮扶措施，加强过渡性安置基地建设，协调落实帮扶政策。

【“六五”普法依法治理终期检查验收】 10月14日～15日，山东省人大常委会副主任于建成率省“六五”普法依法治理检查验收组到潍坊市检查验收。检查组视察市公共法律服务中心和安丘市普法依法治理工作，查阅市“六五”普法依法治市工作资料。

【市公共法律服务中心】 利用“互联网+”平台，在原昌潍公证处办公楼的基础上，建设潍坊市公共法律服务中心。中心共五层，总面积3000余平方米。一楼是潍坊市法律援助中心和专用公证室，援助中心设置服务台和咨询室、案件受理大厅、档案室等10余个功能室，专用公证室是专为老年人、残疾人等设置的服务区域。二楼是潍坊市昌潍公证处（公证服务大厅），设置叫号机、咨询台、公证员及收费公示区和等待休息区，实行双休日和节假日正常办证制度，提供“一站式”公证服务。三楼是潍坊市司法局“互联网+”平台，是整合视频会议、“12348”热线、社区矫正、人民调解、法律服务等资源，打造一体化智能管理服务平台。四楼是司法考试保密室和律师协会、公证员协会、人民调解员协会、基层法律服务工作者协会办公区。五楼是“潍坊法治大讲堂”，总面积380余平方米，能同时容纳200人左右。

（王跟良　秦　伟）

经济监督管理

Jingji jiandu guanli

宏观经济管理

【概况】 2015年，潍坊市发展和改革委员会机关先后荣获“创建文明城市先进单位”“环渤海区域合作工作先进集体”“科学发展综合考核优秀等次”“绩效综合考核优秀等次”“突出贡献奖”“全市‘三八六’环保行动先进单位”“人大代表建议办理工作先进单位”“‘十二五’期间济南战区国民经济动员先进单位”“学习型党组织示范点”等称号，顺利通过“省级文明单位”复核。

【宏观调控】 牵头编制完成“十三五”规划建议和纲要，成为引领潍坊未来五年发展的纲领性文件；出台打好稳增长、调结构主动仗18条措施，得到省长郭树清签批肯定；在全国率先探索实行现代产业竞争性用地管理办法，50个项目通过竞争获得用地指标275.6公顷；组织开展生物基材料产业、海洋产业、机器人产业、北斗卫星导航产业、新型城镇化路径等30个重大课题研究，其中，6篇获市委、市政府主要领导批示，3篇获“省优秀研究成果”二等奖，2篇分别获“市政府优秀调研报告”一、二等奖；编制了社会信用体系、生产性服务业、能源发展、军民融合发展等专项规划。科学预判宏观经济走势，加强对经济运行中苗头性、倾向性问题的分析研究，及时提出对策建议，每季度形成分析报告，为市委、市政府科学决策提供参考。组织实施2015年全市国民经济和社会发展计划，圆满完成各项任务目标。牵头编制2016年经济社会发展计划草案，提出发展思路、目标任务和工作重点。信息报送和新闻宣传工作实现新突破，在市委、市政府信息采用量中，位居市直部门第2位。

【固定资产投资】 固定资产投资增长较快。全市完成固定资产投资4516.7亿元，增长13.9%，投资总量居全省第3位。基础设施、高新技术、现代服务业等领域投资增长较快。民间投资4052.2亿元，增长13.6%，占全市投资的89.7%。项目建设成效显著。130个重点项目和9个省重点项目，分别完成投资550亿元和72亿元；济青高铁、潍日高速、中国食品谷、东亚畜禽交易所、特高压入潍工程、国华寿光电厂等重大项目建设取得明显进展，城海轻轨完成听证。构建多元融资机制，发行企业债券5支，募集资金38亿元。资源争取居全省前列，争取中央、省预算内投资12.9亿元；争取国家专项建设基金项目17个、资金13.2亿元；争取农产品进口关税配额16.9万吨；争取省分布式光伏指标10万千瓦，总量位居全省第2位；获得进口原油指标788万吨/年。

【重点项目建设】 全市重点项目“61111”（即六大工程包、十大重点项目、十大重点工程、十大重点平台、百个产业项目）工程计划顺利实施。实施总投资过1000万元、过亿元项目、过10亿元项目5705个、1635个、157个，分别增长19.5%、2.3%、14.2%。投资项目管理科学化水平提升显著。优化完善重点项目管理服务中心网站、项目信息管理系统及手机端APP，确保项目信息实效性；“963363”投资热线服务平台运行高效，新纳入项目1214个；鼓励社会资本参与公用事业项目建设。起草了《关于社会资本参与公用事业项目建设的实施方案》，推出8个重点领域的100个项目向社会资本开放；争取全市68个项目入围全国第一批PPP推介项目。重点项目建设推进机制不断完善。实施项目问题直报和问题会商解决机制，帮助项目单位解决问题82个；成立全市项目谋划推进领导小组，统筹领导项目谋划工作，谋划项目633个，总投资1.65万亿元，成为支撑“十三五”和2016年发展的基础。强化重点项目调度机制运行，每季度配合市委、市政府督查室对重点项目现场进行督查，形成督查报告，并编印全市重点项目推进情况月报。

【服务业】 服务业实现增加值2224.6亿元，同比增长9.8%，增幅居全省第4位，对经济增长的贡献率达到43.7%，拉动经济增长3.6%。全市服务业增加值历史上首次超过工业增加值，服务业增加值占GDP比重达到42.9%，占比提高1.7%。9大重点服务业强力推进，完成健康养老、现代物流等产业诊断，形成推进实施方案。软件信息、现代物流、电子商务、健康养老、文化旅游等现代服务业发展迅猛，规模不断壮大。

【县域经济和区域合作】 潍坊市被确定为环渤海高端装备制造产业基地；滨海区列入全国首批产城融合试点；潍坊市滨海海洋经济新区、山东（潍坊）海洋科技大学园、鲁辽货滚甩挂运输大通道等44个重大事项，列入省“一带一路”实施方案，数量居全省各市前列。全市县域经济综合实力不断增强，寿光、诸城两市“县域经济科学发展试点”工作有序推进，寿光、诸城、高密、青州四市入围“全国百强县”。统筹做好对口支援各项工作。全面完成援疆、援藏任务，潍坊市帮扶协作重庆市开县工作在中央电视台《新闻联播》头条，以《啃硬骨头、拿硬办法、打赢脱贫攻坚战》为题作了深度报道。完成“渝洽会”“青洽会”“喀交会”等参会工作。

【改革创新】 牵头经济体制专项改革，5个重点改革事项年度改革任务全部完成，纳入台账调度的68个改革事项完成61项。研究制定了《关于推进现代农业综合改革试点的实施意见》，以市委、市政府文件的形式印发。中欧城镇化伙伴关系、电子商务示范城市、信息惠民城市等国家级改革试点顺利推进。出台了《潍坊市生物基材料产业化集群培育实施方案》，加快推进生物基材料产业化集群建设，组建成立了生物基材料产业联盟。公车改革工作有序推进，牵头编制了全市公车改革实施方案。社会诚信体系建设加快推进，形成了全市社会信用体系建设工作方案，启动了全市社会信用体系建设规划编制工作，积极推进全市社会信用中心建设，打造公共信用信息系统。新争取认定惠发食品、新和成药业、市农科院3家省级工程研究中心，1家省级工程实验室。投资项目在线审批监管平台建设运行，项目审批效率切实提高。进一步清理、取消、下放审批事项，打造行政审批事项少、时限短、服务优的营商环境。

（张乐宾）

能源保障

【概况】 全市电力总装机容量591.3万千瓦，增长48.19%，其中新能源发电装机容量135.8万千瓦，占电力总装机的22.96%。潍坊电网风电、光伏电源装机总容量为130.4万千瓦。新能源发展迅速，建有地面电站4座，装机规模12万千瓦，分布式光伏项目165个，装机规模7.78万千瓦。全市建成输油输气管道共11条，建设天然气门站25座，铺设各类燃气管网4300余千米；天然气用户发展到102万户，天然气供应量达到6.9亿立方米；建设各类汽车加气站80座。

【规划引领】 编制完成《全市天然气发展利用规划》《滨海区能源中长期发展规划》等一系列能源发展规划，超前谋划“十三五”时期能源工作，编制完成了《潍坊市能源“十三五”发展规划》和《潍坊市新能源和可再生能源发展“十三五”规划》。

【重点项目】 全市能源重点项目进展顺利，神华集团总投资160亿元的山东神华国华寿光发电厂项目，分两期实施。一期总投资85亿元，建设2个100万千瓦发电机组，目前已完成投资61亿元。总投资107.2亿元的国电集团高密热电联产项目，规划建设4台66万千瓦超超临界供热机组，一期投资53.6亿元，建设2台66万千瓦超超临界供热机组，开展前期工作的请示已报送国家能源局，项目可行性研究报告已通过专家审查。总投资44亿元的抽水蓄能电站项目，规划建设4台100万千瓦机组，项目预可行性研究已通过省发改委和专家组评审。榆横—潍坊和锡盟—江苏泰州特高压工程加快推进。

【能源招商】 突出能源“大招商、招大商”。对接央企华润电力和华润燃气，拟签订全面推进能源合作框架协议，投资潍坊市新能源、热电联产、城市燃气建设等领域。对接世界500强英国怡和集团，意向在潍坊市投资建设天然气分布式发电项目、光伏发电项目等；对接民企500强顺风光电集团、协鑫集团、远景集团。其中，顺风光电集团在潍坊市已建成总投资1.6亿元的20兆瓦分布式光伏项目。对接国内最大的民营风机制造企业远景能源，总投资20亿元的潍坊滨海开发区智慧风电产业园及智慧风场拟落户滨海区，目前正在进行前期对接。对接亚洲技术协会，力争引进总投资50亿元的新型锂电池项目落户潍坊。

【资源争取】 风力发电领域，19个项目列入国家一至五批拟核准风电项目计划，总规模117.9万千瓦，项目数量居全省第2位，项目总规模居全省第2位。光伏发电领域，争取省分布式光伏指标22.89万千瓦，计划外多争取15.89万千瓦，总量位居全省第1位。争取地面光伏电站指标累计22万千瓦，总量居全省第1位。生物质发电领域，安丘盛源2个15兆瓦生物质热点联产工程、寒亭区热源建设项目列入国家能源局在河北、山东开展的生物质能供热示范项目。

【节能减排】 完成年初确定的483个重点减排工程项目（其中水污染治理工程项目32个、大气治理工程项目173个、农业源治理工程项目278个）。经初步测算，2015年，化学需氧量（COD）、氨氮（NH_3-N）、二氧化硫（SO_2）、氮氧化物（NOx）四项主要污染物排放量分别比2014年减少5.82%、4.66%、4.20%、10.46%，分别比2010年减少13.3%、16.7%、18.1%、17.9%。

（张乐宾）

国有资产管理

【概况】 全市国有及国有控股、参股

企业88家，资产总额1805.1亿元，国有资产875.2亿元，营业收入96.7亿元，净利润8.4亿元。其中，市级企业39家，资产总额1057.8亿元，国有资产459亿元，营业收入52.2亿元，净利润4.9亿元。

【建立完善现代企业制度】 为建立起以完善的企业法人制度为主体，以有限责任制度为核心，以公司制企业为主要形式，适应市场经济发展要求的现代企业制度，会同有关部门研究制定了《潍坊市属国有企业建立现代企业制度总体方案》，明确了调整优化市级国有资本结构、建立完善企业法人治理结构、建立考核激励约束和风险防控机制等方面的任务目标和推进措施，对深化市属国有企业改革，建立完善现代企业制度提供了政策指导。

【推进市级投资集团公司优化重组】 根据中央对地方债务管理新要求、对财政资金支出使用新规定、对重大基础设施投融资模式新调整，推进市级投资集团公司优化资源配置，实现转型发展。根据市属国有企业建立现代企业制度总体方案要求，会同市财政局制定了《潍坊市市级投资集团公司优化重组实施方案》，经市政府常务会议、市委常委会议研究通过后印发执行。谋划落实优化重组实施方案，整合组建潍坊市城市建设发展投资集团有限公司、潍坊市金融控股集团有限公司、潍坊市投资集团有限公司、潍坊港集团有限公司、潍坊滨海教育投资发展有限公司、食品谷集团有限公司、潍坊市再担保集团股份有限公司7个市级国有控股集团公司，分别承担城市重要基础设施建设、重点片区开发、重点企业投资、重点产业转型升级、重点项目融资担保等职能。对优化重组重点工作任务逐项分解落实，明确了承办科室、分管领导和完成时限，保证了各项工作有序推进。

【牵头组建潍坊港集团有限公司】 有效助推市委、市政府“突破滨海”战略实施，探索构建多元办港新模式，加快潍坊港亿吨大港建设步伐，根据工作任务安排，积极与相关单位对接，按照研究确定的集团母公司、子公司组建模式，完成工商注册、变更登记，顺利组建成立潍坊港集团。

【积极推进亚星集团战略重组】 为有效盘活亚星化学资产，调整主业结构，引进北京光耀东方商业管理有限公司，对亚星化学实施战略重组，完成亚星集团将持有的亚星化学4000万股协议转让给光耀东方的过户手续。转让后，光耀东方持有亚星化学股权12.67%，成为亚星化学的第一大股东。

【完善国资监管体系】 建立市管企业负责人经营业绩考核制度。完善《市管企业负责人业绩考核办法》，与市管企业进行对接，确定责任目标值，于7月签订了市管企业《2015年业绩考核目标责任书》。落实外部董事、专职监事制度。为建立完善法人治理结构，充分发挥董事会在企业决策中的核心作用和监事会“一线监督”作用，研究制定了《潍坊市市管国有独资公司外部董事管理试行办法》和《市管企业监事会管理办法》，建立了外部董事库，并向13家企业派出了外部董事和专职监事，其他企业的外部董事和专职监事委派工作正在按计划推进。实行国有资本经营预算。会同市财政局研究印发了《关于进一步完善市级国有资本经营预算有关事项的通知》，从2015年起，扩大市级国有资本经营预算实施范围，并适当提高市属企业国有资本收益收缴比例，对市属国有独资企业、市属事业单位出资兴办的国有独资企业，按税后利润15%计算缴纳。2015年，市级国有资本经营预算收入0.1473亿元，预算支出0.1473亿元，实现了收支平衡。制定重大事项报告制度。为切实履行出资人职责，加强对市管国有企业重大事项的管理，制定印发了《潍坊市市管国有企业重大事项报告管理暂行办法》，明确了重大事项报告内容和报告程序，严格规范了决策权限和程序。

（孙伟康）

国土资源管理

【概况】 潍坊市国土资源局继续保持“全国文明单位”，被人社部、国

2015年12月26日，全国国土资源管理系统先进集体和先进工作者表彰暨第十四次李四光地质科学奖颁奖大会在北京人民大会堂举行，潍坊市国土资源局局长刘树亮（前排右三）作为山东省代表上台领奖 （供图：李振涛）

2015年12月26日，全国国土资源管理系统先进集体和先进工作者表彰暨第十四次李四光地质科学奖颁奖大会上，国土资源部部长姜大明亲切接见潍坊市国土资源局局长刘树亮等与会代表（供图：李振涛）

土资源部联合表彰为“全国国土资源管理系统先进集体”，获评“全国国土资源系统推进依法行政先进单位”“全国国土资源信访工作先进集体”，“全市科学发展综合考核”位列全市第二，获评“优秀”等次，再次获评“全市突出贡献奖”，在全市85个“行风在线”市直部门考评中连年居第1位，在全省17市局考核中位居第1位，县（市、区）局和国土资源所全部保持县级以上文明单位，峡山区、奎文区、诸城市、安丘市、高密市5个局荣立“集体三等功”。

【耕地保护与土地利用】 截至2015年年底，潍坊市耕地保有量为783107公顷，完成土地整理面积8046.67公顷，新增耕地1400公顷，超额完成省政府下达的年度补充耕地任务。在全省率先实行“先租后让、长期租赁、弹性年期出让”的多元化工业用地供应制度，全市盘活存量低效用地1760公顷，存量建设用地供应面积占全市年度供地总量的71.6%。加快批而未供土地利用，前5年平均供地率为81.85%。全年，共审查上报建设158个建设用地批次，其中单独选址项目22个，总面积299.4514公顷；供应各类建设用地1317宗，面积4000公顷，居全省第一。规范开展城乡建设用地增减挂钩，验收复垦耕地594.33公顷，省国土资源厅下达潍坊市2015年工矿废弃地指标253.33公顷。

【地籍管理与不动产登记】 农村集体土地所有权确权登记发证完成31878宗，发证率100%，农村集体建设用地使用权发证完成14210宗，发证率81.8%。农村宅基地确权发证159.2万宗，发证率99.7%。潍坊市所辖四区、八市（县）、五个开发区，不动产登记人员划转、机构整合全部到位。八市（县）全部完成了不动产统一登记机构挂牌和发证任务，档案资料全部移交。

【地质环境与矿产资源】 全市共有地质灾害隐患点87处。2015年，全市没有地质灾害发生，无人员伤亡和经济损失。查处矿产资源非法违法行为9起，依法追缴各类矿费0.284亿元。办理采矿登记54宗，征收采矿权价款0.2933亿元、矿产资源补偿费0.4355亿元。建立部、省、市、县四级合作开展地质调查新模式，与中国地质调查局天津地质调查中心合作的滨海区域地壳稳定性调查评价项目成果丰硕，正式移交。全市已建成4家国家地质公园和1家省级地质公园，成为全省唯一的地质公园群城市。

【测绘管理】 山东测绘地理信息产业基地完成基建面积78.4万平方米，已有中科曙光、超图软件、苍穹数码等71家业内知名企业、单位入驻基地发展，实现产值27.7亿元，利润1.36亿元。编制出版《潍坊市政务用图》。“天地图•潍坊”运行良好，访问量突破400万人次。“智慧潍坊”云平台建设项目列入国家测绘局试点计划，编制了技术设计方案，并通过评审。潍

2015年9月20日～21日，中德土地整治与农村发展研讨会在青州市举行（供图：于志龙）

2015年6月12日，国土资源部党组成员、中央纪委驻国土资源部纪检组组长赵凤桐（左一）一行到潍坊进行国土资源工作调研，潍坊市委副书记、市长刘曙光（右二）等陪同　（供图：于志龙）

坊市地理信息公共平台已推广应用到30余个市级部门的76个管理系统。

【执法监察】 创新性开展了市级土地卫片（即利用卫星遥感监测等技术手段制作的叠加监测信息及有关要素后形成的专题影像图片）执法检查工作，全市共扣减用地指标53.27公顷，挂牌督办案件25起，连续6年实现卫片执法检查“三零”（零通报、零约谈、零问责）目标。加大违法违规用地季度巡查督导、半年清理清查力度，认真开展专项整治行动和全国行政处罚网上公示试点。深入开展信访排查化解，及时处理“12336”举报线索。

（于　倩　魏一菡）

安全生产监督管理

【概况】 全市共发生各类生产安全事故202起，累计死亡93人，事故起数和死亡人数同比分别下降2.9%和13.1%。其中，经营性道路交通事故192起，死亡76人，其他行业领域生产安全事故10起，死亡17人。

【行政审批】 非煤矿山、危险化学品、烟花爆竹、职业卫生、工业生产建设项目等行政许可等事项，全部纳入市安全生产监督管理局驻政务服务中心窗口，集中受理，统一办理。共受理审批事项11770件，办结11725件，未出现办件超期及投诉事项。市安监局驻政务服务中心窗口11个月被评为“月度红旗窗口”，6人次被评为“月度优秀服务标兵”。

【重点领域监管】 先后组织开展了严查、严整、严打，大排查、大培训、大宣传，涉氨制冷，油气管线，道路交通运输，彩钢板，安全生产隐患大排查、快整治、严执法集中行动，企业落实安全生产主体责任专项执法检查等一系列安全治理行动，排查消除了一大批事故隐患。通过政府购买服务式，对非煤矿山企业开展了诊断式安全检查，关闭不符合相关政策要求的3家地下开采非煤矿山。危险化学品领域，出台了《潍坊市人民政府办公室关于加强危险化学品安全管理工作的通知》，10月1日起，新建化工项目必须进入市政府确认的园区，原则上不再核准新上设备投资额低于5000万元的小型化工企业。推进危险化学品安全管理国家级（青州市、寿光市、滨海经济技术开发区）、省级（昌邑市、临朐县）和市级（高密市、昌乐县）重点县安全生产攻坚工作，加强重点时期安全监管，开展危险化学品专项整治，建立化工和危险化学品存量退出机制，推动化工和危险化学品产业结构调整和优化升级。共检查企业2894家次，立案查处51起，行政处罚167.9万元，责令停产停业整顿40家，暂扣或吊销资质证照14个，提请关闭62家，查封或者扣押2起，停止供电9起。烟花爆竹领域，全市22家烟花爆竹批发企业全部完成视频监控系统改造。开展烟花爆竹经营安全专项治理活动，关闭与居民居住所设置在同一建筑物内的烟花爆竹零售点55个，关闭与人员密集场所等安全距离不足的烟花爆竹零售点34个，撤销零售许可证89个。联合相关部门严厉打击非法制售行为，保持高压态势。职业健康领域，深入推进职业危害申报工作，加强用人单位职业病危害告知、警示标识设置和职业病危害因素定期检测工作，开展黑色金属矿、医药制造、橡胶和塑料制品、纺织、造纸和纸制品及电力热力等行业职业危害专项治理，检查企业4608家次，实施行政处罚158.81万元，停产整顿9家。工贸行业，深入开展涉氨制冷企业安全隐患分类评估深化安全专项治理工作，关闭不具备安全生产条件企业119家，督促116家企业更换安全介质。开展粉尘作业和使用场所防范粉尘爆炸企业大检查，排查粉尘爆炸危险企业905家。开展彩钢板建筑安全专项整治，拆除或更换违章彩钢板建筑34.4万平方米，投入整改资金5727.69万元，临时查封35家，关停7家。油气管道领域，107处省级挂牌督办的重大安全隐患，在全省率先全部整改完毕。

【基层基础】 建立安全隐患督查专报制度，每周向市委、市政府上报一次重点隐患排查整治情况，反映典型问题439项。实行隐患挂牌督办制度，对重点、重大安全隐患挂牌督办56次，挂牌督办重大隐患786项，整改734项，整改率93.4%。健全完善约见谈话警示工作机制，市级8次对事故频发、落实上级部署工作不力、问责追责机制不健全、属地监管责任不到位、隐患排查治理工作不力的29家单位和部门负责人进行了警示约谈。建立公开曝光制度，加大舆论监督力度，市政府3次召开新闻发布会，分别曝光消防安全隐患、道路交通安全隐患和校车安全隐患。在《潍坊日报》和潍坊电视台，12次曝光184家生产经营单位安全隐患，3次曝光15起安全生产违法案件，6次曝光16个安全生产典型监管失职问题。建立问责关口前移机制，以严格的问责倒逼责任落实，对安全生产工作开展不力、隐患排查治理不到位的9家责任单位、28名责任人进行了处理。开展全员安全培训工作，将安全生产教育培训贯穿到干部培训、义务教育、职业教育、职业技能培训的全过程，开展了全员安全培训演练活动，共培训1.7万家企事业单位、158.3万名职工，其中培训高危行业主要负责人3593人、安全管理人员6235人、特种作业人员14034人。开展群众性安全生产活动，组织职工代表全程参与安全生产检查工作。持续推进安全标准化、规范化创建工作，共有12434家生产经营单位通过安全生产标准化规范化达标验收，危险化学品、矿山、烟花爆竹、冶金、工商贸行业领域安全生产标准化达标企业2032家（一级10家，二级142家）。全面推进安全示范创建活动，全市共有60家企业获市级及以上“安全文化示范企业”称号（国家级1个、省级22个、市级37个），78个基层班组受到市级及以上安全班组表彰（省级17个、市级53个），1个街道被命名为“国际安全社区”，1个区、7个镇（街）被命名为“国家级安全社区”，31个镇（街）被命名为“省级安全社区”，30个镇（街）被命名为“市级安全社区”。

【执法监察】 全面推行“四不两直”（不发通知、不打招呼、不听汇报、不用陪同和接待，直插基层、直奔现场）检查方式，以执法监察队伍为主体，执法、监管、专家三位一体、配套联动，加强一线执法，加大执法检查频次。坚持严格执法与热情服务有机结合，对非法生产、存在重大隐患又拒不整改或整改不到位的企业，坚决依法严肃处理。全市对安全生产违法行为立案处罚297起，罚款1536.72万元。严肃事故查处，严肃追究相关责任人的责任，以事故教训推动工作。对承担主体责任的8家责任单位和11名责任人依法进行了行政处罚，移送司法机关责任人14名，给予80名监管责任人党纪政纪处理。积极稳妥做好群众举报和信访工作，共处理上级转办和“12350”举报案件139起，办结137起，反馈率100%。

【较大以上事故情况】 全市未发生重大、特别重大安全事故；发生较大安全事故3起，较大事故起数控制在省政府下达的指标之内。4月9日9时40分，滨海经济技术开发区潍坊滨海香荃化工有限公司发生一起中毒窒息事故，造成3人死亡、2人受伤。4月30日15时30分，峡山生态经济发展区潍坊实验中学演艺中心工程建设中发生一起建筑施工事故，造成4人死亡、2人受伤。12月28日20时25分许，寿光市境内大沂路段发生一起非营运道路交通事故，造成4人死亡、1人受伤。

（孙垂涛）

工商行政管理

【概况】 潍坊市工商局保持了“全国文明单位”称号，被山东省人力资源和社会保障厅、山东省工商局表彰为“全省工商行政管理工作先进集体”。

【商事制度改革】 全面推行“三证合一、一照一码”登记制度（指按照“一窗受理、互联互通、信息共享”模式，将原来企业、农民专业合作社登记时依次申请，分别由工商行政管理部门核发工商营业执照、质量技术监督部门核发组织机构代码证、税务部门核发税务登记证，改为一次申请，由工商行政管理部门核发一个加载统一社会信用代码的营业执照的登记制度），在高新区先行试点，6月，在全省率先颁发载有统一社会信用代码的营业执照；全市提前实现全面推行“三证合一、一照一码”登记制度改革目标。截至2015年年底，全市共发放新版营业执照3.9万份。扎实推进“先照后证”改革，严格落实工商登记前置审批事项目录，取消了消防、环保登记前置。进一步推进工商登记便利化，支持商务秘书公司为企业提

2015年9月30日上午，市委副书记、市长刘曙光（左二）到市工商局登记服务窗口调研并颁发首批“三证合一、一照一码”营业执照　（供图：邱新华）

2015年8月18日，市委书记杜昌文（右五），市委常委、副市长孙起生（右四）陪同副省长夏耕（右二）一行到高新区调研　（供图：邱新华）

供住所托管服务，释放了更多场地资源；完善网上登记信息查询、名称查重、年报、登记、审核流程，实现了网上名称核准，提高了服务效率。

【**服务经济转型发展**】 积极促进市场主体发展，全市新登记各类市场主体14.4万户，实有市场主体总量达到64.8万户，比上年分别增长47.2%、23.8%。深入实施商标品牌战略，组织开展了“千百企业商标规范提升”行动，市政府制定下发《关于深入实施商标品牌战略的意见》，全市新增行政认定驰名商标11件，新认定省著名商标38件，续展92件，总量分别达到89件和359件；新注册地理标志证明商标2件，总量达到78件。大力实施广告拉动战略，启动了《潍坊市广告产业“十三五”发展规划》编制工作，组织参加了“山东省第十五届广告节”“厚道鲁商”公益广告大赛，指导开展了2015年首届“金风筝”全国广告创意大赛。与潍坊市农村信用合作社（联合社）建立“政（府）银（行）企（业）联动机制”，为373家“守合同重信用”企业提供授信支持86.32亿元。扎实推进非公党建工作，指导182个党组织、12668名“小微企业、个体工商户、专业市场”党员开展“亮身份、亮职责、亮承诺”活动，建立非公党建联系点210个，成立了潍坊市个私经济团工委。

【**加强执法监管**】 扎实开展企业信用信息公示工作，全市2013年度、2014年度市场主体年报率高于全省、全国平均水平。落实市场监管“双随机”（随机抽取检查对象、随机选派执法检查人员）抽查机制，组织抽查市场主体26550户，将未按规定公示年报、公示信息不正常的市场主体列入经营异常名录。深入开展“强执法、惠民生、促公平”专项整治行动，突出侵权假冒、虚假宣传等不正当竞争、商业贿赂、公用企业强制消费限制竞争行为，加大执法办案力度，全市查处各类经济违法案件2940起，营造了公平竞争、安全有序的市场环境。组织纪念《禁止传销条例》和《直销管理条例》颁布施行十周年集中宣传，市委、市政府召开专题会议部署“无传销城市”创建工作，7个县（市、区）达到“无传销城市”目标，对11家直销企业形成了制度化监管模式。深入开展“红盾护农”专项行动，检查农资经营户4400户、市场43处。组织开展2015“红盾网剑”专项行动，检查网站、网店9.3万个次，网络市场主体建档总数达到3.6万户，网络经营主体搜索率达到98.91%。深入宣传、落实新《中华人民共和国广告法》，监测市属媒体发布广告9773条、24.57万条次，对媒体单独约谈20次、集体约谈1次，违法广告数量大幅下降。组织开展了商标代理市场专项整治、中国制造海外形象维护“清风”行动、保护地理标志商标专用权、打击假冒伪劣日用品等专项行动，均取得明显成效。

【**维护消费者合法权益**】 进一步健全“12315”网络体系，持续提升处理消费者投诉、举报效能，受理消费者咨询、投诉、举报1.9万件，为消费者挽回经济损失520余万元。强化流通领域商品质量监管，对180个批次的儿童婴儿服装、文具、成人服装，2040个化肥等农资样品，133个加油站的280个成品油样品进行了抽查检测。突出家用电子电器、装饰装修材料、交通工具、服装鞋帽和日用洗化五大类商品组织开展专项整顿，对美容美发、汽车清洗、休闲健身等行业预付式消费侵权行为进行专项整治，查处消费者侵权案件193起。对旅游、银行、电信、汽车销售维修等重点行业开展合同格式条款整治，下发行政建议书86份、责令整改通知书73份。积极推进消费维权社会共治，组织开展纪念“3•15”国际消费者权益日系列活动，指导大型商场、超市落实重点商品质量准入制度，建立市级消费投诉和解联络单位60家，招聘消费维权社会监督员100名、志愿者63名，促进了便捷维权，强化了社会监督。组织开展了家用轿车售后及维修服务消费者满意度调查评议、“食品安全城市”创建试点消费者满意度调查，参加了中国消费者协会、山东省消费者协会组织的旅游体验式调查，在市级媒体开办了“消费维权在行动”专栏，营造了良好社会氛围，提升了消费者维权意识和水平。

（孙永刚　邱新华）

价格管理

【**概况**】 全年CPI累计上涨0.9%，低于全国（1.4%）、全省（1.2%）平均水平。

【价格改革】 价格行政审批：放开了房地产咨询服务、养老服务、非普通住宅物业服务等实行政府定价管理的商品和服务定价权。水价：建立了居民生活用水阶梯价格制度，一、二、三级阶梯水价分别为3.25元/立方米、4.15元/立方米、6.85元/立方米。完善了城区非居民和特种用水超定额累进加价制度，一级水量执行现行价格标准，二、三级水量分别加价1倍和2倍。调整了污水处理费征收标准，居民、非居民和特种用水污水处理费分别调整为0.95元/立方米、1.40元/立方米。油气价格：实现了非居民存量气和增量气价格并轨，非居民用天然气价格每立方米降低0.7元；出台了城区居民生活用气阶梯价格制度，一、二、三档阶梯气价分别为2.50元/立方米、3.00元/立方米、3.75元/立方米。运价：制定了城区K2路等11条新能源公交车票价和公交旅游线路上限票价，新能源公交车夏、冬季节2元每人次，其余时段1元每人次，旅游专线上限票价为3元每人次；制定了新能源电动汽车充换电服务费上限标准，纯电动汽车和纯电动公交车分别为0.70元/千瓦时和0.65元/千瓦时。停车服务收费：修订了《潍坊市停车服务收费管理办法》，调整了潍坊中心城区停车服务收费标准。医药价格：除麻醉药品和第一类精神药品外，其他原政府制定价格的药品，全部实行市场调节价管理。其他改革：放开了涉二手车交易服务费定价权，改为市场调节价管理；取消“收费许可证”制度，建立了行政事业性收费事中事后监管制度；放开民办学校学费定价权，出台了民办学校收费监管办法。

【价费管理】 电价管理：对风力、光伏、焚烧处置垃圾（污泥）和沼气发电项目给予价格补贴政策，共争取国家可再生能源发电项目补贴3640余万元。供热价格：调整城区供热价格和两部制供热价格。居民用热价格调整为23元/平方米，非居民用热价格调整为28.3元/平方米。居民生活两部制基本热价调整为6.9元/平方米，计量热价调整为0.153元/千瓦时；非居民生活两部制基本热价调整为8.49元/平方米，计量热价调整为0.192元/千瓦时。收费管理：开展了收费统计工作，对139项行政事业性收费标准进行审查核对，废止了34项收费标准。

【价格监督检查】 开展了价格简政放权政策落实情况、收费减免政策以及教育、医药、涉企收费、中介服务收费等多项价格检查，全市全年实施经济制裁103.29万元。“12358”价格举报管理系统共受理各类咨询2680件，处结各种投诉举报115件，为群众挽回经济损失31.7万元。

【成本监审】 完成成本监审（调查）项目11个，核减被监审单位上报成本3.6亿元。完成了主要农产品成本与收益调查和农户种植意向、农户存售粮情况等专题调查。

【价格认证】 全市共完成各类价格鉴证业务案件3250起，总标的额约8.9亿元。在乡镇推进了价格争议行政调解与人民调解的衔接配合工作。

2015年潍坊城区停车服务计次收费标准一览表

表2

性质	等级	车辆分类	收费标准				
			包月（元/车•月）	地上		地下	
				白天（元/车•次）	夜间（元/车•次）	白天（元/车•次）	夜间（元/车•次）
普通停车场	一级	大型客车、中型（含）以上货车、中型（含）以上挂车、重型专项作业车	200	10	8	8	6
		中型客车、轻型货车、中型挂车、拖拉机、低速载货汽车、中型和轻型专项作业车	170	8	6	6	5
		小型（含）以下客车、微型货车、三轮汽车、微型专项作业车、电动汽车	90	5	4	4	3
		二轮摩托车、二轮电动车、助力车、自行车	30	1	0.5	1	0.5
	二级	大型客车、中型（含）以上货车、中型（含）以上挂车、重型专项作业车	170	8	6	6	5
		中型客车、轻型货车、中型挂车、拖拉机、低速载货汽车、中型和轻型专项作业车	140	6	4	4	3
		小型（含）以下客车、微型货车、三轮汽车、微型专项作业车、电动汽车	70	4	3	3	2
		二轮摩托车、二轮电动车、助力车、自行车	20	1	0.5	1	0.5

续表2

性质	等级	车辆分类	收费标准				
			包月（元/车•月）	地上		地下	
				白天（元/车•次）	夜间（元/车•次）	白天（元/车•次）	夜间（元/车•次）
占道停车场	白天实行计时收费方式；夜间实行计次收费方式，一级4元/车•次；二级3元/车•次						
专用停车场	扣押车辆按天收费，不足12小时按半天收费。大型车辆30元/车•天，中型车辆20元/车•天，小型车辆10元/车•天，摩托车、电动两轮车及其他小型非机动车8元/车•天						

说明：1.停车服务计费时段分为白天和夜间，分别实行不同的收费标准。白天从7时（含）到19（含）时，夜间从19时到次日7时。白天和夜间分别计次收费。停车时间不超过12小时跨白天和夜间的，按照超过百分之五十（含）的停车时间所在计费时段（白天或夜间）的收费标准计费；超过12小时不超过24小时（含）的，按白天、夜间分别计费一次。

2.实行政府定价管理的停车服务，除占道停车外，车辆停放时间不超过30分钟（含）的，免收停车服务费。

3.公共立体停车场、城市规划区域以外的游览参观点停车场单独核定收费标准

2015年潍坊城区停车服务计时收费标准一览表

表3

性质	等级	车辆类型	收费标准				
			包月（元/车•月）	地上		地下	
				白天（元/车•30分钟）	夜间（元/车•次）	白天（元/车•30分钟）	夜间（元/车•次）
普通停车场	一级	大型客车、中型（含）以上货车、中型（含）以上挂车、重型专项作业车	200	2.5	8	2	6
		中型客车、轻型货车、中型挂车、拖拉机、低速载货汽车、中型和轻型专项作业车	170	2	6	1.5	5
		小型（含）以下客车、微型货车、三轮汽车、微型专项作业车、电动汽车	90	1.5	4	1	3
	二级	大型客车、中型（含）以上货车、中型（含）以上挂车、重型专项作业车	170	2	6	1.5	5
		中型客车、轻型货车、中型挂车、拖拉机、低速载货汽车、中型和轻型专项作业车	140	1.5	4	1	3
		小型（含）以下客车、微型货车、三轮汽车、微型专项作业车、电动汽车	70	1	3	0.5	2
占道停车场	一级	中型（含）以下客车、小型汽车	白天2元/车•30分钟；夜间实行计次收费方式				
	二级		白天1.5元/车•30分钟；夜间实行计次收费方式				

说明：1.实行政府定价管理的停车服务，除占道停车外，车辆停放时间不超过30分钟（含）的，免收停车服务费。

2.普通计时收费停车场，白天以30分钟为基础计费单位，不足30分钟（含）的按30分钟计费；夜间采用计次收费方式收费。一个基础计费时间单位跨白天和夜间的，按照该基础计费时间单位超过50%（含）的时间所在计费时段的收费标准计费。

3.公共立体停车场、城市规划区域以外的游览参观点停车场单独核定收费标准

2015年8月28日，潍坊市物价局举行潍坊城区居民供热价格调整听证会

（供图：代 娟）

（代 娟）

质量技术监督

【质量强市战略全面推进】 启动了质量强市意见、标准化战略、落实省政府计量发展规划的意见、市长质量奖管理办法等规范性文件的制修订工作；《标准化“十三五”专项规划》成为全市“十三五”33个重点专项规划之一。圆满完成了省政府对潍坊市的质量考核工作。完善了工业产品质量合格率统计调查工作制度。积极开展各类质量奖项争创工作，潍柴动力再次被列入“中国质量奖提名奖”公示名单，昌乐县中国宝石城优质黄金珠宝产品生产基地成为潍坊市第8个“山东省优质产品生产基地”，总数列全省第2位。积极推动县（市、区）政府开展产品“质量提升示范项目”创建活动，其中寿光市防水卷材质量提升工作被国家质检总局授予“质量提升示范项目”。

【标准化战略深入实施】 全面推进标准化改革，全市686家企业声明公示标准2342项（涵盖5718项产品），在全省率先发布团体标准5项。潍柴动力组建了“全国内燃机标准化技术委员会动力系统工作组”，相关企业单位主导、参与制修订国家标准22项、行业标准23项、地方标准4项。创建AAA标准化良好行为企业11家，采用国际标准32项，批准发布了6种作物安全生产技术规程。3个国家级服务业标准化试点项目通过验收，新申报试点项目2个，其中“昌邑城乡环卫一体化”被国家标准委认定为精品试点项目和省级标准化示范项目。新获批创建省级服务业标准化示范项目2个，15项标准列入了国家标准计划项目，制订了潍坊市生物基材料产业标准制修订计划。对符合条件的13家单位的38项标准进行了资助奖励。

【质量安全监管不断加强】 严守特种设备安全底线，组织了学校幼儿园锅炉、压力容器、压力管道、涉氨制冷特种设备、液化石油气瓶、超期未检、“狂呼”类游乐设施等专项整治以及特种设备安全隐患综合整治和特种设备安全监管专项行动。全年共监督检查特种设备生产单位104家，使用单位1134家，检验检测机构6家，特种设备4.6万余台（件），发现并及时排查安全隐患1509处。切实保障工业产品质量安全。市质量技术监督局组织实施了3批市级产品质量监督抽查，共抽查665家企业的41类716批次产品。开展了危化品常压罐车、食品相关产品和日用消费品、车用“调和汽油”、汽油机助力自行车、儿童用品、汽车零部件等生产领域专项整治行动。加强质量违法行为的执法办案力度，全市质监（市场监管）部门共立案查处案

2015年6月12日，全市质量技术监督工作会议召开 （供图：刘成文）

件150余起。

【检验检测能力进一步提升】 围绕全市优势骨干产业，加强检验检测能力建设。山东省能源效能计量评估中心获批筹建，成为全省唯一的能源计量评估中心。市质检所有1335种产品、812种产品的11451个产品参数和1736个方法通过了实验室资质认定，有369个产品（项目）通过了国家实验室认可。市计量所新建红外光谱仪检定装置、测色色差计标准装置等6项计量标准，已建立社会公用计量标准210项，建标数量居全省地市级计量所首位。在抓好市级技术机构能力提升的基础上，还新审批县级计量技术机构新上社会公用计量标准39项，新批准一家社会化机构开展对社会非强制计量检定工作，新引进了3家省外特种设备安全检验机构，更好地满足了全市企事业单位对检验检测工作的市场需求。

【名牌战略取得成效】 名牌战略点、块、面全面推进。2015年，青州云门陈酿酒获批成为“国家地理标志保护产品”，使潍坊市“国家地理标志保护产品”总数达12个，列全省首位；争创“山东名牌产品”25个，总数达228个；争创“山东省服务名牌”14个，总数达47个，“山东名牌”和“山东省服务名牌”总数均居全省前三位。

（刘成文）

食品药品监督管理

【国家食品安全城市创建】 潍坊市被国家食品安全委员会和山东省食品安全委员会确定为首批“创建国家食品安全城市试点市”。创新实施的快检托管全覆盖工程、“双四”（空中四条线、地上四个一）宣教、“诚信联盟”、“六小”整治（小作坊、小食品店、小饭店、小摊贩、小饭桌、鲜奶吧）、阳光开放等举措得到上级领导充分肯定，被中央主流媒体报道，国家食品药品监督管理总局信息刊物予以刊发推广。在国家中期评估、省组织的群众满意度预评估和省食品评价性抽检合格率方面均名列前茅。

【食品药品业态整治】 以问题为导向，实施规范与整治并举，全力管控食药安全风险，着力解决突出问题。强化日常监督检查、质量约谈、量化分级管理，编制了《食品药品安全风险点分析与防控措施手册》，防范食药安全风险。创新推行食品生产“赋码准出”消费追溯制度，食品经营“一本通”以及餐饮工具色标管理、供货档案管理和食品安全保证公示“三统一”，开展提升药店规范行动，进一步加强了业态管控。分别制定出台了食品生产加工“六小”监管办法，通过实施备案登记、统一标牌公示、限时定点经营等多种方式，将“六小”业态纳入监管范围。市政府印发了创建国家食品安全城市“三九九”〔围绕实现食品安全整体状况良好、食品安全治理水平稳步提高、公众满意度显著提升三项整治目标，抓好开展食品生产加工“小作坊”整治、“小食品店”整治、“小餐饮”整治、“小摊贩”整治、“小饭桌”（校外托管机构）整治、“鲜奶吧”整治、打击食品生产经营非法添加、集体食堂整治提升、打击“四黑”（黑工厂、黑窝点、黑作坊、黑交易）九项行动，落实网格化监管责任、实行监管信息公开、严格食用农产品准出准入、提升检验检测能力、探索建设食品安全追溯平台、落实“行刑”衔接机制、加大科普宣传力度、实施重奖举报制度、健全工作督导考核机制九项保障措施〕整治行动，市食药局研究制定了食药专项整治方案，重点开展了食用油、肉及肉制品、大桶水、蔬菜、校园周边、中药、互联网销售药品等专项整治和打击非法添加、黑工厂、黑窝点、黑作坊、黑交易等专项行动，全市共查办案件5309起。共抽检各类食品近4.3万批次，超额完成了每千人4批次的创城检测任务，其中食药部门抽检22999批次，抽检药品1291批次。

【推动行业自治】 紧紧围绕发挥市场机制作用，采取多项措施，引导公众消费，倒逼企业诚信自律。在政务网站和市内主流媒体及时公布审批信息、稽查案件信息、监督抽检信息，曝光企业不法行为和不合格食品，倒

2015年9月21日，省政府质量考核组到潍坊市考核政府质量工作　（供图：刘成文）

逼生产经营者自律。实施快检全覆盖工程，在全市所有大型食品批发市场、农贸市场及大型超市建设了116个快检室，推动学校、企事业单位集体食堂和大型酒店配备快检设备1496套，所有快检结果向社会公示，倒逼经营者和上游种养殖业户自律。创新实施了“政府主导并购买部分服务、市场开办者委托第三方检测机构进驻”的快检新模式，解决了企业自检主动性不强、人员不专业、公信度不高等问题。面向市民开设免费检测窗口，开展了“你点我检”“你送我检”活动，引导消费者参与监督。继续开展了“阳光开放”行动、诚信联盟建设、“食安潍坊”品牌引领行动，有效促进了行业自律。目前已组建不同类型的合作组织约1.8万个，创建各类省级食品安全示范品牌单位173家。

【推进社会共治】 构建了空中与地上交相呼应、载体与阵地相互配合的立体化宣传教育体系，深入宣传食药安全常识，提升群众食药安全科学素养，推动社会共治。持续推进以“空中四条线”（网络、电视、热线、广播）和“地上四个一”（一条街、一个文化大院、一个公示栏、一张服务卡）为内容的“双四”宣教活动，制发了光盘和磁带，编印了食品安全常识手册《打开舌尖上的问号》，将食药常识推送到每一个村（居）。面向全国公开征集了创城口号、宣传画及行业“潜规则”，在主流媒体开辟宣传专栏，设立了微信公众号，采取制作宣传展板、张贴宣传画和标语等方式，将宣传阵地延伸到城区街道、广场、公园等人员密集场所和公交车、出租车、校车等移动载体，覆盖到生产经营业户。组织开展了百家企业诚信访谈、千篇报道话食安潍坊、万家企业阳光开放行动，聘请了百名特邀宣传员、千名特邀监督员、万名社会监督员，开展了百场知识竞赛、千篇有奖征文、万人问卷调查“三个百千万”活动，形成了人人关心、支持和参与食药监督的浓厚氛围。先后印发、张贴《致广大市民的一封信》和《致广大食品生产经营者的一封信》180余万张，在所有门店张贴“食品安全消费告知书”，广泛宣传有奖投诉举报政策。全年共收到投诉举报5042件，同比增长50%，办结率、回复率、满意率均达到100%。

【实施部门合治】 由市食安办牵头，建立了监管部门联席会商、风险预判、联动联办、联考联评等机制，实现了从田间地头到餐桌的全程监管。建立健全了市、县、镇、社区、村（居）“四级组织、五级联动”的食品药品监管责任网格，推动制作了监管网格明细表、监管对象地理信息图、监管责任公示栏，将监管责任落实到每一个监管人员、延伸到每一个点位。完善了部门联动机制，与农业部门初步建立了食用农产品产地准出、市场准入制度，落实了食用农产品协同强制抽检制度，与教育部门建立了学校食堂食品安全共管机制，各相关监管部门均与公安部门建立衔接机制，形成齐抓共管局面。

（王燕燕）

审计监督

【概况】 全市共完成审计（调查）项目796个，审计查处主要问题金额633亿元，审计移送处理事项21件，51人受到司法处理和党纪政纪等处分。

【政策落实跟踪审计】 把稳增长、促改革、调结构、惠民生、防风险政策措施落实情况跟踪审计作为重中之重，市、县两级上下联动，分类推进，抓住资金、项目、政策“三条主线”，健全领导、协调、工作“三个机制”，对全市简政放权等24个方面的政策措施落实情况进行了全面审计，促进及时拨付资金1.1亿元，新开工和完工项目338个，健全完善制度措施49项，有力推动了资金到位、项目实施、政策落地。

【财政审计】 全市完成预算执行和财政决算审计项目184个，查处违规金额52.9亿元，促进增收节支19.9亿元，推动下拨滞留专项资金4.8亿元，移送大案、要案线索8起。

市审计局组织对县级公立医院改革情况进行审计　　（供图：张同波）

市审计局组织对保障性安居工程政策落实情况进行审计　　（供图：张同波）

【民生审计】 加大对“三农”、医疗、社保、扶贫等资金和项目的审计力度，开展的农机购置补贴、粮食直补等专项审计，促进6609万元涉农资金补贴到位，追回两个乡（镇）占用补贴资金495万元；组织的全市养老服务业审计、中心城区交通状况和供水节水情况审计调查，市委、市政府主要领导分别作出批示，市政府出台了专项管理意见，有关部门组织开展了专项整治。中心城区交通状况审计调查成果获得“全省政府系统优秀调研成果”二等奖，供水节水情况审计调查成果获得“全市政府系统优秀调研成果”一等奖。

【政府投资审计】 全市共完成审计项目265个，核减工程造价6.6亿元，增收节支5.9亿元。市审计局通过公开招标，选聘15家社会中介机构参与项目决算审计，同时加大项目复审力度，有效提高了工作效能，全年完成审计项目108个，核减工程造价7323万元，查处招投标、超付工程款等管理性问题28项，提出审计建议30余条。大部分县（市、区）也积极开展政府性投资项目审计，有效促进了建设资金高效节约利用。市委、市政府对投资审计工作成效充分肯定，授予市审计局“突出贡献奖”。

【金融审计】 以“维护安全、防范风险、促进发展”为目标，组织对青州市、临朐县、高密市农村商业银行和安丘市、高密市、坊子区3家小额贷款公司运营和经营风险情况进行了专项审计调查，调查了1561个贷款项目，发现各类问题金额69亿元，对发现的2起违规借贷线索依法向纪检监察和公安部门进行了移送处理，有效防范了金融风险，维护了地方经济安全健康运行。

【经济责任审计】 全市共完成264名领导干部的经济责任审计，重点审查了领导干部履行部门职责、贯彻方针政策、执行法律法规等情况，查处领导干部负有直接责任的问题金额3042万元，推进了依法行政和法治政府的建立。

（张同波）

统计工作

【概况】 潍坊市统计局荣获“省级文明机关”“省统计系统文明单位”“山东省第三次经济普查先进集体”等多项荣誉，连续七年被省统计局评为“先进市统计局”。

【统计改革】 按照国家统计局《全面深化统计改革总体方案》要求，潍坊市统计局对重点任务进行细化分解，扎实推进各项改革任务。核算制度改革稳步推进。利用“第三次全国经济普查”数据对历史数据进行修订，准确反映潍坊市经济发展实际和产业结构变化。做好对县级GDP统一核算的准备，严格核算各季度GDP总量和增速，做到县（市、区）与全市数据协调匹配。更加注重财政收入、税收、用电量、客货运周转量、居民收入等相关性指标在核算中的应用，更加注重收入、效益指标和民生指标，为全面适应核算制度改革打好基础。投资统计改革走向深入。开展“固定资产投资统计制度方法改革”试点工作，建立“非金融资产财务支出法投资统计制度”，投资统计范围由“固定资产投资”扩大为“非金融资产投资”，首次实现了投资统计直接向法人单位采集数据；制定并完善了《建设领域统计数据质量控制办法》。服务业统计改革取得成效。实施重点服务业企业月度统计调查，建立高效规范、权责明晰的工作机制，加大数据质量审核和评估力度，定期开展督导，服务业统计数据质量进一步提高。能源统计改革有序展开。根据普查年度能源消费总量对历史数据进行修订。从总量衔接和核算方式两大转变入手，开展季度能源统一核算，确保实现能源消费数据与地区生产总值数据基本衔接。建立健全循环经济统计指标体系，编制《潍坊市资源产出率调查方案》，成功在坊子区进行试点，启动潍坊市资源产出率调查工作。

【人口抽样调查】 健全机构、落实经费、选聘培训“两员”（普查员、普查管理员）、采购PDA设备等调查前准备工作逐一按时落实到位。积极协调有关新闻媒体广泛宣传，营造良好的舆论氛围。成功在昌邑市奎聚街道东店社区进行试点，完成了方案设计、机构组建、区域划分、调查小区抽取、地图绘制、宣传发动、入户摸底与登记、质量抽查、资料编码汇总等工作。通过住户从互联网自主填报与调查员用PDA入户登记相结合的形式，成功实施对全市374个调查小区、32955户的现场入户调查，圆满完成了1%人口抽样调查主体任务。

【农业普查】 第三次全国农业普查前期准备工作顺利开展。深入基层，做好制定普查方案的前期调研。抽取部分乡（镇）和村发放调查问卷，广泛征求意见，与相关部门进行沟通交流，收集、汇总各方面情况并形成农业普查方案设计报告。成立组织机构。组建市级农业普查领导小组，筹建农业普查领导小组办公室，落实机构、人员、经费、办公场所，确立办公设备配备等事项。在统计信息内网开辟了“第三次农业普查”专栏。

【统计服务】 有针对性的制定新的指标体系和考核办法服务新常态。为客观反映全市转型升级进展情况、充分发挥统计指标体系引领和导向作用，制定了《创新驱动统计指标体系》《提质增效转型升级统计指标体系》，并及时将数据上报市主要领导。与滨海海洋经济新区建设领导小组办公室密切配合，建立了由11大类38项指标组成的指标体系，研究出台了《潍坊滨海海洋新区统计办法》及《补充意见》，作为衡量滨海新区发展的考核依据，并对滨海新区数据进行每月一统。与提升市区领导小组办公室共同研究，拟定了市直“六个服务功能”（即市民教育、健康医疗、文化创意、信息网络、物流商贸和金融资本）等考核指标体系。与现代产业体系办公室共同建立了“1669”（即“1”是品牌农业；“6”是电子信息、生物医药、海洋动力装备、节能环保、智能装备、新能源汽车；“6”是造纸包装、石化盐化、机械制造、纺织服装、食品加工、汽车制造；“9”是总部经济、文化创意、现代物流、金融服务、健康养老、旅游、信息消费、服务外包、社区服务。）22个产业统计指标体系，研究制定了《县（市、区）、市属开发区现代产业考核办法》，每月向主要领导报送现代产业统计月报。服务中日韩产业交流会和食品谷建设。进行了参展前企业、采购商的资质审核和企业营业额、招商引资项目及总投资额统计等工作；研究制定了反映食品谷发展成效的统计指标体系，对接食品谷投资建设项目，每月提供统计数据服务，反映食品谷项目进展情况。

【统计分析与调研】 年初，针对经济下行压力增大形势，撰写了《全市经济形势不容乐观》《新常态下潍坊工业面临的机遇和挑战》《新常态下潍坊经济发展动力研究》《东莞企业“倒闭潮”对潍坊的启示》等分析报告，上报给市委、市政府领导，引起了主要领导的高度重视。针对城乡统筹发展中遇到的问题撰写的《潍坊农村土地适度规模经营情况调研报告》，针对全市“创新创业”的现状撰写的《“双创”大潮中潍坊企业创新现状研究分析》均被市政府《研究与决策》采用。针对“十三五”编制工作中支撑材料不足的问题，发挥部门优势，在整理搜集基础数据资料、基层调研和研究论证的基础上，撰写了《潍坊市“十三五”经济社会发展战略研究》，此研究报告通过对“十二五”时期潍坊市经济社会发展情况进行基础研究，对先进地区发展经验进行比较研究，对国内（外）经济形势进行宏观研究，提出“十三五”时期潍坊市经济社会发展战略，为潍坊市“十三五”战略目标的确定提供基础支撑，并将其作为编制潍坊市“十三五”规划的重要基础参阅材料，获得了“2015年度全省优秀统计分析”评比一等奖。

【统计宣传】 通过不断创新统计宣传方式，提升服务水平和能力，使公众获取统计信息的渠道更加丰富、便捷、高效、智能。在主要媒体上发布《国民经济和社会发展统计公报》；及时编发了《潍坊市经济社会发展报告》《统计手册》《统计年鉴》和《统计月报》；在统计内外网和政府门户网站公开发布统计信息370篇次；开通统计官方微博、微信平台，适时发布统计信息。牢固树立“统计服务民生”理念，扎实开展中国第6个“统计开放日”各项活动。深入社区普及统计知识，就统计工作向基层群众征求意见，回答公众统计咨询。

【统计法制】 调整普法工作领导小组，制定年度普法计划和2015年全市统计法制工作要点。邀请与市统计局签约的鸢都英合律师事务所资深律师举办法律知识讲座；利用举办全市乡（镇）统计站业务骨干培训的时机，讲解统计法律法规知识；利用“统计大讲堂”，为统计系统全体人员专题讲解统计法律法规知识；积极组织局领导干部参加市法制办、司法局安排的法律知识考试。通过定期向企业法人发放一封信、“统计法律走基层”等活动，抓住“中国统计开放日”“‘12·4’全国普法宣传日”“‘12·8’统计法颁布实施纪念日”等时机，扎实推进统计普法进机关、进乡村、进社区、进学校、进企业、进单位。建立“潍坊市失信企业公示平台”，开设“在线咨询”和“投诉举报”栏目，对违反《中华人民共和国统计法》及统计上严重失信企业，按照《统计上严重失信企业信息公示暂行办法》进行公示，切实提高统计数据质量和政府统计公信力。在全市范围内开展“四上”（即现阶段我国统计工作中对达到一定规模、资质、限额及以上企业的统称，具体包括规模以上工业企业、房地产企业和资质等级以上建筑业企业、限额以上批发零售业、住宿和餐饮业企业、规模以上服务业企业）

企业执法检查工作，全市共检查“四上”企业382家。

【基层基础工作】 召开“全市农村统计工作暨县乡统计联网直报”培训会议，培训县、乡（镇）社会经济统计联网直报方案和程序，使县（市、区）农业统计人员能够熟练掌握电脑操作流程及报表填报技能；多次举办投资统计制度方法改革试点工作业务培训班，县（市、区）、市直有关单位的统计人员业务水平全面提高。农业、工业、贸易业、服务业等主要专业根据主营业务收入、利润、税金、商品销售额等主要经济指标，确定重点监控和联系企业了解企业生产经营和转型升级成果，讲解统计制度方法、统计入库标准和要求，指导企业统计人员建立原始台账，真实准确上报统计数据。每季召开由主要经济与行业主管部门共同参加的座谈会，贯彻传达山东省人民政府下发的《关于进一步加强和完善部门统计工作的实施意见》精神，促进部门统计工作不断加强。

（郭　川）

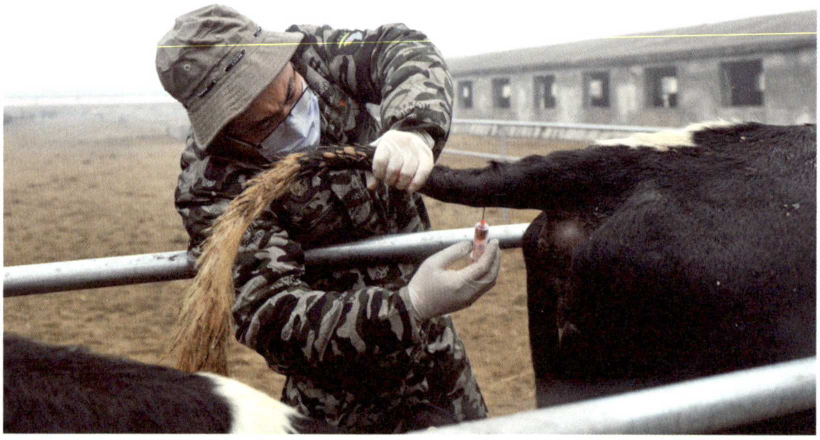

2015年1月5日，潍坊检验检疫局工作人员对进境种牛进行血样采集　（供图：吕海波）

进出口商品检验检疫

【概况】 全年共依法检验检疫出入境货物119621批，同比增长2.97%；货值57.65亿美元，同比增长19.68%；共检疫查验出入境船舶381艘次，同比增长25.33%；检疫查验出入境飞机18个航班，实现了潍坊空港口岸“零”的突破；查验出入境人员6466人次，同比增长41.61%；签发检验检疫证书7.34万份，同比增长7.18%；通关单10.83万份，同比增长3.09%；换证凭单5093份，同比增长34.95%；签发各类原产地证书4.32万份，同比增长3.13%。

【工作质量与产品安全】 严把进口关提高检出率。共检出各类进口货物不合格1349批，占进口批次的25.9%，不合格货物货值1.35亿美元，占进口货值的6.54%；发现进境动（植）物疫病（疫情）1510批。其中，进口棉花检验检疫不合格194批，出具证书帮助企业索赔挽回损失141万美元；检出进口煤炭品质、重量不合格43批；退运不合格进口设备3批，销毁1批；进境粮谷检疫性杂草检出率达100%，检出豚草、三裂叶豚草等被列入中国外来入侵物种名单的杂草。圆满完成了两批次共5732头进境牛的隔离检疫任务。狠抓监管确保出口安全。组织开展了出口高风险保鲜蔬菜基地备案普查，出口冷冻浆果、输日洋葱、出口蜂产品、出口玩具等专项检查。妥善处理澳大利亚媒体炒作潍坊输澳冷冻混合莓疑似致甲肝中毒事件。天津港“8•12”瑞海危险品仓库爆炸事故发生后，潍坊市出入境检验检疫局对60家危险化学品目录内危险化学品生产企业进行了安全排查。依法办理行政处罚案件15起，罚款18万元。推行风险管理提高监管效能。开展肉食、保鲜菜、加工食品、危险化学品、机电、废物原料、木制品、棉花等大宗进（出）口商品的质量安全风险分析评估。共完成风险分析报告15份，抽批率、查验率和检测频率降幅均达到30%。

【深化模式改革】 开展出口食品监管模式改革。完善“出口食品农产品检验检疫集成管理系统”，实现检验检疫监管全过程信息管理一体化。新模式实施后，涉及报检批次达30%，100余家企业受益，为企业节约200余万元。深化出口工业产品监管模式改革。完善“管放分离”检验监管新模式，实现了机电产品检验重点由出口向进口转移，对危险化学品及包装、双边协议、124种出口产品，进口废物、棉花，表外产品等实行新的检验检疫监管模式，取得了工作实效。规范登记管理激发企业活力。全面应用出口食品备案信息化管理系统和免于办理强制性产品认证电子审批系统，网上办理出口食品备案事项78项，签发免办证明33份，办结时间平均缩短10个工作日。简化报检企业和原产地证备案程序，取消年审制度，为企业节约费用500余万元。实施原产地证分类管理，实地调查企业比例由15%降低到3%，共帮助企业获得关税减免6800余万美元。其他业务工作改革。进一步推进了通关模式改革，实现了进出口货物的无纸化报检、通关，已有353家企业进行了备案，涉及批次109570批，累计为企业节省费用500余万元。

【服务地方经济和社会发展】 促进

地方优势产业进出口。帮促企业出口肉类产品6万吨，货值2.5亿美元；出口蔬菜及制品109.7万吨，货值9.1亿美元。积极支持进口直通业务开展，寿光晨鸣集团进口废纸1156批、37万吨，潍坊保税区、高密晟绮场站进口棉花、棉短绒等177批次、4.75万吨，提高了通关速度，节约了出口成本，提高了市场竞争力。继续深入推进示范区建设。峡山区获批为“国家级出口食品农产品质量安全示范区”，全市“国家级示范区”已达6家，居全省前列；峡山区成为省内唯一一个同时拥有出口和有机2个国家级高端农业称号的示范区。积极指导出口企业开展国外注册推荐和国外官方检查迎检工作，辖区10家企业通过了日本、欧盟等的官方现场考察，20家企业对外成功注册。推动潍柴动力、孚日集团成功获得首批“中国出口质量安全示范企业”称号。大力提升通关便利化水平。完善关检合作机制，积极参与和助推电子口岸建设，推进口岸管理部门信息互换、监管互认、执法互助“三互”合作机制。在综合保税区、晨鸣进口废纸直通式场站推行“三个一”（一次申报、一次查验、一次放行）通关模式，提高验放速度。实现一次申报7726批，完成一次查验/放行962批，为企业节省费用250余万元。与市商务局实施原产地证申请人备案与对外贸易经营者备案的“两证合一”，已成功为126家出口企业实施“两证合一”备案，得到了国家质检总局的肯定并在全国范围内进行学习借鉴和复制推广。对综合保税区内进口棉花实行“预检验”，涉及批次82批，金额1850万美元。发挥职能优势服务地方发展。先后制定印发了《促进进口工作措施》《适应新常态帮扶外贸发展工作措施》《关于推进第四季度外贸进出口重点工作措施》等措施，推进简政放权，提升贸易便利化水平，服务进出口平衡发展。指导帮助潍坊综合保税区获得进口肉类、冰鲜水产品指定口岸资格、潍坊港进口肉牛指定口岸资格，研究探索跨境电商试点工作。积极开展“送政策、送技术、送服务”到基层、到企业活动，覆盖高密、诸城、青州、安丘四市。帮助市委、市政府积极应对媒体炒作潍坊生姜焦亚硫酸钠、毒西瓜突发事件，免费检测农残样品200余个、1000余项次。全力推动潍坊口岸扩大开放。积极助推潍坊港3个2万吨集装箱码头顺利通过省政府组织的对外开放验收，潍坊森达美港顺利通过了进境原木业务验收。全力保障潍坊机场首次临时开放、潍坊首列“鲁新欧•青州号”国际货运班列顺利通车。在机场开放期间，依法施检，严把国门，保障了韩国仁川、日本大阪两条国际航线的顺利通航，为首届中日韩产业博览会的成功召开做出了贡献。

潍坊检验检疫局工作人员对待收获的草莓进行取样　　（供图：刘文鹏）

【扶贫工作】 开展精准扶贫。按照中央开展“精准扶贫”的要求，做好派驻“第一书记”包村扶贫工作。通过调研分析，结合帮扶村青州市王坟镇上白洋村实际，与村两委共商发展之路。因地制宜，精准帮扶，成立了村民旅游合作社，打造了“柿子沟”旅游景区，被媒体评选为“山东省最美乡村”之一，获得了省旅游局颁发的“最美旅游风情小镇”称号。2015年国庆节期间，实现旅游收入40余万元。

（吕海波）

海关工作

【概况】 2015年，共审核进出口报关单19.2万票，同比增长12.1%，创历史新高。监管进出口货运量1351.7万吨，货值96.3亿美元，分别增长69.7%、23.9%。征收税款30.4亿元，下降4.7%。审批减免税证明136份，货值8218.3万美元，减免税款6050.2万元。加工贸易备案手册3551份，实际进出口金额47.3亿美元；保税仓库入出库货运量458.1万吨，货值20.5亿美元，同比分别增长2.5倍、95.1%。立案侦查刑事案件10起，案值3亿元，涉税约0.14亿元，立案调查行政案件6起。通过充分发挥海关职能，有力推动了全市开放型经济稳定健康发展，全年共实现进出口总值1175.3亿元，增长7.6%，居全省第3位、济南关区第1位。

【服务经济发展】 支持全市重大决策。制定《推进济南海关促进外贸稳增长“暖冬”行动的意见》，通过切实措施支持全市外贸经济稳定增长；全程服务潍坊机场临时开放和中日韩产业博览会，共监管进出境航班18架次、旅客410人次；加强外贸形势分析研究，为全市经济发展提供支持和参考，工作成效获得市委、市政府主要领导批示肯定15次。助推滨海经济建设。落实支持滨海发展16项举措，以实际行动助力潍坊滨海海洋经济新区建设；增加港口派驻机构人员，进一步充实港口监管力量；对潍坊港卡口建设进行科学指导，支持潍坊港3个2万吨集装箱泊位顺利通过开放验收；发挥黄潍输油管道和保税油库作用，支持管道转关业务发展，打造国际化、现代化物流基地。支持特殊监管区域发展。加大对综保区的支持力度，积极复制自贸区14项政策，推动海关总署11项新政策落地实施，保税物流管理系统通过海关总署专家验收，在山东省首家复制成功工单式核销创新制度；加大对4家新审批公用型保税仓库的建设指导力度，支持诸城保税物流中心建设发展，寿光晨鸣直通场站迁址建设顺利通过验收。落实海关服务举措。启动“关心入微”政策宣讲，全年开展宣讲6次，受益企业400余家；实施加急通关、担保验放、业务现场集中加值班等最优便捷服务；实行行政审批一个窗口作业，认真落实行政审批大厅值班主任制度，实现业务一站式办理。

【海关深化改革】 抓好平时考核试点。承担海关总署平时考核试点工作，成立试点工作领导小组，制定各类工作方案、制度6项；组织开展周纪实2140余人次、月小结520余人次；把平时考核结果作为评价关员的重要标准，评选优秀人员52人次，试点工作得到海关总署、济南海关领导高度肯定。主动探索业务整合。探索组建风险防控中心、通关中心、加工贸易审核中心、监管中心4个业务管理中心，初步实现了人力资源的优化整合和业务执法的规范高效。搭建智慧管理平台。深度融入智慧城市建设布局，按照海关三级监控指挥中心标准，建立潍坊海关监控指挥中心，制定《监控指挥中心运行管理制度》，截至2015年年底，共对10处海关监管场所开展视频巡视140余次，开展重点抽查2次，各项工作运转正常。

2015年12月潍坊海关业务统计简表

表4　　制表单位：潍坊海关

指　标	单　位	12月			1月～12月累计		
		本　年	上　年	同比（±%）	本　年	上　年	同比（±%）
进出口总值（按美元计价）	亿美元	7.8	9.6	-18.8	96.3	77.7	23.9
进口	亿美元	3.5	4.0	-12.5	36.8	28.4	29.6
出口	亿美元	4.3	5.6	-23.2	59.5	49.3	20.7
进出口货运量	万吨	136.1	106.7	27.6	1351.7	796.5	69.7
进口	万吨	110.9	73.2	51.5	1009.7	532.1	89.7
出口	万吨	25.2	33.5	-24.7	342.0	264.3	29.4
进出口报关单总数	份	13920	18377	-24.3	192248	171516	12.1
进口	份	3912	4008	-2.4	38923	42525	-8.5
出口	份	10008	14369	-30.4	153325	128991	18.9
进出口记录条总数	条	32992	45531	-27.5	434713	439002	-1.0
进口	条	10720	13639	-21.4	112851	141513	-20.3
出口	条	22272	31892	-30.2	321862	297489	8.2
集装箱（标箱）数量	箱次	21251	31726	-33.0	349594	294900	18.5
集装箱载货量	万吨	24.9	35.3	-29.5	379.7	314.1	20.9
监管运输工具总数	架艘	67	66	1.5	458	371	23.5
进出境船舶	艘次	57	54	5.6	375	319	17.6
进出境飞机	架次			—	18		—
分类通关货运量	万吨	135.8	68.5	98.1	1216.0	457.3	165.9
货值	亿美元	5.7	7.2	-20.5	85.6	47.6	80.0
报关单	份	13686	15526	-11.9	181053	125924	43.8

续表4

指　标	单　位	12月			1月～12月累计		
		本　年	上　年	同比（±%）	本　年	上　年	同比（±%）
税收入库	亿元	4.2	4.0	6.2	30.4	31.9	-4.7
关税入库	亿元	0.3	0.3	10.0	2.3	2.3	0.4
进口环节税入库	亿元	3.9	3.7	6.0	28.1	29.6	-5.1
审批征免税证明	份	10	30	-66.7	136	234	-41.9
审批征免税货值	万美元	243.9	729.1	-66.5	8218.3	13807.1	-40.5
审批减免税额	万元	225.8	531.5	-57.5	6050.2	8763.6	-31.0
实际进口减免税货值	万美元	82.3	2137.8	-96.1	6203.5	7414.6	-16.3
实际进口减免税额	万元	52.8	1359.1	-96.1	4058.4	6410.2	-36.7
审价补税	万元	256.6	656.4	-60.9	6858.1	4633.1	48.0
归类补税	万元		3.7	-100.0	4.4	3.7	17.7
进出境人员	人次	1064	982	8.4	7172	5384	33.2
出境	人次	532	490	8.6	3589	2692	33.3
进境	人次	532	492	8.1	3583	2692	33.1
实有加工贸易经营企业	万个	—	—	—	0.1	0.1	-4.3
实有加工贸易电子账册	份	—	—	—	73	68	7.4
备案加工手册数量	份	380	388	-2.1	3551	3675	-3.4
金额	亿美元	1.0	2.9	-66.3	16.4	21.8	-24.9
经批准内销征税	万元	453.1	362.4	25.0	5425.2	6610.6	-17.9
加工贸易实际进出口值	亿美元	3.9	4.7	-17.5	47.3	54.7	-13.6
出口	亿美元	2.9	3.4	-13.5	35.0	40.0	-12.3
进口	亿美元	0.9	1.3	-27.9	12.3	14.8	-16.9
保税仓库出入库货运量	万吨	66.0	28.7	129.8	458.1	129.3	254.4
出库	万吨	37.8	0.1	58849.7	110.7	32.8	237.9
入库	万吨	28.2	28.7	-1.7	347.5	96.5	259.9
保税仓库出入库货值	亿美元	2.3	2.2	6.0	20.5	10.5	95.1
出库	亿美元	1.1	0.0	3563.3	4.4	3.2	37.9
入库	亿美元	1.2	2.1	-44.8	16.1	7.3	120.1
实有备案企业	个	—	—		3427	5222	-34.4
报关企业	个	—	—	—	15	18	-16.7
进出口收发货人	个	—	—	—	3412	5204	-34.4
实施稽查企业	个	0	1	—	28	26	7.7
完成稽查企业	个	12	4	200.0	28	26	7.7
发现问题企业	个	6	0	—	14	14	—
移交缉私案件线索	起	2	0	—	15	27	-44.4

（于帅帅）

农 业

Nongye

农业现代化

【概况】 全市农村居民人均可支配收入达到14890元，增长9.2%；农村居民人均消费支出9099元，增长12.4%。完成农业增加值455.1亿元，增长4.1%。

【品牌农业】 大力实施品牌引领战略，全面推进农业产业转型升级，以质量效益为中心，加大品种改良、品质提升、品牌经营力度，打造一批知名的产品品牌、企业品牌、产业品牌、地域品牌。“中国食品谷”完成境内外注册，被认定为“第二批国家农业产业化示范基地”，全市有19个农产品及其制品获“全国驰名商标”，86个农产品及其制品获“山东省著名商标”和“名牌产品”，1398个农产品通过“三品”（无公害、绿色、有机农产品）认证，是全国认证数量最多的地市。潍坊禽肉、蔬菜出口继续保持全国领先位置，年出口禽肉产品6万吨以上，约占全省1/3、全国1/8；年出口蔬菜近100万吨，约占全省的1/4、全国的1/8。

【“四化”发展深入推进】 积极推进规模化经营、标准化生产、企业化管理、社会化服务，加快建设现代农业示范基地，努力培育继潍坊农业产业化之后的品牌农业发展新优势。

全市粮食播种面积达到723400公顷，粮食总产量456万吨，粮食高产创建面积达到147333.33公顷；蔬菜产量1235.9万吨，增长3%；棉花产量2.5万吨，减少30.5%；油料产量20万吨，减少6.1%；烤烟产量2.5万吨，减少9.7%；水果产量80.8万吨，减少7.9%。畜牧产业链实现销售收入1030亿元，连续5年突破千亿元大关，肉蛋奶总产量256万吨，出口禽产品6万吨，创汇2.5亿美元，禽肉出口量和创汇额稳居全省首位，全市畜牧经济总量继续保持全省第一。其中，肉类总产量133.8万吨，减少4.6%；禽蛋产量25.7万吨，增长3.6%；奶类产量25万吨，减少3.5%；大牲畜年末存栏35.8万头，减少5.6%；生猪年末存栏424万头，减少9.6%；家禽年末存栏10618.5万只，减少4.4%；生猪出栏806.3万头，减少4.5%；家禽出栏43380.6万只，减少6.3%。渔业总产值达到49.6亿元，按可比价增长9.2%；水产品总产量60.1万吨，增长0.2%。

加快推进土地有序流转，全市土地规模经营面积达405333.33公顷，土地经营规模化率达63.9%。新型农业经营主体和服务主体快速发展，全市农业龙头企业总量及省级以上重点龙头企业数量居全省第一；家庭农场发展到5738家；在工商登记注册的农民合作社19137家，数量、出资总额、成员总数都居全省第一。农产品质量安全保障体系基本建立，市、县、镇、村四级监管体系逐步成熟，农产品质量追溯体系加快构建，大型的超市和农贸市场农产品基本实现全链条可追溯；严格规范农业投入品使用管理，高毒农药实现了供销社统一储备、专业队伍进行作业。加大对农产品的抽检力度，全年速测样品185720个，定量检测

国家地理标志产品——九山苹果　（供图：王敏廷）

大西环育种基地　（供图：王敏廷）

样品14135个，合格率达到99.38%。加快种苗产业发展，选育主要农作物新品种5个，占全省审定品种13.9%；非主要农作物新品种8个，占全省审定品种33.3%。其中，山东华良种业有限公司选育的玉米新品种“华良78”，成为潍坊市自1991年以来审定的第一个玉米新品种，实现潍坊市玉米育种新突破。种业体制改革走在全国前列，全市培育具有自主知识产权的新品种55个，成为全国最大的优质蔬菜种苗生产基地、畜禽良种生产基地。

【生态文明乡村建设】 饮水安全、道路建设、环境整治、乡村绿化“四件实事”深得民心，规模化集中供水覆盖人口占全市农村人口的94.7%，在全省、全国率先整建制达到国家新的饮水安全标准，提前两年实现国家农村饮水安全目标；“城乡环卫一体化”实现全覆盖，“昌邑模式”成为全省、全国典型；村内道路达到硬化标准的村庄7272个，硬化覆盖率达到98.17%；全年完成造林21066.67公顷，四旁植树2816万株，中幼林抚育30000公顷，育苗19133.33公顷，全市森林面积达393066.67公顷，活立木蓄积量1479万立方米，林木覆盖率达到35.5%。已建成农村社区975个，综合服务中心975处，社区综合服务中心覆盖率达到100%。

【河流综合开发】 突出抓好“两河”流域生态建设。实施山丘生态涵养区、湿地生态带、循环经济带、绿色城镇带“一区三带”行动，重点推进交通网络构建、水生态培育、造林绿化、特色产业发展、特色小城镇和新型社区建设。截至2015年年底，战略性研究、总体规划和6个专项规划编制完成，潍河市区段保护与控制规划也已基本完成。防洪水利工程已完成投资2.9亿元，峡山水库新筑堤防等6项重点工程已完工，8项堤坝工程正在按照程序实施建设；水资源利用工程已完成投资1.1亿元，寿光市引水补源与灌溉等5项水资源工程建设已按计划启动。堤顶公路建设已完成投资4.71亿元，完成堤坝路75公里，58公里正在进行勘测，潍河市区段49.3公里堤坝路完成建设方案编制、勘察设计等前期工作。生态绿化工程已完成投资3.62亿元，完成区域造林2933.33公顷、水系造林4046.67公顷，建设人工湿地43处。沿河两岸布局64个农村新型社区，今明两年重点建设示范社区27个、特色村4个；新型农村社区已完成投资18.06亿元，昌邑市饮马镇山阳社区等20个社区已启动建设工作。争取政策性资金，已办理申请贷款165.5亿元，批复108亿元，到位35亿元。

【农业基础条件不断改善】 农田水利建设成效显著，完成农田水利基本建设投资35亿元，建成各类水利工程2360处，新增改善灌溉面积58666.67公顷，发展节水灌溉面积34666.67公顷，建成“旱能浇、涝能排”高标准农田2万公顷。抗旱应急调水工程建设有序推进，全市投入资金12.1亿元开展抗旱，调引黄河水、长江水2.3亿立方米，保障了中心城区供水安全和北部农田灌溉。引黄（河）入白（浪河）工程于7月13日调试通水，引黄（河）入峡（山）工程于11月6日将黄河水调入峡山水库，两工程年可实现调水量2亿立方米。农业机械化水平进一步提高，全市农业机械总动力1380万千瓦，增长0.6%；联合收获机24884台，增长2.1%。全年共完成机耕面积964万亩，机播面积994666.67公顷，机收面积904000公顷，机耕水平、机播水平、机收水平分别达到98.5%、89.6%和81.5%，耕播收综合机械化水平90.7%。大力推广测土配方施肥技术，全市推广测土配方施肥面积929333.33公顷，水肥一体化面积达22000公顷，化肥利用率提高2%。大力推行绿色控害技术，全市建立绿色防控示范区26处，绿色控害面积达到30万公顷。

【农村民生持续改善】 大力推进精准扶贫，投入省、市两级资金3074万元，实施扶贫开发整村推进、扶贫贷款贴息和“雨露计划”等专项扶贫项目，投入资金较2014年增长485%。2015年，减少贫困人口11.3万人，超额完成了省下达的脱贫目标。城乡低保和五保供养标准不断提高，全市农村低保平均标准达到每人每年3400元。城乡居民基础养老金提高到每人每月85元，为146万名城乡老年居民发放养老金16.9亿元。城乡居民基本养老和基本医疗保险实现并轨。居民供水、医疗救助实现城乡一体化。全市中小学标准化率由11%提高到97%，国家义务教育发展基本均衡县实现全覆盖。人均基本公共卫生服务经费补助标准由35元提高至40元。同时，基层力量薄弱等问题逐步得到解决，软弱涣散村班子整顿成效明显，党在农村执政基础进一步加强。农村社会治安综合治理不断强化，全市农村保持和谐稳定。

（王敏廷）

农村改革

【概况】 认真贯彻中央和省委、省政府安排部署，围绕激活农村生产要素、保障农民财产权益，结合开展现代农业综合改革试点，积极推进农村各项改革，着力解放农民、转移农民、富裕农民，构建起了城乡要素平等交换和公共资源均衡配置的体制机制，进一步增强了农村发展动力和活力，为加快形成城乡发展一体化新格局奠定了基础、创造了条件。

【农村产权制度改革】 基本完成了农村土地承包经营权确权登记颁证工作，全市应确权的7568个村已全部完成确权登记颁证工作，占有耕地村的95.3%。在此基础上，加快推进土地有序流转，全市建立县级土地流转平台11个、乡（镇）级122个，全市土地流转面积207666.67公顷，加上供销系统的土地托管面积197666.67公顷，全市土地规模经营面积达405333.33公顷，土地经营规模化率达63.9%。深化农村集体资产改制，探索股权权能实现。全市已有8251个村完成改制，占总村数的90.5%。6925个村进行了工商登记，组建了集体资产股份公司或社区股份合作社，占完成改制村的83.9%。昌乐县被农业部等部门确定为“发展农民股份合作赋予农民对集体资产股份权能改革试点县”，试点以来，坚持“尊重群众意愿、分类指导、规范操作、试点先行”的思路，在全县筛选确定了47个首批改革试点村，分别开展集体资产股份制改革、农民土地股份合作制改革试点，年底前，各镇（街、区）已全部完成集体资产股份占有、收益权的试点工作，制定出台了一系列制度性文件，为规范集体经济组织发展和集体资产管理提供了有力保障。

【齐鲁农村产权交易中心加快发展】 全国首家“省级农村产权交易平台齐鲁农村产权交易中心”健康运行，在全市设立了15个县（市、区）分中心、134个乡（镇、街道）办事处。以参股和发展综合会员等形式，在济宁市、邹城市和德州市平原县、禹城市设立了4个省内分中心，探索出了省内分支机构建设的新模式；以业务复制和战略合作的模式，先后在青海省、北京市、黑龙江省、上海市、河北省、广西省、甘肃省设立了7个省外工作站，其中，青海省海东市、甘肃省张掖市农村产权交易中心以购买服务的形式全盘复制了齐鲁农交中心的各项业务模式。全年，通过农村产权交易平台共办理各类涉农产权交易1054宗，涉及土地流转面积1900公顷；完成各类涉农产权抵押登记业务410笔，实现农村产权抵押融资额1.3亿元。齐鲁农交中心联合寒亭区绿领家园农产品专业合作社共同发起潍县萝卜众筹项目，在农业众筹领域作了初步探索。与寿光市稻田镇政府合作，共同探索农村集体资产处置公开、公正、阳光规范操作的新途径，完成了寿光市稻田镇稻田村道路改造工程招投标业务。

齐鲁农村产权交易中心外貌 （供图：王敏廷）

【供销社综合改革试点成效显著】 以农业社会化服务为切入点，深化供销合作社综合改革，探索形成了“3公里土地托管服务圈”等可复制、可推广的经验做法。9月，国务院发展研究中心农村经济研究部与省供销社联合举办的“服务规模化与农业现代化理论与实践研讨会”“全国供销合作社农业社会化服务暨综合改革试点现场推进会”先后在高密市召开。全市供销社系统已领办、创办农民合作社1308个，依托乡（镇）基层社、县级供销社，自下而上组建农民合作社、联合社，全市已组建专业性农民合作社、联合社119家，乡（镇）农民合作社、联合社84家，县级农民合作社、联合社11家，市级农民合作社、联合社和潍坊供销集团有限公司已组建完成。探索推广了农作物“保姆式”全程服务和针对某些生产环节的“菜单式”“套餐式”托管服务模式，全市供销社系统土地托管面积达到196953.33公顷。全市已建设具备“3公里土地托管服务圈”功能的为农服

飞机喷药防治病虫害 （供图：王敏廷）

务中心90处，并开通了全市“96621”服务找供销服务热线。实施“放心农资”工程，改造提升农资配送中心11处，规范发展放心农资店818家。购置土壤检测设备39套，检测土壤面积90666.67公顷；购置智能配肥设备50套，精准施肥面积89066.67公顷；购置无人植保飞机26架，飞防面积73400公顷。实施氯化苦熏蒸“土壤修复”工程，熏蒸土地面积超过6666.67公顷。完成高毒农药储备41吨，组建专业服务队伍13支并定期进行技能培训。积极发展电子商务，建设“网上供销社”，与京东集团开展深度合作，注册成立供销京东市、县公司，积极拓展农村市场；搭建起供销社内部具有地方特色的14处电商交易平台，运营网店63家。积极参与农村新型社区建设，新建改建商贸中心12处、社区综合服务中心33处。新建、改造日用品经营网点145家，规范加盟店1329家。完善农产品流通体系，新建、改造农批市场8处，新建、改造农产品直营店64家，与国内外30余家大型超市公司建立了农产品产销对接关系。在寒亭区、安丘市、高密市、青州市、寿光市、诸城市、临朐县7个县（市、区）开展了农村合作金融试点。全市供销合作社系统开展信用互助业务的农民合作社达到51家，信用互助总额6821.5万元，累计发放互助资金11366.1万元。

（王敏廷）

种植业

【粮食生产】 高产创建示范效应明显，分别组织实施了农业部小麦、玉米、马铃薯、花生、棉花高产创建万亩示范片38个、35个、3个、4个、5个，粮食高产创建整建制乡（镇）4个，面积51733.33公顷；组织实施省政府粮食高产创建示范方19个、55000公顷，农业部小麦、玉米高产创建万亩示范片平均亩产606.1公斤、697.1公斤，分别高出目标产量6.1公斤、97.1公斤；农业部整建制乡（镇）小麦、玉米实打测产平均亩产557.21公斤、703.5公斤，分别高出目标产量7.21公斤、103.5公斤，充分发挥了示范带动作用，为大旱之年粮食丰产丰收奠定了基础。全市粮食高产创建面积达到147333.33公顷，有效稳定了粮食产能。全年粮食面积723373.33公顷，比上年减少7266.67公顷，减0.995%；单产420.25公斤，减少3.49公斤，减0.82%；总产量91.20亿斤，减少1.68亿斤，减1.81%。

【农产品质量安全监管】 以建立健全农产品质量安全监管工作体系为核心，以创建示范镇、示范园为抓手，以食品安全城市创建为准绳，推行农产品质量安全区域化管理，完善标准化体系，狠抓源头治理，强化监督执法，落实监管责任，努力实现农产品质量安全工作重点有突破。组成督查组，对各县（市、区）属地管理责任落实情况、基层监管检测体系建设情况、生产环节执法监管情况，特别是群众反映的使用禁限用农药行为采取的措施及效果等问题进行了督查暗访。完善标准化生产体系，陆续修订发布了6项新的技术规程，共计发布12项生产技术规程，品种涉及粮食、大葱、西瓜、甜椒、大姜、潍县萝卜等作物，基本涵盖了全市的大宗农作物，实现了标准升级。按照《潍坊市农产品质量安全示范镇（街道）示范园建设实施方案》的要求，2015年，创建“市级农产品质量安全示范镇（街）”10处、“农产品质量安全示范园区”30处、“农产品质量安全追溯点”10处，并发放了相应的奖励资金。2014年以来创建的所有农产品质量安全示范园区以及2015年新建的农产品质量安全追溯点，全部纳入监管平台追溯管理，并制定了相应的考核监督机制。进一步深化农业投入品源头治理，开展了放心农资下乡活动、农资打假“夏季百日行动”、打击食药犯罪“利剑Ⅱ行动”暨禁限用农药专项整治行动，查处各类案件345起，其中立案查处287起。引入第三方检测服务，加大农产品抽检力度。按照全市创建全国食品安全城市要求，食用农产品抽检不少于12000批次，通过招标采购检测服务的方式，引入第三方检测机构参与农产品的抽检工作，与5家第三方检测机构签订了检测服务合同。全年速测样品185720个，定量检测样品14135个，合格率达到99.38%，总体合格率比2014年稳步提升。

【农业持续生产能力提升】 大力推行绿色控害技术，全市建立“绿色防控示范区”26处，绿色控害面积达到30万公顷。大力推广测土配方施肥技术，全市推广测土配方施肥面积929333.33公顷，水肥一体化面积达22000公顷，化肥利用率提高2%。加快种苗产业发展，选育主要农作物新品种5个，占全省审定品种13.9%；非主要农作物新品种8个，占全省审定品种33.3%。其中，山东华良种业有限公司选育的玉米新品种“华良78”，成为潍坊市自1991年以来审定的第一个玉米新品种，实现潍坊市玉米育种新突破。积极开展“三品”（无公害、绿色、有机农产品）认证工作，已有20家企业的72个产品获得了“绿色食品证书”。加大科技服务体系建设，推介发布主推技术53项、主导品种51个。积极组织科技下乡活动，全市通过电视、电台及田间培训373次，集中办班281个，培训3.63万人，指导农民4.83万户，服务指导面积321333.33公顷。

【农村改革深入推进】 农村土地承包经营权确权登记颁证工作基本完成。全市应确权的7571个村已全部完成确权登记颁证工作，占有耕地村的95.3%。在此基础上，加快推进土地有序流转，全市建立县级土地流转平台11个、乡（镇）级122个，全市土地流转面积207666.67公顷，加上供销系统的土地托管面积197666.67公顷，全市土地规模经营面积达405333.33公顷，土地经营规模化率达63.9%。深化农村集体资产改制，探索股权权能实现。全市已有8251个村完成改制，占总村数的90.5%。6925个村进行了工商登记，组建了集体资产股份公司或社区股份合作社，占完成改制村的83.9%。所有县（市、区）和镇（街道）实现了与齐鲁农村产权交易中心联网运行，成立县级交易中心15个、乡（镇）交易所134个。农民合作社、家庭农场稳步发展。2015年，全市在工商部门登记注册的农民合作社达到19137家，比上年新增2470家。全国农民合作社示范社辅导员培训会议于2015年9月12日～16日在潍坊市召开。全市家庭农场达到5738家，新增1642家。

（张晓丽　颜　丽）

林　业

【概况】 全市完成造林20666.67公顷，森林面积达到393066.67公顷，林木蓄积量1479.3万立方米。积极发展壮大林业产业，全市年实现林业产值877亿元。扎实做好森林防火，成立市级森林扑火武警应急分队，推动以水灭火能力和森林公安正规化建设。加强监测预报，强化生物防控，做好林业有害生物防控工作。严格依法治林，列出权力清单和服务清单154项。

【国家森林城市创建】 1月29日，召开全市“国家森林城市创建”工作会议，下发《关于分解落实创建国家森林城市工作任务的通知》。4月18日，组织召开国家森林城市创建国家森林城市工作检查调度会。进一步加大宣传力度，开展“春季创森宣传月”活动，召开创森暨春季造林绿化工作新闻发布会，借力“文展会”开展“诗意画都•森林潍坊”文学作品征文活动；与市教育局联合印发《在全市中小学校开展创建国家森林城市宣传活动的实施方案》；成功举办中国（潍坊）生物多样性保护暨创建国家森林城市成果展，出版《生态潍坊》画册。利用元宵节、植树节、湿地日等重要节日组织了多项主题宣传活动，发放创森宣传单页9万余份。在《中国绿色时报》《潍坊日报》《潍坊晚报》刊发创建国家森林城市专版9期，与《潍坊晚报》联合开展创建国家森林城市知识竞赛，办好创建“国家森林城市”微信公众号，着力提高创建工作公众知晓率和群众满意度，为创建国家森林城市营造深厚工作氛围。

2015年1月29日，召开潍坊市国家森林城市创建工作会议　（供图：申燕祥）

【造林绿化】 3月12日，市委书记杜昌文在峡山区潍峡路西侧潍河东岸参加义务植树时强调，要牢固树立生态文明理念，以创建国家森林城市为契机，不断加大生态建设力度，坚定不移爱绿、植绿、护绿，为经济社会可持续发展奠定坚实生态基础。全市以国家森林城市创建工作为抓手，围绕市委、市政府“突破滨海、提升市区、开发‘两河’”工作部署，积极推进环城森林圈、沿海森林绿网、荒山绿化、水系绿化、绿色通道、镇村绿化等重点绿化工程实施，大力开展植树造林，全市共完成造林20666.67公

2015年3月12日，潍坊市市委书记杜昌文（左一）在峡山区潍峡路西侧潍河东岸参加义务植树活动（供图：申燕祥）

顷。扎实开展滨海绿化全覆盖工程，完成绿化2133.33公顷。积极开展生态隔离带建设，高新区生态隔离带二期工程完成造林133.33余公顷。围绕“两河”开发，做好水绿结合文章，完成水系造林4046.67公顷、区域生态绿化工程13个。多措并举，打好荒山绿化攻坚战，加强裸露、破损山体植被恢复，完成荒山绿化5006.67公顷。积极拓展绿化空间，全市新建农田林网控制面积3333.33公顷，镇村绿化面积600公顷。扎实推进湿地建设，共建设完成8处生态湿地、19处污水处理厂出口人工湿地和1处环湖沿河绿化工程。

【林业产业】 对全市木本油料产业发展情况开展调研，制定了《潍坊市木本油料产业发展规划（2015—2020）》，明确发展目标。着力推进寿光木材产业集群建设，打造全省乃至全国重要的高端木制品生产加工基地。6月4日，山东木材工业转型升级高峰论坛暨千亿级产业集群建设发展研讨会在寿光召开。适度扩大规模，重点突出特色，着力提升苗木花卉产业，成功举办第十五届中国（青州）花卉博览交易会、2015中国（昌邑）北方绿化苗木博览会。积极推动全市森林生态旅游业的快速发展，国庆假期期间，全市森林旅游人数达118.05万人次，旅游收入5089.9万元，同比增长3.8%和37.8%。组织参加第十二届中国林产品交易会，市林业局被国家组委会评为“优秀组织奖”和“优秀设计奖”，参展产品获得5项金奖、6项银奖。

【森林资源保护】 7月30日，召开全市森林防火能力建设现场会议，强化督查调度，积极推动以水灭火能力和森林公安正规化建设。全市先后投入1920万元购置储备以水灭火装备，成立200人的市级森林扑火武警应急分队，严格落实防火责任，全面加强火灾防控，确保全市无森林火灾发生。加强监测预报，严格属地管理，积极开展飞机防治，强化生物防控，繁育释放周氏啮小蜂，全市完成防治作业56666.67公顷（次），无公害防治率达到100%。积极推进林业有害生物普查和林业有害生物综合防控体系建设项目实施，着力提升防控管理水平，全市防控形势平稳。对现有行政权力和职责进行全面梳理，列出权力清单和服务清单154项，形成部门责任清单，在门户网站进行公开，加强权力运行监督。严格林业执法，开展非法侵占林地排查专项行动，全市共查处涉林行政案件325起、涉林刑事案件33起，严厉打击了各类涉林违法犯罪活动，维护了全市林业生产秩序。围绕创建国家食品安全城市，认真做好食用林产品安全及经济林管理，编印《食用林产品质量安全培训手册》2000册，对食用林产品进行监督抽检和风险监测，完成613批次的干果类经济林产品质量安全检测。

【林业科技】 强化科研创新，鼓励引导林业企业加强技术研发，加大林木新品种、良种培育推广力度。全市包括丁香、楸树、玉兰、蝴蝶兰、惠兰等在内的18个良种通过省林木良种审定。山东省蝴蝶兰产业技术创新战略联盟在青州成立。

（侯占勇）

畜牧业

【概况】 2015年，潍坊市畜牧产业链实现销售收入1102亿元，连续5年保持千亿元。其中，畜牧养殖业实现销售收入485.29亿元，畜产品加工及兽药、饲料生产实现销售收入591.47亿元，畜牧服务业实现销售收入25.97亿元。肉蛋奶总产量250.27万吨，出口禽产品6.5万吨，创汇2.5亿美元，肉蛋奶总产量、禽肉出口量和创汇额稳居全省首位。全市畜牧经济总量继续保持全省第一位。

【新型经营主体培育】 重点培育畜牧龙头企业20家，8家畜牧企业入围“全市百强龙头企业”，1家企业入围“全国民营企业500强”。新增畜牧专业合作社67家，总数达1402家，15家畜牧专业合作社创建为“省级示范社”，总数达53家，居全省第一位。组织畜牧经营主体新认证无公害畜产品103个，总数达659个，位居全省第一。指导企业扩大畜产品出口，潍坊市禽肉产品成功打开蒙古市场。举办了畜牧业电子商务培训班，免费培训畜牧龙头企业、畜牧专业合作社、家庭牧场经理人400人次。畜牧园区化建设取得新突破。全市新增标准化示范园区国家级2个、省级19个、市级48个，居全省前列。17家畜牧企业被评为市级“育繁推一体化”种苗企业，48家畜牧企业被评为“市级标准化种苗基地”。毛皮动物生产、加工、交易综合园区初具规模，中国毛皮动物养殖行业发展论坛暨首届毛皮交易会在诸城市召开。青州市获“中国蜜蜂之乡”称号，为山东省首家获此殊荣的县级市。

【饲料产业经营】 实现销售收入约300亿元。全市建成饲料生产企业302家，获得各类饲料和饲料添加剂生产资质359个，饲料总产量达612.5万吨，实现产值280.9亿元，饲料总产量居全省第一位。寿光市、临朐县被列为山东省“粮改饲”试点县，山东合力牧业有限公司、山东和利农业发展有限公司2家企业承担了省级全株青贮玉米生产利用试点项目，山东丰沃新农农牧发展有限公司、潍坊中基饲料有限公司2家企业通过国家级“饲料质量安全管理规范示范企业”验收。

【兽药产业经营】 全市共有兽药GMP（生产质量管理规范）生产企业77家，实现产值15.34亿元；生物制剂生产企业1家，实现产值0.47亿元；动物保健品生产企业51家，实现产值25.7亿元；共有兽药GSP（药品经营质量管理规范）经营企业622家，兽药销售收入28.65亿元；动物诊疗机构168家，诊疗收入13.1亿元。兽药行业一、二、三次产业从业人员达6769人，实现销售收入83.26亿元。潍坊市的兽药生产企业数量和产值、兽药经营单位数量名列全省第一，占全省的四分之一。

【无疫区建设通过国家评审】 2013年9月，山东省政府、潍坊市政府先后投入资金6000余万元，启动了新一轮“胶东半岛无规定动物疫病区”评估认证工作，建成了6处动物卫生监督检查站、1个动物隔离场，建成1个市级、10个县级兽医实验室等，软（硬）件建设达到了国家无疫区标准。2015年12月，潍坊市“胶东半岛免疫无口蹄疫和免疫无高致病性禽流感区”顺利通过了农业部专家组现场评审。潍坊市全域内建成了“国家级无规定动物疫病区”。

【畜牧产业绿色发展】 全市改造标准化饲养场1012个，新建粪污处理示范工程131处，新增生态养殖场区102家，总数达2856家，改造“畜—沼—粮”农牧结合养殖场区1248家，减少粪污排放60万吨，畜禽粪污资源化利用率达到86%。创建“省级畜牧旅游示范区”8个，数量居山东省首位。指导百德药业公司引进高端人才，自主研发了“固相双动态不饱和酶解发酵技术”，畜禽废弃物资源化利用国家级试点工作取得重大突破。

【畜禽屠宰管理】 生猪定点屠宰监管职能划转全部完成，生猪定点屠宰监管职能由商务部门调整到畜牧兽医部门。市畜牧兽医局组建了畜禽屠宰管理办公室，县（市、区）也成立了相应机构。开展了畜禽屠宰环节调研，摸清了畜禽屠宰行业底数，制定畜禽屠宰行业发展规划，行业规范化建设工作全面启动。潍坊市承担了“国家级禽类屠宰管理”试点任务，开展了专项整治行动，全市共出动执法人员559人（次），检查生产企业1055家（次），发放宣传材料5000余份，取缔无证生猪屠宰点26个。潍坊市被评为“全省屠宰管理工作先进单位”。

【病死畜禽无害化处理】 潍坊市人民政府办公室下发了《关于印发全市病死畜禽无害化处理工作实施意见的通知》，全市规划建设9家病死畜禽无害化处理中心，优先选择高温高压化制、高温发酵和碳化等资源化利用模式对病死畜禽进行集中无害化处理。诸城市、寿光市、峡山区、昌乐县、高密市、安丘市已建成运营。2015年，全市集中处理病死猪66.2万头，牛637头，羊20614只，禽、兔和狐貂4499.8吨。山东省政府病死畜禽无害化处理工作座谈会在诸城召开，潍坊市经验做法在全省推广，50余个外地考察团到潍坊参观学习。

（牛建平）

海洋与渔业

【概况】 全市主要海洋产业总产值1570亿元，渔业经济总产值330亿元，水产品总产量60万吨。

【海洋管理】 编制了《潍坊市海洋功能区划（2013—2020年）》，并由市政府公布实施；抓好滨海岸线保护与利用、集中集约用海等规划的提升落实，研究确定了工作推进方案。推进海洋管理改革，推进海域使用权证换发土地证工作，简化用海建设项目审批手续，纳入市委全面深化改革总体方案。做好海洋服务保障，围绕服务海洋经济新区建设，及时高效开展用海审批，全力保障重点项目用海需求。潍坊港、潍坊渔港经济区、滨海生态旅游度假区等18个项目海域获省政府批复，填海面积529公顷。同时，办理海域使用权抵押登记73宗，抵押金额20亿元，有力支持了相关项目建设。

【“海上粮仓”建设】 全面推进“海上粮仓”重点任务实施，按照拓展渔业发展空间，优化产业发展布局，推动渔业改革创新，大力推进“海上粮仓”建设，谋划了潍坊市“海上粮仓”建设发展规划，推动养殖、增殖、捕捞、加工、休闲渔业协同发展。启动了2.67万公顷“海洋牧场”生态方、2.67万公顷滩涂贝类底播增殖、潍坊渔港、省级休闲海钓示范基地等项目建设。结合全市实际情况，按照水产养殖业、渔业增殖业、海洋捕捞业、水产品加工业、支撑体系五个方面，高起点储备规划了31个建设项目，投资规模达53亿元。

【现代渔业发展】 全市共创建“省级现代渔业园区”17处、“省部级健康养殖示范场”50家、“市级水产品质量安全生产示范园区”80家，现代渔业园区覆盖全市80%的养殖户。渔业资源修复力度持续加大，2015年，投入省级以上资金1849万元，放流各类苗种4.8亿单位。新建人工鱼礁3处，投资3000万元，投放礁体9万空方，形成人工礁区2000公顷。扶持壮大休闲渔业，目前，全市休闲渔业企业29家，休闲渔业基地达到200余处，其中省级休闲渔业点15处。寿光林海生态博览园被评为“全国休闲渔业示范基地”，渔业经营性收入达2亿元。严格水产品质量监管，全面落实市、县两级水产品质量安全监管责任，主动参与“国家食品安全城市”创建工作，加强水产质量监督抽检，抽检样品3000余个，开展了水产品质量安全专项整治暨养殖情况大普查及无公害和地理标志产品标志使用专项检查，全市抽检样品合格率99.9%，抽检阳性样品执法查处率达100%。推进渔业品牌化建设，积极培育峡山野生鱼、临朐冷水鱼等特色鲜明、质量稳定、信誉良好、市场占有率高的水产品县域特色品牌20个。大力开展“三品一标”（绿色食品、有机农产品、无公害农产品、地理标志农产品）认证，目前认证总数达205个。实施科技兴渔战略，陆基化工业化养殖南美白对虾红星模式在全省推广，寿光市渔技站创建为全国基层水产技术推广示范站，在潍坊学院建立了全市第一处“省级现代渔业技术培训基地”，实施基层渔业技术推广改革与建设补助项目，培育渔业科技示范户800户，建设5个渔业科技示范基地，辐射带动周边4000户养殖户。

【海洋生态持续改善】 加强岸线保护修复，积极推进小清河、潍河、白浪河、弥河入海口海岸带整治等项目，打造“小清河入海口岸线生态修复示范区”。完善海洋生态保护制度，抓好《关于进一步加强全省海洋环境监测评价体系建设的意见》、海洋生态损失补偿和损害赔偿管理办法等制度的贯彻实施，建立了渤海海洋生态修复及能力建设项目推进工作“一张表”制度。加大海洋环境监测力度，编制并发布了《2014年潍坊市海洋环境公报》，开展了海洋生态环境趋势性监测、重点排污口和一般排污口监测、海水入侵和土壤盐渍化监测、海洋垃圾和潮间带生物多样性监测，采集样品3222个，出具各类数据8653个。加强海洋防灾减灾建设，坚持每日发布海洋资讯，及时做好海洋预警预报，增强了社会公众对预报减灾的参与度和认知度。市海洋环境监测中心站获得“国家海洋局烟台管区应急监测先进单位”“全省海洋生态环境监测与评价先进单位”称号。

【重点项目深入推进】 加快潍坊渔港建设，围绕打造集渔港、食品港、商业港和旅游等配套功能于一体的综合性港口，加快建设渔港基础设施。潍坊渔港已开港运营，中央电视台《新闻联播》栏目对运营情况进行了报道。加大项目和资源争取力度，连续3年与省海洋与渔业厅签订《对接任务书》，在新区建设、蓝黄“两区”、项目用海等5个方面20项重点工作上获上级扶持资金2.8亿元。加快实施海洋创新项目，落实海洋经济创新发展区域示范项目13个，获上级资金7200万元。申报了开发性金融促进海洋经济发展试点项目14个，总投资68.87亿元，贷款总额42.23亿元。

【执法力度不断加大】 加强海洋监察执法。组织开展了“海盾2015”“碧海2015”“护航蓝区建设”以及“无居民海岛专项执法”等海监执法行动，依法查处各类海洋违法行为，确保了海洋生态安全，维护了海洋开发利用秩序。全市共进行各类海监执法50余次，检查用海项目378个，办结海洋违法案件3起，收缴罚款259万元。加强渔政执法。狠抓伏季休渔管理工作，认真落实执法协作、海查陆处、渔船黑名单等伏休制度，开展海陆执法检查385次，检查渔船4062艘次，检查港口码头180个次，查处违规渔船40艘，严厉打击了违法违规行为，实现了对841艘应休海洋渔船的有效管控，维护了全市伏休形势的稳定，市执法处和寿光市、昌邑市荣获“全省海洋伏季休渔管理工作先进单位”。强化涉外渔业综合管理，开展了清理取缔海洋涉外渔业“三无”（无船名号、无船舶证号、无船籍港）船舶专项整治行动，对10艘2014年脱审的特殊渔船进行了追缴处置。加强渔业安全生产执法监督检查。组织开展了渔业安全严查严整严打、渔船防碰撞专项整治、渔业安全生产隐患大排查大整治、冬季渔港渔船安全防火检查等渔业安全生产执法检查活动，对渔港码头和渔船集中停泊点防火、渔船防风防火防碰撞、渔业安全基层组织等进行了全面检查。全市共派出渔业安全执法检查组50个次、执法人员1349人次，检查基层单位44家次，检查渔船1825艘次，对检查中发现的140余项安全隐患进行了整改。

【省海洋与渔业厅和市政府签署海洋与渔业重点工作对接任务书】 2015年3月16日，省海洋与渔业厅和市政府签署海洋与渔业重点工作对接任务书，对蓝黄“两区”项目建设、项目用海保障、海洋生态环境保护、“海上粮仓”建设、基础能力建设5大方面22项重点工作给予了全力支持。通过工作对接和项目实施，潍坊港、旅游度假区、潍坊渔港等一批重点项目用海需求得到保障，海洋粮仓、渔业园区、海洋牧场等一批项目启动建设，小清河、弥河、白浪河、虞河、潍河河口海洋生态得到修复保护，海洋经济创新发展区域示范项目和海洋新兴产业发展等工作继续在全省名列前茅。

【潍坊市海洋功能区划获批】 8月21日，山东省人民政府批复同意《潍坊市海洋功能区划（2013—2020年）》，共划分为八类39个海洋基本功能区。分别为农渔业区、港口航运区、工业与城镇用海区、矿产与能源区、旅游休闲娱乐区、海洋保护区、特殊利用区、保留区，总面积1421.08平方公里，潍坊市海水养殖和增殖用海功能区面积将达到750平方公里，海洋保护区面积不低于68.3平方公里，保留区面积不低于84平方公里，大陆自然岸线保有长度不低于30公里，整治修复及生态化改造岸线长度不低于37公里。

【潍坊渔港举行开港开工仪式】 8月31日，潍坊渔港开港开工仪式在潍坊渔港码头隆重举行，市直有关部门，沿海市、区政府（管委会）及渔民代表计3000余人参加了开港仪式。潍坊渔港规划面积17平方公里，主要建设潍坊中心渔港、龙威渔港、海恒威渔港及相关配套设施。截至2015年年底，龙威渔港已基本建成，建成疏港道路13.8公里、码头岸线0.712公里，可同时容纳1000余艘渔船进港停泊、补给，已基本达到一级渔港的标准。中心渔港、海恒威渔港等项目加快推进建设，到“十三五”末，渔港年吞吐能力将达到5000万吨，渔业码头岸线0.5公里，年卸货能力20万吨；货运码头岸线0.4公里，有5000吨级泊位20个、万吨级泊位5个；游艇码头岸线0.3公里，泊位200个。

【现代渔业建设】 积极推动“海上粮仓”建设，2015年，全市已形成2.67万公顷底播贝类增殖带、1万公顷池塘虾蟹参养殖带、120万立方米水体名贵鱼工厂化养殖带和70万立方米水体冷水鱼集约养殖带，共有“省级现代渔业园区”17处、“省部级健康养殖示范场”50家、“市级水产品质量安全生产示范园区”80家，现代渔业园区覆盖全市80%的养殖户。推进渔业品牌化建设，积极培育峡山野生鱼、临朐冷水鱼等特色鲜明、质量稳定、信誉良好、市场占有率高的水产品县域特色品牌20个。大力开展“三品一标”认证，目前认证总数达205个。实施科技兴渔战略，陆基化工业化养殖南美白对虾红星模式在全省推广，寿光市渔技站创建为“全国基层水产技术推广示范站”，在潍坊学院建立了全市第一处“省级现代渔业技术培训基地”，实施基层渔业技术推广改革与建设补助项目，培育渔业科技示范户800户，建设5个渔业科技示范基地，辐射带动周边4000户养殖户。

【海洋综合管理工作】 潍坊港、潍坊渔港经济区、滨海生态旅游度假区等18个项目海获省政府批复。同时，办理海域使用权抵押登记73宗，抵押金额20亿元，有力支持了相关项目建设。加强岸线保护修复，积极推进小清河、潍河、白浪河、弥河入海口海岸带整治等项目，打造小清河入海口岸线生态修复示范区。完善海洋生态保护制度，建立了渤海海洋生态修复及能力建设项目推进工作“一张表”制度。加大海洋环境监测力度，编制并发布了《潍坊市海洋环境公报》，开展了海洋生态环境趋势性监测、重点排污口和一般排污口监测、海水入侵和土壤盐渍化监测、海洋垃圾和潮间带生物多样性监测，采集样品3222个，出具各类数据8653个。

【海洋与渔业执法工作】 组织开展了“海盾2015”“碧海2015”“护航蓝区建设”以及“无居民海岛专项执法”等海监执法行动，依法查处各类海洋违法行为，确保海洋生态安全，维护海洋开发利用秩序。狠抓伏季休渔管理工作，认真落实执法协作、海查陆处、渔船黑名单等伏休制度，开展海陆执法检查385次，检查渔船4062艘次，检查港口码头180个次，严厉打击了违法违规行为，实现了对841艘应休海洋渔船的有效管控，维护了全市伏休形势的稳定，市执法处和寿光市、昌邑市荣获“全省海洋伏季休渔管理工作先进单位”称号。强化涉外渔业综合管理，开展了清理取缔海洋涉外渔业“三无”船舶专项整治行动。组织开展了渔业安全严查严整严打、渔船防碰撞专项整治、渔业安全生产隐患大排查大整治、冬季渔港渔船安全防火检查等渔业安全生产执法检查活动，对渔港码头和渔船集中停泊点防火、渔船防风防火防碰撞、渔业安全基层组织等进行了全面检查，全市共派出渔业安全执法检查组50个次、执法人员1349人次，检查渔船1825艘次。

（马　康）

水 利

【抗旱防汛】 抗旱工作。面对潍坊市遭遇的1952年有水文记载以来最严重干旱，开展了保城乡居民基本生活用水安全、保生态基础安全、保经济社会运行安全“抗旱三保”工作。超前启动相关水利工程建设，“引黄（河）入白（浪河）”工程7月13日调试通水，工期提前100天，“引黄（河）入峡（山）”工程11月6日将黄河水调入峡山水库，工期提前2个月，为抗旱争取了主动。修订完善了抗旱预案和各项供水保障方案，积极调引黄河水、长江水，水资源实现统一调度管理。研究制定了《全市节约用水集中行动工作方案》，采取有效措施开展节水。全市已投入资金12.05亿元开展抗旱，调引黄河水、长江水2.33亿立方米，城乡生产生活秩序正常。防汛工作。确定了市级及县（市、区）水利工程防汛责任人，对防汛抗旱应急预案、防台风应急预案等进行了编制、修订和完善，备足、备齐防汛料物。开展了单位自查、重点行业检查和督导检查。

【市级重点工作】 “三八六”环保行动河道生态修复。计划完成9个河道治理和28个湿地建设项目，年底已经全部完成。“两河”开发。潍河、弥河4个水利专项规划编制完成并报市政府，制定了今年、明年两年“两河开发”防洪及水资源配置重点工程实施方案；列入国家规划的弥河防洪治理工程可研报告已完成，正在办理土地、环评等手续，潍河防洪治理工程可研报告正在调整完善。突破滨海。督促、协调相关单位，投资8.03亿元，完成了滨海第二平原水库、崔家河水毁治理及生态修复工程、滨海开发区丹河治理工程、寿光市织女河综合治理工程、白浪河船闸橡胶坝工程、海洋经济新区建设重点工作岸线整治工程，建成后为滨海新区的发展创造了良好的水利环境。完成了昌邑市、寿光市北部水资源配置规划、防洪防潮及排水规划、供水规划、污水处理规划4个水利专项规划。

【重点水利工程建设】 中小河流治理。全市列入2013～2015年国家规划并下达投资计划的河道治理项目共10个，安丘市汶河等3个项目完成竣工验收，高密市五龙河等4个项目完成投入使用验收，寿光市淮河等3个项目完成主体工程并达到投入使用条件。青州市中小河流治理重点县总投资1.13亿元，已完成95%。水库、水闸除险加固。高密王吴水库除险加固工程一期工程全部完成，完成下闸蓄水验收。87座小型病险水库除险加固，有5座通过竣工验收，其余完成主体工程并通过蓄水验收。青州市弥河拦河闸、安丘市汶河卧龙闸和昌邑潍河防潮蓄水闸工程已完工。南水北调续建配套。寿光市供水单元工程双王城水库泵站、杨庄泵站及南北供水主管线均已完成，实现了供水，日供水5.5万立方米，累计引水400余万立方米，共完成投资4.49亿元。滨海供水单元二期工程完成围坝、入库泵站、出库涵闸、库底防渗及大坝护坡衬砌，年底具备蓄水条件，共完成投资4.98亿元。昌邑市供水单元工程铺设玻璃钢管道17.65公里，新建泵站1座并于2014年完成，3.47公里渠道衬砌部分于今年6月招标，8月完成附着物拆迁，月底完成工程建设，具备向昌邑市北部供水条件并适时供水，共完成投资0.6227亿元。雨洪资源利用。峡山水库增容工程完成投资1.6亿元。新建高密市孟家沟水库工程完成投资4.5亿元。昌乐县南寨水库扩容工程完成投资0.4亿元。昌邑市丰泉水库新建工程招投标等前期准备工作。农村饮水安全巩固提升。完成饮水安全中央预算内投资0.5556亿元，受益人口11.27万人。2014年，农村饮水安全项目完成验收。县级农村饮水安全信息管理系统第一期、第二期均完成建设任务。成功承办全国农村饮水安全现场会和全国农村饮水安全信息化技术交流会。农田水利建设。开展了冬春农田水利基本建设，累计完成投资35亿元。青州市、诸城市等10个小农水重点县2014年度项目已完成，完成2.87亿元；2015年度项目完成年度任务。峡山水库灌区2014年度项目基本完工。峡山灌区（总干渠、西分干）续建配套与节水改造工程可行性研究报告已批复，项目总投资1.54亿元。水系生态建设。一是水土保持。治理水土流失面积180平方公里。中央预算内投资安丘鲤龙河等3个小流域治理项目通过验收，青州市牛头峪、安丘留山峪2个项目基本完成；沂蒙山区国家水土保持重点建设工程临朐黑山项目区3个项目通过验收，2个项目正在施工；省财政补助安丘杨家沟3个小流域综合治理项目基本完成，青州市灵山等3个项目正在施工。二是亚行贷款地下水漏斗区治理项目。完成采购单位招标工作，昌乐县、高密市、青州市、寿光市4个单元工程可行性研究报告均由省发改委批复，昌乐县、高密市初设已批。三是水利风景区建设。临朐县弥河水利风景区通过水利部组织的专家评审。

【水利行业管理】 水资源管理。制定下达了2015年度水资源管理控制指标。加强水资源论证管理，严格取水许可管理。实施计划用水管理，下达直接取水的15家单位和年取用水5万立方米以上的公共供水管网内的245家用水户的取用水计划，并监督实施。做好水功能区水质监测、水资源费征管工作。出台了《潍坊市节约用水集中行动工作方案》。水利依法行政。水政法规科加挂审批服务科牌子，理顺了水行政审批职能。行政审批事项下放3项，18项全部纳入大厅办理，共办理审批事项32项，受理群众咨询180件。开展了河道日常巡查和水利、公安联合执法，水事秩序保持稳定。规范化管理。临朐县丹河水库创建省二级管理单位，年底前完成水管单位省级验收工作。高崖水厂、安丘华安水厂、高密孚日水厂和寒亭上实环境供水公司通过省级规范化水厂考核验收。青州市被省水利厅评定为“第三批省级水资源管理规范化建设示范县”。安丘市、诸城市水利局创建“全省水政执法规范化建设示范单位”通过省厅验收。移民管理。前三季度发放移民直补资金0.9595亿元。2014年度移民结余资金扶持项目和2013年度小型水库移民扶助基金项目全面完成建设任务。2014年度小型水库移民扶助基金项目和2015年度移民结余资金项目大部分县（市、区）完成招投标并开工建设。临朐县第一批大中型水库移民避险解困试点项目基本完成，第二批试点安丘市、昌乐县、临朐县已批复。潍城区军埠口农业种植业开发示范项目通过省移民局竣工验收，昌乐高崖库区旅游发展示范项目基本建成，水保管理。潍城区、青州市等7市（区）全部通过省水利厅初验、淮河水利委员会复验和水利部抽验，成为全国水土保持监督管理能力建设县。开展了生产建设项目水保监督检查。

【水利改革】 研究制定了全面深化水利改革实施方案，明确了改革工作的任务和目标，计划到2020年，在水行政管理体制、水资源管理体制、水生态文明、水利工程建管制度、水利投融资体制、水利公共服务体制六大方面22项改革事项取得决定性成果，并成立了7个专项改革推进小组，制定了分工表和专项改革工作方案，全力推进。各项改革严格按照时间节点完成任务，在水价改革、农田水利设施产权制度改革、小型水库管理体制改革等方面取得突破性进展。

（周　岩）

南水北调

【水库征地移民省级验收工作】 继2014年全面完成了双王城水库工程征地移民县级验收工作，积极协调寿光市南水北调工程建设指挥部于10月23日通过征地移民的省级验收工作。

【南水北调配套工程建设】 寿光供水单元工程。主要是依托新建成的双王城水库工程和胶东调水干渠，建设抽水泵站，分别向寿光城区、羊口工业园区、弥河抽水泵站区及供水沿线工业园区供水。工程于2014年10月开工建设，已完成双王城水库泵站、杨庄泵站及南北供水主管线，实现了日供水5.5万立方米，累计引水400余万立方米，共完成投资4.49亿元。滨海供水单元二期工程。为新建平原水库及相关配套设施，水库设计库容1841万立方米，占地面积214.8公顷，设计利用“引黄济青”渠道调引长江水，工程可研批复投资5.44亿元。工程于2015年4月23日开工建设，已完成围坝、入库泵站、出库涵闸、库底防渗及大坝护坡衬砌，具备蓄水条件，共完成投资4.98亿元。昌邑市供水单元工程。主要包括由“引黄济青”潍河西小章分水闸引水经0.2公里输水渠至潍河主河道；利用金口橡胶坝调蓄，从小营口放水闸引水，沿河西总干渠输水至昌邑城区北（石渠北端），通过新建泵站和输水管道供水至柳疃经济项目区水厂。其中，铺设玻璃钢管道17.65公里，新建泵站1座并于2014年完成，3.47公里渠道衬砌部分于2015年6月招标，8月完成附着物拆迁，年底完成工程建设，具备向昌邑北部供水条件并适时供水，共完成投资0.6227亿元。

【突破滨海】 根据潍坊滨海海洋经济新区建设领导小组安排，市南水北调局负责突破滨海的相关水利工作，督促、协调相关单位，投资8.03亿元，完成了滨海第二平原水库、崔家河水毁治理及生态修复工程、滨海开发区丹河治理工程、寿光市织女河综合治理工程、白浪河船闸橡胶坝工程、海洋经济新区建设重点工作岸线整治工程，建成后为滨海新区的发展创造了良好的水利环境。完成了昌邑市、寿光市北部水资源配置规划，防洪防潮及排水规划，供水规划，污水处理规划4个水利专项规划。

【应急调水工程建设】 “引黄入白”应急调水工程。管线全长43.5公里，设计扬程0.085公里，工程投资2亿元，计划工期至10月底，于7月13日调试通水，比计划工期提前100天完成，实现了当年建设、当年投产、当年发挥效益，已累计向白浪河水库调引黄河水1100万立方米，解决了白浪河水库供水的燃眉之急，保证了城区西部的正常供水。“引黄入峡”应急调水工程。工程北起胶东调水输水渠道，通过4级泵站提水和34公里渠道输水，将水调到峡山水库，利用峡山水库进行调蓄，设计调水流量20.5立方米/秒，工程投资2亿元，于11月6日将黄河水调峡山水库，比计划工期提前2个月，已累计调引黄河水3000万立方米，有效缓解了峡山水库供水紧张的局面。两工程累计完成投资4亿元。

【输水渠改扩建工程】 胶东调水输水渠到改扩建工程建设速度的快慢，直接影响潍坊主城区及相关城区用水的问题，一方面，加大协调力度，确保外围施工环境，促进了工程建设。另一方面，对重点标段工程建设，潍坊浩博公司城建的一标段，仅用一个月时间完成100万块板护砌任务，计划三个月的工期只用了一个月，为全市争取了15天的单独引水，共调引1500万立方米的储备水源。

【引水入潍】 2013年秋季以来，全市发生了新中国成立以来罕见的连年干旱，作为长江水受水区的峡山水库、白浪河水库供水区缺水严重。市南水北调工程建设管理局积极向省直部门及黄河河务局等部门争取用水指标，实现多调引客水，破解用水难题，已累计调引长江水、黄河水1.3亿立方米，其中长江水3210万立方米、黄河水9790万立方米，极大缓解了潍坊地区干旱问题。

【水价改革方案】 按照省水利厅关于区域综合水价改革试点工作的要求和安排，结合山东省和寿光市区域综合水价改革试点工作实施方案，制定了具体工作计划，即开展全市非农业取用水情况、非农业地表水取（供）水工程建设情况、近期非农业地表水需水情况3项调查，制定3个有关区域综合水价核算及运行管理的办法，实施区域综合水价改革水资源监测监控系统建设，组建寿光市金润水资源综合利用有限公司。寿光市区域综合水价改革工作进展顺利，水价改革方案报告已编制完成，省水利厅和物价局联合组织验收并通过，适时发布实施。

（张召军）

农业机械

【农业机械化主要工作指标】 2015

年，全市农机总值达到102.7亿元，农机总动力达到1380万千瓦，拖拉机18.6万台，联合收割机2.4万台。主要农作物耕种收综合机械化水平达到91%。全市小麦适宜机收地块已全面实现联合收获。玉米机械收获面积378666.67公顷，占适宜机收面积的96.4%。全市22000公顷深松试点任务圆满完成。全市在工商部门注册的农机专业合作社达到372家，47家开展了“企社共建”活动。全市共确立了56个经济作物生产机械化推广示范基地，聘任了287名市特邀农机技术推广员。大姜、马铃薯、花生等主要经济作物机械化水平快速提升。全年累计挂牌4083副，办理驾驶证2380个，检验拖拉机、联合收割机10050台。全年核换发“农业机械维修技术合格证”467个，全市共创建区域性农机维修服务中心28个、“农机4S店”9个。全年共培训各类农机人员5.1万人次，其中新训驾驶员5800人。

【农机购置补贴政策落实】 2015年，全市共落实国家、省级农机购置补贴资金1.53亿元，共补贴各类农业机械8930台（套），其中拖拉机3986台、玉米联合收获机769台。补贴农户和农机服务组织8000余户。青州市、高密市、诸城市、安丘市、昌乐县作为农机报废更新试点单位，安排报废更新资金2000万元，坊子区、诸城市、高密市作为深松作业补贴试点，安排补贴资金350万元。在落实农机购置补贴政策过程中，市农机局根据购机补贴的重点环节，确定重点时段的监管，通过重点农户抽查、明察暗访、交叉检查、案件核查、专项整治等多种方式，提高监督检查的实效。

【农机合作社建设】 农机合作社具有为现代农业发展提供服务支撑的重要作用，是现代农业的重要保障。根据国家土地流转及提升合作社规模效益的要求，市农机局融合资源，采取合并优化战略，将全市农机合作社进行了大范围融合引导。专门召开农机“企社共建”推进工作会议，会上6家农机合作社现场与福田雷沃公司签订了“企社共建”合作协议，全市47家参与“企社共建”的合作社，折合购机优惠、服务支持、投资建设等方面享受资金及优惠达2740万元。

【农机推广工作】 利用现场会做好示范、以点带面、全面推进，是市农业机械管理局的重要工作。承办全省经济作物春季机械化生产现场推进会，举办全市蔬菜机械化播种现场会、深松作业机械现场会，演示蔬菜移栽，马铃薯、花生播种等作业，加大农机深松整地技术的宣传推广力度。举办区域农机维修服务中心建设现场会、麦收新机具演示会、粮食烘干设备推进会议，积极为“三夏”麦收做好机具准备，全面推进全市粮食烘干机械工作。举办了第九届农机科技下乡活动、粮食生产全程社会化服务玉米籽粒收获与小麦播种新技术现场会，重点演示了玉米籽粒收获机一次完成摘穗、脱粒、清选、集箱等作业。召开潍坊市特邀农机技术推广员暨经济作物生产机械化推广示范基地建设工作会议，表彰奖励2014年度做出突出成绩的县（市、区）和特邀农机技术推广员，续聘88名市特邀农机技术推广员，公布2015年“潍坊市经济作物生产机械化推广示范基地”名单。对续聘的市特邀农机技术推广员和经济作物生产机械化推广示范基地负责人进行专项业务培训。6月3日，潍坊市臭氧水植保技术装备推广培训基地在青州市挂牌开班。为了利用零污染的臭氧水防治病虫害，协同相关企业、科研院所、蔬菜生产基地历经8年探索和试验，总结制定了臭氧水防治蔬菜病虫害农艺流程及标准。成功实现了对韭菜、大姜、山药、胡萝卜以及蔬菜大棚等土壤病虫害的防治，并已开始培训蔬菜生产基地负责人和技术人员。加大对植保无人机进行试验推广的力度，通过试验、选型、探索、示范，逐步形成了一套航空植保培训机制。目前，全市拥有航空植保无人机9架，基本具备了大规模作业的能力。

【农机品牌建设】 第九届中国（山东）农业机械博览会于3月26日～28日在潍坊金宝国际会展中心举行，本次农机博览会得到了省内外生产、经销企业的大力支持，共有福田雷沃、江苏沃得、中国一拖、科乐收金亿等360余家国内外知名农机装备企业报名参展，展区面积达3.1万平方米，2万余台（套）机械参展，达成交易额5000余万元，现场观众达3.5万人次。对全市农机企业进行摸底调研。积极为农机企业的发展壮大出谋划策，切实做强中国农机之都。尤其是依托全省农机装备研发创新计划，加强与各农机企业的交流协作，在玉米籽粒直收机械、高效节能粮食烘干机械、小麦精量播种机械等方面探索与创新，并取得显著成效。

【农机化公共服务】 4月27日，按照《山东省农机局关于组织开展农机化教学观摩竞赛活动》的要求，组织农机化教学观摩竞赛活动选拔赛，内容涉及到“保护性耕作技术”“蔬菜、水果机械化”“粮食烘干与推广”等当前技术热点，在省农机局组织的决赛中，潍坊市选手荣获第三名的成绩，市农机局荣获“组织奖”。农机管理服务开展了以加强安全管理、保障安全生产、服务农民机手为主题的安全生产月集中宣传活动，累计出动宣传车80辆次，播放警示片50余场次，取得了良好的效果。

（李福杰）

农业综合开发

【概况】 全年共投入各级农发财政资金20993万元，实施土地治理、产业化经营、部门项目和山区综合开发等项目115个。全面完成了各项农发项目建设任务，在省农业综合开发办公室组织的检查验收和绩效评价中再次获得优秀等次。

【土地治理】 全年共组织实施土地治理项目32个，完成总投资13435万元，其中财政资金12571万元，建设高标准农田8040公顷。埋设地下输水管道479公里，新打和维修机电井932眼，架设输变电线路300公里，完成配套渠系建筑物2833座、排灌站47座、拦河坝4座；修建田间道路332公里，改良土壤1066.67公顷；林网植树293.33公顷。整个项目区达到了“农田成方，集中连片；灌排配套，设施先进；道路畅通，设计规范；土地平整，土壤肥沃；林网适宜，生态良好；科学种植，产业明显；高产稳产，优质高效；严格管理，运行顺畅”的建设目标。高密市“醴泉街道333.33公顷高标准农田建设项目”被评选为“山东省十大优质工程”。

【产业化经营】 重点围绕“粮食、林果、蔬菜、畜牧、种苗”五大优势主导产业，加大对构建农民利益联结机制紧密的农业产业化龙头企业和农民合作组织的扶持。全市共实施产业化经营项目42个，其中财政补助项目35个（合作社项目18个，龙头企业17个），“一县一特”产业发展试点项目1个，贷款贴息项目6个，完成财政资金投入5250万元。通过扩大基地、优化结构、提高加工储藏能力等措施，发展果品、茶叶等经济林基地180公顷，蔬菜基地640公顷，建设农产品交易设施1.36万平方米。项目区新增干鲜果品28.4万公斤，新增蔬菜3477.4万公斤，新增农产品加工能力5200万公斤，增加农产品交易量4.3亿公斤，直接受益农户6万户，直接受益农民年收入增加1.57亿元。高密市山东泰华食品股份有限公司辐射当地及全市绿色有机果蔬生产基地3333.33公顷，带动农户1万户，户均纯收入增收1000元；安丘市“一县一特”试点项目，拿出农发财政资金的30%直接作为合作社和农民的股份参与分红，扩大了农民财产权利，让农民成为龙头企业发展的参与者和经营者。

【山区综合开发】 按照“强化基础，突出特色，助力增收”的总体思路，以改善山区生产生活条件、发展山区特色经济、加强山区生态建设、增加山区农民收入为着力点，以点带面，全面推进，取得明显成效。全年完成总投资1420.4万元，其中财政资金1000万元，实施山区开发项目15个，治理开发山区面积2.12万亩，重点发展经济林、生态林、水土保持林155.33公顷，新修道路16.6公里，新建水利设施15处。通过项目实施，农业基础设施进一步加强，涌现出一批山区综合开发的好典型。昌乐县高崖水库优质瓜菜基地扩建项目，在着力改善当地道路、水利等基础设施条件的同时，新建日光温室蔬菜大棚14个，使项目区实现了由传统的粮食生产向芋头、西红柿等特色产业的转型升级。

【突出改革创新】 面对新时期的农业综合开发任务，进一步激发改革创新活力，不断提升运行效能和开发效益。创新项目评审和验收机制。通过政府购买服务方式，引入并委托第三方中介机构对2014年度项目组织开展验收和绩效评价，对2015年度项目组织开展评审，有效保证了结果的公正性和权威性。创新土地治理项目工程管护机制。选择安丘市郚山镇大埠沟村土地治理项目财政补助形成资产交由农民合作社持有和管护试点，项目区106.67公顷高标准农田由“荒山薄地”变成“香饽饽”，年增收粮食20万公斤，其他农产品10万公斤，年实现纯收入81.4万元。创新农业综合开发产业化经营财政补助项目“先建后补”投入机制。进一步创新农业综合开发投入机制，首次开展产业化经营“先建后补”试点项目18个，总投资规模达5600余万元。这一机制创新，简化了项目管理程序，充分调动了工商资本和社会资本投入农业综合开发的积极性，进一步发挥财政资金示范引导作用，提高财政资金使用效率和管理工作效能。

（孙亮东　郭忠春）

工　业

Gongye

综　述

【概况】 1月～12月，全市规模以上工业增加值同比增长8.4%，高于全省0.9%，列全省第四位。实现主营业务收入13167.6亿元，同比增长6.2%；实现利税1115.2亿元，同比增长5.8%；实现利润719.7亿元，同比增长4.9%。

【工业技改投资】 共实施技术改造项目2125项，总投资3271.3亿元，全年完成投资1675.5亿元，居全省第二位。潍柴重机股份有限公司中速柴油机研发创新平台建设项目、盛瑞传动股份有限公司年产30万台8档自动变速器项目、山东潍坊凯信机械有限公司2000米/分钟新月型高速卫生纸机扩建项目、迈赫机器人自动化股份有限公司自主品牌工业机器人在车身关键零部件生产线中的示范应用项目获“2015年国家产业振兴和技术改造”专项支持。食品•山东诸城经济开发区获批“国家新型工业化产业示范基地”，汽车零部件•寿光市东城工业园获批“山东省新型工业化产业示范基地”。

【政策扶持】 认真挖掘梳理上级政策，借鉴外地先进经验，加强政策创新，加大企业转型升级、创新发展支持力度。制定实施《关于认真落实中央和省有关政策规定 支持企业转型发展的意见》《关于进一步提高金融机构服务企业水平解决融资难问题的意见》《关于推进供应链融资业务发展的意见》，极大缓解了企业转型升级带来的压力和挑战，对保持全市经济稳定增长，起到了重要作用。

【现代产业体系】 建立了联动推进机制。成立了潍坊市工业转型升级办公室，下设各产业推进小组，统筹推进各产业实施方案的落实，负责行业龙头企业培育、产业园区和产业链建设工作的协调推进。高标准诊断产业发展。聘请国际知名咨询公司，对机械装备等9大产业开展诊断咨询，实施一业一对策，出台了实施方案，指导产业转型升级。全面落实产业配套措施。成立了9支县级干部带队的专业队伍，初选骨干企业50家、成长期企业100家、种子期和初创期企业100家，新组建冶金、大数据2大产业联盟，引进北大、清华、中科院在潍坊设立创新孵化基地。充分发挥产业基金作用，市金控集团计划以股权、债权和风险缓释项目方式向企业投入30.21亿元，支持企业转型升级。各主导产业取得新成效。潍柴林德液压项目首条生产线投入运行，歌尔声学位列“2015年中国电子元件百强企业”第四位，山东凯马列入“国家节能与新能源汽车推广目录”，得利斯并购澳大利亚著名食品企业，山东迈赫机器人公司与韩国艾若泰克（IROTECH）公司合作开发国际领先水平三维模拟仿真软件，福田雷沃与意大利马特马克公司合作开发智能化高端农机具等合资合作项目进展顺利。加快发展军民融合。制定了《潍坊市推进军民融合产业发展的实施方案》《潍坊市军民融合产业发展规划》，全力推动“山东省北斗导航应用示范项目”等重点项目建设，与中国航天系统科学与工程研究院建立了交流机制，加快推动中国航天技术转移应用（潍坊）中心共建协议。

【技术创新】 组织实施企业技术创新项目。编制《潍坊市2015年“6+6”产业重点技术创新项目计划》，拟实施创新项目380项，研发经费总投资43.49亿元，项目全部完成并实现产业化后，预计年可新增销售收入345.71亿元。全省共公布技术创新计划三批3106项，有425个项目列入全省技术创新项目计划，数量居全省第二位。提升企业自主创新能力。新增省级企业技术中心21户，潍坊市“国家级企业技术中心”达到9家、“省级企业技术中心”达到118家。组织突破重点领域关键共性技术。制定了《潍坊市产业关键共性技术发展指南（2015—2017年）》，共发布产业关键共性技术149项，鼓励龙头企业联合上、中、下游企业集中突破解决制约产业发展的关键共性技术瓶颈。

【“两化”融合】 加快潍坊省级“两化”（工业化、信息化）融合试验区建设，实施“两化”融合行动计划，突出试点示范引领作用。推荐的潍柴动力“基于互联网的潍柴动力制造全流程信息集成创新试点项目”和潍坊市小禾互联网结算中心“信用认证支付一体化的B&B2C跨境电商综合服务系统”入选国家互联网与工业融合创新试点，数量居全省第一位；推荐的景芝酒业等7家企业入选国家第二批“两化融合”管理体系贯标试点，数量居全省第一位。加大“两化融合”人才培训力度，对500名企业首席信息官（CIO）进行了专题培训。选择100家重点企业，开展市级“两化融合”管理体系贯标对标，普及企业“两化融合”管理体系。

【制造服务化】 全年重点抓好了106个制造服务化典型示范项目，促进了101家企业启动制造服务化业务并编制完成发展计划，系统培训了1166名企业主管，均超额完成任务目标。与国家服务型制造课题研究组——北京航空航天大学建立了长期合作关系，在出版的《制造服务化案例研究》中潍坊市2个案例纳入。1个项目获得省总集成总承包专项资金奖励100万元。目前已形成了以福田雷沃融资租赁、潍柴集团再制造、歌尔声学整体解决方案、阳光纸业造纸概念包装、恒远利废总集成总承包等为代表的一批新型商业模式，成为传统企业转型发展新的亮点。

【节能降耗和循环经济】 以创建“国家循环经济示范城市”为契机，综合运用节能、环保等方面的法律政策倒逼企业转型升级。严格落实节能目标责任，按照差别化原则，逐级签订责任书，落实节能考核目标。严格控制“两高”（高污染、高耗能）行业过快增长，认真把好新上固定资产投资项目节能关，从源头上做好节能工作。大力发展循环经济，开展循环经济示范县、市、园区创建工程，确定了寿光市等3个县（市）和高新开发区等10个园区为“潍坊市循环经济示范县”和“示范园区创建地区”。全面推进园区循环化改造，滨海经济技术开发区获批为“国家循环化改造示范试点园区”。推广生活垃圾生态化处理等一批循环经济模式。截至12月，纳入调度范围的118个重点支撑项目已完成投资额155亿元。加快“互联网+绿色节能”平台建设，逐步实现重点用能企业的实时在线监测和大数据分析。

【服务企业】 建设完善企业问题直报和“四级”会商解决机制，建立企业问题动态需求数据库，分层次协调解决。各级已召开70余次企业问题需求协调解决会议，协调解决了170家企业的200余个问题和需求。大力破解企业发展融资难题。与中国人民银行潍坊市中心支行建立日常联系机制，并于年初对全市381家企业融资问题进行了摸底调查。组织召开了全市工业重点项目银（行）企（业）对接会，促成全市289个重点项目银企双方达成授信意向，金额达287亿元，其中23家银行与部分重点企业现场签约，签约金额53.4亿元。扎实推进企业家队伍建设。成功组织节能环保、机械装备、智能装备、石化盐化、电子信息、纺织服装、造纸包装和食品加工8个产业的规划培训以及制造服务化、企业首席信息官专题培训，举办全市工业经济研讨、电子商务服务业及诊断等2期“潍坊工业发展讲坛”，先后培训企业家1800余人次。

（赵海亮）

信息化

【概况】 积极推进国家“两化”融合管理体系贯标试点，多维度开展企业首席信息官培训、“两化”融合示范和推广，着力优化“两化”融合推进氛围，认真组织实施“智慧城市”建设顶层设计，结合信息消费、信息惠民、电子商务示范、电子政务云平台等国家级试点以及“智慧城市”省级试点建设，加快实施了一批综合性信息化工程，有序推进了信息资源共享，加快了全市经济社会各领域的“互联网+”发展。年内，7家企业获批成为“国家‘两化’融合管理体系贯标试点”，2个项目入选“国家互联网与工业融合创新试点”，2家产业园区被确定为首批“省级智慧园区试点”。

【加快“两化”融合推进步伐】 组织开展“国家‘两化’融合管理体系贯标试点”，年内，3家企业已通过国家工信部贯标评审。积极推动48个省级“两化”深度融合项目建设，组织发动350家规模以上工业企业，参加省“两化”融合区域和企业评估。联合省首席信息官联盟在潍坊市举办全市企业CIO培训班，开展8期市级“两化”融合助企活动，培训工业企业信息化人员2000余人次。聘请中国通信工业协会、安永咨询公司，到潍坊市开展机械装备、汽车制造、智能装备等重点行业的“两化”融合诊断咨询，搭建了企业问题需求服务信息平台，拓宽企业服务渠道。下发了《关于认真落实中央和省有关政策规定支持企业转型发展的意见》，对企业实施的投资额0.02亿元以上的信息化项目、组织实施的“智能工厂”项目，财政给予一定的奖励。市财政每年承担500名企业首席信息官的培训经费，全面加强了“两化”融合引导资金支持力度。

【推动电子商务平台应用】 先后出台了电子商务跨越发展意见、实施方案和电商人才培训实施方案等，全市设立了1亿元电子商务发展基金，重点用于电子商务人才培养、服务平台搭建、产业园区建设。建设了潍坊网上工业展览馆和“好品潍坊”等一批电商综合服务平台，启动了阿里巴巴诸城产业带建设。组织开展了电商人才培训工作，承办了两期省工业电商百县行——潍坊站活动。推进信息消费试点，出台了全市促进信息消费扩大内需的实施方案，3个县（市、区）被确定为省级首批“信息消费试点”并获省资金支持。建设了市工业展馆“智慧城市”实体展厅和3D打印创新服务中心等体验中心，结合各通信公司体验中心，开展了多场次、多方式的信息消费宣传和体验活动。

【智慧城市惠民服务】 开展了平安校车工程，在全市所有中小学校车安装了监控设施，目前已实现80%以上校车视频监控信号的回传。上线了网上政务厅，实现了企业、市民和政府部门的网上实时沟通。建设无线WiFi覆盖工程，在重点公共区域实现免费WiFi覆盖的基础上，下步将通过在城市路灯网架设路由器，实现市区交通干道、商业中心、市民广场等的无线WiFi全覆盖。开展了“潍V”民生综合服务平台建设，目前该平台应用已覆盖政务、商务、社交、支付、教育、医疗、出行等“智慧城市”建设的多个领域。完成了“中国潍坊”政府门户网站全面改版工作，进一步畅通了市长公开电话、审批咨询、微博、微信等沟通渠道，提升了政民互动效果，并通过网站及时公开政府经济、行业、统计等数据，稳步推进政府“数据公开”，顺应“互联网+”时代发展潮流。

【完善信息网络设施】 全市互联网用户数678.44万户，互联网普及率超过73%，互联网出口带宽达到1230G。4G网络实现对乡（镇）及以上区域和高铁、高速公路沿线的无缝覆盖。建设WLAN无线宽带网络热点万余个，在全市重点商圈、便民服务场所、集中办公区域、酒店宾馆、车站等公共区域，开通“i-weifang”应用，实现了免费WiFi覆盖。

【科学推进信息产业发展】 出台了《潍坊市推进电子信息产业发展实施方案》，促进电子信息产业科学有序发展，全市电子信息产业实现主营业务收入554.68亿元，增长9.5%。以潍坊光电产业园、潍坊软件园和山东测绘地理信息产业园为代表的园区建设稳步推进，聚集发展趋势明显。大企业知名度不断提升，歌尔声学股份有限公司以第41名连续第四年上榜“中国电子信息百强”，比上年度上升了3个名次，并与山东共达电声股份有限公司分别以第4名、第55名再次入围“2015年（第28届）中国电子元件百强”，也是全省唯一的两家电子元件企业。

（栾宇腾）

轻工业和纺织工业

【概况】 全市轻工业经济运行质量和效益显著提升，规模以上企业完成工业总产值3500亿元，增长7.2%；完成主营业务收入3400亿元，增长7.9%；实现利税110亿元，增长7%；实现利润90亿元，增长8%。各项主要经济指标保持健康增长态势，超额完成全年计划目标。全市轻工业（纺织行业）销售收入居青岛之后，列全省第二。

【现代产业体系建设】 把加快企业转型升级、构建现代产业体系作为推动产业发展的重要任务。紧紧围绕市政府“1669”（即“1”是品牌农业；“6”是电子信息、生物医药、海洋动力装备、节能环保、智能装备、新能源汽车；“6”是造纸包装、石化盐化、机械制造、纺织服装、食品加工、汽车制造；“9”是总部经济、文化创意、现代物流、金融服务、健康养老、旅游、信息消费、服务外包、社区服务。）现代产业体系推进工作统一部署，把构建造纸包装、纺织服装行业现代产业体系作为行办“一把手”工程，突出园区发展、龙头企业带动、重大项目建设、创新驱动等关键措施的落实，把造纸包装、纺织服装行业这一传统产业打造成现代造纸、纺织产业体系。狠抓并完成了由毕马威咨询公司出具的《我市造纸包装产业、纺织服装产业的诊断报告》和行办起草的《推进我市造纸包装、纺织服装产业发展实施方案》以及《配套招商对接名单》，组织了造纸包装、纺织服装产业龙头企业与协作单位促进资源配置发布会，近百人参加了会议。会上有4家龙头企业进行了资源信息的发布，协作单位分别与其进行了对接。

【轻工业经济运行调度】 促进全市轻工业又好又快发展是行办的重要职责。一是深入基层了解情况，准确掌握第一手资料；二是搞好行业发展规划，引领行业发展；三是建立了经济运行数据统计系统和月调度分析报告制度，为领导研判经济形势、应对各种困难提供决策参考；四是积极参加全市运行调度会，分析汇报行业经济运行情况，按照市里的统一部署，全力做好经济运行的协调和保障。

【工艺美术特色产业】 连续成功举办了“第三届潍坊市工艺美术节”，它是潍坊国际风筝会重大活动内容之一，也是2015年十笏园开园重大活动之一，省、市领导出席开幕式并参观了工艺美术展会，展会成果丰硕，达到了预期目的。利用3个多月的时间精心编辑了《第三届潍坊市工艺美术节精品集》，近300名大师艺人精品入编，这将会更好地运用和巩固展览成果，扩大宣传影响，记载当代发展成果和辉煌历史。积极挖掘和培养民间艺人，使传统技艺永远得以传承和发展，会同工艺美术协会组织了“潍坊第五届工艺美术大师”的评审工作，180余名艺人报名参评，最终100人入选。首次承办了全市工艺美术界的职称评审工作。精心组织职称评审工作，对符合申报高级工艺美术师条件的15名艺人向山东省轻工集体企业联社进行了推荐报送，经评审，13人被评为“高级工艺美术师”。对符合申报“中级工艺美术师”条件的28名艺人按程序先报送市人社局审核，后经中评委专家评审，有24人被评选为“中级工艺美术师”。对申报初级的“助理工艺美术师”和“工艺美术员”各24名直接由中评委进行审核全部入选。摸清人才底子，继续完善潍坊市工艺美术人才个人电子档案。现已完成全市工艺美术各类人才档案464名（2015年新增74人），其中中国工艺美术大师2人、山东省大师50人、山东省名人6人、潍坊市大师186人、潍坊市名人30人、民间非遗和文化两类传承人84人、暂入编的民间艺人227人。组织企业参加大型展销活动。组织全市27家纺织服装企业参加5月在济南举行的“2015山东纺织服装展示展销会”，组织恒天海龙、帛方纺织等企业参加中日韩产业博览会。推进纺织服装产业转型升级培训工作。根据产业发展实施方案和潍坊市纺织服装产业现状，邀请安永公司和国内知名专家，4月底在市委党校举办了由60余家企业老总参加的产业推进培训班。调研考察工作。组织部分县（市、区）经信局和龙头企业的主要负责人17人，于9月8日～9日，赴济宁市进行考察学习，实地考察了济宁软件园、山东如意集团。在人才使用与培养、企业管理、技术创新以及资金运作等方面，将这些经验与潍坊市重点纺织服装企业进行了座谈与交流。

【重点工作】 完成了全市造纸包装、纺织服装产业“十三五”发展规划的初稿，下步将根据上级部门的安排再作进一步地修改完善；协助市经信委抓好行业项目建设，加快企业转型提升；协助山东省轻工业协会、山东省纺织行业协会、山东省轻工集体企业联社继续抓好潍坊市轻工业（纺织工业）特色产业集群建设，以带动地方经济快速发展；按照市安全生产监督管理委员会的部署，扎实做好有关行业安全生产工作，协助省轻工（纺织）协会抓好企业安全标准化达标升级工作；协助有关部门搞好淘汰落后产能、节能减排等工作；做好机关老干部管理服务工作和处理系统内来信来访以及一些遗留问题。

【自身建设】 按照“学习型、创新型、服务型、和谐型、廉洁型”机关的要求，进一步加强机关自身建设。深入扎实开展了“三严三实”专题教育活动。行办党委在去年开展党的群众路线教育实践活动的基础上，深入扎实地开展了“三严三实”专题教育活动。轻工行办主要领导和班子成员带头讲党课，率先垂范，严于律己，机关党员干部认真组织学习研讨，着力查找问题，列出清单，形成台账，明确目标措施。健全完善一些行之有效的规章制度，形成长效机制。重新修订和完善机关《集中学习制度》《深入基层调查研究制度》《民主生活会制度》等28项制度。坚持集体领导。充分发挥班子成员集体领导作用，重大事项征求各方意见集中讨论决策。强化学习，严肃纪律，锤炼作风，注重实效。通过建立学习、考勤等制度和落实科室职能、岗位责任制、个人近期主要工作、任务目标以及相配套监督考核机制等保障措施实施，使大家充分认清当前形势，明确任务目标，规范工作行为，真抓实干，营造了行办机关干部职工想干事、会干事、能干事、干成事的良好氛围，各项工作取得了明显成效。

（赵新华）

机械电子工业

【概况】 全行业共有规模以上企业923家，主要生产内燃机、汽车、工程机械、拖拉机、收获机械、石化设备、环保设备、风电设备、起重机械、机床设备、印刷设备、电子元器件、汽车零部件及内燃机配件等产品。规模以上企业完成主营业务收入2944.1亿元，实现利税255.2亿元，利润175亿元。生产汽车33.6万辆，生产发动机5317.6万台，生产拖拉机12.74万台，生产收获机械4.66万台。

【招商引资】 成功举办“2015中国潍坊国际装备制造业博览会”。展会按专业设置3个展区，即“2015中国（潍坊）机床工模具展览会”“2015中国（潍坊）铸造工业展览会”和“2015中国（潍坊）五金机电及焊接切割展览会”。参展企业294家，展出面积14000平方米。潍坊市以外企业254家，参展面积11581平方米。潍坊市参展企业40家，展出面积2419平方米，实现交易额7.32亿元，专业观众28000余人。组织潍坊市42家企业参加了“2015第十届中国（山东）国际装备制造业博览会”。组织相关企业共设立42个室内标准展位及200平方米室外展区，潍坊市和寿光市荣获此次博览会“最佳组织奖”。潍坊市企业参加了装备制造业高峰论坛、装备部集中采购、农机补贴采购等多个活动，接待专业观众达3万人次，签订投资意向（协议）、产品销售意向（协议）、技术改造意向（协议）26项。组织全市有关机械企业赴青岛参加了第十八届青岛国际机床模具展，赴韩国参加了“2015韩国釜山国际机械展”，取得较好的招商成果。

【行业规划】 通过政府采购程序，委托国际五大咨询公司之一的安永企业咨询公司，对全市机械装备产业开展产业诊断，形成了现状诊断、发展规划、实施方案、招商名单等诊断咨询成果。结合安永公司诊断成果，编制了《潍坊市推进机械装备产业发展实施方案》。详细分析了潍坊市机械装备产业现状、存在的问题、发展前景，提出了机械装备产业发展思路目标和发展措施。发展思路和目标为：大力发展动力装备、农业装备两大支柱产业，促进海洋装备战略性新兴产业集聚发展，推动工程机械、矿山机械等基础产业专业化发展。壮大产业链，推进机械装备产业的绿色化和智能化发展，将潍坊市打造成为国际动力城、山东海洋装备制造基地以及山东机械装备制造产业创新及服务高地。发展措施为：加快建设重点园区，培强做大龙头企业，实施好产业链重点项目，开展产业招商，完善产业联盟体系，强化金融支撑，加强人才队伍建设，提高自主创新能力，推进两化融合，强化品牌建设，实施机械装备制造服务化，推进军民融合发展，优化产业生态环境。

【技术创新】 全行业共研发新产品495项。有27个项目获得山东机械工业科技进步一、二、三等奖；有156个项目列入前三批省技术创新项目计划。山东天瑞重工有限公司岩土机械装备系列产品研发及应用项目、山东华特磁电科技股份有限公司新型立环高梯度磁选成套装备关键技术研发及产业化项目获得“潍坊市重大科技创新奖”，山东天瑞重工有限公司高风压快速冲击器、汶瑞机械有限公司BPG3706白泥盘式过滤机获得潍坊市科技进步一、二等奖。潍柴控股集团有限公司“柴油机智能制造综合试点示范”项目入选国家智能制造试点示范专项项目。盛瑞传动股份有限公司成功竞标国家2015年工业转型升级强基工程“汽车自动变速器行星排总成”项目，获得国家支持资金1600万元。山东迈赫机器人自动化股份有限公司的自主品牌工业机器人在车身关键零部件生产线中的示范应用项目入选国家2015年重点产业振兴和技术改造项目。

【行业转型升级】 积极推进重点项目建设。市机械电子行业办公室组织人员深入潍柴控股集团有限公司、盛瑞传动股份有限公司等企业一线进行调研，了解重点项目进展情况，及时协调解决项目建设过程中遇到的困难和问题，“博杜安新建工厂”项目、“林德液压（中国）有限公司液压件生产”项目、“盛瑞传动股份有限公司年产30万台8挡自动变速器产业化”项目等25个重点项目建设进展较快。“走出去”战略收到明显成效。福田雷沃国际重工股份有限公司在意大利的雷沃阿波斯集团股份有限公司正式成立，形成了全价值链的业务运营平台。潍柴控股集团有限公司先后与意大利法拉帝、德国凯傲公司实现战略合作，已经发展成为一家跨领域、跨行业经营的国际化公司。山东墨龙石油机械股份有限公司开发了伊朗、尼日利亚和伊拉克等国外新市场，并通过了国外30余家知名石油公司的认证。抓好企业家培训工作。在潍坊市委党校举办了潍坊市机械装备现代产业体系建设企业家培训班。通过宣贯产业诊断成果、解读产业政策等方式，使企业家们了解了机械装备产业发展的现状及未来发展趋势，为加快产业转型升级、进一步做大做强潍坊市机械装备产业开拓了视野。

（冯远征）

化学与建材工业

【概况】 全市化学与建材工业行业共实施重点技改项目98个，其中续建项目51个、新开工项目47个，投资过5亿元项目33个、过10亿元项目19个，1月～12月完成投资158.8亿元。全市建材行业共实施重点项目36个，其中续建项目22个、新开工项目14个，投资过5亿元项目12个、过10亿元项目5个，1月～12月完成投资43.5亿元。

【石化盐化转型升级】 加强领导。由市化工建材行业办公室成立石化、盐化转型升级工作领导办公室。科学搞好石化、盐化发展规划。起草《潍坊市推进石化盐化产业转型发展实施方案》，在深入调研的基础上，编制完成《潍坊市石化盐化“十三五”发展规划》初稿。认真开展行业诊断。邀请毕马威企业咨询(中国)有限公司对潍坊市化工产业进行了深入的专业诊断，形成《潍坊市化工产业诊断咨询报告》，明确了潍坊市化工产业的发展优势、存在问题和下步发展方向、重点。切实推进石化、盐化转型升级重点项目建设。昌邑石化有限公司“中国化工基地建设”项目、海化集团“石化盐化一体化”项目、大地盐化集团“年产30万吨氯化聚合物”项目等15个重点项目1月～12月累计完成投资83亿元。认真做好石化、盐化产业基金项目对接工作。将符合产业政策、发展前景好的高成长性企业和项目纳入石化盐化产业基金项目库，组织有关企业参加有关产业基金对接会，申报产业基金项目3个。

【禁止化学武器工作】 加强禁化武工作人员业务培训。9月，召开全市禁止化学武器工作人员座谈及业务培训会。12月，举办新宣布监控化学品企业禁化武工作人员专题培训班。加强监督检查和指导服务。深入企业50余家，进行现场检查和指导服务，对查出的问题逐一下达整改通知单，提出整改指导意见和要求，限期整改。按照国家和省禁止化学武器办公室要求，完成全市第二类监控化学品生产企业专项监督检查，对涉嫌违规生产、使用、出口第二类监控化学品的企业进行查处；按照省禁止化学武器办公室要求，完成有关监控化学品企业生产许可现场考核；先后完成潍坊三本力诺化工、高密建滔化工、潍坊润丰化工、山东新和成等企业新建、拆除监控化学品生产设施和申办特别生产许可的现场核查、初审及转报。认真做好禁化武履约数据宣布。及时完成全市155家监控化学品生产企业2014年度履约数据的采集、核实、宣布和2015年度预计数据宣布，数据宣布准确率达96%，高于全省平均水平。扎实做好接待国际核查的准备工作。印发《2014年全市禁化武履约工作总结及2015年工作要点》，对做好接待国际核查准备工作进行部署。进一步健全完善市、县（市、区）、企业三级禁化武监管工作网络，确保各县（市、区）、市属各开发区、有关企业有专门分管领导和履约工作人员。

【招商引资工作】 强化招商力量。市化工建材行业办公室成立招商引资领导小组，设立专职招商办公室，成立由行办领导带队的两个专职招商小分队。深入搞好“三库”建设。建立50个重点项目的招商项目库、200家国内知名企业、60家世界知名化工企业在内的重点客商库，56名资深专家教授在内的化工与建材专家库。积极邀请国内（外）客商到潍坊考察洽谈。先后邀请10余家国内（外）客商到潍坊市30余家企业进行洽谈，达成一系列合作意向；围绕发展总部经济，与国内外多家大型企业集团进行联系洽谈，取得初步成果。切实搞好宣传推介。组织有关企业参加中国石化协会在九江举办的“中国化工新材料论坛及投融资交流会”；组织企业积极参加首届中日韩产业博览会，积极展示潍坊市石化盐化产业的发展成果和优良投资环境；与安徽重化工产业专家办公室合作，组织两地企业开展交流、对接。

【行业安全生产】 市化工建材行业办公室对行业安全生产工作高度重视，深入落实安全生产责任制，建立了班子成员分工包靠重点企业安全生产工作的制度。扎实履行安全生产监管责任，狠抓企业安全生产监督检查，督促企业切实落实安全生产主体责任，健全安全生产工作机制。按照市安全生产监督管理委员会部署，先后组织开展各类安全生产大检查4次，查出隐患30余处，逐一下达整改通知单，督促企业明确责任、落实措施，进行了彻底整改。

（赵玉群）

医药工业

【概况】 全市纳入统计范围的39家医药工商企业累计完成主营业务收入307.37亿元，同比增长10%；实现利税16.17亿元，同比增长20.68%；实现利润9.86亿元，同比增长25.23%；完成工业增加值33.97亿元，同比增长30.39%；完成出口交货值24.47亿元，同比下降6.33%。其中，21家医药工业企业累计完成主营业务收入158.27亿元，同比增长4.99%；实现利税12.19亿元，同比增长20.38%；实现利润7.77亿元，同比增长24.03%。商业企业累计完成主营业务收入149.1亿元，同比增长15.87%；实现利税3.98亿元，同比增长21.61%；实现利润2.09亿元，同比增长29.91%。

【转型升级】 引导有条件的大型原料药企业在稳定持续增长的基础上，积极研发制剂新产品和原料药深加工，进行产业结构调整。通过完善创新体制，引导企业加快在研新产品的进度，大力开发制剂新产品和新型原料药，率先抢仿欧美发达国家在研的，国外已经上市、国内未销售的和专利即将到期的大品种和治疗作用独具特色的高附加值品种，进行消化吸收并向高端发展，促进企业由传统优势产业向高端、高质、高效方向发展。引导原料药生产企业积极与发达国家大型医药企业对接与合作，引进先进工艺、技术，进行消化吸收，通过工艺创新，降低消耗，提高质量，增加效益，实现安全发展、生态发展。引导企业加大科技创新投入，完善科研设施和设备，引进高端研发人才，提高项目研究水平和深度，提高企业自主创新能力和水平。指导帮助山东中科生物科技股份有限公司和山东广通宝医药有限公司审报并通过了省级技术中心的评审和认定。引导企业加强产学研结合，鼓励大型医药企业开发具有自主知识产权的新产品，鼓励企业加强同国内外高水平的科研机构和院校合作，瞄准科研机构手中在研的具有自主知识产权的高水平项目，敢于投入，引进项目，实现科技投入成果化、创新成果产业化。引导医药企业退城进园，鼓励龙头企业积极参与园区建设，发展壮大产业集群，促进医药产业集聚发展。

【招商合作】 医药行办积极发挥企业为招商主体平台，引导企业加强与北大、清华、中科院等国内外知名科研院校（所）和世界500强及国内100强企业进行对接合作，大力发展总部经济，进一步强化产业链招商，把知名企业和机构引进来，依靠大型企业集团的科研实力、资金实力，拉长、补齐产业链，全面提升全市医药产业集群发展，不断发展壮大全市医药产业。促成了潍坊隆德医药有限公司和国药控股总公司的合作，实现了国药控股总公司收购潍坊隆德医药有限公司80%的股权。指导引进医疗器械、医疗电子设备等医药领域高新技术企业落户生物医药科技产业园。组织医药龙头企业积极参加大型招商推介会。

【调研工作】 市医药行办派出多名业务骨干参与市经信委组织成立的现代产业体系推进办公室工作，参与编写了全市相关产业的发展实施方案。派出业务骨干对部分生物医药企业开展了调研工作，为制定推进生物医药产业实施方案，培育壮大龙头企业，建设承载园区，推进重点项目，建立产业基金，突破招商引资等重点工作提供有力保障。

【职称评审】 医药行办组织完成了2014年度药品技术系列初、中级职称的评审工作和2015年度药品技术系列高级职称的推荐和初、中级职称评审工作。评定2014年度初级职称1324人、中级职称15人、高级职称2人，按期定职36人。评定2015年度初级职称1700人、中级职称13人、高级职称4人，按期定职60人。

【安全稳定】 组织全市医药企业参加省、市安监部门开展的各类专项治理活动，配合市安监部门落实安全生产岗位责任制，进一步明确职责，落实责任，确保行业全年无事故。稳定工作主要是对医药企业改革改制遗留问题的处理。按照市安监部门的要求和经信委的统一安排，及时转发了《市经信委关于全面开展安全生产大检查，深化“打非治违”专项整治工作方案的通知》。按照“稳定为主、积极应对、谨慎答复”的原则，妥善处理医药集团、金钟药业、欣力药业、医疗器械站等行业内破产、解散、改制企业的遗留问题，妥善处理了3起市长公开电话，确保行业稳定。

（谢树斌）

煤炭冶金工业

【概况】 全年共生产原煤72.5万吨，实现销售收入13.6亿元，利税0.978亿元，煤矿连续安全生产55个月，创出历史最好记录；重点钢铁企业产粗钢696.6万吨，实现销售收入204.68亿元，利税11.11亿元。

【安全生产】 全市煤炭冶金行业实现安全生产。制定了煤炭行业《2015年煤矿安全工作要点》，与各县、区煤炭管理部门签订了年度安全目标责任书，确保安全生产责任制落到实处。开展煤矿安全生产大检查、深化“打非治违”等一系列专项整治行动。深化隐患排查治理，全年共排查出B级隐患3条，整改率100％。提取和使用安全资金885.7万元，超计划17.8万元，完成安全技术措施项目111项。煤矿行业制定了管理人员、特种作业人员及全员培训计划，全年共培训安全管理人员52人、特种作业人员505人、班组长63人。3家重点钢铁企业完成员工培训16000人次以上。其中，潍坊特钢全员培训5500人次，特种作业培训780人次，消防培训4000人次；鲁丽钢铁全员培训6000人次，特种作业培训3000人次，消防培训1100人次；巨能特钢全员培训4800人次，特种作业培训350人次，消防培训4300人次；实现了特种作业人员100％持证上岗，安全管理人员持有安全管理资格证书，进一步夯实行业安全生产基础工作。开展安全质量标准化建设，做到动态达标和岗位达标。煤矿均达到二级质量标准化标准。重新梳理印发了钢铁行业评审标准，提高企业安全生产标准化、规范化水平。组织安全专家对潍坊特钢、鲁丽钢铁、巨能特钢3家钢铁企业分别进行了安全检查，共检查安全隐患和问题32条。加强应急管理工作，提高防范能力，煤矿成立了应急救援领导小组，设立了应急救援机构和救援队伍，严格执行预警预报、24小时安全生产调度值班、领导干部在岗带班、大雨天气巡查、观测和报告制度，以及灾害性天气停产撤人等一系列制度，煤矿救护队定期到煤矿和非煤矿山进行演练，提高了实战能力。贯彻落实《职业卫生健康和职业危害防治监管工作的通知》等有关法规，进一步健全管理机构和防治体系，落实职业危害防治工作责任制，制定防治规划，提取和使用专项资金，加强粉尘、噪声、高温等危害综合治理，配齐相关仪器设备，定期发放劳保用品，组织职工健康体检，建立职工健康档案，维护职工身心健康。

【成立钢铁产业服务联盟】 11月30日，由潍坊特钢集团、鲁丽钢铁集团、巨能特钢公司为骨干的钢铁企业筹备成立了潍坊钢铁产业服务联盟，首批接纳钢铁、经贸、焦化、金融、港口、科研、院校等40余家相关联盟成员，在销售、技术、人才、资金、信息等方面进行合作交流，探索新常态下的钢铁行业上、下游一体化经营的新路子、新方法，形成行业整体力量，谋求企业持续稳定发展。

【五图煤矿有限责任公司关闭退出】 昌乐县五图煤矿有限责任公司前身为地方国有企业“昌乐县五图煤矿”，始建于1969年4月，1999年9月改制为民营股份制企业，2014年4月，山东矿机集团控股五图煤矿，公司注册资金1亿元，现剩余可采储量1368.1万吨，年产能30万吨，有职工280人。根据有关煤炭行业化解过剩产能、实现脱困发展的要求，昌乐县五图煤矿有限责任公司于2015年12月底对资源枯竭的老矿井生产系统实施关闭，新建技术改造中的矿井停止建设并通过了省、市、县关闭矿井的验收。

（郭明杰）

电力工业

【概况】 全年社会用电量434.49亿千瓦时，居全省第二位。

【安全生产保持稳定】 查改各类安全隐患1190项，违章286起。应急管理持续强化，全省首家进行地震灾害应急处置演练，政企联合开展电网大面积停电应急演练。市、县一体春秋检任务顺利完成，检修35千伏及以上设备5406台（次）、线路457条（次），消除设备缺陷1710处。圆满完成中日韩产业博览会、国际风筝节等重大活动保电任务，周密部署“春节不停电”任务。公司被国家能源局评为“安全生产标准化一级达标企业”，所辖9个县分公司全部通过安全性评价专家查评。截至2015年年底，公司实现连续安全生产6247天，连续安全调度35周年。

【各级电网协调发展】 市政府全力推动“特高压入潍”并列入全市“十大重点工程”。5月12日，榆横—潍坊1000千伏交流输变电工程顺利开工。统筹城乡电网协调发展，完成“十三五”配电网发展规划编制，并作为模板在全省推广。竣工投产35千伏及以上输变电工程21项，投产线路229公里，变电容量137万千伏安。优质工程率保持100%，33项输变电工程被评为国网公司、省电力公司优质工程，220千伏云湖变电站荣获“中国安装优质工程奖”。提前并超额完成市政府年初确定的民生实事，累计完成“一户一表”接收改造11.7万户，完成年度计划107.8%；完成7.1万户低电压治理，完成年度计划156%。加快配农网建设改造，新建改造10千伏线路713公里，新增配电变压器1544台，农村户均配电容量由1.16千伏安提高到1.54千伏安。

【服务机制建设】 加快客户导向型“大服务”机制建设，健全协同工作机制，完善全过程考核体系，建设成效初步显现。窗口服务投诉率降低57.78%，10千伏及以下新增报装容量全面开放，建立业扩受限“负面清单”限时整改机制，完成业扩报装送电21万户、容量323万千伏安。营销信息技术深化应用，顺利完成“四表一体”（水、电、气、暖共用一表）采集试点，微信、掌上电力推广数量居全省首位。带电作业“一室两中心”（一室：带电作业室，两中心：青州、安丘两个分中心）建成投运，全年带电作业9344次，同比增长44%，奎文区、潍城区基本实现“检修不停电”。全力服务清洁能源发展，完成替代电量11.23亿千瓦时，新能源上网电量22.53亿千瓦时，全省首家出台《新能源汽车充换电设施建设运营管理实施意见》。深化“善小•潍电义工”“善小•阳光100”品牌建设，“潍电义工”荣获“全国最佳志愿服务组织”称号。

（魏锡玉）

盐及盐化工

【概况】 全市37家盐及盐化工企业，拥有盐田45900公顷，原盐生产能力1500万吨，盐化工产品综合生产能力35万吨。全年生产原盐1736万吨，同比增长4.81%；生产盐化工产品32.87吨，同比减少5.34%；其中，生产溴素7.81万吨，同比增长5.34%。全行业实现销售收入119.5亿万元，同比减少0.55%；完成工业增加值19.8亿元，同比增长0.56%；实现税收17.22亿元，同比增长6.82%。

【行业管理】 全市原盐以外产品业务的营业收入占总收入的比例已超过80%，行业转型取得实效。受原盐生产形势趋好和下游的“两碱”（纯碱、烧碱）工业生产下滑影响，原盐价格持续走低，销售压力较大。盐业主管部门加强同各地同行和“两碱”行业的信息沟通，在盐价波动的重要节点，及时召开座谈会，分析原盐产销形势，探讨原盐市场走势，引导制盐企业理性营销。加强对制盐企业生产资质和合同管理，遏制扰乱市场行为。引导建立了原盐存储调节机制，大力拓展市场空间，增强市场竞争力。积极争取政府支持，出台扶持盐业发展政策，帮助制盐企业渡过难关。结合潍坊市实际，编制了《潍坊盐业“十三五”发展战略规划》，成为指导行业科学发展的纲领性文件。持续开展溴素冬季休产，严防卤水空排，促进溴盐配套联产，进一步提高了卤水资源综合利用水平。认真抓好行业安全生产，加强行业安全管理。

【食盐专营】 全市销售食盐6.53万吨，同比减少29.96%，完成年计划的88.24%。其中，小包装食盐销售2.12万吨，完成年计划的93.81%；销售其他工业盐6.03万吨，同比减少5.91%。针对盐业市场变化，全市盐业批发企业紧抓食盐专营主业，提高适应市场能力。对饲料添加剂氯化钠、其他工业盐实行“放活经营，市场运作，统一结算”新政策，最大限度保护市场份额。针对小包装食盐品种单一和低端产品相对集中的问题，及时开发了适销对路的新产品，实现了食盐品种搭配合理化。配合新品上市，着眼品牌塑造，强化了产品宣传和售后服务，实现了食盐品种升级换代。

【食盐宣传】 以“3•15”“5•15”主题宣传日为引领，利用电视、报纸、网络等媒体进行“打击私盐”“科学补碘”“减盐降压”宣传。与批发市场管理部门联合召开经销大户会议，严肃食盐专营纪律。在盐业网站，及时更新内容，宣传法律法规，传播用盐知识，加强与消费者交流，提高全民科学用盐水平。开设微店，加强与客户的网上交流。开通官方微博和公众微信，曝光案例，以案说法，宣传盐业政策。参加潍坊人民广播电台《行风在线》互动交流节目，录播《潍坊电视议事厅》“如何用盐更科学”专题节目。全年共印发各类宣传材料16万余份，提高了广大民众了解盐业、知晓政策、参与监督的积极性。

【盐政执法】 潍坊市盐务局直属分局查办的“×××违规购进盐产品案”被评为潍坊市2015年“优秀行政处罚案卷”，高密市盐务局、昌邑市盐务局分获“山东省盐务局年度案卷”抽查评比第一名和第三名。为进一步规范执法行为，与盐政执法人员全面签订了《潍坊市盐务局行政执法责任书》，使执法工作做到有制度、有措施、有考核。加大市场监管力度，维护盐业市场秩序。积极投身潍坊市创建“国家食品安全城市”活动，在全市组织开展了春季食盐市场整治和秋季源头治理专项行动，查处了一批有影响的大案要案，精确打击了涉盐违法行为，净化了食盐市场。全面加强了与公安、市场监管、法院、卫生等相关职能部门的联合执法，提高了执法效能，实现了盐业案件信息共享。联合市公安局下发了《关于严厉打击涉盐违法犯罪行为维护食盐市场安全的通知》和《关于严厉打击涉盐违法犯罪行为保障食盐安全的通告》。建立了行政执法与刑事司法的联合执法机制，提高了对涉盐违法犯罪的打击力度。全年共出动执法人员28610人次，联合公安机关出警205人次，查获涉盐违法案件1856起，查没各类盐产品604吨，罚款39.65万元，端掉制假售假窝点21个，与公安等部门联合办案28起，移送司法机关处理案件18起，刑事拘留14人，批捕2人，有效保障了全市食盐市场的长治久安。

（任承桢　朱培青）

食品工业

【概况】 食品工业是潍坊市工业经济的重要支柱产业，也是行业门类多、产业链条长、劳动密集的传统产业。全市规模以上食品企业完成主营业务收入1661亿元，同比增长6.5%；实现利税113.2亿元，同比增长5.9%；实现利润79亿元，同比增长5.5%。全市工业百强企业中，食品企业有11家，占全市工业百强企业的11%，实现主营业务收入473.24亿元，其中，诸城外贸、得利斯2家企业主营业务收入超过百亿元。

【强化规划引领】 根据市委、市政府部署要求，协助国际知名咨询机构安永公司对潍坊市食品产业进行全面诊断，编制出台了《食品加工产业诊断咨询报告》和《食品加工产业发展规划》，为全市食品产业发展设立了目标，明确了坚持市场导向、突出技术创新、发展优势产业、实施品牌战略、保障食品安全、发展循环经济等指导思想和基本原则。

【优化产业布局】 按照加快推进食品加工产业转型升级，构建现代产业体系，打造高端绿色生产基地，实现新突破的总要求，制定了《推进食品加工产业发展实施方案》（以下简称《方案》），并经市政府正式印发。根据《方案》要求，重点实施示范基地、龙头企业引领带动战略，针对全市食品产业发展现状，因地制宜，突出重点，确立建设了一个核心区、二个特色园区，即中国食品谷产业园区核心区，诸城“山东省新型工业化产业示范区基地（食品）”、安丘市食品（农产品）加工基地和7家标杆龙头企业，即诸城外贸有限责任公司、得利斯集团有限公司、潍坊英轩实业有限公司、山东景芝酒业股份有限公司、诸城东晓生物科技有限公司、山东惠发食品股份有限公司、山东鲁丰集团有限公司。7家龙头企业实现主营业务收入396亿元，占全市规模以上食品企业主营业务收入的24%。

【实施重点项目】 对列入《方案》中的重点建设项目及时进行调度，青州天荣食品公司屠宰及低温肉制品生产项目、山东宝迪农业科技有限公司宝迪食品工业园项目，主体建设工作都已完成，现已进入设备调试阶段。潍坊伊利乳业有限公司日产1600吨液态奶项目已完成建设，开始试生产。中百大厨房已在中国食品谷正式投入运行。

【构建诚信体系】 食品工业企业诚信体系建设是保障食品安全的长效机制和治本之策，重点引导企业树立诚信意识，培育以“合法经营、诚实守信”为核心的企业诚信文化，以确保质量安全、防范失信风险为重点，多次召开工作会议，宣传诚信知识、部署任务要求，并组织编写《潍坊市食品工业企业诚信管理体系申报指南》，主动邀请国家指定的评价机构到潍坊市对食品企业进行培训，接受培训企业累计总数占到全市规模以上食品企业的65%以上。

【强化基地建设】 根据工信部《关于组织开展2015年度“国家新型化工业化产业示范基地”创建工作的通知》要求，市食品行办积极组织诸城市立足实际，认真对待，精心编制申报材料。诸城经济开发区申报的“国家新型工业化产业示范基地（食品）”已通过工信部组织的专家评审，现正在公示中。

（胡　然）

服务业

Fuwuye

现代物流

【概况】 围绕市委、市政府总体部署，加大项目招商建设力度，着力培育物流龙头企业，提升物流业社会化、专业化、信息化服务水平，全市物流业保持了平稳较快发展。2015年，全市社会物流总额实现18031亿元，同比增长6.4%，其中，农产品物流总额795亿元，工业品物流总额13285亿元。快递快运、电商物流、冷链物流等生活消费性物流保持快速增长，快递业业务量年均增幅超过100%，各类细分市场规模不断扩大。物流相关产业固定资产投资完成400.8亿元，同比增长29.5%。

【企业转型升级力度加大】 物流企业顺应“互联网+”及自贸区时代发展趋势，通过兼并重组、战略调整、联盟合作等多种方式，创新服务模式，实施多元化、差异化、品牌化经营，企业整体实力和发展质量明显提升。晟琦疏港国际物流、青州港天物流、潍柴集约配送、潍坊百货集团、海王银河医药、顺丰速运、永平再生资源等一批行业龙头企业在经济转型中不断发展壮大，实力雄厚，模式先进，市场集中度显著提高。继晟琦疏港国际物流之后，青州港天物流于2015年成为全市第2家AAAAA级物流企业。截至2015年年底，全市AAA级及以上物流企业达到23家，其中AAAA级12家、AAAAA级2家，在现代物流基地建设中发挥了重要作用。

【基础设施建设步伐加快】 到2015年年底，全市已建成较大物流园区46处，吸引入驻企业3500多家，以物流园区为支撑的产业生态圈正在逐步形成。现代物流总部基地规划启动，中国食品谷建设加快，鲁东物流中心、临港物流园、中凯冷链物流园、中百配送中心等一批大型物流基地、物流中心和配送中心初具规模。体现潍坊农产品特色的冷链物流体系正在形成，食品谷中凯冷链仓储、中百大厨房建成启用，诸城龙海水产城、昌邑宏大市场、青州花卉等特色物流园区区域辐射能力不断增强，潍坊龙威渔港、中俄冷链、县域预冷库等一批冷链物流项目加快建设。寿光农产品物流园年物流额超过120亿元，编制的“寿光蔬菜物流指数”已成为全国蔬菜运销的“风向标”。

【试点引领效果明显】 利用开展国家城市共同配送试点契机，建设了城市共同配送信息服务平台，整合4100家物流企业、11200辆运营车辆与6000多家生产和商贸企业，供求信息实时对接，提高配送效率10%。成立城市共同配送企业联盟，在快速消费品、生鲜食品、药品、家电等民生消费领域，支持行业龙头企业先行先试。联盟企业提供社会化仓储面积46万平方米，新增末端配送网点170个，创新发展了“连锁采购+统一配送”“集中采购+共同配送”“集中仓储+共同配送”“网订店取（送）”等新模式，城市共同配送网络初步形成，城市配送服务能力和配送效率大幅提升。

【信息技术应用扩大】 市区域物流中心信息服务平台上线运营。鲁东物流中心公共信息平台、泓德物流连锁智慧交易平台、天保工贸钢铁网上商城等综合物流信息平台加快建设。山东田润物流服务平台已服务潍坊、辐射全国，拥有实名注册会员20余万户，日均信息量300余万条。企业物流信息管理系统、货物识别与分拣系统、网上交易系统等加速应用，智能标签、射频识别、跟踪追溯、路径优化等技术在大型物流企业得到推广，车联网技术从传统的车辆定位向车队管理、车辆维修、智能调度、金融服务延伸。

【政策支持力度加大】 聘请专业机构进行物流产业诊断咨询，在此基础上加强顶层设计，先后编制了《潍坊市现代物流基地规划》《潍坊市中心城区现代物流基地规划》《潍坊滨海经济技术开发区物流专项规划》等，印发了《现代物流基地三年建设计划》，引导促进物流业转型发展的政策措施更加完善，支持物流业发展的部门间合力逐步加强，行业政策环境持续改善。

（王积富）

金融服务

【区域资本中心建设取得新突破】 支持企业积极对接资本市场。分别与全

9月24日，由市财政局、市金融办主办，奎文区人民政府、市金融控股集团共同承办的2015年山东·潍坊"基金谷"系列活动启动暨基金签约仪式在潍坊万达铂尔曼酒店隆重举行　（供图：张国柱）

国"新三板"公司、山东证监局和齐鲁股权交易中心签订战略合作协议，共同推动上市挂牌工作。全年54家企业在"新三板"和齐鲁股权交易中心挂牌，在"新三板"挂牌企业达22家，在齐鲁股权交易中心挂牌企业达62家。债券融资力度加大，全市企业通过发行短期融资券、中期票据、集合债、商业银行债券、私募债等方式募集资金226.2亿元，创历史新高。加快推进"基金谷"建设。以金融街和阳光100凤凰社片区为载体，打造潍坊基金产业总部基地和孵化器，构建完善的金融配套服务体系，形成潍坊基金集聚区。新设立各类基金11只，依托市金控集团已累计设立专业子基金29支，基金实现总投入190亿元，撬动其他金融及社会资本157.9亿元，支持了136个重点园区、重点产业链、重点企业和项目。支持潍坊路演中心做大做强。有效运作中国（潍坊）路演平台，2015年以来，组织路演项目218个，对接投资人和投资机构400余家，路演培训共计38场，培训1800余人。实施企业素质提升计划，提高企业资本运作能力。加快规模企业规范化公司制改制。2015年，全市301家企业完成改制，占全市需改制企业的11.8%。

【保险业服务能力不断增强】 2015年，全市保费收入160.38亿元，同比增长21.6%。其中，财产险保费收入52.68亿元，同比增长7.15%；人身险保费收入107.7亿元，同比增长28.84%。大力发展"三农"保险，引导、支持保险机构提高全市基本农业品种保险的覆盖面和风险保障水平，加大力度发展地方特色农产品种植、畜禽养殖、水产养殖等保险业务。出台《潍坊市小额贷款保证保险试点实施方案》，开辟新的融资风险缓释方式。

【政银企合作，缓解企业融资难题】 银企合作共济机制不断完善。2015年以来，全市共举办银企对接会39次，为600余家企业授信420多亿元。组织银行机构对筛选的3000家规模以上及高成长型企业进行走访，根据企业的经营情况，宣传政策，介绍产品，了解融资需求，设计融资方案，帮助解决融资难题。金融服务水平显著提升。出台了《关于进一步提高金融机构服务企业水平解决融资难问题的意见》，组织召开全市促发展、防风险金融支持实体经济工作交流会议，专题讲解了"缓解融资难融资贵问题的典型案例和具体操作流程"，让企业了解更多实操性的融资手段和方法。金融产品和服务创新更加活跃。各银行机构积极扩大抵质押物范围，大力推广产业链融资、农村产权抵押融资和知识产权、排污权、应收账款质押融资，总结推广了"无缝隙"服务、续贷业务、"循环贷款""分期偿还"、贷款展期、借新还旧业务等模式，减轻企业负担，提高融资效率，2015年以来，全市各银行共办理展期业务193笔59.95亿元，为企业节省

全省新型农村合作金融试点工作调度会期间，与会代表考察了青州家家富果蔬合作社信用互助业务开展情况，副省长夏耕（左一）参与考察　（供图：张国柱）

融资成本3.52亿元。

【深化金融创新，释放金融发展活力】 政府搭建的各类新型金融服务平台杠杆作用日益凸显。组建注册资金10亿元的再担保公司，为全市中小企业提供担保、再担保额34亿元；有效运作市资产管理公司，探索不良贷款批量化、市场化处置的有效机制，有效解决不良资产处置难、定价难、处置时间长、回收率低等问题，提高不良资产处置的规模和效率。创建文化艺术金融融合发展试验区。印发了《创建文化艺术金融融合发展试验区工作方案》，成立了创建文化艺术金融融合发展试验区领导小组；筹备成立中国艺术研究院；推动潍坊银行中国艺术金融数据库系统进行常态化运营，发布了第一期指数研究报告。发展普惠金融，畅通民间资本支持实体经济的渠道。潍坊市村镇银行发展到8家，民间融资机构发展到50家，吸引民间资本17.07亿元，累计对外投资30.22亿元；50家小额贷款公司吸引民间资本58亿元，贷款余额63.2亿元。扎实开展农村合作金融试点。印发了《潍坊市农民专业合作社信用互助业务试点方案》，明确试点的总体要求、试点办法、试点规则和保障措施。2015年，全市7个试点县（市、区）已有23家农民专业合作社完成资格认定，开展信用互助共计119笔，互助资金额358.89万元，试点的数量和规模均居全省首位。

【维护金融稳定，建设金融生态环境示范区】 完善金融风险防控工作机制。进一步明确了金融风险监测、预警、防范、处置工作流程。积极处置30余家企业流动性风险，有效防止了系统性、区域性金融风险的发生。加快金融不良资产处置。市政府专门召开银行业借款纠纷案件处置工作推进会议，加快不良资产处置；组建了政策性的资产管理公司，通过债权转股权、资产证券化等方式进行处置，帮助银行化解风险压力；组建金融法庭和金融仲裁院，加快金融案件的仲裁、办理和清理执行进度；2015年，全市共处置不良贷款117.05亿元，核销32.49亿元。全市银行机构共组建债权银行委员会97家，缓释和化解了22家企业大额授信风险110亿元。建立了金融风险防控技术指导委员会，制定了全市防范化解金融风险工作方案，起草了与各县（市、区）政府、市属开发区管委会签订的《潍坊市2015年度保障金融生态环境责任状》，加强金融风险监测预警，落实属地管理责任，有效防范化解金融风险。

（王　强　林　浩）

【支持实体经济提质增效】 至2015年年末，除济南、青岛外，潍坊市银行业信贷投放总量连续三年居全省第1位。贷款余额较年初增长6.92%，虽低于全省3.15个百分点，但在不良贷款大幅攀升的严峻形势下，仍保持了较大信贷投放力度，新增贷款308.14亿元，居全省第2位；贷款增量占全省贷款增量的10.3%。对重点领域、结构调整和产业升级支持力度不断加大，制造业，批发和零售业，水利、环境和公共设施贷款较年初增加183.83亿元。同时，积极通过银行承兑汇票、信用证、保函等传统表外授信业务和理财、委托业务等新兴非信贷融资业务支持实体经济发展，为传统信贷模式提供有益补充。2015年，新增理财资金410.57亿元，新增银行承兑汇票、保函、委托贷款等表外业务232.94亿元。

【金融普惠深入推进】 以努力破解融资难题为出发点，重点加强涉农、小微企业等经济薄弱环节支持力度，至2015年年末，涉农、小微企业贷款增速分别为10.21%和11.48%，高于各项贷款增速3.29个和4.56个百分点。小微企业贷款户数5.98万户，高于上年同期0.36万户。信贷支持小微企业资金规模居全省第1位，贷款户数居全省第2位。筛选银税信息对称、纳税信用等级较高的小微企业1170家，发放贷款余额37.78万元，“银税互动”（积极搭建政、银、企信息共享平台，推动纳税信用资源与银行信用资源的有效衔接）对小微企业增信作用初显。同时，积极采取窗口指导、督查督导等措施推动国家各项缓解企业融资成本政策落实。至2015年年末，全市银行业贷款加权平均利率较年初下降1.19个百分点，为2012年7月以来最低水平；贷款利息收入同比减少2.2亿元；减免收费项目数合计占全部收费项目数的20.2%，手续费及佣金收入同比减少1.5亿元，其中财务顾问费、咨询费同比减少34.4%。

完善涉农金融服务。持续推进支农服务“三大工程”（金融服务进村入社区、阳光信贷和富民惠农金融创新）建设，已设立乡镇及以下标准化网点640处，占全辖网点总数的46.45%，设立简易便民服务网点和流动服务网点1.57万处。至2015年12月末，辖区涉农贷款较年初增长12.21%，增速高于各项贷款增速3.29个百分点。强化小微资金投放。下发《关于深入贯彻落实小微企业金融服务监管政策的通知》，通过监管、考核、约束等措施，持续推进小微金融服务。至2015年12月末，辖区共有17家银行发放续贷贷款64.4亿元。全辖小微企业贷款“三个不低于”（小微企业贷款增速不低于各项贷款平均增速，小微企业贷款户数不低于上年同期户数，小微企业申贷获得率不低于上年同期水平）目标全面完成；信贷支持小微企业资金规模、占各项贷款比重均居全省第1位，贷款户数居全省第2位。督促银行业积极落实减费让利政策要求，进一步规范经营行为，继续严格执行贷款“七不准”和“四公开”（不准以贷转存、不准以贷收费、不准借贷搭售、不准一浮到顶、不准转嫁成本、不准存贷挂钩、不准浮利分费；收费项目公开、服务质价公开、效用功能公开、优惠政策公开）的相关规定，科学合理确定收费标准，提高金融服务公正性和透明度。积极开展金融知识宣传服务月、小微企业金融服务宣传月活动，累计辐射辖区30万户金融消费者，分局获省局2015年“金融知识进万家”宣传服务月活动先进单位。

【风险管控成效明显】 坚持“积极应对、防化并重、多措并举、加快处置、从严追责”原则，切实加大信用风险防化力度。在2015年新发生不良贷款177亿元的巨大压力下，推动处置不良贷款117.05亿元，占新发生不良贷款的66.06%，其中核销33.96亿元，占不良贷款处置总量的29.02%，核销金额为2014年的1.3倍。修订完善《区域性重要客户债权银行委员会管理办法》，强化风险预警信息共享、授信总额联合管控、异地银行授信和担保上限管理。至2015年年末，已组建债权银行委员会97家，初步控制22家重点关注的大额授信客户109.8亿元信用风险。根据市委、市政府工作部署，联合相关部门在全省率先出台了《加快推进全市银行业借款纠纷案件处置工作的实施方案》，并配合通过专题会议、定期通报等措施，推动工作部署加快落地，2015年，全市结案借款纠纷案件2650起14.55亿元，分别为上年同期的1.3倍和1.7倍。

按照市委、市政府工作部署，狠抓不良贷款真实性监管，确保信用风险暴露充分、管控有力。在2014年配合市委、市政府出台《关于完善金融风险防控机制的工作方案》，与法院、公安等部门建立合作框架协议的基础上，2015年，积极落实市政府要求，配合拟定《潍坊市防范化解金融风险工作方案》，确定了各县（市、区）不良贷款“双控”目标，并配套制定了4类18项管控措施；配合市政府加强不良贷款专项督查、对信用风险暴露集中的县、市重点调度，强化约束；提请市政府出台《潍坊市打击恶意逃废银行债务工作指引》，开展为期半年的专项整治活动。落实市政府要求，联合相关部门在全省率先出台《加快推进全市银行业借款纠纷案件处置工作的实施方案》，强化各级法院借款纠纷案件处置力度。

【组织体系不断健全】 积极引进异地银行入驻。2015年年初，浙商银行、广发银行、平安银行潍坊分行先后开业，12家全国性股份制银行中已有11家正式进驻潍坊市；北京银行潍坊分行、青岛银行潍坊分行已获山东省银监局筹建批复。持续推进服务下沉。全市银行业金融机构在乡镇及以下标准化网点有640处，占全市银行业金融机构总网点数的46.35%；农村金融网点和服务在全省率先实现全市乡镇行政村全覆盖。加快推进村镇银行和两小支行设立。随着安丘、昌邑、潍城村镇银行将于近期开业，届时将实现潍坊市村镇银行县域全覆盖。2015年，还设立了社区支行8家、小微支行1家。

【信贷投放】 制定下发《关于银行业深化改革创新驱动促进实体经济发展的实施意见》，提出7方面29项要求。推动辖区银行业在保持信贷规模稳步增长的同时，积极优化信贷投向，督促辖区银行业切实加大对企业技术改造、行业龙头企业、战略性新兴产业和现代服务业的信贷支持力度，至2015年12月末，发放制造业、建筑业、批发和零售业等拉动地方经济和服务民生的重点领域贷款3497.14亿元，较年初增加211.46亿元，占辖区新增贷款的68.63%。积极助力经济转型，按照有扶有控原则，压缩“两高一剩”（高污染、高耗能的资源性行业，产能过剩行业）行业贷款5.93亿元；支持科技型、创新型企业加快发展，信息传输和信息技术、科学研究和技术服务业贷款分别较年初增长12%、55.97%。积极拓宽非信贷融资渠道，辖区银行业通过非信贷融资模式向实体经济融出资金142.1亿元，较年初增加57亿元，增速为66.9%，高于各项贷款增速60个百分点。

（刘国锋）

总部经济

【概况】 截至2015年，经认定的全市培育和新引进企业事业单位总部（分支机构）达到1575家，涵盖制造、物流、金融、营销及研发等现代产业；各类企业总、分机构（含金融、烟草、电力等）实现税金过千万元179家，其中过亿元49家，有力支撑全市经济发展。

【总部企业经济贡献日益提升】 完善总部经济发展环境，提升政府服务水平，加快推动新引进总部项目投产达效，提升总部经济贡献率。强化与世界500强企业、国内行业100强企业对接，重点引进投资额大、影响力强的高端项目。目前，已有荷兰亚西亚、亚洲传媒、联想物流、光大国际等100多家知名企业的生产、销售、研发机构落户潍坊市。其中，世界500强中国平安设立平安银行潍坊分行，是山东省内第二家二级分行，2015年，实现税收490万元；中国医药集团建设覆盖山东的市场营销区域总部，总投资2.8亿元，2015年，年销售收入达5亿元，实现税收890万元；世界500强德国麦德龙设立销售公司，2015年，实现销售收入7839万元，实现税收108万元。在发展总部经济中，引进企业总、分机构质量逐年提升，全市新引进总部（分支机构）中，投资过亿元的达100余家。机械制造方面，引进克拉克中国（过滤器）、福田汽车研究院设立总部机构；石化产业方面，引进中化石油、壳牌石油等区域销售公司；金融产业方面，引进平安、恒丰、齐商、日照、东营、北京等多家银行分支机构，上海股权交易中心、前海股权交易中心分别设立孵化基地和办事处；物流产业方面，引进中储粮、德邦物流设立山东区域总部；高等院所方面，强化与清华大学、北京大学、中科院和中国海洋大学合作，着力提升区域辐射能力，扩大城市影响力。目前，全市发展总部经济成效正逐步显现。截至2015年年底，共引进企业类总部（分支机构）1582家，其中纳税过千万元企业8家。

【做大做强本土龙头骨干企业】 以本土企业为载体，推动“本土”总部链条高端、行业顶层攀升，增强企业的根植性和归属感，促进总部经济提质增量。原有企业总部做大做强。全市86家企业总部中，上缴税金过千万元的达到66家，实现营业收入2612亿元，利润146亿元，上缴税金101.6亿元。支持企业向区域总部跨越。通过政府优化服务环境、企业自我提升，使一批企业由单体公司发展为区域总部。支持潍柴动力、潍坊银行、歌尔声学、北汽福田等10家重点企业提质增效，鼓励新增分支机构，加强区域合作，提升地方税收贡献率。潍坊顺丰速运公司发展成立鲁东区总部，负责淄博市、临沂市、日照市、东营市、滨州市及枣庄市的具体业务及日常管理工作，特别是新成立的呼叫服务中心成为顺丰集团全国三大区域总部之一，服务北方9省2市，拉动就业2000余人，2015年营业收入5233万元，实现税收244万元。推进企业总部拉长产业链。筛选一批新投资过亿元项目，进行重点支持。其中，充分利用政策扶持，支持福田汽车项目增资120亿元，吸引上下游配套、电子信息技术向潍坊集聚，共同打造山东互联网汽车产业基地。

【推动总部经济“集群化”发展】 把总部载体建设作为促进总部经济发展的重要推手，创新建设运营模式，发挥集聚作用，搭建起“腾笼换鸟”“优巢选凤”的新平台。实现产业链式发展，打造特色产业聚集平台。围绕市委、市政府重点建设项目，着力推进“潍坊总部基地”“中国食品谷”“电商总部基地”等重点载体建设。其中，总投资100亿元的潍坊总部基地项目，累计投入近10亿元，项目招商中心主体、一期东区73栋多层总部办公楼全部封顶，120余家企业签订入驻意向协议；投资27亿元建设中国食品谷，目前已形成总部基地群、中凯冷链物流和中百大厨房等多个重点板块。打造县、市特色企业“总部板块”，寿光“企业总部群”总投资45亿元，建筑面积88万平方米，已进驻企业80余家；昌乐企业总部基地公园总投资50亿元，建筑面积112万平方米，确定入驻企业60余家。建立多元化投资模式，构建金融机构集聚平台。强化金融手段创新，构建多元化金融支持体系，帮助企业解决融资难题，助推企业快速发展壮大。提升中心城区集聚能力，推动楼宇总部经济发展。摸清楼宇“家底”，全面掌握核心区楼宇经营情况和税收情况，形成楼宇信息数据库。经统计，城区税收过千万元楼宇40余座，过亿元的6座。推动重点高等院所研究机构引进。强化清华大学、北京大学、中科院、中国海洋大学等多所高等院校的合作，新建高校研发机构和分支机构近30家，邀请一批院士、“千人计划”专家、学科带头人成立关联企业，进一步提升潍坊文化软实力。

（逄希滨）

银行业

【概况】 2015年，全市各项存款余额6217.6亿元，比年初增加650亿元，同比多增127.9亿元，增量居全省第3位，增幅11.7%，高出全省存款平均增速1.8个百分点；全市各项贷款余额4760.4亿元，比年初增加310亿元，增幅7%，增量居全省第5位。

（王　强　林　浩）

【中国人民银行潍坊市中心支行】 2015年度，人民银行潍坊市中心支行被潍坊市委、市政府确定为支持潍坊发展突出贡献单位。

内设机构调整。2015年3月，根据中国人民银行济南分行《关于中国人民银行潍坊市中心支行内设机构调整的批复》，人民银行潍坊市中心支行撤销了事后监督中心，增设金融稳定科、征信管理科，后勤服务中心与办公室业务合并，营业室与支付结算科合署办公，设立纪委监察室，国际收支科不再加挂外汇综合科牌子。调整后，共设置内设机构22个（含合署办公机构，不含钞票处理中心）。

货币政策实施。2015年，面对复杂的经济金融形势，人民银行潍坊市中心支行充分发挥组织协调和引导作用，助推政银企通力合作，疏通信贷梗阻诸多环节，促进了货币政策的有效落实，有力支持了实体经济发展。努力引导优化金融生态环境。总结高密市政府连续5年整顿金融秩序，金融生态持续向好，存贷款大幅提升的做法，得到市委领导充分肯定，并专门在高密组织召开了一季度全市经济形势分析会，对高密市的做法予以推广。建议市政府在寿光召开了防风险、促发展金融支持实体经济工作交流会，增强了各级党委政府强化政银合作、支持实体经济发展的意识。向市政府报送的安丘市大力优化金融生态，形成资金洼地效应，各项贷款指标创近年来最好水平的做法，市政府领导批示转发县市区领导参阅，有效促进了县（市、区）政府持续优化金融生态环境。主动搭建政银企合作对接平台。加强货币政策与转调创的结合，做到与当地经济紧密结合，通过与经济主管部门协作，与金融部门联动，开展了多形式、多层次的对接合作，促进了金融政策的有效落实。联合经信委组织全市现代制造业重点项目银企对接会，为76个项目融资50余亿元。牵头组织开展金融机构走访企业对接活动，集中利用两个月时间，在全市范围内走访企业1600余家，召开座谈会200余次。全力支持外贸稳增长，认真落实省、市两级政府和分行支持外贸稳增长有关精神，联合商务局确定200家重点进出口企业，开展融资对接走访，为232家企业解决融资需求31.2亿元。大力推动银行加大信贷投放。通过召开货币政策通报会、信贷调度会和部分银行座谈会等多种形式，加大对信贷投放不足银行的调度力度。对前3季度信贷投放情况进行全面梳理，找出了“与自身相比贷款增幅下降、全省同系统内贷款增长趋缓、存贷比过低”3大类、9家银行，进行重点调度，促进了信贷投放。注重典型经验推动。总结农发行潍坊分行加大信贷投放、中信银行潍坊分行全国首创网络公积金贷款和各银行创新性融资的典型经验做法。其中，农发行潍坊分行的做法得到市委、市政府主要领导批示，并转发至各县（市、区）党委政府和辖内各银行，发挥了以点代面作用。

金融服务。始终践行履职为民理念，深入推动普惠金融发展。认真落实大众创业、万众创新精神，围绕“上级倡导的、政府想办的、城乡居民期盼的”，开展了一系列务实为民的工作。持续推进蔬菜订单融资工作，有关做法得到省领导批示。积极发挥政府、金融和市场“三驾马车”作用，探索支持国产蔬菜种业发展的新模式，《金融时报》头版头条报道。深入研究“订单+保险+信贷+期货”订单融资新模式可行性，推动寿光蔬菜产业集团开办大宗蔬菜产品交易平台建设，被确定为分行重点工作。积极推进农村金融消费维权联络点建设，专门在寿光召开了现场会。联合市财政、妇联等部门出台小额贷款贴息办法，有力支持了下岗妇女创业带动就业，《金融时报》予以刊发。联合团市委、财政局、人社局专门出台支持意见，在全省率先实施青年创业主办行制度。组织涉农银行机构联合银联商务，搭建全省首个惠农金融支付宣传平台，创出了农村支付宣传新模式。积极拓宽金融IC卡在县域的应用领域，在全国率先实现县域公交车、出租车、公共自行车的一卡多用。推动潍坊银行成为全国首家办理HCE手机云支付的城商行。加强征信管理，加大应收账款质押融资服务平台应用的推广力度，为中小企业融资突破30亿元，有效缓解了产业链条上的小微企业融资难问题。不断探索构建新常态下区域社会信用体系建设工作，形成的材料被市政府转发，并作为全市34个重大改革课题之一上报省政府。举办了齐鲁讲坛潍坊分坛、金融知识大讲堂等5次大型金融知识普及活动，组织了经理国库30周年、“6•14”信用记录关爱日、“3•15”消费者权益日、打击非法集资和金融知识普及月等7项大型系列金融宣传活动，有效提升了社会公众的金融意识。

金融监管。强化风险监测和金融管理，积极维护金融稳定。扎实推进落实存款保险制度。组织制定《金融风险事件应对预案》，创新建立与金融机构的日常联络和舆情监测机制，建立法人银行机构动态风险监测警示和现场督导回访制度，确保了存款保险制度的顺利实施。组织开展金融统计、支付结算、反洗钱、反假币、征信、稳健性评估、负债管理和消费权益保护8项现场检查，促进了金融机构稳健规范经营。其中，作为全省唯一一家地市中支，开展了对证券公司融资融券业务现场评估，推动该公司进行业务整顿规范。配合开展打击利用离岸公司和地下钱庄转移赃款专项行动，综合发挥外汇、反洗钱和支付结算等职能，加大对洗钱苗头性风险的监测，先后向公安部门移送线索3个。

外汇管理。外汇管理局潍坊市中心支局做到“五个坚持”高效履行外汇管理职责：坚持以深化主体监管为核心，积极推进直接投资、跨国公司集中运营和保险外汇等政策改革，为福田雷沃和英轩实业争取到全省首批跨国公司外汇资金集中运营试点。坚持以服务实体经济为根本，全年累计为119家银行、430家企业，开展政策法规宣传培训20余次；实施对综合保税区、滨海区两个重点区域和50家企业实行重点服务。坚持以维护市场秩序为宗旨，加强非现场监测和现场检查，全年检查银行27家、企业54家。坚持以转变调研思路为重点，实施四项监测分析制度，提升外汇监测分析水平。坚持以夯实业务基础为前提，不断完善数据统计、内控机制、依法行政和队伍建设等各项工作机制，确保了工作有序开展，共收到企业和个人感谢信和锦旗12次。

（王曙平　魏征业）

【中国农业发展银行潍坊市分行】 2015年，农发行潍坊市分行以开展道德教育年活动和“三严三实”专题教育为动力，提升站位抓营销，时刻不忘防风险，科学运营抓绩效，道德教育提素质，各项工作实现了大跨越。

信贷支农实现新突破。在支持好全市粮棉油政策性购储销的同时，加大信贷支农力度，年内，新增贷款58亿元，有效支持农业基础建设和水利中长期项目，贷款总额达240亿元，市委书记在签发的《专报件》上高度评价，市分行被潍坊市委、市政府授予突出贡献奖，被授予支持齐鲁经济发展优秀金融企业。市行以担当有为的责任感，遵循省行“跑市场、找项目”的营销方略，主动沟通地方政府，积极探索新形势、新政策下合作新模式，项目范围基本覆盖潍坊全部行政区域。强化担当意识，加快办贷进度。调集全市业务骨干加快推进，年内，获批项目20个，总贷款额度160.4亿元。同时，认真做好支持粮棉油收储政策性业务，积极执行中储粮轮换、粮食品种串换计划，支持符合条件的粮棉购销企业进行市场化收购。积极提供信贷资金，解决农民卖粮卖棉难问题，支持粮棉购销企业参与市场化收购。落实国家宏观调控政策，积极支持国家商业储备，维护当地化肥及猪肉价格稳定，保护农民利益。

风险防控有效管控。因企制宜化解风险，充分利用政府力量，有效化解了贷款风险，利用《自营性贷款风险监测分析指南》和《企业担保线路图》，搞好风险预判，早发现早化解，年内无发生一笔不良贷款。

经营绩效实现新提高。加强利率定价，加强经营管理，扩大中间业务收入，实现中间业务收入2932万元，较年初增加1839万元，增长168%，加大国际业务营销力度，实现结算量35611万美元，比去年增加8835万美元，实现结算收入201万元，全年实现利润达3.2亿元，完成省行任务的114%。在全省七项指标考评中列第三名。

队伍建设扎实推进。以“三严三实”和道德教育为动力，抓好党的建设、文明建设、班子建设、企业文化建设、廉政建设，“四德三实”教育见成效，干部职工队伍素质明显提高，支农事迹先后20多次被中央主流媒体人民网、经济网转发，支持水利建设的通讯被《新华社内参》《中国农村金融时报》刊登。

（李桂超）

【中国工商银行股份有限公司潍坊分行】 截至2015年年末，本外币各项资产总额672.18亿元，较年初增加25.71亿元，增幅3.98%。其中各项贷款余额（含贴现）665.01亿元，较年初增加24.87亿元，增幅3.89%。本外币各项负债余额658.03亿元，较年初增加27.35亿元，增幅4.34%。累计实现中间业务收入8.59亿元，同比增加0.76亿元，增幅9.71%。全年实现拨备前利润19.97亿元，实现净利润10.45亿元。连续10年进入全国工行系统二级分行经营30强，连续2年荣获潍坊市“支持潍坊发展突出贡献单位”称号。

综合运用多种方式，倾力服务实体经济。始终坚持金融服务实体经济的本质要求，紧跟全市经济结构调整和产业结构优化步伐，充分运用“存量+增量”“表内+表外”“传统产品+新型业务”等多种融资方式，倾力扩大信贷投放，服务实体经济发展。坚持抓大促重，助力结构调整产业升级。重点围绕基础设施、教育医疗、文化旅游、冷链物流、先进制造业、现代服务业领域的新建、在建项目加大信贷投入，全年累计对44个重点项目发放贷款52.9亿元。坚持扶小济微，多元服务小微民生领域。积极通过供应链和产业集群金融、网贷通、票据直贴等重点业务产品支持小微企业成长发展，全年累计向967家小微企业客户发放融资99.69亿元，全面完成小微金融业务监管目标。积极满足城乡居民住房和消费金融需求，全年累计发放个人住房按揭贷款32.43亿元，办理汽车、家电等大宗耐用消费品分期9.1亿元。坚持内外联动，倾力支持企业“外向”发展。依托工行境内外一体化和多元化整体经营优势，主动加强境内外分支机构协作联动，为外向企业发展量身定制结算、融资、避险等一揽子综合化金融服务方案。全年实现国际结算量77.7亿美元、结售汇25.6亿美元，发放国际贸易融资107.8亿元、开立国际信用证63.6亿元、国际保函10.3亿元。

持续强化服务创新，大力发展普惠金融。以网上银行、融e行、融e联、融e购、线上POS、工银e校园等新型互联网金融产品为依托，不断加快互联网金融推广普及步伐，极大地方便了客户“7×24小时”全天候、全时空轻松办理查询、转账、购物、缴费等金融服务。全力加快推进网点智能化建设，率先在全市城区和重点县域投产智能柜员机、产品领取机、智能打印机、移动助手等智能处理设备107台，实现了85%以上的传统柜面业务的业务申请无纸化、业务办理自助化、业务审核随机化、介质管理自动化、凭证保存电子化，开创了全新的金融服务模式，彻底解决了客户服务排长队问题。依托银行卡助农取款服务点建设，在城乡接合部、重点乡镇的社区、学校、卫生室等人员密集场所选址设立银行卡助农取款服务点44处，积极发放交易介质，投放自助设备，提供上门指导服务，着力满足农村地区支付结算服务需求，全面支持新农村发展建设。积极在核心商区、大型社区、商品交易市场等人流密集区域增加自助机具布放，全年建成开业离行式自助银行11家，总量达到50家，离行式自助银行与物理网点比例超过1∶2，进一步增强了服务供给能力。

全面强化基础管理，实现安全稳健运营。主动把握复杂经营环境下的各类风险特点，不断强化信用风险、操作风险和合规风险管理，确保安全稳健运营。面对经济增速放缓、不良贷款反弹的严峻形势，在严把新增贷款投向的同时，认真做好存量贷款风险监测，综合运用展期、续贷等方式帮助暂时还款困难企业化解信用风险，积极通过现金清收、呆账核销、打包处置、以物抵贷等多种渠道加快不良清收处置进度，有效遏制了不良贷款反弹势头，较好保持了资产质量总体稳定。始终坚持“以客户为中心”的经营理念，深入开展“客户服务体验建设年”“金融知识进万家”“企业客户走访”活动，认真对接客户金融服务需求，着力破解企业融资难、融资贵问题，持续强化客户服务规范管理，不断提升金融消费者权益保护意识，客户服务水平显著提升。严格落实监管部门要求，不断完善事前、事中、事后全过程风险管控，持续抓好员工行为动态管理和案防法规警示教育，切实加强安全管理，积极开展各类应急预案演练，实现了全行安全稳健运营。

（翟敬军）

【中国农业银行股份有限公司潍坊分行】 截至2015年年末，本外币各项贷款及表外资产余额达678亿元，其中，各项贷款余额581.5亿元，比上年增加17.6亿元。各项存款余额达827.8亿元，比上年增加42.5亿元；累计上缴利税1.7亿元。在潍坊市“行风在线”考评中，连续5年列全部上线单位第1名。

支持重点项目和骨干企业。重点支持铁路、能源、互联互通等基础设施建设，棚户区改造、保障房建设等民生工程，商业化运作的水利项目，现代电子、医药、制造业重点技改项目，节能环保、再生能源等绿色信贷等。全年累计审批通过项目7个，批复贷款金额38.8亿元，按进度发放17.5亿元。为助推小微企业发展，在全省农行率先开展信贷“工厂化”试点，为青州市液压机械行业产业集群10家小微企业授信8000万元。小微企业贷款余额37亿元，比上年增加6.1亿元，均居全省农行第1位。

拓宽融资渠道。创新推广跨境结汇、期权组合等外汇新产品，累计办理跨境人民币结算72.1亿元、国际结算41.1亿美元、结售汇19.3亿美元，均居全省农行第2位；外币贷款增加1.6亿美元，居全省农行第2位。创新融资方式，成功承销10亿元超短期融资券。银行承兑、信用证、保函等表外业务余额达到90亿元。

支持“三农”和县域经济发展。持续加大“三农”投入，大力支持现代农业、新型城镇化和农村金融基础建设。年末，“三农”和县域贷款余额达426.3亿元，比上年增加11.5亿元，占到全行的65.3%。

为支持现代农业发展，农行潍坊分行创新产业链金融服务模式，推出32个农业产业链（特色产业集群）服务方案，发放农业产业链农户贷款1.9亿元；农户贷款余额达到25.1亿元，发行惠农卡179万张，均居全省农行第1位。在全省农行系统率先开展融资增信、农村土地承包经营权抵押贷款试点，累计发放融资增信贷款3000万元、农村土地承包经营权抵押贷款795万元；累计支持专业大户1520户，发放贷款4.8亿元，专业大户、家庭农场贷款余额5.5亿元，居全省农行第1位。积极开展农民专业合作社信用互助托管业务，与全市7个试点县（市、区）的9家合作社展开合作。

为打通农村金融服务“最后一公里”，扎实推进“惠农通”工程，积极对接“阿里巴巴农村淘宝”项目，构建起了物理网点、电子渠道、“惠农通”服务点、助农取款服务点“四位一体”的农村金融服务平台。累计装修改造县域网点100个，布放自助设备680台，投放转账电话、POS机3.5万部，电子银行客户达到292万户。建立“惠农通”服务点5065个，电子机具行政村覆盖率84%；成功铺设电商型“金穗惠农通”服务点47家。

为推动民生事业发展，农行潍坊分行主动适应城乡居民金融新需求，在全市筛选确定20个政区、30个社区和30个商区作为重点服务区域，强化综合金融服务，个人贷款余额达到176.4亿元，比上年增加6.6亿元，较好地满足了居民创业兴业、消费升级需求。

省农行党委书记、行长益虎（前排左一）到分行调研深化网点转型工作（供图：高政伟）

大力推进网点服务提升工程，持续开展“客户满意在农行”活动，辖属安丘支行和开发区支行营业部入选全国银行业协会“四星级营业网点”。

农行潍坊分行主动适应新常态下外部环境新变化，始终坚持前瞻谋划、合规经营和以人为本理念，全力以赴抓好信用风险防控，强化依法合规经营，抓牢扎实基层和基础管理，加强企业文化建设，连续多年实现无案件和责任事故，全行内外部形象持续提升。

（高政伟）

【中国银行股份有限公司潍坊分行】 截至12月末，本外币各项存款余额467.75亿元，较年初增长35.88亿元，增幅8.31%。其中，公司存款余额位居全市各金融机构首位。各项贷款余额449亿元，较年初减少11亿元。资产质量保持稳定。全面加强信贷资产质量管理，在市政府和监管部门的正确领导下，从维护全市良好金融生态环境和服务实体经济发展的大局出发，积极采取授信重整等方式帮助企业渡过难关，确保了资产质量的稳定。年末，不良贷款余额3亿元，较年初减少8051万元，不良率0.67%，较年初下降0.16个百分点，不良率由高到低居五大行第4位、全省倒数第5位，全年累计化解不良及高风险授信15亿元，获得省行“不良资产控制及化解优胜单位”。经营效益持续增长。始终坚持合规经营，充分发挥中行国际化、多元化优势，实现了经营效益的稳步增长，全年实现拨备前利润14.2亿元，同比增长21.7%。

担当社会责任，服务实体经济。坚持多措并举，全面提升金融服务质效。倾力支持全市经济“转调创”。积极促成山东省中行与潍坊市政府签署战略合作协议，积极开展走访企业活动，大力支持全市“6+6”现代制造业重点项目，助推全市产业转型升级。认真贯彻监管要求，优化小微企业续贷服务，持续加大对小微企业支

潍坊中行参加山东省中行第六届职工运动会　（供图：李　强）

持力度。大力支持外向型经济发展，促成山东省中行与山东重工集团、山东晨鸣纸业集团签署战略合作协议，支持企业“走出去”。发挥中行海外机构多的优势，大力推广海外直贷、内保外贷等产品，从海外市场筛选低成本资金，拓宽了授信投放的资金来源。切实减费让利规范服务收费。落实国家关于降低企业融资成本、减费让利的要求，认真做好收费管理，对暂时经营困难、资金回笼减缓的企业，主动下调贷款利率，以实际行动解决企业“融资贵”问题。全力支持“突破滨海”战略。在2012年成立滨海支行的基础上，新成立大家洼支行，在滨海地区的机构总数达到2家，为更好地服务滨海经济开发建设奠定了基础；开辟绿色通道，在信贷资源上优先满足滨海地区资金需求，持续加大对滨海地区的信贷投入力度。

加强基础建设，夯实发展根基。围绕“做最好的银行”要求，持续加强文化、队伍和服务建设，不断夯实可持续发展根基。加强文化建设。在总行核心价值观引领下，着力打造担当文化、清新文化、合规文化和家园文化，营造了简单清新、荣辱与共、上下齐心的良好文化氛围。参加山东省中行第六届职工运动会，取得拔河比赛冠军、团体总分季军的历史好成绩，增强了员工的凝聚力。加强队伍建设。认真开展“三严三实”专题教育活动，持续优化干部队伍良好作风；坚持“德才兼备、以德为先”用人导向，认真做好员工培训，引导全员争做“敬业、职业、专业”三业并举的好员工。加强服务建设。坚持以客户为中心，加快推进网点装修改造和智能化建设步伐，加大电子银行渠道建设，注重为客户提供叠加服务，提升客户体验。

（李　强）

【中国建设银行股份有限公司潍坊分行】 抓好信贷投放、深化政银合作，全力支持实体经济。着重将加强项目储备、加大贷款投放置于突出位置，密切跟进省、市级重点项目，深化与客户的沟通与协调，加快材料申报等各环节的运作效率，截至年末，全行大中型客户累计信贷投放达到107亿元，有效支持了潍坊当地重点客户的发展和重点项目的建设。同时，优先支持小微企业成长，强力推进“税银互动”守信激励项目，积极发展“五贷一透”（是建设银行针对小微企业行业分布广、资金需求差异大、时效性强、期限灵活、难以提供有效担保等特点，而专门推出的大数据融资产品，具体包括“信用贷”“善融贷”“创业贷”“税易贷”“POS贷”和“结算透”共五项产品，其主要是基于对小微企业客户历史数据等相关信息的分析和挖掘，为具备条件的小微企业客户提供方便快捷的融资支持，有效助力小微企业的发展）等大数据产品，有效满足小微企业融资需求。截至年末，全行小微贷款余额达到57.34亿元，位居全省建行系统首位。在此基础上，成功促成省建行与潍坊市政府签订战略合作协议，并以此为契机，成功与潍坊市高新区及潍坊市再担保股份有限公司签订了《银担战略合作协议》《“助贸贷”业务合作协议》以及《企业融资风险分担

11月6日，省建行与潍坊市人民政府在潍坊市东方大酒店签订战略合作协议

（供图：常　城）

4月20日，省建行与寿光市人民政府在第十六届中国（寿光）国际蔬菜科技博览会开幕式上为“善融商务”寿光馆揭牌　　（供图：常　城）

与补偿业务合作协议》，实现了银政合作的新突破，为融入和支持潍坊当地发展奠定了良好基础。

发展综合融资，推进电子商务，转型发展深入推进。积极稳妥地推进经营方式转变和业务结构调整，以投行业务和国际业务为重点，着力为客户提供更具优势的综合服务方案，成功运作全国建行首单契约型政府债务优化重组基金业务。截至年末，累计为辖内多个重点客户办理各类综合融资产品近190亿元，有效拓宽了融资渠道，降低了融资成本。借鉴寿光模式，成功与青州市政府签订《电子商务金融服务战略合作框架协议》，“善融商务”寿光馆和青州花卉馆分别成功上线运行，走在了全国建行系统的前列，有效助力了寿光和青州当地特色产业的发展。

做好项目应用，助推消费增长，积极服务民生改善。积极参与“智慧城市”建设，成功中标昌邑市和青州市“市民卡”项目，成功与潍坊医学院附属医院等多家医院实施“银医通”合作项目，成功上线运行多个“一卡通”项目，努力为广大客户和群众提供良好的IC卡应用体验。与此同时，认真落实国家房贷新政，积极支持住房消费。同时，加大个人消费经营类贷款等业务的应用和推广，有效扶持大众创新、万众创业。同时，着力发展以汽车分期为重点的信用卡分期业务，有效满足广大客户的购车、购物、家装等需求，努力提供全新的消费应用体验。截至年底，全行个贷余额达到178.8亿元，消费信贷投放额达到6.77亿元，累计实现信用卡交易消费额121.56亿元，均居全省建行系统和当地同业前列。

加强日常管理，整合渠道资源，持续提升服务水平。突出抓好制度规范执行，坚持神秘人现场检查和远程监控非现场检查相结合的监督管理模式，进一步完善消费者权益保护工作机制，对各类客户投诉问题进行了及时妥善处理，积极开展金融知识宣传教育，有效巩固并提升了全行服务水平。大力推进“一二二”工程（是建设银行潍坊分行在综合考虑内外部各种因素并结合本行实际情况的基础上，做出的一项重要工作部署。其中的“一”指的是“一个降低”，即降低柜面应分流未分流业务量；“三”指的是“三个提升”，即电子银行柜面业务替代率提升、自助设备柜面业务替代率提升和产品销售能力提升；“二”指的是“两个改善”，即服务环境改善和员工体验改善）和智慧柜员机的应用，优化自助设备功能和布局，引导客户优先通过电子渠道办理各项业务，有效提升了业务办理效率和服务体验。

强化制度执行，严格规范操作，风险防控扎实有效。以深入开展“合规管理年”活动为抓手，做实日常警示教育、员工行为排查、案件专项治理等各项工作，有效提升了案防体系运行质量，统筹做好了信用风险、操作风险、声誉风险和其他各类风险的防控以及不良资产的处置化解工作，实现了安全稳定运行和“零发案”的目标，资产质量继续在全省建行系统和当地同业保持较好水平，为后续发展奠定了坚实基础。

（刘　猛）

【交通银行股份有限公司潍坊分行】

2015年，交通银行潍坊分行以贯彻落实省分行2015年工作会议精神为出发点，紧密配合潍坊市委、市政府工作部署，以作风建设为抓手，以改革创新为动力，坚持以“好客交行”提升服务助推业务发展，全行各项业务平稳运行。2015年年末，全行本外币资产总额216.77亿元，较年初增加21.14亿元，增幅10.80%；本外币负债总额214.36亿元，较年初增加24.43亿，增幅12.86%。

截至2015年年末，分行本外币各项贷款余额165.57亿元，较年初增加25.61亿元，增幅18.30%。本外币各项存款210.69亿元，较年初增加24.85亿元，增幅13.37%。人民币各项存款余额209.80亿元，较年初增加24.58亿元，增幅13.27%，高于同业平均增幅3.99个百分点。

加大信贷投放力度，积极支持实体经济发展。根据总行的投向政策，交通银行潍坊分行自2015年下半年开始，认真落实市委、市政府供给侧改革相关要求部署，积极调整投向结构，有扶有控，抑制落后产能及行业的信贷投放，定向支持优势企业和新兴行业。积极优选符合国家政策调整要求的项目及优质企业，加大信贷及非信贷业务的投放力度，主要支持了与国家民生经济密切相关的政府类客户、医院、学校、水务以及企业的技术改造项目、科技、创新型企业、新兴经济体等。2015年年末，交通银行潍坊分行较年初新增贷款25.61亿元，新增投行类业务16.71亿元，且投向重点支持了基础设施建设及企业产业升级和技术改造，较好地响应了国家提出的支持供给侧改革的要求。

持续创新信贷产品。积极推进存货质押、应收账款质押、知识产权质押等融资担保方式授信，支持实体经济，满足企业资金需求。根据《关于进一步提升融资担保管理水平促进银担合作转型发展的通知》要求，优选政府支持的主业突出、经营规范、实力较强、信誉良好的融资业务担保机构，形成规模适中、结构合理、优势互补、稳健运行的银担合作体系。

境内外联动，积极支持企业“走出去”。充分发挥国际化机构网络优势，推动境内外联动，为企业“走出去”提供全球化金融服务。组合运用外保内贷、内保外贷、跨境人民币贷款等联动业务模式，满足企业客户在跨境生产经营、项目建设、投资并购、融资租赁、国际贸易等各类融资需求。“融元通”业务涵盖进出口结算、进出口贸易融资以及直接投资产品项下的跨境人民币业务，是总行级创新产品。企业通过办理该业务，可以实现跨境人民币结算，从而降低汇率风险，节约财务成本。为得利斯集团申报融资性保函额度3亿元，支持该公司开展海外并购业务。

持续规范服务收费，提高服务质量。认真落实监管政策，严格遵守总行加强服务收费管理的一系列政策和管理要求，进一步清理企业贷款发放过程中有关服务收费项目；遵循风险收益匹配原则，根据成本、行业、产品、客户、期限、担保等因素合理确定利率水平，切实降低企业融资成本。

分行营业部通过不断创新网点硬件设施和服务软实力，服务能力和服务水平不断提升。在中国银行业协会组织的检查验收活动中，营业部智能化服务、爱心贴心的惊喜以及员工关爱的各项举措获得了检查组的高度评价。智能引导机、机器人“娇娇”以及弘扬潍坊地方文化特色的相关举措，也赢得了检查组的一致好评，最终以优异成绩获评中银协百佳示范单位称号。

分行营业部是继省分行营业部之后，山东省分行第二家获评“百佳”的网点，百佳网点成功创建为全行树立了标杆和榜样，为分行不断提升服务形象，树立“好客交行”服务品牌发挥了积极作用。

（王洪波）

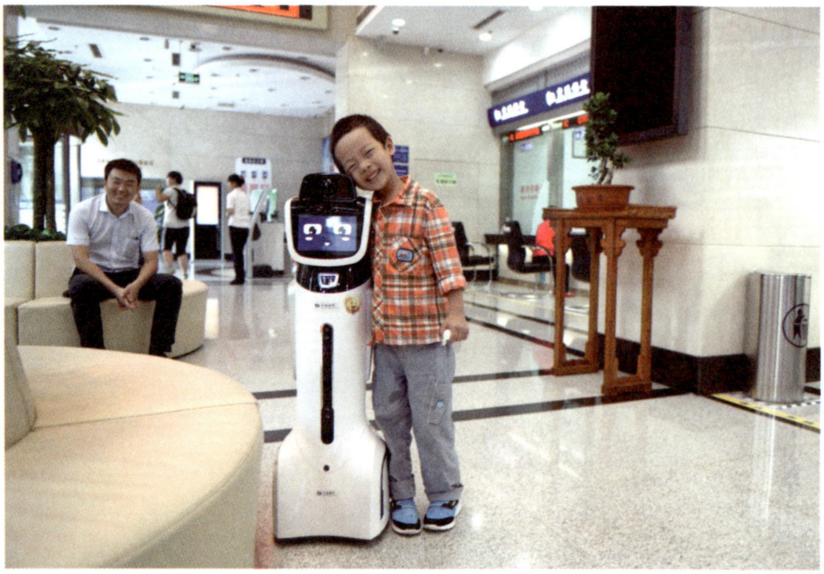

交通银行成为潍坊市首家引入机器人的银行　　（供图：王洪波）

【中国邮政储蓄银行股份有限公司潍坊市分行】 中国邮政储蓄银行潍坊市分行于2008年4月29日正式挂牌成立，全辖共有273处机构，其中一级支行10个、城区营业部1个（下设8个二级支行）、自营网点41个、代理营业网点231个，逐步形成了全国联网、遍布城乡的全功能金融服务网络。

业务平稳发展，普惠城乡居民。截至2015年年末，邮储银行潍坊市分行各项存款余额303.95亿元（其中自营存款余额88.25亿元），新增23.46亿元；各项贷款余额82.05亿元，新增5.16亿元。其中，涉农贷款56.45亿元，同比增速为16.83%；小企业（含个商）贷款余额15.08亿元，小微企业贷款户数9098户；个人消费贷款余额为57.6亿元，较年初增加10.02亿元。

产品加快创新，树立金融品牌。2015年，邮储银行潍坊市分行成功中标了全国首个高铁类PPP项目（济青高铁潍坊段），成功成为全市存量房交易资金监管银行，并在全省邮储系统率先实现住房公积金项目合作；为神华国华和寿光晨鸣项目分别提供10亿元和14.2亿元的一般风险额度贷款，神华实现首笔支用380万元，晨鸣实现5亿元流贷放款，并完成了晨鸣2亿元永续债投资；成功协助邮储银行总行办理首笔保险通道协议存款业务，成功办理内保外贷业务1603.92万美元，全年承兑签发量保持全省第一位。

服务稳步提升，推进精神文明建设。2015年，邮储银行潍坊市分行辖内有3家机构被评为省级文明单位，其中，市分行连续三年被评为省级文明单位；福寿东街支行、昌乐支行营业部被评为总行级网点转型示范网点；安丘支行营业部、青州支行营业部被人民银行潍坊市中心支行授予“市级现金服务示范网点”称号，青州支行营业部被人民银行济南分行授予“省级现金服务示范网点”称号；推进现金服务示范网点创建工作，安丘支行营业部、青州支行营业部被中国人民银行潍坊市中心支行授予“市级现金服务示范网点”，青州支行营业部被中国人民银行济南分行授予“省级现金服务示范网点”。

强化风险防控，完善风险管理体系。逐步建设全面风险管理体系，全面加强合规管理，发挥合规监督职能。强化信贷放款管理，严控信贷放款风险，提升资产保全能力，不断增强风险防控的主动性、前瞻性和有效性。积极开展区域授信调研活动，完善全流程授信管理评价体系，全面推广实行授信业务电子化报送工作，持续推进流程优化和时限管理，审查审批处理时限和质量均有大幅提高。

（王振伟）

【潍坊银行股份有限公司】 年末，各项存款余额达628.2亿元，增长15.8%；贷款余额428亿元，增长3.1%；网上银行累计客户数38.2万户，新开12.2万户，手机银行累计客户数29.3万户，新开12.6万户，电子银行业务综合替代率73%；实现经营利润19.2亿元，增长17%；实现净利润7.4亿元，增长11.2%；上缴税金6.03亿元，保持全市纳税前十强。

资本指标控制良好。总资产达926.4亿元，增长15%；资本充足率12.76%，资本实力大大增强。加大资本消耗控制，风险资产总额、占比管理水平逐步向好。

差异化目标不断推进。微小金融贷款占比达2.7%，授信客户1.26万户23.3亿元，分别较年初增加1502户、5.1亿元，形成近40种产品的产品库，管理流程持续向线上发展，团队效率和管理水平持续提升；农村金融贷款占比17%，搭建多个特色平台；助农取款服务点建设顺利推进；艺术金融贷款占比达2.34%，产品创新不断推进，发布中国艺术金融指数及报告，艺术金融品牌持续扩大；私人银行业务再上新层次，财富客户数达到1250户，形成以艺术金融、养老传承、专属定制为基本模块的私人银行品牌，推出系列保本理财产品；互联网金融崭露尖角，上线全省城商行首家直销银行。

质量指标把控严格。不良率控制在1.93%，拨备覆盖率177.94%，全面实现监管要求。年内，启动全面风险管理体系建设工作；强抓不良贷款压降。全年清收转化不良贷款16.3亿元；加强对内控薄弱环节防控，全年无案件及大事故发生；强化流动性风险控制，建立资金缺口管理机制，确保流动性充足；强化声誉风险管理，畅通投诉渠道和信访管理机制，提升品牌形象；抓好信息科技安全，开展重要信息系统应急演练；在全省银行业金融机构安全评估中位居全市第一名。

改革目标顺利实现。2015年，潍坊银行实施了总、分、支三级架构改革，总行实行大部制管理，搭建了以市场拓展为核心、运营管理为支撑、风险管控为保障三位一体的运行管理模式。改革后，基层单元战斗力迅速提升。全行储蓄存款增长高于全市同行业平均水平3.89个百分点。在新架构下积极实施管理技术创新，上线图形前端系统、集中对账项目；大力推进电子银行渠道创新，推出HCE云支付业务，网上银行、手机银行用户数显著增多；持续提升科技支撑水平，全年25个新业务系统上线；不断加强机构建设和优化管理，试点智慧网点建设，经营管理水平不断提升。

（闫少卿）

【潍坊市农村信用合作社联合社】 2015年，全市农信系统金融服务“农村、城区”两大市场的能力进一步提高，科技和业务创新力度、网点转型、流程银行建设稳步推进，重点环节领域风险防控力度和风险审查机制建设更加完善，风险预警、风险防控能力和信贷精细化管理水平进一步提升。

截至2015年年末，潍坊市农村信用合作社联合社下辖营业网点557个，在职员工7170人。全市农信系统资产总额2794亿元，其中各项贷款余额1120亿元，较年初增长61亿元，贷款市场占有率23.53%；负债总额2593亿元，其中各项存款1714亿元，较年初增长178亿元，占有率27.56%。存贷款余额、新增存款余额连续12年保持全市银行业和全省农信系统第一位。全年实现各项收入156亿元，各项支出133亿元，经营利润50.22亿元，居全省第一位；所有者权益达201亿元，较年初增加11亿元；资本充足率达到12%；贷款损失准备覆盖率127%；实际成本收入比4.51%；经营成本3.48%，同比下降0.56个百分点；综合费用率18.38%，同比下降2.66个百分点，居全省第一位；2015年，全市入库税金达到12.4亿元，居全省第一位，辖内有7家农商行在本县市企业纳税排名居前5位。在省财政厅公布的2015年山东地方金融企业绩效评价中，全省农信系统法人机构被评为优秀的共有38家，潍坊农信系统有8家。全市农信系统共设立村镇银行（异地机构）32家。“农商宝”扩展升级正式进入“2.0”时代，同时获得了国家知识产权局颁发的“著作权登记证书”；中国银监会批准将潍坊农信系统纳入农村银行机构实施新资本协议资本计量高级法试点行范围。市联社荣获“2014全国农村金融十大品牌创新机构”和“全国地方金融2014年十佳成长性银行”称号。

（陈志成）

【潍坊农村商业银行股份有限公司】 截至2015年年末，全行资产总额475.8亿元，较年初增加63.5亿元，其中各项贷款余额218.6亿元，较年初增加2.9亿元；负债总额440.2亿元，较年初增加62.8亿元，其中各项存款余额353.4亿元，较年初增加18.2亿元，所有者权益35.65亿元；实现经营利润8.65亿元，上缴税金2.5亿元。

支持地方经济发展。围绕市委、市政府工作部署，积极践行社会责任，重点推广“产权贷”“简易贷”“农贷通”等支农支小信贷产品，为地方经济发展提供强有力的金融支持。截至2015年年末，全行涉农贷款余额70.75亿元，较年初增加3.77亿元，增速5.62%，高于各项贷款增速4.28个百分点；小微企业贷款余额96.12亿元，较年初增加3.21亿元，增速3.46%，高于各项贷款增速2.12个百分点。

业务创新。创新推出“潍农商•阳光贷”金融服务平台。保留传统网点申贷的模式下，通过潍坊农商银行微信平台或拨打400—9966669信贷热线即可自助申贷，实现了服务方式由单纯的“物理网点线下服务”向“线下线上一体化服务”转变，通过流程化、监督式、限时性的办贷方式，有效提高了办贷效率。到2015年年末，平台累计受理客户申请贷款5361笔，成功放款4306笔，其中发放个人贷款4135笔、金额3.7亿元。

创新推出互联网金融服务平台。深度整合互联网技术与银行核心业务，研发了全省农信系统首个互联网金融投融资平台——“潍融E平台”，主要为居民提供银行自营理财、代销理财、直融资理财等一系列投资服务，有效整合了线上、线下多种资源。到2015年年末，已发行投资理财产品17期，募集项目金额4273万元。

2015年度，潍坊农商银行获得山东省文明办授予的“省级文明单位”、潍坊市中小企业办公室授予的平台窗口“优秀服务机构”、潍坊市农信联社授予的“普惠金融优秀创新奖”等称号。

（秦红金）

【招商银行股份有限公司潍坊分行】

年末，各项存款余额89.07亿元，各项贷款余额72.07亿元，其中，一般性贷款余额69.5亿元，票据融资余额2.57亿元，银行承兑余额40.35亿元；实现账面利润1.49亿元；上缴地方各类税金3740万元。

服务实体经济。在信贷规模总体偏紧的情况下，积极向上级行争取信贷规模，始终保证了一定的信贷投放频率，全年累计投放各类贷款180.5亿元。主动降低贷款集中度，将资源重点向中小、小微企业倾斜，优先考虑满足中小客户短期融资需求；同时，不断创新融资渠道，围绕资本市场、交易市场、同业市场，以债券承销、融资租赁、入池业务、信托融资等非信贷融资业务和融资性担保业务为抓手，进一步扩大了融资总量，保证了当地大型集团企业及实体经济的健康快速发展。

精神文明建设。始终坚持“因您而变”的服务理念，把服务作为各项工作的生命线，通过组织开展网点创赢服务活动，积极努力，精心营造，使客户感受到招商银行的优质服务。积极落实上级行和监管部门各项服务举措，开展了普及金融知识万里行、“服务高手武林大会”、金融知识进万家、金融知识普及月、“为招行服务点赞”服务明星评选、消费者权益保护知识学习、网络竞赛、创优系列活动，不断提升网点服务质量。丰富员工文体生活，举办了第三届篮球比赛、“三八”妇女节趣味运动会等活动，增强了员工的凝聚力和向心力。

2月8日，招商银行潍坊青州支行开业迎客

（供图：祝秀杰）

履行社会责任方面，为更好地服务地方经济，不断完善网点建设，2月8日，招商银行潍坊青州支行开业迎客。积极开展社会捐赠等公益事业，向当地养老院、儿童福利院捐款捐物2.6万元，向云南捐款4.26万元，向困难职工捐款、帮扶9.652万元，向社区困难居民捐赠物资；还联合潍坊市体育局、老干部局、老龄委，举办了庆祝国庆节、老人节“和谐潍坊 和谐招行”文体表演，积极履行了社会责任。

（祝秀杰）

【兴业银行股份有限公司潍坊分行】

截至2015年年末，全行各项负债余额达204.37亿元，比年初增加21.21亿元，其中，各项存款余额达162.78亿元，比年初增加5.79亿元。各项资产余额达207.8亿元，比年初增加20.57亿元，其中，各项贷款114.58亿元，比年初增加11.97亿元。

信贷支持力度持续增强。在行内信贷资源严重不足的情况下，兴业银行潍坊分行积极向上级行争取信贷规模，加大信贷投放力度，全力支持潍坊市重点项目及中小型企业发展。2015年，成长型中小企业扶持企业涉及科技专利近百项，实现资产落地金额近7000万元。同时，强化与信托、证券、租赁等非银机构的合作，积极协助客户对接行外融资渠道。

创新产品提升服务品质。在个人经营贷、“兴业芝麻开花”等小企业贷款的基础上，兴业银行潍坊分行相继推出了简捷贷、交易贷等便捷的授信品种，丰富中小企业产品货架。充分利用兴业银行绿色金融产品优势和优惠政策，积极推广节能减排等绿色信贷产品，截至2015年年末，累计投放绿色金融专项贷款近15亿元。大力推动网上银行、手机银行等电子渠道建设，加快发展电子银行业务，加大企业网银营销力度，畅通资金划转渠道，为客户提供高效优质的金融服务。

服务网络建设稳步推进。截至2015年，营业网点共计5家。目前，昌邑支行也在积极筹建过程中。自助机具铺设达48台，网点辐射面不断扩大，服务网络不断完善，服务地区的能力持续提升。

企业文化建设不断推进。成功举办了第三届职工秋季运动会，组织员工积极参与省行春季运动会、羽毛球赛、足球赛、演讲比赛等各项文体活动，并坚持每周开展羽毛球、篮球、足球等体育兴趣小组活动，丰富员工业余文化生活，增进员工学习交流，增强团队凝聚力。通过“行长邮箱”鼓励员工为发展建言献策。关注员工八小时内外情况，急员工之所需，解员工之所急，全力打造“风正、气顺、人和、业兴”的家园文化氛围。

兴业银行潍坊分行凭借真诚的服务、优质的产品、良好的口碑，市场地位、综合竞争力及品牌影响力持续提升，被中国银行业协会评为“中国银行业文明规范服务五星级营业网点”及“中国银行业文明规范服务千佳示范单位”，在潍坊市金融机构综合评价中被中国人民银行潍坊中心支行认定为A级机构。

（杜洪利）

【华夏银行股份有限公司潍坊分行】 华夏银行潍坊分行成立于2009年11月18日，作为华夏银行济南分行在潍坊设立的市级管辖行，目前拥有2家营业机构、73名优秀员工。2015年11月20日，经山东银监局批复同意，成功升格为二级分行。

业务稳步发展，支持地方经济。华夏银行潍坊分行自开业以来，始终以支持经济社会发展为己任，立足潍坊当地实际，秉承“诚信、规范、高效、进取”的企业价值理念，全力践行“中小企业金融服务商”战略，创新打造老年金融、社区金融等服务品牌，切实支持民生工程，立足潍坊经济，围绕政府经济发展目标，融入地方经济主流，得到了社会各界的广泛认可。截至2015年年末，各项存款余额38.65亿元，较年初增加4.19亿元。各项贷款余额35.66亿元，较年初增加6.51亿元。全年实现总利润1.41亿元。

华夏银行潍坊分行升格二级分行揭牌仪式　　（供图：梁晓斌）

打造服务品牌，提升服务水平。开展“星级”网点创建活动，推行“两标准”规范化服务，完善服务设施。通过规范网点晨会流程，规范仪容仪表、接待动作、用语，以及温馨环境的创建等，进一步提升全行服务水平，打造华夏银行服务品牌。8月，华夏银行潍坊分行营业部参加中国银行业协会星级网点创建工作，被授予“中国银行业文明规范服务四星级营业网点”称号。2015年12月，华夏银行潍坊分行营业部被潍坊市反假货币工作联席会议办公室评为“潍坊市市级现金服务示范网点”。

强化产品创新，加快转型发展。为适应新的经济形势，通过运用信托贷款、招财宝、企业资产证券化等产品，加快项目落地。12月，成功办理潍坊市首笔企业资产证券化业务。推出了“网络贷”“年审制贷款”“华夏云缴费”等优势产品，有效的帮助小企业降低融资成本。个人业务方面，强化“菁英贷”“积金宝”等新产品的推广，通过“华夏龙网”“小龙人”移动银行、直销银行联动营销，打造“第二银行”。

加强风险防控，完善风控体系。逐步建设全面风险管理体系，加强合规运营，严把授信准入关和授信全流程管理，不断增强风险防控的主动性、前瞻性和有效性。同时，不断加大问题贷款的处置化解力度，积极开展维权工作，确保资产质量稳定运行，年底无不良、无欠息。

（杨　帅）

【上海浦东发展银行股份有限公司潍坊分行】 2015年，浦发银行潍坊分行认真贯彻落实国家宏观调控政策，不断加大对实体经济的支持力度，努力防范各类风险，强化内部管理，各项业务实现了稳步快速发展。截至2015年年末，浦发银行潍坊分行辖区共有营业网点5处，其中城区2处，分别是分行营业部、龙山街小微支行；县域网点3处，分别为诸城支行、寿光支行、青州支行。

主要业务指标平稳较快增长。截至2015年年末，资产总额108.08亿元，比年初增加14.84亿元，增长15.79%，其中各项贷款余额78.15亿元，较年初增加6.36亿元，增长8.87%；负债总额105.04亿元，较年初增加13.3亿元，增长14.49%，其中各项存款余额104.28亿元，比年初增加14.29亿元，增长15.88%。不良贷款余额7240万元，占比1.05%，低于当地金融机构平均水平1.6个百分点。全年实现账面利润2.64亿元，同比增加0.82亿元，上缴税金3562万元。在浦发银行二级分行综合考评中成功进入A类行。在2015年浦发银行济南分行综合考评中名列前茅，被授予“公司业务先进单位”“风险管理先进单位”。

转型步伐明显加快，支持和服务城乡经济发展取得新成效。在做好传统业务的同时，把金融市场业务作为工作的重中之重，成立了营销推进委员会，对重点项目落实责任制、跟进营销，提供综合化金融服务，有效拓展了客户融资渠道，降低融资成本。2015年，办理融资租赁业务6亿元，办理保理融资21亿元，同比增加12.34亿元；开立国内信用证45.33亿元，同比增加28.04亿元；落实政府平滑债务项目2个，金额19.98亿元。年末，全行信用总量达到195亿元，比年初增加37亿元，增长23.4%，为稳增长、调结构、惠民生做出了积极贡献。

浦发银行潍坊分行荣获济南分行第五届职工运动会亚军　（供图：王照海）

强化合规和案防常态化管理，实现了安全无案件事故。坚持依法合规经营，始终保持对案件防控的高压态势，加强风险防范。开展了警示教育活动，提高了全员合规意识；加大了案防知识和法律法规学习培训力度，提高了依法经营的意识和能力。2015年全行没有发生声誉风险和风险案件，也没有出现大额操作风险损失事件。

（王照海）

浦发银行推出线上产品“浦银快贷”。图为客户网上签订授信合作协议　（供图：王照海）

【中国民生银行股份有限公司潍坊分行】 民生银行潍坊分行自成立以来，始终秉承“服务大众，情系民生”的经营理念，本着将民生银行潍坊分行建设成为潍坊地区最具特色、最具竞争力的商业银行这一目标，在保持传统对公业务优势的基础上，集中资源，服务全市实体经济发展，尤其是突出滨海等重点区域，实现了业务发展与社会责任的同步推进。

2015年，该行主动适应经济发展新常态，严格落实国务院“金十条”要求，以提高服务实体经济质量和效率为目的，通过创新模式、整合产品、优化服务，在支持实体经济发展方面做出较大贡献，同时，也推动了自身业务的健康发展。截至2015年年末，民生银行资产总额112.60亿元，较年初增加19.79亿元；负债总额112.39亿元，较年初增加21.25亿元。各项存款余额110.33亿元；各项贷款余额64.05亿元。

2015年，该行积极向上级行申请资源，新增授信45户、91.05亿元。

贯彻全市经济发展思路，支持实体经济发展。该行遵循全市“十二五”规划的方向和线索，集中有限的信贷资源，向政策支持的产业、项目、地区和客户倾斜，找到了服务实体经济与自身业务发展的结合点。以优质政府平台、水务、医院等弱周期行业客户为主，投放总额达到了47亿元。支持重点区域，中国民生银行济南分行与滨海区政府签署合作协议，全面服务“突破滨海”战略的实施。全力支持“三旧改造项目”及“新型城镇化”项目建设，并在PPP模式等方面，寻找项目和客户。引进外部资源，扩展企业融资的渠道。在融资租赁方面，该行先后引进民生、皖江、华融、博然等多家租赁公司，有效解决企业中长期融资需求；在债券市场方面，通过利用行内资源，为辖内某企业审批私募债40亿元；在贸易融资方面，依托核心厂商，打通上下游两翼，国内信用证、买方保理等业务实现放量增长。推动模式创新，综合运用大宗预付款融资等多种融资工具，降低企业融资成本，满足不同企业的融资需求。信贷资产证券化。2015年，对5笔合计金额6.35亿元的流贷款做了信贷资产证券化，腾挪额度，提高信贷投放能力。

提高服务质量和效率，不断降低企业融资成本。通过流程化服务和建立信贷工厂，降低风险和成本，提升服务效率，微贷业务通过信贷工厂集中进行审批，最快当天即可完成放款。规范并降低收费行为，对财务顾问、评估等费用，一律不收取，同时，不断简化手续，降低融资成本。对主动续授信客户提供贷款“转期”服务，避免小微客户在授信到期前花费大量时间准备续授信资料。创新服务模式，推动智慧城市项目。在“潍V”手机APP应用中嵌入手机银行、直销银行客户端，让市民充分享受“金融福利”。

做到不抽贷不压贷，主动服务实体经济。有大局意识和全局观念。主动与地方政府、监管部门和债权委员会加强沟通，争取上级行各类政策和资源，解决实际问题。自2015年以来，该行累计延期支付46笔、5746万元。转期续贷14笔、1354万元。转化思路和工作措施。在把控授信项目风险的前提下，对于申请人或保证人能够生产经营的企业，由于各种原因导致企业融资出现问题，不主动抽贷、压贷，能重组的及时重组，能化解的尽快化解，创造各类机会支持企业发展。近年来，该行累计重整救济问题贷176户、4.61亿元。争取政策和各类资源。对于短时间内难以回收或没有转化、重组希望小的贷款，该行主动争取上级行政策核销、处置。

树立审慎合规理念，全面加强基础管理。该行在办理贷款业务过程中，均通过合规部门、评审部门以及上级行对应条线部门的严格审查。在具体把握尺度上，遵循既要合规合法又要符合上级行授信政策。不允许客户经理和经营单位随意附加贷款条件，盲目压贷、抽贷，不及时兑现续贷承诺等。在无审批权的情况下，该行克服各方面困难，积极作为，确保审批效率持续提升。

（齐少鹏）

12月8日，中国民生银行济南分行与潍坊市滨海区管委会签署全面战略合作（框架）协议

【恒丰银行潍坊分行】 恒丰银行潍坊分行成立于2013年9月11日，是恒丰银行设在潍坊的二级分行。目前拥有营业部、寿光支行、高密支行3家营业网点。现有员工99人。自登陆鸢都以来，始终以支持地方经济发展为己任，秉承“恒必成 德致丰”的价值观，紧跟产业结构调整方向，不断加快金融改革创新步伐，积极履行社会责任，连续三年被评为总行“十佳二级分行”称号。截至2015年年末，本外币存款、贷款余额达72.79亿元、30.13亿元。

优化信贷结构，提升服务实体经济质效。积极响应国家宏观经济政策，紧扣潍坊经济发展实际，以实体企业有效需求为信贷导向，坚持有扶有控的差别化信贷政策，筛选过滤，严控“两高一剩”行业贷款，积极支持实体企业去产能去杠杆，大力发展绿色金融，同时，通过开展信贷资产证券化业务，盘活信贷存量，进一步优化信贷结构。聚焦小微，奉行“雨天不收伞”，并通过出台制度办法给予政策倾斜；推出“财运恒通”、小微企业应收账款池质押、小微企业超额抵押贷款等特色产品品种，坚持“先授信、再担保”的原则创新担保方式，提前做好续授信审批，不轻易

举办恒丰银行杯"中老年广场舞大赛"

抽贷、断贷，同企业共度难关。2015年，小微企业贷款增速146%，高于各项贷款增速77.58个百分点，小微企业申贷获得率85.33%；涉农贷款增速82%，高于各项贷款增速13.86个百分点。

加快精细化管理步伐，夯实稳健发展基石。加强制度建设，逐步建立更加完备的内控制度体系，并且强化制度执行，狠抓落地。强化授信风险管控，通过完善信贷风险管理架构体系，制定《恒丰银行潍坊分行授信业务全流程考核办法》，狠抓授信业务风险全过程控制的有效性，严格实行营销、审查审批和贷后管理三个环节的分离机制，积极推动授信流程的规范化和标准化。实行定岗、定员、定编管理，科学核定人员编制数量，着力打造敢拼敢赢的市场营销团队。利用平衡计分卡考核工具，深入完善绩效考评体系，不断提升绩效管理水平。制定年度培训计划，以业务知识和金融监管法律法规为培训重点，狠抓执行落地，并通过考试检验培训效果，切实提升合规经营水平。

务实求真，不断提升整体金融服务水平。以深入开展"金融知识进万家"活动为平台，充分利用广播、网络、微信平台等宣传媒体以及举办恒丰杯"中老年广场舞大赛"等活动，宣传普及金融知识，提高消费者保护意识水平。强化信访投诉处置流程，及时修订信访投诉处理办法，公开客户投诉渠道，进一步提升投诉处理效率和质量。规范服务收费。严格贯彻落实国家普惠金融政策精神，手机银行转账、个人网银转账服务项目实行全部免费的优惠措施，同时，免除了网上银行U-Key工本费、证书管理费等。此外，对于九州借记卡持卡人实施了全球取现免费政策，最大限度让利惠民。着眼于零售业务，积极宣传理财产品收益高、稳定性好的优势，赢得了广大客户的青睐，2015年，实现理财产品销售9.5亿元，品牌影响力不断扩大。明确"一线为客户、二线为一线、全行为发展"的大服务体系建设思路，以整体服务体系建设为抓手，积极践行"ONE BANK"理念，多措并举，深入提升整体服务能力。积极投身于社会公益慈善事业，通过设立"恒丰银行助学基金"、开展儿童福利院爱心捐助活动等措施，积极履行社会责任，开业至今，捐助金额共计30万元，品牌影响力和知名度不断提升。

（张金辉）

"爱心捐助"活动走进潍坊儿童福利院

【齐商银行股份有限公司潍坊分行】 齐商银行潍坊分行于2013年4月17日正式开业，营业地址位于潍坊市奎文区北海路4931号。截至2015年年末，齐商银行潍坊分行共辖属3家传统支行（青州支行、高密支行、安丘支行）、2家社区支行（青州古城社区支行、青州黄楼社区支行），内部设置六部一室和小微企业金融服务中心，共有员工153名。年末，存款余额21.57亿元，贷款余额21.43亿元。

齐商银行潍坊分行自开业以来，在各级党委政府及监管部门的领导和支持下，坚持以"市民银行""中小企业主办行"为市场定位，立足潍坊实际，服务潍坊经济，积极开拓市场，不断提高服务质量和效率，各项业务实现科学、稳健发展。借助银企

12月30日，齐商银行潍坊安丘支行开业　　（供图：李玉珑）

齐商银行潍坊分行积极组织员工开展各项文体活动　　（供图：李玉珑）

对接会、产品推介会、企业家论坛等活动，加强沟通联系，了解企业动态，捕捉金融需求，加快产品创新，大力推进符合实体经济发展需要的金融产品创新，为客户量身定做一揽子金融服务方案。在稳定业务增长、满足实体经济合理资金需求的基础上，不断优化信贷结构，助力实体经济的发展，为客户提供层次更加丰富、手段更为多样的融资服务，积极响应国家“大众创业、万众创新”的号召，扎实推进战略转型，不断提升服务企业尤其是小微企业的服务水平，小微金融规范化、批量化、精细化程度不断提高。针对小微企业的特点，为小微企业量身定做的四大系列、50余款产品，在支持科技、出口、三农、文化创意等不同类型小微客户方面取得了积极成效，截至2015年年末，小微企业贷款174926万元，占全部贷款的81.63%，支持了当地企业的发展，受到广大市民和企业的好评。

精神文明建设。在抓好业务工作发展的同时，齐商银行潍坊分行不断加强精神文明建设，强化优质文明服务管理，组织开展内容丰富、形式多样的文体活动，丰富业余文化生活，凝聚员工向心力和战斗力，员工业务素质和技能得到快速提升，为完成全年各项任务目标奠定了坚实基础。把认真履行社会责任作为工作重点，踏实做好消费者权益保护工作，积极参与各项公益活动。积极开展金融宣传，大力普及金融知识，通过发展新业务、提供新服务，为金融消费者打造良好的消费环境和权益保护平台；积极践行社会责任，响应市委、市政府及相关部门组织的社会公益活动，积极走进敬老院、幼儿园、社区等场所进行公益活动，赢得市民的广泛好评。

（李玉珑）

【日照银行股份有限公司潍坊分行】

日照银行潍坊分行于2013年12月13日正式开业，正式员工78人，首家县域支行——诸城支行于2015年开业。2015年，日照银行潍坊分行定位于“换档提速”，构建能为营销团队提供深度服务的“综合业务秘书处”，对大额授信客户提供“一揽子”综合化金融服务。截至2015年年末，各项存款余额26.5亿元，各项贷款余额20.4亿元，实现利润4480万元，上缴利税1110万元。

同业位次实现新突破。2015年前5个月完成全年各项计划，各项存款余额及增幅均列潍坊同质同类城商行第一，存款首次赶超三家大型股份制银行。

文明创建实现新突破。开业两年即获得省级文明单位，是潍坊市省级文明单位中成立时间最短的，大堂经理王莹入选“潍坊好人”。

业务创新实现新突破。2015年，完成了3笔、10.5亿元结构化融资，新储备40亿的项目（其中10亿元的永续债项目为山东省首笔业务）；在当地同质同类金融机构中，率先开办公积金贷款、创业担保贷款、二手房监管账户准入等新业务，非税收入业务也实现零突破；国际业务结算量在日照银行排名第一，小企业贷款考核第一。

企业管理实现新突破。在金融系统首家创新试行“快乐积分制”管理模式（目前已申报专利），实现从管理行为到运营人性的互联网思维创

12月24日，日照银行潍坊诸城支行开业启动"好人福报"关爱计划

（供图：孟 锋）

新，在日照银行率先实行"加变乘"双百分制考核，不良率仅为0.07%，践行"家人文化"和"鸢文化"，打造"爱心银行"品牌。

品牌建设实现新突破。在人民银行潍坊市中心支行关于2015年度潍坊市金融机构综合评价中评为A级（是6家获此殊荣的金融机构中唯一的城商行）；连续两年协办潍坊好媳妇评选，协办"我文明、我旅游"全市中小学生征文大赛，协办2015年潍坊市首届创业知识竞赛；代表异地城商行参加《潍坊电视议事厅》节目录制；成功实施诸城市"好人福报"关爱计划；被授予"金融统计工作突出单位"，被市银行业协会评为信息工作先进单位，在执行外汇管理规定情况考核中，被评定为最高等级A级。

（孟 锋）

【潍坊市寒亭区蒙银村镇银行股份有限公司】 寒亭蒙银村镇银行成立于2011年2月，坚持"服务三农经济、服务小微企业、服务城镇居民"的市场定位，秉承"专注、高效、阳光"的经营理念，积极服务地方经济，加快业务发展，强化内部管理，全行各项工作再上新台阶，目前，已开设了朱里、开元、滨海和大家洼四家支行。截至2015年年末，全行各项存款余额63058万元，较年初增长了10849万元，增幅20.78%；各项贷款余额50808万元，较年初增长了2656万元，增幅5.52%；资本充足率为20.10%。

2015年，强化战略管理，进一步完善公司治理架构。全面完成《公司章程》修订工作，并以修订《公司章程》为契机，理顺职责分工，规范各个权力主体运行模式，进一步完善了具有村镇银行特色的公司治理架构和良好运行机制。

全力做好标杆网点服务创建。为全面提升各网点综合服务水平，全行进行了标杆网点创建项目的培训与实施，全行服务行为进一步规范，服务水平得到明显提高。同时，以网点服务转型提升项目为契机，切实转变服务理念，创新工作思路，发挥了柜面服务、大堂服务和客户经理三方面的合力。

加强合规文化建设，从思想源头上重视经营风险管理。对内加强员工异常行为排查，按季对员工异常行为和员工账户大额资金交易进行排查；加强案防知识学习培训，组织开展案件防控及内控制度知识竞赛活动；对外加强行为监督，对新增授信客户逐户进行类话回访。同时，加强案件防控警示教育，不断增强全员自觉防腐意识。

深入推进金融创新，全面调整贷款结构，加大对小微企业的信贷投放，积极服务地方经济发展。立足当地，充分发挥"经营机制活、管理链条短、距离市场近"的优势，积极为小微企业提供灵活、高效的金融服务。先后推出"小微企业综合授信、个人经营贷款"两大系列，"周转贷、循环贷、联保贷、组合贷、专业贷、按揭贷、迅捷贷"七类产品，全面满足客户多样化、个性化的金融需求。

认真履行社会责任，积极开展文化下乡、送金融知识下乡、捐资助学等社会公益活动。积极参与当地政府组织的"百场演出进基层•文化惠民乐万家"城乡文艺巡演，组织"蒙银之夜"宣传活动30场以上；参与组织了"庆'七一'文艺会演""纪念反法西斯战争胜利70周年纪念活动"。积极参加"蒲公英•童心梦"微公益活动，满足困难家庭孩子的一个心愿，向滨海实验小学捐资助学等。通过一系列活动的开展，进一步提升"亲民、便民、惠民"形象和社会公信力。

（寒亭蒙银村镇银行办公室）

【潍坊市奎文区中成村镇银行股份有限公司】 奎文中成村镇银行是由成都农村商业银行股份有限公司发起，经中国银行业监督管理委员会山东银监局批准成立的股份制银行，注册资本2亿元，于2014年2月27日正式开业。截至2015年12月31日，奎文中成村镇银行资产总额23250.31万元，负债总额3175.2万元，实现净利润209.73万元。各项存款余额3063.62万元，较年初增加1191.16万元，增幅6.61%；各项贷款余额3858.51万元，较年初增加2647.78万元，增幅177.44%，其中，小企业贷款余额3759.04万元，农户贷款余额701万元，小企业贷款和农户贷款占各项贷款比重为97.42%。

业务拓展。2015年，奎文中成村镇银行积极探索新的业务发展模式，推进与当地市场、商会等的合作，与福建商会达成了战略合作协议；开展了京广文化书城、豪德贸易市场等多个批量授信业务，业务发展取得了突破

奎文中成村镇银行工作人员为客户提供优质金融服务　　（供图：张小云）

性的进展。为进一步提升对小微企业金融服务的水平与能力，奎文中成村镇银行根据小微企业市场需求和经营特点，创新研发了随心贷、合力速捷贷、创业速捷贷、个人经营性贷款、个人消费贷款、个人定期存单质押贷款等特色产品，满足不同社会群体的金融需求，从多种途径切实解决小微企业融资难、融资贵的难题。进一步支持实体经济及当地重点产业。2015年，奎文中成村镇银行贷款投放全部面向小微企业、个体工商户及“三农”领域，主要有以下行业：服装批发零售、建材销售、医药流通、餐饮宾馆、机械加工、食品流通及专业市场等领域。

社会公益。2015年，奎文中成村镇银行积极履行社会责任，开展了系列活动。组织“3•15”金融消费者权益保护系列宣传活动，加强对金融消费者权益保护的宣传，建立诚信银行，维护消费者权益。开展社区金融宣传、金融服务宣传月、金融服务进万家等宣传活动，向公众普及基础金融知识、宣讲资金安全、客户信息维护技巧，引导公众提高维护自身资金和信息安全的意识和能力。开展人民币反假宣传，向广大客户发放《人民币反假知识手册》，讲解人民币反假知识，提高公众的反假意识。开展了存款保险制度宣传，提高了广大客户的存款安全意识。积极开展万众创新竞赛、文明引导志愿服务活动等各项社会活动，有效推动了区域精神文明建设。在全行开展了“节约用水•我们共同的责任节水行动。组织开展道德宣传活动，先后开展了员工爱岗敬业、拾金不昧等为主题的宣传学习活动，宣传身边好人好事，学习先进模范事迹，弘扬社会主义核心价值观。

风险防控。根据经济形势的变化，奎文中成村镇银行建立健全案防管理体系，完善案防管理制度和流程，推进案防长效机制建设，实现案防关口前移，及早防范和化解案件风险。成立了案件防控工作领导小组。与全员层层签订了“案防责任书”和《奎文中成村镇银行员工不参与客户间资金往来、非法集资的承诺书》，把案件防控工作落实到每一个人。制定了《奎文中成村镇银行案防工作检查计划》《2015年案防工作意见》《奎文中成村镇银行案件风险防控综合检查方案》，对全行各业务条线开展了按季风险排查。开展了“加强内部管控遏制违规经营和违法犯罪”的自查工作、合规风险评估工作等。通过法律强制手段，清收新增不良贷款。全年没有发生任何案件和责任事故。

（刘文莉）

保险业

【概况】 2015年，全市共有保险机构65家，比2014年增加3家。承担社会风险2.14万亿元，比上年增长6.89%。全年保费收入达到160.39亿元，跃居全省第三，比上年增长20.81%；赔给付48.7亿元，比上年增长20.49%。其中财产险保费收入达到52.68亿元，比上年增长7.15%，赔付26.46亿元，比上年增长3.57%；人身险保费收入达到107.7亿元，比上年增长28.84%，赔给付22.2亿元，比上年增长49.59%。市场秩序持续好转，运行质量明显提高。各项业务指标均创出历史最好水平，在全省名列前茅。财产险的承保利润率高于全省平均水平，综合赔付率、综合费用率、综合成本率、业务及管理费用率、手续费率均低于全省平均水平。

财产险市场运营。企业财产保险实现保费2.17亿元，占财产险保费的4.11%，比上年增长3%；机动车保险实现保费44.62亿元，占财产险保费的84.7%，比上年增长4.89%；责任保险实现保费1.24亿元，占财产险保费的2.35%，比上年增长33.53%；货运保险实现保费0.52亿元，占财产险保费的0.98%，比上年增长0.31%；农业保险实现保费1.31亿元，占财产险保费的2.49%，比上年增长83.98%；其他险种实现保费0.04亿元，占财产险保费的0.07%，同比增长7.15%。

财产保险市场前10位。人民财产保险潍坊公司保费收入16.42亿元，占市场份额31.17%；平安财产保险潍坊公司保费收入6.29亿元，占市场份额11.94%；太保财产保险潍坊公司保费收入4.98亿元，占市场份额9.45%；中华联合财产保险潍坊公司保费收入3.05亿元，占市场份额5.79%；人寿财险潍坊公司保费收入2.98亿元，占市场份额5.66%；阳光财产保险潍坊公司保费收入2.35亿元，占市场份额4.47%；天平

7月4日，山东保监局孙建宁局长（左）到潍坊宣讲期间拜会潍坊市市委书记杜昌文（右）（供图：王依勤）

汽车保险潍坊公司保费收入1.97亿元，占市场份额3.74%；长安责任保险潍坊公司保费收入1.57亿元，占市场份额2.98%；大地财险潍坊公司保费收入1.45亿元，占市场份额2.75%；安华农业保险潍坊公司保费收入1.35亿元，占市场份额2.56%；

人身险市场运营。人身保险个险业务实现保费51.73亿元，占人身险保费的48%，比上年增长10.5%；团体险业务实现保费5.28亿元，占人身险保费的4.9%，比上年降低0.48%；银行代理保险业务实现保费50.69亿元，占人身险保费的47%，比上年增长18.8%。

人身保险市场前10位。中国人寿保险潍坊公司保费收入21.62亿元，占市场份额20.07%；太保寿险潍坊公司保费收入11.85亿元，占市场份额11%；新华人寿保险潍坊公司保费收入11.51亿元，占市场份额10.68%；平安人寿保险潍坊公司保费收入9.4亿元，占市场份额8.72%；华夏人寿保险潍坊分公司8.95亿元，占市场份额8.31%；幸福人寿保险潍坊分公司7.49亿元，占市场份额6.95%；阳光人寿保险潍坊公司保费收入6.1亿元，占市场份额5.66%；国华人寿保险潍坊分公司4.7亿元，占市场份额4.40%；泰康人寿保险潍坊公司保费收入4.63亿元，占市场份额4.3%；太平人寿保险潍坊公司保费收入3.6亿元，占市场份额3.35%。

区域保险市场运营情况。寿光市保费收入16.83亿元，青州市保费收入12.52亿元，诸城市保费收入12亿元，高密市保费收入8.96亿元，安丘市保费收入7.63亿元，昌邑市保费收入7.13亿元，临朐县保费收入7.32亿元，昌乐县保费收入5.04亿元，坊子区保费收入2.92亿元，奎文区保费收入6.21亿元，潍城区保费收入3.43亿元，寒亭区保费收入2.91亿元，高新技术开发区保费收入1.95亿元，滨海区保费收入0.74亿元。

贯彻落实政策，推动行业发展。狠抓“新国十条”（《国务院关于加快发展现代保险服务业的若干意见》）和省政府《意见》的深入贯彻落实，积极推动保险业主动适应经济发展新常态，紧紧围绕经济社会发展的新需求，加快创新发展。认真组织筹备山东保监局主要领导到潍坊巡回宣讲活动，向县（市、区）和市直各部门主要负责人集中宣讲“新国十条”和省政府《意见》，并开展保险市场巡查和调研工作。及时向市政府和金融办领导汇报沟通，积极建议市政府出台文件，协助金融办召开市直有关部门和保险业座谈会，研究和参与起草了潍坊市政府《关于进一步推进保险业创新发展的意见》，并以潍政办字〔2015〕1号文件在全省各地市率先出台了贯彻“新国十条”的落地文件。编制《潍坊市贯彻落实“新国十条”部门职责分工表》，将“新国十条”和省政府《意见》提出发展、推广和创新的66项保险业务、保险产品和扶持政策等措施，划为政策性保险、责任保险、支持中小企业和高新技术企业保险、民生保障和政策措施5个类别，落实到相关的政府部门，明确了政府部门的责任，引起了市政府领导的重视，并据此将加快发展潍坊现代保险业的工作开展情况，纳入了市对各部门和县（市、区）的年度考核范围。开展“市长谈保险”专题宣传。向市委、市政府主要领导和市委宣传部、市金融办作了认真的汇报，并会同市金融办起草了市长刘曙光在《大众日报》《中国保险报》的《市长谈保险》文章，《大众日报》和《中国保险报》分别以《找准定位 创新发展 积极打造现代保险服务业新格局》和《潍坊：全力打造保险业发展“新高地”》为题，对潍坊保险业的情况进行了宣传报道。加强与政府部门的沟通协调，积极支持保险机构创新发展。先后与市人社、民政、环保、质检、安监、物价、农业、卫计委、食药、教育、住建局等部门，加强沟通协调，就尽快推广和扩大城镇居民大病补充医疗保险、政策性农业保险、物价指数保险、医疗责任险、贷款保证保险、环境责任险等保险业务，提出了建议和意见。6月，潍坊市政府在寿光、昌乐开展了民生综合保险试点，由人保财险潍坊市分公司和平安财险潍坊中心支公司参与承保并取得了良好效果，已为95户出险居民赔付了130万元，市政府已经确定2016年在全市范围内全面推开民生综合保险项目。为认真贯彻《国务院办公厅关于加快发展商业健康保险的若干意见》，市保险行业协会对全市健康保险开展情况进行了调研，并向市金融办提出了建议和意见。向市委、市政府提出了抓紧发起设立总部在潍坊的保险机构的建议，并向市委、市政府和市金融办报送了《潍坊市保险行业协会关于发起设立总部在潍坊的保险公司的建议和可行性报告》，引起了市委、市政府主要领导的高度重视，市委书记、市长都分别作了批示，市金融办已制定了筹建方案，现已进入实施阶段。

加强行业自律，维护市场秩序。为适应保险市场运行机制和保险市场形势的变化，市保险行业协会按照山东保监局的部署，在《中华人民共和国保险法》框架内，积极探索行业自律的新形式，先后召开一次常务理事会、三次理事会，围绕保险市场出现的新情况、新问题，不断改进和强化行业自律。在财产险方面，为规范市场秩序，营造公平竞争的市场环境，认真贯彻落实《山东保监局关于规范当前保险市场竞争秩序的通知》，研究制定并组织驻潍坊27家财产险机构签署了《潍坊市规范保险远程出单点自律公约》和《潍坊市机动车辆保险自律公约》，明确了对超标准支付手续费和违约返还现金、加油卡等行为的处罚措施，并对4家违约机构进行了业内通报和处罚。对辖区各财产险分支机构远程出单点的设立情况，进行了全面地清理登记和审核，建立了辖区分支机构出单点目录表，对安丘、寿光、金宝等7个违规设立的出单点进行了整顿和规范。组织实施了高速公路交通事故快处快赔工作，节假日期间，在青银高速青州、寒亭、高密设立3处快处快赔点。2015年，共处理事故车辆2080辆，涉及保险公司22家。人身险方面，认真落实省协会《关于建立<山东省保险公司经营评价指标体系（试行）>相关工作机制的通知》，对驻潍坊的人身险机构开展经营评价指标试测评工作。制定《潍坊市人身险公司服务质量达标测评实施意见》，组建测评小组，从测评原则、测评对象、测评机构、测评内容、评分标准、工作组织程序、测评结果处理等方面，落实测评措施。在加强中介机构行业自律方面，市协会先后4次召开保险中介机构法人单位负责人会议，通报2014年中介市场情况及中介机构清理整顿第二、三阶段的相关情况，认真传达贯彻山东保监局财产险监管工作会议精神和车险费改的有关政策，明确要求中介机构要依法合规开展业务，自觉维护中介市场秩序。按照山东省保险行业协会《关于停止保险销售从业人员、保险经纪从业人员资格考试的通知》，市协会及时通知各公司停止报名并做好解释说明工作，为不参加考试的考生办理了退费手续，并将空白证书、印章等整理后上交到省协会，稳妥地处理了代理人考试停止后的善后工作。

加强信访投诉处置，维护消费者权益。坚持守住不发生系统性、区域性风险的底线，把防风险作为协会的头等大事来抓。按照保监会和山东保监局《保险业重大突发事件应急处理规定》，制定了《潍坊市保险业重大突发事件应急处理实施方案》和《潍坊市人身险公司风险预警提示方案》以及季报表制度，形成了常态化的风险排查和工作机制，加强了风险监测和预警，做到从市协会到会员单位，主要领导亲自抓。尤其是对牵扯满期给付和退保的案件、销售误导引起的退保案件，明确要求必须由会员单位总经理亲自过问，重大案件亲自核实、亲自跟踪，妥善处理，把风险苗条解决在基层。在全市形成了风险防范的合力，牢牢守住了市场安全的底线。增强服务意识，创新处理信访投诉的方式方法，积极做好维护保险消费者权益工作，进一步健全和完善了保险纠纷调解中心、消费者权益保护分中心和反保险欺诈工作站。在全省率先设立了由法官、仲裁员、律师等业外法律专业人员和保险业务骨干组成的“潍坊市保险消费者权益保护分中心调查取证组”。积极创新处理信访投诉的方式方法，建立了事前、事初、事中、事后信访投诉处理工作原则和程序。2015年，市协会受理电话投诉、市长热线转办、来人来访信访投诉436件，全部得到及时处理，处结率达到100%。较好地化解了投诉人与保险人的矛盾，维护了保险消费者的合法权益。深入开展反保险欺诈工作和打击非法集资活动。2015年，共受理违法犯罪案件线索1337件，涉案金额3574.71万元，成功侦破98件，减少损失948.68万元。同时，按照山东保监局和市政府安排，深入开展打击非法集资宣传教育活动，加强了对非法集资风险的

5月15日，潍坊市保险行业协会组织保险公司参加全市打击非法集资集中宣传活动
（供图：王依勤）

排查，特别是加强了对高级别、高业绩保险销售人员的重点关注，防止了非法集资对行业的不良影响。

加强行业宣传，营造行业发展良好舆论环境。坚持正面宣传为主，积极开展舆情监测。市保险行业协会加强与市委宣传部的沟通协调，进一步贯彻落实省委宣传部《关于做好金融领域新闻宣传工作的通知》的文件，并与《潍坊日报》、潍坊电视台、《潍坊晚报》《齐鲁晚报》、潍坊电台、山东网、大众网、齐鲁网等主要媒体建立了长期业务合作关系。利用新闻媒体的平台，积极开展舆情监测，及时解答消费者咨询，解决消费者投诉。2015年，市协会在《中国保险报》《大众日报》《山东保险信息》《潍坊日报》《潍坊晚报》等市级以上的报纸、刊物刊发稿件43篇，在大众网、山东网、齐鲁网等网络媒体刊发信息65条。与各新闻媒体达成了新闻媒体收到有关保险业投诉等负面线索后，先交由协会处理的共识。不仅避免了负面报道的出现，而且还有效地防范了行业风险。积极开展社会宣传活动，提高全社会保险意识。先后开展“3•15”消费者权益保护日、“7•8”全国保险公众宣传日等活动。同时，积极与潍坊市纠风办联系，组织保险公司定期参加“行风在线”上线活动，针对保险消费者关心的问题进行解答，对电话投诉进行公开处理，既宣传了保险知识，解答了消费者疑问，又增加了投诉处理的透明度，赢得了社会的好评。建立了“潍坊保险”微信公众号。为拓宽行业宣传渠道，增加宣传覆盖面，联合大众网建立了“潍坊保险”微信公众号。每天推送一次保险行业法律法规、政策解读、保险知识、保险案例、行业新闻、公司新险种推介、潍坊保险数据等保险行业信息，实用性和可读性强，对于提升保险从业人员业务水平，提升全行业的信息化水平都能起到重要的促进作用。组织开展了“发现保险之美”评选活动。联合潍坊人民广播电台开展了“发现保险之美——最美保险职业人和最暖心保险理赔员”评选活动。驻潍坊各保险公司、中介机构积极参与，通过个人报名、公司推荐、评委会审核等环节，产生了500余名候选人，并进行了微信网络投票，累计投票80余万，最终评选出100名“最美保险职业人”和50名“最暖心保险理赔员”，在“全国保险公众宣传日”期间，进行了宣传表彰，收到了良好的社会效果。开展了防范打击非法集资宣传月活动，按照山东保监局办公室《关于开展2015年防范打击非法集资宣传活动的通知》要求，组织全市62家产寿险公司、14家保险专业中介法人机构，在全市范围内通过各种方式进行了集中宣传。

（王依勤）

【中国人民财产保险股份有限公司潍坊市分公司】 2015年，公司实现发展全面超越市场，全年保费收入达到16.42亿元，常规业务总量居全省第1位，市场份额达到30.89%，继续位居财险市场第一。公司连续多年独家统保潍坊人大政协“两会”、潍坊国际风筝会、中国文展会、鲁台经贸洽谈会等大型节会；配合开办了政策性农业保险、社保补充保险、医疗责任保险、治安保险、安全生产责任保险，创新开展了寿光农业产业化全流程风险管控项目。2015年，公司为全市3000多家企事业单位、65万多个家庭、60余万辆机动车、400余万亩农作物等提供了6500余亿元的保险保障。

“新国十条”落地生根，创新试点实现突破。5月18日，公司向市委递交的省分公司《关于贯彻落实鲁政发〔2015〕9号文件更好服务地方经济社会发展的函》获得市委书记杜昌文批示。6月，在昌乐县开展了民生综合保险试点，按照试点—总结—推广“三步走战略”稳步推进。7月9日召开的全市治安保险工作会议，围绕“居民户覆盖率达到40%以上，全市参保户均保额提高至2万元以上”的基本思路和发展目标，实现附加意外险保险责任重点突破。7月21日召开的校园类责任保险工作推动会议要求，全面推广无过失责任保险、教职员工责任险、校园餐桌安全责任险，配合教育系统在全国率先拓展了校园方体育运动无过失责任保险。

社会贡献行业领先，公司信誉度明显提升。2015年，公司上缴地方税收2.51亿元，处理各类赔案15.81万起，支付赔款近9亿元。公司被授予“潍坊市纳税百强”称号，昌邑支公司经理孙佃良被授予“全国金融五一劳动奖章”称号。

（赵礼忠）

【中国人寿保险股份有限公司潍坊分公司】 中国人寿保险股份有限公司潍坊分公司（以下简称中国人寿潍坊分公司）是总公司在潍坊设立的市级分支机构，下辖17家营业单位、14个客户服务柜面、86个农村营销服务网点，各级管理及销售人员11000余人。2015年是“十二五”规划的最后一年，也是中国人寿潍坊分公司发展建设成效最显著的一年。公司认真落实“新国十条”和省、市政府加快现代保险业发展的意见，积极抢抓发展机遇，把服从服务于潍坊经济社会发展、为人民安居乐业提供全面保险保障作为发展的责任和使命，不断提升保险市场覆盖面，增强客户服务能力水平，推动建设业务规模大、客户服务优、保险保障全、抵御风险强的优秀保险企业。全年总保费收入再次突破20亿元，达到21.62亿元（含居民大病保险），同比增长5.91%，销售队伍总人力首次突破万人，市场份额继续稳居寿险行业首位。

创新服务转型升级。公司始终秉持“专业、真诚、感动、超越”的服务理念，倾力打造“以客户为中心”的服务体系，依托基于“互联网+”的e宝账客户服务平台和覆盖全市城乡的服务网络及“95519”咨询受理专线，全力打造国寿“1+N”服务品牌。大力推进保险经营模式转型升级，紧紧围绕城镇化、现代农业和保障民生，创新拓展了老年人意外伤害保险（银龄安康工程）、学生平安保险、独生子女家庭保险、小额人身保险、警察协会会员综合保障项目、女性安康保险、工会会员保险、企业年金等系列政保合作项目。2015年，公司累计为客户提供风险保额109.14亿元，较2014年增长26.4亿元；赔款支出2.6亿元，支付满期保险金8.48亿元，发挥了商业保险风险管理功能。

（于德利）

【中国太平洋财产保险股份有限公司潍坊中心支公司】 2015年，全年完成保费收入49800万元，居市场第三位；赔款支出27614万元，综合成本率赔付率55.45%，关键绩效指标（KPI）在全市财产险市场位居前列。

业务经营。通过强化基础管理、严把承保入口关、加强承保与理赔的互动、提升费用资源使用效率等手段，促使盈利能力迈上了新台阶。全年综合成本率优于全市综合成本率0.5个百分点；未决准备金占已赚保费比率同比增幅48.4%，较好的实现了承保盈利，为公司的下一步发展奠定了良好基础。

积极探索政策性农险和新兴领域发展，大力推广新技术应用。取得7个县（市、区）的政策性农险承保资格，是潍坊市新进保险主体中获取县区承保数量最多的公司，新增份额稳居全市第一，实现政策性农险的突破，保费收入1600余万元，超额完成上级公司下达的任务目标。积极探索新兴领域创新发展。全年，公司在出口信用保证保险、财产诉讼保全责任保险、首台套综合险、养老机构责任险和汽车延保等新兴领域进行积极探索，进一步丰富了地方特色险种，进一步为潍坊地区保险消费者提供了多样化的保险服务。大力推广新技术应用，全年推广实施了微信公众号、车E保、码上保、财富U保等新技术运用，进一步改善了客户体验，为保险从业人员和公司的转型发展开辟了新的途径。

持续优化人才队伍结构，完善考核，提升人均产能。进一步优化和完善了全员考核制度，优化了人才队伍结构，实施了差异化绩效考核和KPI与个人收入挂钩的经营模式，进一步调动了员工的工作积极性，增强了团队凝聚力，为公司可持续发展提供人才动力，初步实现了员工薪酬与公司经营发展紧密相连的良好局面。人均产能大幅提升，高于上级公司考核标准近40个百分点。

进一步完善三大架构建设，推动公司可持续发展。完善组织架构建设，全年新设五级营销服务部1家、乡村服务站22家，在机构延伸上仅次于人保，居全市第二位。优化管理体系建设，通过专业化销售团队改革初步形成了条线管理垂直化、内部管理扁平化的良好格局。强化核心渠道的综合竞争能力，电销、车商和产寿业务并驾齐驱，渠道管理更加畅通，渠道竞争能力显著提升。

（韩庆国）

【新华人寿保险股份有限公司潍坊中心支公司】 新华人寿保险股份有限公司潍坊中心支公司（以下简称新华保险潍坊中支）成立于2002年4月，主要业务范围有：个人意外伤害保险；个人定期死亡保险；个人两全寿险；个人终身寿险；个人年金保险；个人短期健康保险；个人长期健康保险；团体意外伤害保险；团体定期寿险；团体终身保险；团体年金保险；团体短期健康保险；团体长期健康保险；同时，代理中国保监会批准的中国大地财产保险股份有限公司山东分公司所经营的险种。

截至2015年12月，新华保险潍坊中支下设10个部门（营销部、培训部、保费部、银行代理部、团体业务部、人力资源部、计划财务部、办公室、风险管控部、运营管理部），10家四级机构（奎文支公司、潍城支公司、寿光支公司、青州支公司、昌乐支公司、昌邑支公司、临朐支公司、高密支公司、诸城支公司、安丘支公司）和4家五级机构（马庄营业部、何官营业部、海化营业部、饮马营业部），拥有内、外勤员工及代理制营销员3800余人。2015年，实现总规模保费收入11.51亿元，同比增长7.69%，市场排名第三位。

新华保险潍坊中支后援支持扎实稳固，管理干部体系健全，后备人才储备充足，所有中层干部均在公司服务7年以上，基层管理经验丰富，专业技能过硬。积极践行“抓服务、严监管、防风险、促发展”的指导思想，秉承“稳健守法经营，服务精益求精”的经营理念和“以客户为中心”的发展战略，风险管控体系不断健全完善，行政工作高效运作，文化建设氛围浓厚。

（曲　超）

证券业

【中泰证券潍坊分公司】 2015年，新增账户6.9万户，是去年的4.54倍；资产净流入18.45亿，是去年的5.63倍。潍坊分公司2015年累计实现业务收入7亿余元；股票基金市场份额完成0.1304%，占潍坊辖区份额的70%；金融产品销售26.06亿元；累计净增客户资产32.5亿元。累计实现开户数量40.19万户，管理客户资产307.83亿元。潍坊分公司2015年共计上缴税收8799.35万元，其中企业所得税2503.48万元、地方税6295.87万元。

分公司全线发力，推动服务转型。

财富管理。为进一步加快从传统通道业务向财富管理业务转型的步伐，整体提升综合金融服务能力，潍坊分公司在分公司层面设立财富中心。财富中心定位于向高净值客户提供差异化、个性化的综合金融服务。

机构业务。潍坊分公司秉承“诚实守信、义利并举”的经营理念，紧紧围绕市委、市政府中心工作，组建了由注册会计师、律师、行业分析师组成的12人的专业服务团队，将关乎到潍坊经济社会可持续发展的重大项目和产业作为金融服务的重点，充分发挥自身的专业优势、资源优势和成功经验，为经济社会和资本市场发展提供研究、咨询和资金支持，为各类企业的改制、上市融资、债券融资、场外市场挂牌等业务提供全方位、深层次、多渠道的资本市场服务。2015年，完成“新三板”挂牌8家、齐鲁股权挂牌2家，“新三板”做市定向增发为企业实现股权融资1.68亿元。

互联网金融。潍坊分公司与同花顺、大智慧等公司进行合作，并在潍坊地区取得了网上开户试点成功，互联网金融业务有了突破性进展，已累计开户2457户，客户总资产3612.10万元，产生交易量6.28亿元。

风控合规高效稳健。严格进行合规督导，制定并下发了《潍坊分公司风控合规管理细则》，建立起了全面风险管理机制，有效管控各条线业务风险。反洗钱工作扎实有效，在2014年潍坊人行下发的反洗钱工作年度考核评价中，潍坊分公司被评为A级，依然为潍坊地区唯一的A级券商，近期又获得了公司2015年分支机构合规管理分类评价结果A级。

团队建设。潍坊分公司共有员工249人，其中35岁以下人员占比70%以上，具备本科以上学历人员占比85%以上。自分公司成立后，一直着力打造“一个家庭、一所学校、一座军营、一个舞台”的企业文化。继续搭建梯次精英团队，实现党员干部合理分布、“老、中、青”层次分明、知识结构搭配科学、业务传承平稳有序的梯次团队，员工潜力得到进一步挖掘，工作效能提升明显；持续优化人才结构，目前潍坊分公司已成功引进和培养多名名注册会计师、律师、保荐代表人、国际投资分析师等，后备人才库已储备各类人才近80名；促成公司与青州市政府、安丘市政府、坊子区政府签订全面战略合作协议，促进经济效益和社会效益的全面提升；党政工团联合发动职工捐资助学、精准帮扶，2015年的“六一”儿童节期间，资助临朐县多个贫困乡村的学生，捐款金额是3.4万元。潍坊分公司获2015年度“优秀单位”和“深度服务山东市场先进单位”称号。

【中信证券（山东）有限责任公司潍坊四平路证券营业部】 中信证券（山东）有限责任公司潍坊四平路证券营业部成立于2007年7月，营业面积983平方米。截至2015年12月31日，营业部拥有员工34人。营业部2014年实现营业收入5355.96万元，纳税总额814.94万元。营业部业务范围：中国保监会批准的人身险和财产险（航意险及替代产品除外）；证券经纪；证券投资咨询；融资融券；证券投资基金代销；代销金融产品；为期货公司提供中间介绍业务。营业部交易席位号：沪A席位：22973，沪B席位：90187，深A席位：239000，深B席位：079200。营业部秉承中信证券“稳健经营、勇于创新”的原则，始终坚持“稳健、规范、诚信、高效”的宗旨，服务客户。同时，依托中信证券全业务线，为广大企业及个人提供专业化的金融理财服务。

【西部证券股份有限公司潍坊东风东街证券营业部】 西部证券股份有限公司潍坊东风东街证券营业部成立于2003年5月，现有员工46人。营业部环境优雅，设备技术先进可靠，各种委托方式安全便捷。自营业部成立以来，全体员工秉承“以客户为中心”的经营理念，不断团结拼搏、务实进取，赢得了广大投资者的认可。2015年，累计实现营业收入6610.22万元，营业支出2591.76万元，净利润4022.93万元。纳税总额1268万元，其中国税603万元、地税665万元。2015年，获中国证券投资者保护基金投资者调查优秀证券营业部称号。

营业部特色服务：一是股票夜市服务。营业部自开业以来，每晚7：00～8：00安排员工轮流值班，解答客户疑问，方便了白天上班客户的咨询与交割。十多年来夜市的畅通服务，成为一大亮点，深得客户的好评。二是每日晨、夕会制度。营业部每天召开晨、夕会，根据公司总部的资讯内容和大盘走势，集体研究讨论归纳信息，确定统一的研判观点，及时发送给客户，避免了咨询服务的盲目性。三是首问负责制。始终坚持执行首问负责制，要求员工迅速、简便地为客户提供满意的服务，不得以任何借口推诿、拒绝或拖延处理时间。四是设立理财服务部。打造专业的投顾团队为投资者提供专业化服务。

【海通证券潍坊营业部】 2013年成立潍坊营业部，2014年开业至今，仍是较为年轻的营业部。潍坊营业部位于奎文区东风东街东盛广场19楼1904室，经营范围主要为证券经纪，证券投资咨询，证券投资基金代销，为期货公司提供中间介绍营业业务，融资融券，与证券交易、证券投资活动有关的财务顾问业务，代销金融产品，证券承销与保荐（仅限项目承揽、项目信息传递与推荐、客户关系维护等辅助工作）。营业部以海通品牌为依托，在总公司与分公司领导下，高质量开展各项业务，为客户提供各种优质服务。

【国泰君安证券潍坊营业部】 国泰君安证券潍坊营业部已经成为当地享有较高知名度和美誉度的券商之一，2015年公司成功上市，又使营业部进一步巩固了行业地位。潍坊营业部传统经纪业务和多元化业务平稳运行，机构业务在“新三板”、债务融资、定向增发、股权质押、主动管理等各条业务线均取得骄人成绩。股民学校又名财富大讲堂，作为潍坊营业部服务客户的重要渠道，多次荣膺上海证券报股民学校年度优秀授课网点。

【东北证券潍坊营业部】 东北证券潍坊营业部位于高新区北宫东街4358

号，成立于2014年1月20日，现有员工4人。2015年，营业部实现证券交易量104.81亿元，年末，指定与托管市值22633.04万元。

转型升级。2015年，营业部针对创新业务，加大创新转型步伐，延伸经纪业务链条，由单一通道服务模式向提供全方位服务的方向转型。营业部认识到下阶段个人多账户政策推行后对现有经营模式的冲击，以综合管理服务模式为方向，及时转变经营理念，加快了营业部转型升级。加强人员培养，建立长效培训机制，重点培养提升员工队伍的专业能力，以适应创新发展阶段下产品多元化的市场需求。落实客户分类和适当性管理制度，从代销品种选择、客户风险承受评估、客户投资需求分析、风险揭示等关键环节落实投资者适当性管理，切实保护投资者合法权益。做好与公司、分公司创新部门工作的衔接，依托上级部门创新力量，结合地方情况和当地投资者结构特点，规范做好新业务、新产品销售和推广，发挥了营业部的渠道终端功能。

投资理财交流。2015年，营业部加强了对新产品、新业务、新客户等方面的投资教育，开展了“理性投资，防范风险”“创业板风险教育、提倡理性投资”“融资融券基础知识介绍”、新股民培训讲座等各种专题教育讲座8次，向投资者普及证券基础知识，传达最新的监管动态，树立正确的投资理念。9月16日，营业部本头举办了贵宾理财交流会，23名客户参加了会议，通过对证券产品介绍以及交流，促进了投资者对理财的正确认识，较好地引导客户理性投资，也使营业部及时掌握投资者投资诉求。10月27日，营业部召开了第四季度投资策略报告会，15名VIP客户参加了会议，通过对市场的分析以及对融资、融券新业务的介绍和风险揭示，让客户对市场、对融资、融券业务具备足够的认知能力，为客户投资决策提供有力支持，引导其理性投资，做好风险防范工作。

【恒泰证券股份有限公司潍坊福寿东街证券营业部】 恒泰证券股份有限公司潍坊福寿东街证券营业部设立于2015年，是恒泰证券在山东省潍坊市设立的唯一一家营业部，位于潍坊市奎文区福寿东街5603号金诺大厦6楼，于2015年4月正式营业。

营业部成立以来，始终秉承公司“创新、务实、诚信、合作”的企业核心价值观和“全心全意为客户服务”的经营服务宗旨，严控风险，合规经营。建立“首问负责制”和“快速反馈机制”，针对各项服务制定了统一服务标准。注重打造精干且富凝聚力的团队，形成了一支技术上能干且又能吃苦耐劳的精英队伍，为广大投资者提供高效、全面的服务。依托总公司先进的网络平台和研发中心强大的投资咨询力量，为广大投资者提供个性化、专业化的投资理财服务，积极打造“恒泰证券——您身边的理财顾问”的服务品牌。围绕客户需求，目前开设了股民学校、投资大讲堂、投资策略解读等系列活动项目，为广大投资者提供更贴近市场的投资服务。同时，还通过电话、短信、邮件、微信等平台，及时有效的传导公司研发中心及营业部咨询产品，为广大投资者提供操作性更强的咨询建议。

公司已与工行、农行、中行、建行、交行、招商银行、中信银行等十几家银行建立三方存管业务，并开通中行、农行、建行、工行、招商银行的单客户、多银行三方存管业务，为客户提供便利的存取通道。

【首创证券有限责任公司潍坊东方路证券营业部】 首创证券有限责任公司潍坊东方路证券营业部于2015年7月成立，9月正式营业，位于潍坊市高新区东方路2791号。总部位于北京，是北京市国资委所属首创集团控股的综合类证券公司。公司股东包括北京首都创业集团有限公司、北京能源投资（集团）有限公司等多家大型国有企业。

公司经营范围包括证券经纪，证券投资咨询，与证券交易、证券投资活动有关的财务顾问，证券投资基金代销，融资融券，代销金融产品以及公司批准的其他业务，为客户提供多元化金融服务。

自成立以来，营业部一直坚持“稳健经营、规范管理”的经营原则，高度重视健全内部管理体制和完善风险防范机制，初步形成了一套具有自身特色、合乎证券业规范运作要求的制度化管理体系。秉持着“人才为基”的管理理念，大力招聘并培养优秀团队，发展了11名正式员工及数十名经纪人，成为营业部业务发展的巨大推动力。

业务方面。为快速树立首创证券在潍坊当地投资者心中的良好形象，在成立前期迅速把业务开展起来，做出业绩，先后与当地移动公司、沃尔玛超市以及礼仪培训机构等单位开展了广泛的合作营销；组建首创证券羽毛球队并赢得人气冠军；与嘉信惠众等资产管理公司合作，积极探索新的业务合作开发模式。截至2015年年底，营业部实现开户1290户，有效户611户，收入约30万元，托管资产8600多万元。在首创证券新成立的数家营业部中业绩突出，得到总部的极大肯定。

【中信建投证券股份有限公司潍坊福寿西街证券营业部】 潍坊营业部筹建于2014年，于2014年11月正式开业。现有员工近20人，拥有本科以上学历的占90%以上，在企业投资、个人理财方面人才济济。服务客户与日俱增，在潍坊本地享有很高的声誉。经过全体人员的不断努力，传统业务蒸蒸日上，创新业务层出不穷，营业部正朝着更高层次大步迈进。

【西藏同信证券潍坊东方路证券营业部】 西藏同信证券潍坊东方路营业部原名为西藏同信证券有限责任公司潍坊凤凰街证券营业部，设立于2010年，于2013年2月迁址到高新区东方路2577号，营业部一直积极应对复杂证券市场环境带来的挑战和机遇，以持续提升客户服务质量为主线，秉持公司“同己待人，信达天下”的理念，坚持稳健经营，合规发展，积极创新，营业部各项业务发展速度明显加快。截至年底，营业部共有员工24人，全年交易量223亿元，实现营业收入1178万元，理财产品销售额为12962万元，客户开户数量为7872户，潍坊营业部在总公司的带动下积极调整业务模式，在原有证券经纪业务的基础上开拓创新，逐步形成“投融资业务、理财业务、经纪业务”三大经营体制。

【长城证券潍坊胜利东街证券营业部】 长城证券潍坊营业部成立于2012年5月，于2015年5月搬迁至奎文区胜利东街5051号阳光100城市广场，营业部面积300余平方米，共有员工18人。业务范围包括证券经纪、证券投资咨询、融资融券、证券投资基金代销、代销金融产品等。2015年，营业部证券业务开户数4157户，托管资产73亿元，证券交易金额为86亿元。

潍坊营业部秉承“合规经营、规范发展”的经营理念，不断加强员工展业行为的规范与督导，健全和落实反洗钱内控制度，加强投资者教育和客户适当性管理，通过专业投资分析专业能力，提升客户服务体验，着力打造潍坊地区服务最优的证券营业部。2015年，营业部组织多场股市沙龙活动，客观剖析市场形势和国家政策，并对未来投资方向和策略进行了分享，帮助客户树立正确的投资观念和风险防范意识。

同时，营业部利用公司“长城宝”刷脸开户及微信开户的优势，充分利用网络资源，3分钟即可完成自助开户，且相关业务线上办理，提高了客户体验。

潍坊营业部大力践行总部分行模式，积极开拓机构创新业务。由营业部承揽的寿光金海中小企业私募债二期5亿元顺利发行。同时，积极为机构客户提供股权融资、IPO（首次公开募股）、“新三板”挂牌、公司债、中小企业私募债、可交换债等服务。

【招商证券股份有限公司潍坊通亭街证券营业部】 潍坊营业部成立于2012年6月，营业部面积800平方米，营业区域分为大户室和办公区。客户总数2586户，截止到2014年年底，客户资产合计12.03亿元，证券累计交易金额35.88亿元，金融产品累计销售0.92亿元。营业部现有员工22人，其中本科以上学历19人，全部取得证券从业资格。

开展的业务有：证券经纪，证券投资咨询，与证券交易、证券投资活动有关的财务顾问，证券承销与保荐，融资融券，证券投资基金代销，为期货公司提供中间介绍业务，代销金融产品业务，保险兼业代理。针对公司及企业可开展IPO、“新三板”、城投债、企业债、兼并重组、质押回购等业务。

【银河证券潍坊福寿西街证券营业部】 潍坊福寿西街证券营业部是经中国证监会批准，在潍坊设立的首家营业部，位于潍坊市潍城区福寿西街83号，于2011年开业。下设运行管理部、理财服务部、营销管理部3个部门，截至2016年3月，营业部共有员工20人。沪、深交易，大智慧十档行情采用多种备份方式，使系统达到了极高的可靠性。交易品种齐全，包括沪深A，B股，代办股份转让，投资基金，国债，国债回购等一系列产品。银行转帐安全、便利，通过各大银行第三方存管银证互联系统，实现资金的实时划转。多种委托方式，包括磁卡委托、热键委托、电话委托、网上委托等，安全、方便、快捷，为资本雄厚的投资者开通专用服务通道。

（杜　峰）

投资业

【潍坊市投资公司】 潍坊市投资公司（以下简称公司）2015年秉承“改革、创新、发展”的理念，着力打基础、蓄能量、求变革、促发展，积极谋划管理体制机制创新，调整优化资产结构和投融资结构，进一步加强企业内部管理和企业文化建设，为实现公司转型发展和创新发展，在“十三五”期间开好局、起好步，奠定了思想基础和工作基础。

主要经济指标运行良好，实现国有资产保值增值目标。2015年，公司实现业务收入6.15亿元，实现利润2.51亿元。截至2015年年底，公司资产总额达到147.11亿元，净资产额达到94.73亿元，持有潍柴动力、潍柴重机、交通银行3家上市公司股票市值为24亿元。

资产结构调整取得重大进展。以发展壮大国有资产为目标，抓住市级投资集团优化重组的有利时机，积极争取资源，增强实力，提升规模。接受了部分市属国有企业股权和国有产权，市保安服务总公司和山东潍坊粮油储备库、山东潍坊擂鼓山国家粮食储备库、潍坊市军粮供应站等国有资产划入公司，由公司依法对其履行出资人职责。亚星集团、海化集团、市自来水公司、潍坊国家粮食储备库部分国有股权无偿划转至公司。积极支持潍坊市“突破滨海”发展战略，受让了山东海化集团持有的潍坊港有限公司的股权，潍坊港有限公司实施增资扩股改建为潍坊港集团有限公司后，公司持有其30.2%股权，成为“突破滨海”新的引擎。作为山东海龙重整平台，完成了公司持有的恒天海龙3.57%国有股权划转的后续工作。划出了公司托管的安丘市国有资产经营有限公司和临朐沂翠环保有限公司部分国有股权。通过实施“有进有退”资产结构调整战略，资产结构不断优化，实现了国有资本的有效聚集和合理流动。

重点项目投资和新项目储备有序推进。突出抓好重点项目引领作用，助推“提升市区”战略实施。十笏园文化街区以打造“世界风筝都大客厅、中国画都新地标”为目标，历时六年建设，于2015年4月17日正式开园运营，并先后举办了中国潍坊（首届）收藏博览会、全国书画名家展示馆揭牌仪式暨全国书画名家精品展、首届中俄油画名家艺术展、中国书法家协会篆刻年会等大型文化艺术活动，是潍坊市文化艺术聚集地和市民文化活动中心，成为潍坊市市民和外来宾朋在潍坊游古迹、品美食、逛庙会、赏民俗、观书画、鉴古玩的首选之地，为“提升市区”发挥了应有作用。围绕潍坊市确定的构建“1669”现代产业体系建设实施方案，加强新项目投资开发和调研储备工作，以优化投资结构、完善投资布局为重点，积极拓展前瞻性、战略性新兴产业投资领域。

资本运营和股权管理工作取得新突破。以国有资产保值增值为目标，进一步做好股权价值管理，参控股项目股权管理迈上新的台阶。公司参股的省再担保集团已在“新三板”挂牌，股权价值不断提升，山东信托和寿光农商行已经分别启动了在香港联交所H股和“新三板”的上市工作，参控股企业分红收益水平创历史新高。积极推动了山东浪潮华光光电子股份公司与山东华光光电子公司重组及“新三板”上市工作。开展了万通创投公司增资扩股调研和万通基金引导基金资格申请及备案工作。加快推动潍坊文化产权交易中心业务创新，为潍坊市创建文化艺术金融融合发展试验区和成为潍坊市文化艺术金融综合服务平台奠定了基础。

融资和资金管理工作成效显著。立足潍坊市重点项目建设资金需求和公司发展需要，广开融资渠道，在做好银行贷款、信托融资的同时，积极拓展直接融资渠道，保证了全年资金需求，融资工作取得新突破。积极探索创新融资模式，努力优化债务结构，确定了采取PPP模式回收阳光大厦建设资金方案，为今后潍坊市解决类似问题提供了可复制、可推广的经验。认真做好了省调控资金本息收缴和管理工作，维护了潍坊市良好信用环境。

内部管理工作迈上新台阶。按照市委、市政府确定的《潍坊市属国有企业建立现代企业制度总体方案》和《潍坊市市级投资集团公司优化重组实施方案》要求，现代企业制度建设工作取得新进展，公司将尽快完成公司制改革和集团化建设工作，组建潍坊市投资集团有限公司。加强新常态下国资国企改革调查研究和业务学习，公司“十三五”规划编制工作顺利完成，提出了公司未来五年的发展思路。在人力资源管理工作方面，先后完成了公司领导班子考核及参控股企业董事、监事调整工作，选举产生了公司新一届工会主席和职工董事、监事，配合市国资委及有关部门，考察聘用了公司外部董事人选，顺利完成了市保安服务总公司人事交接工作。公司法律事务和内部审计工作取得很大成绩，为公司健康发展发挥了保驾护航作用。

4月17日，潍坊市人民政府副市长潘强（前左三）等领导参加市投资公司投资建设的十笏园文化街区开园仪式　（供图：董晨胜）

“三严三实”专题教育、党建工作、组织建设和企业文化建设取得新成效。按照中央和省、市委总体部署，公司“三严三实”专题教育取得显著成效。组织建设进一步强化，完成了公司领导班子调整工作，进一步加强了公司领导力量，为公司改革发展奠定了组织基础。党建工作和党风廉政建设进一步加强。认真落实中央“八项规定”、反“四风”要求和省、市委有关规定，严格控制会议、接待、差旅等有关费用，厉行节约、反对浪费工作取得新成效。企业文化建设、精神文明建设和思想政治工作扎实开展，继续保持了省级文明单位荣誉称号，荣获潍坊市创建全国未成年人思想道德建设先进城市工作先进单位等称号。公司群团工作成绩显著，工会工作、妇女和计生工作得到上级主管部门的表彰。高度重视安全生产工作，深入开展“慈心一日捐”活动，认真做好包村帮扶工作，积极履行国有企业的社会责任，不断提升公司知名度和美誉度。

（董晨胜）

【潍坊市金融控股集团】 金控集团从供给侧改革入手，科学运作政府引导基金，联合国内外各类先进金融业态组建30支基金，成立潍坊市PPP运作中心、齐鲁农村产权交易中心、潍坊环境能源交易中心、潍坊市产权交易中心、潍坊市资产管理公司、潍坊市国信创业投资有限公司、潍坊市大数据公司七大金融平台。在此基础上，金控集团探索分业监管下的混业运作模式，实施综合金融运作，利用20亿资金撬动社会资本330亿元，支持161个重点园区、重点产业链、重点企业和项目。在转变财政资金投入方式的同时，实现产业结构调整方式的突破，金融分业监管下综合运作的突破，扩大社会融资规模的突破，推进各项市场制度创新的突破，招商引资方式的突破。

供给侧改革——财政方面 为完善和创新财政的供给，金控集团立足财政资金金融化运作，利用20亿的政府引导基金，联合各类金融及社会资本组建子基金30支，打造了潍坊市“基金谷”，这些基金和不断组建的基金覆盖了中小企业全生命周期：天使基金群6支，支持种子期企业技术商品化；VC基金群7支，支持初创期企业产品产业化；PE基金群7支，支持成长期企业规模化；并购基金群6支，支持成熟期企业升级、衰退期企业转型；中小企业风险缓释基金群4支，缓解企业资金链紧张、维护区域金融稳定。

通过财政资金金融化运作，实现了财政资金管理的四个转变：在投入方式上，由直接无偿投入向股权、债权、夹层资金等权益类投入转变；在投资决策上，由政府决策向专业化、市场化决策转变；在投入主体上，由政府单一投入向撬动金融、社会资本多元化投入转变；在投入重点上，由单一企业、项目向公共服务、新兴金融业态、创新创业等关键领域转变。通过制度设计将权力关进制度的笼子，阻断了财政资金分配中的寻租途径，实现了公共财政的效率和公平。

供给侧改革——金融方面 潍坊市高度重视金融发展，传统的金融业态尤其是银行体系在省内较为完善，但是仍然缺乏权益类、资产管理类、低碳金融类等新型金融业态的供给。通过创办潍坊市缺失的金融业态，参股控股潍坊市已有的金融业态。

金控集团已组建成立潍坊市PPP运作中心、齐鲁农村产权交易中心、潍坊环境能源交易中心、潍坊市股权交易中心、潍坊市产权交易中心、潍坊市资产管理公司、潍坊市大数据公司七大金融平台。其中，PPP运作中心是全国第一个专门运作PPP业务的平台，目前已成功运作潍坊市食品谷、济青高铁、文华高端教育园区等大型PPP项目。齐鲁农村产权交易中心作为省级农村产权交易平台，弥补了对“三农”的金融供给短板，在全国实现四个唯一：全国唯一实现股权多元化且涵盖各类金融业态的农村产权交易平台，全国唯一经政府授权的具有抵押登记服务职能的农村产权交易平台，全国唯一具有融资功能的农村产权交易平台，国内分支机构设立最多的农村产权交易平台。潍坊环境能源交易中心是全国第一个地级市国有碳交易服务平台、全国第一个地级市国有碳资产管理机构、全国第一个地级市国有碳金融服务机构，在全国地级市自愿减排储备量排名中名列第一，入选山东省碳排放第三方核查机构。共储备自愿减排量100余万吨，为进军全国碳金融市场做好了准备。

供给侧改革——经济方面 为了实现对经济供给侧的升级，金控集团创立了对经济供给侧改革升级的六大模式。

以PPP模式带动重点园区建设。集团于2012年成立了全国第一个PPP运作中心，引进英国原版PPP模式，目前已运作了中国食品谷、文华高端教育园区项目、停车公司、济青高铁等项目，总额达72亿元，其中中国食品谷项目的运作模式已被作为经典案例由财政部上报国务院。以“股份制改造+综合金融运作”模式，支持社会事业发展。以股权投入为手段，支持行知学校、文华国际学校、海事职业学院等进行准股份制改造，通过对公共服务平台进行企业化改造、市场化运作，提升融资能力，增强经营活力。以“核心企业+并购基金”模式，提升延伸产业链。成立6只并购基金，以产业链关键环节为突破点，以点带面提升延伸了盛瑞传动、美晨科技等企业的产业链，完成并购额6亿元。以“实业+资本”模式，支持滨海区建设。根据市委、市政府“突破滨海”的战略部署，为潍坊市建筑龙头企业昌大集团投入1.5亿元引导资金带资建设，带动金融及社会资本11亿元，不断加大对滨海金融支持力度。以“夹层基金+股权基金+债权基金+融资租赁+融资担保+投行服务”模式，助推“1669”现代产业体系转型升级。截止到2015年年底，现代产业基金总投入64亿元（其中集团母基金13亿元、金融及社会资本51亿元），撬动其他金融及社会资本46亿元，支持大洋泊车、金丝达、紫鸢乳业等一批企业，部分企业已经成为行业内的领军企业。以“股权多元化+产品多样化”模式，组建金融业态。集团联合国内外知名金融业态组建了契约制、公司制、合伙制基金30只和七大金融平台，用股权多元化实现了产品多样化。集团联合山东省国际信托、潍坊农商银行、鑫汇投资担保、汇银融资租赁有限公司等金融业态，成立齐鲁农村产权交易中心，开业后各股东把全部金融产品都运用到了农村产权交易的平台上，用股权多元化成功实现融资产品多样化。

（王　强　林　浩）

健康养老

【养老服务设施建设】 全国养老服务综合改革试点顺利实施，基本构建起以居家为基础、社区为依托、机构为补充的养老服务体系。全市共有养老床位5.2万张，平均每千名老年人31张。累计建成城市社区日间照料中心321处、农村幸福院560处。新建县级养老服务信息平台4处，累计11处。培育、引进服务实体42家，编制区域居家养老服务项目8大类56项。建设互助点1108个，老年人集中居住区76处。免费为2200户困难老年人家庭实施了无障碍设施改造。

【落实养老服务业资金扶持政策】 通过政策扶持、简化申请审批手续、破除不同类型养老机构不平等待遇等

11月20日，民政部调研组对潍坊市养老服务和政策理论研究工作给予充分肯定

（供图：董德才）

激励机制，鼓励社会力量投资养老机构建设。印发《潍坊市养老服务业市级资金资助实施方案》，共落实省级资助资金2046.99万元、市级资助资金446.12万元。

【推进公办养老机构改革】 将公办养老机构改革作为养老服务业综合改革重要环节，加快推进，成效明显。指导寿光市成立九九康乐老年服务有限公司，对3家公办养老机构进行集团化管理，昌乐通过公开招标，将福利中心委托给华都颐年园管理运营。潍城区引进“中民天福”居家养老服务组织，集中托管16家社区日间照料中心。

【加强养老机构的安全工作】 对全市养老机构进行安全隐患排查整治，对排查出的隐患，分门别类建立台账，落实整改措施。对部分“小、远、散、差”养老机构进行了撤并，从福彩公益金中列支1890万元，对全市97处敬老院进行了升级改造，资金优先用于安全、消防设施建设，确保了养老机构健康有序运营。

【建立养老机构责任保险制度】 印发《关于做好养老机构责任保险统保示范项目工作的通知》，为购买保险的养老机构连续三年给予50%的补助。年内，共有25家养老机构投保，惠及1351名老年人。

【养老服务人才队伍建设】 重点实施“十百千万”工程，委托潍坊护理职业学院，培训养老服务从业人员350名，进社区举办健康养老养生知识讲座50场，培训居家养老服务人员5600人次。成功举办全市第四届养老护理员职业技能竞赛，承办全省首届养老护理员技能大赛。

【推动医养融合发展】 鼓励规模较大的养老机构设立护理院、康复医院等；规模较小的养老机构与当地医院合作，设立相应的医疗分支机构。全市已有21家养老机构内设医院、医务室、护理站等医疗设施，112家养老机构与周边医疗单位建立契约合作关系。潍城区与北京301医院合作，试点建立远程医疗系统。高新区人民医院设医养结合病房。

（董德才）

信息消费

【概况】 潍坊市充分利用建设首批国家信息消费试点市有利契机，在实施“智慧潍坊”建设行动计划的过程中，积极提升信息基础设施服务水平，不断增强信息产品供给能力，大力发展新业态新模式，创新研发“潍V”产品，提高各领域信息化建设应用成效，在新常态下积极培育发展信息消费产业，信息消费已成为支撑潍坊经济社会转型发展的重要增长点。2015年，全市信息消费规模超过700亿元，增幅超过20%，对扩内需、促消费、稳增长的贡献不断加大。

【信息网络基础设施日益完善】 全市互联网用户达到678.4万户，互联网普及率达到73.4%，电话普及率116部/百人，在全省率先实现了电话、宽带、广播电视村村通。通过实施“光网城市”工程建设，通信光缆总长度达到129.5万芯长千米，光纤网络已覆盖城区所有居民小区，城市家庭20Mbps（兆比特每秒）及以上宽带接入能力覆盖率达到86%，农村家庭4Mbps及以上宽带接入能力覆盖率达到88%，互联网出口带宽1200G（居全省第4位）。全市移动宽带用户超过500万户。建成4G基站8700多个（居全省第3位），政务办公区域、重点商业区等公共场所已实现了免费无线网络（WiFi）覆盖。

【信息产品供给能力不断增强】 潍坊市电子信息产业形成了电声器件、半导体照明、3D打印、软件和信息服务等产业的聚集发展。已建成国家级半导体照明工程、电声器件产业基地，拥有光电产业园、测绘地理信息产业基地、物联网产业基地和软件园等省级园区（基地）。培育了歌尔声学、共达电声、中微光电子、新海软件、万声通讯等一批龙头企业，围绕各行业龙头企业的配套产业已渐成规模。2015年，已有规模以上信息技术产品制造业企业130家、软件与信息服务企业53家。全市电子信息产业实现主营业务收入554.68亿元，增长9.50%；实现利润59.70亿元，利税

72.25亿元。全市信息产业复合增长率超过30%，远高于全省平均增长水平。歌尔声学的智能可穿戴设备、三田科技的智能玩具已投入规模生产。迈赫机器人产品已应用于通用、福特、一汽大众、华晨宝马等国内外二十余家主流汽车、工程机械及农业装备制造企业。共达电声研发的人机交互智能终端控制系统产品，已经在海信、TCL、神州视翰等国内知名厂家的智能电视、智能机顶盒等产品上批量应用。

【信息消费重点领域蓬勃发展】 潍坊市是国家电子商务示范城市，高新区是首批国家级电子商务示范基地，寿光软件园是山东省电子商务示范基地，恩源信息科技、新海软件和潍坊爱购商城分别是国家级、省级电子商务示范企业。全市已建、在建、规划电商园区70多个。电子商务应用普及率不断提高，全市80%以上的规模以上工业企业和商贸流通企业通过第三方平台开展电子商务，潍柴动力、福田雷沃、歌尔电子、恩源科技、万声呼叫等一批电子商务行业平台快速崛起。农产品电商交易平台彰显特色，与中国电商委建立了战略合作关系，中国农产品电子商务大会每年在潍坊召开。2015年，全市电商企业及相关经营单位发展到2万多家，交易额约2000亿元，增长50%，高于全国、全省平均水平，占全年社会消费品零售总额的12%。

【智慧潍坊建设和应用成效明显】 潍坊市先后被确定为首批国家级信息惠民试点市、智慧城市时空云试点市、电子政务公共平台示范地区、政务公共平台示范市，以及首批省级智慧城市建设试点市、无线城市试点市、两化融合试点区域、物联网基地等。连续四届入选中国信息化50强城市，荣获中国智慧城市杰出成就奖、中国城市信息化发展进步奖、2015中欧绿色和智慧城市推广奖、中国智慧城市示范城市奖、中国智慧城市惠民发展优秀城市等荣誉和称号。“中国潍坊”门户网站连续10年绩效评估居山东省地市级首位。

公共服务信息化水平的提升，促进信息消费发展。通过建设以政务大数据中心为基础的电子政务云公共平台，为各部门提供集约高效的政务信息化服务。创新建设“网上政务厅”，实现企业、市民和政府部门的网上实时沟通，促进阳光政务的开展。教育、卫生、城管、交通、国土地理等服务于社会民生的信息化平台已相继建成并投入运行。面向公众推出“潍V”智慧城市公共服务平台，以“互联网+”思维，从重构城市生活服务的全新角度，通过云服务模式，整合民生服务领域以及电子商务等信息和服务资源，构建面向市民的一体化在线公共服务体系，让公众通过手机即可体验“医、食、住、行、游、娱、购”的智慧城市便捷生活。该平台已具备校车校园监控、医疗服务在线挂号、“潍V”热点认证管理、扫码租用自行车、互联网云支付、政民互动在线办事、即时通信朋友圈等便民服务功能，覆盖全市46个社区、18家二甲以上医院、60家幼儿园、18处AAA以上旅游景区，以及1800辆校车、40多万辆公共自行车。云支付系统已在潍坊市各大商圈上线，居民水、电、气以及社保、医疗、教育、政府采购、公共资源交易缴费等服务正逐步接入云支付。

（王 洋）

交通·邮政·通信

Jiaotong Youzheng Tongxin

交 通

【概况】 全市交通建设完成投资67.04亿元。全面启动《潍坊市交通运输“十三五”发展规划》编制工作，《潍坊市交通枢纽规划》完成评审稿，《潍坊港总体规划》形成报批稿，《潍坊港口经济区产业发展规划》获市政府批复，《潍坊市交通现代物流基地发展规划研究》通过评审，《潍坊临空经济区规划》正式启动，《滨海海洋经济新区综合交通规划提升、落地实施方案》编制完成并下发县（市、区）。潍日高速公路实现突破，项目全线全面开工；济青高速改扩建工程全面启动；17条重点干线公路全面突破，公路网服务水平实现提档升级。安全生命防护工程加快实施，隐患整治成效显著。潍坊港疏港铁路全面开工建设，潍坊新机场场址获得批复，迁建工作进入项目立项阶段。潍坊机场临时国际通道改造竣工投用，口岸开放获得国家批复；潍坊机场现拥有客运航线8条、货运航线3条。全年，潍坊机场客运量突破46万人次，货运量突破2万吨，客货运量再创历史新高，成为山东地区乃至环渤海区域的重要航空节点城市。港航实现扩能转型，“大潍坊港”格局基本形成。潍坊市成为交通运输部“绿色交通试点城市”，市交通运输局荣获“全国文明单位”“全国交通运输系统先进集体”“全国交通运输行业文化建设示范单位”等称号，被市委、市政府授予“集体二等功”。

【公路建设】 全市公路建设完成投资43.26亿元。其中，潍日高速公路完成投资5.62亿元，干线公路完成投资21.85亿元，农村公路完成投资14.78亿元，潍县路完成投资0.52亿元，潍昌路完成投资0.49亿元。全市17项重点干线公路项目全面突破，宝通街东延伸项目获省发改委立项批复，完成监理及潍河大桥招标工作，监理、施工单位已进场；潍昌路项目全面进场施工，潍县路改造工程全线通车，寿济路、临伸路建成通车，胶王路、平日路按计划有序推进，10项国、省道大中修工程全部完成。

荣乌国家高速公路潍坊—日照联络线潍城至日照段项目获国家发展和改革委员会批复立项。2015年11月5日，国家发展和改革委员会批复《关于山东省潍坊至日照公路项目核准的批复》。同时，项目初审设计获交通运输部批复。路线起自昌乐县朱刘镇都南村，连接在建潍坊至日照高速公路滨海至潍城段和已建青岛至银川高速公路潍坊段，经安丘、诸城、五莲，止于日照市东港区西明照村，连接已建日照—兰考高速公路，全长约154公里。全线采用双向四车道高速公路标准建设，设计速度120公里/小时，路基宽度28米。桥涵设计汽车荷载等级采用公路Ⅰ级。全线在潍城西、潍坊南、安丘西、安丘南、官庄西、程戈庄、诸城西、诸城南、五莲北、松柏、街头北、陈疃北、陈疃13处设置互通式立交，同步采用公路Ⅱ级标准建设五莲北互通立交连接线约6.5公里。项目估算总投资为113.1亿元（静态投资105.48亿元），其中项目资本金为28.28亿元，约占总投资的25%，由山东高速集团有限公司出资；其余资金利用国内银行贷款解决。山东高速集团有限公司负责项目建设、经营和养护管理。经营期内，收取车辆通行费作为投资回报。经营期满后，将项目全部设施无偿移交山东省地方交通管理部门。12月30日征迁动员会后，项目堪界、放线、清点、评估等前期工作已经展开。2016年，施工计划完成投资22亿元，占总投资概算的28%。2015年，潍日高速滨海连接线项目全线普通地面附着物的拆迁工作圆满完成，取土场全部落实，施工全面展开。截至12月31日，滨海连接线项目自开工以来，累计完成投资13.82亿元，占概算的50.1%；自2015年年初累计完成投资5.02亿元，圆满完成2015年度计划。2015年，潍日高速滨海连接线项目，累计完成投资约13.82亿元，占概算27.61亿元的50.1%；完成投资5.02亿元，占年计划100%。其中，路基填筑土方情况：项目路基工程共需填筑路基土方571.4万立方米；已完成路基填土272万立方米，占需完成总量的47.6%。取土场取土154.2万立方米，占应取土总量的44.8%。寿光、寒亭组织社会供土112.4万立方米，占所需供土总量的48.2%。施工单位自购土方5.4万立方米。2015年，共完成路基挖土方628立方千米，路基填土方2836立方千米。箱涵完成45道，完成通道桥

2.85座，完成天桥1.01座，完成桩基486根，梁板安装706片。项目建成后，将加强山东与环渤海经济区的核心地带（北京和天津）及对外贸易发展迅猛的长江三角洲地区的密切联系，从而促进环渤海区域经济的快速发展。为潍坊、日照两个旅游区建立快速连接通道，形成一条齐鲁文化——滨海风光旅游热线，对于改善地区旅游投资环境，加快地区旅游产业的发展，吸引环渤海地区、华东地区的客源具有重要的作用。

济南—青岛高速公路（济青高速北线）改扩建工程顺利启动。工程路线全长309.172公里，潍坊段146公里，估算总投资143亿元。工程横穿山东中部青岛、潍坊、淄博、滨州、济南五市，其中穿越潍坊市13个县（市、区）、32个镇（街）。工程总投资281.74亿元，建设总工期42个月，预计2019年完成。扩建后，济青高速北线全线按高速公路技术标准扩建，将从双向4车道拓宽为双向8车道，青岛—潍坊涌泉枢纽段采用“两侧拼宽为主、单侧分离为辅”的加宽方式，潍坊涌泉枢纽——济南唐王枢纽段采用“两侧拼宽为主，单侧分离加宽、单侧拼宽为辅”的加宽方式；济南唐王枢纽——零点立交段采用“两侧拼宽为主，两侧分离为辅”的加宽方式，整体路基宽度42米；通行时速由80公里/小时提高至120 公里/小时，将有效缓解济青高速北线拥堵状况。扩建工程全线路基土石方数量为1927.405万立方米，路基路面排水6464.733百立方米，路基防护1735.773百立方米，新增路面6651.959平方公里，老路罩面4187.951平方公里。改扩建特大桥2座，桥长2802.6米；改扩建大桥15座，桥长3993.2米；中桥24座，桥长1608.8米；小桥91座，桥长1745.4米。涵洞542道，互通立交32处（新建7处，改建25处），分离立交73处（新建51处，利用9处，扩建13处），通道380道；天桥62座。服务区6处（新建1处，迁建1处，扩建4处），新建停车区2处。新增永久占地约10.68平方公里。截至2015年年底，济青高速公路改扩建工程潍坊段需潍坊市协助办理的规划选址、社稳评估调查、环评调查等支持性文件已全部完成，取土场协议已全部签订，土方总数超额完成计划；违章广告牌于10月22日前全部拆除，拆除进度在全线5个地市中名列第一。

宝通街东延伸（309国道荣兰线石埠—潍坊奎文段）项目获山东省发展和改革委员会立项批复。宝通街东延伸项目是连接中心城区与东部的交通干线，对于缓解城区交通压力具有重要意义。项目由省交通运输厅、省财政厅批复建设。项目途经昌邑市、坊子区、保税区、高新区，全长28.93公里，按公路Ⅰ级标准设计，双向四车道，设计行车速度80公里/小时，该项目含潍河特大桥1座、上跨青银高速立交桥1座、上跨荣潍高速立交桥1座、中桥2座，总投资8.38亿元。项目建成后，将有效缓解中心城区交通压力，提高道路通行能力和服务水平。截至12月31日，项目监理服务招标、潍河特大桥施工招标、昌邑段BT项目施工招标已经完成，施工队伍已进场，潍河特大桥已开工；坊子区、保税区、高新区正在进行施工招标工作；各县（市、区）征地、拆迁工作已全面展开。预计2016年年底竣工通车。

潍县路改造工程竣工通车。潍县路改造工程是市委、市政府“突破滨海”的重要基础设施工程之一。2013年7月30日开工建设。工程位于滨海区、寒亭区境内，全长22.699公里，其中滨海段4.159公里、寒亭段18.54公里。按公路Ⅰ级标准设计。路基宽26米，路面宽24米，两侧路肩宽度各1米。全线有大桥1座、中桥2座，采用花岗岩路缘石。工程估算投资2.6亿元（不含征地拆迁、绿化和路灯工程费用）。截至2014年年底，北外环路至滨海区香江东一街路段已基本贯通。2015年，主要实施沿线被交道、路缘石和排水等附属工程和滨海段剩余1.1公里路段。截至11月28日，各施工单位均已完成招标文件、合同协议书中的相关内容，检测单位完成项目的工程质量检测，完成投资2.4亿元。12月8日，工程交工验收并通车运营。潍县路作为连接潍坊中心城区与滨海区第二条大通道，将对进一步拉动中心城区和滨海区的经济发展起到支撑和保障作用。

潍昌路改造工程全面进场施工。工程西起昌乐县原潍昌路（建于1972年）与祝红路交叉口，东至潍坊市西外环，全长1.9公里，路面宽20米，两侧人行道宽2.5米，潍城段按城市主干道标准建设，昌乐段采用公路Ⅱ级标准建设，总投资0.5亿元。截至12月20日，共完成投资0.33亿元。完成清理现场4万平方米；废料移运处理15000立方米；填石渣1495立方米，M7.5浆砌片石（强度等级为M7.5的水泥砂浆砌筑片石）558立方米；利用土方3000立方米；挖土方6000立方米。

农村公路建设持续推进，第二批村级公路网化示范县活动圆满完成，1470个项目1490.4公里全部按标准建设完工，寿光市、昌乐县、安丘市、诸城市顺利通过省交通运输厅验收。全市农村公路开工项目923个1547.7公里，竣工项目846个1455.9公里，完成投资12.7亿元，竣工里程占2015年任务目标的112%，超额完成年度1300公里的任务目标。全市农村公路实施挖补、灌缝、封面及整修路肩边沟等小修保养投入1.6861亿元，完成危桥改造16座591米，完成投资0.1239亿元；农村公路综合优良路率达到75.2%，县道、乡道、村道分别达到85.6%、83.8%和72.6%。

“十二五”时期，潍坊市公路基础设施建设实现大跨越。以高速公路网络化、干线公路升级改造、农村公路深入通达为着力点，积极推进公路网建设，与其他运输方式的衔接进一步增强，养护质量和路况水平稳步提升。截至2015年年底，公路总里程达到26269公里，密度达到162.7公里/百平方公里，二级及以上公路里程达到 4445.4公里，分别比2010年增加3088.3公里、17.9公里/百平方公里、446.2公里。

潍坊市“十二五”期间各等级公路里程统计表

表5

年份	公路总里程（公里）	等级公路总里程（公里）	二级及以上公路里程（公里）	公路密度（公里/百平方公里）	通公路的行政村比例（%）
2010	23180.8	23180.8	3999.1	144.8	100
2011	23694.5	23694.5	4170.1	148	100
2012	24456.1	24456.1	4332.6	151.5	100
2013	25225.3	25225.3	4393.4	156.3	100
2014	25786.6	25786.6	4442.2	159.8	100
2015	26269.1	26269.1	4445.4	162.7	100

高速公路方面，长深高速公路潍坊段（青州—临沭高速公路）建成通车，潍日高速公路全面开工，济青高速拓宽改造工程、潍日高速与荣潍高速连接线前期工作展开。“十二五”末，高速公路里程达到427.7公里，比2010年增加75.3公里，实现各县（市、区）高速公路半小时顺利通达。干线公路方面，北海路南延伸、潍九路、206国道昌邑段、潍高路东西延伸段、下小路安丘段、潍县路改造工程、北环路东西延伸等一批新改建项目顺利完工，潍坊市中心城区首座互通立交——开元立交桥（222省道央赣路与323省道潍高路互通立交工程）建成通车。“十二五”期间，新改建国（省）道230公里，全面实现中心城区与各县（市、区）一级公路相连。截至2015年年底，干线公路总里程达到1803公里，较2010年增加104公里，二级以上公路占比达到100%，乡镇节点覆盖率95%，基本形成“六横八纵七连”的路网布局。

潍坊市2015年公路网结构统计表

表6　　单位：公里

项目	高速	一级	二级	三级	四级	等外	合计	比重(%)
国道	385.4	284.5	2.3	0	0	0	672.2	2.6
省道	42.3	846.9	669.3	0	0	0	1558.5	5.9
县道	0	182.6	665.9	1046.3	380.6	0	2275.5	8.66
乡道	0	45.1	357.5	633.7	2455.5	0	3491.8	13.3
专用公路	0	10.3	32.8	32.9	61.5	0	137.5	0.5
村道	0	115.4	805	870.5	16342.8	0	18133.7	69
合计	427.7	1484.8	2532.9	2583.4	19240.1	0	26269.1	100
比重(%)	1.6	5.7	9.6	9.8	73.2	0	100	

农村公路方面，“十二五”期间，完成投资128.17亿元，农村公路新改建12187公里。截至2015年年底，全市农村公路通车总里程达2.4万公里，较2010年增加3005公里，其中县（乡）道三级及以上占总里程的11.2%。全市行政村通油路率达到100%。农村公路网化示范工程稳步推进，寿光市、高密市、安丘市、诸城市、青州市、昌乐县6个县（市）顺利通过省交通运输厅验收。

潍坊市历年农村公路里程情况表

表7

年份	农村公路（公里）	密度（公里/百平方公里）	县道（公里）	乡道（公里）	村道（公里）
2010	20994.9	130.1	2271.5	3472.5	15250.9
2011	21419.4	132.7	2273	3475.7	15670.7
2012	22088.1	136.9	2273.4	3483.7	16331
2013	22857.8	141.6	2274.7	3485.6	17097.5
2014	23418.4	145.1	2274.7	3491.8	17651.9
2015	23901	148.8	2275.5	3491.8	18133.7

公路养护方面，“十二五”期间，突出路面及附属设施完善提升，扎实推进公路安全生命防护工程，全市普通干线实施大中修工程793.3公里，实施一级公路中央隔离安全保障工程895公里，加固改造危桥25座，农村公路安全生命防护工程2003.8公里，公路技术状况全面提升。截至2015年年底，公路铺装里程达到21139公里，占总里程的80.6%，相比2010年增加7.9%；高速公路、普通国省道、农村公路优良路率分别达到100%、88%、81%；国省干线公路绿化里程2122.9公里，可绿化路段绿化率达到99%。

潍坊市2015年公路铺装情况表

表8　　单位：公里

项　目	有铺装路面		简易铺装路面	无铺装面	合计
	沥青混凝土路面	水泥混凝土路面			
国道	672.2	0	0	0	672.2
省道	1550.9	7.7	0	0	1558.5
县道	1907	284	48.2	36.3	2275.5
乡道	1753.3	1174.3	109.6	454.6	3491.8
专用道路	113.9	12.5	6.4	4.7	137.5
村道	3759	9954.8	184	4236.1	18133.7
合计	9756.3	11433.2	348	4731.6	26269.1
比重（%）	37.1	43.5	1.3	18	100

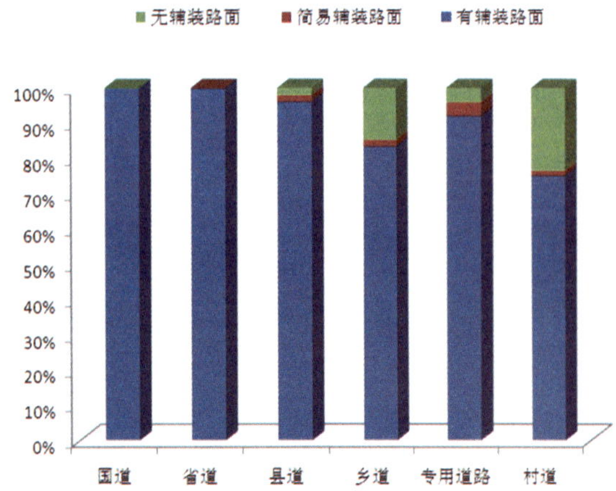

潍坊市2015年公路铺装率水平图

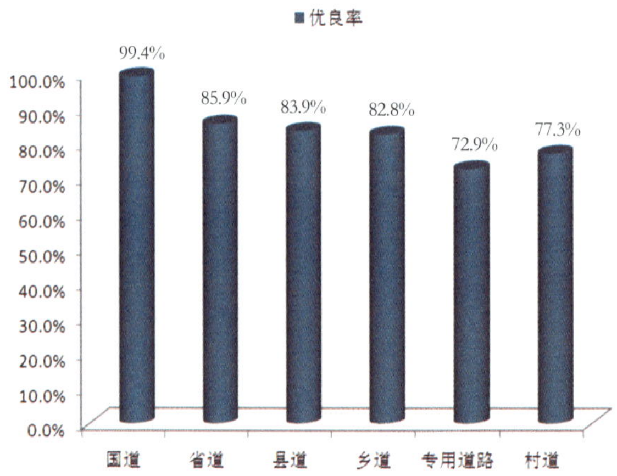

潍坊市2015年公路优良率水平图

【安全生命防护工程】 潍坊市国省道公路安全生命防护工程共27项，总投资14.0659亿元，2015年投资6.8214亿元；截至12月25日已完成28项；当年完成投资8.6760万元，完成计量支付76982万元。投资为省财政部门支出的项目共5项，总投资103430万元，2015年投资43190万元；截至12月25日，已完成3项；完成投资63159万元，完成计量支付54953万元。其中，瓶颈路段改造工程、在建项目共1项，总投资44556万元，2015年投资29367万元；完成投资43500万元，已完成计量支付38887万元。瓶颈路段改造工程、新开工项目共1项，总投资43215万元，2015年投资1000万元；截至12月底，施工1项；本年完成投资4000万元，完成计量支付3254万元。改善行车条件和安全水平的路面维修工程、新开工项目共3项，总投资15659万元，2015年投资12823万元；截至12月25日，已完成3项；完成投资15659万元，已完成计量支付12812万元。财政专项资金项目共22项，总投资37229万元，2015年投资25024万元；截至12月底，已完成19项；完成投资23601万元，已完成计量支付22029万元。穿城路段改造工程、新开工项目共2项，总投资18735万元，2015年投资6530万元；截至12月底，已完成2项；完成投资6530万元，完成计量支付6530万元。穿城路段安全整治提升工程，新开工项目共2项，总投资4518万元，2015年投资4518万元；截至12月底已完成2项；完成投资4518万元，年内，完成计量支付4269万元。安全风险路段整治提升工程 新开工项目共16项，总投资11826万元，2015年投资11826万元；截至12月底，已完成14项，正在施工2项；完成投资11774万元，已完成计量支付11229万元。危桥改造工程、新开工项目共2项，总投资2150万元，2015年投资2150万元；截至12月底，已完成1项；完成投资779万元。

农村公路安全生命防护工程。年初，全市共排查农村公路安全生命防护工程隐患里程1461.2公里，计划总投资21837.2万元。其中，2015年计划整治隐患里程1206.2公里，计划投资21129.8公里。围绕“力争提前一年完成1461.2公里农村公路安全隐患整治任务”总目标，专题部署，广泛动员，全力推进。截至12月底，全市共完成农村公路安全生命防护工程隐患整治里程2060.2公里，完成投资27970.2万元。其中，完成计划内农村公路安全生命防护工程隐患整治里程1206.3公里，完成投资21230.4万元，分别占年度计划的100%和100.5%；完成计划外农村公路安全生命防护工程隐患整治里程853.9公里，完成投资6739.8万元。

【铁路建设】 启动城市地铁前期工作列入2015年潍坊市人民政府工作报告。年内，确定由中铁工程咨询院负责编制《潍坊市城市轨道交通线网规划》和《潍坊市城市轨道交通建设规划》，其中《潍坊市城市轨道交通线网规划》已完成。12月15日，潍坊市发展和改革委员会发布《关于召开城海轻轨项目建设听证会的公告》，拟结合国家发改委批复的《环渤海地区山东省城际铁路交通网规划》中东营—潍坊城际铁路进行建设。

济南至青岛高速铁路获国家发展和改革委员会批复。5月18日，国家发改委批复中国铁路总公司、山东省人民政府联合上报《关于报送新建济南至青岛高速铁路可研报告的函》，下发《关于新建济南至青岛高速铁路可行性研究报告的批复》，同意济南至青岛高速铁路（以下简称济青高铁）建设方案。线路自济南东客站引出，经邹平、淄博、潍坊、高密、胶州至青岛，引入青岛铁路枢纽红岛站，共设9个站点，其中，潍坊市设3个站点，分别为青州北站、潍坊北站、高密北站。线路全长307.8公里，其中，济青高铁潍坊段全长146公里。铁路等级：高速铁路。正线数目：双线。最小曲线半径：7000米。设计行车速度：350公里/小时。牵引种类：电力。到发线有效长度：650米。列车运行方式：自动控制。行车指挥方式：综合调度集中。规划输送能力：单向5000万人/年。项目投资估算总额599.8亿元，其中工程投资543.8亿元，机车车辆购置费56亿元。资金来源为：项目资本金占总投资的50%，共计300亿元。其中，山东省承担资本金的80%（含征地拆迁费用），由省政府负责筹措，并负责征地拆迁工作。中国铁路总公司承担资本金的20%，用铁路发展基金等资金投入。资本金以外的资金利用国内银行贷款解决。建设工期为4年。济青高铁西连济南枢纽，与京沪高速铁路和石济、石太等客运专线相连，可形成山东半岛到京津冀、东北方向和山东半岛去中原城市群、长三角的快速客运通道；东接青岛枢纽，与青荣城际、青连铁路等衔接，形成省内的“2小时”交通圈。济青高铁是继2007年开通运营的胶济客运专线之后，连接济南与青岛的第二条快速铁路通道。建成后，济南与青岛之间将形成济青高铁、胶济客专和原胶济铁路并存的“客货分离六线”运输格局。届时，济南至青岛将缩短至1小时内，济南至烟台、威海的高铁运行时间将缩至2～3小时，其中规划建设的济青高铁潍坊枢纽站（潍坊北站），预留京沪高铁二线、环渤海快速铁路、城市地铁等铁路线路空间，与南北线路纵横交汇、无缝衔接。济青高铁项目将进一步巩固潍坊市在山东半岛交通枢纽地位。

潍坊市重点工程潍坊港疏港铁路于12月24日全面开工建设。疏港铁路项目位于滨海经济技术开发区内，是潍坊港重要的疏港通道，线路全长15.8公里，总投资约10亿元。线路自大莱龙铁路预留双河站右侧接轨引出向北，跨临港路沿疏港公路向北并行，跨越弥河后至设计终点潍坊港港区一期防护堤北，设潍坊港站。全线共设特大桥1座、大桥2座、中桥1座、小桥1座，桥长1.164公里，占线路长度的7.35%；新建涵洞37座，接长涵洞21座。潍坊港疏港铁路与山东铁路网“四横四纵”即四条纵向通道包括京九通道、京沪通道、蓝烟—胶新通道、东部沿海通道；四条横向通道包括德龙烟通道、邯济—胶济通道、山西中南部铁路通道、菏兖日通道）德龙烟铁路衔接，向南通过益羊铁路、海青铁路与胶济铁路连通，向东经龙烟铁路与蓝烟铁路连通，向西通过德大铁路与京沪、石德线联通，进而连通全国铁路网。项目建成后，将彻底改变潍坊港集疏运主要依靠公路运输的局面，对加快潍坊港亿吨大港建设，提升港口吞吐量，推动潍坊港融入“一带一路”，打造“陆海联运、一体化发展”的交通枢纽和物流大通道具有重大战略意义。

潍莱高铁项目列入山东省综合交通2020年近期规划。5月，山东省发展和改革委员会在潍坊召开潍莱高铁前期工作推进会议，明确潍莱高铁项目建设有关问题和工作推进路线图。项目自济青高铁潍坊北站引出，向东经平度、莱西与青荣城际铁路接轨，终点为莱西市莱西北站，全长约126公里(潍坊市境内线路长30.7公里，途经寒亭区、昌邑市)，初定速度350公里/小时，项目建成后，潍莱高铁将成为省内“三横三纵”快速铁路网（“三横”：聊城—济南—青岛的中部快速客运通道、菏泽—济宁—临沂—日照的南部快速客运通道、德州—滨州—东营—烟台—威海的北部快速客运通道；“三纵”：德州—济南—泰安—曲阜—枣庄的京沪快速客运通道、烟台—青岛—日照的东部沿海快速客运通道、临清—聊城—菏泽的京九快速客运通道）的“中部通道”。依托潍莱高铁，潍坊和烟台两地市民出行将更加方便。烟威地区北上列车可直接通过潍莱高铁到达淄博、济南，实现济南与烟台的“两个小时生活圈”。

开展朐沂铁路（青临铁路南延伸）研究工作，制定完成工作方案和推进计划。朐沂铁路即临朐至沂水地方铁路，是青（州）临（朐）铁路二期续建工程，工程北起胶济铁路青州站，南到胶新铁路沂水站。预计线路全长150公里，正线数目为单线，Ⅰ级地方铁路。该线位于山东省沂蒙山区的潍坊市和临沂市，该地区四周分布有胶济线、京沪线、兖石线和胶新线，临朐至沂水铁路界于四条线间路网空白区。建成后，山东铁路路网结构更趋合理，将形成与南方及沿海各港口相连的一条较短通道，加快山东境内物资流通速度。2016年，完善项目前期手续和立项报批工作，启动征地拆迁。

做好潍胶路铁路道口改造和北海路铁路道口拓宽的前期工作，积极协调济南铁路局、淄博工务段等单位，推进潍坊市乐埠山生态经济发展区殷大路下穿胶济铁路K183+214立交桥防护工程。截至2015年12月31日，潍坊市境内铁路道口155处，其中，看守道口13处，监护道口57处，无人看守道口85处，无人看守道口占54.8%；铁路专用线21处，其中，青州市南站10处，昌乐站3处，潍坊西站3处，山东世茂国际物流有限公司2处，坊子区煤矿专用线1处，青州西车务段二十里堡车站1处，中国石油化工股份有限公司山东潍坊石油分公司1处。

“十二五”期间，完成德大铁路建设和大莱龙铁路改造，顺利启动疏港铁路项目，寿平铁路寿光至广饶段暨益羊改线段建成通车，胶新铁路诸城段电气化改造工程、潍坊火车站候车大厅扩能改造工程顺利完工。截至2015年年底，潍坊境内铁路线路全长达到687公里，比2010年增加19.3公里，复线率、电气化率均达到50%以上，铁路货运站13个。全市铁路网络形成“三横一纵”布局，其中，“三横”为大莱龙铁路、胶济铁路、胶新铁路，“一纵”为益羊—青临铁路。

【港航建设】 潍坊港航建设始于1864年羊口港建成通航，1975年，在羊口镇东部2公里处开辟新港区，即新羊口港，羊口港是全省唯一的公铁海河联运枢纽港。1995年1月14日，羊口港经山东省人民政府批准为二类口岸对外开放港口。潍坊北港渔港建成于1977年。1979年，昌邑下营商港建成并投入使用。

随着潍坊海运生产的发展，1984年，山东省人民政府决定开始筹建新潍坊港。潍坊港于1996年5月开工建设，1998年10月通航运营。2009年4月，经国务院批复成为国家一类对外开放口岸。2010年，经交通运输部和山东省政府批准升级为山东省区域性重要港口。2011年，正式经交通运输部批准对台海运直航，是山东省综合运输体系的重要枢纽和地区性重要港口。2012年，山东省人民政府下发《关于潍坊港总体规划的批复》，确定潍坊港“以中港区为主，西港区、东港区为辅，相互协调、错位发展、分期开发”的港区分布格局。2015年，紧抓蓝黄两大战略重要机遇，围绕建设“海上新潍坊”，加快推动港航扩能转型，亿吨大港布局初步形成。2015年，完成投资32.49亿元，在建码头6个、泊位16个，投资总额及建设规模等级超历年总和。潍坊港“中间突破，两翼齐飞”发展格局形成。

加强规划统筹发展。根据国家战略和滨海开发开放及经济社会发展需要，统筹考虑潍坊港口自身发展需求和腹地临港经济发展要求，从长远发展和战略高度完成港口布局谋划。《潍坊港口经济区产业发展规划》由市政府批复实施，《潍坊港总体规划》报批稿形成。新的潍坊港总体规划对潍坊港三个港区、渔港区和后方产业进行统一规划，形成以中港区为主，西港区、东港区为辅，相互协调、错位发展的港区分布格局，以“大环抱、多港池”布局码头，航道码头规划等级最高10万吨级，码头规划岸线68公里，总用地面积80平方公里，以货运功能为主的码头岸线43.2公里，以临港工业为主的码头岸线11.6公里，可形成各类码头泊位291个，其中深水泊位169个，年综合通过能力约

3.8亿吨、500万标箱，滚装汽车200万辆，客运50万人次。港口经济区产业规划面积约400平方公里，分为港口生产区、港口产业区、临港产业区三大区域，其中港口产业核心区70平方公里“3810”（即区域总产值突破3000亿元人民币、重点建成8大产业集群、形成10大产业功能区）的规模布局，规划布局港口商贸区、保税产业区、“一带一路”经贸区、森工产业城、综合物流区、食品产业区、机械装备产业区、新材料产业区、绿色精细化工产业区十大功能区，形成东商贸、西制造的产业功能区分布格局。“十三五”期间，优先进行基础设施和园区建设，创建良好的公共服务环境和宜居宜业氛围，利用港口资源，率先突破保税产业区和综合物流区，引进带动性的临港工业企业入住。到2020年，初步形成产业集聚，实现产值1000亿元。

港口基础设施不断完善。潍坊港中港区5万吨级航道一期工程实现3.5万吨级船舶通航，二期工程列入交通运输部“十三五”建设计划。10万吨级航道前期研究和20万吨水上过驳作业可行性论证研究开始编制。5万吨级深水锚地通过山东海事局通航安全评估和国家海洋局海洋使用评审。中港区森达美2个5万吨级液化品泊位、3个5万吨级多用途泊位、3个5万吨级码头主体工程基本完工；中港区山东高速2个2万吨级滚装泊位、2个5万吨级通用泊位项目经省发展和改革委员会核准立项，正式开工建设。西港区寿光作业区4号～7号液化品泊位年内建成。潍坊港东港区下营商港因潍河河水断流和辛安庄节制闸等因素影响，河道回淤严重，无力及时疏浚，2003年起基本停航。历经昌邑市政府5年招商洽谈，潍坊港东港区（下营港）及临港物流园区项目于2015年6月10日正式开工建设，项目通过PPP方式，采用“政府不出资、不参股，由企业自筹资金投资建设运营”的模式，由山东浩信集团有限公司联合青岛中建港运投资管理有限公司、吉林省九洲能源集团股份有限公司三家公司成立联合体投资建设，项目总投资36.6亿元，分三期实施，先期建设13.8公里蒲东沿海防潮堤坝。

临港产业实现良好开局。港口后方园区项目包括8个物流园、3个服务中心，总面积约15.33平方公里。潍坊港务有限公司6个物流园项目进展顺利，其中港口商贸区、港口服务区用海已获省政府批复，农产品物流园、汽车滚装物流园、集装箱物流园、钢材及杂货物流园4个项目用海年内取得批复。森达美物流园区已完成场地硬化达到简易投产条件，正在进行物流园区一期0.8平方公里规划编制工作；山东高速物流园与滨海区签署投资建设开发协议，选址勘界和总体规划编制初稿完成，客运中心已开工建设。潍坊港西港区通关服务中心完工，年内投入使用。潍坊港航运中心基本确定全部设计方案，开始项目立项前期审批。

潍坊渔港一期工程开港运营。8月31日，潍坊龙威渔港开港，潍坊中心渔港和潍坊海恒威渔港开工仪式举行。潍坊渔港是农业部和山东省政府重点支持的建设项目，是潍坊滨海海洋经济新区的重点基础建设工程。2013年7月，潍坊市启动潍坊渔港经济区规划建设工作，渔港经济区规划面积17平方公里，主要建设潍坊中心渔港、龙威渔港、海恒威渔港、海渔产业园及相关配套设施，着力打造集渔港、食品港、旅游港和商业港等功能于一体的综合性港口。龙威渔港已基本建成，建成疏港道路14公里、码头岸线712米，可同时容纳1000余艘渔船进港停泊、补给，已基本达到一级渔港的标准，具备试运营条件。中心渔港、海恒威渔港等项目建设加快推进，预计2016年将建成3000米码头岸线、10万吨级冷库、水产品交易市场和相关配套设施，2017年，中心渔港、海恒威渔港开港运营。潍坊渔港是潍坊市第一个外海渔港，可容纳大型远洋渔船全天候进出港，从而结束潍坊市有河口渔港，无外海渔港的历史。

潍坊内河运输以小清河为主。20世纪六七十年代是小清河运输最繁荣的时期，济南、淄博等沿途城市的建材、煤炭等货物运往羊口，由羊口从海上运往外地，羊口的原盐以及由海上运来的外埠货物运往小清河沿途各地。小清河内河运输历史最高年货运量达50余万吨。20世纪80年代末，由于水源减少，航道淤积和公路运输、铁路运输事业快速发展，小清河内河运输逐步萎缩，到20世纪90年代彻底断航。根据山东省人民政府批复的《山东省内河航道与港口布局规划》，小清河全线为Ⅲ级航道标准。小清河复航前期工作自2008年4月正式开始，《小清河王道船闸工程可行性研究报告》及《小清河全家堰——羊口复航工程工程可行性研究报告》已编制完成。目前小清河复航工作进展顺利。

“十二五”期间，潍坊港“以中港区为主，西港区、东港区为辅，相互协调、错位发展、分期开发”的港区分布格局基本形成，生产性泊位达29个，其中万吨级以上泊位8个，分别比2010年增加12个、5个；港口总通过能力达到1788万吨，比2010年增加896万吨。港口建设方面，“十二五”期间完成投资60.98亿元，运作码头项目10个、泊位34个，岸线总长4359米，设计通过能力3630万吨，建设项目数量、规模等级和建设投资均比“十一五”期间翻两番。中港区森达美2个5000吨级通用泊位完成升级改造，3个2万吨级通用泊位建成运营，2个5万吨级液化品泊位、3个5万吨级通用泊位、3个5万吨级多用途泊位码头主体工程开工；山东高速2个5万吨级通用泊位和2个2万吨级滚装泊位开工建设。寿光港6个5000吨级多用途泊位建成运营，7个5000吨级液化品泊位建成投入使用，顺河船务4个3000吨级通用泊位开工建设。东港区防波堤工程开工。中港区航道等级由1万吨级提升至3.5万吨级，配套深水锚地投入使用，西港区5000吨级航道开工建设。森达美物流园一期堆场建成投用，码头作业货场完成改造，港务公司、山东高速物流园区和潍坊港客运中心开工建设，港口配套服务功能明显提升。港口运营方面，潍坊至大连等6条集装箱航线实现班轮化运输，潍坊至旅顺港客滚航线签署四方合作框架协议，开通澳大利亚至潍坊港活牲畜运输航线，潍坊港成为山东省第四家可以接卸外贸活牲畜的港口。

【民航建设】 2015年，潍坊机场新场址获得中国民用航空局批复。军地双方正式批复新机场场址，机场迁建工作进入实质运作阶段，潍坊机场成为全国第二个获得选址批复的机场。《预可研报告》报审稿编制完成并上报，相关配套报告正在编制；与军方签署机场搬迁原则协议的协调工作正式启动。

2015年，潍坊机场发展突飞猛进。围绕“客货并举、以货促客、同步提高、平衡发展”的工作思路，突出打造潍坊市对外开放窗口，潍坊机场取得长足发展。紧抓潍坊市举办中日韩产业博览会的有利时机，启动相关申报程序。8月3日，口岸开放获得国家批复，潍坊机场成为山东境内第6家对外开放的机场。在推动口岸报批的同时，国际通道改造工程全面启动，55天内完成12个标段改造任务，改造面积9394平方米，新增面积1111平方米，创造民航口岸改造工程效率新纪录，临时国际通道改造工程按期投入使用，潍坊至韩国仁川、日本大阪航线顺利开通，成功实现口岸开放，为潍坊市今后开通定期国际航线、全面提升对外开放水平奠定坚实的基础。深化与顺丰速运（集团）有限公司合作，顺丰电商产业园项目加快推进，货运航线运行良好，波音737全货机顺利投放，执飞深圳、杭州、泉州货邮航线。以签署《合作补充协议》为支撑，不断巩固与海航的合作基础，加强航线运营管控，在经济下行压力不断加大的背景下，保持客货运量的持续增长，实现历史性突破。

“十二五”时期，为打造半岛特色机场，加快对潍坊机场现有基础设施的改造和建设，重点实施机场盲降系统更新工程、机场助航灯光更新工程和机场净空保护区障碍物测量等工程项目。目前，潍坊机场技术等级为4D级，总建筑面积19182平方米，航站楼建筑面积8125平方米，首次实现民航对外开放。

【运输服务】 2015年，全社会客运量达到7067万人，其中公路、铁路、水路、航空的分担率分别为88.6%、10.9%、0.01%、0.04%；货运量达到2.3亿吨，其中公路、铁路、水路、航空的分担率分别为90.50%、3.76%、5.73%、0.01%。公路运输占据主要优势，铁路运输逐步增加。

2015年潍坊市交通运输业客、货运情况表

表9

指标	计量单位	数量
一、公路运输		
客运量	万人	7067
旅客周转量	万人公里	489799
货运量	万吨	23072
货物周转量	万吨公里	4901632
二、水上运输		
货运量	万吨	1475.3
货物周转量	万吨公里	1063000
三、航空运输		
起落架次	次	5858
民用航空客运量	万人次	46.53
民用航空货运量	万吨	2.05

2015年全市公路分货类运输量表

表10

序号	指　标	货运量（万吨）	货物周转量（万吨公里）
01	合　计	23072.00	4901632.00
02	1.煤炭及制品	339.16	97052.31
03	2.石油、天然气及制品	249.18	31860.61
04	其中：原油	129.00	12173.00
05	3.金属矿石	291.68	58342.25
06	4.钢铁	1400.47	282334.00
07	5.矿物性建筑材料	1552.75	198516.10
08	6.水泥	867.51	83327.74
09	7.木材	512.20	72544.15
10	8.非金属矿石	369.15	54898.28
11	其中：磷矿	69.00	11565.00
12	9.化学肥料及农药	523.73	85288.40
13	10.盐	154.58	31370.44
14	11.粮食	461.44	73034.32
15	12.机械、设备、电器	2784.79	605351.55
16	13.化工原料及制品	975.95	200966.91
17	14.有色金属	258.41	96562.15
18	15.轻工、医药产品	1264.35	303411.02
19	其中：日用工业品	826.00	172150.00
20	16.农林牧渔业产品	4111.43	1284717.75
21	其中：棉花	715.00	185800.00
22	17.其他	6955.23	1342054.01

“公交优先”战略深入实施。截至2015年年底，潍坊市全市拥有公交车3789台，中心城区拥有公交车1378台，万人拥有公交车标台数达13.3标台。陆续开通定制公交、特色文化线路、豪华空调巴士和双层旅游巴士，运营线路93条。推进公交场站建设，建成寒亭枢纽站、玄武街场站和经济区场站。倡导绿色出行，实施市区公共自行车系统优化项目，新增80个站点、2400辆自行车，满足新建路域、开发小区、城乡结合部群众需求。市区公共自行车系统达1180个站点、32400辆自行车的建设规模，办卡用户39万，日均骑行量达到20万人次以上，年骑行量达到6032万人次。潍坊除个别县（市、区）外，基本完成城区公共自行车租赁系统建设。青州市全年共调整优化公共自行车服务站点58个，完成线路改造38处，绿色出行（公交、自行车）比例达44%，完成国家级公共自行车服务业标准化试点服务规范制定、硬件配套建设等各项准备工作。昌邑市投入使用2000辆公共自行车，方便市民绿色出行。临朐县公共自行车系统建成公共自行车站点105个，设置锁车桩2630个，配备公共自行车2200辆，累计办理租车卡139957张，日使用车辆5000人次。安丘市公共自行车系统共建设站点155个，投放3480辆公共自行车，办理公共自行车卡15000余张，日骑行7000人次以上。潍坊市公共自行车租赁系统在潍坊中心城区与县市区公共自行车系统基本实现“一卡通”借车通用，同时，与山东省27个县（市）的公共自行车系统实现“互通互联、一卡通行”。全国范围内，实现潍坊市与省外60个市（县）公共自行车交通服务系统的共享。

2015年潍坊市城市公共交通发展情况表

表11

指标	运营线路总长度(公里)	运营线路条数	公共汽车运营辆	出租汽车数
潍坊市区	1782.5	93	1378	2221
青州	780	48	382	497
诸城	1536	52	460	372
寿光	1525.8	43	653	376
安丘	255	12	190	292
高密	256	10	172	332
昌邑	585.4	30	179	211
临朐	281	12	136	249
昌乐	405	14	154	257
滨海开发区	287.5	9	85	70
峡山生态区	0	0	0	25
合计	7694.2	323	3789	4902

潍坊火车站日发送旅客达2.3万人次，单日高峰客流量达4.5万人次，全年完成旅客发送量914万人次，全年国家铁路完成货运量920万吨；地方铁路青临铁路完成货运量311.1万吨，同比增长42.8%；益羊铁路完成货运量1793.69万吨；大莱龙铁路完成货运量1085万吨。

港航生产保持稳步增长。潍坊港完成港口货物吞吐量3017万吨、集装箱26.1万标箱，同比增长15%和50%，自2012年，底开通集装箱航线以来，全港稳定运营集装箱航线8条，集装箱吞吐量三年连跨三个台阶，完成26万标箱，成为港口经济发展的新亮点和重要增长极。引导企业“抱团取暖”，走“大型化、集约化”道路，潍坊瑞盛航运有限公司通过光船租船方式（光船租船，简称光租，是指船舶出租人提供一艘不含船员的船舶出租给船舶承租人使用，并由承租人支付租金的一种租船方式）租赁潍坊银源航运有限公司“银源89”轮和潍坊皓翔物流有限公司 “联荣9”轮，增强企业的市场竞争力。现全市水路运输企业发展到56家（全部为民营企业），内贸运输船舶100艘，运力总规模达到89.6万载重吨（水上单船运力最大已达4.5万载重吨），水路运输货运量完成1470万吨，货物周转量完成106亿吨公里。航线开拓取得良好成效。鲁辽陆海货滚甩挂运输大通道项目于12月10日实现正式运营，首开中国海上绿色货滚甩挂运输通道，并依托营口—满洲里—欧洲的海铁联运“新丝路”推动潍坊打造为国家“一路一带”重要节点，同时，与环渤海区域合作战略的有效对接，有力推动潍坊由环渤海区域末端循环节点向跨区域运输枢纽转变。12月21日，森达美3个2万吨级集装箱码头通过对外开放验收，翻开潍坊港集装箱业务走向近洋走向国际新篇章。12月31日，“丹江”轮完成装卸作业前往韩国釜山港，潍坊港首条外贸集装箱航线正式开通，标志着港口综合服务功能和对外开放水平实现质的飞跃。

2015年潍坊市水上运输情况表

表12

指标	计量单位	数量
一、运输船舶		
货船	艘	100
总吨	吨位	562000
总载重量	吨位	901000
净载重量	吨位	896000
二、港口情况		
港口码头泊位数	个	29
港口吞吐量	万吨	3017.6

航空运输安全起降航班5858架次，同比增长10.57%；完成旅客吞吐量 46.53万人次，同比增长17.99%；完成货邮运量2.05万吨，同比增长1.36%，开创潍坊机场通航以来的最好水平，潍坊机场已发展成为拥有北京、上海、广州、深圳、杭州、宁波、大连、沈阳8条国内航线，深圳、杭州、泉州3条货运航线，每周84个航班，客货并重、货运特色显著的重要支线机场，正逐渐发展成为山东地区乃至环渤海经济圈的重要航空物流节点。

快递行业实现快递企业对全市乡镇、街道的全覆盖。2015年，全市快递服务企业业务量累计完成6141.81万件，同比增长106.32%；业务收入累计完成7.12亿元，同比增长51.64%。其中，同城业务收入累计完成0.64亿元，同比增长40.06%；异地业务收入累计完成4.82亿元，同比增长59.77%；国际及港澳台业务收入累计完成0.76亿元，同比增长7.67%，量收居全省第4位。

“十二五”时期，公路运输受高铁运营动车加速、城乡公交开通、私家车增多等因素影响，公路客运量降幅明显；受产业结构调整、能源原材料等“大进大出”减少、商贸物流发展迅速等因素影响，公路货运量稳中有升。截至2015年年底，完成公路客运量7067万人次，旅客周转量为49亿人公里，完成货运量2.3亿吨、货物周转量490.2亿吨公里。全市有公路等级客运站110个、公路等级货运站45个，实现乡镇等级客运站、县（市）二级以上等级客、货运站的全覆盖。积极推进节能减排和淘汰营运黄标车工作，加快转型创新，提高车辆档次。截至2015年年底，潍坊市营业客车达2768辆，其中客运班车2419辆，比2010年减少991辆；客运班车中、高级客车占比为43.6%。

2010～2015年潍坊市客运班车运力结构表

表13

年份	高级占比（%）	中级占比（%）	普通占比（%）
2010	18.3	50.4	31.3
2011	22.2	58.5	19.3
2012	22.1	64.1	13.8
2013	29.3	59.2	11.5
2014	31.4	68.6	0
2015	43.6	55.9	0.5

积极发展集装箱、厢式、城市配送、甩挂运输车辆等专用运输车辆和多轴重载大型货运汽车，引导营运车辆向专业化、标准化、清洁化方向发展。截至2015年年底，营运性载货汽车达到8.8万辆，总吨位达到92.8万吨，分别比2010年减少1.6万辆、吨位增加33.55万吨。大型、中型和小型载货货车比例为57.3%：4.8%：21.2%，符合货车吨位向轻、重两端发展的趋势。

2010～2015年潍坊市载货汽车车型结构表

表14

年份	载货汽车（辆）	大型货车		中型货车		小型货车	
		数量（辆）	比例（%）	数量（辆）	比例（%）	数量（辆）	比例（%）
2010	104639	35221	33.7	12762	12.2	56656	54.1
2011	120153	45340	37.7	14155	11.8	60658	50.5
2012	111385	49412	44.4	13950	12.5	48023	43.1
2013	104568	51558	49.3	7508	7.2	45502	43.5
2014	84337	41062	48.7	7110	8.4	36165	42.9
2015	75312	50573	67.2	4277	5.7	18662	24.8

企业集约化程度不断提高。截至2015年年底，班车客运营业户中100辆及以上业户占比为5.5%。道路货物运输户数达到55890户，其中拥有100辆及以上货车的业户占10家，比2010年增加24户。

2010～2015年潍坊市道路班车客运企业集约化情况表

表15

年份	道路班车客运户（户）	个体运输户（户）	个体运输户所占比重（%）	100辆及以上班车客运户（户）	100辆及以上班车客运户所占比（%）
2010	402	378	94.0	14	3.5
2011	313	289	92.3	14	4.5
2012	286	258	90.2	11	3.8
2013	248	222	89.5	12	4.8
2014	218	190	87.2	11	5
2015	200	171	85.5	11	5.5

2010～2015年潍坊市道路货物运输企业集约化情况表

表16

年份	道路货物运输户（户）	个体运输户（户）	个体运输户所占比重（%）	100辆及以上货车业户（户）	100辆及以上货车业户所占比重(%)
2010	74988	73460	97.96	16	0.02
2011	87544	85963	98.19	16	0.02
2012	73111	70787	96.82	34	0.05
2013	68344	66011	96.59	36	0.05
2014	63355	61021	96.3	40	0.06
2015	55890	53739	96.2	40	0.07

“十二五”期间，大力发展公共交通，潍坊市全市公交车达到3789台，中心城区购置节能环保公交车567标台。截至2015年年底，潍坊市中心城区拥有公交车1378台，万人拥有公交车标台数达到13.3标台/万人。推进特色服务，陆续开通定制公交2条、特色旅游专线3条，全面实现65岁以上老年人、儿童、残疾人等特殊群众免费乘坐公交车。

2010～2015年潍坊市城市公共交通发展情况表

表17

年份	全市（台）	标台	行政村客运班车通达率	潍坊市公共交通总公司（台）	城区万人标台比
2010	2090	2174	99.14	1058	11.5
2011	2408	2520	99.16	1158	12.3
2012	2683	2815	99.29	1174	12.5
2013	2632	2783	99.3	1134	11.6
2014	2891	3227	99.22	1262	12.1
2015	3789	4033	99.39	1378	13.3

“十二五”期间，全市新增出租汽车经营企业5家，企业总数达到42家，全市新增出租汽车388辆，出租汽车总数达到4902辆。潍坊城区结合公交化改造置换，新增出租汽车115辆，更新出租汽车500余辆，城区出租汽车总数达到2316辆，城区出租车全部实现油气双燃料。启动智能公交建设，“潍坊通”卡正式发行。

截至2015年，机动车维修企业有1832家，其中一、二类维修企业371家，机动车综合性能检测站12家。潍坊市机动车驾驶员培训学校共56家，许可营运教练车5990辆，教练员7188人。

水路运输服务稳速提升。“十二五”时期，潍坊港积极推动鲁辽陆海货滚甩挂运输通道建设，实现正式运营。开通至烟台、大连、京唐、营口港等8条内贸集装箱航线，港口货运量增长迅速。潍坊市积极拓展内河观光旅游线路，截至2015年年底，完成客运量0.6万人。营业性船舶机动船数量保持稳定，单位船舶净载重稳步增加，营运船舶朝大型化发展。截至2015年年底，营运性船舶108艘，船舶净载重吨位为95.9万吨位。

铁路运输服务水平逐步提升。“十二五”时期，铁路客货运量稳步增长，呈现良好态势。截至2015年年底，完成铁路客运量914万人、货运量920万吨，分别比2010年增加655万人、583万吨。

航空运输服务水平快速发展。“十二五”期间，潍坊机场陆续开通宁波、杭州、沈阳航班，客运航线达到8条，货运航线达到3条。截至2015年年底，完成旅客吞吐量46.53万人次，货邮吞吐量2.05万吨，比2010年分别增加32.3万人次、0.2万吨。

快递行业综合实力显著增强。“十二五”期间，快递业支撑网购交易额占全市社会消费品零售均增长100%以上。快递服务业增长速度均超过全市GDP和服务总额比重大幅提升。顺丰速运华北综合服务中心落户潍坊，各大快递区域总部相继布局潍坊，产业聚集态势明显。快递业与电子商务、先进制造业、现代农业等关联产业实现有效衔接、良性互动，不断融入“互联网＋”、智能制造以及跨境电商和农村电商等新业态和新模式，加快向综合快递物流服务提供商转型。快递服务城乡统筹发展的基础性、普惠性作用凸显。快递网络覆盖广度与深度大幅提升，快递网络乡镇覆盖率100%，全市快递营业网点超过1500个，单个快递营业网点平均服务人口6200余人，平均服务面积10.57平方公里。

【智慧交通】 信息化建设迈出新步伐。通过全面整合高速公路、普通国省干线公路收费站已有视频监控信息资源并新建65处视频检测点，实现对309国道、206国道的全程监控及重点路段、重要节点、城市出入口的实时监测。

潍坊市交通运输应急指挥中心主体完成，整合全市高速公路、国省道、汽车总站、公路客运总站、火车站出租车岗亭、潍坊民航机场和潍坊港中港区等重点场所共约800个视频，实现实时掌握现场动态，及时调度指挥处置各类突发事件，并督促相关单位完善管理和服务设施，健全安全防范、应急处置等规章制度，不断提高行业管理水平。出租车信息调度管理系统和道路运输车辆动态管理系统，均与110平台实现联网、联动。两个系统分别以中心城区的出租汽车和客运、货运、危险品等营运性车辆为服务对象，通过GPS和北斗卫星系统，可以实现对车辆的定位跟踪、轨迹回放、图像抓拍、反劫防盗、电召车辆等功能，加强车辆与场站指挥中心的沟通联系，便于加强日常管理，保障车辆在行驶过程中的安全。初步实现系统内纵向信息的整合和部门间横向信息的有效联通，交通行业信息化水平和管理服务能力全面提升。

昌邑“智慧交通”二期工程基本完成。昌邑“智慧交通”规划建设周期5年，分三期进行，截至2015年年底，二期工程已基本完成，初步形成以智慧交通信息中心为主体，以监控、管理、服务三大体系建设为重点，以重点交通基础设施监控平台、运输企业及营运车辆监管平台、执法监督平台、自动化网上办公平台、安全生产监督平台、营运驾驶员诚信考核体系平台、投诉举报处理平台、交通安全应急指挥平台“八大平台”为支撑的智能化服务监督管理体系，计划2016年年底全面建成。2015年10月，省交通运输厅在昌邑市召开现场会，推广昌邑“智慧交通”做法。

【绿色交通】 全市交通运输节能减排量化目标完成情况：公路系统量化目标。公路改建工程老路利用率达100%，养护大修工程旧路利用率达100%，所有公路改建工程、养护大中修工程临时占地复垦率均达100%，路用材料循环项目占本年完成工程项目的100%。其中，224省道大沂线昌乐南寨至龙泉院段大修工程、221省道下小线峡山张家埠至安丘贺戈庄段大修工程采用基层冷再生技术，循环利用旧路面碎石16万吨，经济效益和社会效益明显，在公路行业的节能减排工作中起到明显的效果。

道路运输行业量化目标。清洁能源和新能源车辆发展势头良好，新增部分LNG/CNG、纯电动营运车辆。淘汰黄标车工作走在全省前列，淘汰（注销）营运黄标车30030辆（包括长年未审、经公示注销营运的13207辆，完成黄改绿3357辆，其中潍坊市公共交通总公司根据车辆使用年限和实际营运情况，报废油耗高、排放量大老旧黄标车辆422台），淘汰比例为101.48%，超额完成淘汰任务。严格落实《DB37/839—2007营业性道路运输企业载客汽车燃料消耗限额》《DB/37/841—2007营运性道路运输企业载货汽车燃料消耗限额》，对客车实载率低于70%的线路不得投放新的运力。潍坊市道路运输行业营运车辆单位运输周转量能耗下降11.5%，营运客车单位运输周转量能耗下降6.76%，营运货车单位运输周转量能耗下降13.25%。目前，潍坊中心城区2316辆出租车全部改装“双燃料”，改装率达100%。

港航节能减排目标。营业性船舶能耗下降19.5%，港口能耗指标下降9.94%。严格按照交通运输部和省交通运输厅港航局要求，严把船舶年度核查关，船舶年度核查通过率合格率100%。

调整交通运输组织结构。鼓励发展大型客车、中高级客车，淘汰高能耗、低效能营运车辆，不断提高客运装备水平。在客运车辆中大力推广集约化经营，优化线路结构和班次，提高车辆档次和实载率，对于实载率低于70%的客运线路不再新增运力。全市高档客车占客车保有量30%以上。潍坊市公共交通总公司更新节能环保新能源公交车辆400台，其中车长12米以上公交车辆370台、8米纯电动公交车20台、8米柴油公交车10台，10米以上公交车达1090台，占车辆总数的85%。提升物流业集约化和组织管理水平，发挥现有货运站场功能，对从事货运信息过于分散、弱小、无序的业户一律进站经营，形成以南方物流园、万方物流园、西北物流园等集运输、仓储、配载、搬运装卸为一体的辐射能力强的城区货运交易市场。引导组建专业的运输公司，引导营运车辆向大型化、专业化、节能化方向发展，鼓励发展集装箱车、厢式货车、专项作业车，潍坊陆洋交通发展有限公司在黄岛港—潍坊国际集装箱中转站—昌乐（世纪阳光纸业）线路开展甩挂运输作业，共投入牵引车10台、挂车20台，车辆全部安装卫星定位系统与数据交互系统，实现对车辆情况的实时监控。2015年度，进行部分站场扩建整改工程，新建甩挂中转场地、停车场5700平方米，新建集装箱堆场4000平方米，铺设道路14900平方米，绿化场5000平方米，对试点所需场地进行初步改造。寿光市德福甩挂物流有限公司成立于2009年，主要从事道路普通货物运输，经营山东与辽宁两省之间的零担货物运输，运营线路主要有寿光至大连、寿光至营口等方向，公司主要通过陆海联运的运营方式，拥有重型牵引车26辆、各种甩挂运输用挂车53辆，德福公司和渤海物流园共同参与第四批部级鲁辽陆海货滚甩挂运输试点项目，总资产1.9亿元，总用地面积65.33万平方米，运输车辆32辆，大型仓储3.6万平方米，装卸和堆货场地2万平方米，车型为交通运输部甩挂运输推荐的车型，运输半挂车为栏板式，载质量30吨以上，甩挂运输实载率、牵引车利用率均达到98%，与传统物流相比成本降低10%～20%，提高运输效率30%～60%，减少油耗15%～20%。

绿色交通城市申报成功。潍坊市作为山东省“绿色交通省”8个地市子项目之一，成功申报绿色交通城市。共确定绿色能源应用、城市公交便利化、城市交通慢行系统、绿色交通基础设施建设、绿色运输组织等8项工程、19项重点项目，其中获得国家专项资金支持的有13项，共2656.85万元。2015年，首批补助资金890万元已拨付到位。

【行业管理】 完善交通法制工作机制，2015年，全面完成权力清单和服务清单事项的梳理、分类、登记、上报审查等工作，市交通运输局及局属有关单位共有行政权力事项232项，其中，行政审批事项14项，行政处罚143项，行政征收7项，行政强制18项，行政给付2项，行政监督检查35项，其他权力13项；另有政务服务事项12项。坚持立、改、废相结合，对历年来交通部门制定以市政府名义印发的规范性文件进行自查自清，共梳理规范性文件9件，其中拟废止7件、修订1件、继续实施1件。集中开展执法主体清理工作。规范行政处罚自由裁量，制定《交通运输行政处罚减轻和不予处罚统一标准》，对56种“依法减轻或免予处罚”的违法情形做细化量化，并明确适用标准要求。对于2015年实施的《出租汽车经营服务管理规定》，为便于掌握和操作，组织运管、交通运输监察机构开展多次调研，结合潍坊市客运出租汽车管理实际，制定印发《〈出租汽车经营服务管理规定〉行政处罚自由裁量标准》，对20项罚则作全面细化量化，并对适用标准原则提出了明确要求。不断加强制度管理，先后出台《关于加强市政务服务中心交通窗口管理工作的通知》《全市交通运输行政执法评议考核工作方案》《关于深化交通运输行政审批制度改革加强事中事后监管的实施意见》等文件。截至2015年年底，潍坊市公共行政审批服务中心交通审批窗口共受理审批办件19460件，办结19453件，办结率99.96%，按时办结率100%，群众满意率100%。

加强执法力度，严格查处违法行为，对全市52家危险品运输企业、1314辆危险品运输车辆进行再梳理、再审查，对企业经营资质、车辆技术状况、驾驶员、押运员从业资质进行严格审核。加强源头管理，责令相关企业详细记录危险品运输车辆和从业人员的具体信息，并加大检查力度，坚决杜绝危险品超限超载车辆出港出厂。督导全市52道路危险品货物运输企业，针对各自承运危险品易引发的事故灾害和安全隐患，制定应急方案，开展应急演练。重点开展超限运输、客运班车、旅游包车、客运出租、机动车驾驶员培训、汽车维修、汽车综合性能检测和公路路域环境等领域的集中整治活动，严厉“打非治违”，为维护交通运输市场秩序和交通运输安全发挥了重要作用。全市交通运输执法机构共检查运输车辆36万余辆（次），查处违章车辆14011辆（次），其中，危险品运输车辆1133辆（次），超限车辆8470辆（次），卸货134080.7吨。

加强道路运输驾驶员培训，共培训经营性道路运输从业人员62期，其中，普通货运和客运驾驶员共计39期，危险品驾驶员11期，危险品押运员12期。颁发考试合格后发证数为17096人，其中，货运驾驶员7929人，客运驾驶员4294人，危险品驾驶员2110人，危险品押运员2763人。全市道路运输驾驶员继续教育培训共计72184人，其中潍坊交运汽车运输有限公司再教育培训6305人，潍坊恒宇交通发展有限责任公司再教育培训4555人，潍坊联运有限公司再教育培训9494人，潍坊陆洋交通发展有限公司再教育培训4052人，山东交通职业学院再教育培训3822人，高密再教育培训3959人，诸城再教育培训6240人，青州再教育培训6083人，寿光再教育培训6459人，昌邑再教育培训3908人，临朐再教育培训5155人，安丘再教育培训5792人。

行业结构调整取得明显进展。在全省首次对192部旅游包车进行公开招投标。道路货运规模化程度显著提高，5部车以上的专营性物流企业达988家；各类甩挂试点项目保持良好的发展势头。运力结构优化调整成效明显，中、高级客车总量达2745辆，占车辆总数的97%，“大专特”总量达6752辆；推广应用节能减排技术装备，新能源车辆总数达到6226辆。潍坊市营运黄标车已全部退出营运市场。

（杜　峻）

潍坊海事处为鲁辽陆海货滚甩挂运输大通道潍坊港首航提供服务保障

（供图：罗　凯）

海　事

【现场监管】　“平安海区”创建。积极开展内河船舶非法从事海上运输专项整治、安全生产隐患大排查快整治严执法等专项行动，持续保持高压态势，开展夜间巡查，非法砂石运输船多发势头得到了有效遏制；探究规律，关口前移，保障了3000万吨货物运输安全，其中油品、易流态货物多达400万吨，同比增长25%。强化源头管理。推行公司周报告制度，督促辖区航运公司履行主体责任，掌握营运船舶动态及安全运营情况；督促旅游船公司开展内部自查，不适航船舶提前停航不进行营运；强化船员培训质量，把好学员到船员的“出口关”。初步建立“四联”机制。联合市交通运输局、海洋与渔业局、安全生产监督管理局，成立联合检查组对辖区“三无”（无船名、船号，无船舶证书，无船籍港）。船舶进行全面检查。吸取“东方之星”轮沉船事故教训，积极与市安全生产委员会沟通协调，探索建立了潍坊辖区旅游船舶安全监管联席会议制度及定期通报机制，将水上旅游安全纳入地方政府安全大格局，借助政府力量解决长期存在的安全隐患。加强搜救值班室建设。将搜救中心值班室由滨海移至市区，加强值班力量，规范内部制度，理顺部门关系，提高了工作效率，实现了资源的合理利用，为搜救值班室的后续建设奠定了基础。

潍坊海事处组织海上联合巡航执法，深入开展“大快严”活动　（供图：罗　凯）

【服务举措】　积极转变职能。通过主动上门采集船员信息、预约船员考试，简化办证材料和缩短审批时限，不断规范政务中心服务绿色通道；建立“潍坊市中小学生水上安全知识教育实践基地”，海事进校园活动进一步拓展，该项工作获得交通部海事局的高度认可；开通“鸢都船员驿站”微信平台，发布证书办理、政策解读等信息。积极为企业减负。自2015年1月1日起，对辖区100总吨以下内河船和500总吨以下海船的船舶港务费予以免征，从10月1日起，对所有船舶免征船舶港务费。积极支持滨海海洋经济发展。联合港口、港航等多家单位全力打造“安全高效港口”，协调推进港口建设及潍坊港泊位开放。全力促成3个2万吨集装箱泊位对外开放，鲁辽货滚甩挂运输大通道正式运营，潍坊—营口黄金水道正式贯通，潍坊港首条“潍坊—釜山”国际航线正式开通。

【基层党建】 “三严三实”专题教育有序推进。严格按照上级要求，认真查摆问题，开展党性分析，开好组织生活会，边查、边整、边改，全面梳理“三个清单”（个人问题清单、单位问题清单、难题清单）。在全处范围内开展“守纪律、讲规矩、精业务、做表率”专题活动，确保“三严三实”专题教育不走过场，取得实效。“两个责任”有效落实。打造“碧海蓝盾”廉政品牌，形成组织、制度、教育、活动、监督“五位一体”的廉政保障体系。作风建设进一步加强。突出抓好重点领域专项整治。规范公务用车管理，完善派车制度，严格执行节假日期间公务用车封存制度，公车私用现象得到杜绝。对干部职工兼职、干部职工家属从事海事业务相关经营活动等行为进行了全面排查治理。

（罗　凯）

口岸工作

【概况】 2015年，潍坊市水运、空运口岸对外开放实现重大突破，口岸吞吐量在全省外贸增长乏力的严峻形势下逆势而上。全年潍坊港口岸外贸吞吐量81.48万吨，同比增长14.83%，高出全省12.11%，增幅居全省第一；出入境船舶374艘次，同比增长17.2%；集装箱吞吐量19.18万标准箱，同比增长10.86%。2015年度，单位被政府荣记“集体二等功”。

【口岸开放】 潍坊港3个2万吨集装箱泊位对外启用。2015年年初，潍坊港中港区3个2万吨集装箱泊位列入山东省年度口岸开放计划，按照海关A类监管标准设计建设。10月底，相关口岸基础及配套查验设施基本竣工，并于11月3日组织国家驻潍查验单位进行了预验收。12月21日，一次性通过了省政府组织的对外启用验收。

潍坊机场顺利实现临时对外开

2015年9月23日，潍坊南苑机场实现国际航班首航　（供图：市民航局）

放。潍坊机场临时对外开放工作是2015年度政府工作报告确定的一项重点任务，按照市政府第三十八次常务会议要求，认真做好查验设施清单制定、申报文件上报、通关查验保障方案实施、国家及驻鲁相关查验单位复函、国家口岸办批复、对外开放验收筹备等各项工作。8月3日，经国家口岸管理办公室批复，同意临时国际客运包机从潍坊机场进（出）境。9月，顺利开通了潍坊—大阪、潍坊—仁川两条国际临时包机航线。首届中日韩产业博览会期间，共执行国际航班18架次，运送出入境人员584人次。潍坊从提出申报机场临时对外开放到获得国家正式批复用仅仅用时8个月，从筹备临时开放验收到通过验收仅仅用时40天。这两项工作的用时，均创造了全国空运口岸临时开放申报工作的最快纪录。

【口岸建设】 口岸通关软、硬件环境日益完善。与省电子口岸项目顺利实现对接。2015年年初，省政府确定青岛、威海、潍坊、东营四市为“全省电子口岸建设试点城市”。市政府对此高度重视，将“积极参与省电子口岸建设”列入潍坊市2015年政府工作报告及全面深化改革任务重点事项之一。按照省电子口岸建设方案要求，积极做好相关对接工作，并承办了全省电子口岸对接工作会议。9月上旬，潍坊港生产作业系统与省电子口岸平台对接成功，方便了进出口企业报关报检申报，提高了工作效率，圆满完成电子口岸年度建设任务。潍坊港口岸查验及配套设施日益完善。截至2015年年底，新建的外贸临时监管货场、口岸监控及综合业务网络（二期工程）项目先后完成竣工结算并投入使用，潍坊港的口岸功能和监管服务体系更加完善，达到了全省先进水平。

【口岸管理】 超前谋划空港口岸发展。在对市内（外）机场、运输企业、旅行社等相关单位深入调研的基础上，撰写《走差异化发展路子，开创国际航空货运新局面》的调研报告，全面分析潍坊市开通国际航空货运业务的有利条件和不利因素，有针对性地提出具体对策和建议。为切实加强潍坊机场对外开放后的运行管理，促进机场各口岸单位的协调配合，确保航空口岸安全、高效、有序运行，根据国家有关规定，结合潍坊机场实际，起草制定了《潍坊市航空口岸管理暂行办法（讨论稿）》。

（简建伟）

邮　政

【概况】 潍坊市邮政管理局于2012年10月25日正式成立，下设办公室、普遍服务科、市场监管科3个科室，实行“中央和地方双重管理、以中央为主”的管理体制，邮政业务、机构编制、干部、财务等以上级邮政管理部门管理为主。潍坊市邮政管理局主要职责为：贯彻执行国家邮政法律法规、方针政策和邮政服务标准，研究拟订本地区邮政发展规划，监督管理本地区邮政市场以及邮政普遍服务和机要通信等特殊服务的实施，负责行业安全市场监管、统计等工作，保障邮政通信与信息安全，承办上级邮政管理部门和地方人民政府交办的其他事项。

【行业发展】 全市具备经营快递业务资格的法人企业及分支机构160余家，服务乡村、街道、社区的快递营业网点1500余个，邮政业服务经济社会发展的基础性支撑作用愈加凸显。全市邮政业业务收入（不包括邮政储蓄银行直接营业收入）累计完成12.67亿元，同比增长26.18%；业务总量累计完成16.22亿元，同比增长68.97%；快递服务企业业务量累计完成6141.81万件，同比增长106.32%；业务收入累计完成7.12亿元，同比增长51.64%。

【行业安全监督】 严格落实企业安全生产主体责任，落实快递实名制等“三个100%”（即收寄验视、实名寄递、过机安检）制度，夯实企业安全生产基础。建立健全行业安全监管机制，成立9部门组成的邮政业安全监管领导小组，将行业安全纳入潍坊综治范畴。加强行业安全管理规范化标准化建设，深入开展企业安全生产标准化建设活动。督促寄递企业建立健全安全生产组织管理体系，组织开展行业应急演练，行业应急管理机制基本完善；借助社会力量保障行业安全发展，社会监督实效不断提高；成立申诉中心，督促企业改善服务质量，提升服务水平；充分发挥协会桥梁纽带作用，进一步强化企业交流和行业自律。

【行业规范】 推动非公企业党建工作，成立行业机关党委。建立健全依法行政工作机制，完善政府法律顾问制度，促进全系统依法行政能力和水平的提升，健全重大行政决策组织保障；落实《快递业务经营许可工作优化方案》，优化许可备案流程。

【发展环境优化】 推动潍坊市政府出台《关于促进快递服务业健康发展的实施意见》，推进快递物流园区建设，将邮政行业作为一项“民生工程”，着力提升行业服务水平。开展定期普遍服务检查工作，保障人民群众享有邮政普遍服务。加强快递服务质量管控，切实维护消费者合法权益。服务地方经济社会发展，连续3年被评为“支持潍坊发展突出贡献单位”。

（刘文帅）

中国邮政集团潍坊分公司

【概况】 中国邮政集团公司潍坊市分公司是原潍坊市邮政局更名而来，2015年7月1日正式挂牌。现下辖10个县（市、区）分公司及1个城区分公司，260处城乡支局（其中金融综合类231处），另有5000处邮政便民服务站，是潍坊市最大的服务网络，担负着全市普遍服务和特殊服务任务。汽车邮运总里程5335公里。市邮政集团公司、青州分公司、坊子分公司继续保持“省级文明单位”称号。临朐县柳山支局、青州市朝阳支局分别被评为“山东省工人先锋号”“潍坊市工人先锋号”；城区新华路支局被评为“山东邮政系统先进集体”“省级青年文明号”；临朐县分公司陈晓洁被授予“富民兴潍劳动奖章”，安丘市分公司刘金明、临朐县分公司王延云被授予“山东省邮政系统先进个人”称号。积极参加社会公益活动，开展爱心包裹寄递、“留守儿童之家”建设等活动，发起成立了潍坊市直邮协会。在省级以上媒体发稿近300篇。

【邮政业务】 潍坊市邮政业务包含三大板块、170余种产品，涵盖金融、保险、证券、电商、汇兑、函件、包裹、集邮、物流、速递等多个领域，形成了集实物流、资金流、信息流于一体的服务网络，初步建成以信息化为引领、覆盖城乡、功能齐全的邮政综合服务平台，在保障公民基本通信权利，忠实履行普遍服务和特殊服务任务，深入服务民生、服务“三农”，促进潍坊经济和社会文化发展等方面发挥着重要作用。2015年，业务收入完成省公司预算101%，同比增长7.6%。全年目标利润完成省公司预算101.4%，全市人均劳动生产率同比增长13.6%，储蓄余额规模由年初的全国53位提升至43位。5月，余额净增列全国343个地市第1位。全年金融总量增长绝对值列全省第4位；完成省公司计划的147%，完成计划和同比多增均列全省第1位。

【邮政服务】 按照集团公司、省公司统一安排，开展了服务质量提升和经营、财经纪律专项整治等活动，及时处理客户投诉，完善各类规章制度，加大监督检查力度，服务质量得到较大提升。重点针对金融风险点和信访多发点，强化管控，及时处置，化解矛盾。邮政服务综合满意度在2014年提高1.4分的基础上，2015年社会综合满意度得分92.6分，再次提高0.8分。积极履行社会责任，主动落实普遍服务要求，积极与市邮政管理局做好沟通协调，完成21个网点迁址手续办理。加强网点基础管理，提高投递、营业人员素质，履行普遍服务能力进一步增强。全市网络运营质量得分100分，邮件全程时限达标率98.8分，均高于省公司标准。机要通信连续11年质量全红。严格执行《通信服务质量奖惩考核管理办法》。加大各类安全隐患排查力度，确保规范经营和基础管理能力不断增强。全年无安全生产事故和资金案件发生。

【硬件能力建设】 在省邮政集团公司支持下，年投入资金1亿元以上，占全省邮政总投资额的1/7。翻建、装修网点78处，建设新邮件处理场地、机要场地、分销仓储中心、“三农”直营店、买卖惠示范店等工程41个。投资650万元，配备汽车65辆、三轮车80辆。潍坊二级邮区中心局获集团公司批复，计划建设占地10公顷，一期投资超2亿元的大型邮件处理和物流集散中心。市政府已将邮政设施专项规划纳入全市城乡建设控制性规划。

【公司工会工作】 在2014年员工年平均收入增长12.84%的基础上，2015年，人均收入又增长23.14%。投资200余万元，在新装修改造网点同步建设职工小家，彻底改善员工生产生活条件。关心员工身体健康，市公司工会组织783人（含离退休人员）进行健康查体。深化民主管理，员工综合满意度得分95.9分，全省排名第3位，为潍坊邮政近十年来最高。先后组织篮球赛、演讲比赛、消夏晚会、首届田径运动会等活动，荣获“全省营销员职业技能竞赛团体总分第一名”“全省营业服务风采大赛营业服务礼仪展示一等奖”。

【党建工作】 坚持“抓党建，促发展”的总体思路，组织选派85名党员到支局任党代表，解决支局党员空白点问题。以“三严三实”专题教育为抓手，经常性组织政治理论学习，市公司党委组织各类党课及理论学习13次。抓好对各项考核检查发展发现问题的整改。进一步加强制度建设，下发各类规范性文件20余个。强化执纪问责，及时对违规违纪领导干部进行党纪政纪处理。多措并举，推进党风廉政教育和廉政文化建设，开展廉政谈话30余人（次），组织293人参观潍坊监狱。市、县两级公司党委均按要求召开民主生活会，开展批评与自我批评，增强党组织向心力，保障和推动工作开展。

（张元亮）

中国移动潍坊分公司

【概况】 中国移动通信集团山东有限公司潍坊分公司下设13个分公司，现有员工2000余人。在助力全市经济可持续发展的同时，以自身技术、网络优势推动“智慧城市”建设，满足了社会需求，实现了企业与客户价值的双赢。公司先后获“省级文明单位”“山东省十佳敬老企业”“2015年度人力资源社会保障诚信示范单位”等称号。

【移动城乡服务】 截至2015年年底，全市移动用户数量已超过700万户，公司综合绩效考核连年名列全省前茅。近年来，公司每年都投入近10亿元用于移动通信网络的扩容建设。目前，全市共建成移动通信2G、3G、4G基站7000余个，网络覆盖率达到了99.9%，各项网络指标综合排名均保持全省第一，网络质量整体保持领先。目前，全市已建村级移动业务代办点12000余处，实现了“镇镇有营业厅、村村有代办点”，形成了自办营业厅、合作营业厅、专营店、村代办点等多种形式的完善的营销服务网络，极大地方便了客户。

【打造精品移动网络】 潍坊移动积极落实“宽带中国”“互联网+”国家战略部署，响应国家“提速降费”号召，加快光纤网络建设，大幅提高网络速率，有效降低网络资费，不断提升服务能力，努力打造社会肯定、市场认可、用户满意的精品网络。截至2015年年底，移动有线宽带用户已超过40万户，家庭带宽已达50M。

公司始终秉持“客户为根、服务为本”的服务理念，充分发挥“发现者、监督者、推动者、助力者”的“四者”作用，通过落实“服务考核”“责任追究”机制，建立健全预警通报等措施，不断提升客户的满意度、忠诚度。2015年，公司综合满意度列全省第2位。

【移动合作服务】 与潍坊市司法局共同推广“社区矫正”系统，促进了社会治安的稳定。与潍坊市卫计委合作开展“全市医院分娩专线”项目，有利于提高人口出生数据统计监测的准确性、及时性，推动出生人口性别比综合治理工作健康有序发展。与昌乐县教育局合作推广“家园教育——幼视通”系统，丰富了幼儿园与家长的交流渠道，提高了幼教系统的信息化建设。与市工商局全面推出“在线即时监督监测和移动执法工作系统”。与潍坊市环保局合作推出移动视频监控系统，提供了掌握全市环境状况的第一手资料。借助移动专线VPN认证、MAS、移动4G手机等技术和产品，潍坊供电公司成功建立起电话、短信、“电力E行”手机客户端、微信、支付宝、有线电视六位一体的“智能互动服务平台”。通过该平台，可实现电费余额查询、用电提醒、自助缴费、用户资料即拍即传、维修派单手机导航等功能。与潍坊市气象局开展合作，对全市60个用于实施人工降雨的炮点接入视频监控专线，实现对炮点的远程监控，提升了气象部门的信息化管理应用水平。与公安部门合作开展“移动卫士通”物联网防盗工程，提高电动车、摩托车的防盗系数。与潍坊市水利部门合作建成“水利通”平台，可实现移动办公、远程监控、野外巡检以及现场调度等功能。为市质量技术监督局搭建移动办公系统、“12365”短信平台、门户网站，提供信息发布平台，提升单位社会形象。公司搭建“平安校车”4G视频监控系统，与诸城市、寿光市、潍城区的校车管理部门全面合作，借助4G网络，系统可实现学校对校车运行的实时监控、远程调度、轨迹回放，家长可通过手机查看校车运行实时图像，及时收到孩子上、下车信息提醒。与山东平安消防工程有限公司合作开发推广“平安消防监督管理系统”，可实现消防设施信息管理及查询、维保任务自动生成、维保执行情况现场报告、维保结果自动研判、火灾报警器件实时监控、地图导航等功能。与潍柴动力签署战略合作意向书，双方在物联网、专线、IMS等信息化业务中进行深度合作，并在智能制造和工业4.0发展方面开展探索实践。

（李盼伟）

中国联通潍坊分公司

【市场经营能力有效提升】 移网业务坚持真实发展、效益优先的原则，保持了高速增长。宽带业务发展坚持光改与营销并重，综合竞争能力大幅提升，FTTH及WLAN用户同比增长21%。联通电视作为高速率宽带网络上的新型战略产品，规模得到了快速扩张。有效整合上、下游资源，在全国首次推出联通超级电视机“三模全网通”（是指将有线电视、OTT和IPTV有机结合集于一体，其中OTT是指基于互联网的视频服务、IPTV是指交互式电视）创新型产品。

【有效提升客户服务水平】 持续推进大服务体系建设，强化专业线服务协同，将服务问题解决关口前移至专业部门，努力把服务工作做细做实，服务质量综合评价指标位居全省第一位。装机、维修质量进一步提升，装机、移机、修机及客户感知指标位居全省第一位。

【进一步加强网络支撑能力】 WCDMA网络重点提升广度覆盖，覆盖率明显改善，移网基站建设进度位居全省第一位。建成了全省第二个“全光网络城市”，全市出口带宽达到700G。“光改实施中协同营销”和“布放皮线光缆标准动作”两个项目获“集团公司管理创新奖”。全面开展机房整合工作，在全省率先完成235个乡（镇）支局机房的整合工作。建立“潍坊国防光缆”微信公众号，及时发现和清理违规侵占资源行为。完成铁塔资产的清查和账面交接工作，在全省率先完成维护线一体化服务调度支撑体系的组建，取得了良好的管控效果。

【全面改善运营管理效益】 强化预算资源管理，率先在全省进行全支出大数据效益分析，在全省实施内外联动，开展内部财经纪律检查及基层财务规范性检查。全面质量管理工作取得突破性进展，荣获通信行业、集团和省级“优秀QC小组”称号。集中采购和公开招标力度不断加大，内部商城应用再上新台阶。

【党风廉政建设】 坚持发展和党建两手抓，开展了办公用房面积、经商办企业和超标乘坐交通工具等专项治理，对领导人员有关情况进行登记。扎实开展“三严三实”专题教育，组织专题学习研讨和党委述职。认真落实主体和监督两个责任，纪检监察工作深入开展，通过加强专项治理、内部约谈等多种方式，加强监督执纪问责。

【不断巩固和谐发展局面】 坚持问题导向，做实、做细调查研究，经营生产带班工作趋于常态化，全面提高服务、管理和支撑水平。发放“总经理奖励基金”，鼓励员工自主创新。组织“员工一日游”“健步走”等一系列活动，切实将员工减压、减负落到实处。离（退）休、内退人员管理和服务工作进一步加强，员工帮扶和送温暖活动深入开展，信访维稳工作得到强化，安全生产形势保持稳定。

（徐　娜）

无线电管理

【科学统筹配置频谱资源】 按照“统一规划、合理开发、科学管理、有偿使用”的原则，加强无线电频率资源管理，统筹辖区内各行各业频率需求，合理配置无线电频率资源，切实加强新常态下无线电频率台（站）的规范化、科学化管理。严格遵守国家频率管理的有关规定，按照新版《中华人民共和国无线电频率划分规定》和频率指配权限科学指配，合理使用。在国家规定的业务频段范围内，全年共指配频点和呼号108个。

【无线电台站及无线电设备管理】 截至2015年年底，全市拥有各类无线电台（站）数量为12509部。全年检查设台单位241家，检查设台单位占比为39.6%。为加强业余电台的管理，10月17日，举行了“第三届业余无线电台操作技术能力验证考试”工作，全市共197人报名参加A、B类验证考试，通过率为82%。针对公安部门设台影响公众网蜂窝基站通信质量问题，12月23日，召开了公众网基站建设管理工作座谈会，就公安部门设台减少对公众网蜂窝基站影响提出了具体要求。全年共核发电台执照504个，换发电台执照599个，验证10933个，全部完成了电台执照换发及年审工作任务。

【开展无线电频率使用情况核查】 根据省无线电管理办公室《关于开展全省无线电频率使用情况核查专项活动的通知》要求，研究制定了《潍坊市无线电频率使用情况核查专项活动实施方案》，有序开展无线电频率使用情况核查专项活动。共检查、抽查设台单位80家，审验电台执照3000余个，清理无线电频率21个，清理电台255部，共整理查找设台单位档案300余个，查明频率批文221份，分别对公众移动通信频段、230兆赫数传频段、广播电视频段、3400～3600MHz、12.25～14.5兆赫频段进行了监测，并将监测结果与频率台站数据库进行比对，全面核实频率使用情况，提升频率台站管理质量。

【开展打击治理“黑广播”专项行动】 根据山东省新闻出版广电局、山东省公安厅、山东省无线电管理办公室、山东省扫黄打非工作领导小组办公室《关于开展打击非法广播电视台专项行动的通知》文件要求，以市无线电管理办公室、市文化广电新闻出版局、市文化市场综合执法局、市公安局和市“扫黄打非”工作领导小组办公室五部门的名义联合下发《关于开展打击非法广播电视台专项行动的通知》，积极配合做好“黑电台”违法犯罪信息的收集、报送和查处打击工作，根据监测监听和群众举报情况，组织行政执法人员和技术骨干共查处黑广播33台，有效打击了擅自设置使用行为，有力地震慑了违法犯罪分子，维护了人民群众正常收听广播节目的权利。

【群众投诉和无线电干扰排除工作】 全年，共办理市长公开电话受理事项652件，所有投诉均得到了有效回复，回复率、完结率均达到了100%，投诉人满意度也稳步提升。受理的无线电干扰投诉案件共有26起，涉及驻潍空军某部、民航局、潍坊广播电视台以及社会的方方面面，干扰信号被迅速排除，得到投诉单位及群众的一致好评。

【无线电安全保障工作】 圆满完成“第32届潍坊国际风筝会”“第五届中国画节•中国（潍坊）第八届文化艺术展示交易会”“第16届中国（寿光）蔬菜科技博览会”“第二十一届鲁台经贸洽谈会”等在潍坊举行的各项重大活动期间的无线电安全保障任务。参加了研究生入学考试、高考、司法考试、会计师资格考试、医师资格考试、公务员录取考试等各类考试保障20次，出动150余人次，会同考试组织部门、公安部门查处作弊案件1起，压制作弊信号19起。

【基础设施建设】 坚持高标准、高质量完成潍城航空站、监测控制中心的建设改造任务。截至2015年年底，已建设完成3个Ⅱ级、4个Ⅲ级、2个Ⅳ级固定监测站和2个移动监测站，其中固定站分布在滨海经济技术开发区、昌邑市、高密市、诸城市、峡山生态经济发展区、青州市、临朐县、奎文区8县（市、区），达到了覆盖潍坊港、机场、峡山水库及重点县（市、区）城区的无线电监测能力。

（王桂江）

建设·环保

Jianshe Huanbao

城镇化发展

【概况】 全市常住总人口为927.7万人，常住人口城镇化率达到55.8%，同比增长2.23%。

【发展布局优化完善】 市、县城镇化发展规划形成成果，《潍坊市城镇化发展规划》通过专家评审，城镇化发展布局进一步优化。完成示范镇总规修编以及农村新型社区布局、基础设施、生态景观、产业发展等规划编制，科学合理布局生产、生活、生态空间。完善新型城镇化政策支撑体系，注重政策引导，印发了《2015年新型城镇化工作要点》，将城镇化“244”（即完善“两个体系”，协调推进“四个层次”，夯实“四个基础”。完善“两个体系”：完善城乡规划体系，完善现代产业体系；协调推进“四个层次”：强力提升中心城市，顺应县级城市扩展态势，差异化发展小城镇，推进新农村建设；夯实“四个基础”：深化农村产权制度改革，加强基础设施建设，夯实社会基层管理基础，强化生态环境保护）工程具体化和项目化。制定了《潍坊市新型城镇化六项行动实施方案》，确定了2015～2017年各项行动的任务目标、工作措施和责任分工，依据重点任务和保障措施分工，建立城镇化行动项目库，明确项目具体内容、落实措施、完成时间和责任单位，抓好项目实施，确保各项行动实施方案按期完成。

【城乡统筹均衡发展】 “1866”城镇体系清晰，1个中心城市、8个县城、62个小城镇和663个农村社区层次分明，优势互补，协调发展。提升市区战略扎实推进，着力提升“六大服务功能”（提升市民教育、健康医疗、文化创意、信息网络、物流商贸、金融资本），全面落实促进房地产业健康发展的各项政策，大力发展平台经济，加快工业设计中心、中国食品谷、地理信息产业园等平台建设，实施“智慧潍坊”建设工程，全面推进绿色低碳城市建设，深入开展“211绿色低碳建筑行动”，中心城市辐射带动能力进一步增强。县级城市发展势头强劲，各县（市）调整战略规划，加大基础设施建设力度，提升教育、医疗等公共服务水平，人口和产业集聚能力持续增强，4个县（市）入围“全国百强县”。小城镇发展特色更加鲜明，有17个“全国重点镇”和“省级示范镇”，14个镇地方财政收入过亿元，2个镇进入全省前十强，打造5个特色镇样板，探索新型城镇化与现代农业融合发展的路子，发展特色产业，编制了《潍坊市新型城镇特色风貌研究》，定位小城镇特色风貌和建筑风格。农村社区建设稳步推进，基本实现公共服务全覆盖，建成农村新型社区208个，培育发展社会组织2017个，农村社区已全部建立经济社会组织，诸城市“多村一社区”模式在全国推介；在“两河”流域布局建设64个农村新型示范社区，2015年～2016年，重点建设27个示范社区，制定了示范社区建设标准，引导普及星级绿色建筑，建设与“两河”风貌相融合的生态宜居社区；市级落实66.67公顷新增建设用地指标，对27个社区项目进行启动用地奖励，加快推动项目建设；积极争创“省级农村新型示范社区”，全市有10个新型社区入选。

【生态环境持续改善】 持续开展扩绿增绿，南部山区荒山绿化扎实推进，封山育林，退耕还林，维护山水自然地貌，已完成近7333.33公顷；实施水环境治理，市区形成20余平方公里的水系生态景观，推进潍河、弥河等市域河流生态修复，打造北方水网城市。开展“三八六”环保行动，实现城区及重点镇区污水全部收集处理、城区再生水全部回用、城乡环卫一体化全覆盖，进一步扩大市区“禁燃区”范围，“蓝天白云、繁星闪烁”天数达到234天，列全省第五位。开展了“6+X”（即“6”就是强制推行太阳能光热建筑一体化、墙体保温材料与节能门窗、供热分户计量装置、节能照明产品、地源热泵新技术和绿化率达到35%以上，“X”就是根据实际，应用太阳能光伏与LED结合照明系统、太阳能与地源热能结合系统等8项新技术）低碳社区建设，被授予“国家可再生能源建筑应用示范市”“中美低碳生态城市试点市”称号。

【发展活力不断增强】 一是深化农村产权改革，推进“一改二动三集中”（一改：农村产权制度改革；二动：

人口的自主流动和要素的自由流动；三集中：土地向新型经营主体集中，人口向城镇和社区集中，产业向园区集中），组建了齐鲁农村产权交易中心，办理涉农产权交易1300余宗，流转土地面积2000公顷，促进农村要素资源顺畅流动、农业人口转移。二是深化户籍制度改革，出台《关于进一步推进户籍制度改革的意见》，全面放宽农村人口进城落户政策，降低市外人口进城落户条件，推进符合条件农业转移人口落户城镇。三是创新投融资机制，在全省率先组建金融控股集团，成立潍坊市再担保公司，建立路演中心等资本运作平台，与平安银行总行签署协议，成立规模50亿元品牌农业发展基金和30亿元蔬菜产业基金。与省建行签署城镇化战略合作协议，发放贷款约100亿元。引导歌尔、福田等企业和城市资本下乡。四是基层政权管理服务水平明显提高。在26个镇开展了“扩权强镇”试点，将24个部门、单位的91项权限，共计1189项下放到试点镇，进入镇便民服务中心，实现“一站式”服务。2个镇获批“全省行政管理体制改革试点镇”。全市城市社区综合服务设施覆盖率达到100%，基本公共服务延伸到95%的社区，市区“小区业委会”组建率达到80%。五是强化产业发展支撑，抓好“1669”（即大力发展品牌农业；加快培育六大战略性新兴产业，即电子信息、生物医药、节能环保、智能装备、新能源汽车、海洋动力装备；改造提升六大传统优势产业，即机械装备、汽车制造、石化盐化、纺织服装、食品加工、造纸包装；做大做强九大现代服务业，即总部经济、创意设计、现代物流、金融服务、健康养老、休闲旅游、信息消费、服务外包、社区服务）产业体系发展，加快推进腾笼换鸟、转型升级，建立百亿级工业产业集群，现代农业园区发展到912个，“三品一标”（无公害产品、绿色农产品、有机农产品，农产品地理标志）数量达到1113个，居全国同类城市首位；乡村旅游大突破，省级旅游强镇达到32个，特色村33个，农业旅游示范点40个。

（孙　凯）

城市规划

【概况】 2015年，潍坊市规划局紧紧围绕全市“突破滨海、提升市区、开发‘两河’”和推进新型城镇化的战略布局，立足发展转型，着眼改革创新，注重规划引导、规划统筹、规划策划、依法行政、规划服务“五个能力”提升，较为圆满地完成了各项任务目标。规划工作走在了全省规划建设系统和市直部门的前列，荣获“2015年度全市科学发展综合考核优秀等次”；在省住房和城乡建设厅组织的“2015年度山东省优秀城乡规划设计成果”竞赛中，潍坊市获得5个一等奖，在17地市排名第一，获奖总数位居全省第一。起草《中共潍坊市委、潍坊市人民政府关于实施规划提升工程促进中心城市科学发展的意见》，明确“十三五”期间规划工作思路。

【重要规划编制】 注重规划成果系统化建设，强化规划前瞻性，提升规划引导能力。一是加强规划战略研究。委托中国城市规划设计研究院上海分院编制了《潍坊市2048战略发展规划》，深入研究建市100年时城市新的内生动力和发展活力，提出了“环渤海南岸大型群组城市、环渤海区域交通物流枢纽、高端制造业基地”和“山东省第三极”等发展目标；委托新加坡刘太格团队编制《潍坊市概念性空间发展战略规划》，预测城市发展的终极形态、空间定位与方向格局。二是积极推进总体规划深化与报批工作。2015年9月，完成总体规划深化完善。2015年12月，上报住房城乡建设部并通过审查。三是编制相关专项专业规划。编制了《潍坊市域综合管廊规划》《潍坊市中心城区道路网规划》《潍坊火车站周边地下道路系统详细规划》《潍坊市区加油站布局规划》《潍坊市水网生态绿化规划》《潍坊市区电动汽车充电桩（站）布局规划》《城市家具与导向系统规划》《城市色彩规划》《历史文化名城规划》《白浪绿洲生态旅游带专项规划》，着力提升市民生活品质。编制《中心城区河道联网暨生态修复规划》，梳理城区所有河道，增加人工河联通，该规划获“2015年度山东省优

市委书记杜昌文（右二），市委副书记、市长刘曙光（右一）听取中规院李晓江院长汇报《潍坊市域2048战略发展规划》及《潍坊市域空间功能布局规划》阶段性成果

（供图：刘昆鹏）

2015年11月10日上午，刘曙光市长（左一）听取了新加坡雅思柏设计事务所董事刘太格先生关于《潍坊市概念性空间发展战略规划》第四轮成果的汇报　（供图：张明杰）

秀城乡规划设计成果”竞赛一等奖。四是完善城市设计。组织编制白浪河城区段、北海路中段、市政府周边、食品谷核心区等重要片区城市设计，其中，白浪河城区段城市设计已于6月8日经市政府批复。组织编制《潍坊市重点医疗机构及周边配套区城市设计》，提出了争创国家健康医疗养老示范区的设想。

【统筹区域发展】 围绕全市中心工作，构筑“大规划”格局，提升规划统筹能力。“提升市区”方面。从城市生态、基础设施、生产生活等方面，强化规划对提升市区的引领作用。编制了《中心城市（2650平方公里）水系生态规划（2014—2020）暨近期建设计划》《潍坊市自行车绿道规划》《中心市区交通基础设施规划》《潍坊市城市步行和自行车交通系统规划》《城区停车场专项规划》等专业规划，制定了《中心城市圈三年绿色行动计划（2015—2017）》，出台了《中心市区城市社区公共服务设施提升工程实施方案》，统一了各区（含市属开发区）社区提升标准,原则上一个社区建设一个3000～5000平方米的服务中心。形成了《政府储备地阶段性开发利用初步规划》《中心城区建设综合用地规划管理实施办法》。对潍坊市中心城市市级医疗机构规划建设情况进行了调研，并形成调研材料，为打造潍坊健康城奠定了基础。“突破滨海”与“开发‘两河’”方面。组织编制了《滨海海洋经济新区区域规划（2013—2030）》，积极推进《潍坊市现代物流基地规划》《潍坊渔港经济区港口总体规划》等与突破滨海密切关联的规划，较好的指导了滨海新区的建设。其中，市政府于2015年10月15日正式批复《潍坊渔港经济区港口总体规划》。编制了《“两河”流域综合开发和保护利用总体规划》和《“两河”流域城镇体系专项规划》，并依托“两河”流域周边村镇，开展了新型城镇化的规划试点工作。城乡一体发展方面。积极对接省住建厅，协调8县（市）的城市总体规划修编调整。其中，寿光市是全省第一个总体规划通过专家评审的县级市。完成了省级示范镇的总体规划修编、控制性详细规划编制及相关专项规划编制工作。编制了《潍坊市农村新型社区和新农村发展规划（2015—2030年）》《潍坊市农村新型社区规划建设技术导则》，科学指导全市农村社区健康发展；组织开展了全市村、镇历史文化遗存保护与利用的调研，并制定出台了《加强村镇历史文化遗存保护与利用实施意见》。先后开展了特色镇、街区、社区、村庄等方面的规划试点。启动了建制镇“三规合一”（即将国民经济和社会发展规划、城市总体规划、土地利用规划中涉及到的相同内容统一起来，并落实到一个共同的空间规划平台上）规划编制试点工作。

【重大基础设施策划】 超前研究对城市影响深远的重大基础设施，提升规划策划能力。一是争取京沪高铁东线途经潍坊市区。在省内相关地市竞争异常激烈的形势下，市规划局早关注、早介入、早汇报，邀请全国铁路网规划编制单位铁道第三勘察设计院集团有限公司（以下简称铁三院）的主要领导到潍坊市对接，先后多次跟随市领导赴北京、天津与铁路总公司、铁三院进行沟通汇报，详述经潍坊线路方案的综合优势。经过努力，上报国务院的规划成果已将途经潍坊方案作为首选方案，路由也由途经潍坊市域西的直线调整为经由滨海区到潍坊市区，增设了寿光北站、滨海大学城站、安丘北站、诸城西站等。将来，济青高铁、京沪高铁（东线）两条国家层面的铁路大动脉，以及潍莱高铁在潍坊市高铁枢纽站交汇，成为拥有五个方向的高铁综合枢纽。这将重塑潍坊在全省乃至华东地区交通枢纽地位，为潍坊市城市发展带来强大动力。同时，委托铁三院编制《潍坊市域中长期铁路网规划及东营至临沂（日照）铁路方案研究》；结合高铁行业发展趋势，率先在国内提出了打造“高铁物流枢纽”的目标；开展编制了《济青高铁潍坊北站综合交通枢纽初步设计》《潍坊市高铁站周边区域控制性规划》。二是策划启动了市区快速路改造工程。对内环快速路的规划建设提前进行研究。前期委托南京城市交通规划设计院编制了《潍坊市中心城区内环快速路系统建设方案规划》，提出了中心城区“五横五纵”（“五横”：禹王北街、北宫街、健康街、宝通街、潍胶路，“五纵”：西环路、月河路、北海路、潍安路、杨瓦路）的快速道路网，并经2015年城市规划委员会审议，启动了快速路改造前期准备工作，2016年列入重点城建项目。目前，正在编制健康街（月河路—潍县中路）、月河路（仓南街—泰祥街）具体的快速路规划设计方案。先后组织座谈会、听证会，听取市、区两级人大代表、政协委员，专家学者，沿线利益相关群众、市民代表的意见建议。三是形成了中心城区至滨海快速通道改造及BRT（即大运量快速公交系统）方案。针对中心城区与滨海区之间交通不便问题，组织编制了北海路实施快速化改造的方案，大幅减少路口数量，并采用合理的交通组织方式减少左转车辆对交通连续性的影响；同时，提出设置BRT。目前，北海路快速通道提升主体工程、城海BRT项目已列入2016年市政府工作报告。

【规划法制化建设】 适应社会治理方式新变化，积极加强规划法制化建设，提升依法行政能力。一是强化法定规划的管控作用。一方面将影响城市长远发展的重点片区和重点项目所在区域（含市区周边独立街道）纳入城市总体规划用地范围内，为城市发展拓展合法用地空间，目前已提交国务院待批；另一方面推进中心城区控制性详细规划深化完善。二是严格依法行政。持续发挥法律顾问的作用，为全市规划部门提供服务；增强法规科室人员力量，加强法律法规和技术规范建设；2015年，组织听证会6次，规划听证工作常态化；处理行政诉讼案件3起，均胜诉，这些诉讼争论焦点主要集中在规划行政的法律依据、规划调整的法定程序、信息听证的法定时限、法定职责边界4方面。三是规范分局规划审批程序。对5个市属开发区实施统一的规划管理，依法理顺了市区规划体制。对9个分局去年的规划审批情况进行了专项督查，针对分局存在的专业技术漏洞、审批程序不规范等一些共性问题，制定相应改进措施。

【阳光规划】 树立共享理念，提升规划服务能力。一是积极加强规划信息化建设。较早地搭建了规划管理信息平台，实现了网上项目报建，信息化技术审查，审批流程可追溯。目前已在市局全面推行，实现了内网公开，并逐步在9个分局内实施，尽快实现外网面向社会公开，将审批过程置于公众监督之下。二是强化公众参与。通过报纸、网站、规划展馆、项目现场等渠道进行公开公示，征求市民意见。聘请19名规划社会监督员，受邀列席相关会议。开通微信公众号“潍坊规划”，及时发布规划成果，宣传规划先进理念。三是立足群众需求，着力改善民生。对市区幼儿园规划建设情况进行了初步调研；积极回应市民关切，起草了《中心城区居民私有住房翻建规划管理（暂行）意见》《中心城区既有多层建筑加装电梯管理（暂行）办法》《老旧小区停车设施改造规划（暂行）办法》《关于进一步规范建筑底层设置庭院的通知》；针对重点路段行人过路难问题，开展编制《城市重点区域人行过街设施专项规划》。

（徐永海　赵　瑾）

城市建设

【概况】 全市共计完成城市基础设施建设投资54.53亿元，其中，中心市区19亿元。全市人均道路面积29.80平方米，建成区绿化覆盖面积2.17万公顷，比上年分别增长0.44%、3.33%，其中，中心城市人均道路面积28.55平方米，建成区绿化覆盖面积7188.53公顷，比上年分别增长1.38%、0.11%。

【市政工程建设】 按照市政府“提升市区”工作要求，高标准新改扩建三里庄路及支路（胜利街—北宫街）、利昌路（东风街—安顺路）、卧龙东街（鸢飞路—虞河路）、宏伟路（福寿街—卧龙街）4项工程建成通车，累计通车6.8公里；着力打造绿色生态、低碳出行自行车绿道系统，逐步完善中心城区自行车绿道网络系统建

自行车骑行爱好者在白浪绿洲绿道骑行　（供图：刘雨东）

设。结合市政道路、河道整治等工程，同步建设自行车绿道，2015年共建成自行车绿道80公里。其中，新建白浪绿洲生态旅游带自行车绿道58公里，同时配建4处绿道驿站，实现了白浪河绿道全线贯通，并建有标准统一的绿道标识系统，打造了集运动、休闲、旅游等功能于一体的潍坊绿道“一号线”。卧龙西街（白浪河桥—玉清街）112根占道线杆全部迁改完毕，为市民出行及环境提升创造了良好条件。

【海绵城市建设】 按照“海绵城市”建设理念，对城市东南片区白沙河、张面河和麻沟河3条河流进行综合整治，总长度约28.9公里。截至2015年年底，张面河已完成东方路至胜利桥段车行道2.4公里，栽植乔木4800余株，栽植地被62000余平方米，现有工作面正在加快建设，麻沟河工程方案、施工图设计及工程量清单编制已经完成。项目建成后，将恢复已消失河道18.9公里，新增城市绿地280万平方米，全面改善城市东南片区25平方公里的水源和空气质量，形成“水系贯通、连片成网”的水系和生态绿廊。“白沙河综合整治工程”被省住建厅授予2015年度“山东省人居环境范例奖”。组织开展了“海绵城市”、综合管廊建设情况摸底调研工作，研究出台地方标准和技术规范，组织编制了《潍坊市海绵城市建设技术导则》，对海绵型道路与广场、建筑与小区、公园绿地及水系建设提供技术指导。

【老旧小区整治提升】 启动实施奎文区苇湾社区等18个、151万平方米老旧小区改造，重点做好设施完善、环境整治、外墙保温等方面改造，截至目前，15个老旧小区改造基本完成，累计拆除危房240户，改善了近5万名群众居住生活条件。潍城区齐家庄、蔡家庄2个小区立体停车库建成投用，有效解决了老旧小区停车难问题。潍坊市做法被国务院办公厅、省政府办公厅以《内参专报》等形式刊发，并在全省住房城乡建设工作座谈会上作了典型发言。

整治改造后的九龙社区家属楼　　（供图：刘雨东）

【房屋征迁】 提请市委、市政府成立了市级房屋征迁工作协调推进小组，统筹调度市区重点项目征迁进展。市政府出台了《关于依法加快推进市区国有土地上房屋征收与补偿工作的意见》，市中院出台了依法办理房屋征收补偿行政案件的意见和操作规程，制定了“裁执分离”实施办法，市住建局印发了依法征迁工作流程，依法规范征迁行为。各县（市、区）在实践中，创新探索了两轮征询、律师参与、公开听证、裁执分离等经验做法，积极引导被征迁群众依法解决征迁问题，取得了明显成效。全市共启动房屋征迁项目166个，涉及群众1.1万户，已完全拆除项目62个，完成征收5620户，腾出土地约655.67万平方米，没有发生一起越级上访或群体事件，走出了一条依法征迁、和谐征迁的路子。10月14日，省政府办公厅《省长专报》信息专题刊发了潍坊市依法征迁做法，省长郭树清做出批示，充分肯定潍坊市征迁经验，要求全省各地市学习借鉴。

（孙　凯）

住宅与房地产业

【概况】 全年房地产完成投资440亿元，同比增长6.2%；新开工960万平方米，同比下降5.8%；竣工920万平方米，同比增长3.7%。全市新建商品房网签13.1万套、1373.9万平方米，同比分别增长6%、11.6%，其中，市区网签6万套、682.9万平方米，同比分别增长13.2%、20%，成交量创近五年最高水平；全市完成房地产税收收入88.7亿元，同比增长14.6%，占地税总收入的24.5%，税收贡献率居第一位。

【房地产业转型升级】 提请市政府出台了《关于促进房地产转型升级健康发展的意见》，召开政策解读会进行宣讲，全面提振房地产市场信心。房地产业转型升级步伐加快，新增一级开发企业2家、二级开发企业5家，全年新开工建设装配式项目91.7万平方米，新建、竣工全装修项目各2个、75.2万平方米，新培育了北京公馆、卓信EHO国际社区2个智慧社区项目和阳光100创业园、恒易宝莲金融中心等5栋特色商务楼宇。鸿泰集团、华建铝业2

家企业被评为“省建筑产业现代化生产基地”，众城虞河生活城顺利通过“国家康居示范工程”终审。截至目前，潍坊市共创立了3个国家住宅产业化基地、8个省建筑产业现代化生产基地、1个省建筑产业现代化试点项目，先后培育了3个“广厦奖”项目、19个A级住宅性能认定项目、6个康居示范工程，数量均居全省前列。

【房地产市场管理】 完成了2014年房地产开发企业信用评价，共对市区461家开发企业信用等级进行了评定，并结合工作实际，修改完善了《潍坊市房地产开发企业信用评价管理办法》。对资质证书有效期期满未申请延续、连续两年无开发业绩和新项目、存在违法违规行为的开发企业进行了全面排查，全市共注销违规开发企业41家，降级5家，限售17家。开展了2015年市区房地产市场专项检查，共检查房地产开发企业465家、在建在售项目324个，查处各类问题35条，下达《限期整改通知书》20份，房地产市场秩序进一步规范。

【商品房预售监管】 市区共批准商品房预售46421套、541.8万平方米，其中商品住房34959套、411.7万平方米。办理预售资金监管备案199件，涉及商品房52907套、521万平方米，累计监管资金85.16余亿元。进一步规范商品房预售行为，查处商品房预销售环节、商品房预售资金使用等方面违法违规问题，下达《限期整改通知书》15份、《行政处罚决定书》8份。以7月1日起，市区全面启用预售资金监管系统，所有预售资金监管业务均通过系统办理；资金监管工作重心下移，将新建项目资金监管业务下放至区级办理；同时，制定印发了《潍坊市区商品房资金监管工作考核办法》，强化对各区资金监管工作监督考核。

【物业管理】 全市物业服务企业达到760家，从业人员6.3万余人，实施物业管理面积1.4亿平方米，物业管理覆盖率达到90.5%。全面落实住宅专项维修资金制度，完善使用程序，提高拨付效率，市区累计归集专项维修资金32.58亿，拨付使用2202万元。稳步推进物业质量保修金制度，加强房屋保修期内的维修管理，市区归集保修金6508余万元，累计余额2.74亿余元。开展了物业服务市场秩序专项整治年活动，98家企业被注销资质或限期整改。实施物业服务项目经理持证上岗制度，培训物业服务项目经理2000余人。

【房屋登记管理】 市区全年共计办理各类房屋登记17.3万件次。其中，办理房屋所有权证5.5万个、他项权证2.7万个；办理网上签约6万套、682.9万平方米；办理个人按揭贷款3.1万件、3.1万套、345万平方米，贷款金额96.4亿元；办理企业抵押登记241件，贷款金额124.1亿元；办理民间借贷登记197件，贷款金额2.1亿元；出具各类档案证明11.1万份。在全市开展“依法登记年”活动，依法取消“政府控房”政策，简化因赠与办理房屋、审验完税证明等部分房屋登记申请材料，进一步完善房屋抵押登记有关事宜等工作。推行新版《商品房买卖合同示范文本》，依法保护购房人的合法权益。深入开展进小区、进家门、进病房门“三上门”服务，为12个小区上门服务16次，现场办理房产证3200本，为老弱病残等特殊群众进门服务，送证270余次，取得了良好社会效果。认真做好领导干部个人房产信息核查工作，全年共完成查询6244批次、32441人次。

【住房保障】 全市开工各类保障房17984套，基本建成21092套，新增租赁补贴408户，分别占省下达任务的101.9%、225.5%、370.9%。提请市政府出台了《潍坊市公共租赁住房管理办法》，实现廉租住房和公共租赁住房并轨运行。着力打通商品房与保障房转换通道，全市共购买603套商品房作为公租房房源，加快消化市场库

植物园　　（供图：肖海军）

存，不断提高保障水平。组织开展全市棚改融资工作交流培训，积极争取政策性贷款支持，截至2015年年底，累计争取融资贷款113.44亿元；寿光市获批“全省首批棚户区改造利用农发行贷款试点县”。

（孙　凯）

城市管理行政执法

【便民工程】 总投资1.74亿元（其中市级投资1.1亿元，区级投资0.64亿元），组织实施了人行道（盲道）缺陷整治、自行车绿道整治、拆墙透绿、摊点（群）整治、经营性商亭整治、消防通道整治、电力设备综合整治、停车难治理“八项工程”。通过对人行道、盲道等进行维修，施划绿道标线，拆除各类围墙，规划提升便民摊点，整顿经营性商亭，改造电力工井，编制城区停车场规划，启动老旧小区停车位改造等举措，显著提升了市容秩序和城市容貌。

【园林绿化工作】 全面推进中心城区“拆墙透绿”工程，大力营造环境优美、统一协调的城市街道景观。坚持精细管理，不断提升养管水平，在持续干旱少雨情况下，积极组织开展抗旱保苗，全年累计出动车辆33961车次，浇水107.13万吨，累计栽植、补植乔木1245株，灌木173683株，地被31022平方米，栽植草、花7.5万平方米，约235万株，确保了城市绿化成果。完善病虫害防治四级网络体系，实行病虫害监测“周报告”制度，有效遏制各类病虫害的发展蔓延。组织开展以无偿供苗、送绿进社区等为主要内容的社会绿化活动，免费向社会供应绿化苗木2.5万株，使社会绿化成为城市绿化新品牌。

【环境卫生管理】 全面实行“以机吸为主，人工捡拾为辅”的保洁作业新模式，积极推行数字化在线监控管理新模式，实现了道路保洁“机械化、精细化、无缝隙”管理。下放道路保洁招标管理职能，完善监督考核制度，中心城区道路保洁管理体制进一步理顺。大力提升生活垃圾处理水平，全年无害化处理生活垃圾62万余吨，无害化处置率达到100%；沼气发电场运行良好，全年实现上网电量1400余万度；医疗废弃物无害化处理场全年处置医疗废弃物4380吨，处置范围基本上达到了全覆盖。潍坊市生活垃圾焚烧发电项目一期工程投入试运行，一期工程共完成投资5.86亿元，于11月27日正式投入试运行，实现并网发电，日处理生活垃圾1000吨，可实现每年上网发电1亿千瓦时以上。建成餐厨废弃物资源化利用和无害化处理项目，在建成年产生物柴油5万吨“地沟油”处理项目的基础上，再完成投资0.6亿元，新建成了日处理规模200吨的餐厨废弃物资源化利用和无害化处理项目，同步建立了规范化的餐厨废弃物收运体系，基本实现了中心城区餐厨废弃物无害化处理、资源化利用。深入实施“城乡环卫一体化”工作，逐步形成完善了“管理标准化、运作市场化、队伍专业化、机制常态化、发展产业化、经费统筹一体化”工作模式，农村环境面貌得到明显改善，全市17个县（市、区）“城乡环卫一体化”实现了全覆盖，市域137个镇（街）和8351个村（居）纳入保障范围。

【市政设施养护管理】 实施市区公共自行车系统优化项目，新增80个站点、2400辆自行车，满足新建路域、开发小区、城乡结合部群众需求。市区公共自行车系统达到1180个站点、32400辆自行车的建设规模，办卡用户39万，日均骑行量达到20万人次以上。组织维修主路面缺陷10100平方米，修补破损人行道98480平方米，整修盲道口537处、路牙石6100米。完成东风街等3条道路30万平方米和新华路等6条道路75.5万平方米沥青路面微表处工程，中心城区微表处理总面积达到200万平方米。开展人行道镜面花岗岩防滑处理工程，采用“火烧”工艺，对城区17.5万平方米人行道镜面花岗岩进行防滑处理，基本消除了城区主次干道人行道镜面花岗岩路滑伤人问题。对东风街10处公交港湾、6处渠化岛和胜利街5处渠化岛进行改造，解决了道路安全隐患，提高了道路畅通能力。对城区34座城市桥梁进行了常规检测，制定实施了养护计划，保障市民出行安全。

【城市照明】 实施路灯安装、照明设施安全隐患提升工程，积极探索运用合同能源管理模式（EMC），引入社会资本1200万元，实施宝通街、西环路半导体光源改造项目，在保证照明质量和不额外增加投入的前提下，对2条道路的1349基3608盏路灯进行节能光源改造，实现城区主干道半导体光源全覆盖。

【城市防汛和污水处理】 加强汛期城区检查井盖管理和维护工作，更换、维修、加固310余个井盖，全部采用“防偷盗、防坠落、防移位”的一体化“三防”井盖。对新华路（樱前街—玉清街）、文化路（清溪街—虞河）、虞河路（健康街—玄武街）等8个路段所有的排水管道（沟）进行彻底清淤，城区排水管网清淤工程全部完成。总投资4.3亿元的市污水处理厂迁扩建工程顺利完工，设计污水处理规模为20万吨/日，项目于11月10日进水调试，出水水质按照《城镇污水处理厂污染物排放标准》一级A标准排放，中心城区污水处理能力由现在的34万吨/日提升到44万吨/日，预计可满足未来10年中心城区污水处理需求，同步建设的中水回用工程和计划建设的白浪河11级提水工程，将有效保障白浪河上游湿地及城区河段的生态景观用水。扎实推进城市污水处理费征收管理工作，市级污水处理费征缴金额实现连年增长，征收突破8000

万元，达到8131万元，为城市排水治污工作提供了有力支撑。

【公用事业】 城市供水。为解决城市供水危机，启动黄旗堡地下水源地恢复工程，进一步挖掘地下水源；加快推进眉村净水厂管道取水工程建设进度；会同水利等相关部门做好水源保障，完成“引黄入白”工程建设，通过抽取水库死库容、四库串联工程向各水厂调水，全力做好抗旱保供水工作。完成城区城市给水和节水专项规划修编工作，并通过省住建厅专家组评审。市政府印发《关于加强中心城区自动售水机节水管理的通告》，对中心城区自动售水机设置使用、用水性质、水费计量及价格、尾水回收利用、监管职责等都做出明确规定。圆满完成“国家节水型城市”复检工作。城市供热。城区供热结构调整取得新突破。向市政府常务会提报并通过《关于开发潍坊发电厂供热潜能优化城区供热布局的工作方案》，委托专业机构编制《潍坊市中心城区供热专项规划》，市国有资产管理公司成立专门公司，负责城区高温水供热主管网的投资建设和后续的供热市场整合工作，启动供热主管网工程建设。不断加强供热监管。进一步修订完善《中心城区供热应急接管预案》，在500余个用于居民采暖的换热站安装了在线监控装置，供热期间，对换热站运行情况进行24小时监控，对锅炉、热网、换热站等主要供热设施进行全面检修，提前备齐维修设备和备品备件，全力做好供热服务保障工作。稳步推进供热管网“汽改水”改造。组织万潍热电、市热力公司开展蒸汽管网“汽改水”改造，在新华路、民生街等路段敷设热水管道14公里，置换蒸汽供热面积150万平方米，对城区300余座用于居民供热的换热站进行自动化改造，实现了换热站无人值守及远程监控，城区热水供热面积达到1300万平方米，城区供热保障能力有较大提高。城市供气。严格控制煤炭消费，加快燃气基础设施建设。市区和各县（市）、滨海、峡山开发区均修编了《燃气专项规划》；全市拆改小型燃煤锅炉总数达到538台，其中，城区禁燃区内分散燃煤锅炉拆改工作基本完成，累计拆改304台，总吨位1661.5吨/小时，其中改建天然气锅炉64台，其余锅炉用户分别接入城市供热管网或改用了清洁能源。2015年，对中心城区剩余的8000余户煤气用户全部进行了天然气置换，城区居民全部用上了天然气；全市燃气用户总数达到102万户，城市管道燃气普及率达到75%以上，半数乡（镇）实现集中供气，“煤改气”任务圆满完成。潍坊城区累计投资1.9亿元，改造燃气灰口铸铁管343公里，改造危旧户内燃气设施6万户，完成改造任务54.8公里，灰口铸铁管彻底退出城区燃气市场，从根本上消除了城市燃气行业的最大安全隐患。

【城市管理行政执法工作】 不断加强便民摊点群管理，对城区165处早市、夜市便民摊点进行清理整治、改造提升，实行规范管理；根据人流、居民居住情况和季节特点，探索设置43处应季瓜果摊点。全面加强城区重点区域、重点路段、重点部位和突出问题的综合整治，全年累计组织中日韩产业博览会餐厨废弃物集中整治、青银高速14号口萝卜摊点整治等集中或联合行动30余次，清理疏导各类占道经营1200余处，整治乱扯、乱挂等现象1600余处，清理乱贴、乱画小广告200余万处，维护了良好的市容秩序。建立完善户外广告设施综合管理信息平台，实施城区广告提升工程，对75处、8008.5平方米的“破、旧、丑”户外广告进行了拆除、整改和提升。不断提升城市管理案件处理质量，累计督查督办案件39.3万起（其中，市民来电21.1万件，巡查发现17.5万起，在线监测报警和市长热线等案件0.7万件），案件处置率和办结率均达到100%。

（孙　凯）

村镇建设

【加快小城镇建设提升】 重点突破，示范引领，差异化发展小城镇，全年完成村镇建设投资326亿元。培强示范镇。按照“一个市民广场中心、四个专项规划、六个体系”（“一个市民广场中心”：政务服务大厅、学校、医院、商贸综合体等围绕广场布局，为市民提供完备的基本公共服务。“四个规划”：编制镇域范围内的农村新型社区布局规划、基础设施规划、产业发展规划、生态景观规划。“六个体系”：建立农村产权交易体系、居民社会保障体系、市政管理体系、社区公共服务体系、金融服务体系、治安管理体系）的建设内容和标准，转变发展理念，提升规划建设管理水平。完成公共财政预算收入37.14亿元，同比增长23.8%，全省示范镇考核中，羊口镇、侯镇保持前10名，11个镇进入前100名。打造特色镇。以《新型城镇化与现代农业融合发展项目顾问报告》为指导，按照“双向吸引、城乡互动、一镇一业”的发展路径，打造5个特色镇样板；塑造城镇特色风貌，编制完成城镇特色风貌研究，确定74个镇街的发展定位、特色风貌和镇区建筑风格，引领打造城镇特色风貌，逐步形成一镇一特色、一镇一风格。青州市庙子镇、安丘市辉渠镇被评为“全国特色景观旅游名镇”。推进历史文化名镇建设与保护。加强对乡镇田园风光、传统村镇格局形态、民间工艺等资源的挖掘和保护，推进临朐县冶源镇等5个“省历史文化名镇”的保护与开发，弘扬传统历史文化，延续乡镇传统格局和历史文脉。

【抓好美丽乡村建设】 改善农村人

诸城市昌城镇河岔聚集融合区　　（供图：郭　良）

居环境，按照“三清四改四通五化”（“三清”，即清理粪堆，清理垃圾堆，清理柴草堆；“四改”，即改水、改厕、改灶、改圈；“四通”，即通路、通电、通自来水、通宽带网；“五化”，即硬化、净化、亮化、绿化、美化）要求，实施500个保留村庄整治提升，“城乡环卫一体化”实现全覆盖。建成7个镇、79个农村新型社区污水处理设施，各镇区和建成的新型社区实现污水集中处理。新建集中居住农房2.3万户，启动农村危房改造5592户。加强特色村落保护，深入挖掘各类特色村庄，积极申报纳入保护名录，临朐县寨子崮村、昌乐县土埠沟村等6个传统村落纳入保护名录，昌邑市西付村等10个村庄列为宜居村庄示范；编制传统村庄保护规划，加强原始风貌保护和文化传承，打造了青州井塘村、辉渠小麦峪村、下涝坡村以及临朐牛寨村等一批美丽乡村，为乡村旅游发展提供载体和空间。

（孙　凯）

农村社区建设

【概况】　全市规划建设663个农村社区，截至目前，累计建成208个，聚集人口50万人，打造了城镇化发展的基础载体。依托自然禀赋、文化传承，在“两河”流域布局建设64个农村新型示范社区，2015年～2016年，重点建设27个示范社区，制定示范社区建设标准，引导普及星级绿色建筑，建设与“两河”风貌相融合的生态宜居社区；市级落实66.67万平方米新增建设用地指标，对27个社区项目进行启动用地奖励，加快推动项目建设。积极争创省级农村新型示范社区，全市有10个新型社区入选。推动服务职能下沉，把与农民群众生产生活密切相关的公共服务与管理事项延伸到社区，纳入便民服务大厅集中办理，实行“一站式”服务。目前，农村新型社区志愿者达到8万余人，成立社区志愿服务队2000余支，培育发展社会组织2017个，农村社区已全部建立经济社会组织。

（孙　凯）

建筑业

【概况】　全市建筑业完成总产值898亿元，同比降低5.6%；实缴税金36亿元，同比增长14%。房屋建筑施工面积7583万平方米，同比降低7.9%，竣工面积2729万平方米，同比降低14.7%；对外施工产值48亿元，同比降低38.2%；代收养老保障金3.39亿元；建筑业劳动生产率29.8万元/人，同比增长2.1%。全年共创出“鲁班奖”工程1项、“全国建筑工程装饰奖”5项、“泰山杯”工程18项（含装饰）、省级新技术应用示范工程立项30项、省级工法48项。

【建筑市场管理】　全市共有建筑业企业1165家，其中总承包企业367家，专业承包企业548家，劳务分包企业250家；其中一级企业53家，二级企业278家，结构进一步优化。鼓励企业转型升级，全年晋升一级企业3家、二级企业8家，撤回企业资质42家，更换资质证书127家。强化建筑市场管理，完善建筑市场包靠督导和考核通报制度，共包靠督导在建项目224个次，提出整改建议260余条，下达行政执法建议书48份，有效规范了建筑市场秩序。

【质量安全监管】　严格落实工程质量终身责任，深入开展工程质量治理两年行动，持续治理渗漏、管线不通等4大类、12项住宅质量常见问题。狠抓建筑工程创优，寿光人民医院门诊综合楼项目荣获全国建筑工程最高奖——“鲁班奖”。加强安全监管力度，组织开展安全隐患专项检查4次，累计抽查工程2513个，发现并督促整改问题575个，切实消除质量安全隐患。加强城市房屋安全管理，提请市政府修订出台了《潍坊市城市房屋安全管理办法》，全市共排查疑似危房710栋、120万平方米，切实维护群众生命财产安全。

【渣土扬尘治理】 狠抓建筑工地扬尘防控，全市5278个在建工程全部按规定落实扬尘防控措施。实行中心城区建筑垃圾特许经营制度，517辆特许经营车辆全部按要求进行密闭化改装。此外，中心城区周边19家商品混凝土企业密闭改造全面完成。

【勘察设计管理】 全市勘察设计企业达到95家，勘察设计行业从业人员达到5545人，其中，注册执业人员总数为1095人，专业技术人员4392人。完成营业收入17.82亿元，同比降低3.23%；实现利润1.32亿元，同比降低26.75%。全市甲级（一级）资质的勘察设计单位达到18家，其中工程甲级设计单位达到16家。

【招投标管理】 全市应招标工程项目758个，造价191.11亿元。完成招标代理机构资质办理初审10家，外地进潍招标代理机构登记6家，完成对潍坊市2015年年底前任期届满的25名评标专家的资格复审工作。对全市64家（含外地入潍19家）的代理企业建立了信用档案，强化代理机构信用意识，强化信用管理的约束机制和激励机制，作为招标代理企业动态管理的依据，并向社会公布了招标代理企业的信用评价等级。

【农民工工资清欠】 强化内外联动，形成强大清欠合力，维护务工人员合法权益。加大处罚力度，全年共约谈企业70余家次，依法处罚了86家企业和65名相关个人。重大节假日严格值班制度，增强一线接访力量，提高案件处结率。共受理直接来访案件484起，接待来访务工人员2300人，受理市长公开电话转办案件300余起，处结率98%以上。

（孙　凯）

建设科技与建筑节能

【低碳生态试点城市】 出台《潍坊市绿色低碳生态城市建设“1396”行动实施方案》，全面实施绿色低碳建筑工程、建筑产业现代化工程、商品住宅精装修等工程。市政府与美国西北太平洋国家实验室签署了《关于低碳生态城市技术支持合作的谅解备忘录》，成为第七轮中美战略与经济对话框架下战略对话的重要成果。4月23日，美方专家在潍坊市召开“中美低碳生态城市建设交流会”，逐步建立起中美双方合作交流机制。

【可再生能源建筑应用】 全力推进可再生能源建筑应用工作，前四批共落实可再生能源建筑应用示范项目29个、930万平方米。全市太阳能光热建筑一体化应用面积累计达到3900万平方米；地源热泵建筑应用面积累计达1350万平方米，位居全省各市前列。

【绿色建筑】 出台《潍坊市推进绿色建筑发展实施细则》和《潍坊市绿色建筑设计指南（试行）》，要求市区所有新建建筑全部执行绿色建筑标准。深入开展“211绿色建筑行动”，共立项建设绿色低碳建筑工程104个、1019万平方米，全市绿色建筑项目总数达到53个，其中一星级项目22个、二星级项目31个，运行评价标识3个，二星级建筑项目和运行标识数量居全省前列。峡山区被确定为“省级绿色生态示范城区”，获得奖补资金1000万元。未来之家项目顺利通过住建部、德国能源署专家验收，成为全省首个、全国第3个通过验收的被动式超低能耗绿色建筑试点示范项目，节能率达到90%以上，北京、威海等10余地市先后到潍坊市学习。

【既有建筑节能改造】 根据国家、省统一安排部署，从10月1日起，公共建筑节能执行的标准由50%提高到65%，从2016年1月1日起，居住建筑节能执行的标准由65%提高至75%，新建建筑节能水平不断提高。2015年，全市共完成既有居住建筑节能改造42.7万平方米，

寿光人民医院门诊综合楼项目荣获全国建筑工程最高奖——“鲁班奖”

（供图：崔　焱）

潍坊“未来之家”实景　（供图：刘雨东）

超额完成省下达40万平方米节能改造任务。完成公共建筑节能改造14.7万平米，年内竣工的4项新建公共建筑项目全部安装能耗监测系统。

（孙　凯）

环境保护

【“三八六”环保行动全力推进】 按照《“三八六”环保行动2015年度工作计划》，制定整治水、大气、农村环境等专项治理方案，明确了目标任务，以713个具体项目为支撑，由主管部门牵头，相关部门配合，协同推进污染治理。消灭污水直排战役。建设污水处理、配套管网、中水回用及污泥处置工程27项，实现了城区和重点镇街污水处理全覆盖。自备井整治战役。普查自备井11448眼，整治非农自备井8219眼，关闭自备井1667眼，严厉打击非法取用地下水行为。河道生态修复战役。建设河道治理工程9项，生态湿地工程8项，污水处理厂出口人工湿地工程19项以及环湖、沿河绿化工程1项，河道自然生态净化能力逐步恢复。推行“煤改气”战役。拆改供热管网覆盖范围内分散燃煤锅炉513台，改造燃气管道354公里，建成加气站73座，城市居民管道燃气普及率达到70%，集中供气镇比例达到50%以上。整治空气异味污染战役。以工业废气、燃煤烟气、油气异味治理为重点，建设脱硫、脱硝、除尘、工艺废气和挥发性有机物等重点治理项目178项，空气异味问题得到解决。淘汰黄标车战役。采取限制行驶和鼓励淘汰等措施，加快黄标车淘汰进程。已淘汰黄标车69164辆，黄标车淘汰总量居全省前列。防控城市扬尘污染战役。在建工程落实扬尘防控5278个，停产搬迁或改造城区周边商品混凝土企业19家，完成密闭改造渣土运输车辆514台，清理露天烧烤230余处。治理农业面源污染战役。推广测土配方施肥农田1340万亩，新改建标准化饲养场113个，新建畜（禽）粪污处理设施110个，基本实现“城乡环卫一体化”。

【空气污染治理取得阶段性成效】 开展滨海区、寿光北部、昌乐朱刘等重点片区异味污染专项整治，狠抓工业废气异味污染治理，完成工业燃煤和异味治理项目121项。全市全年“蓝天白云、繁星闪烁”天数234天，列全省第五，同比改善30天，完成年度目标任务；PM2.5、PM10、SO_2、NO_2分别同比改善7.7%、8.3%、24.9%、10.3%，环境空气质量综合指数列全省第六，获省空气质量生态补偿资金674万元。

【水污染防治保持良好态势】 全力推进工业废水污染源治理、污水处理厂升级改造和河道综合整治等重点项目建设。小清河流域生态环境综合治理规划已完成167项治污工程，完成率95%，水质达标率100%。省控7条河流COD（化学需氧量）、氨、氮全部稳定达到控制目标要求，Ⅴ类以上水质断面达标率100%。市控23条河流COD平均浓度改善8.5%，氨氮平均浓度改善18.3%，峡山水库、白浪河水库水质常规监测指标全部符合国家Ⅲ类标准以上。

【污染物总量减排稳步推进】 健全落后产能退出机制，制订了重点污染行业和企业整治计划，加大现有重污染企业关停和搬迁力度。严格控制煤炭消耗增量，全市规模以上企业煤炭消费总量总体得到控制。采取鼓励淘汰等综合措施，积极推进黄标车淘汰，全力突破机动车污染减排。截至2015年年底，已建成1185项减排工程，完成省定“十二五”总量减排任务。

【建设项目审批提速增效】 强化准入机制，严格建设项目环评审批，控制源头污染。建立环境承载能力预警机制，先后对14个地区涉水、涉气项目实施区域限批。制定按行业标准管理环境容量的具体办法措施，促进产业更新和淘汰落后产能。“三八六”环保行动实施以来，全市拒批化工、燃煤类重污染项目126个。积极推进排污权交易试点，建立了生态补偿制度，在弥河上、下游开展了流域生态补偿试点，全市试行空气质量补偿试点。

【继续保持环保执法高压态势】 以污染治理、违规项目清理、减排工程和环境信访案件等为重点，开展了全市环境执法大检查，检查企业6148家，查处违规建设项目232个、违法排污企业116家，限期治理企业492家。建立了环境执法联动查处机制，制定《全市公安环保联勤联动执法工作机制实施意见》，部门联合开展了整治违法排污企业保障群众健康环保专项行动、整治破坏大气污染源自动监控设施专项行动、打击污染环境犯罪“Ⅰ号行动”，立案查处环境违法行为324起，罚金917.4万元，移交环境污染违法犯罪案件47起。

（杨发科）

2015年12月15日，国家级园区循环化改造巡诊活动座谈会在潍坊召开

（供图：朱红伟）

节能工作

【概况】 截至2015年年底，全市万元GDP能耗和规模以上工业万元增加值能耗比2010年累计分别下降17.32%和24.16%，提前一年完成省下达的“十二五”目标任务。

【严格落实节能目标责任】 合理分解节能目标任务。将山东省政府下达的“2015年节能任务目标”按差别化原则，层层分解落实到各县（市、区）和重点用能单位。对全市12个县（市、区）政府、3个市属开发区管委会、22个市直部门和110家市重点耗能企业2014年度节能目标责任完成情况进行了考核和通报，落实了奖惩措施。

【节能评估和审查】 严格执行《潍坊市固定资产投资项目节能评估和审查办法》及《实施细则》，控制“两高”（高耗能、高污染）行业的过快增长，从源头上做好节能工作，对钢铁、有色、建材、石油石化、化工等高耗能行业新增产能实施减量置换。2015年，全市共对2200个新上固定资产投资项目进行了节能评估审查。

【全面推进循环经济】 实施循环经济重点工程。2015年，纳入调度范围的重点项目达到118个，总投资额达300亿。截至2015年年底，完成投资额155亿元，占总投资额的51.7%。全面推行清洁生产。把清洁生产作为促进节能减排、发展循环经济的主要手段和重要措施来抓，全市完成清洁生产审核验收656家。加快园区循环化改造。潍坊滨海经济开发区列入“全国园区循环化改造试点园区”，4个省级以上工业园区列入“省园区循环化改造试点园区”。

【节能环保产业快速发展】 全市已基本形成以高效节能电动机、低排放燃气发动机及再制造柴油机、LED照明产品和水污染及空气污染治理等节能环保设备为主导，以城乡生活垃圾生态化利用等技术为引领，以资源综合利用和节能环保服务快速发展为支撑的节能环保产业体系。山东开元电机有限公司、山东天维膜技术有限公司等龙头企业发展迅速。全市节能环保产业实现产值591亿元，同比增长6%。

【节能技术研发平台建设】 大力实施研发平台建设战略，加快推进科技进步和自主创新，建成节能领域各类研发平台20家，其中省级工程技术中心1家、省级重点实验室1家、市级工程中心9家、重点实验室9家。严格执行国家和省节能技术推广目录，全市共申报山东省重点节能技术、产品和设备推广目录59项。

【节能执法监督检查】 严格执法程序，坚决查处节能违法行为，对53家省千家重点用能单位实施了现场监察。针对未按法定要求聘任能源管理负责人及违法使用国家明令淘汰用能设备的行为，下发了限期整改通知书18份，依法淘汰落后设备5台（套）。

（李培宝）

商贸·旅游

Shangmao Lvyou

商业贸易

【概况】 全市实现社会消费品零售总额2277.5亿元，增长10.6%，其中，限额以上899.2亿元，增长4.4%，限额以下1378.3亿元，增长14.3%。

【电子商务快速发展】 集中要素资源，建成市级电子商务孵化器，首批入驻企业100余家，在训人员500余人，引进了多语种国际市场开拓平台、中小外贸企业综合服务平台、优质农产品电商平台、神州数码优企运营中心等综合服务平台。成功举办“第二届中国农产品电子商务大会”“中国农产品暨国际品牌食品电子商务博览会”，签约落地了100亿元平银火柴（潍坊）农业电商发展基金等6个重大合作项目，促成了6.5亿元的农产品采购订单。开展农村电子商务“千县万村”工程，全市已建设5个县级电商运营中心、600余个村级淘宝服务站，诸城市被评为“省级电子商务示范县”，寿光市成功取得“2016第三届阿里巴巴全国县域电商峰会”主办权。全市已建、在建电子商务产业园区（孵化器）38个，已建、在建电子商务公共服务平台46个，培育行业特色电子商务交易平台262个，打造麦壳网、“好品潍坊”等特色电商品牌20个。2015年，全市实现电子商务交易额1830亿元，同比增长40.8%。

【流通信息化水平提升】 全国肉菜流通追溯体系建设试点，追溯体系已涵盖六大类、105个节点、2.85万户经营业户，新增“二维码”和“微信公众号”两种便民查询形式，试点项目率先通过商务部测评验收。完善提升全国城市共同配送试点，以建设城市共同配送信息服务平台为主抓手，推动全市4100家物流企业、11200辆运营车辆等物流资源与6000余家生产和商贸企业的供求信息实时匹配对接。11月9日，全省商务系统信息化工作现场交流会议在潍坊召开。

【市场体系健全完善】 制定《潍坊市商品交易市场和特色商业街建设五年行动计划》，推进各县（市、区）、开发区加大落实力度，其中，中心城区新建和改造便民市场5个、夜市4个，7条特色商业街完成投资4亿元。争取全国公益性农产品市场改革试点项目，以政府基金入股的方式加快推动建设具有稳定产销、保障供应、促进食品安全以及传输供求信息、承担突发事件应急保障等公益性功能的公益性农产品批发市场。以潍百集团便利店、“12343”家政服务中心社区服务网点为主体，建成100处集快品售卖、即食快餐、休闲小憩、便利缴费、快件自提5个主要功能于一体“便民岛”。举办烹饪服务、家政服务等技能大赛，提高了城乡消费服务水平。健全市场调度监测和统计分析体系，涵盖近500家样板企业的内贸流通统计体系正式运行。加强对拍卖、典当、再生资源回收、单用途商业预付卡的监管，打击侵权假冒工作居全省领先。

【调度服务能力增强】 “一中心四平台”（即商务经济调度服务中心，开放型经济综合服务平台、现代商贸流通综合服务平台、现代物流基地建设服务平台、商务大数据平台）投入运行，形成商务发展大数据系统。建立企业问题“线上”直报系统，与全市重点商务企业建立了直通会商和问题解决机制。

对外经贸

【概况】 全市完成货物进出口189.3亿美元，同比增长6.5%；服务进出口17.7亿美元，增长40.3%；实际到账外资10.01亿美元，增长11.5%；完成对外承包工程营业额1.7亿美元，外派劳务5797人次，新增境外实际投资4.5亿美元，分别增长8%、1.5%、64.7%。

【外贸逆势增长跃居全省第三】 市政府出台对外开放工作计划、提升国际化水平工作计划，建立商关检银税企联席会议制度，推出23条促进外贸稳定增长和转型升级的政策措施，为外贸稳增长提供了政策和制度保障。各级各有关部门启动了外贸企业“大走访、大宣讲、大服务”活动，建立企业问题直报和会商协调机制，推出了“单一窗口”、降费减负、分类退税等务实举措，营造了便利化的贸易环境。推进50个境外展会、50个经贸招商“双五十”国际市场开拓行动，联手中信保解决外贸风险和融资难题，推动外贸进出口稳定增长。全年完成货物进出口总额189.3亿美元，跃居全省第3位，同比增长6.5%，高于全省平均水平19.2%。其中，出口130亿美元，进口59.4亿美元，分别增长5.4%、8.8%，分别高于全省平均水平5.9%、34.9%。市场结构进一步优化。与潍坊有贸易关系的国家和地区达到209个，有进出口业绩的企业达到3908家，年进出口额过亿美元的企业31家；推动483家长期有资质、无业绩的企业实现“开壶”，新增进出口额2.98亿美元；对新兴市场进出口稳步增长，抗御市场冲击的能力持续增强。产品结构进一步优化。利用各级外经贸发展基金，支持高附加值产品出口，机电产品、高新技术产品出口分别增长15.3%、18.1%，占总额的比重分别提升1.8%、0.6%。80个外贸出口基地的出口额已占全市总量60%以上。贸易结构进一步优化。进口占进出口总额的比重达到31.4%，比上年提高0.8%，进口和出口“失衡”的问题有所改善。处在价值链相对高端的一般贸易快速发展，进出口占比达到69.8%，比上年提升2.5%。服务外包快速增长。服务外包执行额达到3.07亿美元，同比增长28.5%，其中离岸执行额、在岸执行额分别增长26.4%、39.3%。

【实际到账外资突破10亿美元】 全年实际到账外资首次突破10亿美元，顺利完成任务目标，同比增长11.5%，增幅高于年初目标1.5%，高于全省平均水平4.2%。坚持股权并购、增资扩股、境外上市、绿地投资“四位一体”，着力突破一批大机构、大企业、大项目，推动外资工作实现了新跨越。一批新项目加快推进落实，在“香港山东周”“厦门投洽会”“中韩产业合作峰会”“中日韩企业采购对接会”等活动中，签约一批合作项目。全年新批外资项目38个，合同外资17.6亿美元，其中投资额1000万美元以上项目13个，总投资7亿美元外资并购实现新跨越，推动企业以股权换投资、换技术、换市场渠道，新批外资并购项目8个，比上年增加6个。服务业利用外资实现新突破。新批服务业项目21个，占项目总数的55%。其中，4个金融服务业外资项目合同外资额达到3.3亿美元。

【对外经济合作迈出新步伐】 积极跟进国家“一带一路”等重大开放战略，以营销渠道构建、能源资源开发、国际产能合作、跨国研发设计、海外承包劳务为重点，支持企业“走出去”发展，对外经济合作迈出了新步伐，境外实际投资增幅高于全省平均水平33.7%。对“一带一路”国家合作布局力度加大，柬埔寨（山东）工业园一期工程投用、二期工程开工，已吸引日本及省内外9家企业入驻；乌干达（潍坊）工业园、巴基斯坦山东圣山南亚工业园已入驻上下游企业分别达到8家、7家。2015年，全市对“一带一路”国家完成实际投资额1.25亿美元，同比增长31%。跨国研发并购和海外营销网络项目稳步推进，新设立境外研发中心项目3个、营销网点项目18个，海外研发和营销体系进一步健全。“走出去”带动了“引进来”。法国博杜安、德国林德液压在潍坊投资项目都已投产，博杜安公司发动机项目已接近全部国产化，歌尔声学并购的丹麦丹拿音响公司也在潍坊投资建厂。

开发区转型升级

【概况】 全市15个省级以上开发区一般公共预算收入、固定资产投资、进出口总额、实际到账外资同比分别增长14.9%、9%、9.6%和18%，均已占到全市总量的70%以上。据全省134个省级、15个国家级经济技术开发区发展综合评价，11个省级经济开发区有9个位次前移，5个进入全省第一档（第1～30位），其中寿光开发区跃居第1位；滨海区位居全省国家级经济技术开发区第4位。

【政策体系健全完善】 4月，出台《潍坊市开发区发展总体规划》，逐一明确全市15个省级以上开发区的产业发展重点。6月，市委、市政府出台《关于推进开发区转型升级创新发展的实施意见》，确立了科技化、国际化、生态化、法治化“四化”转型定位，集群布局、集中突破、集成创新、集约服务“四集”创新发展，落实规划引领、政策创新、瓶颈破解、特色发展、队伍建设、考核激励六项措施保障，以“四四六”行动计划推动开发区由追求速度向追求质量转变，由政府主导向市场主导转变，由同质化竞争向差异化发展转变，由硬环境见长向软环境取胜转变。

【特色化发展水平提升】 引导各开发区围绕特色主导产业，拉长增厚产业链条，进一步增强开发区的竞争力和承载能力。科技化步伐加快，15个省级以上开发区共建成市级以上企业技术平台325个。国际化水平提升，省级以上开发区进出口总额已占全市比重88%，实际到账外资额已占全市比重74.1%。生态化效益显现，潍坊经济开发区成为全省首批“循环化经济示范区”，峡山生态开发区为全省首个“国家有机产品认证示范创建区”，青州开发区在全省率先实现污泥无害化处理及资源化利用。

【考核激励措施加强】 用好考核“指挥棒”，对《潍坊市开发区发展总体规划》和《关于推进开发区转型升级创新发展的实施意见》所涉及到的重点工作，逐一明确年度目标、主要任务、进度计划、责任单位，每月召开开发区调度督导和现场观摩会议推进落实。开发区转型发展纳入全市科学发展综合考核体系，实化、细化了考核措施，引导各开发区转型升级创新发展。对土地开发利用效率、工业或服务业增加值增速、一般公共预算收入增速、进出口额增速、利用外资增速、发展规划等底线指标不达标的开发区，也有明确的惩戒措施。

（王积富）

招商工作

【概况】 全年，全市投资0.5亿元以上的招商项目440个，总投资2438.7亿元，到位资金670.34亿元，同比增长11.8%。其中，新开工项目314个，到位资金483.01亿元；续建项目126个，到位资金187.33亿元。引进院所35个，引进省级以上重点人才24名。

从引进项目类别看，农业项目22个，到位资金15.67亿元，占2.3%；工业项目187个，到位资金292.35亿元，占43.7%；服务业项目231个，到位资金362.32亿元，占54%。其中，城建项目127个，到位资金201.32亿元，占30.4%；平台项目19个，到位资金35.12亿元，占5.3%；金融项目13个，到位资金6.5亿元，占1%；事业项目37个，到位资金79.43亿元，占11.8%。

【进一步落实招商责任】 围绕突破滨海，提升市区，开发“两河（潍河、弥河）”战略，“1669”（即“1”是品牌农业；“6”是电子信息、生物医药、海洋动力装备、节能环保、智能装备、新能源汽车；“6”是造纸包装、石化盐化、机械制造、纺织服装、食品加工、汽车制造；“9”是总部经济、文化创意、现代物流、金融服务、健康养老、旅游、信息消费、服务外包、社区服务。）现代产业体系培育和“八大领域招商”（八大领域招商是指产业类、综合商务类、金融类、科技类、城建类、事业服务类、外经类、平台类等八个领域招商），落实各县（市、区）、市属开发区、“1669”各产业主管部门和各类开发园区招商责任，有针对性地组织定向性、专业性、针对性招商。围绕全市重点产业培育实施方案，制定招商目录，围绕滨海产业园、中国食品谷、齐鲁台湾城、城海轻轨、机场迁建、地理信息产业园、北辰中央休闲区等重点片区和重大项目，制定专门招商方案，促进市、县、园区、企业联动开展对接活动。2015年，市直部门单位和各县（市、区）、开发区围绕主导产业成立了300余个专业招商队伍，市、县领导带队外出招商120余次，全市新签约项目161个，总投资1588.71亿元，其中，投资10亿～30亿元项目22个，投资30亿元以上项目3个，投资100亿元以上项目1个。

中日韩产业博览会合作项目签约仪式　　（供图：付志伟）

【组织开展招商活动】 组织举办或参加了“国际资本与潍坊合作项目对接会”、上海“2015先进制造业大会”、南宁“中国500强企业高峰论坛”“京潍两地商会项目合作交流会”等活动；组织协调各县（市、区）、开发区和市直有关部门单位开展北京、上海、深圳定向对接活动，积极推动项目签约。全市共针对京津、长三角、珠三角地区开展小分队招商580余次，对接洽谈项目474个，涉及投资额2456.8亿元；在“第32届潍坊国际风筝会”“第21届鲁台会”“中日韩产业博览会”期间，全市对接合作项目160余个，签约项目69个，总投资553亿元，其中外方投资497亿元。

【积极拓宽合作渠道】 注重加强与北京、上海、深圳、广州等地的山东、潍坊商会的合作，建立起了稳固的合作关系，积极参加各商会的年会、项目对接会等交流活动，利用商会平台开展招商合作促进活动，扩大了合作资源和渠道。加强与全球中小企业联盟、上海市美国商会、亚洲制造业联盟、国家开发性金融促进会、上海市服务业联合会、台湾仕林餐饮联盟等知名商务机构的对接合作，建立起了良好的合作信息互动机制，提升了合作档次和水平，获取了一大批国内外投资合作资源。加强了与科研机构和高等院校的联系，2014年，全市累计对接重点机构200余家，中科院北京分院、中科院上海高等研究院、中国农业大学、上海张江高科园等机构多次到潍坊考察，并达成合作意向。

【推介宣传投资环境和项目】 围绕突破滨海、提升市区、开发“两河”战略和“1669”现代产业体系培育，包装推介重点招商项目280余个，编制《投资潍坊宣传册》等资料；围绕中日韩产业博览会，编制英文、日文、韩文版本的《潍坊投资合作手册》和投资环境宣传片；围绕“两河”开发，联合有关机构拍摄制作“两河”开发宣传片，已完成前期摄制。对全市可利用储备地和可用于招商的闲置土地、厂房、商务楼宇等资源进行调查摸底，建立了招商项目承接资源信息库。与凤凰网、大众网等20余家媒体合作推广，发布招商信息1500余条，多渠道推介潍坊市发展环境和重点项目。

【严格认真督查考核】 落实招商工作月调度、季考核机制，强化跟踪问效和督查推进。一是抓好2014年知名民营企业入鲁助推转调创签约项目落实。2014年，潍坊市签约的213个项目，已落地项目182个，到位资金607.7亿元，到位资金率32.1%，位居全省前列。二是抓好中日韩产业博览会签约项目落实。截至2015年年底，博览会期间签约的47个项目，已完成工商注册或开工建设的项目25个，占53.2%，正在办理立项、工商注册手续的项目8个，占17%，正在选址或深入对接洽谈的项目14个，占29.8%。三是抓好季度考核。每季度联合有关部门组成考核组，对招商大项目到位资金情况进行严格审核，确保考核真实、绩效务实，全力推进项目进度。

（付志伟）

供销社改革和供销合作经济

【概况】 全市供销社系统销售总额实现262.99亿元，同比增长21.84%；利润总额1.18亿元，同比增长10.83%。农资销售额实现71.54亿元，同比增长16.28%；农产品购进实现108.57亿元，同比增长27.36%；日用消费品零售额实现132.85亿元，同比增长24.46%。深入推进供销合作社综合改革试点，探索形成了“3公里土地托管服务圈”“三次产业融合发展”“氯化苦土壤熏蒸”等可复制、可推广的经验做法。9月24日，全国供销合作社农业社会化服务暨综合改革试点现场推进会在潍坊召开。

全国供销合作社农业社会化服务暨综合改革试点现场推进会在潍坊召开

（供图：鲍凌云）

【实体性合作经济组织建设】 构建双线运行机制。一条线是以联合社机关主导的行业指导体系，努力改造提升农民合作社、镇级供销合作社和县级供销合作社；另一条线是以社有企业支撑的经营服务体系，组建市级供销集团公司，加强与县级农业服务公司产权、资本和业务联结，县级农业服务公司参股组建镇级农业服务分公司。建立“3控”“3×6+1”模式。“3控”，即市社控股市供销集团公司，县社控股县农业服务公司，镇农民合作社联合社控股镇农业服务分公司并建设运营镇为农服务中心，既坚持供销合作社为农服务宗旨，又充分体现农民主体地位。“3×6”，即市供销集团公司、县农业服务公司和镇农业服务分公司分级划定，分别承担6项经营服务功能，形成市、县、镇协调联动的服务体系。“+1”，即政府涉农部门在镇为农服务中心设立服务窗口，实行“一站式”服务。开展党建带社建、社村共建。发挥镇（街）供销合作社、村“两委”、农民合作社和信用互助组织的优势，把服务农民与组织农民结合起来，推进社社合作、社农结合，促进形成了供销合作社有收益、村集体经济有积累、农民群众有利益、农村基层党组织有发展的四赢局面，社、村共建村庄累计达到599个，共建项目589个，助农增收3322万元，村集体增收1105万元，基层社收益568万元。创新为农服务方式。“96621服务找供销”为农服务热线已开始运营服务。有针对性培养经营管理人员、技术服务人员和合作社普通社员，累计培训职业农民59434人次。截至2015年年底，领办、参办农民合作社1308家，组建专业性农民合作社联合社119个、镇级农民合作社联合社84个、县级农民合作社联合社11个。潍坊市农民合作社联合社和潍坊供销集团有限公司均已组建完成，市级双线运行机制初步建立。

【农业社会化服务】 建设为农服务中心，搭建农业服务综合平台。推广“3公里土地托管服务圈”模式，每处为农服务中心占地面积1～1.33公顷，服务半径3公里，服务规模2000～3333.33公顷，普遍具备测土配方、智能配肥、统防统治、农机作业、烘干贮藏或冷藏加工、庄稼医院、农民培训等功能。拓宽服务领域，探索经济作物托管模式。对小麦、玉米等粮食作物开展“保姆式”“菜单式”托管服务

安丘市供销合作社为姜农提供氯化苦土壤熏蒸服务　（供图：孙业增）

的同时，重点向经济作物领域拓展，对食用菌、土豆、大姜、花生、棉花等作物分别制定托管服务规程，提供土壤熏蒸、小型农机具、生物菌肥、技术指导等“套餐式”服务。提高服务水平，促进三次产业融合发展。积极对接农业龙头企业，高密、诸城供销合作社分别与山东望乡食品有限公司、山东佳士博食品有限公司实现合作，推进优质小麦、玉米订单生产和深加工，拉长生产和服务链条，促进了农业发展提质增效。全市建设为农服务中心达到90处，土地托管面积196953.33公顷，服务带动各类新型农业经营主体4903个。

【农村流通现代化】 实施“放心农资”工程，已改造提升农资配送中心11处，规范发展放心农资店818家。推广测土配方、精准施肥，共购置土壤检测设备39套，检测土壤面积90666.67公顷。购置智能配肥设备50套，精准施肥面积89066.67公顷。购置无人植保飞机26架，飞防面积73400公顷。实施氯化苦熏蒸“土壤修复”工程，熏蒸土地面积6666.67公顷。做好高毒农药政府储备管理，完成高毒农药储备41吨，组建专业服务队伍13支并定期进行技能培训。发展电子商务，建设“网上供销社”，与京东集团开展深度合作，注册成立供销京东市、县公司，积极拓展农村市场。搭建起具有供销社鲜明特色的“掌合天下”“农商1号”“源家美”“金鹏商城”“田田圈”“老站长网”等14处电商交易平台，运营网店63家。新建改建商贸中心12处、社区综合服务社33处。新建、改造日用品经营网点145家，规范加盟店1329家。完善农产品流通体系，新建、改造农批市场8处，农产品直营店64家，与国内外30余家大型超市公司建立了农产品产销对接关系。

【农村合作金融】 在寒亭区、安丘市、高密市、青州市、寿光市、诸城市、临朐县7个县（市、区）开展了农村合作金融试点。在全省信用互助业务试点工作中，全市系统内有11家农民合作社取得了金融监管部门颁发的许可证书，并到工商部门进行了工商变更登记。全市系统内开展信用互助业务的农民合作社达到51家，信用互助总额6821.5万元，累计发放互助资金11366.1万元。积极开展农业保险业务，小麦、玉米、棉花3个农作物品种的商业补充保险已获得中国人民保险总公司批准，并与中国人民保险潍坊市分公司联合下发了《关于切实做好政策性农业保险商业补充保险工作的通知》，在全市推开农业商业补充保险。商业性棉花保险在潍坊市首次试点成功，也是山东省商业性棉花保险第一单。

（鲍凌云）

粮食流通

【概况】 2015年，全市粮食流通总量2640万吨，粮油加工转化总量1012万吨，粮食市场总体平稳有序。

【抓收购保供应管库存】 夏秋粮收购有序进行。全市收购小麦65.6万吨，

2015年12月18日，在全市粮食应急体系建设工作会议上，部分储备、加工、配送单位代表签约授牌　（供图：丁洪智）

同比增加约2万吨，地方储备粮轮换计划保质保量按期完成，省政府督查组对潍坊市粮食工作给予肯定。做好秋粮收购工作，密切关注玉米价格波动，累计收购86万吨，同比增加32万吨。组织年度清仓查库，按要求对地方、国家事权及国家临储和最低收购价库存粮食全面检查，配合省检查组对潍坊市复查，做到了数量真实、质量良好、储存安全。安全生产常抓不懈。举办“粮食安全暨仓储管理培训班”，下发加强仓储企业安全生产标准化建设意见，推行员工持证上岗，确定40名行业安全生产专家，对49个库点集中排查整治，确保安全无事故。军粮供应保障有力。狠抓“两个质量管理”（即军粮质量、服务质量），参加省操作技能培训，通过军粮质量市普查、省复查，编制“十三五”军民融合深度发展规划，督导政策性维修改造（军粮专项），开展粮油科技进军营。“八一”走访慰问，指导发展副营业务，提升军供企业实力。

【粮安工程建设】 粮食应急体系建设实现新突破。制定市级应急网点建设方案，梳理确定原粮、成品粮（面粉和大米）储备企业各2个，加工企业2个，配送中心3处，供应网点50处。召开全市粮食应急体系建设工作会议，组织网点签约授牌。争取省扶持资金450万元，应急项目正在建设中。新库建设亮点纷呈。推进擂鼓山粮库二期工程，争取财政资金2500万元在原址扩建3.6万吨仓容，主体年底已完工。危仓老库维修改造基本完成。落实资金2875万元，全部通过政府采购招标，11个中心库区、18个库点、278口仓房、31万吨仓容维修改造进入尾声并进行了预验收。农户科学储粮成效显著。筹措资金208万元，坚持规范运作，8000个“小粮仓”全部发放到8个县（市、区）26个村民手中。自2010年以来，累计发放5.6万个，每年减少储粮损失3000余吨，价值700万元。

【粮食产业发展】 主食产业化稳步推进。贯彻落实省局关于推进主食产业化发展实施意见，争取省专项资金200万元，搞好项目考察审核，联合市财政实地对部分县（市、区）督导检查，城区隆泰食品进入高新区，300辆早餐车遍布四区一县一市（即潍城区、奎文区、坊子区、寒亭区，昌乐县，寿光市）；高密新建放心主食门店和网点60个，早餐车增至120辆；寿光“圣粮春”主食厨房新增便民服务点16处。放心粮油工程深入开展。加强市场调研，拟定资金管理办法，落实资金300万元，诸城市、昌邑市通过了验收。寿光拥有省、市级放心粮油示范企业、销售店12家，城区、青州市、诸城市在杂粮配送、放心粮店、加盟店等业务上取得新进展。产业发展不断改革创新。粮油加工业产值等各项指标继续保持全省领先，实现现价工业总产值410亿元，产品销售收入395亿元，利税15.7亿元。

【依法管粮】 开展严禁向售粮农民“打白条”专项应急检查，防止“卖粮难”问题发生。严格执行粮食流通统计制度，严厉查处瞒报、虚报等违法行为。高密市粮食局信息管理中心建成启用，成功创建“全国粮食流通监督检查示范单位”。加强粮食质量监管，开展收购环节质量监测，采集新收获小麦64份、玉米38份样品送省粮食质量检测中心。市粮食质量检测中心完成多批次检测任务，出具检测报告145份。年内，全市开展粮食流通监督检查598次，检查企业2015家，行政处罚29例，维护了粮食市场秩序和质量安全。

（郭冬青）

烟草

【概况】 全市种植烟叶8053.33公顷，收购烟叶32.81万担。销售卷烟32.36万箱。企业实现税利17.8亿元，同比增长7.7%，其中实现税金13.84亿元，同比增长17.89%。市局（公司）获评“全国文明单位”“烟草行业地市级局（公司）标兵单位”“全国卷烟打假工作成绩突出集体”。

【烟叶生产经营】 认真落实减氮增密、提前移栽、水肥一体三项技术，狠抓生产水平提升。推广滴灌3666.67公顷，占全省的87.3%，集成落实水肥一体技术，亩均节水50%，减少纯氮用量1公斤以上，省工0.63人，节支约110元，而且烟株长势整齐、落黄好、内在品质提升，保证了大旱之年获得较好收成。扎实推进散叶收购，烟叶收购和工商交接等级合格率均列全省第一位。继续开展烟叶生产基础设施建设，投入4693万元，建成烟水、机耕路等项目1905个。4月，诸城市墙夼水库干渠引水工程项目全面启动，该项目由地方配套资金9267.29万元，烟草行业补贴资金6555.22万元，是以灌溉为主、饮水为辅的水网工程，设计年总供水量1578万立方米。积极推进合作社规范发展，专业化机耕、起垄施肥、覆膜、移栽、烘烤面积占比分别同比提高1.8%、10%、9.9%、14.5%、1.7%；孟友、悦贾合作社顺利通过烟草行业示范社认定，全市7家合作社获得“山东省农民合作社示范社”称号。

【卷烟销售和网络建设】 继续实施卷烟零售户致富工程，依托潍坊烟草亲情帮扶慈善基金，对全市困难零售户开展扶危、济困、助学、敬老、生产经营等帮扶，累计帮扶1.35万户次，帮扶金额356万元。通过举办培训班，教授卷烟经营知识，助推卷烟零售户经营能力提升，全年培训零售户3.2万户次。

【专卖管理和市场控制】 在全市开展“齐鲁之盾”专项行动，维护良好的市场秩序。在市综治委统一协调下，联合市公安、交通、工商等部门，在全市开展卷烟市场集中整治活动。联合市邮政、公安部门，对物流、互联网等重点领域加强整治。全年查获涉烟违法案件1297起，涉案卷烟3005万支，案值1138万元；查获烟叶（烟丝）61吨；刑拘194人，逮捕50人，判刑100人；破获符合公安部、国家烟草专卖局标准的网络案件13起，其中1起被列为部级督办案件，3起被列为省级督办案件；市烟草局获得“全国卷烟打假工作成绩突出集体”称号。

【企业基础管理】 实施精益管理，以问题为导向，导入精益管理理念，开展科技创新和质量管理，全年获得科技成果35个、专利和著作权108项，1个QC成果获得“国家烟草专卖局二等奖”，市局（公司）获得“山东省质量管理活动优秀企业”称号。

【队伍建设及思想政治工作】 持续抓好学习教育、问题查摆、整改落实等关键环节，巩固党的群众路线教育活动成果。作为烟草行业8家试点单位之一，积极开展基层服务型党组织建设工作。深化人事制度改革，让每一类员工都有最合适的上升通道，平衡调整了各类人员利益。加强职业技能鉴定，通过率76.3%。高度重视党风廉政建设和反腐败工作，持续加强廉政教育和廉政文化建设，关键岗位、重点环节防控体系基本形成。认真抓好离退休人员管理服务工作，市局（公司）顺利通过“山东省敬老文明号”复核，老年志愿服务队荣获“全国烟草行业离退休干部先进集体”称号，1名离退休人员荣获“全国烟草行业离退休干部先进个人”称号。

（韩冬梅）

旅游

【概况】 全年全市接待境内外游客5629.62万人次，实现旅游消费总额595.45亿元，同比分别增长8.35%和13.8%。

【乡村旅游发展】 将2015年定为“乡村旅游建设年”。3月，市政府出台《关于加快乡村旅游发展的意见》，推进乡村旅游发展。9月，市政府在安丘召开“全市乡村旅游现场观摩会议”，激发了全市各地发展乡村旅游的热情，营造了浓厚的发展氛围。从2015年开始，市财政每年列支乡村旅游专项资金1000万元，重点扶持打造乡村旅游示范标杆项目、编制乡村旅游规划。争取省级规划补贴资金，为12个县（市、区）、市属开发区编制县域乡村旅游发展规划，全部通过专家组评审；争取省乡村旅游发展专项资金425万元，支持潍坊市14个重点县、镇、村和25户品牌经营户发展乡村旅游，进一步改善了全市乡村旅游接待条件。依据《潍坊市乡村旅游发展专项资金管理暂行办法》，梳理50个具备一定规模和示范带动作用的项目，进行重点培育。10月，组织2个旅游专家检查验收组，按照事前培训、检查验收、综合评估的程序，分别对2015年乡村旅游标杆示范项目进行全面检查验收，确定9个乡村旅游标杆示范村、7个农业旅游标杆示范点、5个乡村旅游度假项目、9个乡村旅游项目规划、90家“潍水人家”品牌示范户，成功打造了一批乡村旅游示范标杆村（点），全市乡村旅游涌泉发展格局初步形成。先后组织全市75名乡村旅游带头人赴台湾学习培训，组织多批次乡村旅游重点镇、村（点）以及乡村旅游企业负责人赴台湾、浙江、江苏、北京等地学习考察发展经验和做法。成功组织2期全市乡村旅游培训班，拓宽乡村旅游发展思路，提高乡村旅游发展水平，全市涌现出坊子坊安街道洼里村支部书记刘向东、青州王坟镇侯王村支部书记冯先家等一批乡村旅游带头人，带动了全市乡村旅游加快发展。

【旅游项目建设】 将重点项目作为旅游产业发展的支撑，编印《2015重点旅游项目导向计划》，涵盖景区综合开发、旅游度假、文体休闲、乡村旅游、功能配套、旅游酒店6类重点旅游项目123个，总投资1137.6亿元。其中，在建项目99个，总投资894亿元；拟建项目24个，规划总投资251亿元。策划包装了24个重点旅游招商项目，并主要针对高密东北乡、诸城恐龙、临朐黑松林、北辰中央休闲区等旅游招商项目开展了招商推介。跟进招商服务，坊子夹河套旅游度假区项目与央企中冶集团、台湾富贵集团达成合作投资开发意向。指导青州古城加快推进AAAAA级旅游景区创建工作，创建材料已上报国家旅游局。协调推动青州古城南门片区、高家亭巷、偶园复建工程以及偶园历史文化街区改造加快建设。做好AAAA级及以下旅游景区创建工作，1家AAAA级旅游景区顺利通过了景观质量评审，6家AAA级、2家AA级旅游景区初步达到创建申报标准。开展“省级原生态旅游景区”创建，峡山湖生态湿地公园成功创建为“第二批省级原生态旅游景区”，潍坊市省级原生态旅游景区数量增加到2家。

【旅游新业态发展】 顺应旅游消费升级的趋势，加快发展休闲度假、房车露营、温泉、滑雪等一批旅游新业态。旅游度假区创建实现历史性突破，创建青州云门山、安丘青云国际、寿光弥河、滨海欢乐海、昌乐寿阳山、诸城恐龙谷6家省级旅游度假区，数量居全省第二位。自驾游发展迅速，在全省率先建成房车露营地，白浪绿洲小镇房车露营地开营，成立全省首家房车露营与自驾游协会，成功举办“中国•山东首届房车露营大会暨营地BOT模式研讨会”。临朐揽翠湖温泉度假村生意火爆，共接待游客20万人次，营业收入达1.06亿元。滑雪旅游成为淡季旅游市场新亮点，青州驼山滑雪场、安丘青云山滑雪场、城区富华游乐园滑雪场推出形式多样的滑雪体验产品，全市各大滑雪场日均接待游客达1.2万人次。亲水游异军突起，安丘市青云湖“激情水世界”等旺季日均接待游客3000余人次，“欢乐海岸景区”成功举办“第八届滨海国际风筝冲浪邀请赛”，接待游客78.6万人次，滨海旅游成为潍坊旅游的靓丽新名片。

【旅游品牌建设】 传统媒体宣传成效明显。在韩国C&M电视台投放潍坊旅游形象广告，面向东南亚、韩国、中国港澳地区宣传潍坊市旅游资源和产品，收到良好的市场效果。继续与潍坊报业合作，不断提高《潍坊日报》旅游专版办报质量。邀请上海市摄影家协会陈卫中先生制作《潍坊博览——旅游系列丛书》，配合市委宣传部制作潍坊城市形象宣传画册，宣传推介潍坊旅游。

新媒体营销迈出新步伐。与新浪网合作，开展大型网络营销活动“游鸢会”，开展“潍坊最美村镇”“给TA寄套潍坊市美景明信片”“潍美——微游潍坊”“2015红高粱之旅”等系列活动，引起社会广泛关注。指导景区与美团网、携程网、旅游互联网、潍V平台等合作，实现精准营销。推进潍坊旅游“三个三十”（到潍坊不可不去的30个景点、不可不尝的30种美食、不可不买的30种旅游商品）商品进AAA级以上旅游景区、三星级以上酒店，引导开展网上营销，增加旅游综合收益。

节会旅游市场火爆。借助风筝会、菜博会、中日韩博览会等节会平台，策划举办有特色的旅游宣传活动，邀请国内外知名旅游企业到潍坊进行线路产品考察，有效宣传了潍坊市丰富的旅游资源和特色旅游产品。根据省旅游局统一部署，策划组织“2015好客山东贺年会”“中国旅游日”系列活动，活跃节会旅游市场，拉动了旅游消费。

坚持“走出去”“请进来”营销。在上海东方明珠广播电视塔举办了为期5个月的“天上风筝飞，天下潍坊美”潍坊旅游摄影展。组织重点县（市、区）旅游主管部门、旅游企业参加“泰山会盟”。指导临朐县旅游局和沂山景区赴韩国开展“山东登山旅游年”宣传促销活动。推动韩国安养大学与潍坊市两所大学建立友好交流关系，为修学旅游奠定基础。邀请韩国佛教会长、中韩轮渡负责人、韩国OTTC国际旅行社和COIN旅行社负责人到潍坊踏线考察，达成合作协议。目前沂山风景区、泰和山风景区分别迎来数千名韩国登山爱好者。

【旅游发展环境】 推进智慧旅游建设。加大旅游便民惠民力度，在“潍坊旅游护照”基础上，升级推出“潍坊智慧行旅游一卡通”。指导青州八喜国际旅行社建设以乡村旅游为主题的电子商务网站——任性旅游网，为广大乡村旅游经营业户提供便捷的营销平台。积极组织全市星级饭店参与OTO泰山会盟，充分利用OTA（线上旅游运营商）、社交媒体、自媒体以及网络营销平台，实现线上线下经营的相互融合发展。

开展旅游厕所革命。落实国家旅游局“厕所革命”活动，按照《旅游厕所建设管理指南》，积极开展旅游厕所建设行动，提升旅游厕所建设管理水平。全市计划新建旅游厕所79个，改扩建旅游厕所46个，整体完工率达100%。

提升旅游服务品质。开展“文明旅游、礼貌乘车”“好客山东 德润齐鲁”主题活动，宣传文明旅游。组织开展文明使者、美德游客、最美领队（导游）等评选活动，不断扩大文明旅游活动的影响。严格落实文明旅游行前教育、行中引导、行后总结制度，强化游客文明旅游意识。开展旅行社等级评定等，引导旅行社旅游标准化建设，全面提升企业服务质量。积极开展安全生产专项整治、“安全生产月”等活动，旅游安全工作扎实有效。

【旅游执法监察】 全面贯彻《中华人民共和国旅游法》，加强旅游投诉和行政处罚信息公开，在潍坊旅游政务网、潍坊旅游质监执法网等媒体开展“每月旅游投诉点评”，建立典型案件业内通报制度，实名披露违法违规旅游企业信息。制定《潍坊市旅游局行政处罚审查会议制度》，进一步规范旅游执法行为。健全旅游联合执法机制，在重要节假日牵头开展旅游市场综合治理。

（王　亮）

民营经济和中小企业

Minying jingji he zhongxiao qiye

综 述

【概况】 全市民营经济注册业户（含农村专业合作社）发展到63.7万户，从业人员542.6万人，注册资金5150.6亿元，上缴税金440.6亿元，占全市税收总额的64.87%，同比提高2.99个百分点；全市固定资产民间投资累计完成4052.2亿元，同比增长13.6%，占全市投资总额的89.7%。其中，规模以上中小工业企业3743家，实现增加值累计同比增长9.9%；主营业务收入8722.81亿元，增长9.53%；出口交货值511.7亿元，增长5.93%；实现利润481.59亿元、利税728.44亿元，分别增长9.99%、11.69%。

【激发创业兴业活力】 积极营造创业氛围。编制《潍坊市中小企业产业园建设实施方案》，指导创辅基地规范发展；争取山东省首家“双创”（创新、创业）学院落户潍坊市科技学院，为创业创新者提供创业服务；编写《潍坊市创业创新指南》和《潍坊市全民创业政策汇编》，引导各类创业者选择合适的创业模式。推进创业载体建设。探索创辅基地建设新模式，创建了一批水平较高、设施完善、服务功能较为健全的创辅基地、创业孵化器和创业园区。全市培育认定市级以上小企业创业辅导基地59个、省级15个。其中，寿光软件园被工信部认定为“第一批国家小型微型企业创业创新示范基地”。提升载体服务功能。各基地对入驻企业的生产、质量管理、设备更新、市场营销等进行指导，并在资金、技术、人才、信息等方面给予创业者大力支持，进一步提升了孵化、培育、服务功能。

【推动创新型产业集群发展】 加强规划指导。调整完善产业集群发展规划，以各类开发区和工业园区为依托，吸引关联配套企业向园区聚集，推动中小企业由区域块状经济向特色产业集群转型升级。重点培育示范带动。调整优化产业结构，重点培育协作配套能力强、产业链条完整、支撑服务体系健全的创新型产业集群。全市市级以上中小企业产业集群发展到47个、省级8个，市级以上特色产业镇75个、省级15个。推进专业平台建设。重点支持加强集群内工业设计、技术开发、检验检测、节能减排等专业技术类公共服务平台建设，加快技术、人才、资金等要素向平台集聚，为集群发展提供技术支撑。全市市级以上产业集群公共服务平台达68个。

【实施创新驱动战略】 深入实施中小企业“一企一技术”战略，带动中小企业向“战略专一化、研发精深化、产品特色化、业态新型化”转变，提高中小企业核心竞争力和自主创新能力。全市市级“一企一技术”研发中心和创新企业累计分别达到134个和133家，其中省级分别达到64个和65家。实施新特优引领“育苗扶壮”工程，成立全国首家地市级专精特新联盟——潍坊市中小企业“专精特新”产业联盟，遴选“专精特新”优秀企业实行“育苗扶壮”，在市场开拓、品牌推介、咨询服务等方面优先扶持，引导中小企业向“专精特新”方向发展。培育认定市级“专精特新”中小企业179家，其中省级124家。

【推动两化深度融合】 建设潍坊中小企业工业设计云服务平台，在全国率先开展工业设计云服务试点，为全市中小微装备制造企业提供系列工业产品设计的技术、信息支持和服务。全市已有1000余家中小企业受益，为企业节省软件购买成本2000余万元，设计效率提高40%以上。开展“电商推进年”活动。举办1100余人的“2015中国微商创业大赛齐鲁赛区暨潍坊首届微商大会启动仪式”，推动移动电商产业生态链健康有序成长，此举在全省乃至全国打响了潍坊微商创业品牌。全市已列入省中小企业“电子商务推进年”示范推进计划的电商村40个、市场15个、园区12个，专精特新产品86个、特色服务企业37家、电商平台35个。加快建设潍坊易商行业平台。昌邑中国棉纺城行业平台、安丘食品网——山东味道、潍坊茶博城——中国茶道等行业平台已上线运行。

【增强服务企业能力】 各级抓住市“市区一体化”平台被工信部认定为“国家中小企业公共服务示范平台”的有利时机，积极推进全市三级中小企业公共服务平台体系建设，着力创新“市区一体化”平台服务内容，新成立了潍坊市企业问题需求协调解决中心和潍坊市节能监控检测平台。2015年，市平台围绕推进中小企业创业兴业，积极开展了一系列卓有成效的服务活动，全年办理业务1万余笔，发放宣传资料1.8万份，有1.7万家企业来平台参观体验、对接服务，有力促进了全市中小微企业创新发展、转型升级。着力开展破解融资难题，推进股权融资与债权融资相结合，推动34家中小企业在齐鲁股交、北京“新三板”、上股交Q板和E板挂牌交易；加强人才培训，制定企业高层管理人才及小微企业负责人5年轮训计划，累计培训人员12590人次。特别是与市民营企业家联合会合作，组织180余名优秀民营企业家，分别在深圳、上海举办了两期“创新驱动和经济转型”高端培训班，收到良好效果。搭建外贸服务综合平台，引进中东贸易平台和海贸云商服务平台，为中小企业开拓国际市场提供保姆式服务；开展中小企业“管理提升百千万”活动，制定《潍坊市中小企业规范化公司制改制实施方案》，推动民营企业进行规范化公司制改革。建立现代企业制度示范企业60家。

（刘桂玲）

民营企业简介

【山东信得科技股份有限公司】 信得科技集团包括山东信得科技股份有限公司、北京信得威特有限公司、山东动物疫苗有限公司、四川华西动物药业有限公司和青岛信得药业有限公司5个子公司，是一家研发生产生物制品、生化制药、兽药制剂、饲料添加剂及兽药原料药等产品并为用户提供健康养殖方案的国家级高新技术企业。该公司占地面积约70000平方米，拥有2个生化制药车间、3个兽药制剂车间、1个原料药合成车间、1个中药提取萃取车间、1个生物酶发酵车间及相应配套设施、8个GMP车间，11条生产线全部通过农业部GMP认证，是国内剂型最全、设备最先进、规模最大的兽药产业园。信得依靠创新走在发展前沿，打造以产品价值为基础的竞争优势，向客户提供竞争力更强、价值更高的产品。公司拥有国内唯一兽用脾转移因子GMP生产线、唯一脾转移因子合法生产资质和合法脾转移因子产品，国内唯一获得3个蛋黄抗体新药证书，在动物用生物制品、制剂技术等领域处于国内绝对领先地位。

【诸城市新东方汽车仪表有限责任公司】 诸城市新东方汽车仪表有限责任公司始建于1995年，是以汽车组合仪表、汽车内外饰件及汽车电器等多元结构为主的制造企业。公司坐落于诸城市经济开发区，占地面积26000余平方米，建筑面积8000余平方米，固定资产500余万元，下设青岛汽车电器研究院、7个部和9个生产车间，现有职工500余人，其中工程技术人员98人，博士毕业1人，硕士5人，本科毕业23人，车间操作工人中，中专以上学历占40%。公司先后通过ISO 9002产品认证、QS 9000质量体系认证，是山东省计量合格单位，并于2005年被评为高新技术企业，有自主知识产权和专利技术。主要产品有轿车用仪表、重型卡车仪表、轻型卡车仪表、客车仪表等多个系列100余个品种，其中由公司自主开发研制的全数字化汽车组合仪表已经达到国际先进水平，形成了年产汽车仪表100余万台套的生产能力，占国内市场份额10%以上，实现年销售收入5000万元，利税500万元。拥有多条韩国产成套汽车组合仪表生产线，大型波峰焊锡生产线以及高低温交变试验箱、振动试验台、仪表耐老化试验房等先进的试验、检验设备。

【山东胜伟园林科技有限公司】 山东胜伟园林科技有限公司成立于2003年，位于国家级经济技术开发区——潍坊滨海经济技术开发区，是一家集盐碱地治理与综合利用、景观生态系统规划设计与施工运营于一体的高新技术企业。公司科研实力雄厚，拥有一支涵盖土壤学、植物营养、种子科学与工程、环境科学与工程、风景园林、城乡规划、电气自动化、给排水科学与工程、市政工程等多专业多学科的高学历研发队伍。先后荣获40余项国家专利，《滨海盐碱地工程降盐技术体系研究》等多项科技成果通过省级科技成果鉴定，经鉴定均达到了国际领先水平。公司建立协同创新制度，积极推行与国内知名高等院校、科研院所的产学研合作，先后与中国科学院南京土壤研究所、山东农业大学等单位签署战略合作协议，共同致力于盐碱地改良技术的研发与应用。深厚的技术积淀，健全的管理体制和科学的管理模式，使公司深得社会各界的广泛认可，获得多项殊荣：“山东省林业产业化龙头企业”“山东省农业产业化重点龙头企业”“山东省林木树苗示范基地”“山东省守合同重信用企业”“山东省文明诚信民营企业”。

【潍坊天瑞重工凿岩机械有限公司】 潍坊天瑞重工凿岩机械有限公司是一家专业从事凿岩机械及气动工具研发的高新技术企业，是科技部科技型中小企业创新基金重点支持单位。公司研发团队由国务院政府津贴获得者及“山东省十大杰出工程师”牵头，中高级技术人员占总人数的20%，是潍坊市引进的高层次创新创业团队。公司拥有30项专利，3个项目通过省级鉴定，荣获科技进步奖4项，并获得省、市人才引进政策及项目资金支持。公司质量体系完善，已经通过ISO 9001：2000国际质量体系认证、CE认证、MA煤安认证。主要产品有气腿是凿岩机及手持式凿岩机、风镐及启动破碎机、液压破碎锤、灌浆泵、钎杆及钻杆五大类产品。其中隧道掘进用YT28气腿式凿岩机是国内优秀的凿岩机，以凿岩速度快、故障率低、易损件寿命长和服务优良等特点受到用户的广泛好评，在隧道施工和矿山采掘中发挥着越来越重要的作用。在京沪高铁、贵广高铁、兰渝高铁、云贵高铁、十天高速、白鹤滩水电站、乌东德水电站、长河坝水电站、胶州湾海底隧道等100余项国家重点工程中得到应用并受到好评，核心用户已达数百家。

【潍坊市跃龙橡胶有限公司】 潍坊市跃龙橡胶有限公司创立于1986年8月，位于高新技术开发区。多年来被潍坊市政府授予"纳税先进企业""明星企业""守合同重信用企业""AAA级信用企业""消费者满意单位"等称号。荣获国际风联颁发的"世界蓝天杯"金奖。公司资金和技术力量雄厚，生产设备和工艺先进，检测手段齐全，拥有年产能力80万套国际国内最先进的生产线，是一家集轮胎生产和国际贸易于一体的现代化企业。公司注重现场质量管理，采用现代化数字管理技术。产品通过ISO 9001:2000质量体系认证和国家强制性产品认证（即CCC认证）。公司生产的四大系列60余个规格品种的跃龙系列轮胎，畅销全国，并与中国二汽、时风集团等多家车辆厂及拖拉机厂家配套。公司享有自营进出口权，产品打入国际市场，在国内外享有很高的信誉。

【潍坊帅克机械有限责任公司】 潍坊帅克机械有限责任公司成立于2005年6月，公司位于潍坊市凤凰山工业园区，注册资本1080万元，员工1000余人。公司拥有国家专利13项、国家级著作权5项、专有技术数10项，拥有ISO 9001:2008质量体系认证、ISO/TS 16949:2009汽车体系认证。公司拥有大型机械加工设备580余台，厂区占地13万平方米，车间8万平方米，科研大楼5千平方米。公司总资产达3亿元，2010年，销售收入将达到5亿元，利税6000万元。公司集科研、生产、销售为一体，专业从事汽车钣金的开发与生产，大型农业装备（拖拉机、收割机）驾驶室、覆盖件、后桥总成的开发与生产，离合器总成的开发与生产。公司多年来为福田雷沃重工、福田汽车、济南重汽、北方奔驰、上海同济同捷、吉奥汽车、青岛欧力、青岛科泰、洛阳一拖、山东拖拉机厂等大型企业配套生产相关产品。公司拥有较大的海外业务市场，包括：罗马尼亚、俄罗斯、乌克兰、哈萨克斯坦、伊朗、阿根廷、埃及、南非等国。公司的农业装备驾驶室及覆盖件产品不论在技术性能还是产能产量上，在同行业中处于全国领先地位，在国内外具有较高的知名度。

【山东吉青化工有限公司】 山东吉青化工有限公司成立于2005年，总投资12亿元，拥有生产车间6万平方米、自动化生产线4 条、国内外原材料生产基地3处，年设计产能30万吨，是一家专业从事生物基材料研发与生产的国家备案高新技术企业，是中国国家生物化工与生物质能源联合会副理事长单位，中国工业生物材料产业技术创新战略联盟理事长单位。公司投资4000万元建设的技术研发中心，配有马尔文纳米粒度分析仪、微米粒度分析仪、原子吸收光谱仪、X—射线衍射分析仪、气相色谱仪、高温凝胶色谱仪、高效液相色谱仪、扫描电子显微镜等系列具有国际一流水平的实验检测设备，并设有6个专业级实验室，专业面向企业自身技术创新和产品开发，向国内外客户提供优质服务。为有效掌握国内外产业技术前沿，加强生物基材料深度研发，企业还建有院士工作站、山东省工业生物技术工程实验室、山东省一企一技术研发中心等近10个专业技术研发机构，组建了由2名院士领衔、9名博士后（博士）及近20名国内生物材料行业专家倾力参与的科研团队。

（刘桂玲）

财政·税务

Caizheng Shuiwu

财 政

【概况】 全市一般公共预算收入完成484.5亿元，增长12.6%，高于全省2.6%，居第4位。收入质量稳中有升，税收收入占比达82.7%，居第3位。一般公共预算支出完成612.2亿元，增长16%。

【保障和改善民生】 全市民生支出完成483亿元，占一般公共预算支出比重提高1%。努力补齐事业发展短板，不断提升公共服务层次，构建起更加公平普惠可持续的民生保障体系。建立教育优先发展保障体系。全面提高各类学校生均公用经费保障标准；各学段经济困难学生资助政策实现全覆盖，受益学生27.7万人次。保障农村学校校舍标准化建设、市区学校建设提升、义务教育薄弱学校“全面改薄”、新建（改扩建）幼儿园等重点工程建设，优化办学条件。支持海洋科技大学园、公共实训基地等滨海科教园区项目，发展职业教育特色学科，建设职业院校大学生创业孵化器，打响潍坊职教品牌。完善就业和社会保障体系。发放创业担保贴息贷款15亿元，带动4.2万人创业就业。推进国际人才、大学生创业等孵化中心建设，市级创业服务平台吸引290家企业入驻。适应经济发展和物价变化，继续提高居民养老保险、城乡低保、农村五保等政府补助标准。完善社会救助制度，开展民生综合保险试点，保障特殊困难群体生活。扩大住房保障范围，支持改造棚户区1.1万户，惠及2.4万人；提升老（旧）小区13个，惠及居民1.2万户。健全医疗卫生保障体系。落实国家基本药物制度，提高居民医疗保险和基本公共卫生服务政府补助标准，向城乡居民免费提供服务项目。深化公立医院改革，理顺管办体制，推进分级诊疗；提升乡（镇）卫生院和社区卫生机构服务能力，缓解“看病难，看病贵”问题；支持社会化办医，引进社会资本建设高端品牌医院，满足多层次就医需求。构建支农惠农保障体系。发放各类惠农补贴16.5亿元；整合农业“三项补贴”（农作物良种补贴、种粮农民直接补贴和农资综合补贴），开展涉农资金整合和专项整治，提升涉农资金使用绩效。推进农业综合开发、精准扶贫，实施1340个乡村连片治理、美丽乡村建设项目，在持续旱情下，保障生产生活用水安全，农民生产生活条件持续改善。在全省首创“农村产权抵押融资风险补偿机制”，开展政策性农业保险，推进融资增信试点，农村金融服务环境进一步优化。优化公共服务保障体系。加大食品安全、安全生产、社会治安等领域支出，维护居民生活安定。推进机关事业单位工资和养老保险制度改革，建立更加公平可持续的收入分配和社会保障机制。各级博物馆、图书馆、艺术馆、科技馆全部免费开放，乡（镇）图书馆实现全覆盖，新增公益性休闲旅游、体育健身场所1384处，更多优质服务延伸到群众家门口。

【助推经济转型发展】 积极应对经济下行压力，充分发挥财政政策引导作用，统筹各类资源，突破关键环节，加快构建现代产业体系，推动经济转

市区棚户区改造民生项目 （供图：韩 冰）

型升级、提质增效。创新经济发展扶持政策。调整优化招商引资、人才引进、重点产业投资等政策，保持政策连续性，增强社会投资发展信心。落实总部经济发展政策，全市新引进企业事业单位总部（分支机构）569家。按照集约资源、精准发力原则，有针对性地制定支持经济转型发展等一系列政策，打造区域竞争先发优势。完善政府引导基金体系。深度整合财政产业专项资金，将政府引导基金扩充到24亿元，设立专业投资基金29支，初步构建起企业发展全周期风险投资体系，完善市场化运作机制，以先进制造业、现代农业、现代服务业等科技创新项目，以及重点园区、公共服务平台等为重点，累计撬动金融、社会资本投入315亿元，支持136个项目建设。积极培育新型金融业态。组建市再担保公司，加快构建担保联盟体系，提供融资担保、再担保服务31亿元，有效缓解企业融资难题。设立资产管理公司，统筹金融机构贷款风险补偿资金，收购、处置不良资产10亿元，提升信贷投放能力。做强“齐鲁农村产权交易中心”，拓宽业务种类和服务范围，打造全国唯一具有“融资功能”的农村产权交易平台。努力营造宽松发展环境。落实出口退税等税式支出政策，扩大“营改增”范围，累计减轻企业负担204亿元。对金融机构新增小微企业和涉农贷款进行风险补偿，拉动新增贷款135亿元。强化会计信息管理和人才培养，维护市场经济秩序。建立涉企收费清单制度，免征31项行政事业性收费，降低企业发展成本。

【支持提升城市品质】 全年争取各类资金超过400亿元。其中，争取省分配潍坊市地方政府债券额度218亿元，居全省第1位，将高成本债务置换为低成本债务，节省利息支出14亿元，有效化解地方债务风险；争取上级转移支付资金144亿元、超拨调度款12亿元，进一步增加潍坊市可用财力；争取国开行贷款40.6亿元，支持棚户区改造。撬动金融社会投资，增强项目支撑能力。大力推广应用PPP模式，设立150亿元PPP基金，成功运作40亿元全国首单高铁项目和13亿元城区学校提升项目。拓宽融资渠道，采用融资租赁方式，保障重点水利工程建设资金需求。创新政（府）银（行）合作模式，争取建设银行授信200亿元，与平安银行合作设立200亿元城市发展基金，支持重点项目建设。推进引黄入峡、引黄入白、南水北调等工程，在持续严重旱情下保障用水安全。支持完成“三八六”环保行动三年计划，建立空气质量生态补偿机制，补贴淘汰改造黄标车16156辆；中心城区全部拆改20吨以下燃煤锅炉，新增公共自行车2400辆，购置新能源、清洁能源公交车400台，增加市民绿色福利，提升城市绿色颜值。

【构建现代财政制度】 深入推进预算管理改革。实施综合预算，把国有资本经营预算收入的10%和11项政府性基金预算转列为一般公共预算，非税收入实行收支脱钩，政府所有资金纳入一个“盘子”统筹安排。改革转移支付制度，将部分专项转移支付调整为一般性转移支付，市对下一般性转移支付增长57.1%，初步建立农业转移人口市民化与转移支付挂钩机制。加快透明财政建设，全面公开市、县两级政府预决算，部门预决算和“三公”经费预决算，梳理公开5大类、85项民生政策，根据清华大学研究报告，在全国294个地级以上城市中，潍坊市全口径财政透明度居第13位。全面加快支出管理改革。严格贯彻厉行节约规定，市直部门一般性经费预算压减5%，清理盘活历年结余结转资金4.5亿元，统筹用于民生保障和公共服务。完善绩效评价制度，50万元以上预算项目全部设立绩效目标，促进提升资金使用效益。加快财政支出，建立调度款“点供”制度，确保各月支出进度超过时间进度，充分发挥资金时效性。建立政府购买服务目录动态调整机制，市直94个部门编制实施购买服务计划315项，提升资金效益和服务质量。创新政府采购监管方式，完善采购流程，建立专管员制度，市级完成政府采购23.5亿元，节支率14.2%。不断提升基础管理水平。完成市级投融资平台优化重组，建立起财政专职董事、监事制度，提升监管水平。加强行政事业资产管理，严格执行资产配置预算，提高资产管理绩效。推动财政投资评审业务转型，重点转向预算评审和重大投资项目事前评估论证。强化财政监督，建立完善内控制度，切实加强收入、支出、会计和内部监督，丰富监督形式，提高监督效果。提升基层财政管理，建设基层数字财政系统，强化乡（镇）财政业务监管，提高基层财政履职能力。推进财政信息化建设，加强信息安全保障，创新引入互联网、大数据思维，增强信息服务能力。

（逄希滨）

住房公积金管理

【概况】 全市新增归集额48.46亿元，同比增长26.54%；提取住房公积金26.31亿元，同比增长28.07%；贷款额30.04亿元，同比增长31.19%；实现住房公积金增值收益3.35亿元，同比增长76.61%。截至2015年年底，全市公积金缴存余额132.65亿元，增长20.05%，全市累计提取总额139.67亿元，全市累计发放个人住房公积金贷款144.12亿元，贷款余额97.63亿元，个贷率（贷款余额占缴存余额的比例）为73.6%。

【全面落实公积金新政】 积极响应国家和省的文件要求，结合潍坊市实际，制定实施《关于放宽提取住房公积金支付房租条件的通知》《关于放宽住房公积金贷款和提取政策的通知》《潍坊市住房公积金管理中心关于调整个人住房公积金贷款政策的通知》《潍坊市个人住房公积金异地贷款暂行规定》《商业贷款转公积金贷款办法》《灵活就业人员缴存使用住房公积金办法》等一系列管理办法，推出20余项放宽公积金提取和贷款条件的新政策，取消强制担保公司担保等中介收费，切实减轻了借款人负担，使缴存职工得到了更多实惠。

市住房公积金管理中心举行“三严三实”专题研讨班 （供图：于永涛）

【大力提升服务水平】 改善硬件服务设施，启用市直（高新）管理部住房公积金综合服务大厅，满足提供“一站式”综合服务的要求，诸城市、昌乐县、寿光市的窗口业务进驻当地公共行政服务中心；规范服务行为，印发《服务工作规范》《投诉管理办法》等行为规范；实现公积金自动提取还贷，市直（高新）管理部为潍柴、歌尔声学等大型企业周六集中办理缴存、提取业务，到潍坊学院、潍坊职业学院等院校上门服务，集中办理自动提取还贷业务，为职工和开发企业提供了便利；制定投诉管理办法，畅通投诉与建议渠道，建立服务满意度调查制度，通过“12329”公积金服务热线，开展了住房公积金服务满意度调查，电话随机抽查400余人次，群众满意率达到98.4%。

【扎实做好党建工作】 4月开始，市住房公积金管理中心扎实开展“三严三实”专题教育实践活动，着力抓好集中学习、党课报告、专题研讨、查摆整改等关键环节的工作，有力推动了“不严不实”问题的解决，增强了践行“三严三实”的思想自觉和行动自觉。通过组织培训、公开招考、干部选拔等方式，提高干部职工的能力素质，优化干部结构，激发了整体活力，提升了工作效能。市公积金中心组织深入学习贯彻市委和市纪委关于落实党风廉政建设“两个责任”的部署要求，不断深化认识，更新思想观念，盯紧“两个责任”，扎实履行职责，公积金管理工作实现了“一个增强、两个提升”（即班子成员“两个责任”意识明显增强，工作效能明显提升，服务质量明显提升）。2015年，市公积金中心被山东省精神文明建设委员会授予“省级文明单位”称号。

（于永涛）

在新启用的综合服务大厅，工作人员为缴存职工讲解“商转公”新政。

（供图：于永涛）

国家税务

【概况】 2015年，潍坊市在国家税务局“全省国税系统绩效管理”中，再次获得第一名，实现“五连冠”；潍坊市国税局班子被省局党组表彰为“先进领导班子”；承担并顺利推进总局“数字人事”试点任务，国家税务总局局长王军等领导先后4次莅临潍坊检察指导，潍坊试点工作得到各级领导的高度评价；高新区国家税务局荣获“全国文明单位”称号，临朐县国家税务局、潍城区国家税务局、昌

国家税务总局局长王军（右四）在市委书记杜昌文（右五）、山东省国税局局长薛建英（右二）陪同下到潍坊检察国税工作 （供图：王 勇）

邑市国家税务局获得“全国巾帼建功先进集体”“全国巾帼文明岗”等省部级荣誉。

【税收收入】 2015年，增加入库税款13.42亿元，占同期国内税收收入的4.63%。全市国税系统共完成各项税收收入317.66亿元；完成国内税收收入289.59亿元，其中，完成中央级收入215.59亿元，省级收入1.22亿元，市及以下级收入72.78亿元。

【落实税收优惠政策】 全市国税系统及时足额兑现各项税收优惠政策126.69亿元，同比增长6.94%。其中，落实出口退（免）税89.08亿元；固定资产进项税额抵扣22.04亿元；落实成品油消费税退税0.6亿元；落实高新技术企业所得税优惠3.22亿元，惠及38户纳税人；落实居民企业之间的股息、红利等权益性投资收益减免所得税额5.68亿元，惠及90户纳税人；落实研发费用加计扣除所得税优惠1.32亿元，惠及53户纳税人；落实农林牧渔减免所得税额1.64亿元，惠及504户纳税人；落实小型微利企业所得税优惠政策1.02亿元，惠及20827户纳税人；落实固定资产加速折旧减免企业所得税额0.22亿元；残疾人就业等即征即退税收优惠1.87亿元。

【依法治税】 营改增试点顺利运转。全市试点纳税人2.73万户，比年初增长39.9%，通过推行营改增，显著减轻了企业负担，有力促进了产业转型升级。税收执法行为不断规范。《国家税务总局关于公开行政审批事项等相关工作的公告》发布的80项非行政许可审批事项全部清理完毕。坚持依法行政，严格执行国家税务总局出台的税收征管、纳税服务、国税地税合作、出口退税4个《规范》，认真落实税收执法责任制，深入开展执法督察和专项督察，税收执法水平进一步提升。市国税局被省政府法制办确定为“依法行政信息直报点”和“第二批依法行政工作联系点”，是全省国税系统唯一一家，诸城市国税局被省局评为“省级法治国税示范点”。严厉打击涉税违法活动。稽查入库税款2.88亿元，居全省第一。打击发票违法犯罪工作成效显著，市国税局被推荐为“全国税务系统打击发票违法犯罪活动先进集体”。

【纳税服务】 “三证合一”登记制度改革顺利实施，办理5515户“三证合一”企业相关涉税事项。对符合外贸企业出口退税审批权限下放条件的4家单位下放审批权限。确定50家一类出口企业享受“先退后核”待遇，两个工作日内即可办理完审批。将“互联网+”运用到出口退税管理服务当中，在全省率先研发应用出口退税综合服务平台，具备纳税人网上申报、自动预审反馈、信息查询、退税提醒和退税政策发布等先进功能，出口退税

潍坊市国税局与福田雷沃公司签订税收遵从合作协议 （供图：王 勇）

申报方式变为“网上传”，解决了“预审繁、多次跑、知情少”的难题，平台在全省国税系统推广。开发增值税发票系统升级版网上购票系统，纳税人“足不出户”即可领购发票。拓展自助代开发票系统功能，实现了临时经营业户自助代开普通发票。深化“银税互动”，服务企业364家，给予授信额度31亿元。对纳税服务标准化体系进行了升级，新入库标准6项，提升标准205项，淘汰标准10项，进一步提升了服务的标准化。大企业管理服务不断优化，与福田雷沃重工股份有限公司续签税收遵从合作协议，在帮助建立税收风险防控机制等方面，提供更加针对性的税收服务。

地税工作人员深入企业开展经济税源调查，辅导企业足额享受税收优惠政策

（供图：朱 骅）

【税收征管】 深化税收风险管理，市、县两级成立专职风险管理机构，开展了为期3个月的“查征管、防风险、促收入”专项活动，评估入库税款8.56亿元，居全省国税系统第1位。开发“税务通”系统，实现征纳双方的相关纸质、实景以及工作过程等方面的图片、音频、视频资料的采集存储，为涉税电子资料管理和无纸化办税奠定了基础，系统在全省国税系统推广。以《国地税合作规范（1.0版）》实施为契机，加强国税、地税在联合办税征管互助、执法协同、信息共享等方面的深度合作。推行增值税发票系统升级版，推行升级版纳税人5.46万户，通过深化升级版数据应用，查处补缴税款6600余万元。升级优化车辆税收一体化管理系统，堵塞了机动车销售发票异常作废等漏洞。完成2014年度企业所得税汇算清缴工作，汇缴面达到100%。加强对股息、利息、特许权使用费、财产转让等数据的分析监控，强化了非居民税收管理。

（胡大桢）

地方税务

【概况】 潍坊市地方税务局成立于1994年7月，内设14个职能科室，下辖3个直属分局、12个县（市、区）局、5个开发区分局、2家直属单位。全系统在职干部职工1934人，担负着全市20.6万户纳税业户的地方税收征管和纳税服务等工作。潍坊市地税局被授予“全国模范职工之家”“全省地税系统绩效管理优秀单位”“山东省地方税收调查先进单位”“全省地税系统党建工作先进集体”等称号。在2015年度全市科学发展综合考核中，荣获中央和省属驻潍单位的第一名。

【地税收入】 2015年，全市共组织地税收入361.59亿元，同比增收30.95亿元。地税部门完成的公共预算收入首次突破300亿元，达到了336.33亿元，占全市公共预算收入的69.42%，比上年提高1.30%，同比增长14.78%，增幅高于全市公共预算收入2.15%，位居全省地税系统前列。

【征管改革】 研发应用“征纳税收风险防控服务平台”，积极推进税收征管现代化进程。依托“征纳税收风险防控服务平台”和税收大数据支撑，对征纳双方依法征税、依法纳税过程中存在的风险点全程进行监控，第一时间提醒改正，大大提高了税收征管质效和依法纳税遵从度。已处理服务提醒和风险告知事项347万条，补缴税款2.92亿元。创新实施“人机结合式”纳税评估新模式，进一步提高税源管理质效。试点研发应用智能化纳税评估系统，创新实施“人机结合式”纳税评估新模式，按照行业设置风险特征库和重点行业风险筛选模型库，智能准确地锁定涉税风险疑点及所涉及的原始凭证，显著提高了纳税评估质效。省地税局在全省地税系统予以推广应用。全市共评估企业980家，评估税款2.5亿元；共检查企业224家，查补税款4848万元。加强国际税收管理，建立反避税信息化管理机制。研发应用全国地税系统首个“反避税风险管理系统”，探索建立管理、服务、调查一体化的反避税风险防控机制，加强了对关联交易、大额付汇涉税风险的防控管理。2015年，共受理企业2014年度关联业务申报8393次，申报关联交易金额597亿元，分别增长82%、28%。加强非居民税收管理，组织入库非居民税收1.32亿元，占到了全省地税非居民税收总量的32.5%。

【服务经济发展】 探索运用“互联网+”思维，打通税收优惠服务“最后一公里”。试点“税收优惠政策跟踪问效信息管理系统”，对地税部门的税收优惠政策执行进行量化考核、动态监控、核查问效，保障了优惠政策的及时准确落实到位，累计为高新技术、小微企业等减免企业所得税5.2亿元，加计扣除研究开发费用4.56亿元。探索开展税银合作，帮助小微企业解决融资难题。联合市金融办、中小企业办、中国人民银行潍坊分行、银监分局等部门建立税银互动平台和工作机制，把小微企业的纳税信用与贷款信用关联转化，帮助企业解决“贷款难”问题。已向金融机构推送有贷款需求的小微企业信息2818条，共有425余家小微企业通过并获得贷款13.7亿元。服务“一带一路”战略，助力“走出去”企业发展。着力从税收优惠落实、办税服务简化、税收协定享受、境外税负降低等方面，扶持全市“走出去”企业发展壮大。先后为全市“走出去”企业减免税收3800万元，指导企业依法降低境外税负并少缴税款200余万元。

【纳税服务】 探索实施“微时代”便民办税系列新举措。搭建并依托“潍坊地税微服务”平台，实现通知公告“微推送”、业务咨询“微受理”、纳税诉求“微响应”、涉税信息“微查询”、办税事项“微提醒”、风险事项“微预警”、纳税遵从“微评价”、管理服务“微联动”，为纳税人提供了更加方便快捷、深层次互动的贴心“微服务”。市、县两级通过“微服务”平台，累计受理纳税人咨询9700人次，提供政策落实提醒告知3900余户次。依托国、地税合作深化便民服务措施，加快试点推进国地税合署办税的进程，进一步取得了办税过程“1+1=1”、征纳成本“1+1≤2”、服务质效“1+1＞2”的良好效果，有效提升了纳税人满意度。《人民日报》、新华社、《国内动态清样》等予以刊发推介。在全省国地税联合办税工作现场会上作了典型发言。

【队伍建设】 加强干部队伍建设，持续不断地激发队伍内生活力。加强人文关怀，着力为干部职工的学习、工作、生活提供倾心服务，营造党组服务职工、职工信任党组的氛围；加强学习培训，确立“工作中学习、学习中工作、学用一体、互动成长”工作思路，有效实现了个人技能提高和工作效能提升；坚持以文化育人，把文化建设与税收业务、服务职工融合起来，进一步凝聚了正能量，提升了软实力，促进了地税事业持续健康发展。完善党建科学化运行机制，保障党建工作和业务工作相互促进、共同发展落实。完善领导体制，率先制定落实党建工作责任清单，探索实行市、县两级党组成员“一岗双责”和AB角工作互补制度，实行党建工作联系指导制度，形成了“领导包片、支部推动”的工作机制。不断建立完善监督、激励机制，进行经常性地监督、评议、考核，多方式评先树优、倡树典型，促进各级基层党组织和广大党员凝心聚力谋发展。严格落实全面从严治党的新要求，细化实化主体责任，发挥纪检监察部门的监督作用，努力构建“不想腐”的治本机制。注重统筹结合，推进党风廉政建设与各项工作协调、有序、高效落实。持续加强作风建设，认真开展“三严三实”专题教育，严格摆查“不严不实”问题，实行中央“八项规定”月报制度，结合上级通报查处的典型案例组织进行自查自纠，切实转变作风，求真务实促发展。

（靖树春）

教育

Jiaoyu

综述

【全市所有县（市、区）全部通过义务教育发展基本均衡县“国检”验收】 11月28日，潍坊市潍城、坊子、昌乐3区（县）通过国务院组织的义务教育发展基本均衡县验收。至此，全市所有县（市、区）全部通过义务教育发展基本均衡县“国检”验收，是潍坊市继1996年全面普及九年义务教育之后，又取得的具有里程碑意义的重大民生成果，标志着全市教育事业发展水平迈上新台阶。

【教师队伍“县管校聘”改革国家试点】 全面推开以“县管校聘、按需设岗、分层聘任、绩效激励”为核心的教师管理体制改革，按需核岗7.82万个,校内竞聘7.41万人，跨校轮岗交流达到4066人，待岗培训62人。被教育部确定为全国首批义务教育教师队伍“县管校聘”管理改革示范区。承担国家级教育改革试点任务9项，占全市总量的1/3。

【办学体制改革成效显著】 “政府支持公办师资、投资方合理性回报”等优惠政策继续带来红利，年内，吸引社会投资20.1亿元，新建改扩建民办学校22所。在全国率先引入PPP模式，融资41.43亿元用于学校建设。推动优质民办学校集团化办学、品牌化发展，271教育集团、文华国际学校等成为知名教育品牌。将股份制改革试点向高中阶段教育拓展，诸城一中完成股份制改造，建立起新的法人治理结构。在全市86所民办学校全部建立理事会或董事会制度，形成决策、执行、监督相对独立、相互支持的法人治理结构。

【智慧教育加快建设】 在全省率先完成“三通两平台”建设。自主开发全省唯一晒课平台，形成1万节的优课资源库和3.5万节的微课资源库。建成覆盖所有学科的云资源平台，能满足全市10万名教师和100万名学生同时在线学习互动。启动智慧学校建设试点，为市区17所学校建成269间智慧教室。建成国内首家市级“学生创新平台”。校校举办科技节，学生参与率达到93%以上。

【教育保障水平全面提升】 用好教育综合督导机制，推动改革发展任务落实，年内，招聘引进新教师1839名，发放校长绩效工资2109.1万元、班级管理团队激励经费8654.5万元。完善市、县、校三级教育惠民服务平台，为民办实事1.8万件，查处违规办学199起。提高学生资助救助水平，高中、中职学生国家助学金从1500元提高到2000元，特殊教育生均公用经费标准由4200元提高到6000元。加强校园安全，印发学校安全风险清单366项，1856辆校车安装GPS定位系统，建成全市校车运行和校园安全视频监控平台。

【现代教育治理体系初步形成】 转变

2015年12月，潍坊市教育局在教育部召开的教育管办评改革推进会议上，获第四届全国教育改革创新特别奖　　（赵云福）

部门职能、简政放权，全面推行目标管理、清单管理、项目管理、底线管理、协商管理、风险管理等，确立权力清单38项、服务清单43项、责任清单21项、负面清单7项，全部公开，阳光运行。选取34所中小学开展自主办学试点，完善中小学办学理事会、校务委员会、教职工代表大会、家长委员会制度，指导中小学制定办学章程，加强党的建设，建立现代学校治理结构。完善办学满意度与教育督导、学校考核、校长职级挂钩联动机制，引入《当代教育家》杂志、创新教育政策研究院等专业机构参与评估论证。政府宏观管理、学校自主办学、社会广泛参与的现代教育治理体系框架基本形成，潍坊市做法进入教育部决策。在教育部召开的教育管办评改革推进会议上，潍坊市作为特邀代表到会介绍经验，并被评为第四届全国教育改革创新十大优秀案例。

2015年潍坊市教育基本情况统计表

表18

学校类别	学校数（个）	毕业生数（人）	招生数（人）	在校生数（人）	教职工数（人）	专任教师数（人）	占地面积（平方米）	校舍建筑面积（平方米）	图书（册）
总计	2922	417238	423352	1571330	125496	108929	58764858.83	21453869.17	54877652
普通高校	14	48432	69819	198784	11328	8635	11118517.32	4771898.53	12133396
中职学校	34	41434	30918	94388	5703	4563	4350640.55	1660167.91	2222221
技工学校	13	11334	13012	30722	1788	1557	2263348	820063.58	575317
普通高中	54	67143	58482	179914	18092	15980	7731213.68	3604516.48	7530579
初中	265	88713	81502	251903	26641	24432	13184943.12	4856309.55	14015617
小学	818	81556	87341	591744	38807	37330	15091686.29	3756101.81	16442821
特教	12	144	262	1531	516	441	164053.48	67758.89	83388
幼儿园	1712	78482	82016	222344	22621	15991	4860456.39	1917052.42	1874313

学前教育

【基础设施建设成果显著】 实施学前教育第二期“三年行动计划”，年内，投资4.7亿元，新建、改扩建幼儿园168所，完成建设面积23.89万平方米，新增优质学位2.4万个。评选表彰第二批学前教育先进镇街21处，拉动学前教育投入2亿元，其中10处镇街实现公办幼儿园全覆盖。

【幼儿园办园秩序全面规范】 以市政府文件形式印发全市清理整顿无证幼儿园工作实施方案，清理整顿无证幼儿园521处。推进镇村一体化管理和集团化办园，全市学前教育集团达到34个，在园幼儿占全市在园幼儿总数的14.4%，幼儿园户外活动和室内游戏全面推开，优质学前教育资源进一步扩增。

【幼儿教师队伍建设取得新成效】 年内，招录公办幼儿教师387人，超出年度目标93.5%。多形式培训幼儿园园长、教师1.6万人次，30处市级幼儿教师培训基地免费为全市幼儿教师提供“自助餐”式培训。

基础教育

【中小学办学条件大幅提升】 实施市区中小学建设提升工程，完成投资14.5亿元，开工建设中小学校37所，其中15所建成投入使用。实施中小学标准化建设工程，完成投资21.5亿元，新建、改扩建中小学205所，新增优质学位5.2万个；完成投资1.53亿元，新建、改扩建中小学厨房（食堂）171处，中小学厨房（食堂）建设任务全面完成。实施“全面改薄”项目，完成投资6.8亿元，改造校舍面积49.43万平方米。完成全市中小学实验室标准化建设，全市中小学图书馆（室）全部达到国家标准。启动全市解决中小学大班额工作，力争到2017年年底解决全市中小学大班额问题。

【基础教育综合改革全面推进】 市政府制定《潍坊市全面深化基础教育综合改革建设方案》，与省教育厅协商共建试验区。市委、市政府深化中小学管理体制改革意见在县（市、区）得到全面贯彻，市委书记杜昌文批示肯定。联合市编制、人社、财政等部门出台学校自主办学指导意见、深化中小学教师管理体制改革意见、推进管办评分离改革指导纲要等6个配套文件，成为推进管理体制改革出台文件最密集、力度最大的一年。

【教学领域改革继续深化】 把社会主义核心价值观教育贯穿于教育教学全过程，加强传统文化教育和法治教育。成立潍坊市教学改革专家指导委员会，加强对课程建设的统筹指导。

制定《学科育人指导纲要》，推出活动育人100所示范学校和100门精品课程，建设命名300处素质教育社会实践场所，新建高水平青少年科技创新实践基地。开展书香校园建设，加强学生阅读核心素养。制定并实施《潍坊市特殊教育提升计划（2014—2016年）》，在全省率先出台送教上门服务工作实施方案，694名重度适龄残疾儿童在家享受每学年不少于216课时送教服务。

【考试评价制度进一步完善】 推进“国家中小学教育质量综合评价改革实验区”建设，制定包括7项评价内容、28项关键指标、90个测查要点的潍坊市中小学教育质量综合评价体系。深化中考招生制度改革，建立起以客观事实、标志性成果和底线管理为核心的学生综合素质评价模式，全市9.8万名中考学生全部实现综合素质评价结果使用无异议。应对新高考改革，参与全省高考改革方案起草研究，建设高中十大核心学科基地，提前做好高中教育变革的各项准备。

【教育人事制度改革深入推进】 完善校长职级制，做好中小学校长及领导班子成员聘任期满续聘调整工作，续聘908人，新任80人，交流轮岗170人，全市校长后备人才达到1605人。举办中小学管理体制和运行机制项目行动研究培训班，开办5期北海校长论坛，增强校长治校能力。加强教师队伍培训，年内，完成市级培训项目23个，培训骨干教师近1万人次，5.6万名教师参加了集中、分散远程研修。潍坊市教师职称改革经验，在8月26日国务院常务会议上得到李克强总理的提名肯定，并推向全国。

【体育艺术教育得到发展】 建立市、县、校三级足球、篮球、排球联赛机制，组建705支校级足球队，高中男篮、女排分别获得全省冠军，得到常务副省长孙伟、副省长王随莲批示肯定。开展“2+1”学生体育艺术普及活动，艺术教育走在全国前列。3月2日，在国务院召开的全国学校艺术教育工作会议上，潍坊市作为唯一地市作典型发言。

【开展家校融合育人】 建立市、县两级家庭教育领导推进机制，录制“开学第一课”和“家庭教育示范课程”100讲。深化与新东方集团合作，新东方培训学校在潍坊市落地开学，家庭教育公共服务平台上线运行，专家与学校、线上与线下相结合的家教模式初步形成。潍坊市区域推进家庭教育的做法，获得“2015家庭教育国际论坛优秀案例奖”。省长郭树清批示要求向全省推广潍坊市家庭教育经验做法。

【育人育才质量继续提高】 全面落实育人为本基本制度，孤儿、残疾儿童、留守儿童、家庭经济困难学生和进城务工人员子女等特殊群体学生，全面实现应助尽助和学有所教。义务教育“轻负担、高质量”特色鲜明，普通高考重点本科上线人数连续14年位居全省首位，中小学生科技创新大赛获奖作品连续13年保持全国地市级首位。

职业教育

【海洋科技大学园建设取得进展】 山东海洋技术大学筹建请示已由省政府转报教育部。市政府与中国海洋大学、齐鲁石化集团公司签署战略合作协议。山东海事职业学院与中国海洋大学开展轮机工程、物流管理2个本科专业的联合办学，山东化工职业学院在滨海建设新校区。与北京大学、以色列特拉维夫大学等达成合作办学意向。

【校企融合发展紧密】 在高职、中职学校新设立19大类60个专业，其中6个专业入选省级特色品牌专业，10个专业被确定为市级特色品牌专业，围绕产业建专业机制初步形成。校企协同育人稳步发展，潍柴集团、豪迈集团、万声通讯等大型企业参与举办职业学院，潍坊商校、高密中专等9所中职学校开展现代学徒制试点。

【现代职业教育人才培养体系完善】 人才培养“立交桥”建设不断完善，中、高职与本科贯通衔接人才培养试点院校和专业进一步扩大；职高学生转普高12人，实现零的突破。在职业院校普及创新创业教育，潍坊大学生“互联网+”创业中心基本建成，高职院校大学生创业孵化器已建成并投入使用3个，70余个大学生项目入驻孵化。农村社区教育进展顺利，寿光、诸城顺利通过国家农村职业和成人教育示范县复检。

【职业教育质量提升】 与台湾海峡两岸教育交流促进协会签订购买服务协议，合作共建环卫工程、物联网技术等10个专业。承办国家、省职业院校四大专业赛事，成为国家重要的大赛基地。在全国职业院校技能大赛中，潍坊市共获得15枚金牌，占全省获奖总数的44%，连续六年保持全省第一。

（周少平　宋炳华　李　健）

潍坊医学院

【概况】 潍坊医学院的历史，可溯源于19世纪末20世纪初潍县乐道院设立的乐道院医护学校和潍县美国长老会医院。1951年，山东省人民政府卫生厅根据华东军政委员会卫生部的命令，指示昌潍区中心卫生院在潍坊筹建山东省昌潍医士学校。1958年，改建为昌潍医学院。1987年，更为现名。学校于1958年开始本科教育，1986年获硕士学位授予权，1998年获留学生招生资格，2000年成为同等学力人员在职申请硕士学位和临床医学硕士专业学位授予单位。2012年，被国务院学位委员会批准为服务国家特殊需求博士人才培养项目单位。2014年，实现本科一批招生。学院是山东省应用型人才培养特色名校建设单位、全国“卓越医生教育培养计划项目”试点高校、国家级临床医学虚拟仿真教学中心建设单位、山东省高等学校协同创新中心建设单位。2008年，学校以优秀成绩通过教育部本科教学工作水平评估。

学校有16个院（系）、24个本科专业、6个硕士学位授权一级学科、52个二级学科硕士点。现有国家级特色专业4个、省级特色和品牌专业9个；有“泰山学者”设岗学科1个，省级重点学科（实验室）8个；聘有泰山学者1人，泰山学者海外特聘专家5人，享受国务院政府特殊津贴10人。有博士研究生导师8人，硕士研究生导师500余人，有省级教学团队5个。学校占地面积近120万平方米，建筑面积63万余平方米。图书馆藏书220余万册。有附属医院17所，省级研究生联合培养基地10个。学校有在校全日制博士、硕士研究生1000余人，本专科生16000余人，留学生近500人在校学习。

【国家级虚拟仿真实验教学中心建设项目获批】 临床医学虚拟仿真实验教学中心获批国家级建设项目；出台并实施《关于加快推进应用型人才培养特色名校重点建设的意见》，完成名校建设中期检查任务；出台《潍坊医学院普通全日制本科学生转专业实施办法（试行）》；实施书院制通识教育，设立“乐道书院”“济世书院”和“孔子学堂”；临床医学专业获批山东省专业支持计划资助；护理学专业“3+2”贯通培养项目获批并招生。

【学科建设和科技创新不断推进】 2015年，学校获批科技项目141项，其中国家自然科学基金12项；获各类奖励53项，其中省部级奖励4项；被三大检索［即SCI（科学引文索引）、EI（工程索引）、ISTP（科技会议录索引）］收录论文123篇；授权专利162项；获省教育厅教学改革研究项目3项，省教育科学“十二五”规划2015年度课题7项（其中重点2项）。“健康山东”重大社会风险预测与治理协同创新中心获省教育厅专项经费支持。整形与显微修复技术省级重点实验室以优异成绩通过省科技厅组织的验收。

【高层次人才引进培养工作】 引进泰山学者特聘专家1人，新聘客座教授11人，引进具有较高发展潜力的博士23名、硕士20名，11名在职教师取得博士学位，4名教师考取在职博士，专业技术人员总量占教职工总数的比例已达到76%。1人获批山东省有突出贡献的中青年专家，1人获批山东省教学名师。11名教师获教育厅国内、国际访学资助，2名教师获省政府公派出国访学资助。

【社会服务能力快速提升】 附属医院推行公立医院改革，探索实施院长负责制。院区规划设计方案初步形成。神经内科、肿瘤科、眼科成功申报省临床重点专科。整形外科医院、口腔医院、生殖医学中心、心理健康服务中心相继开业，专科性医院群初具规模。生殖医学中心，被中华全国妇女联合会授予“全国巾帼文明岗”称号。

（赵建辉）

潍坊学院

【概况】 潍坊学院是一所省属全日制综合性普通本科院校。现有23个教学院部、67个本科专业，涉及十大学科门类。有教职工2047人，全日制普通在校生25500余人。设有山东半岛经济社会发展研究院、潍坊金融财政研究院、量子通信研究所等59个研究院所，是省首批研究生联合培养基地、省应用型人才培养特色名校立项建设单位、省教育信息化试点建设单位。

【应用型特色名校建设深入推进】 加强应用型专业建设，推动特色发展，1个专业入选省应用型人才培养支持计划，新增3个本科专业，新获1个“3+2”对口贯通分段培养试点专业，承办“国培计划”特殊教育骨干教师培训和省骨干教师培训项目，培训教师300人。坚持质量为核心，推动内涵

8月22日～24日，潍坊学院与中国矿业大学联合承办的第六届非线性数学物理国际会议暨全国第十三届可积系统学术研讨会在潍坊召开　（供图：张丹琳）

11月1日～10日，潍坊学院承办"国培计划（2015）"特殊教育骨干教师培训项目——潍坊学院盲教育培训班，学校党委副书记、校长冯滨鲁（后排右二）出席开班仪式并致辞　（供图：张丹琳）

发展，获省教科规划重大招标课题等9项、省教改项目7项，在省本科院校微课、高校青年教师教学竞赛中均获一等奖，学生学科竞赛获国家级奖76项。《潍坊学院章程》顺利通过省教育厅核准发布。学校发展战略获《大众日报》报道，文化建设成果被山东网等媒体刊载，学校获评省级精神文明单位。

【高层次科研立项实现新突破】 新获国家自然科学基金、国家社科基金和教育部人文社科项目9项，2篇论文首次被SCI一区收录。获省社科优秀成果等9项，获泰山文艺奖美术类一等奖，授权专利5项，7人被评为市社科研究拔尖、优秀人才。举办学术研讨会、学术讲座113场，"第六届非线性数学物理国际会议"入选省"国际科技交流扬帆行动"，"莫言与新时期文学学术会议"获省社科论坛十佳称号。

【人才强校"第一战略"措施得力】 "新型材料电子对抗天线技术研究团队"入选"山东省高等学校优势学科人才团队培育计划"。启动"潍院学者"建设工程和"优青计划"，新增省有突出贡献的中青年专家、泰山产业领军人才、省级教学名师各1人，2人入选市首批专业技术创新人才提升工程。

【学生教育管理服务亮点突出】 举办辅导员读书沙龙和职业技能大赛，2人分获省十佳、省优秀辅导员。开通"潍院学工""潍院校媒""青春潍院"等微博、微信，"学工在线"获评"第七届全国高校百佳网站"，"大学黄页（潍坊学院）"位列全国前三。16个项目入围国家级大学生创新创业训练计划，大学生创业孵化基地获评省、市示范基地。

【信息化试点单位建设成效初现】 协同推进信息化重点项目建设，学生一体化8个子系统正常运行。新建2个省骨干学科教学实验中心，实验室管理平台、大型设备精密贵重仪器共享共用平台完成测试。能源管理体系建设在全市评价验收中获唯一优秀成绩。

【协同创新和服务社会能力显著提升】 实施开放发展战略，面向社会开放百门课程，推动融合式发展、实质性合作，成立"莱州湾海洋动物健康养殖工程技术协同创新中心"，与寒亭区、冠县签订横向战略合作协议，与国（境）外高校签订协议7项。加强新型智库建设，承担地方经济研究课题20多项。完成市直干部自主选学培训2443人。教职工获省女职工建功立业标兵、"富民兴潍"劳动奖章等荣誉。

（孙玉敏）

8月11日，省专家组到潍坊学院对大学生创业孵化基地进行实地评审，学校党委书记孙文亮（右三），党委委员、副院长王清明（左一）出席评审会　（供图：华德臣）

潍坊职业学院

【概况】 潍坊职业学院是经山东省人民政府批准组建的一所公办全日制普通高职院校，是山东省高等教育技能型人才培养特色名校、山东省单独招生资格高校、山东省“3+2”分段培养本科生首批试点高校、山东省首批高等职业教育和技师教育合作培养试点学校。学院有滨海、奎文两个校区，占地面积2500余亩，建筑面积47万平方米，教学科研仪器设备总值1.2亿元，图书馆藏书100多万册，全日制在校生2.1万人，教职工1000余人，其中副高以上专业技术职务327人，博士、硕士437人，国家“万人计划”教学名师1名，泰山学者1名，省级、国家级教学名师15名，省级、国家级教学团队8个，其中，100多人次荣获全国、省、市等优秀教师等称号。设有11个二级学院、3个“3+2”高职本科专业、52个高职专业、17个五年一贯制专业，涉及农林牧渔、制造、财经、电子信息、文化教育等13个门类。拥有3门国家精品资源共享课程、39门省级精品课程，3处中央职业教育实训基地、1处省财政支持实训基地，11个市级工程技术中心、4个市级重点实验室和6个院级研究所。获各级各类职业技能大赛奖600余项。历届毕业生就业率一直保持在96%以上。学院为全省继续教育试点本科院校、全国农业职业技术教育培训示范基地、省高校技能人才培训基地、省基层农技人员培训基地、省阳光工程培训基地、省现代农业技术培训基地、市农村科技致富带头人培训基地等，被授予全国科教兴农先进学校、全国职业教育先进单位、全国学校规范化管理示范单位、省教书育人先进单位、省级文明单位等称号。

【山东名校建设】 2015年，学院完成名校建设工程12个一级项目、78个二级项目、299个三级项目、2590个验收要点，核心指标增量明显。办学主体搬迁至滨海校区，促进名校建设与资源整合优化；章程编制完成并实施，推动现代大学治理体系建设与能力提升，形成“产教结合、学刚融通”人才培养模式和“三融合一对接”办学特色。12月，学院以优秀等次通过名校验收，获得省教育厅和专家的高度评价。

【教育教学改革】 新增“3+2”本科专业1个、高职专业3个和6个五年一贯制专业；承担1个全省专业教学指导方案开发工作，33人参与11个全省专业教学指导方案开发；建成10个重点建设专业及专业群教学资源库。引入泰山学者1人，1人入选国家“万人计划”教学名师，1人获评省级教学名师，2人获评全国农业职业教育教学名师，1人入选市首批专业技术创新人才提升工程；1个教学团队被评为省级教学团队。19项省级教改课题立项或结题。学院成为首批省教育信息化试点单位，获省职业院校信息化教学大赛一、二等奖6项，1人获得省青年教师教学竞赛高职组第一名；学生获省和全国职业院校技能大赛获一等奖16项；首次承办全国职业院校职业技能大赛获“突出贡献奖”。1人获评山东高校“十大师德标兵”，1人获评“山东高校优秀辅导员”。1名学生被授予“山东高校十大优秀学生”称号，3人获“三下乡”先进个人称号。

【科技与社会服务】 全年获省、市厅级纵向横向科研项目立项近80项，获科研经费240余万元，发表论文200余篇。新建1个市级工程研究中心和1个重点实验室，成立中马食药用菌联合工程技术研究中心，与刚果（金）联合开展“土壤肥力检测与开发”项目，承办9个国家26人大棚蔬菜栽培技术培训。开展各类科技创新服务80余次，解决技术难题50余项。完成各类培训15000余人次，组织会计类13000余人次。驾校成立并获批招生资质。

【校企合作】 开展校企共建，与万声集团合办的现代服务业学院获批省混合所有制改革试点项目；与东软集团共建潍坊市电子商务工程技术研究中心立项建设；召开潍坊市化工、机电两个职教集团年会；承办省职业技术教育学会职业院校装备与校企合作工作经验交流会、第十届省高校机械工程学院院长联席会；组织“企业家进校园”活动。

【招生就业与创业】 学院入学新生达8095人，其中“3+2”本科学生210余人、高职生6631人；招收留学生50余人。举办专场招聘会暨顶岗实习双选会，做好特殊毕业生就业帮扶工作，应届毕业生总体就业率99.42%。加强创新创业教育与创业项目孵化，学生创新创业意识与能力显著增强，学院获省大学生创新创业大赛2块银牌、3块铜牌，获“潍坊银行杯”创新创业大赛决赛第四名，自主创业人数比去年提高150%。

（王沐智）

潍坊工程职业学院

【概况】 起源于1881年英国基督教会创办的培真书院，后来几经变迁，1978年，由山东益都师范学校改建为昌潍教师进修学院，开始举办高等专科教育。1984年，改名为潍坊教育学院。1998年，举办高职教育，由教师教育向职业教育转型。2010年，改名为潍坊工程职业学院。2015年，校园总占地面积1500亩，校舍建筑面积20万平方米，固定资产总值34273.10万元，教学教辅单位17家，党政群处室13个，在职在编教职工377人，其中专任教师287人，开设高职专业37个，其中三年制和五年制高职在校生12806人，三年制中专生1618人，成人函授专科生1796人。学院通过省教育厅人才培养工作评估回访检查，《章程》获得省教育厅核准，召开学院第一届教职工代表暨工会会员代表大会。

【教学改革】 获批8个省级教学改革立项。获批1个“3+2”对口贯通分段培养本科试点专业、1个省职业院校现代学徒制试点项目。新增定向培养直招士官通信技术专业，飞机机电设备维修、无人机应用技术、空中乘务3个高职专业获批于2016年招生。新增2个五年一贯制高职专业、2个三二连读专业。获批成人高等教育工程造价、工商企业管理2个专业。投资1100余万元新建或改建36个实训室。东校区工程实训中心投入使用。主编3部“十二五”国家职业教育规划教材并出版。牵头开发《山东省三年制高等职业教育建筑装饰工程技术专业教学指导方案》。1门省成人高等教育特色课程通过省教育厅验收。完成职业技能鉴定3000余人次。在国家、省、市级各类学生职业技能大赛中，获得一等奖2项、二等奖9项、三等奖20项。

【科研工作】 获批市厅级及以上科研项目35项，其中1个省社会科学规划研究项目实现零的突破。获得山东省高等学校优秀科研成果奖人文社会科学类一等奖2项、三等奖1项，潍坊市第二十三次社会科学优秀成果二等奖1项、三等奖1项。4项2014年度省艺术科学重点课题结项鉴定，2项省高等学校科技计划项目结题，10项潍坊市科技计划发展项目验收。建成市级科技企业孵化器1个，获资助10万元。成立职业教育研究院和培真书院文化研究院。

【师资队伍】 1名教师获得“第九届山东省高等职业院校教学名师”称号，填补了学院省级教学名师的空白。1名教师获得全国职业院校信息化教学大赛一等奖，实现教师教学技能国赛的突破。1名教师获省高校青年教师教学竞赛二等奖。新增1个省级教学团队。招聘新教师27人，其中博士2人、技能型教师7人。开展教师职称制度改革，聘任正高职称4人、副高10人、中级职称30人。组织28名教师赴台湾研修访学，67名教师参加国家级、省级培训，1名教师参加国内访问学者研修。选派64名教师下企业锻炼。4名教师取得无人机机长资格。2名教师获得省教育厅第二届高等学校体育教师基本功大赛三等奖。

【校企合作】 与山东亚泰机械有限公司合作建成2万平方米的现代学徒制教育实训中心。与潍坊高新区共建的潍坊学前教育实训中心基本竣工，中心幼儿园正式开园。与青州市新亚房地产开发有限公司共建的学院附属幼儿园开工建设。与广东白云通用航空有限公司合作建设中国紧急救援专项人才（潍坊）培训中心。与青州百年老字号“隆盛糕点”共建的食品研发实训基地主体工程已近完工。在山东测绘地理信息产业园内，与潍坊市国土资源局合作共建的潍坊地理信息培训中心正式启用。召开潍坊市食品职业教育集团年会暨学院校企合作成果观摩会。

【招生就业】 三年制高职招生3532人，比上一年增加580人。其中定向培养直招士官增加1个新专业，招生计划300人，比上一年增加100人；“3+2”试点本科首年招生46人。五年制高职、中职招生1668人，比上一年增加170人。成人高等教育专科招生882人。毕业生一次性就业率达100%，年底就业率达99.8%。

【创新创业教育和素质教育】 新建3000余平方米大学生创业孵化器和1个校外大学生创新创业校外实践基地。建成大学生创业辅导站。在校内成功孵化6家大学生注册的公司。38名2015届毕业生实现自主创业。1名教师被潍坊市政府表彰为“潍坊市大学生创新创业工作先进个人”，1名毕业生被潍坊市政府表彰为“优秀大学生创业者”，1名学生被评为山东省“双创之星”。加强素质教育基地建设，在校外新建1个大学生素质教育基地、1个大学生志愿服务基地、2个大学生爱国主义教育基地、1个优秀传统文化教育基地。新建大学生户外素质拓展训练基地。在第十四届山东省大学生科技文化艺术节建筑信息模型BIM技能大赛中，获得一等奖1项、二等奖1项、三等奖4项，并获得全能三等奖，剪纸大赛中，获一等奖1项、二等奖5项、三等奖3项，街舞大赛中获二等奖1项，公益海报设计大赛中获三等奖2项。在第十四届山东省大学生机器人大赛中获得三等奖4项。在第三届山东省大学生创意文化节大赛中获得三等奖1项。首次参加第十一届中国大学生沙滩排球锦标赛，获得男子普通B组第六名。首次参加山东省2015～2016“特步”中国大学生足球联赛，获得高职组第六名。获得全省第十八届CUBA大学生篮球联赛高职组第八名。

（王兆才　刘　丽）

潍坊护理职业学院

【概况】 潍坊护理职业学院是教育部和省政府批准设立的全日制普通高等学校，由原山东省益都卫校和潍坊卫校合并组建而成。学院现有三个校区，主校区坐落在青州市云驼风景区内，主要承担高职教学任务；原益都卫校和潍坊卫校分别作为益都校区和潍坊校区，承担中专教学任务。学院总占地面积780亩，建筑总面积21万多平方米，建有附属医院3所、养老护理院1所、省级以上财政支持的实训基地2个、高标准实验室139个，教学仪器设备总值9600多万元。学院现有教职工500多人，专任教师80%以上具有中高级技术职称。学院还聘请了包括中国工程院副院长樊代明院士、中国科学院曾毅院士在内的100多名知名专家担任兼职教授。学院是教育部确定的东西部联合办学单位，建立了40多个联合办学点，全日制在校生13000多人，生源遍布全国各地。学院先后获得省

2015年“青春梦 中国梦”驻青高校大学生艺术节

2015年学院秋季田径运动会啦啦操表演

解放军302医院到学院考察实习就业学生

级文明单位、全省高校后勤服务工作先进单位、全省高校公寓管理优秀单位等10多项称号。学生积极参加校外各级各类比赛，获得一等奖8个、二等奖11个、三等奖9个。

【招生就业工作取得新进展】 学院招生规模保持稳定，生源质量持续提高。全年招生3860人，增加了“3+2”本科办学层次，办学形式更加多样。更加注重生源质量，三年大专、对口招生最低录取分数线较去年都有较大提升，五年制专科和中专按分数择优录取。巩固与本科院校的合作，扩大网络教育招生，成教在校生2000余人。做好实习就业工作，妥善安置全部实习学生4000多名。加强创业就业教育、培训，增强学生就业创业能力。新建校园“星火学创”创客空间，为学生创业就业提供支持和保障。2015年，毕业生就业率95.3%，全省高校中排名前20位；专业对口率86.53%，实习就业一体化留用比例70%以上。

【创新办学模式】 深化校企合作，创新实施“6121”工学结合、现代学徒制、“三段理实交互”“冠名班”等人才培养模式。加强专业建设和质量保障体系建设，聘用11名教学督导员，开展听课评课、教学反馈、学生全员评教等活动，构建多元化的教学质量保障体系。

【科研工作】 学院全年18项课题被列为省、市各级课题计划，取得科研成果5项、专利18项，发表论文109篇，出版著作5部、主、参编教材22部。

【师资队伍建设】 完善7项教师内部培养制度，落实职业导师制，开展以师带徒的“青年教师传帮带”活动。加强“双师”素质队伍建设，选拔13名专业带头人、39名骨干教师和12名教学名师共190余人到医院参加实践锻炼，打造“双师”教学团队。引进17名新教师，聘用370多名兼职教师。

【基础建设和后勤服务】 投入1300多万元，完成主校区和益都校区大学生服务中心建设、益都校区操场改造，主校区医学技术楼已完成6层主体。增加13万册纸质图书、10万余种电子图书。投资1000万元建成生命科学馆、3D急救护理学虚拟实验室、心理咨询室等实训基地。

【社会服务】 校办产业机构稳定发展。附属医院完成查体中心项目的改建，继续开展肠胃、中医等特色诊疗项目。牙科医院引进和开展医疗新技术，提升医院技术实力，完成诊疗病人2200余人次。口腔医院、养老护理院在发挥教学实践同时，利用办学优势，开展养老护理员、营养师、按摩师、乡村医生等培训6000余人次。

（马占芹）

潍坊技师学院

【概况】 潍坊技师学院是一所全日制非学历教育的高等职业技术院校，市政府直属副厅级事业单位。学校以培养技师和高级技工为主要目标，承担企业在职职工高技能人才和各类职业教育培训机构师资培训任务，是全国总工会就业培训基地、山东省首批高职院校与技师学院联合培养试点单位、山东省餐饮与旅游专业群建设项目示范基地、山东省技师培训基地、山东省外派劳务技师培训基地、潍坊市高技能人才公共实训基地，先后被授予全国职业技术教育先进单位、省职业教育先进单位、省技能鉴定先进单位等称号。2015年9月，学院被潍城区人民政府评为“潍州名校”。

学院规划占地面积1000亩，建筑面积11万平方米，实验实训设备总值达6000余万元。设8个行政处室、8个教学系部，现有注册学生6800余人，教职工321人，其中专职教师167人，高级职称89人，中级职称104人；省首席技师1人，市首席技师8人。现设有数控技术、机械加工与维修、机电一体化、汽车维修、市场营销、会计电算化、电子商务、物流、餐饮旅游与酒店管理、学前教育等20多个专业。

【重点专业建设】 投资530多万元完成省级示范专业群酒店服务管理实训中心建设一期工程，分别建成原料加工、冷盘雕刻刀工、中西餐热菜、中餐面点等5个实训室，以及一体化示范教室、形体训练室等。电气技术应用专业被评为市中职教育特色品牌专业。

【教科研活动】 承担省、市技能鉴定中心安排的“过程性与终结性相结合的职业技能鉴定”试点工作。完成2014年市社科联2个课题、3个省级科研项目、5个市科技局课题研究工作，申报市科技局科技发展计划课题3个。组织全市教师说课示范巡讲活动启动仪式，2名教师参加全市示范巡讲。

【校企合作】 与山东海化集团建立合作关系，举办3个工种、6期、284人的一线技术工人培训，打造企业来校培训样板；会同该集团向省人社厅申报首批15个省级现代学徒制试点单位。与山东共达电声集团、北汽福田山东多功能汽车厂等20家企业的合作签约。建立82人外出培训师资人才库。1月，优秀校友潍坊义远模具科技有限公司董事长李义远捐款10万元支持图书馆建设。

【校际合作】 探索新的办学形式，与潍坊扬帆职业培训学校签订春季高考合作协议，分别招收一年制和三年制学生209人；与潍坊科技学院联合招收三二连读75人，合作培养预备技师1421人；与潍坊职业学院合作培养410人；与山东海事职业学院合作招生32人；与潍坊医药职业中专签订租赁办学协议，招生181人。

【校地合作】 加强与有关县（市、区）和市直单位联系，争取成立市高技能人才培训中心，举办6类培训，共计965人次，其中电子商务师71人，金蓝领培训项目高级技师250人、技师120人，潍城区、经济开发区退役军人51人，大学生就业培训400人，71602部队维修电工技能培训23人，市总工会困难职工及农民工中式烹调培训50人。组织会计考试5031人，职业技能鉴定2414人。制订2015年招生计划，第一次建立微信招生平台，活化招生形式。暑假期间，组织67名教职工深入15个市地、72名高职新生家中家访，提高了报到率。全年共注册新生3043人。

潍坊义远模具科技有限公司董事长李义远向学院捐资10万元　（供图：玄建亮）

【文化校园建设】 编辑印发《创新发展中的潍坊市技师学院》一书，举办

大学生创业孵化基地 （供图：玄建亮）

“第七届科技文化艺术节”、第六届校园赏花节、“师生同乐”趣味运动会，开展读书月、建党94周年文艺汇演、“魅力青春•阳光校园”艺术作品展、班主任节等活动。组织6名学生参加“潍坊市大学生风筝知识竞赛”，获优秀组织奖。举办田径运动会，教职工排球、乒乓球和羽毛球比赛，参加市直机关羽毛球比赛，获得女子双打第二名、男子乙组单打第三名的好成绩。

【大学生创业孵化基地】 根据市政府要求，先后投资100多万元，在图书馆大楼建立4000余平方米的大学生创业孵化基地。完成办公设施、大厅LED屏幕、路面硬化等工作，已有24家企业提报申请，15家企业入驻。开设创新创业教育课程，组织各系部申报创新创业项目17项，邀请专家为600多名师生作专题报告。

（玄建亮）

山东畜牧兽医职业学院

【概况】 山东畜牧兽医职业学院是国家骨干高职院校、山东省示范高职院校，是全国最大的畜牧兽医人才培养基地。1955年建校，2002年经省政府批准，由山东省畜牧兽医学校升格为山东畜牧兽医职业学院。学院设有7个教学系部，现有招生专业18个，全日制在校生数11000余人。有6个国家重点建设专业、8个省级品牌和特色专业、2个省级重点建设专业、1个中央财政支持品牌专业群。学院拥有教授、副教授163人，“双师型”教师占专业教师的90%。拥有国家级教学团队1个、省级教学团队5个。拥有全国高校教学名师、全国职业教育先进个人、全国优秀教师、山东省教学名师、全省教育先进工作者、优秀教师、教学能手、山东省现代农业产业技术体系创新团队岗位专家、全国农业职业教育教学名师、鸢都学者等30多人。学院拥有家禽疫病防控工程技术研究中心、畜禽疫病防控与检测实验室、饲料安全检测技术实验室潍坊市重点实验室3个，建有各专业实验实训室130多个，建有动物医院、动物疾病检测中心、饲料厂、GMP兽药厂、畜牧科技示范园等校内实训基地。在业内龙头企业设立校外实训基地290余处。组建山东省畜牧职业教育集团。学院多次被省委宣传部授予“文化、科技、卫生‘三下乡’活动先进集体”，被山东省委、省政府授予“科教兴鲁先进单位”，荣获全国农业高校毕业生就业工作优秀单位、山东省省级文明单位、山东省科技兴农先进集体、山东省职业教育工作先进单位、山东省职业教育先进集体、山东省高职高专院校人才培养工作优秀单位、山东省高校毕业生就业工作先进集体、山东省高校毕业生就业工作优秀单位、山东省大学生创业教育示范院校、山东省高校德育工作和校园文明建设优秀单位等一系列称号。

【国家骨干高职院校项目建设通过验收】 学院国家骨干高职院校项目建设于9月20日～21日通过省级验收，于12月7日～8日通过教育部、财政部验收。经过三年建设，学院创新形成“产教融合、工学结合”人才培养模式，建立专业结构对接产业发展的动态调整机制，形成服务畜牧全产业链的行业办学特色和以股份制为特征的校企协同育人办学特色。创新“百县千企万户”服务模式，被新华社赞誉为行业发展引擎。

【人才培养工作评估】 5月31日～6月3日，学院通过山东省教育厅高等职业院校人才培养工作评估专家组对学院人才培养工作的考察评估。学院完善“多元共建、校企融通”办学体制机制，创新人才培养模式，实施订单式“2+1”及工学结合四段式人才培养模式，强化实践教学和顶岗实习管理。学生在全省“互联网+”大学生创业比赛中获铜奖，在山东省技能大赛中获三等奖，在山东省首届大学生（高职）水产技能大赛中分获二等奖、三等奖，在全国职业院校创业技能大赛中获三等奖，1人被评为“潍坊市优秀大学生创业者”。

【师资队伍建设】 组织安排骨干教师赴境内外培训300余人次，派出教师参加实践锻炼21人次。新增省级教学团队2个，1人入选教育部“万人计划”

教学名师，2人被评为省级教学名师，1人分获全国职业院校信息化教学大赛三等奖、山东省职业院校信息化教学大赛一等奖，1人获全省高职高专院校微课教学比赛三等奖，1人入选山东省高端会计人才，1人入选潍坊市专业技术创新人才提升工程。

【科研工作】 立项国家、省、市级各类课题60项，完成市级以上课题验收鉴定27项，5项课题获高校优秀成果奖，6项课题获潍坊市科技进步奖，7项课题获第六届全国农业职业教育教学成果奖。

【招生就业】 2015年，招收新生4625人，在校生规模达到11000余人。2015届专科毕业生初次就业率继续保持100%，连续6年全省领先，举办"大学生创业先锋特训营""创享未来"创业教育大型互动活动，创业教育典型案例入选全国高职高专校长联席会年会成果展。

【集团化办学】 对口支援甘孜州职业教育工作取得明显成效，接收青海畜牧兽医职业学院30名食品加工技术班在校学习一年，组织6名教师来校进行国培项目培训。在教育部等四部委联合召开的推进对口支援会议上，作为全国唯一职业教育集团，学院作了《找准合力点，全面推进对口支援工作》的典型经验交流。学院混合所有制生产性实训基地被山东省教育厅确定为职业院校混合所有制改革试点项目。

（臧智强　陈志君　陈　培）

山东经贸职业学院

【概况】 山东经贸职业学院是山东省人民政府批准、教育部备案的具有高等学历教育招生资格的省属公办全日制普通高等学校。前身是成立于1977年的山东省昌潍供销学校，2003年7月独立，升格为山东经贸职业学院。学院占地面积715亩，校舍建筑总面积19万平米，教学仪器设备总值4523多万元，图书馆馆藏纸质图书57.66万册。学院现有教职工507人，专任教师373人，教师队伍学历、职称、能力结构合理。全日制在校生9640人，学院现设会计系、工商管理系、财政金融系、商务工程技术系、国际商务系、科学与人文系、继续教育中心7个教学机构，拥有39个专业，文理兼收，全国招生。12月16日～17日，学院名校工程建设情况通过省教育厅、财政厅专家组验收，成为山东省首批技能型特色名校。

12月16日，教育厅财政厅专家组到山东经贸职业学院现场考察技能型特色名校建设

【教学改革与专业建设】 2015年，新增1个省级教学团队，出版工学结合教材16部，立项省级教改项目6项。学院金融管理与实务专业通过省教育厅审批，成为"3+2"对口贯通分段培养试点专业，与潍坊学院经济与金融专业对接开展"3+2"专本对接贯通培养，2015年，首批招生53人，文理科最低录取分数均接近或超过本科二批最低控制分数线。新上冷链物流技术与管理、工商企业管理2个专业；调整开设合作社经营管理、酒店管理2个专业，专业与行业和区域经济发展的契合度进一步增强，初步形成了面向农村现代经营服务体系的专业体系。

【承办2015年山东省春季高考技能考试】 成功组织山东省2015年普通高校招生（春季）考试商贸类专业技能考试，共有6815名考生参加了考试。

【技能大赛获佳绩】 2015年，学生在全国大学生数学建模竞赛、全国职业院校"用友新道杯"沙盘模拟经营大赛山东省总决赛、全国职业院校报关技能大赛、CCFA中国零售新星大赛全国总决赛、山东省大学生机电产品创新设计竞赛等活动中获奖60余项，其中省级以上一等奖18项、二等奖29项、三等奖12项。教师参加全省高校微课教学比赛、全省高校青年教师教学技能大赛、山东省职业院校信息化教学大赛、山东省高等学校体育教师基本功大赛，获二等奖2项、三等奖3项。

【科研工作】 组织2014年院级课题结项验收工作，6项课题通过验收；申报各级各类纵向科研项目近28类，立项43项；横向技术咨询和技术服务项目46项；申报、验收和鉴定成果51项，8项成果获各类科研奖励；立项院级教改项目18项，6项被确定为省级教改项目。1人被评为潍坊市社科研究十佳拔尖人才，1人被评为优秀人才。

【招生与就业】 2015年，共录取新生4031人，普通文科最高分520分，普通

山东农村现代经营服务职业教育联盟成立大会暨高峰论坛在山东经贸职业学院举行

理科最高分486分，生源质量大幅提升。2015届26个专业毕业生2813人，总体就业率达99.29%。

【师资队伍建设】 1人被评为山东省高等职业院校教学名师，2人被评为全国供销社系统教学名师。1人被评为潍坊市专业技术拔尖人才，1人荣获山东高校十大师德标兵提名奖。选拔聘用校内专业带头人2人、校内专业带头人培养对象7人，选拔聘用中青年骨干教师21人、中青年骨干教师培养对象35人。实施教师素质提升工程，国内培训544人次，赴新加坡、英国、爱尔兰、中国台湾等参加出国（境）培训84人次。

【对外交流与合作】 选派110名优秀学生赴国际及地区友好学校进行文化交流和短期研习；聘请外籍教师5人次，国（境）外专家学者来校交流44人次；新增国（境）外友好学校9所，与爱尔兰莱特肯尼理工学院合作开展会计专业“2+2”联合培养，组建首批40余名学生组成的国际会计师班，双方学分互认，互派教师，共同制定课程考核标准，共享教学资源，国际及地区交流与合作逐步走向深入。

【社会服务】 学院联合相关政府部门、市县级供销社、职业院校、行业协会、企业和科研院所等，发起成立山东农村现代经营服务职业教育联盟。成立山东省供销合作社教育（科研）培训基地，新设立农产品冷链物流和农产品电子商务2个研究所。承担行业培训，为省供销社和济南、潍坊、新泰等市县供销社等举办了专题培训班，培训1065人次。支持高密市供销社开展农业社会化服务，投资30万元，并指导高密供销社建设标准化土壤检测工作站，为高密市为农服务中心的农化服务项目提供样板，为形成供销社综合改革“高密模式”贡献了力量。服务区域经济发展，支持教师开展横向课题研究和项目开发，大力拓展社会服务功能，扩大服务领域，为38家企业组织开展管理咨询和技术服务200余次，完成社会培训13450人次。参与政府购买培训服务，被潍坊市人社局确定为电子商务定点培训机构。

（李　君）

山东交通职业学院

【概况】 山东交通职业学院是经山东省人民政府批准成立的以交通类为特色的普通高等职业院校，实行山东省交通运输厅与山东省教育厅双重领导、以山东省交通运输厅为主的管理体制。1973年12月，学校始建于山东省寿光县，定名为“昌潍地区交通技工学校”，1976年初迁至山东省潍坊市寒亭区。1981年7月，随“昌潍地区”改名而更名为“山东省潍坊地区交通技工学校”。1987年6月，经山东省人民政府批准，设立“山东省潍坊汽车运输学校”，与“山东省公路运输潍坊技工学校”合署办公，隶属山东省交通厅。1989年6月，经山东省人民政府批准，原中专部分更名为“山东省潍坊交通学校”。同年9月，经山东省劳动局、省编委批准，原技工部分更名为“山东省潍坊交通技工学校”。2000年5月，经山东省人民政府批准，中专校名更名为“山东省交通工程学校”。2002年7月24日，经山东省人民政府批准，将“山东省交通工程学校”改建为“山东交通职业学院”。2013年12月，山东省机构编制委员会批复将原山东省交通运输学校整体并入山东交通职业学院。

【技能型特色名校建设通过验收】 按照省教育厅技能型特色名校建设要求，完成了名校建设各项工作任务，2015年12月18日～20日，接受省教育厅、财政厅专家组进校验收，验收成绩为优秀。

【学院章程核准实施】 制定《山东交通职业学院章程》，经省教育厅核准（第58号）并公布实施。依据章程，理顺和完善教学、学生管理、科研、人事、财务、资产、后勤、安全、党建等方面的管理制度，建立健全相应的工作规程，形成规范、科学的内部管理制度体系。

【实施院系两级管理】 制定《山东交通职业学院院系两级管理试行办法》，深化学院主导、系（部）为主体的院、系二级管理模式改革，重新修订教学部门绩效改革办法，推进管理重心下移，扩大系（部）办学自主权，激发办学活力。

【组建山东交通运输职业教育集团】 牵头组建由政府、行业协会、企业、骨干企业、科研院所等118家单位组成的山东交通运输职业教育集团，完成山东省交通运输教学指导委员会换届工作，牵头开发了《汽车技术服务与营销》《道路桥梁工程技术》《汽车检测与维修技术3个高职专业教学指导方案。

【教育部首批现代学徒制试点】 2015年8月，入选教育部全国首批现代学徒制试点单位，制定《现代学徒制试点工作实施方案》，遴选汽车整形技术、道路桥梁工程技术、物联网技术、数控加工、轮机工程5个专业，与广潍集团等14家企业联合开展试点工作，建立校企分工合作、协同育人、共同发展的长效机制。

【新增3个高职专业】 道路桥梁工程技术专业被遴选为“3+2”对口贯通分段培养本科专业，学院共有“3+2”本科专业3个。2015年，新增工业机器人、养老服务与管理和空中乘务3个高职专业。

【人才队伍建设】 实施骨干教师“六个一”培养工程［对接一个企业，联系一个能工巧匠，开发一门课程，主持一个教研项目，参与一项科研（技术服务）项目，指导一组学生］。田国芝被评为“第九届山东省高等职业院校教学名师”，机电一体化专业教学团队入选“2015年山东省高等职业院校教学团队”。

【招生就业】 探索实施多样化招生选拔录取机制，2015年，开展定向培养直招海军、公安消防士官、“3+2”对口贯通分段培养、普通高职专科、单独招生，五年一贯制大专、三二连读等各类别各层次的多元化招生，共录取6082人。其中，海军、公安消防直招士官280人。2015届共有大中专毕业生3722人，其中高职毕业生3194人，就业率为98.4%。

【教学科研】 完成与山东交通学院、青岛理工大学“3+2”对口分段贯通培养人才培养方案开发工作；与福田雷沃国际重工股份有限公司等联合开发专业核心课程38门；《常用工量具使用》《汽车电气系统检修》两本教材获得全国“十二五”职业教育国家规划优秀教材；《金工实训》《汽车电气系统检修》《汽车底盘检修》《物流设施与设备》四本教材获得山东省优秀教材；完成《搅拌工艺对高强轻质混凝土性能的影响研究》等市厅级及以上科研课题立项39项；获得发明专利3项；公开发表科研论文112篇，其中核心期刊15篇。

【技能大赛】 2015年，全国职业院校技能大赛中，荣获测绘和物联网技术应用两个赛项一等奖、二等奖3项、三等奖2项。在全省职业院校技能大赛中，获得奖项11项，其中一等奖5项、二等奖4项、三等奖2项。

【校企合作】 出台《山东交通职业学院促进校企合作的实施意见》《山东交通职业学院校企合作管理办法》等文件，校企合作更加规范有序。2015年，上海大众SCPE项目潍坊培训基地揭牌运营，与中国海事服务中心签订共同推进潍坊船员考试评估中心建设合作框架协议。

【素质教育】 建成7160平方米大学生创业孵化基地，联合开发的创业APP成功上线，现有大学生成功创业项目23个，注册项目18个。2015年，被团省委授予全省首批“孔子学堂”建设高校。完善“三全”育人体系，加强专兼职辅导员队伍建设，提升双辅导员专业化水平。

【校园文化】 校园文化建设丰富，青桐讲坛、校园文化艺术节等品牌活动常态化，省级文明单位复审顺利通过。在“山东省大学生科技文化艺术节大学生机器人大赛”等比赛中获得3个一等奖、4个二等奖。

【数字化校园】 2015年，完善数字化校园建设，建成万兆到楼宇、千兆到桌面的有线网络和逐步覆盖全校园的无线网络，建设开发1000G数字化教学资源中心，实现资源共享、信息互通和科学管理，为教育、教学、管理、服务提供技术支撑。

（卞贵建　张吉林）

山东科技职业学院

【概况】 山东科技职业学院创建于1978年，原名昌潍纺织工业学校，2001年8月成建制并晋升为山东纺织职业学院。2006年4月，更名为山东科技职业学院，隶属山东省经信委、省教育厅双重领导，是教育部、财政部重点支持建设的国家示范性高职院校。目前学院有在校生15000余名，主校区占地面积167公顷，建筑面积47万平方米，图书藏量77.3万册。办学涉及纺织服装、外国语、经济管理、机械工程、建筑工程、生物与化学工程、信息工程、水产养殖、艺术传媒、汽车工程等10余个领域。先后荣获国家级教学成果二等奖2项、省级教学成果奖13项，全国纺织职业教育教学成果奖16项。建有国家级精品课程3门、省级精品课程43门，省级教学团队6个。

【办学层次规模扩大】 被教育部批准为首批现代学徒制试点单位，共有计算机应用技术专业、服装制版与工艺、机械制造与自动化3个专业联合企业举办现代学徒制人才培养。新增服装制版与工艺、德州学院服装设计“3+2”对口贯通培养专业。2015年，学院大专新生入学5410人，在校生人数首次突破15000人。

【现代职教课程改革】 组织开发并实施605门各具特色的现代职教课程，占全院课程80%以上，形成鲜明的“线上、线下、职场化”为特征的混合式教学改革模式，案例入选全国高职院校年度质量报告和山东省高职院校年度质量报告，入选教育部校长联席会相关教学改革案例，6项案例入选专著《职业教育信息化研究导论》。申报成功6项省部级、2项厅级混合教学改革课题，形成现代职教课程改革课题群。

【教学质量工程有突破】 学院牵头国家级教学资源库建设（服装制版与工艺）。参加国家教学资源库子项目建设（化工系熔体纺丝工艺与质量控制）、职业教育现代纺织技术专业国家教学资源库子项目建设（大提花设计及CAD、织物服用性能检测、机织工艺与设备）。服装设计专业教学团队、工商企业管理专业教学团队被评为省级教学团队。

【职业技能大赛获佳绩】 承办2015年全国职业院校技能大赛高职组“联想杯”移动互联网应用软件开发赛项，来自全国29个省、区、市高职院校81支代表队共243人参加大赛。5个赛项代表山东省参加全国职业技能大赛，全部获奖，其中一等奖3项（非英语专业组英语口语赛项、移动互联网应用软件开发赛项、大气环境监测与治理技术），二等奖2项（云计算技术与应用赛项、文秘速录）。在山东省职业院校技能大赛中，学院参加7个专业大类的比赛，共获得一等奖1项、二等奖5项、三等奖6项，奖牌总数位列全省前五名。

【科研创新与社会服务】 获批立项国家教学资源库2015年度建设项目。开展科研与社会服务项目80项，到位经费1105.14万元，其中40万元以上项目3个、20万以上项目7个、10万以上项目20个、5万元以上项目23个。承担培训项目34个，培训人次达16648人次，到位培训经费32.59万元。自主申报专利1293项，其中发明专利226项。申报国家级星火计划项目6项，省职业教育教学改革研究项目12项、省高校科研计划项目6项，市厅级及以上项目立项49项。获市厅级以上成果奖励20项，其中山东省高校优秀科研成果奖3项、潍坊市科技进步奖3项、潍坊市第十三届教学成果奖5项、山东省教育科学研究优秀成果奖4项等。荣获山东省企业培训与职工教育重点课题研究工作先进单位、潍坊市第十三届教学成果集体奖等称号。

【成立两个专业建设指导委员会】 山东省教育厅、山东省经济和信息化委员会联合批准，由学院牵头成立山东省计算机职业教育专业建设指导委员会和山东省纺织服装职业教育专业建设指导委员会，对全省计算机类、纺织服装类职业教育专业建设、专业教学工作进行研究、咨询、指导和服务。

【国际交流与合作规模不断扩大】 分别与韩国岭南大学、安养大学及中国台湾亚太创意技术学院3所国（境）外高校建立友好院校关系。办理来华留学申请154人次，引进两批次印度短期来华留学生53人，全年在校生数量达到 201人，留学生分别来自俄罗斯、印度、巴基斯坦、加纳、赞比亚、肯尼亚、安哥拉、喀麦隆、乌干达、刚果（金）、坦桑尼亚等12个国家，规模创新高。

（胡兴珠）

山东工业技师学院

【概况】 山东工业技师学院是经山东省人民政府批准建立，隶属于山东省人力资源和社会保障厅管理的国家级重点技工院校。学院现有两个校区，老校区位于市区北宫街南、虞河西岸，新校区地处市郊浮烟山文化风景旅游区，规划占地面积1000余亩，总建筑面积14万平方米。学院实习实训设备先进齐全，性能完善，拥有各类实训设施2898台（套），设备原值近亿元，现有在校生1万余人。学院先后被国家有关部门授予“国家级重点技工院校”“国家高技能人才培养基地”“人社部一体化教学改革试点院校”“省级精神文明单位”“山东省技工院校教学质量优秀单位”等称号。

【教学科研】 2015年，学院推进“一体化”教学改革，一是教学组织管理严谨有序，质量意识得到强化。二是推动教学方式创新，加强一体化教学与微课教学研讨，推动教学过程重点难点问题创新解决方案的研究工作。三是加强教师培训，建立《教师培训管理制度》与《青年教师培训管理办法》等工作制度，开展青年教师职业规划与教学规范等教育培训活动和教学名师“一体化教学”公开课观摩研讨活动，邀请山东大学等高校专家进行对口培训。四是完善实训设施。2015年，全院师生共获得各类职业技能竞赛一等奖12项、二等奖4项、三等奖5项、优秀奖2项，团体总分第一名1项，全国高校商业精英挑战赛一等奖1项、二等奖1项等优异成绩。

【德育工作】 学院坚持“立德树人”的全面素质教育和“三自”管理的指导思想，开展培育和践行社会主义核心价值观活动，继承和发扬中华优秀传统文化和传统美德，探索新形势下德育教育工作的方法和途径。一是建立德育早课和周四主题教育课制度，实施“知识、技能、人文”三位一体的素质教育规范。二是在学生中开展评优树先活动，使广大学生学有榜样，做有目标，发挥榜样的引导示范作用。三是开展技能文化节、文化艺术节、文体比赛等丰富多彩的文体活动，展示本院师生的青春风采和创业激情，春风化雨，寓教于乐。四是坚持依法治校，加强制度建设。严格校规校纪，做到了奖罚分明、令行禁止。五是开展学生思想政治工作研究，加强工作经验交流，强化班主任队伍建设。

【专业建设】 按照“对接产业集群，服务当地经济，助力转型升级”的基本思路，促进新专业建设和旧专业改造升级，先后论证开设了工业机器人、商业摄影和物流等专业，成功申报以数控技术、模具设计与制作、数控维修、工业机器人和工业设计专业为依托的现代制造技术省级示范专业群。

【招生就业培训工作】 在技工院校生源竞争日趋激烈的情况下，2015年招生创历史新高，全年招生4328人。就业工作坚持用人单位门槛准入制度，实现学生实习与就业的有机结合，当年就业率和专业对口率达96％以上。面向社会开展多层次、多形式的培训、鉴定和学历教育工作，2015年，组织培训、鉴定和学历教育总量达5750人次。

【交流与合作】 与西门子（中国）有限公司、ABB、瑞士GF集团、海信集团、大连机床、福田模具、歌尔声学、北京利丰印务、海化集团、南方数字娱乐等国内外30余家知名企业建立合作关系，完善人才共育机制。

（王永健）

科　学

Kexue

科技工作和实施创新驱动发展战略

【概述】 2015年，潍坊市实现高新技术产业产值4188.47亿元，同比增长10.49%，占规模以上工业总产值比重为31.85%。全年共组织实施国家、省科技计划项目180项。潍柴动力创建为国家重点实验室，实现了潍坊市企业国家重点实验室零的突破。获国家科学技术奖二等奖1项，获省科技进步奖4项。继续加大与中科院、清华大学等国内外重点高校院所的科技合作力度，年度共举办8次专业性科技成果对接发布会。青州建成国家级农业科技园区。

【高新技术及其产业】 2015年，潍坊市实现高新技术产业产值4188.47亿元，同比增长10.49%，占规模以上工业总产值比重为31.85%，比年初提高1.23个百分点。遴选出一批高新技术企业后备力量，加强分类指导，实行重点突破，新培育认定高新技术企业86家，总数达到461家，总数居全省第二位。昌乐智能工砖专用成套设备及控制系统特色产业基地获批国家火炬计划特色产业基地，国家火炬特色产业基地数量达到12家，居全省第一位。按照“政府引导、公益支持、市场运作”的原则，首次采用“政府+企业”的市场化运作模式，成功举办了第四届中国创新创业大赛（山东赛区）赛事。全市共有167家企业和团队参赛，共获得一等奖1项、二等奖3项、三等奖5项，占全省的21%，取得全省第一名的佳绩。

10月14日，市委副书记、市长刘曙光（前排左二）在市科技局局长张宝胜（前排左三）陪同下，到市科技孵化中心调研科技创新创业平台建设情况　　（供图：杜升明）

【科技创新平台建设】 2015年，潍柴动力创建为国家重点实验室，实现了潍坊市企业国家重点实验室零的突破。该实验室拥有国家千人计划4人、省泰山学者8人，拥有研究试验设备500多台（套），具备发动机零部件、整机以及发动机整车应用匹配可靠性试验等综合能力，将为全市建设汽车动力国家级创新及制造基地提供坚实支撑。新组建山东省食品安全追溯控制工程技术研究中心等省级示范工程技术研究中心7家，新建山东寿光蔬菜种业集团有限公司等3家企业省级企业重点实验室，全市已建成省级重点实验室14家。新建市级工程技术研究中心50家、重点实验室30家。2015年，新备案省级众创空间9家，新组建市级科技企业孵化器12家，新增孵化面积32.5万平方米，在孵企业646家，全市孵化器达到40家，孵化面积达到156.4万平方米。市科技孵化中心已建成并投入运营，共引进中科院山东综合技术转化中心潍坊中心等技术转移机构5家，入驻科技型创业企业37家。围绕全市“1669”现代产业体系构建，全市新组建生物医药、工业生物材料、废水废气环保设备等10家市级产业技术创新战略联盟。目前，全市联盟总数发展到60家，其中国家级4家、省级13家，居全省首位。全市联盟共聚集成员单位800家，吸引了中科院、清华大学等高校院所及一批行业领军和科技小巨人企业参与行业关键技术攻关。

11月13日～17日，副市长王桂英（前排右二）率市科技产业洽谈代表团，赴以色列成功举办中（潍坊）以科技产业对接洽谈活动，副省长王书坚（后排左五）出席会议并致辞　　（供图：刘永亮）

【科技合作与交流】 2015年，继续加大与中科院、清华大学等国内外重点高校院所的科技合作力度。全市先后举办了8次专业性科技成果对接发布会，邀请78家高校院所，发布成果信息637项，签署协议43项，全市新引进、共建高校院所分支机构35家，转化、合作开发高新技术项目74个。依托厦门科易网实现了“互联网+科技成果转化”对接新模式，打造线上线下相结合服务体系。与以色列科技合作取得新进展，建立了中（山东）以科技创新基金和中（潍坊）以科技成果转移转化高端平台，目前，平台已整合以方400多家高科技企业和协会组织的成熟高新技术成果600多项。11月，在以色列成功举办了首届山东（潍坊）——以色列科技产业对接洽谈会，其间，潍坊市企业共与以方签署合作协议意向17项。

【农业与社会发展】 2015年，组织实施农业科技成果转化、农业良种工程、渤海粮仓等国家、省级农业科技计划8项，共获得扶持资金610万元。围绕“中国食品谷”科技研发体系建设，与美国加州大学戴维斯分校就在食品谷总部基地建立“中美食品中心”签署合作备忘录，与山东农业大学合作的“中国食品谷现代畜牧科学院暨协同创新中心”建设已完成。潍坊农业科技园区（青州）被科技部认定为国家农业科技园区，该园区按照以技术研发和农业成果引进、转化、示范、展示为核心，以科农贸产业链一体化联动为发展模式，以建设技术应用推广平台为重点，以提高花卉产业发展水平为方向，力争通过3年左右时间，建设成为花卉品种研发、销售、生产基地，为促进现代农业集聚发展和一、二、三产融合提供示范。诸城、青州、安丘、昌乐、临朐5个县市的农业科技园被省厅认定为省级农业科技园。寿光市、昌邑市、寒亭区申报“渤海粮仓”科技示范工程顺利实施。

【科技成果】 2015年，全市培育优秀科研成果300项，评审出市级科技进步奖150项，95%以上成果达到国内领先水平。寿光富康制药有限公司“奥美拉唑系列产品产业化与国际化的关键技术开发”项目，荣获2015年国家科学技术进步奖二等奖。潍坊英轩实业有限公司“柠檬酸高效生物制造技术开发与产业化”等4个项目获得省科技进步奖，其中二等奖1项、三等奖3项。成功举办“2015中日韩高新技术成果推介会”，加快市技术交易市场建设步伐，与上海技术交易所共建潍坊协同创新中心，发布企业技术难题500多项、科技成果3000多项。已完成技术交易2776项，实现交易额34.8亿元。进一步拓宽科技成果转移转化渠道，通过与中科院等高校院所全方位的对接，成功促成305项成果到潍坊转移转化，实现经济效益138亿元。

【海洋科技】 2015年，海洋领域承担国家、省、市各类科技研发项目22个，获无偿经费1012万元，新获批省级重点实验室1家，有5家企业组建市级工程技术研究中心，3家企业组建市级企业重点实验室。山东理工大学潍坊节能减排技术研究院在滨海揭牌成立。新认定高新技术企业9家，通过复审5家。7个项目获得市科技进步二等奖，3个项目获得市科技进步三等奖。广泛征集了“十三五”期间拟开展的海洋科技重大项目，深入开展海洋科技创新现状和需求调研，积极参与省“十三五”海洋经济发展规划编制工作。

【科技计划】 2015年，全市承担省级以上各类科技计划项目180项，获得无偿扶持资金2.08亿元。其中，天维膜、浪潮华光获得国家863计划，支持经费1106万元；潍柴动力等2家企业获得国家科技支撑计划，扶持经费1793万元；福田雷沃、瑞其能2家企业获得国际合作专项计划，扶持经费238万元；潍柴动力股份有限公司的“大功率汽车柴油发动机关键零件加工线成套刀具的应用验证与示范”项目列入国家“高档数控机床与基础制造装备”重大专项，扶持资金540万元；潍坊学院、潍坊医学院获国家自然科学基金13项，扶持资金538万元；潍坊光电创新创业服务中心的“山东省3D打印暨先进制造综合服务平台”项目列入省创新公

5月16日～24日，举办2015年科技活动周，市人大常委会副主任毛秀凤（前排右一）、市政府副市长王桂英（前排右二）参观科普展览　　（供图：刘永亮）

共服务平台计划，扶持资金300万元；歌尔声学股份有限公司的“高性能MEMS压力传感器芯片研发及集成传感器产业化项目”等12个项目列入山东省自主创新及成果转化专项计划，扶持资金2100万元；山东大业股份有限公司的“高性能航空轮胎胎圈钢丝国产化研究”等15个项目列入省重点研发计划项目，扶持资金408万元。

【科技与金融融合】 加快建立市场导向的科技资金配置机制，改革财政资金投入方向，将市级财政科技计划体系优化整合为自然科学与基础研究、重点研发、基地与平台建设、人才团队和引导基金5大类，重点支持科技成果转化、源头创新、创新环境建设，加快提升全市自主创新能力。市金控集团利用政府性引导基金，组建各类基金30支，其中，科技创新类基金8只，基金总规模12.5亿元。以国信创投基金为主体，启动实施“小太阳”创新创业扶持计划，设立了3亿元天使基金，支持20家种子期、初创期科技创新型企业，带动社会资金投入20.1亿元。创新科技信贷模式，支持商业银行在市科技孵化中心、高新区设立科技银行，开展针对科技型中小微企业的融资服务。

【政策法规与环境建设】 2015年，积极做好中央8号文件、省13号文件的贯彻落实，起草形成了《关于深入实施创新驱动发展战略加快建设创新型城市的意见》，以市委、市政府的名义正式下发。全力参与创建国家自主创新示范区，成立了协调推进领导小组，高标准完成了高新区参建工作方案。加快科技人才队伍建设，全市共有5人入选省泰山产业领军人才工程。全面落实高新技术企业税收减免政策，共为企业减免所得税8亿元。编制出台高标准的全市“十三五”科技创新发展规划，为提升科技规划引领水平，市科技局会同科技部中国科学技术发展战略研究院编制了《潍坊市“十三五”科技创新发展规划》，围绕全市传统产业转型升级、新兴产业培育壮大、区域协同创新发展，提出了打造“渤黄”先进制造中心、发展现代农业、打造智能制造产业基地、推进节能与新能源产业发展等重点任务目标，对“十三五”期间全市科技创新工作做出了科学、全面的安排。通过广泛举办科技活动周、开展“12·4”宪法日科普宣传等活动，增强全社会的创新动力与创造活力，提升了全民创新意识。

（朱海龙）

知识产权

【概况】 2015年，国内专利申请总量18571件，其中发明专利申请量6093件。获国内专利授权总量11055件，其中发明专利授权量1348件。专利申请和授权各项主要指标均居全省地级市首位。专利密度由2014年的2.16件/人增加到3.60件/人，提前完成“十二五”规划纲要提出3.3件/人的任务目标。

【知识产权试点示范】 进一步加大高标准建设国家知识产权示范城市工作力度，多举措积极推进试点示范工作，形成国家、省、市试点示范梯次机制。8月31日，获批“国家知识产权区域布局试点城市”，成为全国唯一的地级试点城市。寒亭区、昌乐县完成“国家知识产权强县”试点，积极申报示范创建，11月25日，寒亭区被评为“国家知识产权强县工程示范县（区）”。7月7日，诸城市被评为“国家知识产权试点城市（县级）”。11月23日，寿光市和青州市同时获批“国家知识产权试点城市”。市级知识产权试点示范企业新增19家，总数达到85家。

【企业创新主体地位不断显现】 知识产权优势企业培育体系初步建成，64家优势培育企业均设立了知识产权工作机构，落实了工作经费和专职人员，制定了知识产权管理制度，建立了长效工作机制；优势培育企业知识产权拥有量大幅增长，自主知识产权数量和质量大幅提升。全市已有33家企业进入省“贯标”工作实施运行阶段，16家通过验收并获认证证书。5家获认证企业入围省知识产权示范企业评选，2015年，新增31家“贯标”企业。

【知识产权行政执法】 加强与市直部门及县市区知识产权局的协作，集中开展专利行政执法专项行动，执法能力不断提升，全年查处假冒专利案件467起，调处专利侵权案件50起，结案率93%，专利行政执法办案总量居全省首位。“山东省新型防水材料产业知识产权保护联盟”成立，促进了行业内部协同运用知识产权的能力，对提高行业整体知识产权保护水平具有重要意义。设立了“潍坊市知识产权执法”平台和微信公众号，为全市专利行政执法人员配备了“执法通”，知识产权执法和维权援助服务更加便捷。依托中国（潍坊）知识产权维权援助中心。2015年，共受理维权援助举报投诉案件30起，受理跨地区移交专利侵权案件6起。

【知识产权信息分析】 继续发挥潍坊市知识产权信息综合服务平台功能，结合潍坊市实际，增设9大行业专题数据库，为企业创新提供服务。打造知识产权网上运营平台，建成具备线上（网络）和线下（展厅+服务机构）功能，集交易、评估、投融资于一体的潍坊市知识产权运营中心。

【知识产权运用】 积极探索建立知识产权投融资金融服务机制，会同市财政局对符合山东省小微企业知识产权质押融资补贴条件的项目进行审查，拨付贴息资金91万元。着力打造“潍坊市半导体发光产业专利导航实验区”，专利导航产业发展工作体系初步形成。会同高新区扎实推进半导体发光产业、新型动力机械产业集群管理工作，加快建设在国内外具有重要影响力和带动力的产业研发制造高地。

【宣传和人才培育】 利用“4·26”、专利周等契机，精心策划组织形式各异的知识产权宣传活动，营造全社会更加浓厚的知识产权文化氛围。针对不同群体，区分培训课题，组织多层次知识产权培训10余期。

（王晓燕）

防震减灾

【概况】 2015年，潍坊防震减灾科普馆通过验收，规模和档次达到全国先进水平，成为全市最主要的地震科普教育基地。投入300万元购置配备了现代化的通讯指挥和救生抢险设备。参与组织并保障了87支队伍、2156人、382辆救援车辆参加的全省地震应急综合演练，成功组织了全市抗震救灾指挥部桌面推演和全市600多人参加的防震减灾工作培训班。印制《农村防震减灾知识宣传单》160万余份、宣传挂图折页20万份，将地震科普知识深入到全市每家每户。完成了临朐上寺院等5村1300余户农村民居抗震性能调查，青州市被中国地震局认定为“国家防震减灾示范市”。申报山东省地震局防震减灾优秀成果奖4项，“潍坊防震减灾科普馆”获山东省地震局防震减灾优秀成果二等奖。市地震局、昌邑局分别获得全国市级、县级防震减灾工作目标责任考核先进单位，昌邑局、诸城局分别获得全省县级防震减灾工作目标责任考核先进单位，奎文局、青州局、临朐局分别获得全省县级防震减灾工作目标责任考核优秀单位。

【监测预报】 加快地震台网建设布局，形成了1个地震中心台、1个国家基本台、1个省区域观测台、17个测震台、7个县级综合台的台网格局。市局台网中心升级为省区域测震台网中心，成为全省5个区域测震台网中心之一。保障台网连续可靠运行，现场维护、检修、巡检各类站点50余次。各类台网运行安全稳定，测震台网运行率达到98%。2015年度，潍坊地区共发生可定位地震8次（ML≥1.0），其中1.0～1.9级地震7次，2.0～2.9级地震1次，最大级地震为8月24日发生在昌乐的2.6级地震。强化了30个专业台点和174处群测群防网点管理，保证了数据传输和设备运行率，提升了捕捉地震前兆异常能力和震情监测能力。

【震害防御】 组织全市抗震设防要求管理业务培训，提升了窗口管理和服务水平，市局、潍城等9个窗口被省局命名为“山东省地震行政审批服务红旗窗口”，数量居全省地震系统首位。4月中旬，迎接山东省新农村建设工程抗震设防检查组对潍坊市开展新农村建设工程抗震设防工作专项检

5月7日～8日，在潍坊市潍北靶场及昌邑市组织全省地震应急救援综合演练

（供图：市地震局）

查。继续推进基层试点示范工作。青州市被中国地震局认定为“国家防震减灾示范市”，安丘市青云花园社区等3个社区被中国地震局命名为“国家地震安全示范社区”，坊子区凤凰街道龙泉社区、高密市夏庄镇官庄社区被省地震局、民政厅、科协命名为“山东省地震安全示范社区”。

【地震应急】 制定《潍坊市抗震救灾专项应对工作方案》《潍坊市破坏性地震灾害应急处置工作要点》。2月，中国地震局震害损失评估专家组对潍坊市进行地震灾害预评估调研，针对有可能造成的损失拟定了工作方案。4月初，国务院抗震救灾指挥部督查组对风筝广场避难场所、市应急物资储备库等地方进行实地检查。5月，市局、昌邑市局配合省局完成山东省2015年地震应急救援综合演练；与教育部门联合，组织全市中小学校地震应急疏散演练。高密市局在超市组织购物市民进行应急疏散演练，昌乐县局在机关办公大楼，诸城、寿光等分别在企业、医院、商场等人员密集场所组织了不同规模的地震应急演练，提高了社会公众的应急避险意识和自救互救技能。完善了1个市级、12个县级地震应急指挥中心（平台），实现了省、市、县三级联动、快速反应指挥。强化地震应急避难场所和设施建设，在全市已建成地震应急避难场所208处的基础上，推进建设Ⅰ类地震应急避难场所2处。高效、有序处置5月22日威海市文登4.6级地震。

【防震减灾宣传】 印发大量防震减灾宣传品。印发防震知识宣传单160万份并及时发送到全市农村每户百姓手中，印制宣传挂图折页20万份至街道、社区；对全市7400多处各级各类医疗卫生机构张贴悬挂《地震科普知识宣传挂图》。组织全市农村播放地震科普电影；在电视台、广播电台、《潍坊日报》、政府门户网站等宣传平台制作播放防震减灾公益广告，刊登防震减灾科普文章。潍坊防震减灾科普馆已接待参观团队100余支、群众80万人。成立潍坊市防震减灾知识宣讲团并进行培训，开展防震减灾知识普及百场讲座活动，对驻潍坊17所高校秋季入学新生进行地震安全教育。

（刘中宁）

气象测报

【气象服务】 2015年，潍坊市汛期降水分布不均，西部大、东部小。气象局圆满完成全年气象服务以及气象保障工作。在全年的气象服务工作中，圆满完成中日韩产业博览会、风筝会、莱博会、昌乐宝石节、青州花博会等重大活动气象服务工作，完成“三夏”麦收期间气象服务工作以及春运、扫雪办、高考、中考等专项气象服务，做好春节、清明节、端午节、中秋节、国庆节、元旦等节假日气象服务工作。全年共发布重要天气预报16期、专项气象服务101期、台风信息快报3期、雨情信息223份、预警信息55期、短期气候预测与农事建议9期，召开新闻发布会5次，包括其他决策气象材料共计150余份。及时向各类媒体发布重要天气预报，预报预警信号。为市领导、市应急办、市防汛办以及其他相关部门通过传真、电话、邮件、手机短信息等形式做好服务。并随时根据需要，通过电视台、电台、手机短信、“12121”语音电话、网站等向社会公众发布。真正做到每时每刻不放松，每次天气过程不放过，切实做好全年的气象服务工作。

【人工增雨防雹】 共进行人工影响天气作业30场次，其中增雨（雪）作业28次，防雹作业2次，发射增雨防雹炮弹7960发、火箭弹109枚，燃烧碘化银烟条117根。共增加降水1.9亿立方米，增雨累计受益面积1.8万平方公里，防雹有效保护面积1000平方公里，减少经济损失和创造经济效益达2.3亿元，增雨防雹收到了良好的经济效益和社会效益。全年有八次（3月18日、4月2日、4月8日、4月12日、6月25日、7月23日、7月29日、11月6日）人工影响天气作业得到了《齐鲁晚报》、潍坊新闻网、《潍坊晚报》和直播潍坊以及《潍坊日报》等新闻媒体的宣传报道。

【雷电防护与防雷审批】 2015年，潍坊市气象局、安监局联合下发《关于做好2015年度防雷减灾工作的通知》（以下简称《通知》），《通知》从五个方面对全市2015年防雷减灾工作进行了安排部署：一是要进一步提高对防雷安全工作的认识；二是加强雷电监测和雷电灾害风险评估工作；三是要落实单位防雷安全主体责任；四是要加强防雷安全监督管理；五是要做好防雷安全应急处置和宣传工作。潍坊市雷电防护技术中心认真落实《通知》精神，先后与中石化潍坊公司、中石油潍坊公司、山东海化集团等签订了防雷装置检测协议，全市首次延续了爆炸和火灾危险环境一年两检的落实。2015年，全年潍坊市政府安委会连续启动三次大范围的安全生产大检查活动，市雷电中心每次都及时调整工作安排，把保证人民生命财产安全放在首位，认真做好相关单位的防雷检测工作。积极推进市县防雷业务集约化发展，做好县级雷电中心的业务指导与检查，实现了全市标准统一、仪器统一、收费统一、结算统一，使各县（市、区）雷电分中心业务工作上了一个新台阶。认真落实《潍坊市人民政府办公室关于规范行政审批中介服务的意见》，规范了行政服务中心气象窗口工作人员的分工，使行政审批与技术服务有效分离，防雷技术服务进入中介服务区办公，新制作了防雷技术服务流程与服务指南。

【依法行政】 2015年，作为市政府安委会安全生产第十六督查组，包靠坊子区政府、街办、企业的安全生产督查工作，督查6个街办、24家企业，对其中8家涉氨制冷企业防雷安全隐患进行排查整治。

加强防雷安全事中事后监管，对辖区内加油站、涉氨制冷企业、危险化学品企业、劳动密集型企业等进行防雷安全隐患排查治理。清理规范建设项目雷电灾害风险评估、防雷装置设计技术评价等中介服务事项，不再要求申请人提供雷电灾害风险评估报告和防雷装置设计技术评价报告，由气象局委托雷电防护技术中心开展防雷装置设计技术评价。年内，取消了施放气球资质证年检、气象灾害证明收费。

（李树军）

水 文

【概况】 潍坊市现有国家基本水文站17处、雨量站224处、报汛站55处、墒情监测站20处、蒸发观测站7处、河道泥沙监测站3处、水土保持监测站2处、地下水观测站158处、水质监测站108处、区域用水总量监测站43处。

【降水量及分布特征】 2015年，全市平均降水量为471.1毫米，比历年偏少26.2%，属降水枯水年。与历年比较，高密市偏少最大为42.9%，寒亭区偏少最小为11.2%，其他县（市、区）一般在-42.7%～-12.1%之间。

全市降水的主要特点是时空分布不均。时间分布上，降水量主要集中在汛期，6月～9月全市平均降水量261.1毫米，占年降水量的55.4%，其中，8月全市平均降水量104.2毫米，占年降水量的22.1%；枯季，1月～5月全市平均降水量121.5毫米，占年降水量的25.8%，10月～12月全市平均降水量仅88.5毫米，占年降水量的18.8%。地区分布上，降水量地区差异明显，梯度变化较大，由南到东北、由西到东降水量逐渐递减，各县（市、区）平均降水量临朐县最大，为600.6毫米，高密市最小，为371.7毫米，区域极值差为228.9毫米。

【河道水情】 2015年，全市汛期各主要河流河道水势平稳，处于基流或断流状态，由于前期干旱和降水量偏少，汛期除弥河外，各主要河道未形成明显洪水。潍河诸城水文站（掘村拦河闸）全年关闸，无过闸流量；渠河郭家屯水文站河干，无实测流量；胶莱河流河水文站汛期未开闸，无过闸流量；弥河黄山水文站7月31日2:06实测最大流量88.7立方米/秒，相应水位139.12米，水位变幅1.56米；弥河谭家坊水文站8月13日6:00实测最大流量1.51立方米/秒，相应水位36.66米，水位变幅0.07米。2015年，全市河流入海径流量0.9374亿立方米。

【水库水情】 2015年年末，全市26座大中型水库总蓄水量2.6459亿立方米，比年初少蓄水1.4322亿立方米。其中，大型水库蓄水量1.8673亿立方米，比年初少蓄水1.1132亿立方米；中型水库蓄水量0.7786亿立方米，比年初少蓄水0.3190亿立方米。

【水文情报预报】 2015年，全市各类报汛站共向国家防总、省市防指拍发电报15133份，其发报率和正确率均100%。提供大中型水库、主要河道水情表93期，雨情表122期，墒情简报33期，雨水情新闻稿件83篇，水情月报12期，雨水情综述3篇，洪水预报7次，向各级领导发送雨水情短信20881条。

【地下水动态】 地下水位变化。根据地下水动态监测资料，2015年年末，全市平原区平均地下水位埋深为13.49米，较年初下降1.06米。年末与年初比较，全市各县（市、区）地下水位均不同程度的下降，地下水位降幅为0.18～1.89米。地下水漏斗区变化。2015年年末，全市平原区地下水漏斗区有寿光—昌邑、昌邑城区、昌乐朱刘店3处，年末，漏斗区总面积1778平方公里，较年初扩大141平方公里，漏斗区地下水位负值区面积1240平方公里，较年初扩大108平方公里。其中，寿光—昌邑漏斗区年末面积1352平方公里，较年初扩大122平方公里，漏斗区地下水位负值区面积982平方公里，较年初扩大75平方公里，该漏斗区东部白浪河附近地段地下水位负值区扩大较明显；昌邑城区漏斗区年末面积401平方公里，较年初扩大19平方公里，漏斗水位负值区面积233平方公里，较年初扩大33平方公里，该漏斗区东部地下水位负值区扩大较明显；昌乐朱刘店漏斗区面积及水位负值区面积仍为25平方公里。浅层地下水蓄水量变化。2015年年末，全市平原区浅层地下水蓄水量较年初减少21558万立方米，全市各县（市、区）地下水蓄水量均较年初减少，减幅为51.2万～6922.3万立方米。

【水质状况】 地表水水质状况。全市共设地表水水质监测站48处，其中河道站22处、水库站26处，全年共监测评价三次（5月、8月、11月各一次）。从监测评价结果看，水库水质总体较好，河道水质污染较严重，且以有机污染为主。与历年比较，水库水质相对稳定，河道水质比2014年略差。在评价的22处监测河段中，水质为Ⅲ类的8处，占监测河段总数的36.4%；水质为Ⅳ类的4处，占监测河段总数的18.2%；水质为Ⅴ类的1处，占监测河段总数的4.5%；水质为劣Ⅴ类的9处，占监测河段总数的40.9%。全市26座大中型水库中，有2处库干，分别为吴家楼水库和马宋水库。在评价的24座大中型水库中，水质为Ⅲ类的22处，占监测总数的91.7%；水质为Ⅳ类的2处，占监测总数的8.3%。地下水水质状况。全市共设地下水水质监测站46处，全年共监测评价2次（5月、11月各一次）。从监测评价结果看，大部分地下水监测井点水质较差，与去年比较，水质略有好转。按地下水质量单项指标评价，在评价的46处地下水井点中，水质达标（以Ⅲ类为标准）的站点有14处，占监测评价井点总数的30.4%，比2014年上升4个百分点。水质为Ⅱ类的3处，占评价总数的6.5%；水质为Ⅲ类的11处，占评价总数的23.9%；水质为Ⅳ类的8处，占评价总数的17.4%；水质为Ⅴ类的24处，占评价总数的52.2%。

主要水源地水质状况。全市共设水源地水质监测站19处，其中地表水水源地10处（9月、10月、11月、12月为9处），地下水水源地9处，全年共监测评价12次。从监测评价结果看，地表水水源地10处水质均为Ⅲ类；地下水水源地9处水质均为Ⅲ类。与历年比较，水源地水质均相对稳定。

（李秀丽）

文化·卫生计生·体育

Wenhua Weishengjisheng Tiyu

社会文化和文化体制改革

【文艺精品创作】 以纪念抗日战争暨世界反法西斯战争胜利70周年为契机，精心打造了现代茂腔戏《红高粱》《非常妈妈》等优秀舞台剧目，编纂出版《坊子小镇》等爱国主义题材文学作品。寿光市拍摄的主旋律电影《王伯祥》，成为部分中央机关“三严三实”专题教育影片。举办全市文学创作骨干研修班，组织开展了第三届“风筝都文化奖”和第二届民间艺术大师评选工作，对全市重点文艺作品、民间艺术名家、民间艺术传承项目、群众文化活动品牌进行评选扶持奖励。潍坊市13件作品获第八届“泰山文艺奖”，居全省第一。“国家级潍水文化生态保护实验区建设模式”“文化与金融融合发展模式创新”2个项目荣获第二届山东省文化创新奖。

【公共文化服务体系建设】 以开展“基层工作加强年”为契机，深入推动“文化惠民、服务群众”办实事活动。大力推进公共文化信息化建设，制订出台《潍坊市加快构建现代公共文化服务体系实施方案》。实现建制镇图书馆全覆盖，建成开通全省首家综合性公共文化服务平台。对全市1000家农家书屋进行出版物更新和数字化升级，在全市推广完成农村公益电影标准化放映7.35万场，“一年一村一场戏”已超额完成年度目标任务；在城区建立15个群众文化基层辅导示范点，公共文化服务社会化取得初步成效。

【群众性文化活动】 继续打造“魅力潍坊 浓情四季”群众文化活动品牌，成功举办第二届潍坊市民艺术节、第六届“社区文化节”、纪念抗日战争暨世界反法西斯战争胜利70周年“中国梦•祖国颂”合唱比赛等大型文化活动，全年举办各类型群众性文化活动5000多场次，参与群众达300多万人次。

【传承弘扬优秀传统文化】 非遗保护传承体系不断完善，“潍水记忆”工程全面实施，潍水文化生态保护实验区建设扎实推进，数字化潍水文化平台架构基本完成。开展潍水文化生态保护实验区建设、公共图书馆一体化服务、广场舞等培训700多期（场）。各县（市、区）均建成1处以上标准化非遗传习中心，7个民办、行业博物馆通过省文物局登记备案。潍水讲坛开讲20多场次，参与群众1万多人次。县级以上公共图书馆全部建成尼山书院，新建27个乡村儒学讲堂和18个社区儒学讲堂。深入实施“乡村记忆”工程，编制潍坊市历史文化村落保护开发规划，普查“乡村记忆”工程乡村记忆点200余处，其中23处入选第一批山东省“乡村记忆”工程文化遗产名单，青州井塘古村被列入试点单位。潍坊市在全省“新常态新作为”弘扬优秀传统文化研讨培训班上作典型发言，潍坊工作经验得到宣传推广。

（王绍芳）

【文化体制改革】 制定出台了《全面深化文化体制改革重要举措实施规划（2015—2020）》。扶持潍坊报业集团、潍坊广播影视集团和县（市、区）传媒集团发展，形成更具活力的文化事业发展体制和更有竞争力的文化产业运行机制。探索在市图书馆、博物馆、文化馆等公益性文化事业单位建立法人治理结构，以市艺术馆为试点，筹备组建理事会。推动转变文化行政管理部门职能，全市文化行政管理与执法监管工作已按照新体制运转。进一步强化对全市国有文化资产的监督管理，筹建潍坊市国有文化资产管理理事会，目前，全市国有独资、国有控股和国有参股文化企业共计19家，市属国有文化企业注册资本总计3.52亿元，市属国有文化企业资产总计10.52亿元。

市、县两级全面建立公共文化服务建设协调机制，制定出台《潍坊市加快构建现代公共文化服务体系实施方案》，市、县两级普遍开展公益性文化事业单位理事会制度改革试点，圆满完成省级公共文化服务标准化试点任务目标，全市公共文化服务水平位居全省先进行列。

（王绍芳　张志存）

【公共文化设施网络】 一批高档次综合性文化场馆建成并投入使用，全市13个公共图书馆、13个文化馆中，国家二级以上馆分别达到11个、10个，所有镇（街）全部建成标准规范的综合文化站，建成62个镇图书馆，实现建制镇全覆盖，社区（行政村）均建成符合山东省建设标准要求的社区文化中心（文化大院），全市四级公共文化服务设施网络基本建成。

【实施重大文化惠民工程】 大力推进公共文化信息化建设，建成并开通全省首家综合性公共文化服务平台。对全市1000家农家书屋进行了出版物更新和数字化升级。在全市推广农村公益电影标准化放映，完成放映6.64万场，“一村一年一场戏”超额完成年度目标任务。试点推行群众文化基层辅导制度，在城区建立15个群众文化基层辅导示范点，免费为群众提供文化艺术培训。公共文化服务社会化取得初步成效，青州市文化行业协会助推公共文化服务机制入选国家公共文化服务体系示范项目。文化志愿者队伍进一步壮大，成为全市文化建设重要力量。文艺精品创作生产取得新成绩，打造了《红高粱》《路向远方》《非常妈妈》等一批精品力作。

【群众文化活动】 根据群众文化需求和地域文化特色，精心打造了全民阅读、公益培训等系列文化服务品牌，成功举办第四届“潍水之春”群众文化活动汇演、纪念抗日战争暨世界反法西斯斗争胜利70周年“中国梦•祖国颂”合唱比赛等系列文化活动。据不完全统计，全市全年共举办各类型群众性文化活动5000多场次，参与群众达300多万人次，丰富并满足了群众精神文化需求。

（张志存）

精神文明建设

【全国文明城市创建】 成功创建为全国文明城市。2015年2月28日，在全国精神文明建设工作表彰暨学雷锋志愿服务大会上，潍坊市荣获第四届全国文明城市、全国未成年人思想道德建设工作先进城市两个国家级称号，市委书记杜昌文到北京参加会议并领奖，受到习近平总书记的接见。8月20日，在全省精神文明建设工作表彰大会上，市委书记杜昌文代表潍坊市作典型发言。寿光市、昌邑市荣获全国县级文明城市提名城市称号。在深入调研和广泛征求意见基础上，研究出台《关于建立健全文明城市创建长效机制的意见》，并以市委、市政府两办文件印发，进一步推动了文明城市创建常态化、长效化、制度化。12月28～29日，全省文明行业创建工作座谈会、全省网络精神文明建设座谈会在潍坊市召开，潍坊市均作典型发言。

【公益广告宣传】 印发《创建文明城市工作宣传方案》，进一步规范报纸、电台、电视台、重点新闻网站等主流媒体的刊播要求。2015年，《潍坊日报》《潍坊晚报》共刊登公益广告193.8版；潍坊电台、电视台共播放公益广告74317条，播放时长23070分钟，形成了浓厚的宣传氛围。广泛发挥各类社会宣传平台和载体的公益宣传作用，在各类电子屏高频率刊播公益广告。在户外制作公益广告宣传设施5500余处，长效公益宣传广告1.3万余处，滚动刊播公益广告达320万余条次。开通“潍坊文明网”新浪、腾讯微博和博客客，“文明潍坊”微信公众平台，采用网言网语的形式播报精神文明相关内容。

【未成年人思想道德建设】 广泛开展未成年人道德教育实践活动。积极开展“中国梦”和社会主义核心价值观学习教育活动，抓住各类时间节点，采取绘画比赛、演讲比赛、歌咏合唱等多种形式丰富活动内容。举办全市首届经典诵读大赛，近5000名选手参加比赛。加快推进农村学校少年宫建设，积极做好乡村学校少年宫项目的申报工作，2015年，新增中央项目7个、省级项目37个，争取资金655万元。积极开展校园周边专项整治行动，联合有关部门打击网上淫秽色情信息，整治不良网络游戏，开展少儿出版市场专项治理，整治校园周边环境，加强日常监管，维护良好社会文化环境。

【志愿服务工作】 进一步规范志愿者招募注册制度，积极开展志愿者培训，奎文区、坊子区、寒亭区、经济区在全国志愿者队伍建设管理信息系统登记注册志愿者人数占总人口数

全国未成年人思想道德建设工作先进城市 （供图：齐 帅）

量达到10%以上。以关爱空巢老人、流动儿童、残疾人为重点，组织大型志愿服务项目300多个，参与志愿者近60万人次，累计受益群众近50余万人。加快志愿服务品牌化发展。深入推进“四社联动”志愿服务新模式。“风筝之爱”品牌得到了市委主要领导批示。在全省组织开展的“最美志愿者”“最佳志愿服务项目”“最佳志愿服务组织”“最美志愿服务社区”评选推荐活动中，38个项目被表彰，数量列全省地级市第一，潍电义工协会、奎文区金都社区入选全国志愿服务“四个一百”名单，并到北京领奖。大力推进诚信制度化建设，在信用联动惩戒机制、中小企业信用体系、诉讼诚信体系建设等方面取得了明显成效，《人民日报》、新华社、《经济日报》《中国青年报》等11家中央媒体对潍坊市诚信建设的做法进行了集中宣传报道。

【乡村文明行动】 深入推进城乡环卫一体化，召开全市城乡环卫一体化现场推进会，开展农村环境卫生专项治理行动，所有县（市、区）、开发区均通过省里的电话测评，实现城乡环卫一体化全覆盖。深化农村精神文明创建，广泛开展新农村新生活培训，有效提高了农村妇女整体素质。印发《文明诚信种植户、文明诚信养殖户、文明诚信合作社创建活动方案》，在农村广泛开展文明诚信创建活动。深入开展农村移风易俗工作。充分发挥道德点评台、村规民约的监督约束作用，对不文明行为和歪风邪气进行公开曝光，形成了强大的舆论压力。潍坊市整治农村不良风气的做法，被中央文明办转发推广。

【“道德模范”“身边好人”评选】 建立常态化的评选机制。完善月评好人制度，健全市、县、镇、村层层报、层层审、层层推的四级评选机制，实现了“道德模范”“身边好人”发现、挖掘、推荐、评选的常态化、制度化、长效化。2015年，全市共有131人入选潍坊好人榜，46人入选山东好人榜，5人被评为山东好人之星，12人入选中国好人，3人入选《好人365》封面人物，推荐好人线索144166条。推选市级道德模范18人、全省道德模范4人、全省道德模范提名奖6人。

【网络精神文明创建】 将所有文明单位纳入精神文明建设网上动态管理系统，通过系统分类，建立工作台账，使考核项目、考核标准更加具体透明，实现了文明单位的网络化、实时化、集中化、精细化管理。大力开展网络文明传播活动。以潍坊文明网为依托，精心开展了“纪念抗日战争胜利70周年”“文明旅游随手拍”“潍坊好人365”等活动，更新稿件近7000篇，其中，被中国文明网采用260余篇，刊登中国文明网首页、要闻稿件31篇。全市所有市级以上文明单位，均成立了3人以上的网络文明传播志愿者小组。其中，录入“全国网络文明传播志愿者信息管理系统”的骨干人员43人。

【文明旅游创建工作】 积极开展文明旅游创评活动。组织开展2015年度潍坊市“文明使者”“最美游客”“最美领队（导游）”“文明旅游先进单位”评选活动，评选出文明使者6名、最美游客9名、最美领队6名、最美导游20名以及文明旅游先进单位20家。在中小学生中广泛开展“我旅游、我文明”征文活动，评出获奖作品194篇，印制优秀作品集《让文明旅游之花绽放》。在全市各主要新闻媒体常态化开设专题专栏，大力宣传文明旅游的重要意义，在春节、“五一”“十一”等重要节假日，通过各类媒体开展文明旅游主题宣传，大力倡导文明旅游，对各种不雅行为进行集中曝光，营造浓厚舆论氛围。

（齐　帅）

文化创意旅游基地建设

【推动文化产业转型升级】 在潍城区召开全市文化产业工作现场会，调度全市文化产业发展。持续实施文化产业重点项目、重点园区、重点企业带动战略，2015年，重点调度过千万元的文化产业项目192个，计划总投资1145.4亿元。拥有国家级文化产业示范基地6家、省级文化产业园区（基地）19家、省级重点文化企业8家、省级重点文化产业项目10个。潍坊市文化产业孵化器通过省“金种子”计划项目验收，目前有48家单位入驻。推动文化产业与其他产业融合发展。探索“文化+金融”模式，推进中国艺术金融数据库建设，权威发布艺术品市场指数，设立国内首家艺术金融博士后科研工作站。探索“文化+互联网”模式，“中国印象商城•印象潍坊”文化电商平台上线运行，成为国内第一家O2O模式文化电商平台。探索“文化+工业”模式，推动潍坊国际创意港项目建设，打造国内首个4.0产业创新服务综合体。

【文化发展环境】 成功举办第五届中国画节、第八届文展会，参观群众48.5万人次，交易总额达8.5亿元，“中国画都”城市品牌影响力进一步提升。加大招商力度，优化营商环境，荣宝斋（潍坊）分店、保利拍卖公司落户潍坊。成立潍坊市文化产业协会，征集会员单位173家。深入开展“文化执法专业化年”、打击侵犯知识产权和制售假冒伪劣商品专项治理、全市卫星电视传播秩序专项整治等专项活动，有效净化了社会文化环境。济南出版社潍坊分社、国防工业出版社山东分社相继落户高新区。积极做好第二届山东省文化强省建设先进市县迎测工作，潍坊市、寿光市、诸城市、高密市顺利通过文化强省建设先进市县复核，青州市、奎文区、临朐县被评为第二届山东省文化强省建设先进县（市、区）。

（王绍芳）

新闻出版

【新闻出版监管】 落实出版物内容和产品备案、审核、审查、审读等制度机制，建立完善版权登记、交易、保护平台，加强文化版权保护，进一步规范出版印刷秩序。严格内部资料准印证核发，严把内容审查关，全年共核发准印证5个，全部通过省局审查备案。组织开展打击盗版侵权“剑网”专项行动，4月25日，在潍坊星河国际轻纺城举行了打击盗版集中销毁行动。

【版权工作】 广泛开展版权宣传，4月，开展版权宣传月活动，在《潍坊日报》刊登《山东省著作权保护条例》，印制版权宣传画下发各县（市、区）和版权单位在显要位置张贴，制作版权公益广告在市电视台滚动播放。在奎文区大虞文化市场举办版权培训班，普及版权基础知识，提高市民版权意识。继续开展市级版权示范单位园区（基地）评选，评出示范单位3家，北大青鸟华光获国家级“版权示范单位”称号，山东环球软件等6家单位获省级版权示范单位称号。

大力发展版权产业。济南出版社潍坊分社和国防工业出版社山东分社落户潍坊，填补全市无出版社的历史空白。积极争取上级政策扶持，全年申报省级新闻出版改革发展项目7个，有2个项目入选省级新闻出版广播影视重点项目库，新影华安产业园区入选省级重点产业园区，翰林轩教育平台入选2015国家新闻出版重点项目库。推荐2部动漫作品参加全国原动力原创动漫项目申报。开展市级新闻出版广播影视项目库建设，评选出入库项目7个。

（张志存）

【舆论宣传】 始终坚持“政治家办报”，切实增强政治敏锐，严格新闻把关，严守宣传纪律，确保了舆论导向正确和新闻出版安全。围绕中心，服务大局，对中共十八届五中全会、纪念抗日战争胜利70周年、“四个全面”战略布局、“三严三实”专题教育、全国文明城市创建、“十二五”成就和“十三五”规划以及中国画节、风筝会、文展会、鲁台会、中日韩产业博览会等，精心组织主题宣传、深度报道和系列评论，主题突出，引导有力，在全市营造了良好氛围。加强和改进时政报道，准确把握上级精神，突出宣传报道重点，进行及时、准确、充分报道。加大经济工作宣传力度，在《潍坊日报》开设《全面深化改革进行时》《构建现代产业体系》等栏目，推出《全市转型发展亮点》《新常态 新亮点》系列报道。积极开展对外宣传，在《人民日报》、新华社等主流媒体刊发了一批重头外宣稿件，提升了潍坊的城市形象。通过香港潍坊同乡会开展一系列活动，促进了港潍经贸文化交流，扩大了潍坊的海外知名度、美誉度和影响力。

社会民生报道。履行媒体社会责任，突出民生报道、社会报道、典型报道、公益宣传。在《潍坊日报》《潍坊晚报》分别开设《身边的感动》专栏，对全市践行社会主义核心价值观的平凡人物和事迹进行了大力报道。《潍坊日报》开设《践行社会主义核心价值观》《德耀中华》《厚道鲁商》《志愿者在行动》等重要栏目，有力助推了全市精神文明创建。《潍坊晚报》围绕群众身边事推出《烤问》《嘘寒问暖》《你好潍坊》等重头系列报道，引起强烈社会反响，公益爱心品牌“风筝之爱”被省委宣传部、省委组织部、省文明办、省民政厅等九部门评为山东省最佳志愿服务项目。潍坊新闻网围绕救助大病儿童组织策划了一系列募捐、义卖活动，传播了网络正能量，扩大了品牌影响力。加大基层宣传力度，《潍坊日报》圆满完成12家县（市）报纸8000多个版面的审读把关任务；《潍坊晚报》巩固提升社区报创办水平，实现了奎文区全覆盖并向高新区、潍城区延伸，宣传阵地不断扩大。

新闻宣传创新。革新版面版式，开办品牌专栏，丰富题材内容，推出大批精品佳作，实现了新闻性、思想性和艺术性的有机统一，办报质量和宣传水平显著提升。对《潍坊日报》《潍坊晚报》进行全新改版，加大评论分量和深度报道力度，新设了《潍水新语》《新视点》《纵深》《一线调研》《政策解析》等特色栏目。坚持“三贴近”原则，努力将报道的重点对准基层百姓和社会民生，开设了《基层采风》《民生一线》《现场》等基层报道栏目，让新闻宣传更加接地气。2015年，共有50余件作品在省级以上新闻作品评选中获奖，《潍坊日报》《潍坊晚报》双双获评省级优秀报纸。

【新兴媒体建设】 推动传统媒体和新兴媒体融合发展，整合采编、经营、人才、技术等资源，打造全媒体矩阵。潍坊新闻网品牌效应、影响力日益凸显。积极寻求战略合作，与新华社手机电视台联合打造“中华名家”移动全媒体书画平台和《新华视讯•潍坊播报》手机新闻视频平台。“中华名家”服务于当代书画艺术发展，开展资讯发布、信息查询、作品展示、交流交易等业务，并对第五届中国画节进行了全面、实时报道。《新华视讯•潍坊播报》整合新华社和潍坊主流媒体资源，面向党政机关和社会主流群体即时播报，同时，承办潍坊市委组织部党建频道《先锋园地》，成为党员教育的宣传阵地。

【经营管理】 《潍坊日报》加强经营管理，制定完善各项规章制度，理顺上版流程、风险防控、处理申诉等关键环节，全力做好合办版、合办报、专刊以及行业专题、形象宣传等版块，经济效益明显。《潍坊日报》征订发行突破9万份，达到历史最高水平。《潍坊晚报》创新经营思路，围绕品牌运营、专题广告、经济专刊、社区报等加强创意策划，承办了第六届“蓝色经济大家谈”青潍对话活动。印务公司坚持向内挖潜、精细管理、向外拓展、全员参与的经营思路，实现收入稳步提升。延伸产业链条，发展多元经济。由潍坊日报社承办的第五届中国画节，实现了良好的社会效益，进一步彰显了潍坊“中国画都”的地位。与《走向世界》杂志社合作创办了《走向世界•中国画都》杂志，面向艺术品经营界、收藏界、书画家与爱好者，打造专业、可读、可藏、具有影响力的高端期刊。涉足商贸物流领域，与山东惠尔国际物流有限公司、新华社手机台合作，筹建“中海惠尔物流平台”项目，对传统集装箱国际海运物流开展全程化服务。适应公务用车改革后的市场需求，与山东惠尔国际物流有限公司合作，成立潍坊报业汽车租赁有限公司，进军汽车租赁市场。

深入开展“三严三实”专题教育，认真学习研讨，广泛征求意见，深入查摆“不严不实”问题，不折不扣抓好整改落实。大力加强党风廉政建设，按照“一岗双责”要求，认真履行党风廉政建设主体责任；严格执行民主集中制，“三重一大”（重大问题决策、重要干部任免、重大项目投资决策，大额资金使用）事项坚持集体决策、民主决策，重大项目和重要物资采购全部公开招标、规范运作；严格贯彻落实中央“八项规定”，厉行节约，严控开支，缩减了办公费用。理顺运行体制机制，按照精简、高效、去“行政化”的原则，调整机构设置，淡化干部级别身份，优化人员结构，大幅压缩管理人员，充实采编、经营人员，向业务一线倾斜。通过调整，内部管理更加科学合理、规范高效。

【重大主题宣传】 2015年，潍坊日报社各媒体围绕中心，服务大局，精心组织主题宣传，在全市营造了良好氛围。对中共十八届五中全会及全市学习、贯彻落实会议精神进行了重点报道，组织刊发会议精神解读、系列评论和动态报道，刊发重点稿件80余篇。对全市“三严三实”专题教育活动开展进行了重点报道，开设了《践行‘三严三实’ 努力走在前列》等栏目，刊发稿件60余篇、评论13篇。围绕“四个全面”战略布局，加大经济工作宣传力度，开设了《全面深化改革进行时》《构建现代产业体系》等栏目，组织策划综述性报道、典型报道和专题报道300多篇；推出“全市转型发展亮点”“新常态 新亮点”系列报道，对全市经济社会发展的典型和亮点作了重点报道。组织策划了纪念抗日战争胜利70周年宣传报道，开设《致悲壮历史 走近点点英雄》《铭记历史 珍爱和平》等专题专栏，对抗战英雄人物和事迹进行全景展示，推出宣传报道80篇，有力弘扬了以爱国主义为核心的民族精神和伟大的抗战精神。组织弘扬社会主义核心价值观宣传，推出新闻专栏《身边的感动》，以平实的视角，讲述日常生活中发生在普通百姓身边的感人事迹，弘扬主旋律，传播正能量，刊发稿件180多篇。创新重要节会、重大活动的宣传，推出《多彩盛会》《共聚潍坊文展会》《聚焦中日韩产业博览会》等专版、专栏，对中国画节、风筝会、文展会、鲁台经贸洽谈会、中日韩产业博览会等进行了全方位、立体式综合报道，刊发稿件200余篇。

【“中华名家”移动全媒体书画推介平台】 潍坊日报社与新华社手机电视台合作，打造以手机终端为主要载体的权威新媒体书画平台——“中华名家”移动全媒体书画推介平台。该平台运用新兴传播手段与推广平台服务当代书画艺术，以移动互联网为媒介，以手机等移动终端和PC电脑为载体，以视频、图片、文字等多媒体形态为展现方式。平台设有“中国书画新闻”“书画名家推介”“书画名作展示”“知名书画家自媒体平台”“知名画廊自媒体推广和交易平台”等栏目，具有资讯发布、信息查询、互动交流、作品交易、线上培训等功能，实现国内书画家的即时沟通与交流，同时，面向社会全方位推送书画家的新闻信息、学术观点、代表作品和创作动态。平台于2015年4月上线运行，对第五届中国画节进行了全面实时报道，同时，在画节期间推出《林泉高致》——“新华名家”移动新媒体书画推介平台创始会员作品展，成为潍坊“中国画都”品牌建设的新兴舆论阵地。

【《新华视讯•潍坊播报》手机新闻视频平台】 潍坊日报社与新华社手机电视台联合打造，以手机移动终端为载体的潍坊地方新闻及国内、国际新闻的图片、文字及音视频移动互联网即时发布平台，具备手机供稿、手机发布、定向覆盖、即时传播等功能。该平台整合潍坊市主流媒体的新闻信息资源和新华社国内、国际新闻资源，通过移动互联网传播渠道，将潍坊市及国内外的时政要闻、重大新闻事件面向各级党员干部、公务员和社会主流人群手机终端推送、发布。平台开辟潍坊在新华社视讯平台上的发布系统，实现潍坊重要信息的全国播报。平台同时承办潍坊市委组织部党建频道“先锋园地”，成为党员教育的重要宣传阵地。平台于2015年4月正式上线运行，社会反响良好。

【《走向世界•中国画都》杂志】 2015年，《走向世界》杂志社与潍坊日报社达成合作协议，共同出版《走向世界•中国画都》杂志。《走向世界•中国画都》杂志由山东省人民政府新闻办公室主管主办，《走向世界》杂志社与潍坊日报社合办，为双月刊。潍坊日报社负责杂志的编辑出版、广告经营、市场运作和国内发行，《走向世界》杂志社负责稿件终审、舆论把关及海外发行。《走向世界•中国画都》杂志以服务于艺术品经营界、书画家、收藏界与爱好者为宗旨，传播国内外艺术市场最新动态，推介艺术家精品力作，提供艺术品鉴藏知识，致力打造专业、可读、可藏、有影响力的高端期刊。同时，杂志解读潍坊人文资源、城市文化内涵，展示潍坊的发展成就，做强做亮“中国画都”品牌形象，让海内外更加深入地认识潍坊、关注潍坊，进一步扩大潍坊对外影响力。

（许文海）

文化执法

【“专业化文化执法年”活动】 市文化执法局年初研究部署开展“文化执法专业化年”活动，努力实现市场监管专业化、执法办案专业化、信息应用专业化、执法监督专业化、队伍建设专业化的目标。改进市场监管方式，实现市场监管专业化。利用全国文化市场技术监管与服务平台实施抽查情况的即时录入，建立文化市场监管档案，逐步实现对各门类文化市场的实时、动态、远程监控。建立执法流程体系，实现执法办案专业化。依法建立案件查处流程化体系，做好说理式执法文书的推广应用工作，进一步规范了执法文书制作、立卷、归档。在省文化厅组织的执法案卷评查中，市文化执法局报送的案卷获十佳案卷1件、优秀案卷1件、规范案卷2件。2015年，全市共立案查处案件603起，办结案件603起。加快平台建设，实现信息应用专业化。积极推动文化部重点信息化建设项目——全国文化市场技术监管与服务平台推广应用工作，全市通过平台办理各类执法业务4556件。市文化执法局被省文化厅授予“全省互联网上网服务监管软件管理工作先进单位”。搞好内外结合，实现执法监督专业化。落实案审会制度、《错案责任追究办法》《案卷评查办法》等监督制度，确保执法安全。有效利用文化市场“12318”举报电话作用，及时处理反映的问题。2015年，共受理举报案件111起，其中上级转来6起，市长热线举报受理9起，办结率100%。加强人才培养，实现队伍建设专业化。市文化执法局相继举办了春季集中培训、网络版权执法培训、新版互联网上网服务营业场所管理系统操作应用培训，提升了队伍综合素质。9月，全国文化市场交叉执法检查组和国家新闻出版广电总局检查组先后到潍坊检查指导工作，对潍坊市的执法工作给予了高度评价。

9月，全国文化市场交叉执法检查组到潍坊检查指导工作 （供图：贾 宾）

【开展娱乐场所集中整治行动】 1月～4月，联合市公安局、工商局，在全市范围内组织开展了一次娱乐场所集中整治行动，针对无证照经营、安全制度不落实、管理制度不建立、涉“黄、赌、毒”、违规接纳未成年人等问题，对全市517家娱乐场所进行了集中整治。全市共出动执法人员4834人次、执法车辆1087台次，检查娱乐场所2368家次，下发整改文书447份，立案查处82起，取缔无证照经营场所49家，督促新办理营业证照47家，取得显著成效。

【查处侵权盗版工作】 通过组织开展打击网络侵权盗版专项治理“剑网”行动、打击侵犯知识产权和制售假冒伪劣商品专项治理等，查处了一批非法复制、使用计算机软件的案件。全市查处版权类案件40起。山东环球软件科技有限公司等6家单位被授予山东省版权示范单位、园区（基地）称号，潍坊星河国际轻纺城有限公司等3家单位被授予山东省版权保护示范单位、园区（基地）称号。6月，市文化执法局被国家版权局授予全国打击侵权版权盗版有功单位二等奖，潍坊矫某某销售侵权复制品案专案组被授予全国查处侵权盗版案件有功单位二等奖，11名个人分别获得有功个人二、三等奖，获奖数量在全省地市中居首位。

【卫星电视传播秩序整治取得新成效】 积极组织开展全市卫星电视传播秩序专项整治活动，依法查处诸城电视台违规开展地面数字电视业务，潍坊广播电视台电视新闻、公共频道违

11月3日，召开全市网络版权执法培训会。会上，向11名获得“全国查处侵权盗版案件”有功个人颁发获奖证书 （供图：贾 宾）

规播放养生类广告等案件。与市文广新局、公安局、无线电管理办公室在全市联合开展打击非法广播电视台专项行动，打掉非法电台窝点20多个。全市共出动执法人员4780余人次、车辆1056台次，发放、张贴各类宣传材料8400余份，查处收缴非法卫星设施1986套（件），拆除778套（件）。4月，在青岛召开的全省卫星电视地面接收设施专项整治工作经验交流现场会上，市文化执法局作了典型交流发言。

【“扫黄打非”斗争】 坚持专项治理与日常监管、网下清查与网上净化相结合，突出抓好查堵非法出版物，扫除网络淫秽色情等文化垃圾，打击侵权盗版出版物和打击假媒体、假媒体机构、假记者，严厉打击“微领域”制售传播淫秽色情信息违法活动等重点任务，扎实开展“净网”“固边”“护苗”“秋风”“清源”等专项行动。4月，潍坊市及奎文区对上年以来依法查缴的7万余件侵权盗版及非法出版物进行了集中公开销毁。5月，联合潍城区文化执法局，到部分中小学开展了“绿书签”行动系列宣传活动。7月，组织力量对全市出版物市场进行了集中检查清理。11月，对全市12个县（市、区）及市属各开发区文化市场进行了集中督导调研。2015年，全市共组织集中检查行动78次，出动检查人员6171人次，检查出版物集中经营场所、印刷企业、店档摊点1354家（个），共查缴各类非法出版物7033册（盘），立案查处119起，移交司法机关案件1起，办案数量和质量均居全省首位。

【争先创优活动】 市文化执法局先后被国家版权局授予查处侵权盗版案件有功单位二等奖，被省“扫黄打非”工作领导小组授予“全省‘扫黄打非’先进集体”称号，被省文化厅授予“全省互联网上网服务监管软件管理工作先进单位”称号，被省新闻出版广电局授予“信息工作先进单位”，被市委表彰为“国家卫生城市复审迎查工作先进单位”“创建全国文明城市先进单位”，通过了省级文明单位复核，还被市委宣传部确定为“潍坊市建设学习型党组织示范点”。

（贾 宾）

广播影视

【新闻宣传】 着力提升舆论引导水平。电台、电视台、广电报、传媒网等媒体，紧跟市委、市政府工作部署和中心工作，重点组织新常态新发展、全面深化改革、转调创、现代产业体系、提升市区、突破滨海、创新创业、新型城镇化、“三八六”环保行动、生态文明建设、文明城市创建、节水抗旱、民本民生、党风廉政建设等主题宣传活动；组织人大、政协“两会”，风筝会，文展会，菜博会，中日韩产业博览会等重大节会的新闻宣传；组织“三严三实”专题教育、守纪律讲规矩做表率、作风建设专题教育活动的新闻宣传。电视台举办“行进潍坊，情系百姓”大型走基层系列活动，播出基层一线报道近300件，受到观众广泛好评。着力打造精品栏目。市广播影视集团制定《节目改版管理办法》，强化节目创新和准入管理。围绕打造品牌、提高影响力，各媒体调整优化叫响一批品牌栏目，成功推出和打造了一批新栏目，精心办好频道、频率，提高收听、收视率。电视台新开办《潍坊电视议事厅》《都市新干线》《经济30分》等新闻节目，形成名牌栏目带动效应。创新开办的电视问政栏目《潍坊电视议事厅》成为政府与民众沟通交流的平台，受到市委、市政府主要领导高度评价。加强频道频率专业化建设，在节目内容、节目形态、市场运作等方面进行创新，提高了节目质量和竞争力。电台注重强化频率的专业化和特色化，根据市场需求，在节目内容、节目形态、市场运作等方面进行创新，突出频率特色。电视台进行频道调整和细分，进一步细分专业市场，开展多元化、个性化传播，顺利完成一、二套节目改版。《广播电视报》进行改版，提升贴近性、服务性和可读性。潍坊传媒网明确“潍坊人自己的首页”定位，政务微信“潍坊发布”列山东省地级市以上政府政务微信公众号影响力第三位；举办潍坊市第一届网络春晚。着力强化对上宣传。各媒体加大对上宣传力度，大力宣传潍坊的好经验、好做法，提升了潍坊的对外形象和知名度。着力推进精品创优。各媒体强化精品意识，坚持以精品创优带动节目质量提升，涌现了一批高质量的新闻作品。山东新闻奖评选中，潍坊市10件作品获奖，其中2件作品获一等奖。山东省广播影视大奖广播电视节目奖评选中，潍坊市参评作品42件，获奖31件，共有8件作品获得一等奖，连续8年居全省地市级台第一名。评论《荧屏需要德艺双馨文艺工作者》荣获中国广播电影电视报刊协会一等奖。

【产业经营】 各媒体认真贯彻落实新的《中华人民共和国广告法》，广告结构得到优化。加强活动营销，举办鲁台国际汽车展、金宝车展、红木家具展等多项媒体营销活动，增强了市场影响力。加强新媒体平台建设，开通印象商城网络文化电商平台、便宜房网，推出线上与线下的双重结合的营销模式。文化产业实现新发展，文化地产、电影放映、少儿培训、专业文艺演出等文化服务品牌在市场竞争中发展壮大。电影放映积极推行主题特色影城、广场社区放映等营销措施；少儿艺术培训继续巩固“星光少儿”品牌实力，努力做潍坊最具影响力、规模最大的青少年综合培训品牌，市场份额不断扩大；艺术剧院发挥专业团队优势，推出文艺下乡、公益演出、亲子剧场、戏剧进校园等多种模式，运营效益良好。对经营性公司进行股份制改造，山东天泽网络科技有限公司（潍坊传媒网）加快股份制改造步伐；便宜房电商项目、印象商城文化电商项目引入了外部资金，进行了线上线下O2O融合发展，并完成了股份制公司组建；星光少儿艺术团股份制改革顺利完成。2015年，集团实现经营收入1.67亿元。

【事业技术装备】 地面数字电视覆盖工程稳步推进，完成发射塔检测评估和维修加固，开展机房装修、机房电气环境建设和院落改造硬化，完成发射、传输、编码、监控等系统设备与配套设备的第二批次政府招标采购。加强广播电视设备维护更新及技术管理，组织完成电台总控机房系统、传媒网数字全媒体融合平台系统、电视台演播室高清大屏、发射台调频广播多工器和天线分馈线维修更新、转播台播控系统升级等9个项目的招标采购工作，提升了技术装备水平。加强安全播出工作，在重大活动、重点时段、重要敏感期，周密部署，精心组织，及时协调，实现了全年安全播出。

【新媒体建设】 积极推进广播、电视、报纸、网站的宣传资源整合，开发利用微信、手机客户端等新媒体技术，加强节目互动，探索构建形态多样、渠道多元、传播快捷、多屏互动的新型传播体系，传播能力进一步增强。电台所有频率都建立了微信公众平台，将QQ、APP、博客、微信等新媒体运用到节目当中，实现了线上节目与线下活动的有效链接。电视台微信摇电视项目启动，实现了手机与电视双屏互动。潍坊传媒网网络台、手机台、IPTV、APP等项目推进顺利。广电报“天天潍坊”微信公众号用户突破5万人。

【队伍建设】 集团对重点工作实行项目化管理，加强了重点工作的推进。电台、电视台进行了全员干部竞聘、员工竞岗和薪酬改革，有26人由一般人员岗位走上中层副职岗位，有13人由中层副职岗位走上中层正职岗位，中层干部的年龄和知识结构不断得到优化。加强职业道德建设，成立了广电新闻道德委员会，组织开展了2015年度首席编辑、记者、播音员、主持人和“青年十佳”编辑、记者、播音员、主持人评选。加强精神文明建设，集团总部、电视台继续保持省级文明单位称号，电台被评为省级文明单位。

（孙效宇）

风筝文化

【第三十二届潍坊国际风筝会】 第三十二届潍坊国际风筝会于2015年4月18日～25日举行。本届风筝会由国家体育总局、国际风筝联合会、潍坊市人民政府共同主办，以中共十八大、十八届三中和四中全会精神为指导，围绕市委、市政府决策部署要求，遵循适应经济新常态，办好风筝主体活动，搭建合作发展平台的理念，坚持“务实办会、科学办会、专业运营”的原则，突出国际性和潍坊特色，大力推介城市品牌，促进文化发展和经贸招商工作。各责任制部门、单位各负其责，通力协作，认真抓好风筝、经贸招商、文化等16项重点活动，达到“创新、务实、节俭、安全”的要求，取得了良好的经济社会效益。本届风筝会特点突出，亮点纷呈，成效明显，开幕式突出国际性和潍坊特色，受关注度高。本届风筝会邀请国家体育总局副局长、国际风联主席冯建中和山东省副省长王随莲以及各国外交使节，国内外重点企业、重点客商，台商，全国知名民营企业家，国内外高水平风筝团队，出席论坛的节庆代表1500多人出席。4月18日～20日，参加开幕式和万人风筝放飞表演、第十一届世界风筝锦标赛的嘉宾及市民、游客达到10万人次。严格赛事国际规则，提升了比赛水平。本届风筝会共有67个国家和地区，国内20多个省、市、区的120余支高水平风筝代表队600余名队员参加放飞比赛。经过激烈角逐，决出了优秀传统风筝赛、特色风筝表演赛、打斗风筝赛、团体双线运动风筝规定动作赛、团体运动风筝芭蕾赛，创新风筝赛的

第三十二届潍坊国际风筝会开幕式文艺表演　　（供图：齐志明）

优胜者。为了确保本届风筝会高水平运动队的质量档次，继续组织开展了“潍坊国际风筝会全国风筝分区选拔赛”。按照风筝赛事规则，先后在深圳、青岛、沈阳、西安、北川等地设分赛区，进行了高水平的风筝选拔赛，进一步提高了潍坊国际风筝会的竞技水平和吸引力。突出招商引资，对接活动务求实效。潍坊市投资合作对接会，邀请到了上海唯创国际集团、保利协鑫集团、中央新影集团、美国DHP集团雅龙公司、阿里影业等172家企业的负责人参会，会上，对潍坊国际纳米谷、中美高科技产业园、中央新影集团红高粱影视基地、渤海水产市场等22个招商项目进行了集中签约，涉及总投资177亿元。“2015中韩产业合作（潍坊）峰会”围绕潍坊滨海中韩仓储物流产业园和峡山中韩养生产业园重点发展产业，推介潍坊市相关产业政策和投资机遇，共邀请韩国有关研究机构、商会及46家企业共50余名代表参会，潍坊市90余家企业代表参会，双方就节能环保、医疗养生、美容保健及仓储物流等领域的合作进行了对接洽谈。2015外交使节潍坊行，邀请了孟加拉等“一带一路”沿线重点国家外国驻华使节、中国—墨西哥商会等代表、韩国安养市等国外友城代表团到潍坊参加了使节行活动。活动期间，来自孟加拉、俄罗斯、厄瓜多尔、韩国、摩尔多瓦、日本、智利、古巴、拉脱维亚等国家的外交使节，墨西哥、法国、加拿大、美国、意大利商会及企业代表，韩国友城代表等15个国家150余人到潍坊参会。

【潍坊风筝大赛】 潍坊风筝大赛是潍坊国际风筝会的重要赛事之一，由潍坊政府主办的传统风筝赛事，代表着潍坊风筝扎制创新和放飞竞技的最高水平。2015年潍坊风筝大赛于4月11日～12日在滨海区人工沙滩举办，并得到了滨海区的大力支持。参赛队伍85支，其中县（市、区）开发区组16支，市直部门组37支，市直属企业单位组32支；参赛风筝1059只，其中最炫风筝（挂件）类55只、最佳效果风筝56只、巨型类69只、龙类72只、串式130只，其他类667只；参赛运动员、裁判员等共计1000余人。参赛风筝数量、种类和质量比往年有了新的提升，扎制了一大批精品风筝、创新风筝，尤其是在最炫风筝、最佳效果风筝和巨型风筝方面，无论是在传统风筝轧制技术，还是在挖掘创新风筝扎制技术方面都有突出表现。

【“山东风筝艺术导赏——山东潍坊风筝展暨山东风筝同乐日”活动】 由山东省人民政府港澳事务办公室、山东省文化厅、山东省政协港澳台侨和外事委员会、香港中国21世纪友好协进会联合主办的“感知传统文化”山东文化交流系列活动，于2015年9月11日～13日在香港南区数码港隆重举行。其中，作为此次文化交流的重要活动之一，“山东风筝艺术导赏——山东潍坊风筝展暨山东风筝同乐日”活动，由潍坊市政协、潍坊国际风筝会办公室赴香港代表团负责承办。本次活动的具体内容有三项，一是在香

潍坊风筝走进香港“山东风筝艺术导赏——山东潍坊风筝展暨山东风筝同乐日”活动现场　　（供图：齐志明）

港南区数码港举办潍坊风筝展览，推介潍坊风筝和年画艺术。现场布展了大型龙头蜈蚣等潍坊精品风筝，悬挂了15米×1.2米大型壁画《风筝魂》长卷，由风筝大师、年画大师进行现场制作表演，教授少年儿童现场扎制风筝、印刷年画，进行室内无风风筝放飞表演以及在风筝上示范作画等。通过风筝、年画展演，加强了与香港市民近距离交流，扩大了潍坊风筝和年画的知名度，促进了潍坊风筝、年画所承载的传统文化传播。二是代表团在滨海公园成功放飞各种特制山东名家书画风筝，特制大小黄鸭风筝，潍坊龙头蜈蚣风筝，人物、老虎、章鱼等风筝。突出展现了潍坊风筝运动的魅力，给香港市民留下了深刻印象。三是与香港有关团体、企业进行风筝产业合作洽谈，达成了合作发展风筝文化产业的共识。通过与香港中国21世纪友好协进会务实洽谈和交流，达成共识，拟从2016年开始，此项活动升格为香港风筝节。同时，与香港有关企业达成了合作开发风筝旅游纪念品的意向。通过一系列风筝放飞和展览展示活动，有力地传播了以风筝、年画文化为代表的潍坊传统文化，进一步扩大了潍坊的影响力，提升了潍坊市的知名度和美誉度。

（齐志明）

文物博物

【概况】 第一次全国可移动文物普查取得阶段性成果，全市共登录藏品476456件（套）、546847件，位居全省第2位。临朐县博物馆平台登录量97634件（套），在全省县区级博物馆中位列前列，馆长衣同娟也被国家文物局评为“普查之星”。“乡村记忆工程”成果明显，在省文物局公布的第一批“乡村记忆”工程文化遗产名单中，潍坊市入选23处。

全年共争取国家、省专项补助资金7518万元，其中国家资金6978万元、省级资金540万元。结合全市实际，研究制定《潍坊市文物保护专项补助经费使用管理办法》，确保文物保护专项补助资金使用效率和使用质量。

全市各级各类博物馆常设展览达到65个，利用各类博物馆、纪念馆等馆舍举办临时展览150个，引进了浙江省博吴昌硕艺术成就展等一批高水平展览项目。2015年，全市博物馆入馆观众人数突破220万人。组织开展县及县以下历史文化展示工程，全市8个县市全部制定展陈大纲，并确定展示地点，共14个展馆，总展览面积13330平方米，大部分县（市、区）已经完成，并免费开放，社会反映良好。

【博物馆事业】 博物馆事业蓬勃发展，非国有博物馆建设取得新突破，今年新登记备案9家，潍坊市在省局备案的非国有博物馆达到10家，大部分实现免费对外开放，运行良好。加紧制定《潍坊市关于促进非国有博物馆事业发展的意见》，开展《潍坊市文物保护管理条例》立法。

文博学术研究更加深入，组织《潍水文化研究》重点课题，计划用2～3年时间，重点对“潍坊三代古国”“潍坊与丝绸之路”“潍坊经学”“潍坊佛教造像”“近现代潍坊中西文化交流”等15个课题展开研究。目前，所有课题都已启动。

（张志存）

档案管理

【档案资源建设】 全市各级档案馆进一步丰富馆藏内容，优化馆藏结构，组织开展归档范围和保管期限表的指导、审批和督查工作。2015年，市档案馆征集党的群众路线教育活动、市十六届人大四次会议、市协十二届四次会议等重大活动档案359件；接收市规划局文书档案5785件；先后到中国第一历史档案馆、第二历史档案馆、27军军史馆、武警8631部队（原潍县团）以及福州市，征集明清、民国和解放战争时期关于潍县开埠、商业发展和潍县战役等相关资料133件；征集《周文振回忆录》《行尽青山》《高密民艺四宝》等图书资料3套；接收社会捐赠档案资料105件。全年，各级档案馆共接收规划业务、农村土地承包经营确权登记颁证、婚姻、撤并机构等档案21.25万卷。

【档案开发利用】 加强爱国主义和中小学档案教育基地建设，丰富完善“记忆潍坊—大型档案史料展”，

6月30日，富华社区居民参观市档案馆爱国主义教育基地　　（供图：刘树平）

联合市纪委、市委宣传部举办“求实、清廉——玮平精品漫画展”，举办“李心富《毛泽东选集》书法作品展”，组织开展机关、社区、学校爱国主义、革命传统教育以及档案教育社会实践活动7次；市档案馆被省关工委命名为“山东省关心下一代教育基地”；举办“档案与你相伴”为主题的第7个档案馆开放日活动，全市共举办各类活动26项。2015年，市档案馆共接待50多家单位3000余人次参观。每月编印1期《潍坊大事记》；联合市政府办公室编辑出版《记录潍坊2014》，在市“两会”上发放代表委员参阅，该书获全省优秀档案编研成果一等奖；编纂《山东档案精品集（潍坊卷）》一书，由省档案局组织出版。全市共完成20多项开发利用档案编研成果，有9项荣获2015年度山东省优秀档案编研成果奖，一等奖1项，二等奖、三等奖分别为4项。组织申报山东省档案学优秀成果奖25项，其中一等奖3项、二等奖7项、三等奖15项。《潍县大观》《军鞋账》《状元卷》入选首批《山东省珍贵档案文献遗产名录》，《军账鞋》还入选第四批《中国档案文献遗产名录》。与潍坊电视台联合举办《口述档案》访谈栏目，赴浙江、福建等地对潍坊籍南下干部进行访谈，记录解放前潍坊南下干部的艰苦历程；山东电视台播放《山东往事——档案背后的故事》潍坊专题2期。加强服务窗口建设，全年各级档案馆接待利用者2.5万余人次，提供利用档案资料6.2万余卷（件）。

【档案科学化管理】 市“两办”（中共潍坊市委办公室和潍坊市人民政府办公室）印发《关于加强和改进新形势下档案工作的实施意见》，起草《潍坊市档案事业“十三五”发展规划》。各级档案馆健全档案安全防范、考核机制，修订档案接收、保管、鉴定、利用和数字化方面的规章制度，建立档案开放利用审核机制，落实库房安全责任制，加强应急突发事件演练，多措并举确保了档案实体、档案利用和档案信息安全。2015年，市档案局投资20余万元全面改造升级档案馆安全软硬件设施；完成数字档案馆管理系统和档案信息网站登记保护定级测评，对数字档案馆数据进行本地离线备份。组织举办各类业务培训10余次，培训档案人员800余人次，全面完成2014年度机关、团体和企事业单位文件材料立卷工作。组织开展档案工作科学化管理示范创建活动，全市8家单位创建成为山东省档案工作科学化管理示范单位，12家单位创建成为先进单位，18家成为合格单位。组织参加“全省档案工作改革创新项目”评选，其中《八步工作法落实国家档案局10号令》获一等奖、《构建档企合作新机制》获二等奖、《利用科技档案实施提醒工程运行和防汛物资管理》获三等奖。加强档案依法行政工作，编制潍坊市档案局依法行政责任清单和权力清单，印发《潍坊市档案局关于认真贯彻落实〈山东省档案局关于全面推进依法治档的意见〉的通知》，组织对贯彻落实国家档案局8号、10号令情况进行专项督查，省档案局就全市依法治档情况进行督导检查，对存在的问题以正式公文形式函达有关单位；积极组织参加“六五”普法及“12·4”国家宪法日宣传活动。全市有关档案工作宣传稿件在《中国档案报》《中国档案》《山东档案》刊发50余篇，国家、省档案信息网刊发50余条，市局及12个县（市、区）档案局全部被表彰为“全省档案宣传工作先进集体”。临朐、青州、昌乐被表彰为“全省档案系统先进集体”。

市档案馆新进馆档案进行数字化加工 （供图：刘树平）

【档案数字化建设】 全市数字档案馆建设全面展开，奎文、坊子、寿光、诸城、昌邑、昌乐、高密7个县（市、区），高新、滨海、峡山、经济4个市属开发区完成馆藏档案数字化任务，基本建成数字档案馆。市档案馆完成18632卷、300万新进馆档案的数字化加工。

2015年，全市档案馆加工数字档案5480万页，录入条目776万条。“潍坊市电子文档云管理平台建设研究”项目，被评选为“国家档案局优秀科技成果”三等奖。

（刘树平）

非物质文化遗产保护

【非遗保护名录和项目代表性传承人体系】 评选公布80个第四批市级非遗代表性传承人和44处第二批市级非遗传习所。着力推进非遗生产性保护利用，建成非遗传承示范基地和教育基地7个。组织举办市级非遗项目代表性传承人培训班，开展非遗代表性传承人收徒活动，新收徒弟150余人，培训各类非遗传承人3000余人次。组织开展"九千绣花女"培训工程，全年共培学员600余名，在全国第十个"文化遗产日"期间举办了首届潍坊刺绣技艺大赛，产生广泛社会影响。开展非遗传承教育活动，组织非遗代表性传承人进校展演，成立校园非遗传承学习组织，编写少儿教材，设立民间文化教程和校园非遗展厅，大力开展"非遗进校园"活动，取得了显著效果。

7月15日，市委、市政府召开全市卫生和计划生育工作会议　　（供图：郭小刚）

【文化合作交流】 成功举办海峡两岸书画交流展、海峡两岸文创产业合作研讨会等文化交流活动，圆满完成澳大利亚阿德莱德皇家博览会、米兰世博会等文化展览展示活动，不断扩大潍水文化影响力。据不完全统计，2015年，组织开展各类非遗展演活动200余次，有近40万人次参加非遗相关的文化传承活动，取得了良好的社会效益。

（张志存）

卫生与计划生育

【概况】 2015年，全市有各级各类医疗卫生机构7649家（含诊所、村卫生室），卫生技术人员59417人，床位49059张。门、急诊人次5662万人次。资产总值253.11亿元，总收入196.41亿元，其中财政投入17.59亿元；总支出190.48亿元。房屋建筑面积467.39万平方米，其中业务用房面积304.12万平方米。万元以上设备32700台（套），总价值59.85亿元。

【卫生计生机构改革】 市卫生计生委组建以来，科学整合内设机构，合理配置人员，保持了机关稳定。重大思路逐步明晰，启动实施"重点突破、全域统筹"发展思路；确立了2015年工作目标措施，对27项重点项目进行了立项分工；规划实施了提升市区13个重点项目，大幅度提升卫生计生服务品质。牵头梳理、调整市委、市政府议事协调机构9个。全市17个县（市、区）卫生计生行政部门机构改革全部到位，实现平稳过渡。

【医药卫生体制改革】 深化县级公立医院改革，与试点医院签订《县级公立医院综合改革目标责任书》；高密市医联体建设典型做法入选《全国县级公立医院综合改革案例集》，并作为两个单位之一（另一个为济南市）在全省进一步深化医改工作会议上作了典型发言；两家医院入选"国家全面提升县级医院综合能力第1阶段县级医院"名单。稳步推进城市公立医院综合改革，开展试点效果评价工作；建立公立医院绩效考核体系，印发《市卫生计生委直属单位年度综合目标考核办法（试行）》，促进精细化、专业化管理。人均基本公共卫生服务经费补助标准由35元提高至40元。推进药品供应保障制度改革，全市公立医院和基层医疗机构分别从省网上采购药品32亿元和4亿元，在全省17市中分别排第二位和第四位。改革医疗器械采购模式，首次将市直医疗机构限额以上医疗设备由单位自行采购，变为全部纳入市公共资源交易平台集中采购，从制度上杜绝商业贿赂问题发生。国家卫生计生委副主任王培安到山东调研，专题听取潍坊公立医院改革情况汇报；"潍坊市医疗卫生体制改革探索及成效"入选《改革开放实录（山东卷）》征编专题。

【医疗卫生服务体系建设】 积极推进"医疗机构建设提升工程"，推进13个重点项目建设，完成投资18.9亿元，新增床位500张；启动规划潍坊"健康城"。潍坊市人民医院创建为全省7家"省级区域医疗中心"之一。"互联网+健康医疗"建设稳步推进，致公党中央常务副主席蒋作君率团到潍坊考察，对潍坊市医疗卫生信息化建设给予高度评价。推进实施科技培训计划，开展市级"临床医学重点学科"和"基础支撑学科"创建活动；完成454名住院医师规范化培训年度任务。加快社会办医步伐，新增社会办医疗机构27处，新增床位198张，办理医师多点执业26人，多元化办医格局初步形成。进一步完善农村医疗服务体系，启动老年乡村医生生活补助落实工作；遴选出15家卫生院作为"群众满意的乡镇卫生院"候选单位。加大协调推进力度，阳光融和医院筹建工作进展顺利。加强妇幼健康服务体系建设。与深圳华大基因研究院合作的潍坊妇女儿童健康中心（华大基因健康产

正在建设中的华大基因健康产业园（潍坊妇女儿童健康中心）项目效果图
（供图：郭小刚）

业园）项目开工建设；安丘市创建为国家级妇幼健康优质服务示范市（全省5家）；3个县（市）创建为省级妇幼健康优质服务示范市（全省12家）；全市27家助产医疗机构创建为国家级爱婴医院，潍坊市妇幼保健院获“全国百家优秀爱婴医院”称号。启动实施“进一步改善医疗服务三年行动计划”，推出十大类35项群众需求最强烈的惠民便民实事。加快建立医患纠纷第三方调解机制，提请市综治委先后成立潍坊市医患纠纷处置工作领导小组和潍坊市创建平安医院暨维护医疗秩序打击涉医违法犯罪专项行动领导小组。

【公共卫生服务】 全面落实传染病综合防治措施，传染病疫情总体平稳。截至2015年年底，全市传染病报告发病率较上年同期下降15.23%，无重点疫情暴发。建成数字化预防接种门诊81处，建成数量居全省第一。推进全市艾滋病检测体系规范建设，艾滋病、性病实验室建成数量居全省第一。推进心理健康服务体系建设，二级以上医疗机构全部设置心理咨询门诊，开通12条心理援助热线。市精神卫生中心通过全省第三家三甲精神病专科医院评审。创建“国家慢性病综合防控示范区”3处、“山东省慢性病综合防治示范区”5处。中华预防医学会会长、中国工程院院士王陇德专程到潍坊考察慢性病防治工作，对潍坊市做法给予充分肯定。市、县两级财政安排专项资金1100余万元，对9万名适龄儿童免费实施牙齿窝沟封闭。建立“三无”（无身份证明、无责任机构或人员、无支付能力的病人）病人疾病应急救助制度，协调拨付救助基金115万元，惠及患者204名。完善卫生应急体制机制，市卫生计生委被表彰为“山东省2015年地震应急救援综合演练先进集体”。市政府投资450万元，改造120急救指挥系统。在全省率先开展“法治医院”创建，促进依法执业；扎实开展“卫生计生服务监督年”活动，集中组织开展打击非法行医、打击“两非”、生活饮用水卫生安全、血液质量与服务、消毒隔离五项行动，累计监督检查单位14012家次，立案处罚342起，罚款97万余元。

【中医药工作】 在全省率先启动基层中医药服务能力提升工程“四级帮扶”，帮扶率达到100%；实施“三堂一室”（即在县级以上中医院集中建设“名医堂”“中医养生堂”和“名老中医工作室”；在镇、街道社区开设“国医堂”）建设工程，建成“三堂一室”134处，省财政给予383万元建设项目经费。市政府办公室印发《潍坊市中医药事业发展规划（2014—2020）》，科学谋划、大力扶持中医药事业发展。全市100%的社区卫生服务中心和乡镇卫生院、85%以上的社区卫生服务站、75%以上的村卫生室能够提供中医药服务。加强高层次中医药人才培养，潍坊市中医院“国家中医住院医师规范化培训基地”揭牌；获批1处全国基层名老中医药专家传承工作室，1人被评为“山东省名老中医”，15人被评为“山东省基层名中医”。潍坊市全域以及5个县（市、区）通过国家中医药管理局“全国基层中医药工作先进单位”现场评审，获得中医药系统最高荣誉。

【潍坊市全域创建为“全国基层中医药工作先进单位”】 截至2015年年底，全市100%的社区卫生服务中心和乡镇卫生院、85%以上的社区卫生服务站、75%以上的村卫生室能够提供中医药服务，形成了以“中医医院为龙头，乡镇卫生院为枢纽，村级卫生室为基础”的中医医疗、预防、保健、康复三级服务网络，基本满足了人民群众中医药健康保障需求。2015年，根据国家、省中医院管理部门统一安排，组织对全市2013年以前获得“全国基层中医药工作先进单位”称号的潍城区、青州市、诸城市、安丘市、高密市等5个县市区进行市级复核；同时，寒亭区、寿光市、昌乐县、临朐县、高新区等5个县市区又创建为“全国基层中医药工作先进单位”。以此为基础，2015年11月，潍坊市全域通过了国家中医药管理局现场评审，创建为“全国基层中医药工作先进单位”，获得中医药系统最高荣誉。

【潍坊市人民医院被确定为省级区域医疗中心】 12月23日，山东省卫生计生委正式发文，宣布潍坊市人民医院等4家医疗机构通过省级区域医疗中心审核验收。建设省级区域医疗中心是省卫生计生委实施医学高地“28113”工程的一项重要内容，目前全省共建设7家，目的在于打造区域性的“1小时优质医疗服务圈”，逐步缩小区域间医疗差距，为群众提供方便、可及的同质化医疗服务。2015年，根据市委、市政府“提升市区”战略，市卫计委确定了“重点突破、全域统筹”工作思路，将创建省级区域医疗中心作为“突破市人民医院”的总抓手，带动医院各项工作实现大提升、大突破，促进全市医疗服务水平的整体提升。在创建工作中，该院全方位提升服务能力，在重点学科建设、重点技术攻关和精准医疗、精细管理、医学人文精神弘扬等方面做了大量惠及患者的工作，在疑难复杂疾病的诊疗方面取得突破性进展，51项指标均达到省级标准。潍坊市人民医院创建为省级区域医疗中心，标志着该院技术水平、资源配置、管理能力、发展能力和区域辐射带动力跃上了新台阶，实现了历史性的发展跨越，这在全市卫生事业发展中具有里程碑式的意义。该院将根据省级区域性医疗中心的公益目标、功能定位，发挥区域龙头带动作用，进一步建成布局合理、功能完备、高效运行的医疗服务体系，切实满足广大人民群众就医需求，就近得到高水平、更优质、更便捷的医疗服务，为全面推进“健康潍坊”建设做出新的贡献。

（郭小刚）

【计生宣传教育】 针对计生政策的新变化，在报纸、电视、广播等主流媒体开展国情国策宣传教育，潍坊电视台《潍坊电视议事厅》栏目制播的《政策专题解读》节目，赢得了良好的社会反响。在此基础上，不断完善计生新闻发布制度，探索建立重要信息及热点问题定期有序发布机制。开通潍坊市卫生计生委官方微信、微博，有效利用“计生通”宣传平台，全方位打造计生政策权威信息发布平台，有效引导了社会舆论，营造了有利于计生工作的良好氛围。

【对接政策调整】 顺利实施“单独两孩”政策，2015年共审批19199例。中共十八届五中全会提出实施“全面两孩”政策后，积极配合省卫生计生委开展《山东省人口与计划生育条例》的修订调研，系统提出了修订建议，并对生育证件发放情况和育龄妇女婚孕育情况进行实时监控，妥善应对可能出现的生育高峰。出台《关于做好生育服务证办理工作的通知》和《关于精简证明材料方便生育服务证件办理的通知》，对有关事项作了进一步规范和统一，简化办证手续，提高办证效率，最大程度地方便了群众。

【妇幼计生服务】 统筹基层卫生、计生资源，合并组建县级妇幼保健计划生育服务机构13个、镇级31个，妇幼计生技术服务能力得到进一步强化。潍坊市妇女儿童健康中心高效推进，项目建成后将成为江北地区最大的基因实验室和临床检验中心。积极实施项目带动战略，全市27家医疗机构被国家卫计委、世界卫生组织、联合国儿童基金会命名为“爱婴医院”，潍坊市妇幼保健院被评为全国百家优秀爱婴医院。安丘创建为全国妇幼健康服务优质示范工程示范市，安丘市妇幼保健院创建为省内首家全国妇幼健康中医药特色服务示范单位。积极落实免费婚检、增补叶酸、孕前优生健康检查、唐筛、新生儿“四病筛查”［苯丙酮尿症（PKU）、先天性甲状腺功能减低症（CH）、先天性肾上腺皮质增生症（CAH）和葡萄糖－6－磷酸脱氢酶缺乏症（G－6－PD）四种遗传代谢病筛查］和“六免”［免费婚检、免费增补叶酸、免费孕检、免费唐筛、免费新筛和免费PKU（即苯丙酮尿症）特殊食品供应］制度，2015年，共有29.5万人次享受到“六免”服务，累计节省诊疗费用3600万元。

【落实计生奖励帮扶政策】 2015年，全市共有129630人享受奖励扶助，4468人享受特别扶助，共计发放奖扶特扶资金1.4亿余元，奖励扶助和特别扶助人数分别增加23528人和733人。出台《关于进一步做好失独计生家庭扶助工作的通知》，将失独计生家庭特别扶助金标准提高到每人每月640元（全省标准最高）。出台《关于提高计划生育家庭特别扶助标准的通知》，将独生子女伤残家庭特扶标准不分城乡统一提高到每人每月400元。积极推动落实独生子女父母退休一次性奖励，加大对计生特殊群体的帮扶救助力度，共救助各类特殊困难计生群众3000余名，发放资金300余万元，联合救助贫困大学生2000余人。持续深化“手牵手家连家结对帮扶计生家庭大行动”，全市共结对帮扶计生困难家庭17.5万户，帮扶资金、物品达1.36亿元。

【出生人口性别比治理】 坚持把综合治理出生人口性别比作为优化人口结构的着力点和突破口，纳入各级党委政府人口目标责任考核。在全省率先制定下发出生人口性别比治理专项考核办法，组织专项督查行动3次，共监督检查单位2726家（次），查处“两非”（非医学需要的胎儿性别鉴定、非医学需要的人工终止妊娠）案件33起，结案27起，罚没款26.7万元，兑现举报奖金2.2万元，保持了对“两非”行为的高压态势，出生人口性别比保持了动态平衡。

【流动人口服务管理措施】 继续深化流动人口管理服务“4+1”（网格化管理、均等化服务、区域化协作、信息化支撑“四化体系”和一项综合保障机制）工作模式，全面落实流动人口计划生育免费宣传、免费计生技术服务、免费孕前优生健康检查服务项目。在2015年4月全省流动人口服务管理工作会议上，重点推广了潍坊市流动人口“三强化”（强化队伍网络、信息网络、阵地网络建设）工作机制和“主动融入”工作法。在国家流动人口动态监测工作中，寿光、奎文两县（市、区）监测质量名列全国并列第一。

【项目化推进幸福家庭创建】 先后

开展“养老照护试点”“齐鲁圆梦助孕工程”“退出育龄期妇女节育器免费取出”“青春健康教育”和“婴幼儿早期教育”等一系列活动。全市各级共落实活动项目7218个，覆盖了全市94%的村居。潍坊市被确定为全国计划生育养老照护试点市，昌乐、青州、诸城、寿光4个县（市）被确定为全省计生特殊家庭帮扶模式试点县。潍城区南关街道人民商城社区被确定为全国“新家庭计划——家庭发展能力建设”项目试点单位，坊子区开展的青春健康项目被确定为全省青春健康项目，潍坊护理职业学院“青春健康天使同行”被列为国家级青春健康项目。昌乐县计生协会会长王庆华被评为全国“最美协会人——中国计划生育协会十佳人物”。

（迟　强）

体　育

【群众体育蓬勃开展】 全市全年共举办各类活动700余次，直接参与群众20万人。举办第五届全民健身运动会健身气功、门球、大众广场舞、羽毛球、网球、街舞、毽球、航空模型、航海模型、国际象棋、围棋、武术、气排球13个项目的比赛；开展2015年全国百城千村健身气功交流展示系列活动山东省启动仪式暨潍坊市全民健身月启动仪式、8月8日全民健身日纪念活动等大型活动16项；依托白浪河湿地公园，举办2015年潍坊白浪绿洲健步行活动和山东省环海骑行大赛潍坊分站赛暨潍坊市白浪绿洲生态旅游带自行车骑行活动；各体育社团结合各自特点开展系列活动50多项。参加省第五届全民健身运动会，获得一等奖10个、二等奖6个、三等奖6个，实现了精神文明和运动成绩的双丰收。

全国首届青年运动会潍坊男排夺冠　　（供图：张建辉）

杜昌文书记出席潍坊市第十九届运动会开幕式并宣布开幕　　（供图：张建辉）

群众体育健身设施。全年共投入各类资金1482万元，建成市级全民健身工程1384处，延伸丰富了“中心城区10分钟健身圈”“县市中心城区15分钟健身圈”的功能。全市体育设施覆盖率，乡镇达到90%，社区达到85%，行政村达到75%。

体育组织网络建设。全市7个县（市、区）成立体育总会，市级单项体育协会达到31个，县级有180余个，成为开展全民健身活动的重要力量。全市全年新发展社会体育指导员1800多人，社会体育指导员占总人口的比例达到1.8‰，经常参加体育锻炼的人数占人口达到35%。

国民体质监测。开展国民体质监测“进社区、进学校、进广场、进工厂”活动和第四届鸢都科普大讲堂活动，全市全年完成监测人数6000多人，为市民科学健身提供了有力保障。昌邑国民体质监测站成功创建省级示范站。

【竞技体育】 成功举办潍坊市第十九届运动会。2015年9月17日～20日，在高密市隆重举行潍坊市第十九届运动会暨第五届全民健身运动会。市委书记杜昌文出席开幕式并宣布开幕，孙明亮、王卫东、王桂英、杨肖青等出席开幕式。本届市运会共有奎文区、潍城区、坊子区、寒亭区、青州市、诸城市、寿光市、安丘市、昌邑市、临朐县、昌乐县、高新区、滨海区、峡山区、高密市15个代表团的6300余名运动员参赛，设青少年组、全民健身组、院校组3个组别，其中，青少年组设田径、游泳、举重等20个大项、549个小项比赛，共产生1094枚金牌。经过紧张角逐，最终高密、寿光、诸城获得综合金牌、综合总分前3名，寿光、诸城、高密获得实得金牌、实得总分前3名。

圆满完成“潍坊杯”国际青年足球邀请赛（女子组）比赛。2015年7月27，由中国足协、山东省体育局、潍坊市人民政府主办，潍坊市体育局、潍坊市体育总会承办的“潍坊杯”国际青年足球邀请赛（女子组）比赛取得圆满成功。本届比赛共吸引了乌兹别克斯坦、吉尔吉斯斯坦、马来西亚、中国4支中外队伍参加，最终中国队夺得第一名，乌兹别克斯坦、吉尔吉斯斯坦、马来西亚分列第二、三、四名。本届赛事组织工作周密，做到了“零失误、零差错、零投诉”，赛事氛围浓厚，得到了与会各方一致好评。该项赛事成为全国首个国际青年女子足球交流平台，实现了打造潍坊国际体育品牌赛事的目标。

参加第一届全国青运会、省锦标赛并取得优异成绩。本届青运会，潍坊市共派出55名运动员参加了篮球男子U16岁以下组、排球男子U17岁以下组、山地自行车、田径、女子柔道、女子体操、跳水7个项目的比赛，取得了2金、4铜的优异成绩。在10月24日进行的男子排球比赛中，潍坊男子排球U17队顽强拼搏，奋勇争先，不畏强手，先后战胜上海静安、大连等国内传统强队夺得金牌，获得了潍坊三大球首个全国冠军。对此，市委、市政府高度重视，于10月25日向潍坊代表团发去贺电，向全体运动员、教练员表示亲切的慰问。2015年，潍坊市组织922名运动员参加了2015年山东省锦标赛26个大项的比赛，取得115金、59银、63铜的优异成绩。

业余训练水平稳步提高。全市现有公办体育运动学校16所，开设田径、排球（沙排）、举重、国际式摔跤（自由跤、古典跤）、跆拳道、射击、拳击、足球、手球、击剑、橄榄球、自行车、赛艇、皮划艇、柔道、乒乓球、武术（套路、散打）、网球、篮球、游泳、体操（蹦床）、跳水、射箭、铁人三项、现代五项、羽毛球26个运动项目，在训运动员2756人，专职教练员238人（其中国家级教练员1人、高级教练员14人、一级教练员48人）。2015年，共向省级以上运动队输送优秀体育后备人才36人。青少年体育工作扎实推进。举办2015年潍坊市中小学生体育联赛，全市共有17个县（市、区）的322支队伍3641名运动员、教练员参赛，参加省中小学生体育联赛取得22金、22银、28铜的优异成绩。完成4800名中小学生的游泳培训、300名中小学超体重学生“健康夏令营”活动。截至2015年年底，全市省级体育传统项目学校达到53家，国家级体育传统项目学校1家，国家级青少年俱乐部30家；省级对外开放学校32家。“足球进校园”活动深入开展，全市共有705所学校组建校园足球队，全年组织培训足球体育教师1000多名。

全国首届青年运动会潍坊代表团入场式 （供图：张建辉）

【体育产业】 全市从事体育相关企业达到360多家，经营范围包括体育竞赛表演、健身服务、运动休闲、体育用品生产销售等多个领域。体育健身市场快速发展，全市各类体育健身俱乐部达到600余家，涉及游泳、乒乓球、羽毛球、篮球、排球等20余个项目。体育竞赛市场活跃。潍坊国际风筝会、“潍坊杯”国际青年足球邀请赛、滨海区国际风筝冲浪邀请赛、峡山区国际乡野马拉松比赛、“九龙峪杯”全国自行车比赛等具有较大影响力和知名度，在带动全市经济社会发展方面发挥了积极作用。体育彩票销售稳步增长。全市体育彩票站点发展到近1000家，实现销售10.72亿元，居全省第3位。

【滨海新体校建设】 滨海新体校完成教学楼、图书馆、学生公寓、训练馆、综合馆、学生餐厅、自行车训练场、射击馆等场馆等主体工程。

（张建辉）

文化艺术中心

【概况】 根据市编委2013年10月《关于成立市文化艺术中心的通知》，市文化艺术中心于2014年4月开始组建，属市政府直属事业单位（公益一类事业单位），正县级规格，编制15人

（后调整为14人），现有人员14人。

主要职责为：承担中心场馆国有资产保值增值责任；负责中心场馆的管理运营；负责对入驻单位相关事项的协调管理和场馆设施调配，为入驻单位提供后勤保障服务；引入运营团队进行市场化运作和统一管理，负责对运营团队进行日常管理和考核；承办市委、市政府交办的其他事项。

【公共空间运营】 中心坚持“管办分开、整体运营”的原则，对整个中心资源进行统一管理，充分利用公共空间，通过逐步引入国内外高水平、有实力、有品质的运营团队，陆续在中心商业区域进行运营，初步实现国有资产的保值增值。

【为入驻单位业务开展提供有力保障】 结合中心各个场馆实际，统筹规划，整合资源，强化措施，力求落实，确保了各入驻单位顺利开展工作。目前，入驻中心的单位包括规划艺术馆、青少年宫、工人文化宫、妇女儿童活动中心、图书馆、科技馆、人大常委会办公室等，整个中心的文化艺术资源得到了有效的集中使用。从少儿活动、健身休闲、科普展示到各种展览和演出，市民文化生活的方方面面逐步在这一个中心内得以实现。

【安全监管】 中心始终把安全工作作为重中之重，采取强有力措施全力推进。积极开展安全宣传教育活动，不断完善安全管理机制，严格落实安全责任，认真开展各项安防活动。

【党建工作】 通过开展机关党建工作、党风廉政建设和“三严三实”专题教育活动，激发了党员干部的潜能，有效促进了中心场馆管理水平和运营能力的提升。

【保障工作】 圆满完成年初市人代会和七次人大常委会例会保障工作；会同保利剧院对人代会会场布置情况、筹备流程以影像资料和文字形成标准规范，提高了保障工作水平。针对市委、市政府安排的各类接待活动，中心制定了详细的接待方案和应急预案，在安全、服务等方面进行严格把控，合理规划参观路线，保持道路整洁畅通，车辆指挥有序。

（张心宇）

社会·民生

Shehui Minsheng

居民生活

【居民收入】 2015年，潍坊市居民人均可支配收入23405元，高出全省702元，居全省第七位；同比增长9.3%，居全省第三位，分别高出全省、全国0.5个、0.4个百分点。

城乡居民收入倍差逐步缩小，低于全省平均水平。潍坊农村经济一直走在全省、全国前列，农村居民收入也相应排在全省前列。2015年，全市农村居民人均可支配收入14890元，增长9.2%，居全省第4位，分别比全省、全国高1960元、3468元，增速分别比全省、全国高0.4个、0.3个百分点；城镇居民人均可支配收入31060元，增长8.3%，居全省第7位，分别比全省、全国低485元、135元，增速分别比全省、全国高0.3个、0.2个百分点。

居民收入结构进一步优化。2015年，居民收入四大构成中，工资性收入、经营净收入、财产净收入、转移净收入分别为13389元、5429元、1867元、2720元，占可支配收入的比重分别为57.2%、23.2%、8.0%、11.6%。虽然仍以工资性收入为主，但财产性收入、转移性收入比重略有上升，特别是财产性收入，已成为居民收入的重要补充，其增速也是四大收入中最快的一部分，达到12.7%。

【居民支出】 2015年，潍坊市居民人均消费支出14884元，增长11.8%，其中城镇居民人均消费支出19325元，增长10.5%，农村居民人均消费支出9099元，增长12.4%，城镇居民人均消费支出比农村居民多1万多元。

吃、住、行支出位居前三位，占消费支出的65%。2015年，无论城镇还是农村，吃、住、行支出稳居八大类消费前三位。全市居民人均食品烟酒、居住、交通通信支出分别为3655元、3020元、2745元，分别增长11.3%、9.3%、11.9%，三大支出占消费支出的65%。分城乡看，城镇居民人均吃、住、行支出共计12373元，占消费支出的64%；农村居民人均吃、住、行支出共计6135元，占消费支出的67.4%。

教育文化娱乐支出快速增长。2015年，全市居民人均教育文化娱乐支出1636元，增长18.8%，对消费支出的贡献率高达17%。其中，教育支出1041元，文化娱乐支出595元。分城乡看，城镇居民人均教育文化娱乐支出2197元，增长20.2%；农村居民人均教育文化娱乐支出1013元，增长13.5%。

珠宝首饰、美容美发等其他用品和服务支出构成新的增长点。全市居民人均其他用品和服务支出239元，增长33.7%，增速位列八大支出首位。收入的稳步增长促使消费层次提高，一方面，珠宝、首饰、手表等装饰性强的消费品越来越受到居民的喜爱，居民购买首饰及手表支出增长41.8%；另一方面，居民对生活品质要求越来越高，美容美发、洗浴支出增长52.3%。

衣着支出增速较快，医疗保健、生活用品及服务平稳增长。全市居民人均衣着支出1068元，同比增长13.2%，其中城镇居民人均支出1545元，增长13.7%，农村居民人均支出539元，增长7.8%，相比较而言，城镇居民比农村居民更注重衣着打扮。人均医疗保健支出1193元，增长8.8%，其中，城镇居民人均支出1592元，增长2.5%；农村居民人均支出750元，增长23.5%；人均生活用品及服务支出927元，增长7.6%，其中，城镇居民人均支出1270元，增长6.5%，农村居民人均支出546元，增长7.8%。

（郭　川）

劳动就业

【概况】 面对持续加大的经济下行压力，坚持把稳定和扩大就业作为宏观调控的重要目标，加快转变就业增长方式，积极鼓励和扶持大众创业、万众创新，城乡就业继续保持稳定增长。全市实现城镇新增就业12.26万人，完成年度计划的122.6%，农村劳动力转移就业10.22万人，完成年度计划的102.2%。城镇登记失业率控制在2.93%的较低水平，城乡就业连续12年实现“双十万”目标。

【就业政策落实】 制定《关于做好新形势下就业创业工作的实施意见》，配套推出了《小额担保贷款管理办法》《创业带动就业扶持资金管理办法》等一系列政策意见，提高了一次性创业补贴和创业培训补助标准。各县（市、区）及时出台配套措施，狠抓贯彻落实，切实发挥了政策效力，有力地推动了就业工作，维护了就业局势稳定。

【高校毕业生就业】 大学生创业工作取得新突破，在全省率先成立了大学生就业创业管理服务机构——潍坊市大学生创新创业管理服务中心，实现了全市高校毕业生创新创业的规范化管理、专业化服务。五年来，全市高校毕业生总体就业率稳定在90%以上，在全省高校毕业生就业创业第三方群众满意度调查中，始终位居全省首位。

【创业载体建设】 把创业载体建设作为促进创业成果转化、激发创新创业活力的重要平台，在中心城区高标准规划建设了中国潍坊国际人才创业孵化中心和山东半岛大学生创业孵化中心，指导推动各县市区新建各类创业孵化器115个，新增省级创业孵化示范基地（园区）4家，全市市级以上各类创业孵化基地（园区）达到35家，其中省级11家，总量居全省前列。顺应大众创业、万众创新的新趋势，积极探索创业载体公司化运营、专业化服务新模式，加快发展“创客空间、创业咖啡、创新工场”等新型创业孵化载体，成立了星科创业孵化器发展有限公司和创筹孵化器运营发展有限公司，设立了青庐创业咖啡、潍坊创业大学梦工厂等新型孵化平台，促进各类创业创新要素聚集交流对接。积极推动潍坊创业大学创新发展，完善以创业大学为龙头，辐射各县（市、区）“一中心、多基地、广辐射、有特色”的创业人才培育体系，依托驻潍坊各高校和创业大学同学会积极组织开展创业培训和创业实践活动，全市共组织创业培训2.35万人。

【创业带动就业】 充分发挥小额贷款扶持创业的作用，市级新设立1亿元的创业带动就业扶持资金，全市创业贷款担保机构达到15家，担保基金规模达到4.1亿元，共发放创业担保贷款15.2亿元，居全省前列。

【公共就业服务】 完善人力资源市场服务功能，优化调整服务流程，创新“互联网+就业”服务新模式，深入实施就业信息村村通工程，就业服务效率和水平明显提升，全市共举办各类招聘洽谈会902场次，提供就业岗位达35万个次。组织开展了全市首届创业知识竞赛和兴农创业大赛，评选表彰了大学生十大创业之星和优秀大学生创业者，成功举办了2015中国潍坊“互联网+”创业创新大会，进一步营造了促进大众创业的良好氛围。

2015年山东半岛城市群（潍坊）春季人才交流洽谈会　　（供图：刘先谨）

社会保险体系建设

【养老保险】 稳步推进机关事业单位养老保险制度改革，顺利完成视同缴费的测算和新老办法比对，制定《潍坊市机关事业单位工作人员养老保险制度改革实施办法》。继续完善企业养老保险待遇调整机制，连续第十年调整提高企业退休人员养老金，全市34.2万名企业退休职工养老金月人均增长261元，高于全省平均水平。调整完善各项社会保险政策，城乡居民基础养老金提高到每人每月85元，为146万城乡老年居民发放养老金16.87亿元，发放率始终保持100%。

【失业保险】 稳步推进扩大失业金支出范围试点，失业保险金标准调整提高到950元/人，安排扩大失业保险基金额度1.5亿元，用于支出职业培训补贴、社会保险补贴、岗位补贴、小额贷款担保贴息等项目，失业保险保生活、促就业、防失业的功能进一步强化。

【医疗保险】 调整完善医疗保险政策，进一步扩大职工重特大疾病保障制度支付范围，门诊特殊慢性病病种增加到72种，降低居民医保一级医院住院起付标准，医疗保障能力不断增强。加快推进职工长期护理保险试点，制定了《定点护理机构医疗护理服务质量考核办法》，全市有4240人次享受到长期护理保险待遇。

【工伤保险】 完善以工伤保险为主体、商业保险为补充的多层次工伤保险体系，大力推进建筑业农民工参保工作，制定了《潍坊市建筑业参加工伤保险实施办法》，将从事房屋建筑和市政基础设施建设的建筑企业纳入工伤保险范围，启动实施建筑业“同

全省电子社保建设推进会在潍坊召开　　（供图：刘先谨）

舟计划”，积极推进建筑业工伤保险专项扩面行动。

【社会保险经办】 创新实施社会保险费预征缴模式和临时养老金发放办法，进一步规范用人单位社保参保缴费，降低社平工资延迟发布对社保费征缴和养老待遇发放的影响。调整降低全市1.5万家用人单位工伤保险费率，费率综合下降0.23个百分点，进一步减轻了用人单位负担。潍坊市被人社部确定为“社会保险国家标准制定工作组成员单位”，参与制定《社会保险精算核心数据规范》，并参加多项全国性的精算课题研究，为社保基金的安全有效运行发挥了重要作用。提升鉴定质量，成立潍坊市劳动能力鉴定中心，组织劳动能力鉴定12批4868人次，到省复鉴维持率高于全省平均水平5个百分点。

（刘先谨）

老龄工作

【概况】 2015年，根据中央和省委、市委统一部署，市老龄办认真组织开展了“三严三实”专题教育，不断加强机关党风廉政建设，树牢党员干部为民务实清廉理念，机关建设和管理水平显著提高，先后被省精神文明建设委员会授予“省级文明单位”称号，被省人社厅、省老龄办表彰为全省老龄工作先进单位，被市委、市政府授予“创建全国未成年人思想道德建设先进城市工作先进单位”称号。

【老年人权益保障】 认真落实司法部、全国老龄办《关于深入开展老年人法律服务和法律援助工作的通知》精神和省司法厅、省老龄办相关工作要求，积极把民生领域与老年人权益维护密切相关事项纳入法律援助范畴，进一步降低老年人法律援助门槛，使法律援助惠及更多老年人。市老龄办、综治办、中级人民法院、检察院、公安局、民政局、司法局联合印发了《关于做好“山东省老年人公益维权服务示范站”创建工作的意见》，并在全市老龄、法院、检察院、公安、民政、司法行政等系统创建了9处“山东省老年人公益维权服务示范站”，形成了助老维权合力。2015年，全市共为826名老年人提供了法律援助，立案审结侵害老年人权益案件795起，审结率达96.2%。

【高龄津贴政策】 2015年，各级财政累计拨付资金370多万元，为400多名百岁老人发放高龄生活津贴；拨付资金1500多万元，为2万多名90～99周岁老人发放高龄生活津贴；为全市1.29万名80周岁以上城乡低保老年人发放高龄津贴1700多万元。

【“银龄安康”工程】 市政府将“继续实施‘银龄安康’工程，全市60～80周岁老年人投保率达到75%以上”列入民生实事项目。市老龄办会同中国人寿保险潍坊分公司按照“高起点定位、大格局推动、全方位服务”的工作思路，不断强化工作措施，加大督导力度，超额完成了目标任务。2015年，全市60～80周岁老年人参保率达到86.49%，10个县（市、区）实现了全覆盖。

【孝德文化建设】 全市广泛开展了“山东省敬老模范个人”、第二届山东省“敬老文明号”、山东省老龄工作先进单位和个人、第三届“潍坊市十大孝星”、第二届潍坊市“敬老文明号”、第二批潍坊市孝德文化教育基地（示范点）的创评活动。全市13人被评为山东省敬老模范个人，18家单位被评为山东省“敬老文明号”，3家单位被评为山东省老龄工作先进单位，4人被评为山东省老龄工作先进个人，并分别荣记二等功、三等功。新增潍坊市“敬老文明号”100个，潍坊市孝德文化教育基地（示范点）12个，总量达到了20个，实现了县（市、区）和开发区的全覆盖，对推进孝德文化教育，培育全社会敬老、养老、助老观念产生了积极的助推作用。市直机关100多个部门和单位组织开展“孝行潍坊•我先行”活动，此项活动已在潍坊连续开展了5年，广大党员干部积极践行服务群众宗旨，采取不同形式到社区、进养老机构、入老年人家庭，为老年人办实事、做好事、献爱心、送温暖，“孝行潍坊•我先行”作为一张亮丽的为老服务品牌，在引领全市形成敬老、爱老、助老良好社会风尚方面发挥了积极的作用。全市广泛开展“敬老月”和庆祝老年节活动，组织“孝感潍坊”系列活动，紧紧围绕“培育敬老家风、建设和睦家庭、传承孝德文明”主题，开展形式多样、内容丰富、隆重节俭的系列庆祝活动，为全市精神文明建设输入了正能量，提升了广大市民的文明素质和城市形象。

【老年文化建设】 全市各级积极发动广大老年人参与文艺汇演、书法、美术、摄影大赛等展现老年人健康向上精神风貌的文体活动，搭建“老有所乐”的大舞台，不断丰富老年人的精神文化生活，提高生活质量。举办山东银龄风采艺术大赛（潍坊赛区）暨第三届全市老年文艺汇演，全市22个艺术团和代表队参加了比赛演出；举办“邮爱夕阳•和谐潍坊”中老年广场舞大赛，大赛举办时间跨度为三个多月，全市13个区县231个乡镇的500多支中老年广场舞队伍、近万名中老年人参与。多个文艺节目和书法、美术、摄影作品获得全省奖项。

【老龄工作机构建设】 为了主动适应人口老龄化新常态，市委、市政府及时对市老龄委成员单位进行了调整充实，新增加市科技局、国土资源局、规划局、交通运输局、商务局5个部门为成员单位，使市老龄委成员单位达到41家。市老龄委修订《潍坊市老龄工作委员会工作制度》《潍坊市老龄工作委员会成员单位职责》和《潍坊市老龄工作委员会联络员职责》，进一步健全完善市老龄委工作机制，为更好地履行全市老龄工作综合协调、宏观指导、督促检查职能提供了强有力的组织和制度保证。

（穆长海）

民政工作

【概况】 2015年，认真履行保障基本民生、创新社会治理、服务国防建设、提供社会服务四大职能，努力建设现代大爱民政，各项民政工作均取得了明显成效，市民政局被省民政厅评为全省民政工作综合评估优秀等次，获省级文明单位称号。

【养老服务体系建设】 积极推动实施全国养老服务综合改革试点工作，基本构建起以居家为基础、社区为依托、机构为补充的养老服务体系。年内，全市新建成养老机构14家，新增养老床位7310张，每千名老人拥有量达到31张，居全省前列。新建成城市社区日间照料中心41处，新建成农村幸福院132处、养老互助点1108个、老年人集中居住区76处。免费为2200户困难老年人家庭实施了无障碍设施改造。培训养老服务管理人员3840人次，举办社区老年护理知识讲座50场。11个县（市、区）建成了养老服务信息平台。全面开展养老机构安全隐患排查整治行动，对排查出的305处安全隐患，逐一落实了整改措施。创新实施养老机构意外责任保险工作。赴台开展两岸休闲健康养老产业合作交流活动，代表山东省参加了第四届中国养老产业博览会。国务院督导组称赞潍坊市养老服务体系建设“在全国一直领先”。

【社会救助体系】 提请市政府或联合相关部门，制定出台7个社会救助政策文件。全市农村低保平均标准达到每人每年3400元，城市低保平均标准达到每人每月491元，农村城市低保标准比为1∶1.7，达到了省科学发展考核目标。建立居民家庭经济状况核对机制，开发经济状况核对信息平台。全市所有镇（街）依托政务大厅、办事大厅设立统一窗口，建立“一门受理、协同办理”的救助机制。建设医疗救助“一站式”结算服务平台，医疗救助比例提高到70%。投入福彩公益金1890万元，完成全市97处敬老院维修改造任务。支出3178万元，救助临时困难家庭19134户次。召开22家媒体参加的社会救助工作专题新闻发布会，引起了良好的社会反响。

【城乡社区建设】 全市建成社区综合服务中心1296个，形成了覆盖广泛的社区服务网络。投资3亿多元，改造提升146个社区服务设施。90%以上的社区实现居民信息动态管理。奎文区被确定为全国社区公共服务综合信息平台试点单位。采取政府买岗、公开选聘、镇（街）下派等方式，选配3210名优秀人才充实到社区，培训社区工作人员4147人次。将社区建设经费纳入了市、县财政预算，城市社区工作经费在2014年基础上提高了30%。依法规范村务公开和民主议事，推动了基层民主协商制度化、规范化。在33个试点城市社区建立“四社（社区、社会组织、社会工作者、社区志愿者）联动”机制。10月，市政府在全省城乡社区治理和服务创新工作会议上作典型发言。

【防灾减灾工作】 组织召开了市减灾委会议，调整充实了减灾委成员。制定《潍坊市救灾物资储备库管理办法》。组织参加全省地震应急救援综合演练。开展全国“防灾减灾日”“国际减灾日”等主题宣传活动。集中培训县、镇、村三级灾害信息员3300余人。建设潍坊市直机关防灾减灾宣传教育基地。及时启动抗旱救灾四级响应，规范救灾款物分配程序，发放救灾款1179万元。在全省率先开展民生综合保险试点，为2016年实现全覆盖积累了经验。成功创建全国综合防灾减灾示范社区7个、省级12个，列全省首位。代表山东省参加全国手机APP现场实时报灾演练。全国人大防灾减灾专题调研组对潍坊市的工作给予高度评价。

【社会组织管理和党建工作】 全市注册登记的社会组织达到3488家，其中社会团体1203家、民办非企业单位2285家。对符合条件的四类社会组织依法实行直接登记。引入行业竞争机制，探索实行了“一业多会”，落实了异地商会管理办法。改革社会组织年检程序，采用网络预报送方式，提高了效率。完善现代社会组织法人治理结构，组织25家社会组织参与了分类评估。市管行业协会商会完成人员、住所与行政机关脱钩。促进政府职能转移和购买服务，发布了具备承接政府职能转移和购买服务资格的社会组织名录。市、县均建成社会组织孵化中心，属全省首例。社会组织党组织应建已建率94%，工作覆盖率100%。社会组织党建“五个一同”（社会组织注册登记、换届调整、年度检查、等级评估、评先树优与党建工作同步发展）经验在全省推广。

【优抚安置工作】 提高残疾军人、老复员军人等优抚对象的抚恤和生活补助标准。优待抚恤政策得到全面落实。组织开展纪念抗日战争胜利70周年系列活动，为全市592名抗战老战士发放纪念章和生活补助金。完善烈士纪念设施保护管理长效机制。顺利完成军队退役人员接收安置任务，及时足额发放退役士兵自主就业补助金9308万元。实施退役士兵免费职业技能培训行动，开办17个免费职业教育和技能培训班。军休工作、军供工作、荣复军人疗养工作和烈士陵园功能提升工作都取得了显著成效。

【双拥工作】 在组织规划、需求对接、法规保障等方面推进军民深度融合发展，擦亮“五融合五创新”(深化思想融合、创新工作理念，深化机制融合、创新保障体制，深化文化融合、创新双拥品牌，深化人才融合、创新培养手段，深化资源融合、创新共建载体）特色品牌，全国双拥办、济南军区和省双拥领导小组领导给予高度赞扬。健全双拥工作联动机制，主动问需部队建设，帮助部队办实事、解难题27件次。深入开展“双帮扶”和“慈善进军营情暖子弟兵”活动。及时按标准发放随军未就业家属补助金。全力争创全国双拥模范城“五连冠”，潍坊取得了基本分满分、加分项满分的最好成绩。

【福利慈善事业】 全面推行失能老年人护理补贴、低保高龄老年人生活津贴和为困难老年人购买养老服务等制度。落实困境儿童基本生活补助和孤儿基本生活费。市社会福利院和儿童福利院在全市充分发挥了良好的示范作用。提请市政府出台潍坊市促进慈善事业健康发展的实施意见。在全省率先建立县、镇两级慈善总会监事会制度。组织“慈心一日捐”活动。全市募集慈善资金2.13亿元，为历史最多。组织开展“孝感潍坊”十大人物评选、“爱在富华”慈善公益联谊、“为了明天——关爱儿童”慈善募捐和潍坊“小慈善家”评选等活动。累计投入款物3.13亿元，救助各类困难群众31.5万人次。全市福利彩票销量14.5亿，募集公益金3.8亿，居全省第2位。

【殡葬公益化改革】 贯彻落实市委、市政府“两办”《关于加快推动殡葬改革的实施意见》，开展规范殡葬服务整治活动。举办殡葬用品集中阳光订购会，经验在全省推广。全面落实基本殡葬服务费用免除政策，为6万多户逝者亲属减免基本丧葬服务费5200余万元。全市建成城市公益性公墓18处。市殡仪馆升级改造工程如期完成启用，殡葬服务规范化水平普遍明显提升。

【专项社会事务管理服务】 全力推进婚姻登记机关和救助管理机构标准化、规范化建设，严格依法办理婚姻登记和收养登记，合格率保持100%。开展“寒冬送温暖”“夏季送清凉”“接流浪人员回站过节”等专项救助行动，打造“鸢都温馨驿站”品牌。实施行政区域界线联合检查，创建“边界和谐走廊”成果显著。完成第二次全国地名普查工作阶段性任务。在全省率先建立了市级地名人才储备库。

【专业社会工作异军突起】 实施社会工作专业人才职业能力建设工程，培育了20家民办社工机构，设立了6个实务实习实训基地，设置了3708个社区社工岗位，配备了425名专业社工人才。推荐中国社工联副会长赵蓬奇担任市政府顾问。大力开展社工人才培训，通过年度考试，增加持证社工416人，居全省第2位。推行社会工作服务标准化（试点）示范工程。全市登记注册社区志愿服务组织3300多个，发展志愿者26万余人。市社工协会被确定为全国社会工作实务实习实训基地。潍坊市多次在全国会议上介绍经验。民政部领导和中国社工联领导先后到潍坊调研，将潍坊评价为“全国典范”。

（董德才）

民族宗教

【民族工作】 认真贯彻落实中央、省委统战和民族工作会议精神。11月2日，召开市委统战和民族工作会议，制定出台《潍坊市落实<省委、省政府关于加强和改进新形势下民族工作的实施意见>职责分工方案》。创新思路，细化举措，开展第15个民族团结进步宣传月活动，进一步巩固了平等团结互助和谐的社会主义民族关系。及时完善“三三六〇”（“三”是指三年时间，“三”是指单位、社区、企业三个方面，“六〇”是指60个示范点）工程的创建标准，有力地推动了全市民族团结进步创建活动的深入开展。山东红叶地毯有限公司等3家单位被省委宣传部、省委统战部、省民委命名为省级民族团结进步创建示范单位，奎文区梨园街道办事处等18家单位被市委宣传部、市委统战部、市民宗局命名为市级民族团结进步创建示范单位。与市财政局、中国人民银行潍坊市中心支行联合下达《潍坊市民品企业服务管理五项制度的通知》，并指导民品企业抓好落实，得到了国家、省民委的充分肯定。积极协调市财政、金融等部门，为少数民族特需用品生产定点企业申请贷款，2015年核定的贷款额度为8.6亿元，实际贷款数额为6.3亿元，享受财政贴息1700多万元，比2014年提高20多个百分点。积极争取到省级各类资金220万元，促进了少数民族经济发展。为全市3531户穆斯林农户和217户城市穆斯林低保户发放了牛羊肉价格一次性补贴112.44万元。制定下发了《关于少数民族流动人口服务与管理体系建设试点工作的通知》，在全市范围开展了少数民族流动人口服务与管理体系建设试点工作。

【宗教工作】 开展以“国法与教规的关系”为主题的第4个“宗教政策法规学习月”活动，补充完善了宗教工作基础信息。对全市性宗教团体领导班子及班子成员进行考核测评，加强爱国宗教界人士教育培养，举办专题培训班，巩固提高了宗教团体建设水平。组织开展以“教风”为主题的和谐宗教活动场所创建活动；按程序审核、审批迁建、设立临朐县基督教沐恩堂等7处宗教活动场所；按照要求，确保了昌乐县龙泉寺奠基仪式等大型宗教活动顺利安全进行；指导青州广福寺承办省佛教协会、山东大学联合举办的学术研讨会；开展宗教活动场所消防安全检查；指导市基督教两会（即基督教协会和中国基督教三自爱国运动委员会）接待澳大利亚教会联合代表团、美国门诺会健康服务联盟养老院管理人员和新加坡圣经公会到潍交流交往；承接全国基督教两会在潍坊护理职业学院举办的中级护理员培训班；开展第四个“宗教慈善周”活动，举办五大宗教“慈善筑梦”书画展暨慈善义卖活动；承办全省宗教公益慈善工作经验交流会暨专题培训会；编印《基督教养老在潍坊》书画集5册。还注重帮助宗教界人士和信教群众解决实际困难，按时足额发放全市27名困难教职人员生活补助费9.72万元；对全市所有宗教场所执行生活用电价格情况进行督查，推动政策落实；协调省宗教局，帮助引进省天主教两会（山东省天主教爱国会、教务委员会）资金1100万元，建设、修缮市天主教两会（市天主教爱国会和天主教青州教区民主管理委员会）房产，解决自养问题。

（房光明）

县（市、区）概况

Xian（Shi Qu）gai kuang

奎文区

【国民经济和社会发展概况】 **政区 人口**。2011年1月，奎文行政区划调整，现总面积187.8平方公里，人口67.27万人，辖大虞、廿里堡、梨园、东关、潍州路、北苑、广文、北海路、新城、清池10个街道办事处，其中新城、清池2个街道办事处面积130.22平方公里，人口18.93万，由高新技术产业开发区管理。2015年，奎文区直接管理面积57.58平方公里，设8个街道办事处、2个经济发展区、67个行政社区居委会，总人口44.34万人（第六次人口普查数据），奎文区人口出生率为8.65‰，人口自然增长率为5.73‰。

经济社会。2015年，奎文区实现地区生产总值239.56亿元，按可比价格计算，比2014年增长7.3%。其中，第一产业增加值完成0.54亿元，下降10.0%；第二产业增加值完成44.22亿元，增长4.5%；第三产业增加值完成194.80亿元，增长8.3%。二、三产业对经济增长的贡献率分别为14.76%、85.59%。三次产业构成由上年的0.3：19.9：79.8调整为0.2：18.5：81.3，三产比重提高1.5个百分点。奎文区公共财政预算收入占GDP比重达13.3%。财政总收入完成38.5亿元，增长7.2%。其中，一般公共预算收入完成31.9亿元，增长10.0%。投资结构深化调整。2015年，奎文区开工在建固定资产投资项目107个，完成投资126.7亿元，增长13.9%；社会消费品零售总额完成155.0亿元（仅法人单位零售额，不含产业活动单位零售额），比上年增长9.1%；进出口总额7.2亿美元，下降7.9%。2015年，奎文区城镇居民人均可支配收入31060元，增长8.3%；城镇居民人均消费性支出19325元，增长10.5%。奎文区先后荣获全国和谐社区建设示范区、全国暖心工程创新奖、中国地理信息产业优秀工程奖、全省社会文化先进区、全省法治创建先进区等称号。2015年，奎文区荣获山东省委、省政府颁发的山东省文化强省建设先进区、省文明委颁发的山东省未成年人思想道德建设工作先进区、省教育厅颁发的全省教育工作示范区称号。

农业经济运行总体平稳。2015年，奎文区农林牧渔业总产值完成10581万元，下降7.2%。惠农政策全面落实。奎文区粮食直补23.19万元，落实农机购置补贴14.53万元，带动投入购机资金36.98万元，增加农机户收入15万元。补贴机具5台（套），农机跨区作业实现收入60万元。奎文区小麦、玉米机收率均达100%。林业生态建设稳步推进。2015年，奎文区郊区绿化植树70万株（墩），新造林506亩，造林成活率达90%，森林覆盖率达42.5%。投入30万元配备防控设备，预防美国白蛾等林木病虫害大面积爆发。畜牧业发展持续增强。2015年，奎文区农业产业结构调整步伐加快，水貂、狐狸特种动物养殖业主导优势明显，特种动物饲养量31.3万只，完成产值8087万元。

工业经济逐步恢复活力。2015年，奎文区实现工业总产值60.3亿元。其中，22家规模以上工业企业完成工业产值33.9亿元，增长2.7%。工业主导产品产量中，小型拖拉机37294台，多色印刷品109万对开色令。规模以上工业实现主营业务收入36.8亿元，实现利润0.9亿元，实现利税2.0亿元。

交通运输体系不断完善。2015年，奎文区共拥有客货营运车辆4329部，其中出租车527部。对奎文区出租、长途客运和危险品车辆全部安装GPS卫星定位系统，实现全时跟踪监控。全面推进绿色交通建设，对527辆出租车进行油改气。2015年，奎文区完成公路建设工作量226万元，公路通车里程93.0公里，公路密度达每百平方公里163.2公里。扩建、改造、修复城市道路面积0.12万平方米，里程碑、百米桩等沿线附属设施均完整、标准。综合好路率国道、省道均达到100%，县乡公路达到97.8%。

科技创新能力提高。2015年，奎文区共取得主要科技成果10项，达到国内先进水平和填补国内空白3项，达到省内先进水平7项。全年共安排和承担各类科技计划项目37项，其中市级以上项目7项，安排区科技计划项目30项。获市级以上科技进步奖10项。奎文区申请专利912件。新建市级工程技术研究中心2家。高新技术产业优化调整。2015年，奎文区以通用设备、新材料等为主导产品的高新技术产业企业4家，其中，工业总产值过亿元的2家。奎文区高新技术产业产值7.0亿元，增长4.7%，占规模以上工业总产值比重达20.8%。

品牌创建工作取得成效。奎文区现有中国名牌1个、山东名牌6个、山东服务名牌16个、山东省省长质量奖1个，潍坊市市长质量奖1个。标准化良好行为AAAA级企业2家，标准化良好行为AA级企业8家，计量合格确认企业14家。

城市规划和建设水平提升。2015年，奎文区投资2156万元，完成6条背街小巷改造，对30条区管道路人行道（盲道）进行整修，共更换路牙石2600米，维修盲道2360米、人行道3600平方米。投资1亿元，改造旧小区37万平方米，惠及群众3万余人。棚户区改造开工997户，新增廉租住房租赁补贴104户，补贴1332万元。完成房地产开发456万元，完成既有建筑节能改造37.5万平方米。2015年，奎文区投资3800万元，栽植乔灌木264万株，新增绿化面积10.6万平方米，城区绿化覆盖率达到40.8%，人均占有公共绿地面积10.8平方米，树木成活率和保有率均达到98%以上。投资300万元，新建固定式公厕8座，购置1台车载公厕。在辖区4家单位开展生活垃圾分类试点；456家餐饮单位餐厨废弃物实行统一收集处置，每日60吨餐厨废弃物实现资源化利用；城乡环卫一体化提升，卫生保洁、垃圾收运队伍达到240余人。规范整治门头字号、广告牌匾351处、4502平方米。奎文区规划的60个“城中村”已有40个村开始实施改造。2015年，18个村开工建设，开工面积35.6万平方米，竣工面积7.8万平方米。生态环境质量稳步改善。2015年，奎文区环境保护总投资2.1亿元。工业废水处理率、工业废气处理率、烟尘控制区覆盖率均达到100%，工业固体废物综合利用率达到98.4%，区域环境噪声覆盖率达到84.6%。

社会事业协调发展。2015年，教育方面，奎文区共有普通小学23所（不含分校），在校生29353人，各类学校共拥有在职教职工2727人。有幼儿园73所，在园儿童12787人。适龄儿童入学率100%，在校生巩固率小学、初中均为100%。奎文区市级以上规范化学校25所。奎文区共有培训学校100家。文化事业稳步推进。2015年，奎文区组织春节、第八届社区群众文化节、中俄文化交流展、纪念世界反法西斯胜利70周年美术作品展等文艺演出、展览360多场次，开展“文化惠民”进社区活动，在奎文区67个集中放映点共放映公益电影1144场。打造手工艺传习中心，入驻项目传承人14个，培训学员1000人次。全年共创作各类文艺作品105件，其中10件获省级奖励。奎文区有省级重点文物保护单位6家，市级以上文化产业示范基地6家。卫生服务体系不断完善。2015年，奎文区拥有医疗卫生机构268处，床位2314张，卫生技术人员3080人；社区卫生服务中心5处，社区卫生服务站21处。抓好疾病预防控制工作，奎文区儿童计划免疫“八苗”接种率达91%以上。奎文区无甲类传染病及死亡传染病病例发生，乙类传染病报告发病率121.41/10万，丙类传染病5种967例，报告发病率277.55/10万。体育事业深入发展。2015年，奎文区共参加市级以上比赛项目11个，共取得金牌83枚、银牌30枚、铜牌30枚。全年举办群众性健身活动155项次，参加人数达2万余人。新建健身工程11处，总价值11万元。

人民生活与社会保障事业水平持续提高。奎文区新增企业养老保险参保职工1154人，共有1242家企业单位的42356名在职职工参加养老保险，收缴企业养老保险费34875万元。为11500名企业离退休人员发放离退休费27153万元，社会化发放率始终保持100%。机关事业单位收缴养老保险金12506万元，收缴率达99.9%，为2757名离退休人员发放养老金13569万元，全部按时足额发放。城镇居民社会养老保险当年收缴保险费2288万元，为14669名达到领取年龄的参保居民发放养老金2304万元。失业保险当年收缴2019万元，发放失业保险金882万元。就业再就业工作再上新台阶。全年组织参加市劳动人才交流市场25次，提供就业岗位6495个，办理求职登记1210人次，达成用工意向623人次。城镇新增就业5135人，城镇登记失业率为2.1%。奎文区共开发公益性岗位690个，市级以上充分就业和谐社区达到37家。奎文区城市低保标准由每人每月460元提高到500元。发放城市低保金1005万元，为2077名贫困居民提供生活保障；为448户患大病的城市低保户报销医药费126.5万元；为87户家庭发放特困生活补贴8.7万元；为4000余户困难家庭发放救灾救济面粉40吨；通过临时救助制度和奎文区救助直通车，救助困难家庭430户，发放救助金117万元；为奎文区74名大学生发放救助金23.3万元；为城市“三无”人员发放生活费50万元。全面实施“银铃安康工程”，为39846名老年人购买银龄安康意外伤害保险。

【打造特色金融功能区】 2015年，威海市商业银行潍坊分行、平安银行潍坊分行、长城证券潍坊营业部、安邦人寿、德华安顾人寿、国泰财险6家传统金融机构先后正式开业运营。至2015年年末，奎文区已聚集市级金融机构73家，占全市总数的80%以上。先后设立汇金融资性担保公司、银商汇融资登记服务公司和祥汇民间资本管理公司3家民间金融组织，引进新业鼎晨、新鼎生态环保、明曦“新三板”等9家股权投资基金或基金管理机构，齐鲁银行潍坊事业部、青岛银行潍坊事业部、惠德金融、梦想汇聚投资等10家企业入驻金融孵化器办公，提前完成全年引进8家以上各类金融机构的目标，以传统金融为主体、新兴金融为发展方向的金融组织体系不断完善。

【创新创业建设工作特色品牌】 奎文区楼宇办牵头，区人社局、科技局、商务局等部门联合建设创业孵化基地11处，入驻企业1900多家，带动就业30000余人。已建成潍坊市科技孵化中心、国际留学人才创业中心、阳光100创业园、潍坊市电商产业园等12个创新创业基地（园区）和孵化器。中国首个工业

4.0产业园——潍坊国际创意港规划15万平方米创新基地正在加快建设中。

2015年3月，阳光100创业园正式更名阳光100凤凰社，并通过省级创业园区验收，将获得省级补助资金500万元。2015年11月26号，奎文区阳光100凤凰社省级创业示范园区揭牌仪式举行，成为市区第一家获得此殊荣的创业园区。阳光100凤凰社内共入驻创业企业330余家，其中商家涉及餐饮、娱乐、休闲、高端健身、服饰、服务类业态，入驻企业多涉及科技、金融、贸易、教育培训、IT、投资管理、服务类行业，园区创业和稳定吸纳就业6000余人。同时，阳光100凤凰社创新推出“一站服务中心、三大平台、65项服务举措”。为园区创业企业提供全方位创业服务，成为潍坊最具代表性的创业、创新孵化园区。潍坊市科技孵化中心工作顺利推进。已入驻企业36家，在谈企业10家，涉及电子信息、科技中介、软件开发等多个新兴行业和领域，入驻率达到70%以上。

组织37名基层平台工作人员参加业务知识培训。建立奎文区创业大学微信群，现群内人数已达到365人。组织40余家企业参加奎文区春风行动招聘会和金宝半岛城市群招聘会。联合金融办在阳光100创业园区举办奎文区第一届银企融资洽谈会，7家银行和金融机构现场讲解资金扶持、担保政策，园区内17家企业参加，最后达成贷款意向的有12家，贷款规模达580万元。

【山东省呼吸病院士专家工作站】 2015年5月9日，潍坊呼吸病医院、山东省呼吸病院士专家工作站揭牌仪式暨首届潍坊呼吸论坛在富华国际会议中心隆重召开。中国工程院院士、中日友好医院院长王辰，市、区领导王桂英、宋均圻、高志秀、权文松、刘棣俭等出席大会。

【经济开发区（廿里堡街道）】 廿里堡街道办事处位于潍坊市奎文区南部，面积25.7平方公里。辖10个社区，14758户，人口3.85万。2015年，地方财政收入20300万元，比上年增长12.2%；规模以上工业企业实现产值26.6亿元，利税1.44亿元，分别增长1.5%和13%；居民人均纯收入12479元。

辖区区位优越，产业发达。汽车服务业：潍州路十里汽车长廊坐落于辖区，有汽车4S店83家、精品店156家，涵盖奔驰、宝马、林肯、奥迪等国内外近200余种名品车系，全年实现销售收入220亿元，占全市份额的80%以上。文化旅游产业：将辖区内金宝乐园、金泉寺、白浪河湿地公园3个AAAA级国家旅游景区优势资源有机串联，是城区居民最为青睐的近郊游、生态游和休闲游的主要目的地。城市工业：主要有装备制造、纺织服装、食品加工包装材料等四大门类，有规模以上工业企业13家。现代物流业：辖区拥有医药、航空、烟草三大物流中心，医药物流园是辐射青、烟、威一线城市的医药集散中心，航空物流园吞吐量居全省首位，烟草物流园配送规模为江北最大，构建起“大流通、大商贸”发展新格局。

党工委书记 庄胜苓

办事处主任 吴茵政

【大虞街道】 大虞街道办事处位于潍坊市奎文区北部，面积7.88平方公里。辖7个经济合作社、9个社区，人口8.1万人。2015年，全街道实现地方财政收入2.3亿元，工业销售收入4618万元，利税1845万元，居民人均纯收入14360元。

加快片区开发和项目建设，全街道共汇集投资过亿元的大项目12个，总投资38.5亿元，建筑面积115万平方米。辖区提升发展活力明显增强，全域开发、全域突破、全域高端的发展格局基本形成。全力打造品牌楼宇、特色楼宇、专业楼宇，加快潍坊中心、新华国际、新华广场、丹桂里三期等商务楼宇的建设进度，新增商务楼宇面积12万平方米。推进大虞文化村改造提升工作，举办第三届大虞文化艺术节等大型节会，是第七届中国（潍坊）文化艺术展示交易会分会场。高端商贸实现新繁荣。以加快转调创为主攻方向，突出抓好东庄商圈、陈家商圈、北宫街商圈、玄武东街商圈“四大商圈”打造提升工作。

党工委书记 石凌峰

办事处主任 吕世辉

【梨园街道】 梨园街道办事处位于潍坊市奎文区东南部，面积5.6平方公里。辖10个社区，2.7万户，人口8.04万。2015年，街道完成公共财政收入1.77亿元，完成预算的103.2%，同比增长13.5%；实现固定资产投资20亿元，同比增长19%；工业实现销售收入2.74亿元，居民可支配收入31060元。

2015年，梨园街道实施土地征收扫尾攻坚，张家庄储备地全部完成征收工作；梨园二层楼区基本扫清项目建设障碍，为全市依法征收会议提供观摩现场；西河西一期用地已全部完成征收，城中村改造项目——中央御园一期3栋村民安置楼顺利开工建设。年内，新增商业商务面积22万平方米，在建、建成商务楼宇17栋，为产业转型升级提供载体支撑。创新打造一批社会治理亮点工程，在奎文区率先开展专职“守夜人”夜间巡逻工程，2015年8月，街道为全省立体化社会治安防控体系建设现场会提供观摩现场；打造全市首个O2O智慧社区项目——易邻里智慧社区，被市政府确定为智慧城市平台落地项目；实施社区建设提标工程，完成7个社区服务中心的标准化打造工作，新增服务用房面积8500平方米。完成6个合作社换届。街道先后荣获省级文明单位、山东省档案工作科学化管理先进单位等称号。

党工委书记 王庆汉

办事处主任 谭立权

【潍州路街道】 潍州路街道办事处位于潍坊市奎文区中西部，西起白浪河，东到鸢飞路，南至宝通街，北接民生街，环境秀丽，交通便捷，地理位置优越。辖区面积6.1平方公里，辖

10个社区，24848户，人口7.8万人。

2015年，街道全年实现地方财政收入19880万元，实现固定资产投资23.24亿元，同比增长14.9%；全年招商到位资金11.4亿元，同比增长14.8%；批零住餐贸易额全年21.4亿元，同比增长14.8%。园区打造取得新突破，打造中国（潍坊）纺织服装电商产业园和潍州文化创意产业园两大园区，入选潍坊市二十强重点项目，被中国纺织工业联合会授予“中国纺织服装电子商务创新孵化基地”称号。全年完成水岸公馆、马少野富强片区共44户房屋拆迁，开工兴源国际城、国网变配电中心、香榭丽舍•郡王府三大项目，竣工信圆金融服务中心、恒信•伯爵庄园、和扬•英郡等四大项目。社会民生持续改善。坚持将“由民做主”作为城市管理提升和社会治理创新着力点，推行“四事工作法”，抓好群众关切的10件民生实事办理，北王社区为迎接全市城乡环卫一体化验收提供观摩现场；主抓老旧小区视频监控全覆盖，组建专职“守夜人”队伍，社会安全感明显提升；马少野宏伟小区外墙保温改造工程顺利完成，道口老旧小区改造加快推进。完成8个社区经济组织换届工作，34名干部下沉社区网格，推行党员积分制管理，打造“精细化”党建服务品牌，组织开展评选活动，共评选“最美潍州人”10名、“山东好人之星”1名、“奎文区最美家庭”1户、“感动奎文•基层好干部”1名、“感动奎文•先模人物”1名，杨丽、谭悦华2人荣登中国好人榜。

党工委书记 李德宝

办事处主任 王国明

【东关街道】 东关街道办事处位于潍坊市奎文区中部，东起虞河，西到白浪河，北至北宫东街，南接民生东街，面积5平方公里。辖9个社区，3.6万户，人口12.2万人。2015年，全街道完成地方财政收入3.24 亿元，同比增长12%；固定资产投资19.3亿元，增速15.5%；限额以上批发零售住宿餐饮业销售36.1亿元。

2015年，项目建设成效显著。完成老市委片区一期房屋征收扫尾。阳光100二期主体已封顶，奎文门美食文化特色街顺利开街运营。瑞龙湾项目新开工建设。引入平安金融大厦、潍坊电商产业园等转型发展项目。三大园区繁荣发展。紧紧围绕转型发展，突出抓好园区建设，国际电商创意产业园、金融创新产业园、奎文门商务中心区三大园区初具规模。城市环境持续改善。苇湾作为全市老旧小区试点进展顺利，改造经验在全省住房城乡建设工作会议上作典型发言。开展“美丽东关 共同缔造”行动，完成“四通一治”工作任务。社会治理亮点纷呈。成功荣获全市首个“国际安全社区”；探索形成老市委片区房屋征收“四个由民”工作法、苇湾“五民主”工作法等“由民做主”模式；成立奎文区首家街道社会组织服务中心；探索形成“三纵三横”大巡防模式。基层基础不断创新。成立全市首家街道“大工委”，创新打造全市首个“清风楼宇联盟”，提升3处楼宇党群服务中心，成立雷锋党总支。

2015年，街道荣获全国法治社区建设示范社区、山东省第三次经济普查先进集体、山东省五四红旗团委、全省妇联系统先进集体、全省基层双拥模范单位、潍坊市创城工作先进单位等称号。

党工委书记 郑 海

办事处主任 尹昌洲

【北苑街道】 北苑街道办事处位于潍坊市奎文区西北部，面积6.13平方公里。辖则尔庄、卧龙、金都、丁家、沙窝5个社区，23934户，人口5万余人。2015年，全街道完成固定资产投资14.5亿元，比上年增长16.3%；地方财政收入11511万元，比上年增长12.6%；工业实现销售收入2.4 亿元，利税2980万元，分别增长8 %和58.4%；居民人均纯收入26760元。

2015年，北苑街道全力加快转调创，经济社会发展取得新佳绩。21个重点项目建设提速推进，其中，金鼎华府、茂华•爱琴海等12个在建项目年内完成投资12亿元，蓝色经济总部、盛世•御景苑2个新建项目开工建设，虞河生活城、丽水芳洲等项目二期开工53万平方米；城市建管提质增优，开通2条背街小巷，规范提升2处便民市场，对华星、二印等老旧小区进行提升改造，在25个“三无”小区建立一体化、社区化、专业化“三化”物业管理新模式；深化社区由民做主模式，改造卧龙社区服务中心，集中解决群众身边难事17项。街道先后获得“省级文明单位”“潍坊市创建全国文明城市工作先进单位”“全国科普示范社区”等多项称号。

党工委书记 段宏喜

办事处主任 陈国玺

【广文街道】 广文街道位于潍坊市区中心，面积4.22平方公里。辖6个社区，33563户，8.6万人。2015年，街道完成固定资产投资11亿元，同比增长31.2%；实现地方财政收入2.2亿元，同比增长13.4%。荣获全国和谐社区建设示范街道、潍坊市创建全国文明城市创建工作先进单位、国家卫生城市复审迎查工作先进单位、奎文区招商引资工作先进单位等称号。荣获奎文区2015年度科学发展综合考核一等奖，在奎文区群众满意度电话随机访问中取得总分第二名的好成绩。

2015年，街道引进中国首个工业4.0产业园潍坊国际创意港项目，规划打造中天下•创客联盟，投入运营中天下•潍坊国际大学生创业孵化中心、世纪环球国际人才和山东半岛大学生创业孵化中心，认定总部分支机构10个，新注册企业564家；致力保障和改善民生，在奎文区率先建成集阳光短信、微信和免费WiFi于一体的为民信息服务平台，打造新华路商圈党群服务中心、街道区域化党建中心、鲁班园好人广场等便民服务载体，举办“文化进小区”巡回展演、趣味运动会等丰富多彩的文体活动；完成西上虞小区、涨面河小区、南乐道街、虞新街等老旧小区、背街小巷改造提升，被区评为创建国家卫生城市先进单位；在奎文区率先推行社会化“大巡防”工程，狠抓安全生产、食品药品安全监管，保障辖区居民生命安全和身心健康；深化“由民做主”社区治理模式，《大众日报》、潍坊电视台等进行专题报道，中国社科院调研组给予肯定。

党工委书记 赵天宝

办事处主任 迟安斌

【奎文区北海路街道（北海路商贸经济发展区）】 奎文区北海路街道（北海路商贸经济发展区）位于潍坊市奎文区东部，东至北海路，西至新华路，南至张面河，北至通亭街，辖区面积3.1平方公里。辖6个社区，2.8万户，常住人口5.3万人。2015年，街道完成公共财政收入1.19亿元，比上年增长12.5%；完成固定资产投资9.87亿元，比上年增长16.8%；社会消费品销售额达到9.9亿元，比上年增长17.1%；居民人均纯收入12284元。

街道（北海路商贸经济发展区）树立创新、协调、绿色、开放、共享的发展理念，围绕建设富裕、活力、人文、幸福新北海的总体目标，发挥区位优势，加快构建以商贸商务、金融保险、科技信息、社区经济“四大产业”为支撑的现代化服务业体系。辖区内有沃尔玛、银座等跨区域、多业态的大型连锁商业企业7家，中小服务业企业490家，财富国际等9栋商务楼宇投入使用，逐步形成“南、中、北”三个各具特色的现代服务业经营区。

党工委书记 李良军

办事处主任 孙宝春

（孙 涛）

潍城区

【国民经济和社会发展概况】 潍城区是潍坊市中心区之一，总面积269.5平方公里。辖6个街道、2个管理区、1个省级开发区，共169个行政村、85个社区。全区总人口（户籍人口）35.7万人。2015年，全区完成地区生产总值243亿元，比上年（下同）增长7.4%。其中，第一产业增加值9.9亿元，第二产业增加值95.8亿元，第三产业增加值137.2亿元，分别增长3.9%、6.4%和8.6%。固定资产投资230.6亿元，增长13.9%。一般公共预算收入20.6亿元，增长15.1%。社会消费品零售总额147.6亿元，增长10.6%。金融机构存贷款余额分别达353.3亿元和259.2亿元。城镇居民人均可支配收入达到32332元，农村居民人均可支配收入达到15601元。

经济转型升级加快。发挥财政资金杠杆和引导作用，筹备成立区国有控股融资性担保公司，并融合社会资本设立2亿元的华富节能环保创投基金。推进项目建设深化年，加快200个过千万元重点项目建设，全年完成投资218亿元。推行“裁执分离”，解决重点片区、市政道路、棚户区改造等国有土地房屋征迁遗留问题，裁定45件，执行21件，同时，将农村集体土地上房屋征迁导入法律解决途径，通过民事诉讼程序依法破解征迁难题，保障重点项目落地。创新“土地+产业+金融”招商模式，引进北虹桥电商科创产业园、软通智慧产业园等24个过亿元项目，实际到位资金147.8亿元。落实促进外贸稳增长的政策措施，全区完成外贸进出口总额4.4亿美元，增长4.5%，实际利用外资4602万美元。调整完善区、街财政体制，推行以地控税、增税节地办法，促进财政增收。

打造现代物流、城市商贸、文化产业、城市工业“四个基地”。推动现代物流业提档升级。发挥鲁东物流中心“中国物流示范基地”带动效应，发展电子商务、总部物流等高端业态，远成•潍坊国际物流城项目落户潍城，奋创电商产业园开设节能环保产品网、京东商城潍坊特产馆，区内103家企业产品上线直销。推动商贸服务业扩量提质。坚持设施提升、业态培育同步推进，抓好白浪河黄金西岸四大商圈开发，推进和平广场等9处商业综合体和上街等5条特色街区建设，商业面积达到600万平方米。推动文化产业品牌发展。以十笏园文化街区为龙头，加快总投资86亿元的城隍庙“金银仓”老街等11个重点项目建设，启动实施覆盖面积4.2平方公里的印象老潍县项目，抓好南大营1789艺术区运营和西街68、西街88、西街99三大创意孵化器提档升级，邮储银行、齐商银行等9家金融机构入驻月河路金融文化中心，打造民俗文化、创意文化、中国画都、金石文化、金融文化、旅游文化“六大品牌”。大力发展会展经济，承办中日韩节能环保论坛、健康养老产业论坛、国际篆刻名家邀请展等展会56场次。推动城市工业集群发展。加快潍坊节能环保产业园建设，中国泊车产业基地建设规模扩大，中远重工、一立精铸等76个新上项目顺利推进，雷诺特动力、富特空调等22家重点企业实现扩资增效，建成6万平方米的节能环保产业孵化器。全区规模以上工业企业完成主营业务收入124.3亿元，增长8.1%，利税10.3亿元，增长11.2%，利润6.9亿元，增长10.1%。

抓好创新平台、创新联盟和创新企业三大创新载体建设，建成市级以上工程技术研究中心29家、企业重点实验室6家、院士工作站3家，实施产学研科技合作项目12个，建成创业示范载体16处，高新技术企业达到27家。完成专利申请3197件，授权687件，分别同比增长119.3%和69.2%。落实鼓励创业政策，为符合条件的自主创业人员发放小额担保贷款8141万元。开展创业培训，新培训创业者795人，培训后成功创业522人。推进注册登记商事制度改革，全面实施“三证合一、一照一码”制度，新发展市场主体8012户，新增注册资本80亿元。

城市价值品质提升。重点片区开发不断加快。齐鲁台湾城片区，核心区开发取得突破；光正实验学校、海上明珠游乐场、两岸交流中心等项目落地建设；火车站南广场，月河南路、高家街等路网建设加快，展开土地收储工作；军埠口片区，和平南路拓宽改造基本完成；玫瑰小镇、玫瑰西园、白浪绿洲房车露营地等项目加快建设，全区动力型地产在建面积达到460余万平方米。潍城建成区面积拓展到51.2平方公里，常住人口城镇化率达到76.1%。基础设施配套完善。新建成利昌路、三里庄路等6条道路，新增通车里程26公里；新增排污管网15公里、集中供热面积254万平方米；完成18公里“引黄入白”工程，提前1年启动小于河综合整治工程，林木覆盖率、城市绿化率分别达到32%和41%；推进“四通一治”工程，优化调整公交线路4条，新增公交站点8处、公共自行车站点93处，完成齐家庄、蔡家庄立体泊车进社区工程，铺开中百商圈停车改造，新增车位6500个，城市公共设施完好率达到98%以上。“三八六”环保行动任务目标全面完成。关停山水水泥回转窑熟料生产线，完成221个油气回收治理项目，淘汰高耗污染企业16家、黄标车4477辆，年减少能耗9.7万吨标准煤，减少氮氧化物排放1800吨。城市管理精细化水平提升。完善城乡环卫一体化运行机制，潍城区被评为省首批城乡环卫一体化全覆盖区。健全文明创建长效机制，开展善行义举四德榜建设，村居覆盖率达到100%；推广社区自主议事、自治管理、自我服务“三自立区”治理模式，形成邻里互助、和谐文明的良好氛围。

民本民生持续改善。新开工潍坊光正实验学校等4所学校，新建成英特尔幼儿园等4处普惠性标准化幼儿园，公开招考优秀教师50名，通过全国义务教育发展基本均衡区“国检”验收。建成潍坊医学院附属医院分院，组建潍坊口腔医院集团，家庭医生签约式服务完成签约7.9万户。全区四点半学校达到56处，建成养老服务设施43处，养老服务设施建设面积达到20余万平方米，每千名老年人拥有养老床位66张，潍城区连续两年被确定为全省养老服务体系建设试点单位。社会保障体系不断完善。全区城镇新增就业3877人，农村劳动力转移就业3185人，城镇登记失业率控制在2.23%。落实各项社会保险政策，加快推进全民参保登记计划，惠及12万居民的基本养老保险制度落实到位，城乡居民基础养老金提高到每人每月85元，企业离退休人员人均养老金达到每月2107元。开展“阳光救助”行动，发放低保金、救助金等2400余万元。新增发放廉租住房租赁补贴207户，新增发放经济适用住房货币补贴124户。社会治理创新成效显著。创新警民联调、警民联勤机制，调处各类矛盾纠纷1486起。推进智能交通安全视频监控系统建设，建成火车站反恐处突“一分钟处置点”。推进安全生产网格化实名制，建成安全生产综合监管平台，完成1726家企业安全生产标准化建设。

【中国书法家协会篆刻年会在潍城举办】 2015年7月12日～14日，中国书法家协会篆刻年会在潍城十笏园文化街区举办。此次年会由中国书法家协会篆刻专业委员会、中国艺术研究院中国篆刻艺术院、西泠印社、山东印社、中共潍坊市委宣传部、中共潍城区委、潍城区人民政府、万印楼印社、陈介祺艺术研究会等联合举办。年会期间，召开中国书法家协会篆刻专业委员会工作会议，开展首届陈介祺金石思想与当代篆刻走向高峰论坛、走进万印楼——当代国际篆刻名家邀请展、中国书法篆刻艺术高端讲座等系列金石文化活动。在潍城举办中国书法家协会篆刻年会，奠定万印楼在国际印学界的地位，成就潍城金石文化圣地的美誉。

【启动“印象老潍县”项目】 “印象老潍县”项目总投资36亿元，覆盖面积4.2平方公里。计划利用3～5年时间，挖掘老潍县文化资源，修复放大万印楼、十笏园、城隍庙、松园子古建筑群“四大遗存”，对“九街八巷”（胡家牌坊街、城隍庙街、北门大街、增福堂街、芙蓉街、布政司街、郭宅街、预备仓街、棋盘街；海道司巷、曹家巷、梁家巷、郭家巷、金巷子、染坊巷子、水巷子、南巷子）按照“修旧如旧、保护为主”的原则提升改造，借古扬今，将城市记忆、文化片段、生活场景、商业空间有机融合，传承文化脉络，留住城市的文化“乡愁”，铭刻“老潍县印象”，打造旅游文化集散中心。

【首届“金风筝”全国广告创意大赛】 首届“金风筝”全国广告创意大赛由山东省广告协会指导，山东省广告交易中心、潍坊国家广告产业园区联合举办，以“创意潍坊、智造未来”为主题，于2015年6月初正式启动，大赛组委会先后在北京、上海、广州等10座城市百所高校进行线下推广，在新浪、百度、腾讯等10余家网络媒体进行线上宣传。截至9月底，累计征集来自全国22个省、自治区、直辖市和澳门特别行政区的平面、广播、动漫、微电影、新媒体五大类广告作品2853件，经初评和复评，评选出金、银、铜、潍坊元素奖共23个大奖。12月11日，大赛颁奖典礼在潍坊国家广告产业园区报告厅隆重举行，获奖作者与参赛代表共120多人参加。

【考斌之纪念馆开馆】 2015年9月28日，考斌之纪念馆开馆。纪念馆位于潍城区考西村，占地面积480平方米，投资50万元。纪念馆以雕塑、浮雕、沙盘、照片、绘画、视频、实物等多种方式再现抗日英雄考斌之生平事迹，成为潍城区一处新的爱国主义教育基地。

考斌之（1904—1941），字双英，潍县大考家村（今潍城区考西村）人。中学毕业后，投身军界，后晋升为团长。1936年辞职返归潍县，任潍县第三区区中队长、第三区区长。1937

年抗日战争爆发后，考斌之历任山东省第八区抗日游击队独立一团团长、鲁苏战区挺进第二纵队第四支队队长，当地群众称考斌之的部队为“考团”。考斌之带领部队同日伪军作战70余次，较有名的战斗有前阙庄追击战、东毕家保卫战、奇袭流饭桥、偷袭固堤镇、烟潍路阻击战等。1941年10月，率部驻扎柳科一带，被日军包围，突围时身中数弹，壮烈殉国。

【十笏园文化街区】 十笏园文化街区在潍城区城关街道辖区内，位于东风西街与向阳路交汇处东北方，因环抱全国重点文物保护单位“十笏园”而得名。十笏园文化街区是山东半岛面积最大的仿古建筑群之一，占地面积150余亩，总建筑面积24.6万平方米，整体风格为仿明清古建筑，与十笏园明清建筑风格一脉相承。

十笏园文化街区是全省100个重点文化产业项目之一，于2009年9月开工建设，2015年4月17日正式开园。开园同期，在十笏园文化街区举办“中国（潍坊）首届收藏博览会”“全国书画名家精品展”“中国（潍坊）第八届风筝工艺美术产品博览会”“首届中国（潍坊）收藏文化论坛”等系列展览和活动。截至2015年年底，先后举办各种文化活动近200场次。

2014年11月，十笏园文化街区被山东省人民政府公布为全省第一批历史文化街区，成为山东省首批历史文化街区之一（共35个）。2015年4月，十笏园文化街区被中国收藏家协会命名为中国收藏文化示范基地。2015年年底，在十笏园文化街区内建成齐鲁非遗文化产业孵化器。

【于河街道】 位于潍城区西北部，辖35个行政村，人口3.08万人。2015年，实现一般公共预算收入2255万元；固定资产投资3.48亿元；规模以上工业企业5家，实现销售收入3.23亿元，利税1055万元，利润572万元。

青银高速公路横贯境域东西。辖区内都家村是被国务院授予“全国老艺人”称号的核雕艺人都兰桂故里，流饭桥村是地方名吃“杠子头”火烧起源地。

项目建设实现新跨越。新引进山东伊莱克电力装备有限公司、山东博创动力设备有限公司等5家企业。投资109万元，完成于河工业园道路硬化，水电气管网、垃圾处理、污水治理等基础设施完善。潍日高速滨海连接线于河段项目完成征迁，桩基、桥涵建设基本完成。济青高铁潍坊段在于河启动开工仪式。潍坊五岳热力公司潍城中心城区供热站项目开工建设，潍坊永冠电气设备有限公司车间扩建项目竣工投入使用。传统农业向都市农业转型发展。总投资1亿元的潍坊铁皮石斛科技文化产业园建成运营，9个示范棚全部引种铁皮石斛，组培中心一期工程投入使用。山东正源生物科技有限公司铁皮石斛、灵芝规模种植及保健品生产深加工项目建成6个智能大棚、1个组培中心。投资575万元的市级农业开发项目完成并通过验收。南伦股份经济专业合作社等农村专业合作社建设日益完善。文明乡村建设步伐加快。投资600万元推动乡村连片治理工程，投资80万元绿化村级道路。累计投资1795万元硬化整修村级道路25.2公里。投资358万元改造提升村级办公场所，扩建文化广场31处。组织成立文化演出队伍15个，累计举办文艺汇演46场。发挥东毕村老年幸福院、陈平村“四点半学校”带动作用，开展各种敬老爱幼活动。争取专项资金200万元新建于河中心小学、实验小学餐厅。筹资56万元硬化中心小学路面，安装加固围墙。于河中心小学通过义务教育均衡区省级和国家级验收，实验中学通过市级规范化学校验收工作。城乡环卫一体化建设成效显著。累计投资240万元，出动人工1万余人次，使用挖掘机、铲车1500余台次，清理垃圾1.2万余立方米，新增高标准垃圾桶300个。

党工委书记 齐春正

办事处主任 李茂福

【潍坊鸢都湖—浮烟山综合开发区 望留街道】 位于潍城区中南部，潍坊鸢都湖—浮烟山综合开发区管委会与望留街道办事处合署办公，实行街区合一体制。辖59个行政村、1个社区，人口4.96万人。2015年，实现一般公共预算收入4200万元；固定资产投资22.1亿元；规模以上工业企业9家，实现销售收入3.62亿元，利税1397万元，利润468万元。

境内浮烟山休闲旅游度假区环境优美，融自然风光和人文景观于一体，是潍坊市郊一处旅游胜地。中国风筝放飞基地（潍坊国际风筝会放飞场）即位于浮烟山麓。

重点项目建设加快。全年共组织实施总投资25亿元的重点项目20余个，完成投资21.9亿元。其中总投资4亿元、占地100亩的潍州麓台学校开始施工，总投资5亿元的某部营区建设项目完成征迁工作，投资2000万元的麓台空间——山科园大学生创新创业孵化基地和投资3000万元的技师学院大学生创业孵化基地建成，万潍热力落户望留，浮烟山连片治理、郑家社区农业综合开发等财政性投资1亿元的项目基本落实。主导产业转型提升。文化旅游、现代物流、高端社区、科教产业四大主导产业高端发展，大洋生态村、麓台书院等项目建设加快。鲲鹏物流园、渤海物流园、骏鹏物流园发展壮大，新建庄头物流园并引进物流业户20余家。浮烟山国际社区、潍坊健康产业园、汽车文化产业园等项目加快推进。民生工程建设力度加大。引进社会投资1000余万元，高标准打造集政务、民生于一体的6个社区服务中心，在街道60个村实施以农村环境综合整治为核心的环境提升工程。提升创业就业支持服务水平，以山科园和技师学院大学生创业孵化基地2个创业示范园区为平台，开展创业技能培训，共培训400余次。做好“就业优先”和农村劳动力的转移工作，新增就业289人，转移农村劳动力956人。道路交通水平提升。整修宝塔路、赵望路等主干道及各村生产路、连村路，安装路灯150余盏。完成老邓家、西寺、郑家等5个村12条道路硬化。

潍坊鸢都湖—浮烟山综合开发区管委会党工委书记 刘焕成

潍坊鸢都湖—浮烟山综合开发区管委会主任 王成义

望留街道党工委书记 杨在民

望留街道办事处主任 石金波

【北关街道】 位于潍城区东北部，辖31个社区，人口6.13万人。2015年，实现一般公共预算收入1.69亿元；固定资产投资32.56亿元；规模以上工业企业6家，实现销售收入22.1亿元，利税2.83亿元，利润2.02亿元。

著名的潍县萝卜原产地位于辖区内。潍县萝卜已有300多年的栽培历史，东夏庄周围1500亩土地是潍县萝卜原产地保护区。

项目建设力度加大。全年续建和新上项目开工27个，完成投资18.9亿元。其中，续建项目完成投资13.6亿元，新上项目完成投资5.3亿元。齐鲁台湾城项目、白浪河沿河开发项目、中心片区开发项目、“两条隆起带”（北宫西街商务长廊和玄武西街沿街开发改造）项目建设顺利。服务业繁荣发展。商贸服务业实现营业收入12.1亿元，增长7.2%。总部经济、文化创意、餐饮娱乐、购物经济、会展体育“五大板块”为载体的服务业发展态势良好。工业经济发展态势良好。耶莉娅工业总部品牌效应放大，培育以纺织服装、电气电子、装备制造、塑胶建材“四大产业”为龙头的工业经济体系。基础设施建设日趋完善。开展卧龙西街、玉清西街、宏伟路、利昌北路四条道路建设和怡园路、永安路、友爱路等道路的人行道铺装、绿化、强弱电入地等工程。在齐家庄小区、蔡家庄小区建设立体停车位，解决老旧小区停车难问题。完善公共服务体系。加快推进社区服务、社区维稳、社区卫生、社区文化“四个中心”建设，拥有综合老年公寓1处、居家服务站9处、“四点半学校”18处、日间照料中心4处、农村幸福院4处、邻里互助点20处。街道日间照料中心、蔡家庄社区日间照料中心达到省级规范化标准。社会保障日益完善。开展就业技能培训1800多人(次)，实现新就业人员620余人，转移农村劳动力83人，为176户农村零转移家庭和城镇零就业家庭解决就业问题。为3600名“城中村”改造后的居民办理城镇职工类社会保险，为415户贫困户办理低保，为31户家庭困难户申请临时救助。新农合参合率达到100%，城镇居民基本医疗制度全面落实，新农保超额完成保费征缴任务。面积7300平方米、投资1500万元的北关中心小学综合教学楼改建完成并投入使用，东夏、后羊小学改造改建全部完成。街道文化站和社区文化大院建成率达100%。

党工委书记 马佐昌

办事处主任 刘　涛

【西关街道】 位于潍城区中部，辖19个社区，人口6万人。2015年，实现一般公共预算收入2.11亿元；固定资产投资40.46亿元；规模以上工业企业2家，实现销售收入5805万元，利税181万元。

以项目建设推动发展。全年新建项目14个，完成投资14.5亿元，开工面积33.2万平方米；续建项目20个，完成投资27亿元，施工面积157.4万平方米。推进旧城片区改造。实施高家东危楼、苗圃危楼、南三里、上城国际五期、第三人民医院5个项目的征迁，征迁面积15.6万平方米。区域路网完善。三里庄路（东风街至胜利街段）建成通车。城市管理水平提升。投入资金100余万元在西园街两侧统一设置广告牌、搭建遮阳棚、粉刷墙壁，规范沿街业户经营行为，打造管理示范街。投入资金300余万元，在营子、南小于河、马良冢子开展城乡环境卫生综合整治，同时，对春鸢路、仓南街、长松路等重点路段路域进行环境整治，解决城乡结合部卫生问题。实施惠民工程。投资120余万元，在各社区及辖区主要路口新安装探头230余个，对损坏的探头维修更换。在西关派出所设立警民联调中心。推进社区养老服务中心建设。总投资240万元、建筑面积820平方米的月河社区云天使医养服务平台投入使用。投资60余万元改造提升胜利西社区1600平方米的居家养老服务中心，与“四点半学校”共同构建起“养老育小”特色服务新模式。

党工委书记 刘英杰

办事处主任 李晓明（女）

【南关街道】 位于潍城区东部，辖22个社区，人口4.55万人。2015年，实现一般公共预算收入1.72亿元；固定资产投资46.18亿元；规模以上工业企业2家，实现销售收入6.52亿元，利税2798万元，利润1684万元。

南关街道交通便利，潍坊火车站位于境内，胶济铁路横贯东西。辖区内“状元胡同”闻名遐迩，清末状元曹鸿勋和王寿彭诞生于此。

楼宇总部经济稳步发展。加大白浪河黄金西岸和火车站、金沙“两大商圈”开发力度，推进浩博香港城、五道庙商业步行街等8处商业综合体建设，新增商业商务面积8万平方米。开展金源大厦和中亚商贸城二次招商，辖区总部企业达到7家。文化旅游产业凸显。南大营1789文化艺术区获批市级创业示范园区，有书画工作室、摄影室、香道馆、茶文化会馆、爱克森影视传媒、时光1789演艺剧场等200多户业户入驻。五道庙博物馆、画都交易中心等重点文化项目建设推进。特色街区产业聚集加速。集中规划7条特色街区，其中茶文化特色街、五道庙商业步行街、青年路IT特色街、广丰古玩文化特色街和婚庆一条街5条特色街被纳入全区重点打造的11条街区之中。重点项目建设进度加快。以火车站南广场片区开发为中心，抓好春鸢、滨湖两大片区和月河南路、和平南路、高家街3条市政道路的征迁工作。新开工西湖御景二期、中国画都沿街商业、公路客运综合配套服务场站、荣军花园小区、南关中心小学5个项目，10个续建项目全部复工。实施为民惠民工程。总投资1.15亿元的南关中心小学施工建设。为4户计划生育特殊困难家庭发放帮扶救助款8000元，救助困难大学生3000元。组织就业技能培训180人次，开发公益性岗位26个，新增劳动就业人数380人，转移农村劳动力280人，安排就业困难人员21人。为9168人办理城乡居民养老保险业务，筹集参保资金243.6万元，发放养老金256万元。为20680人办理城镇居民医疗保险，入保资金378万元。为109位优抚对象发放优抚金139.7万元，为931名低保人员发放低保金485.7万元。实施养老育小工程。辖区内有社区日间照料中心9个、农村幸福院5个、居家服务中心16个、邻里互助点4个、8个城市社区，全部建立“四点半学校”。实施社区提升工程，东市场社区新增办公场所1130平方米，康家新建活动广场2000平方米，辖区办公场所面积达到2.2万平方米。

党工委书记 王成义

办事处主任 陈加志

【城关街道】 位于潍城区东部，辖10个社区，人口3.52万人。2015年，实现一般公共预算收入8005万元，固定资产投资12.62亿元。

城关街道地处老潍县城里，历史文化璀璨悠久，人文资源积淀厚重。历史上潍州、潍县治所设于辖区内。境内有国家级重点文物保护单位十笏园。

城市商贸聚集区日益繁华。发挥中百商圈等高端产业的引领作用，培植以中百大厦、百货大楼、温州商城、地下名店步行街等为主体的立体集群发展模式，形成以中百商圈为主体的地上地下互为联动的城市商贸聚集区。和平广场主体完工，7栋主楼和5层商业全部封顶。百大商务中心主体完工，万兴隆商业文化广场、曼哈顿等商务楼宇繁荣发展。文化产业核心区日益凸显。十笏园文化街区于4月17日正式开园，累计出租出售房屋824套，完成招商总量的89%，潍州书画城、非遗文化城等相继开业纳客，先后举办了全国书画名家精品展、全市文化产业现场会等系列活动近200场次，非遗文化城被认定为齐鲁非遗文化孵化器，成为文化企业创业发展的摇篮。以举办新春庙会灯会等系列活动为载体，叫响“初一十五过大年 走街串巷逛十笏园”民俗品牌。启动印象老潍县等一批重点项目，全面提升中心城区价值品质。现代金融引领区建设加快推进。利用和平路、东风街、胜利街、月河路等楼宇资源，培育以金融等业态为主的现代服务业，辖区内拥有金融机构20余家，其他现代服务业机构40余家。依托潍坊银行文化事业部、潍坊交易所等机构，探索开展文化艺术品质押、知识产权质押等金融创新，形成以东风街为轴线的1.75平方公里文化艺术金融创新试验区。基层综合服务阵地建设富有成效。依托全省首家街道级养老中心指导和社会保障平台作用，已建成养老互助组91个、社区日间照料中心10处、老年活动中心30余处；开发公益性岗位86个，安置各类劳动力365人，落实低保救助家庭685户，医疗参保人数达9100人，养老参保人数达620人。投资80余万元，实施太平街市场提升改造精品工程。

党工委书记 谭福春（女）

办事处主任 刘汉杰

【山东潍城经济开发区】 位于潍城区中西部，辖24个行政村、2个社区，人口2.4万人。2015年，实现一般公共预算收入1.68亿元；固定资产投资48.41亿元；规模以上工业企业23家，实现销售收入31.5亿元，利税4.64亿元，利润3.67亿元。

项目建设加快推进。银座配送中心、瑞福芝麻酱生产线、京东商城潍坊馆、富通8AT等5个项目投产运营，金蜂喷气织机、雷诺特汽轮机、益康宝易厨项目加快施工，北京宫馆、阳光商务大厦、贵和苑商住中心、星都国际、金科华府、顺河帝景等项目建设稳步推进。招商引资势头良好。新引进田润物流信息平台、三羊塑胶、润达检测、润捷物流、旭辉科技等11个项目。山东潍州清洁技术有限公司、潍坊恒汇大通投资中心和北京电桩科技有限公司3家公司落户开发区孵化大厦。联系服务企业成效显著。设立产业发展基金和规模1000万元的扶持企业发展短期流转基金，推动政银企合作帮助企业融资5.2亿元。为重点建设项目争取用地指标356亩。帮助企业申报科技项目5个、专利30项、省级工程技术中心1个，引进高层次人才30名。一立精铸设立铸造热物理研究所、实验基地及院士工作站，引进尾喷铸造一次成型技术，自发成功研制快速熔炼技术炉。环境面貌持续优化。财政投入1000万元，实施创业路翻建、胜利西街污水管道铺设、东风西街和卧龙西街大桥维修加固、交通信号灯安装、路面养护、路灯安装等工程。引入社会资金1000万元，新建天然气置换和煤气管道复线工程4000米。民生事业全面提升。深化“六个起来”和“天网”工程，财政出资50万元新配置3辆巡逻车，增加派出所治安民警12人，警民联调、警民联防得到加强。兑付农民粮食补助和税收返还款5000多万元，为村民补助医疗保险基金180多万元，为学龄前儿童每人每学期发放200元入园补助，发放优抚补助金80万元，有1.2万名群众参加新农保。推进村民安居工程，赵家、臧家分配村民楼房283套。依托2个城市社区居委会和3个农村社区服务中心开展便民服务。投资50万元，建成考斌之纪念馆，成为全区红色教育基地。

党工委书记 李铁柱

管委会主任 李学光

【乐埠山生态经济发展区】 位于潍城区西南部，辖19个行政村，人口2.11万人。2015年，实现一般公共预算收入

4588万元；固定资产投资13.1亿元；规模以上工业企业9家，实现销售收入8.89亿元，利税1.23亿元，利润9833万元。

产业园区发展壮大。乐埠山创新科技产业园集群发展，企业总数发展到42家，总投资达82亿元，总建筑面积达120多万平方米。以大洋泊车为龙头，7家配套企业入驻的泊车产业链日趋完善，以大正科技、潍州新能源等为带动的新材料新能源产业链和以中远重科、前进车桥为带动的农机装备制造产业链初具规模。民生事业持续发展。投入400余万元实施中小学改造提升工程，投资360万元建设大型群众文化广场，投资800余万元对符山中心卫生院升级改造，投资100余万元帮助5个贫困村打井修路、修建办公用房，筹资45万余元完善养老设施、帮扶困难群众。投入48万元，完善道口中心社区服务功能，新建新二甲社区和产业园社区两处新型社区。开展土地确权，建立农村经济合作社，实施产业化经营，推动农村产权制度改革，南大村成为全市产权制度改革的典范。实施镇域提升工程。完善镇域基础设施建设，投资1300余万元，对镇区道路、绿化、照明设施改造提升，新建3000米排水排污管网，实现雨污分离。推进城乡环卫一体化，打造生态文明乡村，连续开展4次环境卫生综合整治，完成整体达标验收。生态林场新增造林面积200余亩，栽植树木3.5万株。持续加大安全生产排查整改和食品安全宣传力度，实行“网格化实名制包靠”，先后整治小饭桌、无证餐馆等118家，在19个村开展食品安全科普宣传。2015年，乐埠山生态经济发展区先后获得潍坊市理论宣教基地、市级生态文明科普教育基地、潍坊市安全社区等称号。

党工委书记 曹升曦

管委会主任 窦玉波

【军埠口综合项目区】 位于潍城区东南部，辖32个行政村，人口2.97万人。2015年，实现一般公共预算收入3787万元；固定资产投资11.64亿元；规模以上工业企业12家，实现销售收入9.85亿元，利税1.13亿元，利润7605万元。

辖区内10平方公里的白浪绿洲湿地公园和8平方公里的白浪河水库凸显军埠口滨水绿色生态特点。基础设施建设取得新进展。推进总投资2.5亿元的和平南路、长安街、长清街、工业三路、官河路等7条道路建设。其中，和平南路道路主体完成并通车，新铺设两条长1200米的排污管涵；官河路、工业三路、长清街西段、长安街中段全部竣工通车，并配套建设燃气、雨污管网等设施。完成潍胶路镇区段人行道及绿化亮化工程建设，辖区内片区路网建设基本成型。工业园区建设实现新突破。推进高新技术产业园区规划建设、老工业科技园区升级改造项目，荷美尔食品、军利机械等19个项目实施嫁接改造、资产重组，完成投资9.8亿元。总投资7500万元的绿特空调20万千瓦多功能多效热泵机组和研发中心项目竣工投产，总投资2.1亿元的鼎晟电气科技项目推进。潍城滨海特色产业园总投资1.25亿元的兴旺塑胶项目进展顺利。总投资5000万元的鸿博包装项目引入节能环保科技产业园。现代农业示范园区建设发展迅速。总投资2000万元、用地1500亩的玫瑰西园项目建设推进，种植玫瑰苗100亩，完成园区道路硬化和核心区广场建设。实施水库移民农业项目、景润农业科技、华晨农业科技等6个总投资7500万元的优质高效农业项目建设。旅游文化创意产业繁荣发展。注册资金1亿元的市文化旅游投资建设集团落户辖区内，总投资9700万元、占地154亩的房车露营地项目一期建设顺利竣工。发展总部经济，引进了注册资金1000万元的星河集团总部经济项目。社区服务中心建设取得新进展。投资120万元的中心社区、官庄社区服务场所建设完成，滨河社区一期150平方米服务大厅、官河社区140平方米服务场所建设完成并投入使用。医疗卫生建设全面升级。投资38万元，建设、升级改造社区卫生中心，设立新农合定点村级卫生室3处。教育教学设备完善。投资300余万元，为辖区6处中小学配备图书、音体美器材、多媒体、实验教学仪器，中心小学、军埠口中学均完成校园规范化建设并验收达标。

党工委书记 王　韧（女）

管委会主任 王浩行

（曲福刚）

坊子区

【国民经济和社会发展概况】 坊子区位于潍坊市区东南部，面积412平方公里，辖5个街道、2个发展区、1个省级高新技术产业园区、301个村居，32万人口。2015年，主要经济指标增幅位居全市前列。全区实现地区生产总值138.1亿元，增长8.4%，增幅列全市第4位、四区第1位；一般公共财政预算收入12.4亿元，增长15.8%，增幅列全市第1位；固定资产投资131亿元，增长14.2%，增幅列全市第4位、四区第1位；社会消费品零售总额62.3亿元，增长12.5%，增幅列全市第5位、四区第1位。

坚持以转促进，全力稳增长调结构。加快工业转型升级。实施工业技改项目91个，技改投资增长23.6%，占工业投资的比重达到79.6%。规模以上工业实现主营业务收入297.45亿元，利税15.84亿元，利润11.55亿元，分别增长9.7%、10.8%和10.1%。实施18个重点节能项目，抓好8家重点用能企业对标降耗，规模以上工业企业万元GDP能耗下降13%。培育现代服务业。规模以上服务业企业营业收入同比增长9.1%，服务业增加值占比达到41.3%，比上年同期提高1.7个百分点。潍州路商贸物流产业带14个投资过亿元项目进展顺利，泰华车港一期建成运营。炭矿遗址文化园完成8栋德日建筑修缮，坊茨温泉•水城项目开工建设，炭矿博物馆和井下体验区成为市区文化旅游新亮点。发展现代农业。完成5个农业综合开发项目，粮食实现丰产丰收，总产达到17.9万吨。新增农民专业合作社172家、家庭农场24家、“三品”品牌5个。新流转土地1.5万亩，被确定为全省农业“三项补贴”改革试点区。强化创新驱动。新增10家市级以上科技研发平台，2名专家入选泰山产业领军人才，48个项目列入省级以上技术创新项目，帅克机器人谐波减速器和雷沃重工高端播种机及核心零部件技术填补国内空白。建设创业孵化中心、电子商务孵化中心、青年创业园等创业孵化平台，入驻企业116家，带动创业就业2100余人。

突出项目带动，培育经济发展动力。加快重点园区建设。测绘地理信息产业园完成投资30亿元，入园项目达到36个，21个项目投产达效。机械装备制造园完成投资22亿元，引进建设项目19个，15个项目投产运营。滨海工业园完善了水、电、绿化等配套设施，7个入园项目稳步推进。抓好项目引进建设。共引进优质项目46个，合同利用资金50亿元。2015年，共实施投资过千万元项目357个，其中过亿元项目69个。强化要素保障。完成2个增减挂钩和工矿废弃地复垦项目，开展低效利用土地二次开发和违法违规用地专项整治，整理盘活土地1000余亩。搭建银企对接合作平台，帮助企业解决发展资金22亿元。推进金融创新，各类新型金融组织为企业融资38.7亿元，华美精陶、和穆柯传感器2家企业挂牌上市，全区上市企业达到7家。精心谋划包装项目。谋划包装项目153个，向省、市上报重点项目66个，帅克机器人高精密减速器等6个项目上报到工信部，雷沃联合收割机、谷合传动拖拉机2个项目列入国家级产业振兴项目。

全面深化改革，增强经济发展活力。行政审批制度改革。区级权力事项由7003项精减为2910项，压减比达到58.45%。农村产权制度改革。获批全省农业“三项补贴”改革试点，共补贴金额2113.8万元，发放粮食规模经营补贴128.6万元，补贴资金发放率达到100%。财税改革。采取PPP方式包装建设潍坊四中、八马路等4个项目，拓宽融资渠道，拉动民间投资。工商制度便利化改革。市场主体和注册资本分别增长33.2%和58.1%。

加快市区提升，推进城乡建设。全力提升城区。加快虞河、金山等城市组团开发，36个商住项目推进。完成五一、西华昌和行政街北小区改造。加快小城镇建设。完成道路工程、保障房建设等50项工作任务，常住人口城镇化率达到49.8%，比年初提高1.7个百分点。王家庄子社区被国际风联授予“现代风筝产业基地”。加强基础设施建设。完成基础设施投资8.9亿元，新建改建6条城区道路和32条农村道路，新建改造电力线路41条，4G通信网络实现全覆盖。投资2000多万元实施村庄道路硬化工程，全区无硬化道路的村庄全部实现主大街硬化。推进生态文明建设。开展“三八六”环保行动，二氧化硫、二氧化氮、PM2.5、PM10平均浓度分别改善14%、11.9%、15.7%和11.8%。建设白浪绿洲玫瑰园东区项目，实施城南废弃矿区综合整治，1200亩土地完成覆土复绿。新增绿色建筑52万平方米，11个项目荣获国家绿色建筑二星级标识，7个项目通过全市首批低碳社区验收。

改善民生，社会保持和谐稳定。完成民生支出10.8亿元，占财政支出的80%。稳定和扩大就业。城镇新增就业3960人，农村劳动力转移就业3963人，城镇登记失业率控制在2.8%以内，城镇和农村居民人均可支配收入分别增长8.3%和9.3%。社会保障力度。连续十一年提高企业退休人员基本养老金，城乡居民社会养老保险基础养老金提高13.3%，农村低保标准比去年提高300元。建成凤凰托老中心、安泰老年公寓和10处农村幸福院，农村五保集中供养和分散供养标准均比去年提高200元。统筹发展各项事业。完成29所中小学校标准化建设，新建改建4所普惠性幼儿园，对30所学校跑道和所有中小学旱厕进行改造提升。实施337处基层医疗机构标准化提升，11类基本公共卫生服务项目得到落实。实施文化惠民工程，举办坊子区首届群众文化艺术节，改造提升5个街道文化站和77处农村书屋，1处街道体育健身中心和20处全民健身工程建成投用。

【特色园区转型发展】 推进重点工业园区建设。测绘地理信息产业园，是2011年经国务院和省政府批准设立的省级地理信息产业园区，总规划面积10平方公里，打造立足山东、辐射全国的地理信息装备制造业基地，完成投资30亿元，入园项目达到36个，21个项目投产达效。机械装备制造园，规划面积2000亩，已完成投资22亿元，引进建设项目19个，15个项目投产运营。滨海工业园，规划面积3000亩，引进建设天同节能环保设备制造基地、高信CPVC 新材料等7个项目，总计26万平方米的9个车间完成主体建设。智能装备产业园，规划占地面积1000余亩，聘请毕马威公司编制《智能装备制造及应用诊断咨询报告》，加强产学研合作，加快推进帅克机械减速器、共达电声人机智能交互系统、雷沃重工无人驾驶拖拉机等项目产业化，打造智能装备产业制造基地。推进重点服务业园区建设。坊茨小镇，打造集文化、旅游、商贸于一体的欧式风情小镇和文化创意产业园区；炭矿遗址文化园，重点建设集文化创意、温泉酒店、商业购物、休闲娱乐等功能于一体的城市休憩商业区，炭矿博物馆、井下体验区、观光火车等已经建成运营；潍州路商贸物流带，突出打造以汽车展销服务为主的商贸物流产业带，14个投资过亿元项目进展顺利，泰华车港一期已建成运营；九龙生态旅游度假区，规划建设集旅游观光、生态养生、健康养老等功能于一体的生态旅游度假区，博纳庄园、凤栖美墅、潜龙居等项目顺利推进。

【银澎云计算项目入选国家绿色数据中心试点单位】 2015年12月21日，工信部、国家能源局、国家机关事务管理局联合发布《关于公布国家绿色数据中心试点地区名单的通知》，共确定84家国家绿色数据中心试点单位，其中制造领域8家、金融领域3家、新能源领域1家、公共机构16家、电信领域27家、互联网领域29家，银澎云计算数据中心项目成功入选。该项目由山东银澎云计算有限公司投资6亿元建设，主要从事地理信息的存储加工、服务器的托管租赁和互联网接入等业务，按照国际"T3+"标准建设，总设计容量为9000个机柜，可满足12万台服务器同时工作，可为用户提供专业的云主机、服务器托管/租用、云存储、云视频会议等服务，为企业信息化及传统产业转型升级提供助力。

【坊子工业发展区王家庄子社区被授予"中国现代风筝产业基地"称号】 王家庄子社区共辖4个村（王一村、王二村、王三村、王四村），有农业人口4400人，从事风筝产业的人口达2200人，年生产能力8000万支，年产值2亿元，占潍坊风筝总产销量的70%以上。王家庄子在大力发展风筝产业的基础上，以弘扬风筝文化为主题，打造"中国风筝产业第一村"。现已形成以王家庄子为中心，融风筝文化展示、风筝技艺观赏、风筝景观浏览、风筝放飞体验、风筝产品营销于一体，具有文化观摩、景观欣赏、休闲体验、乡野采摘、农家餐饮等多项功能的乡村文化生态休闲旅游区。2013年，王家庄子四村被评为"山东省旅游特色村"。2015年，投资400万元的风筝博物馆建成使用，分为风筝历史传承、扎制体验、电子商务等5个板块。王家庄子社区被国际风筝联合会授予"中国现代风筝产业基地"称号。

【老旧小区改造提升工作】 五一社区改造是潍坊市第一个旧小区改造启动项目，涉及511户，共投资1805万元，主要实施污水管道疏通、破损路面修补、供电线路改造、55户棚户区改造回迁等23项工程，于2015年4月30日完工。西华昌、行政街北小区涉及2124户，共投资1185.2万元，主要实施污水管道疏通、破损路面修补、供电线路改造、基础设施完善等20多项工程，于2015年12月15日完工。

【城南废弃矿区矿山复绿项目通过验收】 城南废弃矿区矿山复绿项目位于坊子老城区八马路以南、北海路以西、凤翔河以东、十一马路以北，占地面积1385亩，主要是利用省里拨付的3000万元复绿资金，对废弃矿区进行回填平整、覆土复绿和生态恢复。该项目主要包括1号、2号2个区域，其中北侧1号区域1232亩、南侧2号区域153亩。施工单位、监理单位分别为山东省烟台地质工程公司、山东金利地质勘探有限公司。项目于2014年8月24日开工，2015年9月10日完工，2015年12月21日通过验收，新整平绿化土地面积1000余亩。

【坊子区创业孵化中心建成运营】 坊子区创业孵化中心，总投资8000万元，总建筑面积2.6万平方米，由南、北两栋互通式16层商务楼组成，设有商务办公、配套服务等功能区，主要为大众创业、万众创新搭建便捷、高效的公共服务平台。其中，商务办公区面积2万平方米，主要为初创企业提供免费或低成本的场地和办公设施，可为200家企业（创业者）提供创业孵化服务，带动就业3600余人；配套服务区面积6000平方米，建有餐饮客房、产品展示厅、多功能培训室、商务洽谈室等公共服务设施，可为创业者提供日常公共服务。创业孵化中心入驻企业116家，带动就业2100余人。

【山东凤凰山高新技术产业园区（凤凰街道）】 山东凤凰山高新技术产业园区位于坊子区西北部，是坊子区政府所在地，与凤凰街道合署办公，面积32平方公里，辖23个行政村（居），10个城市社区，3.2万户，人口8.9万人，耕地面积592公顷。2015年，实现一般公共预算收入1.17亿元，同比增长21.5%；规模以上企业实现工业总产值225亿元，主营业务收入223.3亿元，利税11.4亿元，同比分别增长9.68%、9.52%和10.5%；农民人均纯收入1.7万元。

城乡基础配套日益完善。推进城乡环卫一体化，实施农村基础设施"三年提升规划"，投资2300万元实施辛冬片区乡村连片治理项目，新建1处新型农村社区、2处建设文化广场、1处家庭农场，硬化道路146条、7.9万平方米，新增绿化面积4.3万平方米，安装路灯236盏，粉刷墙面8.5万平方米，打造潍坊近郊乡村连片治理示范点；投资1100余万元启动赵家、郭家等9个村居51条道路硬化工程，新增硬化面积8.3万平方米。

城市社区建设步入正轨。优化城市社区布局，按照"成方连片、一体两翼"社区总体规划思路，将9个城市社区优化调整为10个。实施社区办公用房达标工程，对接开发商，争取社区办公服务用房6740平方米、服务用房500平方米，10个社区办公服务用房全部达标。实施"一社一品"特色服务工程，确定凤凰智慧型、恒信养老型、学园学教型等10个特色服务品牌，新建凤凰敬老院、"12349居"家养老中心、科普示范基地等配套服务设施。

高新技术产业园区党工委书记
于晓旭（4月止）
李春玉（4月起）
高新技术产业园区管委会主任
于晓旭
凤凰街道党工委书记 李春玉
凤凰街道办事处主任 王丙正

【经济发展区】 坊子经济发展区位于坊子区西南部，面积35平方公里，辖33个行政村，6369户，人口2.6万人，耕地面积2034公顷。2015年，实现一般公共预算收入1224.5万元，比上年增长21%；规模以上工业企业实现总产值1.86亿元，主营业务收入1.86亿元，同比分别增长20.7%和20%；限额以上批零贸易企业实现总销售额3.95亿元，同比增长18.71%；重点服务业企业实现营业收入3300.7万元，同比增长30%。

2015年，围绕经济社会发展、城镇化建设和现代农业示范园区建设三条主线，构建现代产业体系，推进民生工程建设。新引进落实的21个项目中，已有16个投入运营。财政收入实现两年翻一番的目标。完成西辛等5个社区建设并投入运转，新建4处社区卫生院。马司一村、小北洼村等20个村新硬化村内道路13万平方米，33个村全部实现主大街硬化。

党工委书记 王国光

管委会主任 刘　强（5月止）

李　辉（5月起）

【工业发展区】 坊子工业发展区位于坊子区东北部，面积36平方公里，辖25个行政村，7298户，人口2.6万，耕地面积1467公顷。2015年，完成地区生产总值19.7亿元，比上年增长10%；一般公共预算收入1364.6万元；工业销售收入49亿元，利税4.09亿元，分别增长10.2%和12%；第三产业增加值4851万元；农民人均纯收入1.7万元。

王家庄子美丽乡村连片治理成效明显。环境卫生综合治理，打造宜居环境。投资100余万元，对4个村开展环境卫生集中整治行动，实现环卫一体化，清运垃圾3万余方，村容村貌焕然一新。投资320余万元，对王家庄子背街小巷实施硬化工程，硬化总面积达20万平方米，王家庄子4个村背街小巷硬化率达100%；栽植绿化树木5162棵（株），种植小龙柏、小叶黄杨等小型绿化植物面积达5000平方米；完成突出风筝特色的“风筝文化一条街”墙体画，建设5000平方米的风筝文化广场一座。突出风筝主题特色，加快“中国风筝产业第一村”打造。投资359万元，建设占地面积2400平方米风筝文化馆一座，制作“中国风筝产业第一村”形象宣传片，提升风筝村的整体形象；发挥本地风筝历史传统优势，挖掘文化内涵，加快旅游产品开发，同时，融入乡野采摘、农家餐饮、农事体验等元素，形成具有风筝文化观摩、放飞体验、乡野采摘、农家餐饮等多功能的乡村休闲旅游区。

党工委书记 潘锡才

管委会主任 于世升

【坊城街道】 坊城街道位于坊子区西南部，面积65.67平方公里，辖51个行政村（社区），20702户，人口7.5万，耕地面积1757.9公顷。2015年，完成地区生产总值45.1亿元，比上年增长9%；一般公共预算收入9469万元，比上年增长12%；工业销售收入35亿元，利税2.6亿元，分别增长9.4%和11.8%；第三产业增加值达19.6亿元。

产业转型升级实现新突破。以园区为载体，培育壮大先进制造业、现代服务业和生态农业。加大招商引资力度，引进外资项目19个，协议引资总额19亿元。先进制造业以机械装备制造园为载体上档升级，宝润机械等14个入园项目全部建成投产，新引进华北农机等4个新项目，总投资3.75亿元；在潍州路和北海路两侧积极发展现代服务业，加快泰华•车港、坊茨温泉•水城等总投资113亿元的19个现有项目，新引进诺吉雅力医药、惠尔国际物流等项目。依托白浪河生态观光农业示范基地和虞河上游现代农业示范区，流转土地3511亩，推动东林西湖农业观光园、桃花源生态农场等9个高效农业项目建设。

社会事业建设实现新突破。采取新建、租赁、资源共享、原址改造等灵活模式，整合社会资源，投资920万元，抓好9处社区服务中心的标准化建设和效能化提升。投资350万元，规划建设东城、城南、房仕、莲花4处农村社区服务中心，构建集服务大厅、卫生室、警务室、专业合作社等于一体的公共服务平台，服务农民群众3.3万余人。完成五一、西华昌、行政街3个老旧小区改造工程，直接受益居民达到2636户、9976人。投资980万元，完成北海路市民广场建设和青年路、西三马路、长宁东街硬化整修工程。投资1050万元，推进以道路硬化为重点的建设，22个村、16万平方米乡村道路硬化全部竣工。争取上级专项资金1650万元，完成小农水、泉河水库除险加固、水库移民后期扶持、农田灌溉设施维修维护4项工程。投资150万元，建成徐家大路、蒋家、唐家、房仕、东辛5处幸福院，完善农村养老服务体系。投资1540万元，建成埠头、泉河、前宁3处标准化小学和东王、后张、下寨、房仕、埠头5处普惠性幼儿园，被评为潍坊市普及学前教育先进镇街。

党工委书记 高凤金

办事处主任 刘　娜

【坊安街道】 坊安街道位于坊子区中部，面积90.65 平方公里，辖59个行政村，15614 户，人口5.2万人，耕地面积5466.7公顷。2015年，完成一般公共预算收入1213.1万元，工业销售收入3.66亿元，同比增长15.58%。

坊安街道立足自身优势，发展现代农业，沿潍安路两侧打造生态休闲观光农业产业带，沿汶河打造高效高产农业产业带，形成玉泉洼生态观光园、金润绿色蔬菜种植基地、稷丰生态农业示范园、潍坊乐高农场等特色农业园区，先后荣获“山东省最佳休闲乡镇”“山东省旅游强乡镇”等称号。其中，玉泉洼生态观光园占地面积1860亩，建有蔬菜种植区、蔬菜加工区、自由采摘区、动物养殖区、观景垂钓区、农耕文化园、宿营区和游客餐饮中心，主要发展自由采摘、旅游观光、休闲体验、餐饮住宿等旅游项目，年接待游客15万人次，生产的西红柿、黄瓜、草莓等13种果蔬被认定为国家有机产品，被评为“国家级蔬菜标准园”“中国乡村旅游金牌农家乐”“山东省精品采摘园”。

党工委书记 冯 涛（4月止）
王文成（4月起）
办事处主任 王文成（4月止）
王宗仁（4月起）

【九龙街道】 九龙街道位于坊子区东部，面积87平方公里，辖51个行政村，13626户，人口4.5万人，耕地面积4044.4公顷。2015年，完成一般公共预算收入2608.2万元，比上年增长56.3%；工业实现销售收入52.16亿元，利税3亿元，分别增长21%和20%；农民人均纯收入1.68万元。

新型城镇化进程不断加快。加快穆村社区建设，启动7个村搬迁，其中4个村已完成整体搬迁，投资2亿元建成永和家园、祥和家园2个农村社区，建成安置楼44栋，总建筑面积28万平方米，建成3万平方米的商业街，回迁安置居民1600户；投资1.6亿元加快九龙大道拓宽、便民服务中心及九龙广场、九龙中学改造提升、污水处理厂等基础设施项目建设。

农业转型发展实现新突破。流转土地1000亩，规划建设以特色种植、乡村旅游、采摘体验、休闲观光等于一体的胜润现代农业项目，打造博纳庄园、鲁粤农业示范园、太苑家庭农场3个现代农业示范点；依托小沼于家等5个村、3000亩河滩地，加快打造农家乐、休闲观光、乡村旅游等特色产业。

农村新型社区建设有序推进。把51个村划分为穆村、邓村、杨庄、潍水、丁村、柳毅6个农村新型社区，加快打造社区公共服务平台。穆村社区依托街道便民服务中心，配套建设40亩文化健身广场、四点半学校等功能室，建成综合性社区服务中心；潍水社区结合“两河”开发，在小沼于家规划建设3200平方米的社区服务中心及占地20亩的健身广场、文化广场；其余4个社区分别依托中心村新建、改建便民服务大厅4处，并配套完善卫生室及警务室。每个社区至少配备6名干部，足额落实社区工作经费24万元，保障社区工作正常运转。规范社区工作开展，实行村干部到社区集中坐班制。

党工委书记 张 波
办事处主任 杨晓军

【黄旗堡街道】 黄旗堡街道位于坊子区东南部，总面积70平方公里，辖50个行政村，1.58万户，人口5.4万人，耕地面积3866.7公顷。2015年，一般公共预算收入1208万元，比上年增长4.5%；规模以上工业销售收入8.76亿元，利税收入1405万元，分别比上年增长9.81%和4.7%；农民人均纯收入16995元。

2015年，黄旗堡街道围绕“一二六二”总体发展思路，即围绕打造“杞国古都、潍汶新城”这一目标，抓好改善生态环境和提升群众满意度两个重点，突出生态文明建设、现代农业转型发展、城镇化提升、民生改善、社会管理和安全生产六项工作，把黄旗堡街道建设成为设施完善、功能配套、环境优美、宜居宜业的生态名镇和聚集度高、承载和带动能力强的区域经济发展强镇。率先在全区建成使用街道污水处理厂，生态环境改善；辖区现代农业稳步发展，农民收入增加；乡村连片治理成果显著，农村发展活力增强；实现村村都有硬化道路，城乡一体化推进；民本民生助力和谐，社会更加文明进步；夯实基层基础，切实维护社会安全稳定。

党工委书记 刘新喜
办事处主任 肖 健

寒亭区

【国民经济和社会发展概况】 寒亭区位于山东半岛中部、渤海莱州湾南岸，东界昌邑，西接寿光，紧临坊子、奎文、潍城三区和潍坊高新技术开发区。全区共辖5个街道和杨家埠旅游开发区，总面积523.06平方公里，年末户籍人口305398人（不含潍坊经济开发区）。全区实现地区生产总值197.93亿元，按可比价格计算，比上年增长7.5%，回落1.5个百分点，其中，第一产业增加值12.39亿元，同比增长3.4%，增速提高1个百分点；第二产业增加值102.88亿元，增长7.2%，回落1.6个百分点；第三产业增加值82.66亿元，增长8.8%，下降1.9个百分点。第一、二、三产业结构比例为6.2：52：41.8，第二产业比重下降1.5个百分点，第三产业提高1.5个百分点。第三产业贡献率为41.6%，拉动增长3.1个百分点。固定资产投资254.17亿元，同比增长13.8%。公共财政预算收入15.88亿元，同比增长15.3%，公共财政预算支出18.91亿元，同比增长12.6%。社会消费品零售总额79.70亿元，进出口总额6.55亿美元。城镇居民人均可支配收入29505元，农村居民人均纯收入14754元（以上含潍坊经济开发区）。全年全区获得省级（含）以上称号14个。

农业生产发展，农民收入增加。全区落实国家惠农政策，加大政策扶持力度，农民农业生产积极性高涨。全区实现农林牧渔业总产值31.6亿元，比上年增长3.4%，农村居民人均可支配收入14754元/人，比上年增长9.2%。生猪年末存栏11万头，比上年下降6.6%；生猪出栏14.1万头，比上年下降14.1%。家禽年末存养量达323万只，比上年下降24.4%；家禽出栏1338万只，比上年增长48.8%。肉类总产量达3.2万吨，比上年增长15.9%；禽蛋产量3644吨，比上年下降12.1%；奶类产量5.7万吨，比上年增长77%。

工业生产增长，经济效益提高。全区105家规模以上工业企业工业增加值同比增长8.1%，完成工业总产值424.48亿元，同比增长4.8%；主营业务收入422.95亿元，同比增长7.1%。工业效益提高，实现利税21.83亿元，同比增长32.9%，实现利润总额10.63亿元，同比增长69.1%。

固定资产投资持续增长，房地产销售回暖。固定资产投资总量平稳增长，投资结构不断优化。全区完成固定资产投资254.17亿元，同比增长13.8%。其中，房地产投资按企业注册地汇总，投资17.27亿元，同比增长16.2%；项目建设地汇总，投资17.49亿元，同比增长13.6%；房屋销售面积大幅增长，商品房销售面积32.58万平方米，同比增长32.2%。按产业分类，第二产业投资120.92亿元，同比增长30.5%，第三产业完成投资133.25亿元，同比增长7%。

市场消费稳中有升，进出口贸易下滑。面对复杂的国内外经济形势，不断改善消费环境，积极引导消费和扩大需求，消费品市场稳步发展。全区完成社会消费品零售总额79.7亿元，比上年增长7.8%，实现限额以上社会消费品零售额27.2亿元，同比降低4%。从销售地区看，城镇消费品零售额26.3亿元，同比下降4.3%，乡村消费品零售额0.89亿元，同比增长0.7%。从消费形态看，批发业实现零售额0.5亿元，同比下降41.1%，零售业实现零售额25.9亿元，同比下降1.2%，餐饮业完成营业额0.77亿元，同比增长8.4%。进出口总额同比下降。全区进出口总额65453万美元，同比下降10.8%，其中，出口50872万美元，同比增长2.2%，进口14581万美元，同比下降38.3%。利用外资大幅降低，实际到账外资4454万美元，同比下降21.4%。合同利用外资1960万美元，同比下降85.5%。

财政收入增长，金融市场运行稳健。全区财政总收入22.4亿元，比上年增长13.4%，公共财政预算收入15.88亿元，同比增长15.3%，公共财政预算支出18.9亿元，同比增长12.6%。国地两税收入22.44亿元，同比增长15.5%，第二产业税收11.3亿元，同比增长14.4%，第三产业税收11.1亿元，同比增长16.7%。年末金融机构各项存款余额176.66亿元，同比增长9.9%，其中城乡居民储蓄存款余额129.37亿元，同比增长7.5%，各项贷款余额达128.73亿元，同比增长7.1%。

邮政和电信业务有增有降。全区邮政业务总量1391万元，累计同比增长2.4%。电信业务总量14950万元，同比增长1.9%，年末固定电话装机总量60714部，同比降低26.7%。其中，城区22074部，农村38640部，同比降低37.9%和18.2%。年末移动电话数265334户口，同比增长1.7%。国际互联网用户31980户，同比增长6.8%。以杨家埠年画和风筝为主题的文化旅游业蓬勃发展。杨家埠民间艺术大观园共接待国内外游客60万人，同比增长15%。禹王生态湿地成为国家级湿地公园试点单位，2个街道被评为“山东旅游强乡镇”，4个单位被评为“山东省农业旅游示范点”。

金融机构各项存款余额176.66亿元，同比增长9.9%，其中城乡居民储蓄存款余额129.37亿元，同比增长7.5%，各项贷款余额达128.73亿元，同比增长7.1%。全区保险业金融机构实现保费收入34081.84万元，同比增加15617.47万元，增长84.58%。两家市级公司总部实现保费收入13088.13万元，占全区保费总收入的38.40%。全区赔款总支出为10954.88万元，同比增加4746.57万元，增长76.46%。年赔付率为32.14%，比2014年降低1.4个百分点。全区保险密度为901.64元/人。

把科技创新作为转型发展的强大动力。新增市级以上各类创新平台33家。实施市级以上科技计划、技术创新项目180个，其中省级以上136个。通过市级以上科技成果鉴定59项。全年有效发明专利拥有量169件，万人有效发明拥有量为4.27件，并成功创建为“山东知识产权示范单位”和“国家知识产权强县工程试点（县）区”。

文化事业欣欣向荣。5个街道全部建成综合文化站，60%以上的村庄建立文化大院或文化广场，新建设集宣传文化、党员教育、科技普及、普法教育、体育健身等功能于一体的社区综合文化服务中心13处。文化馆、图书馆及社区文化中心等场所全部实现免费开放，新推出老年大学讲堂、盲人图书室等一批新的服务项目。区文化馆通过国家“二级馆”达标评估。全区113个村配备各类图书3万余册，新建10处数字农家书屋，为74个村配备广场舞移动音箱。以政府购买服务方式，免费送演出进农村，为农村演出55场，参与群众10万人。

人民生活和社会保障。全区城镇居民人均可支配收入、农村居民人均可支配收入分别达到29505元、14754元。新增城镇就业1.8万人，农村劳动力转移就业1.9万人，城镇登记失业率控制在2.68%以内，减贫3276人。社会保险实现全覆盖，建立起全区统筹的城乡居民基本养老、医疗保险制度。企业退休人员基本养老金、城乡居民基础养老金、城乡低保、五保供养等标准逐步提高。各类养老服务机构33处，每千名老人拥有床位31张。

【省级文明区】 2015年5月26日，寒亭区被中共山东省委、山东省政府授予“第四届省级文明区”称号。11月14日，在潍坊市精神文明建设工作会议上，寒亭区委副书记王文琦代表寒亭区领取省级文明区奖牌。

【全国基层中医药工作先进单位】 寒亭区重视和支持中医药事业发展，2013年～2015年，共投入380万元中医药事业发展；区人民医院投资120万元用于中医科、中药制剂室改扩建和中医药文化建设，投资100万元建设中医康复中心，配备中医诊疗、康复设备50余件（套），价值80万元；城乡居民中医药常识知晓率达到90%以上，满意度达到95%以上；各医疗机构门诊中医处方数占处方总数比例达到30%以上。2015年，荣获国家级中医药系统最高荣誉，确定为县级全国基层中医药工作先进单位。

【国家知识产权强县工程示范县（区）】 2015年12月，寒亭区被认定为“国家知识产权强县工程示范县（区）”。示范县（区）的建设，对加强全区知识产权工作服务创新主体能力，提高知识产权行政管理水平，推动知识产权工作支撑全区经济社会发展将起到推动作用。

【寒亭街道】 寒亭街道是寒亭区委、区政府所在地，面积63.3平方公里，辖42个行政村和10个城市社区居委会，3.68万户，人口8.69万人，耕地面积3733.33公顷。2015年，公共财政收入19099万元，比上年增长16.4%；工业实现销售收入54亿元、利税3亿元，分别增长11.6%和13.1%。

寒亭街道以先进制造工业园、老城区改造提升、南部新区建设和高铁规划区为重点，提高城乡建设水平。全街道完成工业投入51.2亿元，同比增长41.6%；完成招商引资认定额5亿元，实际利用外资1010万美元。完成建筑面积13万平方米，城乡投入达15亿元。发挥城郊优势，以精品瓜菜、花卉苗木等为重点，加快现代都市农业示范基地建设，促进农业内部产业结构调整。街道花卉苗木、精品瓜菜总面积达到24000亩。各项社会事业协调发展，全街道累计投入资金1000万元，使道路、教育资源、村级办公场所、社区办公场所等基础设施得到改善。

党工委书记 李忠强

办事处主任 叶增明

【开元街道】 开元街道位于寒亭区城区西部，面积46平方公里，辖29个农村居委会、3个城市社区居委会，人口4.8万人，耕地面积1648.76公顷。2015年，街道规模以上企业实现工业总产值34.4亿元，利税2.1亿元，完成固定资产投资76亿元，同比分别增长9.5%、10.6%和49.3%；实现公共财政预算收入7201万元，完成全年计划的101.4%。

以“中国食品谷”和“大三角”两大片区建设为重点，发展专业市场和总部经济。潍坊总部基地项目投资9亿元，有156家总部企业达成入驻意向。佳乐家中百大厨房投入运营。环宇机电市场一期投入使用，华夏精粹等100余家业户入驻潍坊文化创意产业园。中国兽药饲料交易大厦已有40余家企业确定入驻。引导和鼓励企业技术创新，亚康药业、天元盈康等企业获10余项省级创新成果。发展生态都市农业，新认证西瓜、甜瓜等9个绿色产品，优质果蔬种植规模发展到1.5万亩。推进美丽乡村建设，新修道路5.6万平方米、排水沟4000米。组织清理垃圾8000余立方米。将29个村公共卫生事业全部移交环卫公司管理。投资300余万元对4所小学的校舍和操场进行新建、改造。在全区试点建设法治服务中心，信访事项处结效率提高30%以上。健全完善基本养老保险、基本医疗保险、低保救助等制度。

党工委书记 孙令波

办事处主任 施其聪

【固堤街道】 固堤街道位于寒亭区北部，面积152平方公里，辖73个行政村，18600户，人口6.8万人，耕地面积7133公顷。全街道完成地方财政收入2518万元，比上年增长10%；工业实现销售收入527857万元，利税31224万元，分别增长16.5%和64.4%；农民人均纯收入15600元。

城镇建设日新月异，规划占地面积450亩，投资25亿元的福地世家、总部基地、商贸中心、文化广场固堤商业综合体项目，一期工程已经竣工。建设固堤工业园、龙达锌工业园、临港产业园三大重点园区。其中，临港产业园规划面积56平方公里，现已落户百德药业、保罗蒂姆汉等19家企业。新农村建设成效显著，蔡家栏子土地增减挂钩项目总投资3.5亿元，建设1000套二层楼房和20栋多层住宅。推进城乡环卫一体化，并建立长效保障机制，经验做法被《人民日报》刊登。蔡家栏子、潘家庵等9处农村社区，全部建成投入使用。潘家庵社区建成全区首家养老医疗照护中心。现代农业蓬勃发展。街道成为全市重要的大棚瓜菜种植基地，大棚西瓜、萝卜、芹菜、西红柿、葡萄等高效经济作物种植面积已达3万亩，其中大棚西瓜1.6万亩。注册成立农业专业合作社150个，入社农户3000余户，年创经济效益3.1亿元。

党工委书记 程国栋

办事处主任 杨营茂

【高里街道】 高里街道位于寒亭区西部，面积145.1平方公里，辖83个行政村，18758户，人口6.39万人，耕地面积9733公顷。全街道实现工业总产值11.2亿元，主营业务收入11.3亿元，利税1.3亿元，同比增长13.1%、16.5%和12.8%，完成地方财政税收1407万元，农民人均纯收入14000元。

广德机械、亿燃天然气、三建滨海新型建材生产销售、潍坊奥龙锌业、双蛟机械项目、峻弘机械、川海机械等项目相继落户，形成机械、纺织、化工、食品等主导产业。丰惠养殖和明启牧业是街道现代化农业龙头企业，有鑫达果蔬、高里八宝合作联社等农民专业合作组织120余家，“高里八宝”系列农产品品牌群，带动街道生态旅游农业和品牌农业快速发展。建设绿杉园小区、华玲锦苑小区等集中居住区和高里供销商贸城、巴斯弗商贸楼、双蛟机械沿街商贸楼等商贸服务圈，超市、酒店设施齐全。道路、供水供电、公共绿地等基础设施建设步伐加快，完成110KV变电站项目建设；实施“村村通”工程，投资3450余万元，新修鑫鼎街、一孔桥路等道路50余条，各项交通设施齐备。黑埠子、冯家花园等6处农村社区已建成并投入使用；对2处敬老院进行提升改造，与三科药业对接，规划建设投资3500万元的高里街道高标准养老中心项目，全街道农村五保集中供养率达到86%；新建的九年制义务教育中心校可容纳学生2800人。街道13处小学实现标准化建设。夏代禹王台庙宇群、金代“一孔桥”为省级文物保护单位。

禹王湿地完成总长度19.5公里的景观路，建设禹王湖、湖心岛、观景塔等湿地景观；总投资2196万元的淮河改造项目完工；白浪河沿河景观带禹王湿地芦苇小镇项目顺利收官。禹王湿地已被评为国家AA级旅游景区、国家级湿地公园，高里街道是远近闻名的生态和文化名镇。

党工委书记 庞胜明

办事处主任 辛　冲

【朱里街道】 朱里街道位于寒亭区东部，面积112平方公里，辖88个行政村，人口6.8万人，耕地面积6866.67公顷。2015年，全街道完成地区生产总值175.2亿元，比上年增长5%；地方财政收入2305万元，比上年增长4.5%，工业实现销售收入105.7亿元。

调整农村经济产业结构发展现代农业。2015年，全街道建成俊清、达纳苏斯、北辰、沃拉菲等现代农业示范园区20余个，开发无公害蔬菜生产基地6万余亩，发展设施农业1.4万亩。建成金正、杨瓦路等五大工业园区，培育规模以上企业45家。新型服务产业发展良好，4条大型商业街汇集各类商贸经营业户3820余户，从业人员2.8万多人。其中，“富郭庄芥末鸡”“潍河鲤鱼”“祥源鹿产品”等地方特产享誉远近。柳毅山生态文化旅游景区、潍河滨水生态观光带、潍县萝卜休闲观光采摘园等生态文化旅游资源丰富。街道基础设施配套齐全，闭路电视、电话入户率达到90%以上，柏油路村村通率达100%。

党工委书记 党好玲

办事处主任 王安刚

【杨家埠旅游开发区】 杨家埠旅游开发区位于寒亭城区东南部，面积5.9平方公里。辖6个行政村，2447户，人口6887人，耕地面积337.86公顷。

引进总计投资50亿的重点项目10余个。其中，“中房•幸福名都”是城中村改造项目，占地面积446亩，总建筑面积70万平方米，总投资16亿元，分三期建设，一期工程11个楼座已封顶。老潍县古街，丰华路东侧9号楼主体完工，泰祥街南侧4号、5号、6号楼达到竣工验收条件，古街与渤海路风筝年画一条街连接，形成杨家埠特色商业文化街。文化旅游产业持续繁荣。西杨家埠村被住房和城乡建设部等7部门列入“中国传统村落”项目，得到中央财政专项资金扶持。以年画和风筝产业为主的杨家埠民间艺术大观园，全年共接待国内外游客60余万人，并对当地居民实施门票“减免优惠”政策。共投入380万元，整修村内道路11条，硬化道路3.3万平方米。各村完成安装饮用净水设备、设置道路减速带、购置体育器材、对辖区85周岁以上老年人生日发放100元慰问金等实事16件。12月，第1期《杨家埠生活报》出版。

党工委书记 刘希春

管委会主任 王贵祥（11月止）

周宝勇（12月起）

（孙朋波）

青州市

【国民经济和社会发展概况】 青州市总面积1569平方公里，辖4个街道、8个镇，共1060个行政村（居），全市总人口94.04万人。2015年，地区生产总值年均增长10.6%，达到578.8亿元；一般公共预算收入年均增长16.3%，达到41.9亿元；固定资产投资年均增长15.8%，达到489.6亿元；社会消费品零售总额年均增长15.3%，达到214亿元。在全国百强县的位次由第76位上升到第67位。

人民群众生活得到改善。民生支出占财政支出的比重达到85.1%，年均增长16.9%。56项民生实事如期完成。就业创业综合服务中心投入使用，新增就业12.5万人。社会救助标准连年提高，居民养老和医疗保险实现全覆盖，社会保险覆盖率达到98%。建成市残疾人康复中心，新建养老机构10个，新增床位3333张。完成高中布局调整，新建改造学校和幼儿园341处，被评为山东省教育工作示范市和全国义务教育发展基本均衡县。公立医院改革推进，基本药物制度实现全覆盖。荣获全国群众体育先进市和全民健身先进市。新云门剧院、新图书馆、新文化馆和农民画画院投入使用，文化惠民活动蓬勃开展，翰墨青州书画年会影响力不断扩大，通过全国文化先进单位复审，获评中国民间文化艺术之乡。新建公共租赁房2957套，棚户区改造8305套，完成农村住房建设和危房改造22174户。

经济结构调整迈出新步伐。三次产业比重调整为8.7∶48.3∶43。农业“三品一标”认证总数162个，建成国家标准园7个，农民专业合作社和家庭农场发展到2566家。畜牧业产值突破100亿元，被命名为中国蜜蜂之乡。花卉电商和种苗研发取得新突破，被评为中国花木之乡，花博会入选中国十佳优秀展会。工业增加值达到250.1亿元，江淮汽车等一批大项目投产达效，创建为山东省海洋装备制造产业园、重大装备制造示范基地和节能环保产业基地。吉青化工成为潍坊唯一承担国家“863”计划的民营企业。新创省级以上品牌41个，被评为中国商标发展百强县。服务业增加值占比提高8.1个百分点。旅游市场持续火爆，获评美丽中国十佳旅游县。商贸物流繁荣发展，港天物流被评为国家5A级物流企业。金融机构达到83家，22家企业在多层次资本市场挂牌，荣获省金融生态环境建设模范奖。

城乡建设呈现新面貌。启动新一轮城市规划修编。新城综合商务区初具规模，基础设施日益完善，政务服务中心、泰华城等投入使用。城市功能不断提升，古城保护修复建设成效显著，青州古城开城迎客，被命名为国家历史文化名城。强化城市精细化管理，开展社区提升和老旧小区改造，城乡环卫一体化实现全覆盖，通过国家卫生城市复审。铺设雨污管网258公里，新增供热面积200万平方米，城区绿化覆盖率达到46.2%。建成益王府路铁路立交桥，建设改造城乡主干道492.6公里，改造提升镇村道路1842公里。自行车自助租赁系统成为国家标准化试点。小城镇建成区达41.6平方公里，3个镇成为国家级重点（特色）镇。

经济社会发展焕发新活力。编制公布行政审批事项目录和“三张清单”，完成综合配套改革41项，改制单位39家。新登记各类市场主体39615户。新建院士和博士后工作站7处，成立技术创新战略联盟7家，高新技术企业达到57家，省级以上创新研发平台达到20个，引进“千人计划”人才16名。农村土地确权登记颁证和集体资产改制加快推进，流转土地25600公顷。对外开放水平不断提高，累计实现进出口总额30亿美元，实际到账外资2.2亿美元，完成对外承包工程营业额8461万美元。

生态文明建设再上新水平。云门山森林公园完成提升改造。全市新增造林18666.7公顷，植树5895万株，森林覆盖率达到37.5%。开展“两清一绿”水域环境整治，南阳河改造提升荣获全国人居经典“规划•环境”双金奖，弥河被评为国家水利风景区，北阳河治理主体工程基本完成。推进“三八六”环保行动，关停整顿排污企业288家，更新淘汰燃煤锅炉207台，供热企业完成脱硫脱硝改造。实施重点节能项目25项，72家企业通过自愿清洁生产审核认定。低丘缓坡试点报批土地指标5195亩，矿山治理1.4万亩，土地整理新增耕地8629亩，国土资源集约节约利用模范县创建获评全省第一名。

民主法治和社会治理实现新进步。严格执行市人大及其常委会的决议决定，自觉把民主政治协商纳入决策程序，主动听取社会各界意见，共办理人大代表建议和政协委员提案1477件。加强法治政府建设，健全完善重大事项集体决策制度，全面推进依法行政和政务公开，获评全国法治县创建活动先进单位。连续六次被评为全国民族团结进步模范集体。创建为国家防震减灾示范县。平安建设不断加强，安全生产形势持续好转。

【青州市荣获山东省唯一“2014美丽中国十佳旅游县”称号】 2015年1月14日，在第四届中国旅游产业发展年会上，青州市荣获“2014美丽中国十佳旅游县”称号，该项荣誉是中国旅游协会评选的中国旅游最高年度奖和荣誉，青州市成为山东省唯一获此殊荣的县（市、区）。该市实施“旅游立市”发展战略，全域布局旅游业，叫响“古城青州”旅游品牌，以“青州古城旅游区”创建AAAAA级旅游景区提升城市整体旅游品质的做法成为山东省县域旅游发展样本，旅游业呈现持续升温的“新常态”。

【潍坊市首家流动图书馆】 2015年1月30日，青州市建立潍坊市首家流动图书馆，将图书按教育阶段在4所高中、33所初中、101所小学流动，强化学生阅读能力培养。该市设立流动图书调控中心，购置高中流动图书5000余册、初中流动图书4万余册、小学流动图书7万余册，图书12万册，并根据不同学段学校数量，把图书分成相应份数投放到相应学校，以2个月为周期进行循环流动。以2年为期，到期图书流回调控中心，根据师生阅读反馈情况，补充图书后继续流动。建立《流动图书的各项管理制度》《流动图书馆借阅制度》等，各类学校配备流动图书馆管理员138名，建立科学规范的图书目录检索系统，规范图书管理，方便学生借阅。

【青州市获评山东省首个中国“蜜蜂之乡”】 2015年3月20日，青州市被中国养蜂学会授予中国“蜜蜂之乡”称号，这是山东省首个获此殊荣的县级市，目前全国仅有5个。本地蜂群总量达到52000多群，客蜂4万多群，年产蜂蜜1300多吨、蜂王浆80多吨、蜂巢蜜300多吨。除能满足本市农业授粉外，辐射青岛、烟台、日照等地大棚蔬菜、西瓜、樱桃、草莓等产业。根据《全市蜂业发展规划（2015—2020）》，加快打造蜜蜂授粉优势区和养殖优势区，创建“全国蜜蜂授粉示范基地”“全国优质成熟蜜生产示范基地”，建设“蜜蜂生态观光园”和标准化阳光生产示范基地，持续推动蜜蜂产业健康快速发展。

【全国首个蝴蝶兰产业技术创新战略联盟在青州市成立】 2015年5月28日，全国首个蝴蝶兰产业技术创新战略联盟——山东省蝴蝶兰产业技术创新战略联盟在青州市成立。该联盟由青州市花卉产业集团等9家企业、北京林业大学等5所高校及2家农民专业合作社组成。主要致力于突破蝴蝶兰产业发展的核心技术，形成产业技术标准；建立共用的技术研发平台，实现创新资源地有效分工与合理衔接，实现资源共享；加快“产、学、研”合作，加快科技成果的转化；加强人员交流互动，培养更多行业技术人才。

【青州市中化弘润获得530万吨原油进口资质】 2015年7月10日，中国石油和化学工业联合会发布《关于中化弘润石油化工有限公司进口原油使用核查评估情况的公示》，确认中化弘润石油化工有限公司获得每年530万吨进口原油的使用权限。这是继山东东明石化、盘锦北燃、山东垦利与山东利津之后，全国第五家、省内第四家企业申报进口原油核查评估得以通过。

【全国首家阿里巴巴农村淘宝农资产业带在青州市落户】 2015年7月23日，全国首家阿里巴巴农村淘宝农资产业带在青州市落户。阿里巴巴集团是全国首屈一指的电子商务企业，此次把青州30家农资企业作为首批农资产业带上线企业，以阿里巴巴集团庞大丰富的平台资源，为青州企业创新发展模式开启新时代。

【鲁中地区首列国际班列开行运营】 2015年8月28日，鲁新欧•青州号国际班列正式开行，这是鲁中地区开通的首列国际班列。班列实行“定时间、定地点、定价格、定班次、定品类”的“五定”模式，共有43节集装箱车厢，载有机械、轮胎等各类货物，从青州市出发，途径新疆，到达中亚，并延伸至欧洲，全程运行时间预计10天，成本比海运等其他货运方式降低25%。班列依托港天园区作为国际内陆港的平台载体，该园区是我国首个远离海岸深入内地的无水码头，是省内最大的铁路站场，自建铁路线8条，共计8.7公里，能有效满足6个整列同时卸车。

【青州市列入全国休闲农业与乡村旅游示范县】 2015年11月24日，农业部、国家旅游局联合公示2015年全国休闲农业与乡村旅游示范县、示范点认定名单，共评出68个全国休闲农业与乡村旅游示范县，青州市榜上有名，是潍坊市唯一入选的县（市、区）。青州市建成省级农业旅游示范点3处、省级旅游强乡镇3处、省级旅游特色村3处、省级历史文化名村3处、休闲农业与乡村旅游点145个，建成全省首家乡村旅游合作社，成立旅游农家乐320多家，吸纳农民就业5万多人，当地农村劳动力占职工70%，上岗人员培训率达100%，产业区农户人均增收4000元以上。

【青州市获批全国土地经营权入股发展农业产业化经营试点县】 2015年12月22日，青州市获批成为全国土地经营权入股发展农业产业化经营试点县，全国仅获批7家试点县，青州市是山东省唯一一家。试点从2015年开始，至2017年完成，通过试点工作，主要探索土地经营权折价入股、利益分配、股份退出等运行机制，示范带动农民以土地经营权入股发展农业产业化经营，发现和研究解决农民以土地经营权入股发展农业产业化经营可能遇到的困难、问题和隐患，为有关法律、政策及实践操作提供参考借鉴。

【王府街道】 位于青州市城区中西部，面积143.5平方公里，辖18个城市社区、84个行政村，1.94万户，人口11.8万人，耕地面积2746.7公顷。2015年，全街道完成地方公共财政预算收入1.1亿元；工业实现销售收入259.26亿元，利税10.87亿元，分别增长9.75%和7.45%；第三产业增加值达33.65亿元。街道争取国家低丘缓坡试点土地指标，形成民营科技创业园南区、北区和莲花盆电子工业园“三足鼎立”的工业发展格局。坚持把乡村旅游作为拉动转型发展的强大引擎，以打造“AAAAA王府，中国养生享老福地”为目标，聘请国内一流专家，完善大片区产业发展规划，注册成立王府旅投公司，通过P2T等开放模式引进资金支持，加快王府溪谷漂流、王府驸马园等将于重点项目建设，构筑全域大旅游格局，全力打造国内知名旅游目的地。围绕“人的城镇化”这一核心，突出自身特色，明确功能定位，做强产业支撑，完善设施配套，片区发展日新月异，社会影响力全面提升。长庚休闲养生文化园、阳城花苑集中居住区、富贵养生苑一期、群众文化广场等近期启用，南阳河上游河道综合治理工作成效显著。结合创城复审工作，探索建立城市长效管理机制，每月投入20余万元通过公开招投标聘请专业环卫公司对474条末社管背街巷和73处无人管理小区进行保洁。立足辖区实际，以“美丽乡村”行动为切入点，加快公共基础服务向农村延伸。农村安全饮水、镇村社会治安监控、镇村道路“三化”工作提前完成，84个山区村都喝上了放心水，造林333.3公顷，植树10万株，并实现管护常态化。村卫生所改造提前完成，市残疾人康复中心投入使用。

党工委书记 吕耐彬

办事处主任 曲荣智

【益都街道】 位于青州市西北部，面积56.1平方公里，辖39个行政村、17个社区，人口8.4万，24053户，耕地面积2680公顷。2015年，全街道完成地区生产总值79.1亿元，同比增长7%；地方财政收入1.09亿元。2015年，引进过亿元项目10个，帮助94家企业办理小额担保贷款900多万元，新上金青云水松纸等扩建项目，培育省级高新技术企业4家，建成潍坊市级技术中心4家，关闭顺昌铸造等落后企业5家，转产鑫源化工等2家企业。加快老旧居住小区改造，成立业主委员会23家，改造提升小区102处，硬化道路107条，安装路灯190盏，改造旱厕21处，栽植苗木15万株，投资1600万元改造基础设施。完成东高农行等3处设施配套，新建成东高小学校前商业步行街。累计投资1035万元新修道路30公里，投资288万元改造自来水管网11万米。新建新佰利食品续建等大型农业项目，建成运旺养殖等现代畜牧园区，新增三教等高温大棚基地50亩、盆景基地100亩，投资600万元的种苗研发中心即将建成。

党工委书记 赵凤鸣

办事处主任 王玉荣

【云门山街道】 位于青州市中心城区，东临花卉发展区，南接云门山生态文化旅游区，总面积67.8平方公里。辖63个行政村，12个居委会，人口10.8万人，其中回族群众1.69万人；企业300多家，其中规模以上工业企业48家、省级高新技术企业7家、出口企业28家。2014年，全街道实现地方财政收入1.2亿元，同比增长29%；规模以上企业预计实现主营业务收入95亿元，利润15亿元，利税21亿元，分别同比增长7.5%、9%和8.1%。辖区交通便利，有“五纵五横”10条主要干道；旅游资源丰富，有云门山、驼山、广福寺、元代真教寺、昭德古街等名胜古迹，其中云驼风景区为国家AAAA级旅游景区，昭德古街入选首批中国历史文化名街；工业基础良好，形成以卡特彼勒山工为龙头，以卡特彼勒工业区为载体的高端工程机械制造产业聚集区。教育事业繁荣发展，形成以山东师范大学历山学院、潍坊工程职业学院、潍坊护理职业学院和正在建设的花卉学院为代表的文化产业园区。现代商贸服务业发展迅速，形成以世纪泰华城、大润发、中百佳乐家、泰丰购物广场为代表的现代商贸综合体，以海天干鲜货、瓜市副食品、传信楼服务鞋帽为代表的专业市场物流群。城市建设与管理水平较高，以中央商务区、中国书画艺术城、亿丰时代广场、市民文体活动中心、规划科技展馆、美术馆为代表的东部新城建设初具规模；辖区有各类居民小区147个，海岱苑、益王府等新型“网格化”城市社区管理服务水平不断提升；环卫一体化、治安防控、“孝德工程”等“八个全覆盖”工作成效显著；老旧小区改造、安全生产、食品安全、“三八六”环保行动等工作扎实开展；街道生态秀丽、宜商宜居、和谐繁荣，是青州市旅游、居住中心和新崛起的经济、商贸中心。

党工委书记 冷传波

办事处主任 张红伟

【黄楼街道】 位于青州市东部，面积90平方公里，辖96个行政村，2.2万户，人口8.3万人，耕地面积5866.7公顷。2015年，全街道完成地方财政收入6362万元，比上年增长6.07%；工业实现销售收入93.3亿元，利税6.7亿元，分别增长7.03%和16.6%；第三产业增加值达1702万元；农民人均纯收入13220元。街道素有“中国花木之乡”“仙客来之乡”“江北花卉第一镇”之美誉，先后获得国家级生态乡镇、省级卫生镇、省级文明镇、山东省最具竞争力旅游强镇等荣誉称号，是第七届中国花卉博览会举办地。投资30亿元筹建的中国（青州）书画艺术城被列为山东省和潍坊市重点文化产业项目；投资20亿元、占地1680亩建设的中国（青州）花卉苗木交易中心是江北最大的现代化花卉苗木交易市场，2015年获批为国家农业科技园区。全街道花卉种植面积达5. 8万亩，花卉专业村54个，从业人员5.8万多人，种植业户1.1万多户，年产盆花2.6亿盆，花卉品种300多个系列，1000多个品种，花卉专业运输车1780多辆，花卉年产值40亿元，年交易额60亿元，是全国最大的草花和盆栽花生产基地，全国闻名的南花北运、北花南移中转站。

党工委书记 刘全林

办事处主任 袁晓颖

【弥河镇】 位于青州市南部，面积110平方公里，辖77个行政村，15101户，人口5.5万人，耕地面积3200公顷。2015年，全镇完成地区生产总值131.7亿元，比上年增长17%；地方财政收入4937万元，比上年增长3.34%；2015年，工业实现销售收入92亿元，利税13.9亿元，分别增长5.7%和49.5%；第三产业增加值达1.8亿元；农民人均收入15011元。2015年1月，被评为“省级安全社区”；2015年11月，被评为“山东最美旅游风情小镇”。该镇按照打造“活力弥河、魅力弥河、和谐弥河、幸福弥河”的工作思路，以“美丽乡村•幸福家园”创建活动为总抓手，以全国重点镇、山东省“百镇建设示范行动”示范镇建设为着力点和突破口，以大项目和产业集群为依托，围绕工业、农业、文化旅游和城镇建设互动发展，统筹抓好稳增长、调结构、促改革、惠民生等工作，攻坚克难，开拓创新，走出一条“三产互动、四区并进”的提升发展之路，形成三大产业齐头并进、互动共融的经济社会发展良好态势，实现“十二五”胜利收官。

党委书记 赵延福

镇　　长 郇金刚

【王坟镇】 位于青州市西南部，面积229.6平方公里，辖100个行政村，1.4万户，人口5.1万人，耕地面积3000公顷。2015年，全镇完成地区生产总值11.6亿元，比上年增长8.4%；地方财政收入1491万元，比上年增长5.2%；工业实现销售收入65亿元，利税4.7亿元，分别增长14和13.7%；第三产业增加值达4.7亿元；农民人均纯收入13140元。该镇不断加强生态建设，全民参与植树绿化，全民动员护林防火，城乡环卫一体化稳步推进，努力打造宜居宜业宜游的生态新城镇。把生态优势转化为经济效益，规范发展果品加工业，提升农副产品加工质量和档次；特色化发展乡村旅游，开发侯王农家乐、上白洋柿子沟、许家庄大黑山乡村旅游、胡林古红色旅游等多条精品线路，年接待游客80余万人次。建成百纳城葡萄庄园、格润莱福牡丹园等现代农业基地，实现了一二三产业融合发展。王坟镇获得国家级生态乡镇、中国美丽乡村建设示范镇、全国首批生态建设示范区、中国优秀乡村旅游目的地、中国蜜蜂之乡等多项荣誉称号。

党委书记 陈湘颖

镇　　长 孙洪亮

【庙子镇】 位于青州市西南部，面积195.3平方公里，辖68个行政村，12792户，人口4.023万人，耕地面积2175公顷。2015年，全镇完成地区生产总值19.2亿元，比上年增长8.6%；地方财政收入4339万元，比上年增长10.9%；工业实现销售收入706290万元，利税27569万元，分别增长7%和18.3%；第三产业增加值达9133万元；农民人均纯收入12856元。2015年，庙子镇社会各项事业取得进步。现代工业方面，规划建设庙子和楚家峪两个工业园区，整理废弃矿坑，利用闲置厂区、厂房，引进顺鑫达分子筛、宇信纳米钙、日昇昌等工业项目10多家。有机农业方面，打造花溪源现代农业种植基地和南李榛子园基地，同时以贝隆杜仲加工项目、高山农林榛子育苗项目、宗民红豆杉种植加工项目为代表的经济林三产融合基地在七庄产业园规划落户。乡村旅游方面，打造以杨集小镇为龙头的“生态之旅”、以黄鹿井古村为龙头的“人文之旅”和以长秋村爱国主义教育基地为龙头的“红色之旅”三条特色乡村游精品线路。社会事业方面，规划建设镇区、杨集、店子和上庄四处社区服务中心，完善镇、社区、村三级服务网络；在每个村建设老年活动室，配备图书、桌椅、电脑等设施；完成两个垃圾压缩中转站和三个污水处理厂建设。

党委书记 张洪刚

镇　　长 孙培伟

【邵庄镇】 东接青州市区，西与淄博市临淄区毗邻，面积164.8平方公里，辖92个行政村，2.03万户，人口6.9万人，耕地面积5266.7公顷。胶济铁路、309国道、济青公路穿境而过，区位交通优势明显。2015年，实现公共财政预算收入10025万元，增长16.3%；规模以上工业企业实现主营业务收入133.4亿元，利税13.3亿元，利润9.4亿元，分别增长17.4%、12.5%和8.5%。先后被评为国家级生态乡镇、省级示范镇和全国重点镇。境内的青州市猖山经济发展区是青州市三大工业经济平台之一，2006年11月动工建设，规划面积54.64平方公里，以汽车生产及配套、装备制造、新能源、高新技术为主导产业，打造新型、生态、现代化工业园区。现已形成猖山、杏木山、佳山、稷山、江淮、月山和普通高新产业园“六园一区”工业园区布局，落户工业企业108家，其中投产达效86家。邵庄镇属齐鲁文化圣地，历史文化悠久，文物古迹众多。林果种植、畜牧养殖等有机农业发展迅速，永春山庄优质核桃、普通冬雪蜜桃、上庄绿化苗木、东西峪香椿、薛庄“金斗山”有机农业等有机农业基地初具规模。自然环境优美，“三山一园一村两点”生态乡村旅游繁荣发展。

党委书记 徐剑发

镇　　长 徐九华

【高柳镇】 位于青州市北部，面积96.6平方公里，辖71个行政村，17093户，人口5.9万人，耕地面积6320公顷。2015年，全镇完成地区生产总值45.7亿元，比上年增长12.5%；地方财政收入1735万元，比上年增长14%；工业实现销售收入26.14亿元，利税2.93亿元，分别增长15.3%和16.7%；第三产业增加值达18.4亿元；农民人均纯收入14500元。高柳镇地处三市四县交界，交通条件便利，区位优势明显。现代农业发展迅速，形成有机蔬菜、畜牧养殖、粮食生产为主的高产高效农业格局；工业发展初具规模，依托阳河工业园，搭建招商引资新平台，形成机械制造、钢结构加工、塑料农膜、精细化工等产业体系；社会事业稳步发展，教育、就医、道路、居住等民生改造工程全方位推进。

党委书记 李世斌

镇　　长 袁加龙

【何官镇】 位于青州市东北部，地处青州、寿光、广饶三县交界，东北与寿光相邻，西北与东营接壤，总面积115平方公里，辖74个行政村，19700多户，人口7.2万人，耕地面积8466.7公顷。镇区内交通便利，青银、东红高速公路交汇于境内，羊临路、济寿路穿境而过，青羊铁路横贯南北。2015年，全镇完成地区生产总值34.7亿元，同比增长10.3%；地方财政收入1738万元，同比增长13.5%；工业实现销售收入280845万元，利税28559万元，分别增长17.26%和18.57%；第三产业增加值达2379万元；居民人均纯收入12432元。2015年，全镇工业经济发展迅速，推动口埠工业园、南张机械工业园、何官工业园扩容提升，园区内吉青化工、京青科技等高新技术企业不断壮大。现代农业持续上档升级，成立农民专业合作社220家、家庭农场16家，注册有“京青”牌、“地力生”牌等21个国家级绿色食品商标和“京青”牌辣椒等9个国家级有机食品商标。村镇基础设施完善，第三产业繁荣昌盛，社会事业长足发展，先后获得全国科普惠农兴村先进单位、省文明村镇、省卫生镇、山东省一村一品示范镇、省农机安全“十百千万”示范单位、省无邪教镇、省人口普查先进集体、省幸福进万家活动先进单位等称号。

党委书记 曹建国

镇　　长 常方刚

【东夏镇】 位于青州市东北部，面积91.2平方公里，辖72个行政村，12458户，人口4.6万人，耕地面积4826.7公顷。2015年，全镇完成地区生产总值118.56亿元，比上年增长13.8%；地方财政收入4793万元，比上年增长14.3%；工业实现销售收入40.36亿元，利润2.92亿元，分别增长14.3%和19.2%；第三产业增加值达7.94亿元；农民人均收入1.3万元。该镇规划建设东夏物流园，7个过亿元物流项目入驻园区；建立以镇区工业园为中心，以二府工业园、堂子工业园和309国道沿线工业区为代表的机械配件聚集区；重点扶持花卉苗木产业成为镇的新型主导产业；借助东篱居休闲养生基地项目，以“一区、一基地、一中心”为发展目标，构建产城融合的新型城镇化模式。先后被评为“山东省反邪教示范乡镇”“山东省农机安全示范乡镇”“潍坊市文明镇”“潍坊市文明单位”“潍坊市敬老模范单位”“潍坊市群众工作先进单位”等称号。

党委书记 褚兴春

镇　　长 陈　伟

【谭坊镇】 位于青州市东部，面积162平方公里，辖114个行政村，26814户，人口9.8万人，耕地面积10000公顷。2015年，全镇实现工业总产值76.8亿元，主营业务收入75.6亿元，利润3.9亿元，利税4.8亿元，分别同比增长13.5%、12.7%、15.3%、15.7%，完成财政收入任务1485万元。战略性社会固定资产投资26.4亿元，服务业完成1.56亿元。外贸进出口企业实现外贸进出口420万美元。谭坊镇是传统农业乡镇，现有优质瓜菜生产面积9000公顷，高档花卉、苗木、果品面积1000公顷，素有“中国瓜菜第一镇”和“状元故里、花卉之乡”之称，是全国一村一品示范乡镇、国家级生态乡镇、全国科普惠农兴村先进单位、山东省中心镇、山东省科学关爱和谐示范乡镇。

党委书记 刘文革
镇　　长 朱英坤

【经济开发区】 位于青州市区北部，面积70.2平方公里，辖69个行政村，1.6万户，常住人口5.9万人，耕地面积5200公顷。2015年，开发区规模以上工业企业完成工业总产值633.3亿元，同比增长9.4%；实现主营业务收入617.3亿元，同比增长7.6%；实现利税29.6亿元，利润18.3亿元，同比分别增长14%和12%；完成公共财政预算收入2.04亿元。2015年，青州经济开发区党工委、管委会转变发展思路、发展模式和发展方式，以创新为动力，以科技为支撑，突出工业转型、创业创新、城市建设、社会民生、干部作风建设等方面的工作重点，工业经济继续实现平稳健康发展。2015年，在度青州市科学发展综合考核中获得一等奖，已连续7年获此殊荣。

党工委书记、管委会主任
宋执湖（1月止）
党工委常务副书记 庄新江
（刘洪昌　李琛琛）

诸城市

【国民经济和社会发展概况】 诸城市总面积2168平方公里，辖10个镇、3个街道、1个省级开发区，全市共有235个社区，其中农村社区208个。2015年年末，全市户籍总人口110.2万人。全年实现地区生产总值746.5亿元，比上年增长8.1%。实现财政总收入88亿元，增长6.0%；一般公共预算收入68.2亿元，增长10.6%。完成固定资产投资561.8亿元，增长14.1%。县域经济基本竞争力列全国百强县（市）第27位。

*加快转型升级，提升产业发展新层次。*工业高端、高质、高效发展。围绕打造“绿色动力之城”“健康之城”“时尚之城”和“智能之城”，做好全省园区经济试点工作，培育壮大汽车、食品、服装纺织、装备制造等优势产业集群。全市560家规模以上工业企业实现主营业务收入2463.6亿元，利税221.0亿元。主营业务收入过百亿元的企业有3家，过10亿元的有40家。汽车产业完成主营业务收入776.6亿元，利税70.1亿元，食品加工产业完成主营业务收入572.0亿元，利税39.8亿元，服装纺织产业完成主营业务收入330.6亿元，利税35.1亿元，装备制造产业完成主营业务收入358.1亿元，利税35.4亿元。2015年，被确定为国家新型工业化产业示范基地。现代服务业提质增量。实现社会消费品零售总额232.9亿元，比上年增长8.8%。电子商务快速发展。与阿里巴巴等电商龙头建立战略合作关系，建立全省唯一签约运营的县级产业带，上线企业332家。建成电商产业园，入驻企业和创业实体145家。荣获首批山东省电子商务示范县称号。与天津渤商所合作设立全国第一家县级综合试验区。大力发展特色文化旅游，恐龙文化旅游区入选全国优秀旅游项目。限额以上商贸企业发展到255家，骨干物流企业发展到68家。青岛保税港区诸城功能区保税物流中心成为全省第2家县级保税物流中心。深化农业产业化经营。加快发展品牌农业，潍坊市级以上农业龙头企业110家，农民专业合作社2382家，家庭农场1178家，土地承包经营权流转59.3万亩，“三品一标”228个。发展开放型经济。扩大对外合作，全市完成进出口总额19.3亿美元，其中出口16.8亿美元。“走出去”步伐加快，桑莎和天雁柬埔寨工业园建成投产，境外投资企业达到38家。

*实施创新驱动，增强内涵提升新动力。*加快创新平台建设。完成专利授权1271件。省级以上品牌达到217件。高新技术企业达到33家，高新技术产业产值占比提高到39.5%。获批创建全国质量强市示范市，连续5次荣获国家科技进步先进市称号。推进产学研协同创新。引进中科院、复旦大学等高校院所分支机构或教学科研基地50家。拥有省级以上研发机构37家，院士和博士后工作站8家，牵头构建产业技术创新战略联盟14家。推动“两化”融合。拓展工业设计云服务平台功能，实施义和车桥数字化工厂等“两化”融合示范项目30个，鼎泰盛、金昊三扬等企业建立产品数据管理等信息化系统，引进更新机器人装备156台（套），迈赫公司被确定为国家级“两化”融合管理体系贯标试点企业。

*加快城镇建设，构筑产城融合新格局。*加快构建新型城镇化体系，完善市、镇、社区三级基础设施和服务功能，全面提升城乡承载能力，全市城镇化率提高到58.1%。建设高层楼宇350栋、商品房642万平方米。潍河综合开发8项重点工程建设顺利。加快特色城镇建设，农村新型社区建设项目荣获“中国人居环境范例奖”，3个社区入选省农村新型示范社区。完善城乡基础设施。实施平日路诸城高密界至道口桥段改建、潍河大桥改造和东关大街北延工程，新建改建农村公路248公里。投资3亿多元，完成“引墙入三”“引墙入吴”等重大水利工程，农村饮水安全实现全覆盖。完成老旧小区供暖设施改造30多万平方米。全面升级城乡电网，变电总容量达到487万千伏安。加快智慧诸城建设。建成电子政务、电子商务、数字城管、农村现代远程教育网络，获批创建国家智慧城市试点市。加大生态保护力度。推进“三八六”环保行动，对潍河、涓河、芦河等主要河流实施生态治理修复，完成10处污水处理厂改造升级，城市污水集中处理率100%。城区空气质量良好率保持95%以上，林木覆盖率、城市绿化覆盖率分别达到39.1%和44%。入选首批省循环经济示范县（市）创建地区，13处镇街均创建为国家级生态镇，荣获全省城乡环

卫一体化覆盖市称号。

推进民生改善，创建和谐幸福新生活。加大民生投入。民生支出达到60.1亿元，占财政支出的比重达到85.6%。提高群众收入水平。突出产业扶贫，投资3000多万元改善20个省定贫困村生产生活条件。全面推进“大众创业、万众创新”，各类创业园达到12处，城镇新增就业人员1.6万人，农村劳动力转移就业1.3万人。城镇、农村居民人均可支配收入分别达到31599元和15833元。推进社会事业发展。提高城乡低保标准和五保供养标准，新建农村幸福院60处，建成保障性住房7672套。推动城乡教育均衡发展，完成“全面改薄”和学校标准化建设项目85个，新招录聘用教师512名。提升公共卫生服务水平，城乡居民大病保险补偿额度提高到30万元，人均基本公共卫生服务标准提高到40元。加快建设文化强市。13处镇街综合文化站全部达到国家三级以上标准，省级“乡村文明家园”建设示范社区达到6个。蝉联山东省第四届文明城市、第二届全省文化强省建设先进市。

深化改革创新，集聚转型发展新优势。加大简政放权力度。市政府工作部门由26家调整为24家，政府直属事业单位由26家调整为19家。在潍坊市各县（市、区）中率先发布实施“四个清单”制度。推进重点领域改革。加快行政审批制度改革，制定实施重点建设项目模拟审批制度，推行重点投资建设项目审批代办制、非制造业建设工程项目告知承诺制，全面规范行政审批中介服务。取消31项行政审批事项，压减办理环节167个。深化商事制度改革，发放“三证合一、一照一码”执照5197户，新增各类市场主体21736户，注册资本（金）106.2亿元。深化农村集体产权制度改革，经联社土地确权颁证、集体资产改制工作基本完成。推进全省园区经济试点、小型水库管理体制改革省级试点县等10项改革试点工作。创新资本运作模式。引导银行业金融机构优化信贷投向，加大对实体经济支持力度。金融机构存贷款余额分别达到554.3亿元、491.3亿元。推动企业开展规范化公司制改制，建立现代企业制度，主动对接资本市场。完成改制企业81家，新增“新三板”及其他场外市场挂牌企业24家，全市上市挂牌企业达到50家。招引战略资本，与平安银行、泰山保险等合作设立产业发展投资基金近60亿元。推进企业战略合作，得利斯集团完成对澳大利亚牛肉生产企业优乐诺公司的控股收购，日本住友商事株式会社确定出资参股信得科技。

【诸城汽车产业加快向中高端转型】2015年，围绕打造“绿色动力之城”，实施雷沃高端农机具和电动车扩产、福田中高档卡车扩产、大业30万吨钢帘线、永全50万件汽车零部件等一批关键节点项目，完善汽车产业链条，加快汽车产业向中高端转型。其中，雷沃高端农机具和电动车扩产项目，由雷沃重工股份有限公司投资建设，总投资20亿元，计划2016年12月竣工投产。福田中高档卡车扩产项目，由北汽福田汽车股份有限公司投资建设，总投资80亿元。其中，按照零排放、无接触、自动化的理念，在诸城汽车厂区投资6.5亿元，建设福田汽车M4智能化工厂项目；同时，计划在诸城奥铃汽车厂内利用现有资源，建设L车身欧马可、奥铃中高端轻卡生产单元。

【诸城创新驱动能力显著增强】2015年，新增院士和博士后工作站8家、产业技术创新战略联盟14个，省级以上研发机构发展到37家。新增产学研联合企业30家，总数近400家，规模以上企业全部建立研发中心。引进中科院、复旦大学、上海交大、山东大学、天津大学等14家高校院所设立分支机构或教学科研基地，总数达到50家。新增高新技术企业7家总数达到33家，实施省级科技创新项目8项。完成专利申请2182件、专利授权1271件，科技成果转化率100%。省级以上品牌达到217件。在11月举办的2016春夏中国国际时装周上，诸城的“迪尼姆”牛仔荣获2015年度最具时尚品牌奖，迪尼姆品牌设计总监陈闻荣获第19届中国时装设计最高奖——金顶奖。这两项国家级大奖均是山东省首次获得。

【诸城迈赫机器人公司成为“智”造专家】迈赫公司是一家专业从事工业机器人、智能制造装备系统以及智能工厂整体解决方案的国家高新技术企业。建有国家博士后科研工作站和机器人、智能装备新产品实验室，拥有国家发明专利10项、实用新型专利100余项，并与韩国IROTECH（艾诺泰克）公司在机器人工作站仿真、智能生产线仿真及智能工厂建设等领域开展深层次合作。其自主研发的柔性化汽车车身总成焊接机器人，能够完成24种车型车身的焊接，打破国际行业垄断；建造的10万辆综合动力轻卡智能涂装线项目，实现18种产品柔性化生产，技术能力与业务规模稳居国内同行业前列、省内第一。被评为国家“两化”融合管理体系贯标试点企业，当选省机器人产业技术创新战略联盟理事单位。2015年10月，迈赫建成集科研、科普、生产、游览于一体的国际机器人与工业4.0体验中心，推广应用工业机器人、智能自动化系统、物联网、云计算、大数据等智能制造装备技术，为推动本土机械制造、汽车及零部件生产等企业深化“两化”融合、加快智能化转型，共同打造“智能之城”搭建重要平台。

【诸城电商迅猛发展】2015年，中国国际电商中心培训学院在诸城设立全国第一家分院，培训电商人才6000人次。与阿里巴巴共建全省唯一的县级产业带，上线企业332家。引进全球贸易通、全球货源跨境电商、阿里巴巴国际站、阿里巴巴一达通等跨境电商平台，以及渤海商品交易所设立的全国第一家县级综合实验区服务中心、阿里巴巴农村淘宝诸城运营中心、京东商城诸城服务中心等电商公共服务中心。规划建设诸城电商创业园、阿里巴巴产业带•诸城电商产业园、诸城微商创业园和龙都电商创业园。发展本土电商龙头25家。诸城在阿里巴巴注册网店的企业超过1000家，在淘宝、天猫注册网店约2200家，80%以上规模以上工业企业和商贸流通企业通过第三方平台开展电子商务，40%以上中小企业通过第三方平台开展商品展示、网上营销等业务。全年完成电子商务交易额300亿元，增长65%；完成网络零售额45亿元，约占社会消费品零售总额的16.5%。荣获首批山东省电子商务示范县称号。

【诸城创新建立“五项倒逼机制”节约集约用地】 12月，诸城市委副书记、代市长刘峰梅代表诸城在第二届全省国土资源节约集约利用模范县（市）评选集中陈述中，获得第一名。主要做法是建立“五项倒逼机制”，即企业分类管理倒逼、明确用地标准倒逼、强化供地管理倒逼、履约保证金制度倒逼、严格执法监管倒逼。全市新上项目供地率达90%，供地项目开工率达97.3%，竣工率达98.76%。投资强度由2010年的每亩不足100万元，增加到2015年的260万元/亩。

【密州街道】 位于诸城市城区东部，总面积105平方公里，辖19个社区，人口15.9万人，耕地面积3133公顷。2015年，实现经济总收入479亿元，财政总收入6.26亿元，其中地方财政收入3.43亿元；限额以上工业企业实现销售收入297亿元，利税40亿元，分别增长17.3%和12.5%；农民人均纯收入18943元

城市经济取得新成果。推动鞠家村、中央商务区等重点片区建设，实现片区改造和安置楼建设同步推进；突出抓好电子商务，电商创业园和鑫城购物广场电子商务一条街成功运行，街道电子商务产业初具规模。工业经济转型升级。新开工卓益数控加工中心及自动化生产线、中科贝特油田污水污泥处理设备2个投资过亿元重点项目，实施总投资8亿元的美晨三维吹塑流水线、义和车桥微卡后桥总成装配线等重点零增地技改项目8个，引进9家裘皮服装加工企业入驻裘皮创业园。城镇化发展水平整体提升。加快城乡基础设施建设，完成兴华路东延段绿化、人行道和管网铺设以及东关大街北延段改造工程，实施投资1200万元的栗行社区美好乡村连片整治项目，多方筹集资金1600万元整修城乡道路28公里。社会和谐稳定。加快立体化社会治理防控体系建设，与广电公司合作，以有线电视网络为载体，以智慧社区为平台，投资200多万元，全面打造集治安监控、法制宣传教育于一体的防控平台。

党工委书记 刘永军

办事处主任 张晓升

【龙都街道】 位于诸城市城区西部，面积101平方公里，辖20个社区，3.36万户，人口10.8万人，耕地面积3989公顷。2015年，街道完成地区生产总值56亿元，比上年增长10.2%；地方财政收入2.32亿元；工业实现销售收入166.7亿元，利税11.6亿元，分别增长12.6%和6.4%；第三产业增加值达28.56亿元；农民人均纯收入18527元。

街道形成“一带五园”的产业发展格局。“一带”即北起潍河，南到旅游路以南，西至旭光河，东到马耳山大道及西环路两侧，全长10公里，平均宽度2公里，总占地20平方公里的龙都产业带。“五园”就是在“一带”的框架之内建设的五个园区，自北向南分别为：以创新创业为主题的电商创业园，以西环路为中轴线的商贸物流园，以龙海水产品冷链物流项目为核心的冷链物流园，以昊宝高档服装、天耀婴童针织服装等项目为支撑的纺织服装产业园，以大源生态园林为重点的生态农业示范园。投资70亿元建设龙海水产品冷链物流、天耀婴童针织服装、新和高档服装面料等大项目；培育起杨春商贸城、杨春汽贸城、东升物流城等大型专业市场6个；建设大源生态农业示范园区、龙泽生态园等千亩以上的镇街级农业产业园区5个，潍坊市级农业龙头企业发展到14家，培育标准化专业合作社35家，注册家庭农场18个。

党工委书记 王　勇

办事处主任 张　伟

【舜王街道】 位于诸城市城区北部，面积178平方公里，辖18个社区，2.1万户，人口7.2万人，耕地面积10500公顷。2015年，全街道完成地区生产总值48.28亿元，比上年增长9.8%；地方财政收入7269.6万元；工业实现销售收入165.4亿元，利税19.2亿元，分别增长22.9%和30.9%；第三产业增加值达17.46亿元；农民人均纯收入19811元。

产业转型升级。引进新项目6个、科研平台1家、高层次人才2名。实施“零增地”技改项目13个。青岛保税港区诸城功能区保税物流中心全面竣工；光阳物流、方凯物流等新项目建成投用；迈赫机器人、新郎希努尔工业化社区、潍水工业社区等续建项目快速推进。新建扩建小山西现代果品基地、大辛庄子甜瓜基地，农业园区达到19个；新创办农民专业合作社14家，新发展家庭农场12家，累计分别达到184家、74家。城镇化建设。深化社区化发展，开展九台智慧社区试点建设工作，舜王中心幼儿园、岳家庄社区服务中心等民生工程竣工投用。新建、改建集装箱货车专用道路和连村路等共计4.6公里。完成太古庄河、非得河生态治理工程。社会治理服务。开展“基层群众工作日”和“民情台账”等活动。完善安全生产责任制，43家企业通过国家三级以上安全生产标准化创建评审。

党工委书记 秦嗣炜

办事处主任 孙海森

【枳沟镇】 位于诸城市西南部，面积85.2平方公里，辖9个社区，1.33万户，

人口5.1万人，耕地面积3867公顷。2015年，全镇完成地区生产总值19.2亿元，比上年增长13%；地方财政收入3027.3万元；工业实现销售收入29.19亿元，利税2.06亿元，分别增长34.8%和30.9%；第三产业增加值达3.70亿元；农民人均纯收入10875元。

推进北杏社区和北老屯社区生态小镇建设。投资1.5亿元，规划新建集医疗、金融、商贸、居住于一体的综合服务区，完成北老屯社区富荣村46户村民和普庆社区时家庄村80户村民的整村搬迁工作，复垦土地89.07亩，节余土地指标55.47亩，强化中心镇区的综合服务功能。坚持以项目建设为支撑，加快龙邦食品、浩辉机械等在建项目建设进度，加快地卫环保、荣泰抛丸等企业技改扩产，帮助国信橡胶、经纬塑业等企业加大进出口业务，促进新型工业化发展。坚持以园区建设为载体，建设提升东积沟社区干鲜杂果、普庆社区美国红枫等8个现代农业产业园，泰田农业等2个生态循环农业示范园和开源特种动物养殖现代生态畜牧产业园，实现农业标准化生产、规模化经营和集约化管理。

党委书记 冯士磊
镇　　长 范昕昕

【贾悦镇】 位于诸城市西部，面积288平方公里，辖27个社区，2.8万户，人口10.9万人，耕地面积15667公顷。2015年，全镇完成地区生产总值34.1亿元，比上年增长11.2%；完成财政总收入1.0亿元，一般公共财政预算收入5628万元；限额以上工业企业实现销售收入52.1亿元，利税5.3亿元，分别增长34.1%和24.4%；第三产业增加值达13.1亿元；农民人均纯收入1.54万元。

三次产业健康发展。三次产业比重为23.9%：37.7%：38.4%。工业经济后劲增强，培育规模以上工业企业23家，落实新建续建工业项目10个，完成投资2.8亿元。服务业提档升级，限额以上商贸服务业企业发展到17家，实现交易额6亿元；培育重点服务业企业6家、私营业户571户、个体工商户4184户。温泉开发初具规模，建成占地6000平方米的家悦汤泉水疗馆。现代农业优势凸显，设施农业面积5.6 万亩，“三品一标”认证16个；新增农业龙头企业2家、家庭农场18家、农业合作社66家；投资6500万元实施涵盖农田17万亩的高标准基本农田建设项目。新增成片造林面积4000亩，道路绿化10公里，林木覆盖率达到38.7%。城镇化建设持续推进。镇驻地新建成多层住宅楼6栋，投资400万元建成液化气储备站。社会事业加快发展。全镇民生支出7885万元，占财政总支出的71%；累计发放低保金、救助款等890万元；新增就业再就业人员190人，转移劳动力2100人；投资1500万元的贾悦中心小学投入使用。

党委书记 杨连富
镇　　长 管延升

【石桥子镇】 位于诸城市西北部，面积169平方公里，辖18个社区，1.7万户，人口6.4万人，耕地面积10000公顷。2015年，实现农村经济总收入59.1亿元，比上年增长4.8 %；完成地方财政收入2113万元；限额以上工业企业实现主营业务收入52.6亿元，利税7.74亿元，分别增长32.4%和35%；农民人均纯收入14712元。

木器产业，培育起松源、顺达、鹏飞、惠友四大骨干龙头企业，带动起20多家木器生产企业，有产业工人4000多人，被潍坊市命名为木器加工特色产业镇。开发木制别墅、高端家居、实木家具等7大系列23个品种，产品出口瑞典、韩国、法国等11个国家。现代农业，发展新型经营主体，新注册家庭农场23家、农业合作组织28家。深化农村产权制度改革，完成92个经联社的土地确权工作。加强农产品质量安全控制，建立从田间到餐桌全过程的监管制度，完善农产品质量标准、监测和认证三大体系，保障农产品质量安全。新城镇建设，建成荆河公园休闲广场；实施南环路、沿河路、幼儿园路“亮化工程”，更新路灯灯箱312个，在镇驻地主要路口安装了交通信号灯；加快居住区和商贸服务区建设，完成岳旺家园一期工程；投资1.5亿元开工建设荆河花园商业步行街二期工程；投资100万元开工建设学校塑胶跑道；投资136万元重新建设荆河中桥，硬化镇村道路12公里；完成“引墙入吴”工程。新架设10千伏线路21公里，更换变压器50多台。

党委书记 李　磊
镇　　长 邱世峰

【相州镇】 位于诸城市北部，面积120平方公里，辖12个社区，71个自然村，2万户，人口6.9万人，耕地面积7200公顷。2015年，全镇完成地区生产总值42亿元，比上年增长16.23%；地方财政收入2756.2万元；工业实现销售收入141.6亿元，利税12.88亿元，分别增长21.1%和19.4%；第三产业增加值达14.23亿元；农民人均纯收入16419元。

工业经济，推进华宝冷链物流、山东龙强汽配与中国重汽集团商务车用部件、恒信基公司与北汽福田合作的“雷沃谷神”重型农用车塑料覆盖件、益利油漆与青岛化工学院研发的氟碳防腐漆4个重点项目。实施山东赫臣低压电力电器、泰诺药业海洋生物多糖固体发酵等项目。有23家经济实体与阿里、京东等电商平台实现合作，3家企业在上海股权托管交易中心Q板成功挂牌。小城镇建设，高标准规划建设镇驻地文化教育区、中心居住区、商贸服务区、潍河生态休闲区和橡塑产业园区、便民服务中心、现代农业综合服务中心、电子商务创业服务中心。开工建设潍河滨河路一期工程、镇北外环路，形成镇区“四纵四横”道路网格框架。途经本镇16公里天然气长输管线全部铺设完成。现代农业，建设占地21亩的镇为农服务中心，6个功能窗口已建成并对外服务。实施“高标准基本农田改造”“全国小农水重点县建设”和“新增千亿斤粮食产能”3个项目，惠及全镇9个社区、47个自然村。

党委书记 王雪玲

镇　　长 李学勇

【昌城镇】 位于诸城市东北部，面积118.4平方公里，辖15个农村社区，1.6万户，人口6.5万人，耕地面积7187公顷。2015年，全镇完成地区生产总值70.09亿元，比上年增长9.04%；地方财政收入8924万元；工业实现销售收入280.2亿元，利税19.9亿元，分别增长5.85%和6.26%；第三产业增加值达26.6亿元；农民人均纯收入21144元。

加快企业走出去步伐。得利斯公司投资6.3亿元并购澳大利亚牛肉公司；抓住“一带一路”战略发展机遇，金威利石油装备与哈萨克斯坦达成1000台石油装备销售合作协议，并筹建国外生产服务基地；推进天雁服饰柬埔寨产业园三期、吧嗒香食品朝鲜产业园建设。坚持创新驱动。天雁服饰旗下“迪尼姆”服装荣获中国2015年度时尚品牌大奖，并与上海天虹服饰公司合作，拓宽企业发展渠道；佳士博公司与台湾耀集食品公司合作建设高档速冻食品加工项目，并在台湾设立研发机构，推进产品优化升级。推进新型城镇化建设。昌城社区成功入选山东省“农村新型示范社区”，河岔社区完成生态小镇详规并开工建设。开工建设圣荣一品、水岸花城三期、芦河花园、水岸府邸等聚合区项目，建筑面积20万平方米，总投资4.2亿元。修建芦河滨河路、文化路、得利斯北街，总长8.1公里。“两河”流域开发总投资完成5.7亿元。

党委书记 于鹏展（1月止）

镇　　长 方有海

【百尺河镇】 位于诸城市东北部，面积126平方公里，辖13个社区，1.45万户，人口5.21万人，耕地面积7467公顷。2015年，全镇完成经济总收入135.31亿元，比上年增长6.96%；地方财政收入2015.6万元；工业实现销售收入124.9亿元，利税11.95亿元，分别增长10.17%和6.91%；第三产业增加值达34.22亿元；农民人均纯收入14539元。

精密铸锻特色产业镇优势凸显。精密铸锻产业园占地面积5000亩，“六纵六横”道路全长13.5公里，绿化、亮化和供电、供排水、水处理设施配套齐全。圣阳机械公司大型农机具加工项目建成投产，年可生产秸秆粉碎还田机成套设备6000台（套），增加销售收入1亿元，利税1500万元。建华阀门有限公司投资1200万元，建设科研中心、电子商务中心、产品展示中心。科研中心与北京工业大学联合成立水系统节能技术研究中心，参与阀门、管件产品国家标准的制定，成为全国13家供排水阀门、管件国标制定单位之一。基础设施建设完善。完成方崮路百尺河桥除险改造，建成百尺河龙兴路大桥，平日路拓宽改造工程开工。完成镇污水处理厂一级A改造提升，完成出水口人工湿地建设，启动镇区雨污分流管网建设工程。民生社会事业加快发展。投资570多万元，建成镇中心初中学生公寓楼。通过潍坊市学前教育先进镇验收，荣获“全国农村优秀学习型乡镇”称号。

党委书记 李　向

镇　　长 王先信

【辛兴镇】 位于诸城市东部，面积73平方公里，辖11个社区，1万户，人口3.5万人，耕地面积4533公顷。2015年，全镇完成地区生产总值53.5亿元，比上年增长10.8%；地方财政收入1.16亿元；工业企业实现销售收入286亿元，利税37亿元，分别增长11.7%和8.8%；第三产业增加值达28亿元；农民人均纯收入15472元。

工业经济，培育起生物医药、现代装备制造两大产业园区，发展规模以上企业54家、销售收入过亿元企业28家，建成全国最大的玉米淀粉生产基地、全国最大的黄芩苷生产基地、全国最大的胎圈钢丝生产基地。现代服务业，全镇16家企业通过电商平台实现销售额12亿元；新增商贸服务业户200多家，达到1500家；培育起浩天物流、益隆物流、天源物流等15家骨干企业和德邦物流设立辛兴分公司，引进山东中宁保险设立辛兴分公司。现代农业，建成高效种养示范基地28个，发展农民专业合作社176家、家庭农场85家，培育起潍坊市级以上农业龙头企业11家，完成“三品一标”认证47个，建成国家级万亩小麦高产示范方和国家级菜篮子工程示范基地。城镇建设，投资4000万元，实施综合管廊工程，实现工业园区热、电、水等资源互联互通；投资4000万元，实施“引潍入辛”工程；投资1000万元，实施工业园路东延段、百尺河左路绿化亮化工程。推进聚合居住，新增竣工面积1.2万平方米。加大“智慧社区”建设力度，改造提升8处社区服务中心，辛兴社区被评为“省级宜居社区”“省级农村新型示范社区”。

党委书记 王桂华

镇　　长 徐开荣

【林家村镇】 位于诸城市东南部，面积325平方公里，辖27个社区，2.91万户，人口9.8万人，耕地面积12333公顷。2015年，全镇完成财政总收入8371.79万元，地方财政收入4990.04万元；工业实现销售收入84.3亿元，利税8.2亿元，分别增长21.9%和9.4%；第三产业增加值达566万元；农民人均纯收入15876元。

发展特色产业园区。围绕先进装备制造业、海洋功能性食品、新能源三大新兴产业，立足青岛产业园，主动对接青岛，寻求配套协作和承接产业转移，发展蓝色经济，加快培植新的经济增长点。推进重点项目建设。推动鼎泰盛公司与德国伊诺瓦公司合作，开发生产连续静水压式灭菌生产线正式签约。国华风力发电五期项目全面运营，加快青岛旭能生物工程项目建设进度。推动瀚泰科技加入福田雷沃重工农业装备供货体系，年内，新上1万套玉米脱皮机械配套项目。优化农业产业结构。完成土地流转2000

亩，建设养殖小区8个、种植业园区6个。重点发展竹山生态谷、康源微藻养殖基地、青朴火龙果采摘、中科院现代农业示范基地、郑家沟生态果品等7个现代农业项目。实施创新驱动战略。鼎泰盛公司7月在“新三板”正式挂牌。龙祥、麦莎、金泽园3家企业加入电商平台。组建产学研合作平台3家，引进硕士以上人才18名。

党委书记 王大鹏

镇　　长 孙希海

【桃林镇】 位于诸城市南部，面积142平方公里，辖11个农村社区，1.05万户，人口3.57万人，耕地面积4133公顷。2015年，全镇完成地区生产总值46.85亿元，比上年增长13.49%；地方财政收入910.3万元；工业实现销售收入34.12亿元，利税2.56亿元，分别增长20%和17.8%；第三产业增加值达3.6亿元；农民人均纯收入10673元。

工业经济，规划建设润农海洋功能性产品深加工、索利特新型建材加工、捷通物流等4个过亿元项目。特色产业，诸城绿茶成为诸城市政府与天津渤海商品交易所战略合作的第一单。引导茶企开拓互联网市场，在淘宝、京东商城等电商平台开设网店25家，5家企业入驻阿里巴巴诸城产业带。以果茶产业为突破口，重点建设李子园矮化苹果、阿洛子霜红蜜桃、山东头生态茶园等6个高标准种植示范园。生态旅游，投资500万元建设樱桃谷山区旅游道路，完善大山环山路路网。规划建设大山森林公园桃花山景区、锦山野外拓展训练中心、惠林休闲旅游景区、芳邻乡村旅游以及樱桃谷采摘游项目。镇村建设，建成镇中心图书馆、老人日间照料中心等公共服务配套设施。臧家沟、桃林、石屋子沟3个社区服务中心完成改造提升。稳妥推进臧家沟、桃林2处社区的聚合居住建设，上吕家沟、史家沟2个自然村整体搬迁安置工作基本完成。

党委书记 林　飞

镇　　长 隋天宁

【皇华镇】 位于诸城市南部，面积192平方公里，辖14个社区，1.77万户，人口5.9万人，耕地面积6466.7公顷。2015年，全镇实现地区生产总值35.6亿元；地方财政收入2073.6万元；工业实现销售收入91.04亿元，利税9.14亿元，分别增长6%和13.62%；农民人均纯收入10827元。

工业，完善中小企业创业服务基地、镇西工业园、华起全民创业园三大工业园区基础设施建设，规模以上企业总数达到23家。农业，年内，共有农民专业合作社39家、家庭农场46家、潍坊市级以上农业龙头企业4家、千亩以上农业示范园区1个、“三品一标”2个。服务业，新增“新三板”及其他场外市场挂牌企业3家，9家企业开通阿里巴巴诚信通业务，其中5家入驻阿里巴巴诸城产业带。山水皇华百里自驾游项目节点工程全部完工。民生事业，新建郝戈庄、柏戈庄标准化学校，筹备建设尼山书院、儒家讲堂。注册使用微博、微信“山水皇华”，开设“皇华政声”微信公众号，开展欢乐邻里节、书法绘画艺术展等各类送文艺下乡活动。

党委书记 王学斌

镇　　长 李　刚

【诸城经济开发区】 位于诸城市城区北部，面积56平方公里，辖6个社区，1.13万户，人口4.1万人，耕地面积1133公顷。2015年，全区完成地区生产总值522.39亿元，比上年增长8%；地方财政收入60.97亿元；工业实现销售收入1629.81亿元，利税147.25亿元，分别增长11.44%和10.19%；第三产业增加值达158.49亿元；农民人均纯收入17128元。

大项目建设步伐加快。全年新开工投资规模过2亿元的大项目30个，当年完成投资71亿元。现代制造业加快升级。先后落实24个零增地技改项目，总投资20亿元。迈赫机器人成功列入全国两化融合管理体系贯标试点企业。服务业稳步发展。良丰冷链科技公司的仓储物流一期项目获国家350万元资金扶持，投资4370万元的红星明德幼儿园和百盛超市红星加盟店建成运营。聚力招引取得新成效。完成招商引资到位资金16亿元，其中利用外资0.82亿元。有效盘活低效利用土地325亩。平台建设和人才培育成果丰硕。新增省级以上研发中心5家，申报博士后科研工作站2家。引进“泰山学者”2人，自主申报“泰山产业学者”2人。完成发明专利授权72件。完成空间总体规划、核心区控制性详细规划及各类专业规划，为企业扩张、大项目落户、产业集群布局提供空间。

党工委书记 鞠俊海

管委会主任 刘华坡

【高新技术产业园】 位于诸城市东部，面积40平方公里，辖6个社区，6166户，人口2.27万人，耕地面积1600公顷。2015年，园区完成地区生产总值141亿元，比上年增长9%；地方财政收入1938万元；工业企业实现销售收入47.8亿元，利税7.17亿元，分别增长16%和12%；第三产业增加值达1.2亿元；农民人均纯收入19056元。

确立“打造一个高端服务区、构筑两条文化隆起带、培育三大特色产业区”的空间发展布局。利用潍坊高新区“一区多园”管理平台的优势，加快规划建设各类创新平台。坚持把项目建设作为园区发展的生命线，围绕拉宽增厚汽车及零部件、智能装备制造和战略性新兴产业三大产业链条，促成在建过亿元大项目15个，同时，山东中泰医疗器械、欧马数控科技等6家企业扩产增效，规模以上工业企业总数达到19家；设立山东省机械装备行业技术中心潍坊分中心，成立水性树脂及水性金属重防腐涂料联合研发中心。加强社会管理，努力打造社区服务品牌。年内，新农合、新农保覆盖率达到96%以上，开展群众性、多元化的文体活动180多场次，3处幼儿园被评为潍坊市示范幼儿园。

党工委书记、管委会主任 刘金明

【南湖生态经济发展区】 位于诸城市南部，面积62.5平方公里，辖9个社区，1.1万户，人口3.9万人，耕地面积2360公顷。2015年，全区实现财政总收入8794万元，其中地方财政收入4422万元；工业实现销售收入135.6亿元，利税11.5亿元，分别增长8.1%和5.4%；农民人均纯收入17077元。

全区规模以上工业企业40家，实现总产值138亿元，同比增长8.05%。围绕常山风景区，新发展高标准果蔬采摘园1000亩、苗木基地2000亩。年内，全区苗木花卉面积达到1.5万亩，果品面积2000亩，高档育苗大棚15万平方米。环常山绿化覆盖率达到90%，基本建成环常山生态农业观光带。景区共接待市内外游客35万多人次。片区开发，拆迁调整土地1500亩，湖东片区枫香湖畔房地产开发项目总建筑面积45万平方米，34栋住宅楼及幼儿园主体已交付使用；山钢碧桂园房地产开发项目总投资40亿元，计划建筑面积83万平方米，第一期工程已开工建设。生态保护，先后投资1500万元开展淇河、展村河、扶河生态综合治理工程，治理面积1500亩。新完成造林面积2500亩，植树50余万株，绿化总覆盖率达到45%。花园河污水泵站项目共埋设压力管道1700米、重力管道1500米，解决三里庄水库以东的排污问题。加强水源地保护，在三里庄水库北侧修建800米长防护网。

党工委书记、管委会主任 刘华坡

（孙铭杰）

寿光市

【国民经济和社会发展概况】 2015年，寿光市总面积2072平方公里，辖15个镇（街道、经济开发区）、975个行政村（社区）。全市户籍总人口107.4万人。全年实现生产总值806.9亿元，比上年增长8.3%。其中，第一产业增加值93.2亿元，第二产业增加值367.5亿元，第三产业增加值346.2亿元。固定资产投资575.6亿元，公共财政预算收入90.1亿元，公共财政预算支出94.9亿元，社会消费品零售总额260亿元，进出口总额35亿美元。农村居民人均纯收入25121元，人均生活消费支出15047元，金融机构存贷款余额分别达到844.5亿元和748.8亿元。

*发展方式加快转变。*实施工业“百企转型升级计划”，筛选确定8个百亿级产业重点培育，一批过亿元工业项目快速推进，临港项目区启动建设，国华电厂一期即将发电，鲁清石化获批原油进口资质，全年完成工业投入319亿元，超额完成万元GDP能耗控制指标。组织实施耕地质量提升计划，建设国家蔬菜工程技术中心等3处“国字号”科研基地，国家蔬菜种业创新创业基地初具规模，全市育种研发单位达到13家，新通过省级审定蔬菜品种5个，村“两委”领办（或监管）合作社213家。组建“十大服务业企业”，加快推进东城全福元城市综合体等过亿元服务业项目建设，获得第三届全国县域电商峰会举办权。举办第十六届菜博会和第三届文博会，乡村旅游全面提质增效，服务业占地区生产总值比重达到42.5%。

*城市品质持续提升。*注重新区建设和旧城改造同步推进，重点实施仓圣公园改造、圣城街立交桥打通等市政工程71项，组织开展三里、南关等老旧小区改造，新增提升城市绿化面积250公顷，寿光市成为全国首批国家生态园林城市。全面启动全国文明城市创建工作，开展城市管理“百日攻坚行动”，建设集团承建的人民医院门诊楼项目荣获国家建设工程“鲁班奖”。抓好镇区改造提升，推进镇街污水处理、集中供热、天然气村村通等基础设施建设，寿光市被确定为全省新型城镇化综合试点市。开展美丽乡村建设，实施农村环境卫生集中整治，新建新型农村社区10个，寿光市在全省首批通过城乡环卫一体化全覆盖认定。

*发展后劲更加坚实。*实施“营改增”、公务卡和公共资源市场化配置改革，启动区域综合水价改革，成功运作东城普通高中、福缘颐养中心、基础设施提升3个PPP项目，完成859个村土地确权登记颁证。实施创新驱动战略，深化“双百计划”和“桑梓人才计划”，“千人计划”、省泰山学者、泰山产业领军人才达到32人，数量列潍坊各县（市、区）首位，富康制药公司主持开发的奥美拉唑系列产品荣获国家科技进步二等奖。创新融资机制，“新三板”和齐鲁股权挂牌企业达到35家，实体经济直接融资首次突破100亿元。强化科技支撑，实施国家、省重点科技计划项目20个，新增潍坊市级以上企业科研机构27家，高新技术产业产值占比达到40%。

*生态环境逐步改善。*基本完成“三八六”环保专项行动目标任务，启动实施160项点源污染治理工程，集中开展侯镇项目区、城区空气质量提升等区域环境专项整治行动，推进锅炉超低排放、煤改气、新能源公交等生态环保工程，完成小清河流域生态治理任务，优良以上天气同比增加23天，水流域环境主要污染物浓度同比降低18.9%。实施西部绿色隔离带、羊青路等5项绿化工程，完成成片造林4万亩，林木覆盖率达到26.8%。

*幸福指数持续提升。*城乡居民医疗保险财政补助标准提高到每人每年380元，城乡居民基础养老金提高到每人每月85元，城乡低保标准分别提高到每人每年5760元和3400元，农村五保集中、分散供养标准分别提高到每人每年7200元和4200元。成立全省首家创业创新学院，建成特色创业园区6处，城镇新增就业1.2万人，城镇登记失业率控制在1.35%以内。实施薄弱学校改造等教育工程，规划建设民办学校4所，寿光市通过国家级农村职业教育

和成人教育示范县验收。推进东城医院一期和中医院病房大楼建设，免费开展65岁以上老年人查体和农村妇女“两癌”筛查，建设提升农村卫生室148所，合法生育率稳定在95%以上。新建改造新型示范养老项目4个、镇街综合性文化服务中心5处、村级文体广场100处，为268个行政村配套体育健身设施，寿光蔬菜生产习俗被确定为第四批省级非遗项目。开展安全隐患排查、社会治安严打整治、重点信访案件百日集中化解等专项行动，启动国家农产品质量安全县和食品安全城市创建工作，安全管理实现常态化。持续推进智慧寿光建设，启动公共场所免费WiFi建设等重点项目。2015年确定的10件民生实事全部达到预期目标。财政用于民生领域的投入占到财政总支出的84.6%。

自身建设不断加强。全年累计办理人大代表议案建议77件、政协委员提案112件，寿光市成为省行政复议规范化建设试点和依法行政示范点。强化政务公开，发布政府信息1.5万余条，公共服务呼叫中心受理事项1.7万余件。编制完成市级“四张清单”和镇级“三张清单”，下放权力事项35项，取消审批事项71项。启用新的政务服务中心和公共资源交易中心，推进重点项目代办服务和模拟审批，投资项目审批时间明显缩短。推进廉政建设，开展财政预算执行动态监控、财政支出绩效评价、政府采购网上超市等工作，完成25个政府投资项目和53个经济责任项目审计。

【寿光市位居2015年全国县域经济竞争力34位】 5月7日，中国社会科学院财经战略研究院对外公布《中国县域经济发展报告2015》（以下简称《报告》）。《报告》发布基于全国400强样本县（市）的县域经济竞争力评价指标体系、发展潜力评价指标体系和创新力评价指标体系，并基于这三套评价指标体系分别评选出全国县域经济竞争力百强县、全国县域经济发展潜力百强县和全国县域经济最具创新力50强。寿光市成功入围全国县域经济竞争力百强和最具创新力50强两大榜单，其中，在县域经济竞争力排名中，寿光市位列全省第5位、全国第34位；在县域经济最具创新力50强中，寿光市位列全省第9位、全国第44位。潍坊市另有诸城、青州、安丘入围三大榜单，其中，诸城市同时入围县域经济竞争力百强和最具创新力50强，分别位列全国第88、39位；青州市入围县域经济竞争力百强，位列全国第51位；安丘市入围县域经济发展潜力百强，位列第95位。

【寿光市软件园创业辅导基地入选首批国家小型微型企业创业创新示范基地】 12月8日，工信部公布首批国家小型微型企业创业创新示范基地名单，寿光市软件园创业辅导基地入选。国家小型微型企业创业创新示范基地由工信部组织评选，申报主体须为省级中小企业主管部门认定的小企业创业（示范）基地，且入驻小微企业要达到80家以上，从业人员1500人以上，小微企业数要占入驻企业总数的80%以上，并能为小微企业提供一站式、全方位、多层次的服务。本次公布的首批国家小型微型企业创业创新示范基地共计95家，其中山东省4家，寿光市软件园创业辅导基地为潍坊唯一获选基地。

【寿光市与领英中国签订国际签署战略合作协议成为国内首家与领英合作的县级市】 12月29日，寿光市与领英中国签署战略合作协议，将在利用互联网和大数据技术，对接全球精英人才方面进行战略合作，这标志着寿光市在推动招才引智全球化、信息化发展的道路上，迈出战略性一步。领英（LinkedIn）是全球知名的职场社交平台，2003年成立于美国，目前在全球拥有4亿用户，众多世界知名企业高管和高端专业技术人才都是其会员，自2014年进入中国，先后与上海、重庆、无锡等一线城市签署战略合作协议。作为第一个与领英合作的县级城市，寿光市将利用领英的平台优势，对接全球顶级智力资源，提升招才引智、招商引资和对外贸易等工作的层次和水平，打造创新引领、精英集聚、开放融合的智慧城市。

【圣城街道】 地处寿光市城区，面积65平方公里，辖13个城市社区，70个行政村，106028户，总人口26万人。2015年，全街道完成地区生产总值165.3亿元，实现地方财政收入6.7亿元。

2015年，全街道世纪风华学校、学府•书香苑、现代嘉苑3期等新建、续建过亿元项目63个顺利推进，并引进了高端商业综合体万达广场和国内最大的自营式电商京东；完成幸福路贯通、铁路口打通、圣城街立交桥、东黄复线等16个市政工程和重大项目的拆迁，拆除厂房、民房、店铺等180490平方米，提供1650亩用地；安全监管上推行“网格化”常态管理，对辖区内的近万家生产经营单位、4100余户食品经营户、4个农贸市场、62个农村蔬菜交易市场实行全方位监管；在南关和三里2个老旧小区改造试点，探索出以“群众为主体、政府为主导”的居民“自治改造”模式；研发“e社区”服务平台，用一个APP总揽社区全服务，为市民开启智慧生活；北魏、东夏、梨园、三官等村建成高端精品社区和“美丽乡村”绿化示范村，按照“村民捐一块、村里拿一块、街道补一块”的模式，新修道路8万平方米、排水沟1万多米，总投资1000多万元；作为文明城市创建的主城区和重点区域，设置公益广告1600余幅、手绘墙画1000多幅，制作围挡公益广告3.5万平方米，发放调查问卷2.6万份，建设文化大院70余处，设立“精神文明建设宣传栏”117处。

党工委书记 燕黎明

办事处主任 张其振

【文家街道】 位于寿光市西部，面积69平方公里，辖56个行政村，1.5

万户，人口5.4万人，耕地面积4500公顷。2015年，全街道完成地区生产总值38亿元，比上年增长4.8%；地方财政收入1.66亿元，比上年增长16.1%；工业实现销售收入27.8亿元，利税2.35亿元，分别增长6.6%和6.5%；第三产业增加值达23亿元。

2015年，文家街道项目建设有成就。在重点项目建设上，街道以电子商务、新型工业、民生事业为重点，新落地开工一批大项目、好项目，设立寿光CED电商聚集区，落实寿光农村淘宝服务中心项目，70多家村淘站点投入使用。日常工作有突破。加强“美丽乡村”建设，改善群众的居住环境；重视农产品质量安全，发展现代高效农业，将党建工作、安全生产工作常态化。重点工作有成绩。为全省“互联网+在山东”活动高标准打造参观采访现场，展示寿光市电商产业发展的良好态势；全力配合市政工程建设，完成寿济路西伸、羊临路改造、农圣街西伸等道路改造工程的丈量评估、拆迁工作；完成“空气质量百日整治”工作，完成黄标车淘汰、扬尘防护以及燃煤锅炉拆除工作，改善辖区内的空气质量。

党工委书记 王宏伟

办事处主任 任玉章

【洛城街道】 地处寿光市东城新区，总面积136平方公里，辖118个行政村，居民3万户，人口11.6万，耕地面积8670公顷。2015年，全街道完成地区生产总值102亿元，比上年增长7.59%；地方财政收入4.5亿元，比上年增长20.1%；工业实现销售收入218亿元，利税25.4亿元，分别比上年增长13.7%和20.9%；第三产业增加值达33亿元；农民人均纯收入18500元。街道先后荣获省级文明单位、省级卫生镇、省级旅游强镇、潍坊市十佳魅力城镇等称号，群众满意度连续四年获得全市15个镇（街区）第一名。

洛城街道实施城乡一体发展战略，城镇化进程明显加快。城市功能逐渐完善。东城商务新区建起“七纵七横”城市道路框架，建设教育、医疗、体育、行政、公园等15个重大配套工程，建成了寿光的行政、金融、商贸、居住、体育、教育、文化、医疗、科研、会展10个“中心”。社区建设有序推进。全面启动25个城中村的“城市化、社区化”改造，拆迁村庄21个，拆迁房屋7200户，未发生一起因村庄改造引起的集体或越级信访问题，现在已有15个村成功回迁，让群众共享一流发展成果。工业发展势头良好。形成医药、汽车、机械、新能源、木业、食品六大支柱产业，建成以富康制药为依托的新医药产业园、以泰丰锂电为依托的新能源产业园、以凯马汽车为依托的汽车机械产业园。街道现有规模以上企业79家。现代农业快速突破。种子研发、种苗培育、农业观光等产业初具规模，高端农业示范区特色鲜明，建设蔬菜种业硅谷，建立农产品质量二维码追溯体系，实施沃土工程。民生事业蒸蒸日上。建设东城世纪学校、北大附属学校、新区小学、东城医院等，新修镇村道路90公里，每年四次农村环境综合整治，118个村实现“安全饮水工程”全覆盖。创新基层治理模式。东斟灌村村级治理管理经验全省推广，“网上阳光村务”监督平台、“互联网+数字民生”模式、党群服务体系建设等被中央电视台《新闻联播》、新华社等媒体重点报道。

党工委书记 马焕军

办事处主任 王立新

【古城街道】 位于寿光市北部，面积85.8平方公里，辖61个行政村，1.5万户，人口5.5万人，耕地面积7.8万公顷。2015年，全街道完成地方财政收入4.36万元，比上年增长18.8%；规模以上工业主营业务收入50.31亿元，利税6.02亿元，分别增长13.6%和15.9%；第三产业增加值达16.81亿元；农民人均纯收入达到16270元。

工业经济健康发展。新开工工业项目5个，分别是康跃汽车尾气净化器、巨能生物质热塑复合材料、华鑫高压电机、三洋美式橱柜、山东泰沃农作物秸秆综合利用；正在办理手续工业项目5个，分别是巨能高品质特钢精整生产线和研发中心、巨能中水回用、三洋精美橱柜、大德智能机械、宝隆油井阀门。社区建设协调推进。新开工社区5个，分别是福祥居社区、罗桥社区、跃龙社区、前疃社区、临泽社区。基础配套逐步完善。抓好重点工程拆迁，完成南水北调工程、寿济路改造工程的拆迁扫尾；羊临路拓宽改造工程现已通车。投资280万元，总长3.6公里的村级道路改造工程已于10月完工。编制经济开发区基础设施总体规划。现代农业稳步发展。坚持定期抽检与集中送检相结合，达到抽检和送检合格率双100%；建立农资实名制采销平台，确保农资质量的安全放心。创建26家合作社。推进“大田改大棚，旧棚改新棚”的“两改”工作。工作创新成效明显。开展LNG集中供气试点，9月2日，寿光市农村集中供气试点现场会在古城街道召开。打造农业投入品全程控制模式，实现对整个生产、销售环节的全程跟踪服务，切实让群众得到蔬菜标准化生产的实惠。制定《党员群众服务中心考核管理办法》。古城街道被列为潍坊市扩权强镇第二批试点单位，设置了9个工作机构，承接市直部门下放权限。

经济开发区管委会主任、党工委书记 袁恩庶

办事处主任 任光学

【孙家集街道】 位于寿光市西南部，总面积78平方公里，辖78个行政村，15083户，5.9万人，耕地面积8.2万亩。2015年，全街道实现地方财政收入9258万元、固定资产投入24.7亿元，同比分别增长12.2%、8%；规模以上工业主营业务收入34.6亿元，同比增长6%；固定资产投入24.7亿元，同比增长8%。

街道经济特色显著，发展迅速。工业项目快速推进，新建、续建过2亿元的工业项目6个，成立工商业联合会。农业提质不断增效。在三元朱村试点药肥一体化和纳米土壤修复技术，加强农产品质量安全监管，在部分党员种植棚中率先实行统一编号和二维码标识，实行互助检测。三产物流全面繁荣。先后落实杰达物流等3个物流项目，宝力隆燃气项目顺利推进，圣湖新天地养老中心、金海湖自行车运动主题公园、地表净水厂等项目进展顺利。农村社区稳妥推进。范于社区沿街商贸楼启用，启动马疃城中村改造暨泰晤士小镇项目，三元社区5栋楼房已开工建设。民生事业兑现落实。狠抓农村环境卫生综合整治，9个村的“美丽乡村”项目全面完成，对25个村庄进行绿化提升，镇村面貌明显改善。开展典型评选活动和儒学讲堂进农村宣讲，弘扬社会主义核心价值观。

党工委书记 王　帅

办事处主任 李伟东

【稻田镇】 位于寿光市东部，面积137平方公里，辖112个行政村，2.6万户，人口9.5万人，耕地面积14.3万亩。2015年，全镇完成地区生产总值34.9亿元，比上年增长5.3%；地方财政收入9336万元，比上年增长27%；规模以上工业实现销售收入20.6亿元，利税1.6亿元，分别增长18.4%和19.4%。

稻田镇是中国香瓜第一镇、国家级生态镇、省级中心镇、省级旅游强乡镇。境内潍高路、大沂路、羊田路等交通要道纵横交汇，青银高速与之相连，交通便捷。境内有稻田、王望两大工业园区，现有富氏食品等大中型企业5家、限额以上工业企业27家，初步形成机械制造、汽车配件等八大支柱产业。全镇建成标准化农业园区20多处，发展“三品”蔬菜生产基地4万多亩，认证“桂河芹菜”“慈伦大鸡”等农业品牌40多个，成立农民专业合作社230家。拥有稻田蔬菜批发市场、田马瓜果市场两大瓜菜交易中心，成功引进光伏电力大棚项目，现代农业上档升级。完成大沂路亮化、王望污水管网收集、原田马镇区基础设施改造等工程；实施西刘营社区、德盛苑小区等旧村改造和居住小区工程；对丹河流域进行修复治理。实施农村安全饮水工程、标准化学校创建工程、镇村道路改造工程、镇污水处理厂、万亩高标准农田开发项目等一大批民生工程。

党委书记 张　帅

镇　　长 宋连勋

【侯镇】 位于寿光市境内东北部，面积218平方公里，辖86个行政村，1个居委会，人口10万，耕地面积8300公顷。2015年，全镇完成地区生产总值76.6亿元，比上年增长8%；地方财政收入7.5亿万元，比上年增长20.3%；工业企业实现销售收入373亿元，利税21亿元，分别增长1.9%和2%；第三产业增加值达26.8亿元；农民人均纯收入17828元。

先后荣获“全国重点镇”“全国环境优美乡镇”“中国产业集群经济示范镇”“中国县域产业集群竞争力100强”“省级中心镇”“山东省历史文化名镇”“省级文明镇”“山东盐化工产业第一镇”“山东省小城镇建设示范镇”“省级旅游强镇”等多项称号，在全省200个“百镇建设示范行动示范镇”考核中名列第8位。

党委书记 李增国

镇　　长 苗光盛

【纪台镇】 位于寿光南部，西临弥河，南与昌乐、青州两县市交界，总面积90平方公里，辖72个行政村，1.3万户，人口5.3万人，耕地面积4933.3公顷。2015年，完成地区生产总值23亿元，同比增长6%；地方财政收入3516万元，同比增长16.6%；工业实现销售收入82383万元，利税8124万元，分别增长11.2%和11%；第三产业增加值96017万元。先后被授予“国家级生态镇”“省级文明城镇”“潍坊市文明村镇”“潍坊市科普工作先进单位”等称号。

境内寿尧路纵贯南北，青银高速横贯东西，距寿光、青州、昌乐半小时、潍坊、淄博、东营一小时车程，交通便利，区位优势明显。是周朝纪国故都，境内有古纪国点将台、古城墙等遗址，西汉时期东方朔祠，清初著名学者安致远才子碑、晚读堂等历史文化古迹。

全镇冬暖式大棚、拱棚等近3万个，种植面积6万余亩，以种植茄子为主，并于2015年成功申报国家地理标志产品，另有辣椒、西瓜、甜瓜等多个优秀品种，注册有“亮腾”“孟家高欣”等蔬菜商标。全镇已建成标准化农业园区21个，育苗基地32个。镇区沿弥河拥有特色“万亩黄桃基地”，盛产的黄桃口味纯正，绿色无公害，适宜做罐头、果脯等食品。

党委书记 庞清滨

镇　　长 刘玉玲

【化龙镇】 位于寿光市西部，面积75平方公里，辖53个行政村，14709户，人口5.3万，耕地面积5700公顷。2015年，全镇完成地区生产总值30.08亿元，比上年增长11.2%；地方财政收入5069万元，比上年增长20.6%；工业实现销售收入56.6亿元，利税2.9亿元，分别增长23.9%和23%；第三产业增加值达95305万元， 比上年增长7.3%。

化龙镇是“中国胡萝卜第一镇”“国家级胡萝卜标准化生产示范区”“全国农产品加工创业基地”，全镇胡萝卜种植面积4万亩，有加工企业46家，年加工胡萝卜80万吨，产品80%出口到日本、韩国、俄罗斯、东南亚等国家和地区。为压减粮食等种植面积，增加农民收入，2015年，化龙镇调整土地2125亩，建成各类大棚452个，全镇大棚数量达到2800个。

党委书记 桑海强

镇　　长 韩效启

【上口镇】 位于寿光市中部，面积80.6平方公里，辖65个行政村，18880户，人口65595人，耕地面积4622.9 公顷。2015年，全镇完成地区生产总值30.7074亿元，比上年增长9.87%；地方财政收入12190万元，比上年增长31.3%；工业实现销售收入1045899万元，利税28405万元；第三产业增加值达7.8亿元；农民人均纯收入18000元。

上口镇成立窗饰行业协会，制定窗饰制品标准联盟，筹办2016中国（寿光）遮阳窗饰展览会等举措，构建起遮阳窗饰产业集聚发展的新格局；探索实施“社民联合经营、土地入股经营、合作社托管经营、村户联合经营、大户承包经营”五种土地经营模式，搭建起合作社发展、村集体经济壮大和村民致富的新平台；创新实施农村党员“亮身份、当巷长”工作，先后有1110名巷长上岗履职，在整治村内环境卫生、调解邻里纠纷、倡树文明新风等方面发挥示范带动作用，构建起“镇—社区—村—巷”四级网格服务体系，推进农村基层组织建设和社会治理创新，开辟农村党员发挥作用、农村基层治理的新天地。

党委书记 步宪群

镇　　长 张天华

【田柳镇】 位于寿光市中北部，面积108平方公里，辖68个行政村，1.8万户，人口6.8万人，耕地面积6866.7公顷。2015年，全镇完成地区生产总值29.24亿元，比上年增长10.76%；地方财政收入8127万元，比上年增长25.1%；工业实现销售收入643930万元，利税68302万元，分别增长11.5%和9.4%；第三产业增加值达101727万元。

田柳镇按照政府推动、市场运作、借力发展的工作思路，培育壮大农村电商，与阿里巴巴合作发展9家农村淘宝服务站，成立寿光市第一家农村淘宝镇级服务中心，将农村电商作为全民创业的助推器，发展“线上线下”全营销，全面推动企业上行。挖掘镇域内革命前辈的光辉事迹，与政协文史委联合撰写发行《王云生》；投资500万元新建植庭红色教育基地，原植庭学校大礼堂入选山东省重点文物保护单位。创新服务管理模式，引入“互联网+软件平台+村级治理”工作理念，开发村级治理智慧服务平台。

党委书记 崔　欣

镇　　长 苗光彬

【营里镇】 位于寿光市中北部，面积303平方公里，辖50个行政村，16972户，人口5.6万人，耕地面积8000多公顷。2015年，全镇完成地区生产总值23.10亿元，比上年增长10.5%；地方财政收入15395万元，比上年增长17.9%；工业实现销售收入273952万元，利税26984万元，分别同比增长1.1%和9.3%；第三产业增加值达101976万元；农民人均纯收入16560元。

区位优势明显。东邻滨海经济开发区，北接羊口新港，境内省道新海路、南大路横贯东西，羊临路、羊田路纵贯南北，荣乌高速、黄大铁路、德大铁路穿境而过，镇域内村村通柏油路，是寿北地区重要的交通枢纽，是“国家级生态乡镇”“省级环境优美乡镇”“省级文明镇”“潍坊市级中心镇”。

资源蕴藏丰富。拥有滩涂5万亩、海岸线11.6公里，宜盐面积30万公亩，年产原盐100多万吨、溴素1万多吨，是国内重要的原盐及盐化工生产基地。

二、三产业发展壮大。形成现代物流、新型能源、海洋化工、盐化工、畜禽产品养殖深加工为主导的新型工业、服务业体系。2015年，规模以上工业企业25家，规模贸易企业23家，规模服务业企业12家，服务业增加值占GDP比重为43.89%。

镇村建设日新月异。规划建设盈春社区、金海花园、教育片区等重点片区，建设道口商贸街、水产品综合市场、城镇污水处理厂等城镇重点工程，形成营里镇区和道口镇区“两翼齐飞”的镇域发展新格局；16个村被评为全市“美丽乡村建设示范村”。

现代农业亮点突出。形成畜牧养殖、水产养殖、苗木种植、优质菜果和食用菌四类园区齐头并进的现代农业新格局；创建“寿光麻蚬”“寿光文蛤”“老河口白蛤”3个国家地理标志产品，弘德羊、正向猪获得农业部“无公害农产品认证”。

党委书记 范福民

镇　　长 王庆忠

【台头镇】 位于寿光市西北部，面积100平方公里，辖41个行政村，1.4万户，人口5.4万人，耕地面积6586.7公顷。2015年，全镇完成地区生产总值35.2亿元，比上年增长9%；地方财政收入1.39亿元，比上年增长28.9%；工业实现销售收入152亿元，利税11.4亿元，分别增长10.2%、20.5%，第三产业增加值达7亿元；农民人均纯收入18335元。

台头镇境内凤凰台有“凤凰一栖成台”的优美传说，山东省第一个农村党支部诞生于此，张玉山故居是寿光市革命传统教育基地。

台头镇现有规模以上工业企业60家，形成防水材料、橡胶轮胎两大特色产业。其中，防水材料年产5.8亿平方米，产销量占国内市场份额的三分之一，是全国最大的新型防水材料生产基地和长纤聚酯胎生产基地；橡胶轮胎年产3000多万套，全钢载重子午轮胎年产400万套，是潍坊市最大的全钢载重子午轮胎生产基地。现有国家级高新技术企业2家、省级7家，争创中国驰名商标7个，著名商标、名牌产品46个。获得“建筑防水卷材全国质量提升示范项目”“防水产业全国知名品牌创建示范区”“国家火炬计划特色产业基地”称号。2015年，被山东省中小企业局授予“互联网+产业强镇”称号。现代农业蓬勃发展，采取“以地入股、按人分红”模式，大坨、北洋头等5个村土地实现集约经营、整体流转，全镇累计培育引进家庭农场、农业龙头企业200多家。

党委书记 吴振山

镇　　长 张成俊

【羊口镇】 位于寿光市最北部，渤海莱州湾南畔，小清河入海口处，面积352平方公里，辖22个行政村、7个居委会，总人口9万人，耕地面积7666.67公顷。2015年，全镇完成地区生产总值67.5亿元，同比增长11.5%；全镇地方财政收入突破9亿元，同比增长25%；实现规模以上工业总产值314亿元，主营业务收入317亿元，同比分别增长10%和12%；实现限上服务业企业收入10亿元，同比增长30%。

羊口镇规划建设60平方公里的先进制造业产业区、10平方公里的高新技术产业区、10平方公里的临港物流产业区、20平方公里的生态旅游区和15平方公里的中心商务区，通过加快中心城区的交通、文教、社保、医疗、商业等公共服务向农村的辐射延伸，实现产城融合、城乡均衡发展。先后投入50多亿元，新修道路200公里，新增绿化800万平方米，铺设各类管网600公里，安装路灯3000多盏，实现水、电、汽、通信、天然气等基础设施全覆盖；投资160亿元的国华电厂于2016年上半年建成投产，可为周边地区提供直供电、直供汽服务；投资15亿元，建设便民服务中心、企业职工保障房、养老中心、职业教育中心、寿光一中羊口校区、寿光人民医院羊口分院、湿地公园、市民广场等一批服务配套设施，实现住有所居、病有所医、老有所养、行有所通。

羊口园区共落户过亿元新型工业项目125个，70个项目新投产；引入神华、光大、中钢研、中材、华能、烟台港等一批国有实力企业，开工投资100亿元的鲁清产业园、投资50亿元的兰典生物科技、投资30亿元的寿光港等一批重大项目，形成卤水精细化工、石油化工、高端装备制造、新材料、新能源、临港物流六大项目群。以兰典和英利为代表的潍坊市生物基材料产业化集群，成为国家三大集群之一；以默锐为代表的卤水精细化工产业技术创新战略联盟，成功入选全国产业技术创新战略联盟，并有中科院化学研究所、中国海洋大学等30家单位入驻；园区内潍坊市级以上科研平台达到40处。

党委书记 吴广兴

镇　　长 孙向前

（李　鹏　桑锦缃　杨　娟）

安丘市

【国民经济和社会发展概况】 2015年，全市完成地区生产总值286.6亿元，同比增长8.6%；完成固定资产投资270.1亿元，同比增长14.4%；一般公共预算收入19.06亿元，同比增长15.1%；城镇、农村居民人均可支配收入分别为27282元和14047元，同比分别增长8.2%和9.5%。

*产业转型稳步推进。*实施投资过亿元项目228个，其中119个建成并运营。实施潍坊市级以上科技计划7项，10个项目获潍坊市科技进步奖，14家企业新纳入高新技术产业统计范围，高新技术产业产值占比提高4.6个百分点。全市规模以上工业企业实现主营业务收入487.1亿元，增长9.1%。新建改造标准化种植园区15个、养殖园区13个，新发展家庭农场209家，新增“三品一标”农产品24个。制定实施《食用农产品抽检办法》。新建小型农田水利工程14处，受益农田2.2万亩。规划建设兴安电子商务创业园，建成“淘宝网•特色中国•潍坊馆”等线上交易平台10个，农村淘宝项目顺利推进，完成电商万人培训计划，实现电子商务交易额90亿元。引进设立金融机构36家，金融中心投入使用；金融机构各项贷款余额达到280.7亿元，比年初增加43.9亿元。房产超市建成运营，新建商品房销售面积94.6万平方米。新发展农家乐集群村3个，安丘市被山东省旅游局评为全省乡村旅游示范市，柘山镇张家宅村被国家旅游局评为中国乡村旅游模范村。举办2015丝绸之路国际户外运动挑战赛揭幕赛和中国（安丘）电子商务大赛。社会消费品零售总额增长13.7%，服务业增加值占比提高2.4个百分点。

*城乡建设成效明显。*实施道路畅通、设施配套、增绿美化、管理提升“四大工程”，双丰大道西延、青龙湖路东延、青云山路改造、五里河路口改造等市政工程顺利完成，新增绿化面积190万平方米，铺设改造城市管网23.7公里，安装改造路灯1386杆。墨熙鼓巷建成运营，市民之家主体完工，博雅书画艺术城竣工验收。“智慧安丘”建设步伐加快，“潍V”公共服务平台在潍坊市推广。实施省道下小路、央赣路部分路段改造工程，新修改造县道3条24.5公里、旅游道路4条23.8公里。建成110千伏双丰输变电工程，农村中低压电网改造推进。完成成片造林3.3万亩，建成潍坊市级绿化模范村70个。

*创业创新蔚然成风。*工商注册制度便利化改革成效明显，新增市场主体13479个。新增股份制企业20家，金鸿新材料公司在“新三板”挂牌，7家企业在齐鲁股权交易中心“四板”挂牌。不动产登记管理体制初步建立。推进大众创业、万众创新，市创业创新孵化基地、大学生创业孵化基地、电商孵化中心等一批创业创新载体建成使用。发放小额担保贷款2.1亿元，贴息850万元，扶持创业1395人，带动就业4382人。供销社综合改革、农业水价综合改革等试点工作进展顺利，基本完成农村土地承包经营权确权登记颁证和集体资产改制。实施“千名青年技师素质提升计划”，开展“百名博士专家安丘行”活动。获批各类建设用地4363亩，盘活闲置低效用地1329亩，新增耕地5136亩。引进投资过亿元

项目37个，到位资金100亿元。完成进出口总额9.8亿美元，利用外资4754万美元，同比分别增长13.1%和18.6%；完成境外投资6991.7万美元。

社会事业全面进步。办好15件惠民实事，群众满意度居潍坊12个县（市、区）第一位。开工建设新安丘一中、莲花山中学、锦湖小学等学校6所，改扩建海龙希望学校、担山中学等学校23所，新建、改扩建普惠性标准化幼儿园17所。“单独二孩”政策全面落实，重点医疗卫生项目推进。新增公共自行车站点60个，购置公共自行车1200辆。市体育场完成改造并投入使用。放映农村电影10030场，举办首届中国（潍坊）古陶瓷文化节，“木版年画”等3个非遗项目入选省级非遗名录，宣传片《新安丘》获省电视艺术牡丹奖一等奖。评选“安丘好人”等道德建设先进典型100多人，被山东省省委宣传部评为全省四德工程建设示范市。《安丘市志（1986—2013）》通过省级专家评审，《安丘古志集成》获省优秀旧志整理成果奖。新增城镇就业8992人，城镇登记失业率2.97%。新设立慈善基金1200万元，发放慈善救助金897.7万元。农村五保、城乡低保、困难残疾人生活补贴和重度残疾人护理补贴、居民基本医疗保险财政补助、居民基础养老金和企业退休人员基本养老金标准进一步提高。及时投入资金1.2亿元，实施牟山水库应急供水、于家河水库管道调水等工程。开展“打黑扫毒”等系列行动，制定出台安全生产监管办法，实施安全生产“实名制”管理，开展“大排查、大整治、大培训、大演练”，安全生产形势持续稳定。

政府职能加快转变，依法行政推进。办理人大代表建议和政协委员提案197件，办理市长信箱、市长公开电话、网民咨询等群众来信来电22000多件。编制完成“四张清单”，非行政许可审批全部取消。设立公共资源交易中心。完成20个政府投资项目和36个经济责任项目审计。政府信息公开推进。落实中央“八项规定”精神，推进党风廉政建设和反腐败工作，纪检监察机关共立查案件355起，给予党纪政纪处分352人。

【新能源产业】 加强与中广核新能源投资（深圳）有限公司、山东天恩综合能源有限公司、浙江同景新能源集团有限公司等企业合作，发展风力发电和光伏发电。总容量150兆瓦的太平山、城顶山、摘月山3个风电场已并网发电；辉渠镇50兆瓦光伏电站于2015年12月建成并网，成为山东省最大的山地光伏发电项目；郚山镇、大盛镇2个40兆瓦光伏电站正在加紧建设。

【电子商务】 规划兴安电子商务产业园，建成电商交易平台10个，设立农村淘宝安丘运营中心，建成一批淘宝村级服务站，成功举办2015中国（安丘）电子商务大赛。

【乡村旅游】 制定乡村旅游发展三年行动计划，编制《乡村旅游发展总体规划》，建成全国特色景观旅游名镇2个、省旅游强镇4个，发展农家乐集群村6个。2015年，安丘市被确定为“山东省乡村旅游示范市”，柘山镇张家宅村被评为“中国乡村旅游模范村”。

【建成一批创业创新基地】 规划建设金安、昌安2个小微企业孵化产业园，引进轻资产项目14个。建设安丘市创业创新孵化基地、大学生创业孵化基地、电商孵化中心等11个创业载体，入驻创业实体200多个。

【支持实体经济力度加大】 设立企业风险缓释基金、产业发展引导基金等9支基金，成立2家融资担保公司。2015年，为30多家企业担保贷款26.5亿元，通过风险缓释基金，帮助20多家骨干企业周转贷款8亿多元。

【安丘经济开发区】 位于安丘市北部，是1992年经省政府批准设立的省级开发区。区划面积55平方公里，辖18个行政村，8500户，人口2.9万人，耕地面积2667公顷。2015年，全区完成地区生产总值78.3亿元，比去年增长9.7%；地方财政收入4616万元；工业实现主营业务收入296591万元，利税14376万元，同比分别增长32.1%和51.2%；第三产业增加值8亿元；农民人均纯收入11786元。

安丘经济开发区以优质的服务，力促项目落户建设和企业发展壮大。闰成石化、华汶实业、龙湖智谷、国能光电、圣普闪联等重点工业项目建设步伐加快。其中，闰成石化项目部分投产，华汶实业项目新上9条生产线并全部投产，大通动力科技项目和盛瑞农业装备项目全面投产，龙湖智谷项目基本完工，国能光电、圣普闪联和信昌电力设备正加快建设，锦湖小学、莲花山中学、经济开发区学校、人民医院新院等社会事业项目建设推进。

常务副书记、管委会主任 牛茂荣

副书记、管委会副主任 王嘉斌

【新安街道】 位于安丘市市北开发新区，地处城乡结合部，面积74.78平方公里，辖25个行政村，总人口4.2万，耕地面积3200公顷。2015年，街道完成固定资产投资29.6亿元，同比增长20.8%；规模以上企业实现主营业务收入93.2亿元，同比增长12.5%；实现国、地税收入3.43亿元；镇级财政收入7280万元；新增规模以上工业企业11家，规模以上服务业企业7家；新增市场主体1167家；通过潍坊、安丘认定招商引资额4.23亿元。

新安街道党建办公室实体化运作，实行开放式服务；推进农村社区建设，改造社区服务中心，并在城中、关王2个社区开展网上办公审批试点；加大人员下沉和经费保障力度，实现人员专职化，落实村会计坐班制度，强化社区服务功能；创新村级建设，结合“阳光议事会”，在全市探索实行“晒账单”制度，在葛达官庄村通过“双推双选”试点；提升村级

“造血”能力，在北韩村建成的300亩示范农场年可增加村集体收入5万元，在陈家楼村成立全市第一家村集体经济股份合作社。2015年，街道党建工作取得全市第一的好成绩。

党工委书记 贺纯栋

办事处主任 孙志杰

【兴安街道】 位于安丘市中北部，面积150平方公里，辖59个行政村，58314户，人口20.4万，耕地面积6467公顷。2015年，街道实现税收2.66亿元，其中，国税收入1.02亿元，地税收入1.64亿元；实现地方财政收入1.83亿元，实际可支配财力6726万元。72家规模以上工业企业实现主营业务收入59.3亿元。完成固定资产投资28.17亿元，同比增长19.6%。

突出工业主导地位。2015年，新增规模以上工业企业8家，有4个过亿元项目建成投产，引进宝益丰保险中介有限公司山东总部、润东电子等大项目6个，经认定招商引资额4.67亿元。埃尔派粉体、天利机械等7家企业准备在“新三板”挂牌上市。跨越发展服务业经济。加快汽车城、翰沃城、盛大农产品市场等服务业项目建设进度。对白芬子姜蒜批发市场、南苑商贸城等9个原有市场进行升级。建设占地面积200亩电子商务产业园区，落户投资1亿元的山东网店项目，当年实现网上销售额8000余万元。确定14个“村淘”合伙人，有3家已签订合作协议。租用原审计局办公楼发展创客经济，落户青云商城“整点抢”等电商平台项目6个。着力推进城市建设。完成物流港片区马家楼村全部居民安置任务；完成东南街居委65户、南关头居委83户、宋家园居委104户的居民安置任务。配合做好双丰路西通、新安路南延、青云山路改造、体育场改造、妇保院二期、锦国家园等项目区拆迁清障。投资700余万元对马家坟村潍徐南路至青云山路段、东关村和平路至健康路段、花园街等路段进行整修；对白店路、南防汛路进行整修硬化。全面做实社会民生。白芬子学校一期工程和三十里铺小学教学楼投入使用。新争取水利项目3个，投资额2850万元，受益土地3.7万亩。抓好农产品质量监管和食品安全城市创建工作，运用安全生产“点对点”谷歌地图管理办法，抓好违章建设监管和计划生育工作。

做好“接地气，连民心，促和谐”大走访活动，组织476名街道干部完成辖区57608户的走访。

党工委书记 冷文清

办事处主任 王旭光

【大汶河旅游开发区】 位于安丘市东北部，面积97平方公里，辖58个行政村，1.7万户，人口7.2万，耕地面积4867公顷。2015年，完成地区生产总值20.16亿元，同比增长10.37%；地方财政收入5766万元，同比增长22%；工业实现主营业务收入92969万元，利税9693万元，同比分别增长20.6%和14.6%；第三产业增加值20120万元；农民人均纯收入1.25万元。

现代农业发展迅速，形成蔬菜、林果、苗木三大主导产业，种植大姜、大葱、大蒜、芦笋、洋葱、西瓜等高效作物面积4万亩。丘陵以发展林果业为主，种植梨、杏、苹果、蜜桃、大樱桃等2500亩。其中，许戈优质梨基地1200亩。养殖业以生猪、肉鸡、蛋鸡、肉羊及獭兔、水貂、蓝狐等特种动物养殖为主，出栏生猪7万头、肉鸡100万只、特种动物10万只。引进投资过亿元的潍坊德生鞋业有限公司项目。依托青云山和青云湖景区，新发展起餐饮、休闲、娱乐等服务业企业200余家。加大基础设施建设，城市化步伐加快，实施翠微路、乐源大道东延、燃气管道铺设及小型农田水利建设等工程。开工建设尚水名邸、云湖•未来城居民小区。围绕“幸福大汶河”建设，开展“孝行大汶河、家和万事兴”主体文化活动。

党工委书记 郑可德

管委会主任 毛永东

【景芝镇】 位于安丘市东南部，面积217平方公里，辖135个行政村，3.5万户，人口16万，耕地面积13266公顷。2015年，全镇完成地区生产总值77亿元，同比增长8%；地方财政收入50578万元，同比增长77.49%；工业实现销售收入870000万元，利税51000万元，同比分别增长17.8%和15.2%；第三产业增加值276000万元；农民人均纯收入19898元。

加快工业兴镇步伐。新引进落户项目7个，总投资9亿元。其中，投资1.2亿元的温州布鞋加工项目、投资1亿元的青岛益佳鞋业项目、投资1亿元的果香源生物项目等5个过亿元项目已开工建设，投资6000万元的企业房顶光伏发电项目落户滨海工业园，投资3000万元的农业机械加工项目落户金安工业园并投产。全镇新增规模以上企业6家，总数达40家。服务业上，新落户项目5个。总投资近2亿元的文化综合体项目一期工程已完工，二期项目正加快建设。投资5000万元的钢材批发市场、投资2000万元的汽车检测线项目正加快建设。投资3000万元的大家庭购物中心建成营业。新增限额以上服务业企业10家，总数达32家。提升现代农业上档升级。投资2700万元的6.3万亩高标准农田治理项目通过验收。全年流转土地1.5万亩，成立家庭农场22家，注册合作社43家，总数分别达113家和240家。发展樱桃、榛子、大桃等林果种植，加快种植结构调整，全年发展成方连片林果种植基地5000亩。加大民生事业投入力度。投资近2亿元的教育园区全部投入使用，开工建设葛家庄社区、职工子弟小学新校、葛家庄幼儿园等项目8个，总投资9000多万元，建筑面积6.5万平方米。完成25公里的深奥燃气铺设拆迁倒地工作。投资1800万元、涉及8个村的联村治理项目通过验收。

党委书记 王加利

镇　　长 周作刚

【凌河镇】 位于安丘市西部，面积180平方公里，辖145个行政村，3.4万户，人口12万，耕地面积7800公顷。2015年，全镇完成地区生产总值42亿元，同比增长7%；地方财政收入 3199.58万元，同比增长12.9%；限额以上工业企业实现主营业务收入41.7638亿元，利税16139万元，同比分别增长18.7%和39.7%；第三产业增加值79800万元；农民人均纯收入13866元。是全国重点镇、国家级生态镇、国家级农产品加工出口重镇、山东省特色产业镇、山东省绿色蔬菜产业加工基地。

招商引资和项目建设。投资3.5亿元的姜黄素提取、投资3亿元的新希望六和禽肉熟食加工、投资1.1亿元的华隆塑料包装机械、投资6000万元的匠造食品蔬菜精深加工和投资1200万元的金尔泰高档焊材扩产等项目全面开工建设，歌尔声学集团对鑫易电声科技有限公司的并购重组项目顺利实行；投资3000万元的鲁韵饲料、投资2000万元的班泰织造项目正式投产达效。

小城镇建设。投资1405万元，改造提升道路7条，“五横六纵”11条道路全部进行高标准硬化、绿化、亮化；投资1600万元，对镇区重点排污企业和加工业户进行重点整治，铺设雨污收集管网10公里，建污水提升泵站1座，实现与市区主管网的并网；全镇景点公园达到8处，人均绿地面积达到13.2平方米；投资130万元，规范安装广告牌匾7560平方米；镇区商居小区新建安置楼9栋、2.7万平方米。

党委书记 郑建成
镇　　长 周建业

【石埠子镇】 地处安丘、诸城、沂水三地交界，位于安丘市南部，面积156平方公里，辖67个行政村，6.7万人，耕地6133公顷。是“中国樱桃之乡”“中国草莓之乡”“山东省历史文化名镇”“全国特色景观旅游名镇”“山东省旅游强乡镇”“山东省生态乡镇”。2015年，完成镇级财政收入2300多万元，同比增长80%以上；全年完成固定资产投资11亿元，增长15%；规模以上工业实现主营业务收入7.44亿元，同比增长19.5%；居民储蓄余额首次突破10亿元。2015年，两次全市镇街区科学发展综合考核群众满意度调查，满意度均为全市第一名。

抓项目建设，提升经济总量。共实施项目15个，完成投资8.2亿元。市园区先后引进过亿元项目，包括奥瑞环保、华品生物、弘大气凝胶，落户石埠子过亿元项目为山水骨料机制砂。开工建设台湾耕青集团投资1500万美元的欣展园生物科技项目。抓电子商务，提升现代农业。新建电子商务服务中心，搭建电商平台，新注册“爱上青山”电子商务商标，新研发“安丘红”牌樱桃酒及樱桃枕等产品；“石埠子”牌草莓是“全国百个农产品品牌”。抓新型农村社区，提升城镇化。规划建设新型农村社区6处，已启动4处；完成沿街楼房拆旧建新和配套建设工作；对庵上、召忽、上株梧3个次中心同步改造提升。抓生态建设，提升服务业。抓好植树造林、矿坑复绿、养殖场整治等重点生态建设；提升100公里生态绿道，新修渠河段道路延伸工程17公里；搞好物流服务，新增物流企业3家。抓民本民生，提升群众满意度。按省级标准新建镇级图书馆；新修硬化村级道路和村街道路28公里；人口合法生育率96.5%，性别比101；完成65岁以上老人免费健康查体和2600名妇女“两癌”筛查。

党委书记 肖　明
镇　　长 赵守乐

【大盛镇】 位于安丘市西南部，面积76平方公里，辖62个行政村，10325户，人口3.5万，耕地面积4467公顷。2015年，全镇完成地区生产总值14.12亿元，同比增长12%，地方财政收入911万元，同比增长 29.4%；工业实现主营业务收入56607万元，利税3128万元，同比分别增长14.2%和10.5%；第三产业增加值4942万元；农民人均纯收入11717元。

2015年，一期投资1.7亿元的40兆瓦天恩光伏发电项目开始动工，投资1.1亿元的潍粮食品项目投产达效，投资1.1亿元的立华牧业饲料厂建设完成；新成立5处党群服务中心，新下沉机关工作人员53名；完成下马疃村旧村改造，新建安置楼13栋，改善居住环境345户，复垦土地246亩；开展环卫一体化工作，镇村环境得到全面提升；持续抓好计生工作，全镇透查率达99%，合法生育率达98%。

镇党委书记 戴　军
镇　　长 代锋军

【辉渠镇】 位于安丘市西南部，面积206平方公里，辖40个行政村，1.9万户，人口6.7万，耕地面积5870公顷。2015年，全镇完成地区生产总值24.47亿元，同比增长20.3%；地方财政收入1676万元，同比增长9%；工业实现主营业务收入41370万元，利税2921万元，同比分别增长19.3%和1.6%；第三产业增加值1000万元；农民人均纯收入12664元。

2015年，先后获得全国第二批“宜居小镇”、第三批“全国特色景观旅游名镇”等称号，被确定为潍坊市第二批“扩权强镇试点镇”。注册成立全省首家镇级博物馆，落鸦石村被命名为山东省第二批“宜居村庄”，雹泉、西沟、下涝坡、黄石板坡4个村成功入选山东省首批“乡村记忆”工程文化遗产名单。

项目经济实现新突破。歌尔精密制造、舜泽机械、科磊包装、潍坊喜力电气4个“飞地经济”项目总投资32.7亿元。全省最大的山体光伏项目——50兆瓦天恩荣辉荒山农业光伏一体化项目，总投资5.2亿元，竣工并实现并网发电。乡村旅游迸发新活力。留山景区累计投资2.6亿多元，歌尔庄园累计投资1亿多元，百泉度假村投资2000多万元；下涝坡村“乡奢”酒店已签订投资协议；法兴寺主体工程完工；小麦峪农家乐提升改造投入200多万元。特色农业喜获新成果。新发展家庭农场、合作社58家，采摘园60个，采摘大棚288个，林果基地4000亩。

党委书记 房师靖

镇　　长 郭　伟

【郚山镇】 位于安丘市西南部，面积113平方公里，辖54个行政村，11551户，人口3.8万，耕地面积4600公顷。2015年，全镇完成地区生产总值20.9亿元，同比增长11.2%；地方财政收入1483万元，同比增长20.7%；工业实现主营业务收入596173万元，利税183497万元，同比分别增长16.7%和17%；第三产业增加值71681万元；农民人均纯收入13610元。

现代农业实现新提升。2015年，新发展核桃、榛子、大桃、大樱桃等干鲜果1.3万余亩，打造干鲜果特色镇。建成农产品质量安全检测点4个，配备流动检测车1辆。山东沃华农业科技股份有限公司新建育苗大棚55个，推广大葱社会化服务。潍坊普兰特汉杜泊羊繁育基地完成二期工程建设，引进小尾寒羊、胡羊各1000余只，分两批完成杜泊羊冻胚移植1500余枚，首批产下纯种黑头杜泊羊260余只。工业强镇迈出新步伐。投资4.3亿元的天恩金山30兆瓦和惠能一期10兆瓦光伏发电项目完成建设。山东金鸿新材料股份有限公司成为安丘市第一家“新三板”上市企业。小城镇建设稳步推进。滨河、南逯、墨黑3个新型农村社区新建成安居楼12栋，全镇整体搬迁16个自然村、1010户群众。乡村旅游实现新突破。鲁家哨、南官庄2个“农家乐”特色示范村正式运营，南官庄村与淄博幽幽谷旅游开发公司合作，推行公司化运营模式，并举办第一届草莓采摘节，先后被山东省住房和建设厅评为山东省宜居村庄，被山东省旅游局和潍坊市旅游局分别评为山东省旅游特色村和潍坊市乡村旅游标杆示范村。全镇创建中国乡村旅游金牌农家乐1户、山东省星级农家乐2户、“潍水人家”品牌示范户6户。完成青柘路镇区至柘山界的柏油硬化和绿化工程。通过“党支部+合作社+集体经济+贫困户”的模式实施产业扶贫，全年实现脱贫2043户、5386人。

党委书记 谢谦彪

镇　　长 徐志刚

【石堆镇】 位于安丘市东部，面积67平方公里，辖47个行政村，9600户，人口3.8万，耕地面积4267公顷。2015年，全镇实现地方财政收入1460万元，同比增长51.8%；完成固定资产投资8.7亿元，同比增长15.8%；规模以上企业总产值3.3亿元，同比增长14.6%；主营业务收入3.3亿元，同比增长16.1%；居民储蓄余额6.2亿元，同比增长6.9%；农民人均纯收入14968元。

经济持续快速健康发展。规划建设步云岭、甘泉岭、凤凰岭3个工业园，新引进项目7个。其中，园区项目1个，投产项目5个，新增限额以上企业4家。现代农业实现新发展。以发展品牌农业为目标，实施1.4万亩农业综合开发项目，新成立专业合作社19家。规划建设圣水河农业旅游观光区、步云锦绣田园林果区、万博花卉示范园、桂花园、油牡丹种植示范基地，参与国家食品安全城市创建活动，对204家“四小”食品经营业户办理“两证一照”手续。城镇化建设水平明显提升。推进农村新型社区建设，甘泉社区已建设安置楼34栋，安置兵马营、甘泉、店子3个村和阿洛村部分群众；中心社区建设安置楼16栋，安置邵家庄、王集2个村。开工建设亭子、下坡社区和河洼安置区。完成南临路孟戈至石堆段硬化。重点民生工程成效显著。投资800万元建成莲池小学并投入使用，开工建设大下坡小学教学楼、大亭子幼儿园教学楼。投资1300多万元，新建镇卫生院公共卫生楼和甘泉、亭子、河洼安置区卫生室，完善设施配套。开展“接地气、连民心、促和谐”大走访活动，共走访群众8741户，征求意见建议862条，解决问题698个。

党委书记 李金峰

镇　　长 闫文修

【柘山镇】 位于安丘市西南部，面积156平方公里，辖41个行政村，10176户，人口3.2万，耕地面积7087.1公顷。2015年，完成地区生产总值16.47亿元，同比增长27%；地方财政收入998万元，同比增长19%；工业实现销售收入22629.5万元，利税1279万元，同比分别增长22%和31%；第三产业增加值8700万元；农民人均纯收入12598元。

2015年，柘山镇出台生态补偿办法，实施主干道路“公里万树”提升改造、“大苑竹柳苑”“秋峪万亩生态林场”等项目，共栽植各类苗木1.5万亩，被环保部授予“国家级生态镇”称号。发展生态文化旅游产业，重点打造柘山乡情风俗游与“柘乡人家”农家乐项目。柘山乡情采取“边建设边运营”模式，房车营地、帐篷营地已逐步开放。“柘乡人家”农家乐提档升级，新建高档农家乐5处、游客接待办公楼1处、卫生标准化厕所1处。在省旅游局向山东省政府提报的9个乡村旅游示范点中，张家宅村排名第一，成功承办潍坊市旅游现场会。同时，张家宅村入选《山东省2014年度乡村旅游指南》，运营模式在全省推广。该村先后被国家旅游局评为“中国乡村旅游模范村”，被山东省旅游局评为“省级乡村旅游特色村”，被潍坊市旅游局评为“潍坊乡村旅游标杆示范村”等称号，全镇生态文化旅游产业已初具规模。创新招商形式，引进4个项目并落户市工业园区。中广核风力发电、恒德能源风力发电、佳阳光伏发电等镇域新能源项目。

党委书记 刘庆玲

镇　　长 王晓强

【官庄镇】 位于安丘市南部，镇域面积124平方公里，辖59个行政村，14236户，人口5.6万，耕地面积8334公顷。2015年，公共财政收入1294万元，同比增长62.2%，财政收入实现过千万目标；固定资产投资97844万元，同比增长16.7%。主营业务收入112934万元，同比增长14%；规模以上工业利税3192

万元，同比增长14%；招商引资完成2.38亿元，完成率238%；工业用电量1292万千瓦时，同比增长5%；农民人均纯收入13906元。

强化工业。2015年，全镇规模以上工业、服务业企业25家，初步形成以机械制造、纺织服装、食品加工、饲料加工为主的工业制造和农产品加工基地。引进多特机械过亿元项目，完成企业股改2家，耀宇数控、联荣环保、晟佑食品、金鹭时装、德诚饲料、强安铁塔、健成针织等一批新建、续建项目相继建成投产达效。

提升农业。全镇新建提升现代农业示范园区28个，注册农业品牌11个，农民专业合作社125家，经济合作社92家，发展家庭农场94家，认证“三品一标”13个。新认证省级农产品无公害品牌2个，建成标准化养殖示范场36处，年实现畜牧业产值4.3亿元。胶东半岛无规定动物疫病区项目，通过农业部验收；“华禽牌”鸡蛋被山东省工商局评为山东著名商标。加快土地流转，以中国食品谷为依托，采取出租、入股、合作等多种形式流转土地4000余亩。实施千亿斤粮食产能田间工程、高标准农田和小农水等土地综合整治改造项目4个，受益村庄45个，面积5万亩。

推进城镇化。改造升级县乡公路7公里，全面完成24公里的村级公路网化示范县项目验收。改造农村低压电网32公里。完成10.2公里于家河管道调水工程、天恩荣辉光伏35千伏输电线路和郚山至宏图站110千伏输电线路项目拆迁清障任务。启动永昌、金湖、寨庄3个社区建设，建成安置楼25栋，建筑面积89000平方米。整体搬迁小洼、卞家洼、西挑河等8个村庄，安置居民920户，并做好对社区道路、水电管网、雨污处理及景观绿化等基础设施配套建设，所有搬迁至楼房住户全部实行集中供暖。完成丁家庄、魏家寨庄、董家寨庄、都家寨庄4个村201亩土地整治挖潜项目验收工作。

改善民生事业。筹集资金3440余万元，建成管公、官庄两所九年一贯制学校。投资1160万元新建官庄中心幼儿园、朱家庄幼儿园、寨庄幼儿园、管公幼儿园4所，扩建埠南头幼儿园1所。全年造林绿化1700亩，森林覆盖率达到46.7%。被潍坊市绿化委员会授予“绿化示范先进镇”，被山东省农业厅授予“一村一品示范镇”称号。在安丘市组织的群众满意度测评中，成绩连续三年名列前茅。连续三年获全市科学发展考核一等奖。

党委书记 张宪宝

镇　　长 毕青君

【金冢子镇】 位于安丘市东南部，面积82.5平方公里，辖56个行政村，11514户，人口4.14万，耕地面积5436公顷。2015年，地方财政收入570万元，同比增长29%；工业实现主营业务收入98312万元，利税5597万元，同比分别增长13.6%和10.7%；第三产业增加值24325万元；农民人均纯收入12152元。

建成安丘市级重点工业园区——金安产业园和东城产业园，形成机械制造、食品加工、建筑建材、电子加工四大支柱产业。金安产业园，位于双丰大道南侧，规划面积300亩，建筑面积31万平方米，投资5亿元，规划68栋独立建筑，2015年已建成18栋。东城产业园，位于市南外环、东外环和206国道交汇处，规划面积3000亩，2015年，园区在建扩建项目有4个，分别为：飞恒机械、瑞峰机械、卓诚精密机械、LNG加气站。规划建设万亩大棚甜瓜示范基地，在206国道附近建设占地60亩的甜瓜交易市场，“金冢子”牌甜瓜于2009年被农业部认定为“绿色食品”；规划实施3000亩的大姜种植示范基地、5500亩小农水重点县项目和2.27万亩高标准农田整理项目；建成2.8万亩农产品质量安全区域化基地，并注册“东后金堆”大桃、“乐源”冬枣、“欣润”肉鸭等农业品牌8个。全镇建有中学1所、小学2所、幼儿园4所、建有卫生院1处、敬老院1处，被山东省授予省一级示范敬老院称号；全镇56个村全部通自来水、通硬化路、通数字电视，主要街道全部实现绿化、美化、亮化。金冢子镇先后获得山东省生态镇、山东省科普村村通示范镇、山东省文明示范镇等称号。

党委书记 马康谊

镇　　长 王晓丽

（辛立兴）

高密市

【国民经济和社会发展概况】 高密市位于潍坊市东端，东与青岛市接壤，全市总面积1526.63平方公里，年末，全市户籍总人口88.96万人，人口自然增长率5.67‰。全年实现地区生产总值586.57亿元，比上年增长8.8%。其中，第一产业增加值49.81亿元，第二产业增加值313.84亿元，第三产业增加值222.92亿元。全社会固定资产投资 479.51亿元，公共财政预算收入59.09亿元，公共财政预算支出49.28亿元。年末，金融机构本外币各项存款余额393.8亿元，其中居民存款储蓄余额274.72亿元。社会消费品零售总额186.55亿元，进出口总额20.65亿美元。

农业。全年农作物总播种面积244.05万亩，同比增长1.9%。粮食播种面积206.68万亩，增长3.5%；粮食总产量101.83万吨，增长2.1%。棉花播种面积0.35万亩，下降59.8%，总产量为0.04万吨，下降50.0%；油料播种面积8.46万亩，下降24.7%，总产量为3.03万吨，下降23.1%；蔬菜面积25.90万亩，增长6.2%，总产量为103.46万吨，增长5.9%，增产5.72万吨。全市完成造林面积1720公顷，其中，新增防护林1302.6公顷、用材林344.9公顷、经济林72.5公顷、育苗280公顷；改善农田林网833.3公顷，四旁植树560万株。全年完成植树造林1000万株，林木覆盖率达到38.5%。全年生猪出栏152.78万头，增长0.5%；家禽出栏5100.87万只，增长1.2%。大牲畜存栏10.13万头，增长0.3%；猪存栏77.78万头，下降7.1%；羊存栏18.70万只，增长177.1%；家禽存栏1438.00万只，增长7.0%。肉类总产量19.83万吨，增长1.4%；禽蛋产量3.85万吨，增长14.4%。年末，全市农业机械总动力达191.68万千瓦，增长3.3%。联合收割机5005台，增长0.5%；拖拉机机引农具74853台（套），机具配套比达1：2.25。全年完成机耕、机播、机收作业面积分别为103.54万亩、227.49万亩、222.11万亩。全年有效灌溉面积达到103万亩，占总耕地面积的比重为72%；完成水利建设投资5.4亿元，实施“引黄入高”调水工程并顺利通水，峡山水库至城北水库管道输水工程、孟家沟水库等水源工程建设顺利推进。

工业和建筑业。全市600家规模以上工业企业实现工业总产值1922.8亿元，同比增长9.4%；工业增加值可比价增长9.1%；实现主营业务收入1922.2亿元，增长9.3%；产品销售率为99.2%；实现利税174.9亿元，增长8.7%，其中，利润总额112.7亿元，增长8.1%。支柱产业规模持续壮大，产业集群效应更加明显。纺织服装、机械电子、制鞋劳保、食品加工、化工建材五大产业集群企业发展迅猛，共达到487家，完成工业总产值1547亿元，占规模以上工业总产值的比重达到80.5%，对工业经济的贡献率为84.5%，拉动工业经济增长8.0个百分点，是拉动工业经济增长的主要力量。以豪迈科技、恒涛节能为代表的高新技术产业实现新突破，全市高新技术产业企业实现产值450.3亿元，占规模以上工业企业总产值比重为23.42%，比上年提高1.16个百分点。年末，全市共有资质等级三级以上的建筑施工企业40家，期末从业人员10520人，全年房屋建筑施工面积 308.66万平方米，竣工96.04万平方米。建筑业实现总产值 37.02亿元，增长0.8%；实现增加值20.77亿元，可比增长5.3%。

固定资产投资。全市固定资产投资完成479.51亿元，增长14.6%。一、二、三产业分别完成16.47亿元、232.50亿元和230.54亿元，分别增长25.5%、24.4%和5.6%，三次产业投资比重由去年的3.1：44.7：52.2调整为3.4：48.5：48.1。全市房地产开发完成投资33.60亿元，增长11.4%。全年商品房施工面积415.75万平方米，增长13.7%；竣工面积27.58万平方米，下降27.7%；商品房销售面积48.90万平方米，增长10.9%；销售额20.33亿元，增长5.1%。

国内外贸易。全市实现社会消费品零售总额 186.55亿元，增长13.9%。其中，乡村市场实现零售额68.84亿元，增长15.3%；城镇市场实现零售额117.71亿元，增长13.1%；乡村市场发展快于城镇市场。分行业看，批发和零售业实现零售额177.09亿元，增长13.8 %；住宿和餐饮业实现零售额9.46亿元，增长15.8 %。全市完成进出口总额20.65亿美元，增长6.1%。其中，出口15.07亿美元，增长4.0%；进口5.58亿美元，增长12.0%。全市实际利用外资9200万美元，增长13.6%；新增境外投资项目5个，中方协议投资额5147.5万美元。

交通运输和邮电业。全年完成交通基础建设投资4.4亿元。年末，全市公路通车里程达4114.9公里，其中国道31.3公里、省道125.6公里、县道333.9公里、乡道283公里、村道3341.1公里，公路密度达269.5公里/百平方公里，公路养护里程4083.6公里。全市营业性机动车辆7630辆，其中客车287辆、货车7343辆。全年完成客运量727万人次，旅客周转量50480 万人公里，增长0.9%；完成货运量2579万吨，货物周转量547606万吨公里，增长4.1%。全年完成邮政业务总量4529.02万元，比上年增长4.5%。全市年末各类电话总计99.53万部，其中移动电话 88.05万部、固定电话11.48万部。移动电话普及率为98.98部/百人，固定电话普及率达到12.91部/百人。互联网用户达到15.65万户。

金融。2015年，高密市被评为“中国金融生态示范城市”。年末，全市金融机构各项存款余额达到393.8亿元，是2010年的2.3倍，较年初增加58.5亿元。其中，住户存款储蓄余额达到274.72亿元，较年初增加40.84亿元，人均居民储蓄存款首次突破3万元；非金融企业存款余额97.66亿元，较年初增加12.72亿元。各项贷款余额342.44亿元，是2010年的2.2倍，较年初增加40.24亿元。其中，住户贷款111.82亿元，较年初增加4.27亿元；非金融企业及机关团体贷款230.62亿元，较年初增加35.97亿元。

科技和教育。全市新上科技计划项目42项，其中国家级项目5项、省级2项、潍坊市级8项、高密市27项，争取项目无偿资金和科技奖励资金364.6万元。全年完成科技成果鉴定12项，其中，有3项达到国际领先水平，5项达到国际先进水平；获得潍坊市科技进步奖8项，其中二等奖7项、三等奖1项。新审批潍坊市级以上企业研发机构7家，其中1家为省级企业研发机构；新认定潍坊市级科技企业孵化器1家，新建设潍坊市级产业技术创新战略联盟2家，产业技术联盟达到10家；新认定和重新认定高新技术企业5家；完成招院引所3家。全市共申请国内专利1002件，专利授权总量573件。其中，发明专利申请365件，发明专利授权88件。新创山东名牌产品1个，总量达到22个；新增山东省服务名牌1个，总量达到6个；地理标志保护产品1个。行政认定驰名商标1件，总量达到11件。新认定山东省著名商标3件，总量达到34件；地理标志证明商标总量1件。国家级“守合同重信用”企业总量达到4家，省级44家，市级53家。全市共有各类学校151所，在校学生124770人。其中普通中学36所，在校学生45646人；职业中学4所，在校学生10718人。九年义务教育巩固率达到98.5%。教育事业费用支出17.01亿元，财政性教育经费支出15.57亿元。恒涛双语实验学校、第四实验小学等学校新建校舍投入使用，新增校舍3.5万平方米；高密一中新校、职业教育中心、豪迈职教园区等重点项目加快建设。2015年，高密市被山东省教育厅推报为“全国中小学校责任督学挂牌督导创新县”。

文化、卫生和体育。建成并免费开放姜一涵、张文光美术馆，新建镇图书馆3座，实现全市图书“统借统还”。举办欢乐社区行、群众文艺汇演、送戏下乡等群众性文化活动1000多场（次），送电影下乡近万场。完成市历史文化展示工程打造，孙家口伏击战旧址等4处被确定为第五批省级文物保护单位。举办第六届中国（高密）红高粱文化节和首届红高粱文化奖评选，红高粱文化品牌影响力持续扩大。全市年末拥有各类卫生机构227所，病床3677张，卫生技术人员6003人，乡村卫生室490处。全年来共投入资金3.62亿元，用于更新医疗设备和业务用房建设。人民医院内科医学中心、中医院急诊急救综合楼建设快速推进，改造提升镇级卫生院15处。高密市医联体建设经验被全国推广，分级诊疗工作率先在省内试点，荣获“山东省妇幼健康优质服务示范县”称号。举办潍坊市第十九届运动会，举办群众体育活动100余场次，承办潍坊市级以上高端体育赛事20余场次。全市运动员在国家级及以上比赛中，荣获金牌11枚、银牌5枚、铜牌4枚；在省级比赛中，获金牌43枚、银牌26枚、铜牌19枚；在潍坊市级比赛中，荣获金牌 165.5枚、银牌83枚、铜牌103枚。

人民生活和社会保障。2015年，全市居民人均可支配收入23511元，比上年增加1991元，增长9.3%。其中，城镇居民人均可支配收入30741元，比上年增加2408元，增长8.5%；农村居民人均可支配收入14408元，比去年增加1214元，增长9.2%。全市3.57万名各类离退休人员按时足额领到养老保险金，并为2.67万名企业离退休人员提高了养老金标准。年末，全市共有1146家单位参加职工养老保险，其中企业参保895家，参保人数已达到11.47万人；机关事业单位251家，参保人数1.85万人，全年实际收缴职工养老保险费11.41亿元。城乡居民养老保险参保人数54.3万人，全年收缴居民养老保险费1.02亿元。征收失业保险费3793.96万元。职工医疗保险参保单位达到1460家，参保人员13.45万人，全年收缴医疗保险费2.97亿元。居民医疗保险参保人员68.81万人，全年收缴医疗保险费3.66亿元（含财政补贴2.88亿元）。职工生育保险参保人数达到6.42万人。在全国率先开展国家级社会保险服务标准化试点。全市城乡低保对象19982人，其中，城镇低保1924人，月人均补助267元；农村低保18058人，月人均补助146元，全年共支出低保金3795万元。年末，全市各种收养性社会福利单位拥有床位6021张，累计供养五保老人1921人，其中，分散供养783人，集中供养1138人，集中供养率为59.2%。依托两个残疾人培训和就业扶贫基地，免费培训残疾人260人，辐射带动残疾人就业107人，20名残疾人自主创业成就明显。年末，共征收残疾人保障金811.7万元，保障残疾人事业发展。

城市建设和环境资源。2015年，全市常住人口城镇化率达到57.87%，提高1.49个百分点。建成城市社区15处、农村新型社区93个，城乡社区建设已实现全覆盖。实施重点环保工作214项，“十二五”末，主要污染物化学需氧量、氨氮、二氧化硫、氮氧化物排放量比“十一五”末削减13.8%、17.7%、23%和21.1%。2015年，全市主要污染物PM2.5、PM10、SO_2、NO_2分别同比改善14.8%、14.6%、22.41%和7.14%。王吴水库、城北水库两处饮用水源地水质常规监测指标全部达到国家Ⅲ类标准以上。全年降水量达332.8毫米，年平均气温13.9℃，日照时数2357.9小时。

【供销社综合改革经验在全国推广】 2015年9月24日，全国供销合作总社农业社会化服务暨综合改革试点现场推进会在高密市召开。中华全国供销合作总社党组书记、理事会主任王侠，供销合作总社理事会副主任骆琳，山东省副省长赵润田等领导参加会议。与会人员到张家庄为农服务中心、车道口社村共建示范点、孚高农业服务有限公司、初家为农服务中心等现场，考察高密市建设“3公里土地托管服务圈”及开展农业社会化服务的工作情况。高密市在会上做经验交流。

【荣获“中国安全防护用品产业名城”称号】 2015年4月13日，在第九十届中国劳动保护用品交易会上，高密市被授予“中国安全防护用品产业名城”称号。高密市劳保制鞋产业集群注册工商业户达3287家，年产各类鞋2亿双、防护手套40亿双，形成从原料生产供应、产品设计开发、技术培训、生产企业到物流销售一条龙生产体系。

【新编茂腔戏《红高粱》连获大奖】 2015年，新创作大型茂腔现代戏《红高粱》荣获第八届“泰山文艺奖、第三届“风筝都文化奖”，入选山东省舞台艺术精品工程，入围山东文化艺术节新创作优秀剧目。

【平安高密建设成绩突出】 依法治理暨平安高密建设工作推进，获得“全国法治县创建活动先进单位”“全国模范法院”“全国科技强检示范院”等称号。创新工作机制，矛盾纠纷调解模式在潍坊市推广。

【经济开发区】 位于市区东南方，辖62个村（居），总面积90平方公里，耕地面积7636公顷，年末，全区户籍总人口4.85万人。2015年，全区实现税收15128万元，地方财政收入9590万元；工业总产值572784万元，主营业务收入575930万元，实现利税63794万元；完成固定资产投资398381万元，其中，工业固定资产投资164039万元。

2015年，全省138家省级经济开发区综合评价考核中，经济开发区首次进入前10名。豪迈装备产业园确定为全省“大众创业、万众创新”重大典型。星宇、登升成为行业标准的制定者。豪迈产业园确定为全省“创新创业、转型升级、和谐共享”重大典型，新建车间10.7万平方米，纳税1.4亿元。星宇、登升两家公司共同参与制定浸胶劳保手套首个行业标准，新上32条生产线实现增资扩产转型升级。康成大街、芝张路、横三路、南外环（开发区）段相继竣工通车，新派出所建设主体完工，学校、医院改造提升工程使用。

党工委副书记(主持工作) 李　铭

党　工　委　副　书　记 赵华功

【密水街道】 位于市区西南部，辖86个村（居），总面积 135平方公里，耕地面积7290公顷，年末，全街道户籍总人口14.38万人。2015年，全街道实现税收5.55亿元，地方财政收入3.2亿元；工业总产值1337010万元，主营业务收入1322124万元，实现利税 215961万元；完成固定资产投资429254万元，其中，工业固定资产投资143545万元。

2015年，密水街道投资13亿元的金冠红木文化艺术中心列入潍坊市政府领导包靠项目，一期工程开工建设；凤凰永安居、方圆美墅、豪迈轮胎模具提质增效3个项目列入潍坊市战略性投资考核项目；康成大街西拓片区卞家庄段已回迁，建筑面积27万平方米的清华园、幸福小镇等新城建项目完成主体工程。豪迈集团转型升级、对外合作引起各级重视和认可，山东省省长郭树清等省领导先后到豪迈集团考察，对豪迈集团“全员创新”“与世界500强深度合作”等做法高度赞赏。4月中旬，中国模具工业协会2015年会长会议暨专业委员会主任会议在豪迈举行，6月，新华社等多家新闻媒体对豪迈集团进行采访。街道被评为“全国无邪教示范乡镇”，姜家屯村被评为“全国民主法治示范村”。

党工委书记 张友勤

办事处主任 禚见前

【醴泉街道】 位于高密市中西部，辖76个村（居），总面积134.24平方公里，耕地面积6700公顷，年末，全街道户籍总人口11.3万人。2015年，全街道实现财政总收入2.6亿元，地方财政收入1.78亿元；工业总产值276.8亿元，主营业务收入 278.8亿元，实现利税25.2亿元；完成固定资产投资 49.2亿元，其中，工业固定资产投资46.3亿元。

2015年，街道实施“一体两翼双跨越”的思路举措。城区板块完成凤凰景苑等十多个片区小区的旧城改造，工业板块完善“一区三园三产业”的规划布局。现代农业板块确立城西都市农业引领、特色园区支撑的“龙头带动，双线布阵，多园提升”的现代农业发展格局。民生事业得到持续发展。修筑高蔡路等4条辖区主次干道路120余公里；完成康庄新村等4处农民集中居住区，12个城乡社区全部实现实体化，教育、卫生、文化事业取得长足进步。街道获得“山东省先进基层党组织”“省安全生产先进单位”“潍坊市文明单位”等称号。

党工委书记 乔日升

办事处主任 展世祥

【朝阳街道】 位于高密市区东部，辖30个村（居），总面积30.138平方公里，耕地面积223.3公顷，年末，全街道户籍总人口5.4万人。2015年，全街道实现税收48256万元，地方财政收入34391万元；工业总产值3076027万元，主营业务收入3073035万元，实现利税132775万元；完成固定资产投资594340万元，其中，工业固定资产投资510425万元。

2015年，投资6876万元新建市第四实验小学；新建、扩建校舍206万平方米；投资3000多万元高标准建设夷安、观音、罗家庄3个社区服务中心；完成城乡居民基本养老保险征缴工作，为辖区内54604人建立了居民健康档案；新建文化广场、文化大院3处，为农家书屋补充更新图书1000余册；启用滨河社区老年人日间照料中心，探索社区养老模式；投资300多万元对街道“三大堆”进行清理，清理存量垃圾2500余车、街巷400余条；投入200多万元，加大对辖区主要道路、绿化带的日常卫生保洁和管理养护，维护管理绿化带30多万平方米。

党工委书记 朱永利

办事处主任 郭金桥

【夏庄镇】 位于市区东北部，辖59个村（居），总面积67.6平方公里，耕地面积4133公顷，年末，全镇户籍总人口5.03万人。2015年，全镇实现税收5.99亿元，地方财政收入3.11亿元；工业总产值3482162万元，主营业务收入3486420万元，实现利税269412万元；完成固定资产投资857744万元，其中，工业固定资产投资759544万元。

夏庄镇共落户项目56个，其中，高新技术企业21家，形成以孚日家纺为龙头的纺织服装产业、以晟绮港储国际物流园区为龙头的物流企业、以永和金属为龙头的高端装备制造产业、以康地恩生物为龙头的生物医药产业、以惠影科技为龙头的电子产业。高新区被评为潍坊市工业化和信息化融合示范园区、山东省智慧园区建设试点园区和山东省科技创新基地。现代农业实现新突破。规划发展惠和食用菌产业园和保益食用菌产业园。惠和食用菌产业园搭建“村社企”共建发展新模式。先后被授予“全国重点镇”“全国发展改革试点小城镇”“山东省行政管理改革试点镇”“潍坊市先进基层党组织”,称号。

党委书记 付联宝

镇　　长 马　明

【柏城镇】 位于市区东南部，辖35个村（居），总面积54.39平方公里，耕地面积7785公顷，年末，全镇户籍总人口3.15万人。2015年，全镇实现税收16156.1万元，地方财政收入12347.8万元；工业总产值1632658万元，主营业务收入1615398万元，实现利税202550万元；完成固定资产403258万元，其中，工业固定资产投资345238万元。

加大基础设施投资力度，修建园区三路，扩展园区3000多亩；道路两旁绿树花草成荫，改善园区环境，提升园区承载力。经济结构不断优化。按照现代化、集约化、园林化的标准建设一批现代工业项目，鑫越机械、艾菲特家居、珑佳钢管、红太阳制衣、澳大利亚农业机械等17个项目已陆续开工建设。特色农业蓬勃发展。谋划“一村一品”种植布局，发展花卉特色产业，依托牡丹园、辉煌半岛花卉苗木示范园、青檀植物园、凤凰岭桂园等十里花卉长廊，发展起集文化游、山水游、花卉游于一体的乡村旅游业。公共文化服务水平提升。举办第十六届白羊山艺术节暨第四届辉煌国际半岛花卉春季赏花节。2015年，柏城镇被评为“全省消防安全先进单位”，连续7年被评为“山东省文明镇”。

党委书记　管增璋

镇　　长　赵小燕

【姜庄镇】 位于市区北部5公里，辖71个村（居），总面积123.75平方公里，耕地面积7000公顷，年末，全镇户籍总人口5.58万人。2015年，全镇实现税收10045.9万元，地方财政收入10431万元；工业总产值1668141万元，主营业务收入1677419万元，实现利税143705万元；完成固定资产投资463669万元，其中，工业固定资产投资259655万元。

2015年，全镇共新建、续建项目22个，低碳产业园、高端化工材料基地等在谈项目3个，总投资达71.1亿元。完善农业基础设施建设，投资300多万元，完成5000亩涉及4个村的农业综合开发提质改造项目，在潍坊农业开发考核验收中获得第一名好成绩。投资600多万元，完成镇区“六纵三横”道路的绿化、亮化、净化等综合提升工程。投资300多万元，新建、改建10处社区。投资50多万元，制作社区便民服务系统，在全市率先实现日常业务网上“一站式”办理。全镇791个低保户、1241人全部纳入低保救助，养老、医疗参保率均达到95%以上。建设完成建筑面积3200平方米的派出所业务技术指导用房，实现姜庄派出所、消防中队与交警大队三中队集体办公。2015年，省级示范镇建设位次前移3个，获得“省级文明乡镇”“潍坊市农村土地承包经营权确权颁证工作优秀镇街”“农业开发获潍坊市考核验收第一名”等称号。

党委书记　田凯文

镇　　长　孙桂新

【阚家镇】 位于市区西部，辖93个村（居），总面积150平方公里，耕地面积8853.3公顷，年末，全镇户籍总人口7.9万人。2015年，全镇实现税收5717万元，地方财政收入3564万元；工业总产值751811万元，主营业务收入745655万元，实现利税74639万元；完成固定资产投资135021万元，其中，工业固定资产投资90073万元。

阚家镇投资17亿元，建成鲜食葡萄、大棚蔬菜、食用菌、花卉苗木等多品种、多形式的现代农业园区20多个，其中，大棚鲜食葡萄面积已发展到6000多亩。形成以望乡食品、瑞丰食品为支柱的食品加工业，以安泰玛钢、众信铸造为代表的机械制造业，以伟丽纺织、兴隆毛巾为龙头的纺织服装业等八大主导产业，撑起产业阚家的骨架。把初家、阚家、双羊、高戈庄4个社区作为主镇区，通过搞好交通、产业对接，加快4个社区融合发展，扩大镇区规模。把集中居住区建设作为城镇化的重点工作推进，建成嘉和花园、康成大院等10多个居住区，其中，投资1.2亿元、建筑面积6万平方米的松兴屯新村是高密西部首家大型低碳集中居住区。

党委书记　齐有春

镇　　长　李　翔

【柴沟镇】 位于市区西南部，辖79个村，总面积125.53平方公里，耕地面积7665公顷，年末，全镇户籍总人口5.02万人。2015年，全镇实现税收9800万元，地方财政收入8767 万元；工业总产值1169476万元，主营业务收入1169753万元，实现利税98309万元；完成固定资产投资267765万元，其中，工业固定资产投资200866万元。

完善农业基础设施建设，投资1亿元的7万亩高标准基本农田整治项目，惠及7000多户村民；实施“两个小农水工程”，投资2700万元，涉及土地2.1万亩；投资1000万元的黄烟水肥一体化工程投入使用，黄烟生产实现产值3000万元，税收600万元。小城镇建设围绕“一河一路”开展。“一河”是指沿五龙河打造总投资16亿元，集湿地文化、人文创意、旅游观光、水利灌溉、高档疗养托老、宜居生态等于一体的五龙河湿地公园及文化创意园项目；“一路”是指平日公路拓宽改道工程，全长18公里，镇域内长12多公里，面积360亩。新开工建设6000平方米的柴沟中心卫生院病房楼、1200平方米的土庄社区卫生院。2015年，荣获“国家4A级物流园区”“省级文明镇”“潍坊市理论大众化示范点”等称号。

党委书记　韩志超

镇　　长　宿立军

【井沟镇】 位于市区西南部，辖98个村，总面积133.81平方公里，耕地面积13732公顷，年末，全镇户籍总人口6.91万人。2015年，全镇实现税收5274.4万元，地方财政收入3483.5万元；工业总产值598963万元，主营业务收入579941万元，实现利税62256万元；完成固定资产投资172000万元，其中，工业固定资产投资145234万元。

井沟镇在镇区东部，规划建设呼家庄产业园区，园区内引进项目23个，区内企业总产值达到26亿元。2015年，园区内新建成总投资1.8亿元的台湾晨展万吨精炼猪油项目、总投资5000万元的韩国世进粉肠项目、投资1.2亿元的中意德精铸项目、总投资2.1亿元的华夏葡萄酒蒸馏白兰地酒和葡萄酒庄项目。在镇区西部，建设优质黄烟、宏丰菊花、秀林苗木、新丰核桃等现代农业园区；对6.5万亩中低产田实施综合改造。2015年，完成2.1万亩小农水项目，实施五龙河综合改造工程，率先完成农村土地承包经营权改革。规划建设呼家庄社区、井沟镇卫生院病房楼、呼家庄分院病房楼、田庄分院病房楼、井沟派出所楼、呼家庄派出所楼和井沟市场监管楼，并配套设备设施及时启用；完成农村道路网化工程，新修道路67.06公里，村村通上硬化路。2015年，荣获“省级生态乡镇”“省级文明镇”及潍坊市计划生育“三级联创”示范镇等称号，呼家庄社区被评选为“省级综合减灾示范社区”。

党委书记　钟元国

镇　　长　王晓栋

【大牟家镇】 位于市区西北部，辖89个村，总面积172.14平方公里，耕地面积11000公顷，年末，全镇户籍总人口5.2万人。2015年，全镇实现税收2645万元，地方财政收入2410万元；工业总产值137314万元，主营业务收入128681万元，实现利税8523万元；完成固定资产投资88008万元，其中，工业固定资产投资44756万元。

2015年，全镇财政总收入增幅30.2%，地方财政收入增幅39.2%，双双列全市第二名。新建投资1200万元的宝洋农产品物流项目、投资8000万元的米高生物为农服务中心项目，支撑3000米土地托管圈建设。新流转土地8300亩，成立农民专业合作组织126家，认证家庭农场47家，培育五指山药、猕猴桃、草菇等新品种。开展抗旱自救，投入抗旱资金706万元。建成两处共3500平方米的派出所和两处共6000平方米的卫生院病房楼。建成社区图书馆通过验收，被确定为潍坊市二级图书馆。全镇89个村全部纳入城乡环卫一体化管理范围，在市级要求15户一个垃圾桶的基础上，提高到10户一个，新增垃圾桶527个，实施环卫挂摘牌制度提升环卫工作效率，环卫满意度从刚开始的87.3%上升到现在的95.7%，并两次代表高密市接受潍坊环卫一体化观摩。

党委书记　魏　征

镇　　长　邱　栋

【咸家工业区】 位于市区北部，辖24个村，总面积43.82平方公里，耕地面积2742公顷，年末，全区户籍总人口1.43万人。2015年，全区完成地区生产总值98.06亿元，比上年增长11.7%；全区实现财政总收入6395.2万元，实现地方财政收入3680.9万元；工业实现销售收入982157万元，利税82405万元，分别增长9.6%和9.9%。

工业区传统纺织业发达。2015年，有华振纺织、建华纺织、正德纺织、绿馨纺织等企业，共投资4714万元，新上高档设备728台（套），全区面纱产量1.97万吨，人棉布产量2.87亿米，同比分别增长12.67%、11.81%。基础设施宜工宜商。咸家大街三期配套工程、北平路南北段配套工程、红光大街西段配套工程，总投资340万元，全长3.7公里，对原沟被覆土方、铺设雨水管道，并进行绿化美化。建设辛河湿地公园，河道长5.9公里，总面积96.42万平方米；建设新中心幼儿园，总建筑面积4031平方米，共设9个班，可容纳400多名幼儿；“美丽乡村”建设全面铺开，配备GPS定位系统、塑料垃圾桶、垃圾中转站等280件（套），用市场化运作和经济杠杆，实现咸家全域洁净；整建制飞机防控病虫害项目，总投资10万元，飞防作业70余架次，面积2万多亩，覆盖咸家全域。在潍坊市2015年度群众满意度电话访问调查中，获得95.42分的高分，连续3年蝉联全市第一。

党工委书记　禚朝晖

管委会主任　臧贻武

【东北乡文化发展区】 位于市区东北方向，辖56个村，总面积114.6平方公里，耕地面积8.2万公顷，年末，全区户籍总人口4.5937万人。2015年，全区实现税收3771万元，地方财政收入2969.9万元；工业总产值481332万元，主营业务收入472006万元，实现利税28897万元；完成固定资产投资152584万元。

2015年，东北乡立足“文化名乡、产业重镇、临港新城”发展定位，打好莫言牌、机场牌，主动适应新常态。文化旅游共接待游客86万人次，实现门票收入214.6万元，旅游收入2100多万元。投资4000多万元，打造8个“美丽乡村”样板村，先后被《中国艺术报》、山东新闻电视台、山东农科电视台、《大众日报》《农民日报》《潍坊日报》等省市报刊、电视台推介经验做法。加强依法治区、以德治区，建立多元化纠纷调处中心，矛盾纠纷化解率100%，民政部、省高院、省政法委先后前来观摩并在全省予以推介。2015年，荣获“省级文明镇”“潍坊市孝德文化教育基地示范点”“潍坊市理论大众化示范点”“潍坊市学习型党组织建设示范点”“潍坊市爱国主义教育基地”等称号。

党工委书记　范　珲

管委会主任　楚洪鹏

【胶河生态发展区】 位于市区东南部，辖57个村，总面积95平方公里，耕地面积4533.3公顷，年末，全区户籍总人口3.9万人。2015年，全区实现税收1255.5万元，地方财政收入791.6万元；工业总产值207366万元，主营业务收入206248万元，实现利税18876万元；完成固定资产投资90552万元，其中，工业固定资产投资76154万元。

胶河生态发展区以统筹发展为重心，打造生态保护先行区。完成孟家沟、邹家窎庄、张家庄等8个村、1100多户群众、4370亩地的清障工作。打造生态农业集聚区。提升“南山果园”，举办首届“高密市南山梨花节”；擦亮“胶河土豆”品牌，打造“胶河菜园”优质放心农产品生产基地，被评为“潍坊市农产品质量安全示范镇”；建设“南山特色”农业园区，抓好花红湾翠柳生态园、龙凤生态园、盛德南山秀水综合体等园区的提升工作。打造生态旅游保护区。建成占地面积150亩的胶河薰衣草庄园；精心打造用地1000亩的生态南山休闲体验基地。打造民生发展至高点。拓宽复修银鹰路，路面由4米拓宽至7米；建成张家庄社区便民服务中心，为全国供销合作社农业社会化服务暨综合改革试点现场会、全省生态文明乡村建设工作会议提供现场。

党工委书记 李沛聃

管委会主任 王金语

【注沟现代农业发展区】 位于市区西南部，辖45个村，总面积84.3平方公里，耕地面积5670公顷，年末，全区户籍总人口3.6万人。2015年，全区实现税收418万元，地方财政收入693万元；工业总产值151660万元，主营业务收入152588万元，实现利税5763万元；完成固定资产投资15800万元。

高密市注沟现代农业区成立于2015年3月，有“果蔬之乡”之美誉。农业产业主要有黄烟、林果、瓜菜、大樱桃、酥梨、花生等，被认定为山东省无公害农产品产地，发展无公害农产品基地3000公顷，被山东烟草专卖局（公司）评为全省烟叶生产先进乡镇。规划占地面积1420亩，总投资1.2亿元的李家埠千亩示范园区，辐射带动发展生态观光和休闲农业，园区被评为“山东省星火科技示范基地”“潍坊市农产品质量安全生产示范园区”。与北京安邦资产有限公司对接，引进总投资2.8亿元的汉文化园旅游项目，设计汉文化园和汉农耕农作区；引进山东海铁物流有限公司日照分公司投资8000万元、占地面积300亩的清爱堂文化园旅游项目。发挥好“潍河福地、刘墉故里”的优势，打造“奇好注沟”品牌。

党工委书记 张元忠

管委会主任 牟　林

（鞠剑锋）

昌邑市

【国民经济和社会发展概况】 昌邑位于山东半岛西北部，渤海莱州湾南岸，属环渤海经济圈，市域总面积1627.5平方公里，辖6个镇、3处街道、691个行政村（社区），总人口58万。2015年，全市实现地区生产总值376.2亿元，同比增长8.6%，增幅列潍坊8县市第2位；实现公共财政预算收入27.3亿元，增长8.5%；实现固定资产投资323.7亿元，增长13.8%；规模以上工业企业完成主营业务收入968.5亿元，利税78亿元，利润51.7亿元，分别增长8%、8.8%、9.7%；规模以上工业增加值同比增长11.1%，列潍坊8县市第1位；实现服务业增加值137.3亿元，社会消费品零售总额162.2亿元，分别增长7.9%和11.7%。昌邑市是“中国丝绸之乡”“华侨之乡”“中国溴盐之乡”“中国中小城市综合实力百强”“中国最具投资潜力中小城市百强”“首批国家智慧城市试点市”“全国文明城市提名城市”“全国科技进步先进市”“全国义务教育发展基本均衡县”“全国生态文明先进市”“和谐矿区建设示范点”“全国粮食生产先进单位”“全国林业信息化示范市”“全国特色化品牌（产业）示范城市”“纺织业集群创新发展示范地区”“中国全面小康成长型百佳县市”“中国北方绿化苗木基地”“中国美丽乡村建设典范市”“省级文明市”“山东省投资环境最佳县市”“山东省国土资源节约集约模范市”“山东省社会文化先进市”“首批山东省信息消费试点市”“首批山东省生态文化示范市”“全省生态文明乡村建设工作先进市”“全省农业物联网技术应用示范市”“山东省农业机械化先进市”。

构建现代产业体系，转型升级步伐加快。形成以石油化工、盐及盐化工、纺织服装、机械装备、食品加工、优质苗木等传统优势产业为主导，新能源、电子商务、环卫保洁、节能环保、新材料、新医药、高端装备制造等新兴产业为支撑的现代产业体系，培植壮大昌邑石化、山东浩信、昌邑华晨、山东同大等一大批骨干企业和知名品牌。三次产业比例由2014年的10.3：55.5：34.2调整为9.3：54.2：36.5。优势主导产业转型升级加快。昌邑石化实缴税金突破12亿元，成功入选工信部“两化”融合管理体系贯标试点，入围2015年度中国化工企业500强和中国基础化学原料制造业百强；100万吨连续重整、180万吨柴油加氢项目已投产，油品全部达到国Ⅴ标准；总投资658亿元的中化工集团山东化工原料基地项目推进；康迈信世界最大商用车轮端产品基地、成泰化工等重点项目已投产。战略性新兴产业加快发展，瑞其能风力发电项目列入国家国际科技合作与交流专项，胶莱河风电场并网发电，投资3.8亿元的华电瑞其能风电场二期和投资2亿元的分布式风电示范项目进展顺利。金丝达城乡生活垃圾资源化利用技术获得国内127项专利授权和日本发明专利，与印度尼西亚雅加达省、沙特达成协议，计划建设投资15亿元、日处理能力6700吨和投资7.3亿元、日处理能力2000吨的生活垃圾资源化利用项目。城矿环保产业园列入首批“山东省城市矿产示范园区”和科技部中小企业创新基金支持科技研发项目。金晶生物项目列入国家“863”计划，实现承担国家高技术研究发展计划新突破；全市拥有国家火炬计划重点高新技术企业1家、国家备案高新技术企业10家；建成企业院士工作站2个、产业技术创新战略联盟6个，引进联合建立科研院所13个，滨海化工新材料孵化中心引进25家科技型初创企业孵化，鼎基工贸小企业创业基地被认定为省级创业基地。引进院士、国家“千人计划”专家、泰山学者等高层次人才32名。

现代农业稳步发展。成为全国产

粮大县，在全国率先推行棉花全程机械化新模式，获批国家级农田水利项目县、山东省首批涉水涉地资金整合试点县市。《昌邑市2015年涉水涉地资金整合总体方案》获得省4部门批复同意。昌邑市“土地托管服务试点项目”获全国供销合作总社批复，成为唯一不在供销社综合改革试点市之内争取到项目扶持的县市。与省农科院签署农业科技战略合作协议，“农业部新型肥料研发基地”落户昌邑市。北方绿色物流园项目被列入2015年省重点建设项目，中国北方花木城被列为省服务业载体项目。建成全国首个“养禽大学”，昌邑大姜协会被评为“全国科普惠农兴村先进单位”。总投资3680万元的全国第四批小农水高效节水灌溉试点县2014年度项目全部竣工，农业标准化基地发展到36万亩，创建无公害农产品品牌80个、绿色食品品牌20个、有机食品品牌1个、农产品地理标志14个、地理标志证明商标16个。

现代服务业提速增效，电子商务快速发展。规划建设中国棉纺城电商产业园，棉纺织品电子商务交易服务中心成为省中小企业局易商网首个建成运营的子平台，被评为2015山东中小企业创业“互联网+”卓越平台。依托园区成功承办第二届全国微商创业大赛齐鲁赛区赛事暨潍坊首届微商大会，为全国6个分赛区之一。与山东海盈互联公司合作建设、总投资1亿元的全球贸易通跨境电商基地已入驻企业60家，出口总量已增加10%。发展环卫产业，推进城乡环卫一体化，打造“昌邑模式”，包含521项标准的标准体系已通过国家标准委专家验收，是潍坊市首批通过验收的国家级服务业试点项目，被评为“全国环卫行业优秀集体”，荣获“全国环卫行业创新奖”。成立昌邑康洁环卫集团，在全国率先走出事企分离、管干分开的市场化新路子，被授予“潍坊市突出贡献奖”。目前，公司业务已拓展到国内10个省份、70余个县（市、区），成立了400余处项目部，托管合同总额达115亿元。康洁环卫集团迈出国门，承接巴基斯坦卡拉奇市每年合同额10亿元的保洁权，开启中国环卫产业走向国际市场的先河。规划建设山东城乡环境管理学院，打造全国环卫专业教育龙头基地，填补国内高校城乡管理人才空白。发展生态文化旅游，青山秀水旅游度假区、博陆山风景区等正式营业，潍河70公里旅游长廊初具规模。

实施“蓝黄”战略，突破滨海成效显现。发展“园中园”，加快建设先进装备制造产业园、石油天然气低碳产业园、精细化工产业园、纺织食品产业园、循环经济产业园等特色园区。落户项目153个，总投资574.1亿元，金典化工等104个项目建成投产，先进装备制造等5个“园中园”初具规模。下营工业园被评为全省首批山东半岛蓝色经济区海洋特色产业园，龙池工业园被评为潍坊市循环经济示范园区，柳疃工业园被评为潍坊市新型工业化产业示范基地。完成基础设施投资17.3亿元，配套面积57.2平方公里，“一港、一坝、一闸”重大基础设施建设实现新突破。投资36.6亿元的下营港及临港物流园正在建设，蒲东沿海防潮堤建成后将拓展发展空间20平方公里，潍河（下营）防潮蓄水闸10亿元建设资金已落实。潍坊滨海产业园基础设施基本配套到位。下营滨海新城完成投资11.4亿元。加大“腾笼换鸟”力度，并购重组项目18个，为转型发展腾出空间。与中科院寒旱所合作成立昌邑海洋生态与工程研究中心，开展滨海盐碱地资源综合利用等项目研究。成功加入东亚海岸带可持续发展地方政府网络。

推进新型城镇化，城乡面貌改善。19个服务平台及应用系统建成使用，技术水平和应用效果在全省领先。“智慧昌邑”纳入国家信息消费试点项目库；在潍坊率先建成光网城市，提前实现2020年“宽带中国”战略目标。市民“一卡通”和公共自行车系统正式运行。城市基础设施惠及面积达到60平方公里。柳疃镇、饮马镇通过全省“百镇建设示范行动”示范镇考核，入选全国重点镇；柳疃镇获评潍坊市唯一的第四届全国文明镇；山阳村获评全省唯一的全国第二批宜居村；西付村入选省第二批“宜居村庄”示范村。建成城乡社区服务中心90处。加快美丽乡村建设，全市691个行政村（社区），拆除违建建筑1.2万处，610个村村内道路实施硬化，新建、改造县乡道路1517.2公里，行政村通油路达100%。实现“一市两网”供水格局，集中供水覆盖率100%，提前两年解决农村饮水安全问题。

深化改革开放，发展活力和动力增强。行政审批制度改革，建立政府部门权力清单制度，358项公共服务事项进驻政务服务中心集中办理。推进农村产权制度改革，全面完成农村土地承包经营权确权登记颁证，土地承包经营权抵押贷款做法在全省推广，成立齐鲁农村产权交易中心昌邑分中心。开展林权抵押贷款、海域使用权抵押贷款。中小企业公共服务综合平台列入省级示范平台。探索运营PPP融资模式，实验中学迁建等6个项目列入国家发改委PPP项目库，总投资额38.25亿元。金融体系更加完善，新引进兴业银行和北海村镇银行，市财政出资3亿元成立融资性担保公司，4家企业在股权交易中心挂牌。柳疃棉纺城公司1万平方米公用型保税仓库建成，结束无海关特殊监管场所的历史。

保障和改善民生，人民群众幸福感满意度提高。2015年，完成民生支出35.6亿元，增长49%。完成义务教育阶段中小学标准化建设和学前教育三年行动计划，潍水学校、技师学院等投入使用，被评为“全国义务教育发展基本均衡县”。在潍坊市率先实现居民医保大病保险即时结报，是潍坊市唯一连续25年荣获人口目标一等奖县市。承办“十艺节”部分展演节目，成立市演艺中心。承办首届海峡两岸中学生手球交流活动、中日韩青少年运动会手球比赛等重要赛事，被评为“全省群众体育先进单位”。农村低保提高到每人每年3300元，城市低保提高到每人每月480元。实现城镇新增就业4.2万人，农村劳动力转移就业4.9万人，征缴各项社会保险费49.1亿元，发放各项社保待遇44.3亿元。成立民生热线服务中心，整合公共服务热线68条，吸纳社会服务机构260多家。实施水资源管理保护行动，抓好节水城市建设等23项重点工作。

严守两条“底线”，安全环境和生态环境优化。完善网格化、实名制管理和专家查隐患制度，规模以上企业标准化建设达标率100%。开展“三八六”环保行动，完成丰产河、堤河等河道生态修复工程和城北、城西污水处理厂等人工湿地工程，城镇污水处理厂实现全覆盖，昌邑市滨海湿地公园跻身国家湿地公园行列。完成自备井整治任务，淘汰黄标车及老旧车辆1.6万辆，城市居民管道燃气普及率100%，推广测土配方施肥技术140万亩，空气质量等考核指标居潍坊市前列。

【省委副书记、省长郭树清到昌邑调研外经贸工作】 10月21日，省委副书记、省长郭树清到山东浩信集团有限公司进行实地考察。在浩信集团加工六车间，郭树清了解发动机缸体、制动鼓、轮端集成系统等产品性能、技术、销售等情况，询问企业运行情况及产品外贸出口情况。浩信集团自主研发的轮端集成系统，使用寿命大幅提升，达到国际领先水平。企业在外贸业务中坚持打造自主品牌，增加产品的附加值，提升企业的国际竞争力。浩信集团重视自主创新和品牌建设的做法，得到郭树清的高度评价。

【昌邑市荣获第四届省级文明县（市、区）称号】 8月20日，全省精神文明建设工作表彰大会在济南召开。昌邑市荣获全国文明城市提名城市和第四届省级文明县（市、区）称号，昌邑市柳疃镇荣获第四届全国文明村镇称号，昌邑市卜庄镇大陆村继续保留全国文明村镇称号，昌邑市教育局获得第三届全省未成年人思想道德建设工作先进单位称号。

【昌邑市柳疃镇被评为第四届全国文明村镇】 3月1日，全国精神文明建设工作表彰暨学雷锋志愿服务大会对“全国精神文明建设先进单位”进行表彰。其中，昌邑市柳疃镇荣膺“全国文明村镇”称号，是潍坊市唯一获此殊荣的镇。柳疃镇共有72个行政村，1.4万户，4.8万人，是全国重点镇、全国小城镇经济综合开发示范镇、全省“百镇建设示范行动示范镇”。

【昌邑市被评为2015中国中小城市综合实力百强县市】 11月23日，中国中小城市科学发展评价指标体系研究课题组、中国城市经济学会中小城市经济发展委员会、中小城市发展研究院联合发布《2015年中国中小城市科学发展评价指标体系研究成果》，公布2015年度全国综合实力（科学发展）百强县市、区、镇名单，青州市和昌邑市入围2015年度中小城市综合实力前100个县市（全国科学发展百强县市），分列第73、82位，昌邑市较2014年前进4个位次；同时，上榜2015年度中小城市最具投资潜力前100个县市（全国投资潜力百强县市），列第66位，较2014年前进4个位次。

【昌邑石化入围中国化工企业500强】 8月25日，2015中国化工企业500强发布会在上海隆重举行，会上发布“2015中国化工企业500强”排行榜，昌邑石化位列第31名。同时，昌邑石化入围“2015年中国基础化学原料制造业百强企业”排行榜，位列第11名。“中国化工企业500强”评选活动由中国化工企业管理协会、中国化工情报信息协会联合组织开展。与上届相比，本届500强企业群体结构变化较大，平均销售收入为86.9亿元，提高14.2%；前100名平均销售收入增长率达14%。

【奎聚街道】 位于昌邑市政治、经济、文化中心，总面积67.8平方公里，辖60个村（社区），总人口8.5万，耕地面积2582公顷。2015年，全街道完成固定资产投资271017万元，同比增长15.7%；地方财政利税总额21807万元，同比增长8.5%；公共财政预算收入15445.5万元，同比增长33%；规模以上工业主营业务收入220529万元，同比增长8.0%；利润总额14625万元，同

2015年10月21日，山东省委副书记、省长郭树清（左三）到昌邑调研外经贸工作

昌邑石化

比增长5.8%。

奎聚街道城市建设日新月异，建有东方家园、金域华府、城市金典等多个优质小区。服务业繁荣发展，中百佳乐家、全福元等大型超市、商场有数十家，翰林大酒店等星级酒店设施完善、服务周到。工业发展势头强劲，以纺织印染、机械制造、电动机车等行业为主导，限额以上工业企业有17家。金丝达工业废水循环利用和生活垃圾资源化利用项目取得显著效益，多项技术获国家专利；巨彩数码在齐鲁股权托管交易中心挂牌上市，将数码喷印技术应用于纺织印花，居行业领先地位。特色农业独具优势，拥有昌邑市最大的林果、花卉和苗木生产基地。社会事业统筹发展，东利老年公寓、辛一老年公寓设施完备，实现五保老人集中供养。

党工委书记 孙 磊

办事处主任 陈大生

【都昌街道】 位于昌邑市中西部，面积191.4平方公里，辖82个行政村，2.8万户，人口8.8万人，耕地面积11866.7公顷。2015年，全街道完成地区成产总值56.3亿元，比上年增长7.9%；地方财政收入11833.50万元，比上年增长12.8%；工业实现销售收入38.1亿元、利税3.1亿元，分别比上年增长11.7%和13.2%；第三产业增加值达13.2亿元；农民人均纯收入1.5万元。

都昌街道盛产大姜，素有“大姜之乡”的美誉，大姜种植面积1.9万亩，年产量6.8万吨，产品出口日本、韩国、中国香港等国家和地区。拥有“昌邑草莓”“昌邑鲫鱼”等国家地理标志保护产品，建设东侯、西永安2个千亩葡萄园，栽植巨星、玫瑰香、维多利亚等十几个葡萄品种，每年都举办葡萄节。都昌街道西部有昌邑市第二大湿地群落，现有原生态芦苇地466.7公顷、鱼塘666.7公顷、藕塘80公顷。辖区内现有规模以上工业企业23家，有昌邑石化、同大集团、华晨集团、岱盟德、亿兴化工等大型企业入驻。引进潍坊麦村公司投资800万元建设“淘村购”线上购物平台和创客孵化基地，为优势产业产品搭建代购、代销网络平台。华海电商项目开展校企合作，打造“产、教、学、做”一体化的“项目式”实训基地，实现对大学生、社会再就业人士等的实战培训工作。

党工委书记 张英杰

办事处主任 孙秀卿

【围子街道】 位于昌邑市东部，面积161.88平方公里，辖127个行政村，28861户，人口10.04万人，耕地面积9840公顷。2015年，全街道完成地区生产总值366亿元，比上年增长2.6%；地方财政收入9941.1万元，比上年增长0%；工业实现销售收入2789159万元、利税209541万元，分别增长8.5%和7.6%；第三产业增加值139485万元；农民人均纯收入13708元。

新型城镇化建设全面推进。金口大桥、院校街大桥、南环路、院校东街、滨河东路的投入使用，22平方公里东城新区发展框架形成。公共服务中心东区、潍水休闲生活区、院校东街、围子片区、祥龙御园等六大片区已完成商住楼、住宅楼建设78栋，总建筑面积150万平方米。机械装备制造业做强做大。拥有国内最大的汽车轮毂、制动鼓、刹车盘、洗衣机用弹簧生产基地，被山东省机械厅命名“鲁东铸造城”。先后被授予“山东省机械铸造业基地、潍坊市机械制造产业集群、潍坊市首批新型工业化产业示范基地”称号。苗木产业发展迅猛。产、管、供、展、销、运等产业链条逐步健全，全街道苗木种植面积达到4万亩，共有600多个绿化树种。占地面积7000亩的绿色经济新兴产业园区（包括“两园一城一长廊”，即中国北方绿色物流园、绿博园，中国北方花木城，绿色长廊）产业龙头带动作用凸显。2011年被授予AAAA级国家旅游景区的绿博园，连续举办十三届中国（昌邑）北方绿化苗木博览会和十届中国园林花木信息交流会。围子街道先后获得第二批全国人口和计划生育依法行政示范乡镇、山东省十二五期间中小企业专项资金重点支持产业强镇、山东省环境优美镇、山东省文明镇、山东省旅游强镇、山东省绿化示范乡镇、山东省最佳休闲乡镇、山东省苗木花卉百强镇、全省十佳苗木乡镇等称号。

党工委书记 宋晓波
主　　任 史志强

【龙池镇】 位于昌邑市西北部，面积158.4平方公里，辖27个行政村，7631户，人口2.4391万，耕地面积3914.53公顷。2015年，全镇完成地区生产总值36.9亿元，比上年增长21.3%；地方财政收入7831万元，比上年增长13%；工业实现销售收入76.2543亿元，利税7.4193亿元，分别比上年增长11.6%和20.8%；第三产业增加值达678万元；农民人均纯收入13525元。

龙池镇地处蓝黄“两区”建设前沿，北部海岸线长约6公里，主要海产品有40余种。沿海地下蕴藏着大量卤水、溴素、石油等资源。拥有盐田27万公亩，年产原盐100万吨，溴素生产能力达到1万吨。龙池的优势在滨海，120平方公里的龙池工业园区是加快滨海开发的重要载体。已落户海能化学、三力本诺等项目16个，总投资60多亿元，形成企业小循环、产业中循环、园区大循环的循环经济发展格局，2015年，获批潍坊市循环经济示范园区。龙池属革命老区历史文化厚重，旅游资源丰富。北白塔烈士祠、孙膑庙、陈干墓、齐西故居群等6处历史文化遗迹被评为省级文物保护单位。凭借着剪纸技艺的挖掘和传承，获评“山东省民间文化艺术之乡”。齐西村是山东省重点文物保护单位、首批山东省传统村落、山东省历史文化名村、首批山东省乡村记忆工程。编撰《龙池年俗》，王锡芝剪纸申报成为省级非物质文化遗产。龙池抗日战争纪念馆成为全国首家由乡镇承建的抗战纪念馆。龙乡水韵、千年古村文化旅游项目顺利启动，以举办“首届古村旅游大会暨首届龙乡文化节”为契机，推进龙文化主题生态观光园和抗战纪念广场建设。

党委书记 许增贤

【柳疃镇】 位于昌邑市北部，面积324.7平方公里，辖72个行政村，13889户，人口48000人，耕地面积5000公顷。2015年，全镇完成地区生产总值82.9亿元，比上年增长12.9%；地方财政收入13439.7万元，比上年增长10.1%；工业实现销售收入148.4亿元，利税5.8亿元，分别增长16%和17.8%；第三产业增加值达36.7亿元；农民人均纯收入14200元。先后被评为“全国文明镇”“全国重点镇”“全国生态镇”“山东省中心镇”“山东省首批‘百镇建设示范行动’示范镇”“山东省特色产业镇”“山东纺织印染产业第一镇”“山东省产业化驱动城镇化十强镇”“潍坊市第一批扩权强镇改革试点镇”。

纺织印染、盐及盐化工是柳疃镇传统产业和支柱产业。全镇共有各类企业420余家，规模以上工业企业54家，从业人员3万余人。年产丝绸、纯棉、化纤等各类布匹13.3亿米，年印花、印染生产能力15亿米。产品覆盖丝绸、化纤、涤棉、纯棉、装饰布、色织布六大类230多个品种，是江北最大的装饰布生产基地，中国棉纺城是全国规模最大、产业链最完善的纺织、印染生产基地和专业棉纺市场。全镇共有盐田52万公亩，年产原盐225万吨。盐化工企业9家，年产溴素2.3万吨。柳疃工业园区规划面积50平方公里，已完成基础配套10平方公里。落户企业35家，总投资93.5亿元。

党委书记 王明胜
镇　　长 肖　波

【下营镇】 位于昌邑市北部，面积220平方公里，辖35个行政村，7577户，人口2.4万，耕地面积3351.5公顷。2015年，全镇完成地区生产总值18亿元，比上年增长12.5%；地方财政收入2.24亿元，比上年增长18.2%；工业实现销售收入39.54亿元，利税8.1亿元，分别比上年增长13%和84%；第三产业增加值达3.84亿元；农民人均纯收入14528元。

下营镇海岸线长18公里，浅海滩涂4.6万亩，渤海莱州湾盛产三疣梭子蟹、东方对虾、鲈鱼等名优水产；是全国知名的溴素及原盐产地，区域内现有国家一级渔港一处，下营商港正在规划实施中。“海上”重点发展精品海洋渔业，形成滩涂贝类养殖产业带和现代化海水养殖示范区。其中，东方对虾、银鱼、海参、单环刺螠（海肠）、三疣梭子蟹为下营名产。“陆上”突出发展工业和休闲旅游业，下营工业园是建设以海洋精细化工、石化盐化一体化为主导的高端化工园区，规划面积45平方公里，为昌邑滨海（下营）经济开发区内面积最大的工业组团。园区内已落户项目93个，投资额达380亿元，已投产项目60个。整合各类海洋旅游资源，形成以月牙湖景区为“龙头”，依托万亩生态林场和滨海湿地公园，突出建设“渔港观光、滩海拾贝、渔家品鲜”滨海休闲旅游区。

党委书记 马守玉
镇　　长 孙效治

【卜庄镇】 位于昌邑市东北部，地处潍坊、烟台、青岛三市交界，面积115平方公里，辖95个行政村，16170户，人口5.2万人，耕地面积7866.71公顷。2015年，全镇完成地方生产总值24.29亿元，比上年增长18.5%；地方财政收入5671万元，比上年增长13%；限额以上企业销售收入386963.9万元，利税55262万元，分别增长6.2%和6.2%；第三产业增加值达86600万元；农民人均纯收入14600元。

卜庄素有“侨乡”美誉，在外华侨245人，遍及美国、印度尼西亚、澳大利亚等十多个国家和地区。卜庄提出“建设大美卜庄，造福侨乡百姓”的发展思路，即打造“人文美、生态美、生活美”的大美卜庄。构建以“姜泊五大功民国建筑群休闲文化庄园”“王滨电影历史长廊纪念馆”“慈云院民俗文化庙会”“大陆梨枣采摘节”为亮点，以茧绸文化、陶艺文化、草编文化、商贸文化、侨乡文化为特色的乡村观光休闲旅游路线，突显人文美；突出区域绿化、特色种植、环境保护，把绿色生态与富民强镇有机结合起来，推进生态卜庄建设展现生态美；改善公共资源条件，共享发展成果，打造宜居乡镇，塑造生活美。

党委书记 刘广杰

镇　　长 朱永红（女）

【饮马镇】 位于昌邑市中南部，面积171.5平方公里，辖101个行政村，24487户，人口8.58万人，耕地面积9520公顷。2015年，农民人均纯收入15157元。

饮马镇是全国重点镇、山东省“百镇建设示范行动”示范镇、山东省中心镇、省级环境优美镇、省级旅游强镇、山东省农机安全“十县百乡千村万户”示范活动示范镇、山东省群众体育工作先进单位、潍坊市扩权强镇改革试点镇、潍坊市农业十强镇、潍坊市农产品质量安全示范镇。

饮马镇形成以瑞其能风机、同大锂电为代表的新能源产业，以派康塑料为代表的高新技术产业，以杨金华纺织、恒丽非织造布为代表的纺织产业，以中云机器、凯德塑机为代表的高端装备制造业以及以鸿阳石英砂为代表的矿产开采业等现代特色产业集群。农业发展向特色化、规模化发展，打造以“天福园”葡萄、隆达育种为重点的5000亩现代农业示范园；发展休闲观光农业，做好与乡村旅游的结合文章，加大国家AAA级旅游景区、省级休闲农业与乡村旅游示范点——博陆山景区生态开发力度，举办六届梨花节和　届山阳大梨采摘节。山阳村成功入选全国第二批“宜居村庄” 和山东省第一批“宜居村庄”，成为潍坊市唯一入选村庄；常屯村被评为省级文明村。

党委书记 曲　伟（女）

镇　　长 闫胜平

【北孟镇】 位于昌邑市最南部，面积178平方公里，辖92个行政村，20322户，人口7.2万人，耕地面积1053公顷。2015 年，全镇完成地区生产总值35亿元，比上年增长11.7%；地方财政收入3652.8万元，比上年增长64.1%；工业实现销售收入340000万元，利税4000万元，分别增长12.9%和19.3%；第三产业增加值达7822万元；农民人均纯收入13500元。

北孟镇是昌邑、高密、峡山三县（市、区）交汇中心镇。民营企业达到300余家，形成以机械制造、纺纱织造、纸箱包装、农产品加工“四大产业”为主，电子商务、玩具制作、饲料加工、掌上农资等产业齐头并进的格局。培育花生、大蒜、半夏、大棚果、梨枣、黄金梨、苹果、核桃、草莓、大姜、葡萄、西瓜多个特色农产品品牌。小城镇建设日新月异，各种配套完善，是一座宜居宜业、生态文明的现代化小城镇。

党委书记 陈　诚

镇　　长 于遵刚

（刘伟刚）

临朐县

【国民经济和社会发展概况】 临朐县位于潍坊市西南部，总面积1831平方公里，其中山区、丘陵面积占87.3%，辖13个镇（街、园、区），350个村（社区），年末，户籍总人口89.7万人。2015年，实现地区生产总值244亿元，增长8.1%。财政总收入21.6亿元，公共预算收入14.2亿元，分别增长7%和15.1%。金融机构本外币存款余额317.4亿元、贷款余额220.7亿元，分别增长15.4%和5.7%。完成固定资产投资277亿元，增长14.2%。规模以上企业实现主营业务收入448.5亿元、利税24.9亿元，分别增长6.3%和4.8%。实现社会消费品零售总额137.5亿元，增长12.8%。城镇居民人均可支配收入27176元，农村居民人均可支配收入13606元，分别增长8.6%和9.5%。2015年，被评为“中国书法之乡”“全国全民参保登记试点工作示范单位”“全国基层中医药工作先进单位”“文化强省建设先进县”。弥河水利风景区创建为“国家水利风景区”，揽翠湖（天沐）温泉度假村晋升为国家AAAA级旅游景区，寨子崮村被评为“2015全国休闲农业与乡村旅游示范点”，牛寨村被评为“中国乡村旅游模范村”。

*经济效益稳步增长。*实施“工业立县”战略，工业税收对财政的贡献率达到42.8%。大项目引进建设实现新突破，华建高性能特种铝材、山水新型建材、伊利乳业、蓝帆新材料、米兰之窗一期等一批重点项目投产达效。鸿明铝业的“鸿铭”、东城铝业的“华一”成功入围中国驰名商标，全县驰名商标总量达到15件。伟盛铝业的“轨道交通用铝材”荣获山东名牌产品称号。祺月童车的“祺月及图”、宝龙达胶业的“宝龙达及图”荣获山东省著名商标称号，全县省名牌产品和著名商标达到35件。华特磁电荣获潍坊市市长质量奖。现代服务业日益繁荣。成功举办山东省第二届乡村旅游节开幕式、第三届中国（临朐）沂山文化节开幕式暨乙未年东镇沂山祀山大典、第二届中国（临朐）国际门窗幕墙博览会、临朐第八届中国（临朐）观赏石展销博览会等节庆活动。国内消费品市场繁荣稳定。全年实现社会消费品零售总额137.5亿元，比上年增长12.8%。金融服务体系日臻完善，全县金融机构发展到53家。现代农业加快发展。规划建设月庄大樱桃现代示范区、华良玉米育繁推一体化示范区等26个现代农业示范园区，培育形成以大棚樱桃、大棚油桃、嵩山蜜桃、大棚西瓜、大棚甜

瓜、高山西红柿、红香椿、沂山丹参为重点的农业品牌。全县“三品”农产品基地面积达到32.2万亩，认证果品、蔬菜、粮食等有机、绿色、无公害农产品品牌69个，拥有国家地理标志产品4个、中国地理标志证明商标17件，相亮山楂专业合作社的“寺头山楂”地理标志商标荣获山东省著名商标称号，填补县内农产品争创省著名商标的空白。

城镇化步伐不断加快。城市建设推进。加快改造提升中心城区，新建、续建城市道路15条，改造老旧小区2个。开工建设滨河西路、赋海街，对南环路交龙泉路口、朐阳路、兴隆东路西段（弥河大桥—骈邑路）进行改造，同时，对龙泉路交南环路口南侧黄龙沟桥进行拓宽，配套完善中央商务区、粟山等安置区基础设施。完成南环路交临九路节点和长深高速临朐口节点绿化以及黄山路、文化路、滨河东路、安前路、朐山西路等绿化栽植，绿化面积31.7万平方米。完成6个CNG加气站建设。新铺设供热主管道20.3公里，支管网13.1公里，新增供热面积62.3万平方米。县城建成区面积达到35平方公里，被住建部、科技部确定为第三批国家智慧城市试点县。培强辛寨镇、冶源镇两个省级示范镇。全县城镇化率达48.44%。完成棚户区改造1300套，新建公共租赁住房800套。吴家庙、袁家庄、安家林、三里庄、中央商务区二期等片区安置楼57栋、1710户达到入住条件。全年完成农村危房改造410户。城乡环卫一体化实现镇村全覆盖。开展以清理积存垃圾和“三大堆”（草堆、粪堆、垃圾堆）为主的农村环境集中整治行动，清理清运积存垃圾10万余吨。镇村保洁全面实行市场化运作机制。生活垃圾焚烧发电项目进入试生产阶段。

生态环境不断优化。开展“三八六”环保行动，第二污水处理厂二期，第三污水处理厂，冶源镇、辛寨镇污水处理厂如期建设和投运，其他镇街全部建成污水处理站，对第二、第三污水处理厂实行联网调水，全县各镇区基本实现污水深度处理全覆盖。开展环保联合执法行动，对260家排污单位定期监察，立案查处环境违法企业113家，完成环评审批项目261家。依法取缔小炼油、小炼铅等“土小”项目40个。建成智慧环保管理平台，对全县38家涉水排放企业全部安装污染物自动在线监控设施。加强“两河”综合开发。在弥河、汶河新建拦河坝16座，滨水绿道24.5公里，治理河道21.3公里，强制执行环境违法企业14家，整治规范养殖场1055家。建成弥河水利风景区，全市“两河”开发经验交流会议在临朐县召开。

社会事业不断进步。新建、改扩建学校32所，建筑面积9.6万平方米，九山小学、兴安小学教学楼等项目建成投入使用。新建、改扩建幼儿园24所，滨河社区幼儿园、龙山幼儿园等投入使用。增加校车运行线路至455条，乘车站点增至850处。高考一本上线率和高分段人数全市领先，重点本科上线1248人，14人进入全省文、理科前100名，1人夺得市理科状元，14人被清华大学、北京大学、香港大学等名校录取，17人被中央音乐学院、中央美术学院等艺术名校录取。文化品牌建设实现新突破。建成蒋峪镇、九山镇图书馆，实现镇街、县图书馆“一卡通”联网服务，县文化馆通过国家一级馆复评。蒋峪镇、山旺镇“一村一广场”、龙山高新技术产业园“一村一舞台”等文化广场建设项目快速推进。完成西朱封遗址考古勘探工作，太平崮古建、和庄遗址、半截楼遗址3家文保单位被省政府公布为第五批省级重点文物保护单位，临朐手绘年画、洼子跑麒麟、临朐全羊宴成功申报为省级非物质文化遗产代表性项目，临朐石雕传习所、临朐手绘年画传习所、临朐全羊宴制作技艺传习所成功申报为第二批市级非物质文化遗产传习所。举办、承办春节电视晚会、元宵节街头民间艺术表演暨花灯展、“齐鲁嵩山”首届文化旅游节等文化惠民活动200余场次。淌水崖水库纪念馆建成投入使用，淌水崖水库建设群体被确定为全市重大典型，学习和弘扬“同心同德、艰苦奋斗、自强不息、开拓创新”的淌水崖水库精神在全县蔚然成风。中国社会科学院、中国地方志指导小组办公室首家国情调研基地落户临朐。卫生计生服务水平不断提升。县中医院门诊病房楼、糖尿病医院综合楼、县妇幼保健院医疗综合楼、辛寨中心卫生院病房楼等建设项目进展顺利，城关街道、东城街道、山旺镇3个卫生院改扩建推进。县人民医院与北京阜外医院建立心电远程监护系统，首批启用149个村级医疗服务点。县中医院与国家中医同行计划视频网络中心合作建立分中心，与17个镇街卫生院、369个中心村卫生室实现互联互通。体育事业健康发展。参加市第十九届运动会，派出运动员及工作人员800余人，参加田径、手球、排球等12个大项的比赛项目，获得金牌109.85枚。为社区、村配备健身器材105套，全县中心村体育设施覆盖率达到82%。

【国情调研基地落户临朐】 2015年4月27日，中国社会科学院、中国地方志指导小组办公室“国情调研临朐基地”揭牌仪式在临朐举行。山东省副省长王随莲、中国地方志指导小组办公室党组书记赵芮等领导出席仪式并为基地揭牌。国情调研临朐基地是全国第一个地方志调研基地。临朐县将史志工作纳入国民经济和社会发展规划，列入年度重点工作任务，健全工作机构，充实编纂力量，志书编纂、旧志整理、信息化建设、地情资料开发利用等工作取得成果，走在全省乃至全国前列，创造“临朐经验”并在全省推广，得到中国社会科学院、中国地方志指导小组的充分肯定。

【淌水崖水库纪念馆建成】 2015年10月14日，临朐县淌水崖水库纪念馆开馆。20世纪70年代，九山人民经过6年的艰苦奋斗，在临朐西南部群山中修建起一座集防洪、灌溉、发电于一体的“高峡平湖”——淌水崖水库。2015年，中共临朐县委发出《关于大力学习和弘扬“淌水崖水库精神”的决定》，动员全县上下学习“淌水崖水库精神”，淌水崖水库建设群体被列为全市重大宣传典型，淌水崖水库精神在全市推广学习。

【弥河水利风景区创建为“国家水利风景区”】 2015年12月，水利部公布第十五批国家水利风景区名单，临朐县弥河水利风景区位列其中。临朐县实施“母亲河”保护行动，深化弥河水流域环境治理，在两岸构建起看青山、赏绿树、观碧水的山水风景链条，打造出以“一脉、两山、八园、五区”为主要内容的弥河水利风景区。

【城关街道】 地处临朐县中心城区，面积90平方公里，耕地面积2100公顷，辖32个村（社区）、67个原建制村，14.6万人。2015年，完成地方财政收入2.69亿元。规模以上企业46家，实现工业总产值89.1亿元，同比增长8.3%；利税4.6亿元，同比增长9.5%；实现工业增加值18.4亿元，同比增长9.6%。

2015年，城关街道实施“大项目带动”战略，伊利二期、鑫珂海洋生物、华特二期、万豪汽车滤芯纸等工业大项目已投产达效，初步形成磁电设备、先进机械制造、乳制品加工等八大产业集群。全福元、中百佳乐家等高端服务业大项目投入使用，隆达商业广场、兴隆大厦高层主体基本建成，现代服务业强势崛起。完成东郡2期、中央商务区3期、三里庄片区安置楼建设工作，推进环卫一体化和弥河综合治理工作，凸显山水园林宜居城市风貌。实施“突破石门坊”战略，推进国家AAAA级旅游景区创建步伐，融合奇石、书画、雕塑等文化元素，做强文化旅游产业。发展大棚樱桃、奶牛养殖、食用菌等特色高效农业，享有“中国江北大棚樱桃第一镇”的美誉。

党工委书记 沈明新

办事处主任 窦圣健

【东城街道】 位于临朐县城东2公里处，面积144平方公里，辖43个行政村（社区），28264户，10.8万人，耕地面积4453公顷。2015年，完成地方财政收入3.16亿元，同比增长3.2%；规模以上工业企业实现销售收入181亿元，利税9.7亿元，分别增长1.8%、10.5%。

铝型材产业转型取得进展。房车、铝车体、轻轨、铝模板等工业型材实现批量化生产，高档环保建筑装饰型材产能扩大；米兰之窗项目投产达效，新引进投资过3亿元项目4个。辖区内中国驰名商标13件，省著名商标9件，省名牌8件。现代服务业发展取得新成果。第二届中国（临朐）国际门窗幕墙博览会成功举办，汽车贸易城9个品牌汽车4S店建成运营，揽翠湖温泉度假村被评为国家AAAA级旅游景区。城乡环境得到改善，创新集团年产30万吨铝合金节能循环利用项目建成投产，建成联科新材料、蓝帆新材料大气环保治理项目，拆除禁燃区内20吨/小时以下燃煤锅炉18台。完成长12.4公里的弥河顺河东路项目占地拆迁，依法取缔沿河涉污排放企业6家。民生事业得到新加强。总投资4000多万元，绿化七贤教育园区，配套先进教学设备，扩建兴安小学，改造上庄小学、程台小学，开工建设营子小学。改造村卫生室20个。投资1000多万元，重修新修农村道路16条、40多公里。实施村庄“硬化、绿化、亮化、美化、净化”五化同步工程。基层基础更加牢固。实施村级财务第三方审计，三务公开实行定期纸质公开和定向线上公开的“双公开”新模式。开展“进千村、入万户、察民情、解民忧”活动，推进社区管区规范化。启动智慧东城建设，建设农村广播网、平安监控网、三务公开网，实现社会管理服务智能化、信息化。

党工委书记 孙传坤

办事处主任 王金来

【五井镇】 位于临朐县西南部，面积102.3平方公里，辖20个中心村，33个行政村、55个自然村，5.2万人，耕地面积2200公顷，山丘面积60.74平方公里。2015年，实现财政总收入11752.7万元，地方财政收入6617.9万元，同比增长25.4%。

突出产业培育，加快工业经济发展。建成山水建材产业园、新型纳米钙产业园、金牛机械制造产业园三大园区，全镇工业企业达67家，其中规模以上企业15家。山水建材产业园建成日产5000吨新型建材熟料生产线两条，水泥粉磨生产线一条，年产200万吨骨料项目，配套建设年发电量为7500万度的余热发电系统。山东高速轨道设备材料有限公司建成北方最大的铁道部混凝土轨枕定点生产企业。投资3亿元、占地900亩的天恩20兆瓦光伏发电一期项目，实现并网发电。新型纳米钙产业园加速扩容提质，赛银钙业、白石新材料等企业加快技术改造，实现由普通碳酸钙向纳米钙的升级增值。突破机械制造产业，实施“企业上山入园”战略，天汇新材料、茂华塑业等企业落户。

突出品牌创建，加快现代农业发展。五井黑山羊、五井山柿双双获得国家地理证明商标认证，搞好五井大樱桃绿色食品认证，“利生源”牌有机核桃认证。建成1600亩农业示范园区，配套完善水电路，提高园区承载力。慧安种禽繁育、华农肉羊、康泰奶牛等12家项目落户，5家已投产达效。突出农业基础设施建设，投资3600多万元，高标准完成“小农水”项目，马庄至茄家庄、天井至石峪、付家庄等村土地治理项目，新打机井20眼，铺设管道18万米，硬化整修道路16公里，配套变压器8台，建设线路8000多米。建成上坪山楂、花园河山柿、北庄大樱桃、马庄黄烟特色基地，规范91家农村合作经济组织，发展家庭农场26家。

突出度假体验，加快生态旅游发展。加快官护山旅游项目开发建设，首届官护山乡村旅游节成功举办，锦绣阳城生态园喜迎四海宾朋。提升AAA级北方石林景区建设，构建起集赏石购石、观山揽水于一体的开放式文化生态旅游目的地。开发龙凤山庄、隐士人家农家乐项目，建设“明清古韵，鲁中石村”，打造八岐山生态景观，构成山顶侧柏戴帽、中部扁桃缠腰、山底柿子环绕的立体格局。

党委书记 马建平

镇　　长 王炳涛

【冶源镇】 位于临朐县城南部，面积153.2平方公里，辖39个中心村，3.5万户，10.5万人，耕地面积3866公顷，是国家特色景观旅游名镇、国家小城镇建设试点镇、省级中心镇。2015年，实现地方财政收入4900万元，同比增长25.3%。

镇区建成区面积达7平方公里，常住人口5万人，镇区通车里程达150多公里，绿化面积600多万平方米。规划建设杨善、冶泉等四大工业园区，省高新技术企业3家，山东省著名商标3个，形成汽车配件、机电磁电、瓶盖加工和食品加工等产业集群。建成万亩优质葡萄基地，万亩西瓜蔬菜基地，肉鸭养殖基地和虹鳟鱼、鲟鱼养殖基地，“杨善”牌西瓜、学庆蔬菜合作社黄瓜、龙湾淡水鱼养殖合作社虹鳟鱼等18种农产品通过绿色食品认证，虹鳟鱼、鲟鱼等4种冷水鱼通过有机食品转换认证。实施老龙湾风景区综合开发工程，推进省级旅游度假区建设，打造“鲁中水乡，北国江南”文化旅游品牌，建设富裕、文明、和谐的新冶源。

党委书记 赵洪军

镇　　长 贺志健

【寺头镇】 位于临朐县西南部，面积276平方公里，辖114个原建制村、34个中心村，2.2万户，人口7.4万人。耕地面积5735公顷。2015年，实现地方财政收入1795.59万元，同比增长11.06%；工业实现销售收入106194万元，利税6847万元，分别增长7.8%和5.8%。

工业经济稳步增长。引进新世纪石材、金晔食品、华源纺织等新企业，盘活山河食品等停产企业，实现“腾笼换鸟”，铸造企业实现上档升级，搭乘“互联网+”快车道，“铸造重镇”高歌猛进。特色农业持续发展。建成呈子山楂、石佛红香椿、吕匣中药材、长达峪黄烟、丹崮高山蔬菜五大特色农业基地，同时，拉伸产业链条，引进山河食品、金晔食品等深加工企业。乡村旅游实现突破。宋香园生态世界建成北大门、游客中心等基础设施，林下花海、500余亩薰衣草田等景观，悬泉寺、禅堂崮的维修扩建工程有序推进，芳香小镇、深山古刹静待来宾。基层组织规范运转。实施“公开倒逼”管理机制，推进村级工作规范化。6个农村新型社区建成使用。民本民生有效改善。完成潍九路吕匣至白沙段、冶石路寺头段及吕鲍路大修工程，投入资金1亿多元，将镇域主要道路和桥梁全部重修一遍。建成镇养老服务中心，改造中小学3所、幼儿园5所，新建寺头卫生院透析楼。

党委书记 瞿志敏

镇　　长 窦海燕

【九山镇】 位于临朐县最南部，地处沂山西麓、弥河源头，潍坊、临沂、淄博（临朐、沂水、沂源）三市（县）交界处。面积254平方公里，辖26个中心村、64个原建制村，1.7万户，5.2万口人，耕地面积3046公顷。2015年，全镇完成地区生产总值10.94亿元，同比增长7.5%；地方财政收入1582.8万元，同比增长18.2%；工业实现销售收入3.8亿元，利税3404万元，分别增长12%和10.8%。

九山镇山地丘陵面积占85%，林地面积24.7万亩，森林覆盖率高达70%。被评为“好客山东”最美村镇、省级宜居小镇。牛寨村先后被评为中国最美休闲乡村、中国乡村旅游模范村，九山社区被评为省级新型农村示范社区。山水生态资源丰富。境内山峰叠翠、风景秀丽，有黑松林、神牛谷、55公里林海大道、国家水利风景区——淌水崖水库、齐长城、铜陵关等众多景点。在神牛谷景区建成农家乐2层小院37户，平房农家院20户，能同时容纳200人住宿、500人就餐。林果产业基础良好。全镇果品种植面积10万亩，其中板栗5万亩、苹果3万亩、葡萄1万亩、桃1万亩，是江北最大的干鲜果生产基地和果品集散地之一，其中青杨峪板栗基地总面积达3万多亩，是国家有机农业（板栗）示范基地，“九山苹果”和“九山板栗”通过国家有机食品认证，取得国家地理标志产品证明商标。

民本民生持续改善。建成九山小学、幼儿园、养老院、弥河源湿地公园、群众文化活动广场。

党委书记 张守兵

镇　　长 李　斌

【辛寨镇】 位于临朐县中部，面积230平方公里，辖 49个中心村，3.71万户，12.8万人，耕地面积6952公顷。2015年，实现地方财政收入6752万元，同比增长3.2%。规模以上企业实现产值55.04亿元，实现主营业务收入56.53亿元，利税2.3亿元，同比分别增长15.4%、14.8%和15.7%。固定资产投资27.4亿元，同比增长16.3%。

投资3000万元，完善辛寨、卧龙、凤凰山三大工业园区。新落户杰高高档非织材料、浩志光电科技等项目10个，鸿嘉不锈钢、精翔机电、平宣马赫汽车散热器等项目8个投产。形成橡胶、童车、合金、陶瓷、食品、汽车配件、机械电子等九大优势产业，被评为“市级汽车配件特色产业镇”。凤凰山工业园被授予市、县创业园区。

加大城镇建设投入，重点抓好“十大重点工程”。辰鸿嘉园20栋楼交付使用。丹阳湖嘉园9栋楼完成主体工程。红叶家园8栋多层楼房主体工程完工，2栋高层楼房正在建设；2万多平方米的辛寨医院综合楼完工；2.3万平方米的供销大厦竣工；投资6700万元、面积7220平方米、日处理能力1万吨的污水处理厂一期，投入运营。丹阳湖生态观光带、山洪沟治理等重点工程加快建设。建成蒋市优质苹果、双山黄烟、三山峪山楂、曹家庄优质桃、辛中葡萄、古河山枣、下峪有机蔬菜、卧龙樱桃八大农业示范园区。2015年，全镇完成烟叶收购336万公斤，实现税收182万元；注册农民专业合作社196家、家庭农场20家；三山峪小流域和大峪水保项目通过验收；建设丹河节水灌溉工程，辐射瞿家圈等6个村；铺设饮水管道15公里，解决大峪等19个村的饮水问题。全镇投入资金3000余万元，修建垃圾池430个，配备垃圾桶3000多个，配备保洁员434名，村居垃圾收集覆盖率100%。投资500余万元，确保垃圾收集到位。

党委书记 白文玉

镇　　长 刘万军

【蒋峪镇】 地处临朐县东南部，沂山风景区东北麓。面积178平方公里，耕地面积4380公顷，辖8个社区、29个中心村、76个原建制村，1.59万户，5.7万口人。2015年，完成地方财政收入1657.8万元，同比增长10.7%；工业实现总产值28151万元，主营业务收入28196万元，同比分别增长17.7%和16.3%。

工业经济方面，突出吉祥板材升级发展，11条铝单板生产线全部投产，年产铝单板120万平方米，实现销售收入9000余万元。现代农业方面，新引进山东华唐农业高标准油牡丹示范园项目，项目分二期，总投资8亿元，一期工程已完成投资4000多万元，栽植4年生牡丹苗2000亩、450多万株。发展黄烟4000亩，实现税收200多万元。发展农民专业合作社80多家，年带动增收3000余万元。全面推行农产品质量安全区域化管理，被评为“潍坊市农产品质量安全示范镇”。城镇建设方面，加快莲湖片区改造建设，投资5000万元，启动莲湖公园二期工程建设。投资2000万元，实施蒋峪大道等3条区间道路建设。蒋峪大集、镇中心幼儿园、警务便民服务中心、湖光山色居民集中居住区等重点工程推进。群众文化方面，投资2000余万元，以建制村为单位，建设文体广场，打造“文明一条街”、组织“出彩蒋峪人”才艺大赛，构建起“三位一体”群众文化新格局。新华社等各大媒体以《内参》等形式报道，叫响“出彩蒋峪”品牌。社会事业方面，投资1500多万元，实施李子行到西圈等3条、20多公里乡村道路建设。建立环境卫生长效保洁机制，形成“镇—社区—村—网格”四级保洁网络。开展“进千村、入万户、察民情、解民忧”活动，解决群众诉求179件次，同时，督促各村完成实事项目156件，累计投入资金2000多万元。落实“四议两公开一监督”制度，开展集体“三资”清理规范活动。2015年，蒋峪镇被评为“省级文明镇”。

党委书记 王锡利

镇　　长 张忠刚

【柳山镇】 地处临朐县东部，面积97.1平方公里，辖21个中心村，1.1万户，人口4.2万人，耕地面积4332公顷。2015年，完成地方财政收入1205万元，同比增长38.2%；工业实现销售收入5421万元，利税816万元，分别增长13.5%、10.4%。

现代农业发展迅速。全镇瓜菜面积3.5万亩，黄烟4600亩，奶牛1500头，形成瓜菜、黄烟、奶牛三大农业支柱产业；规划建设有3000亩辛庄生态农业园、280亩洋河奶牛养殖基地、450亩金柳牧业项目区、700亩燕舞岭生态农场四大现代农业示范园区；小农水、农业综合开发、高标准基本农田等农业项目，改造中低产田，农田水利基础设施更加完备。拥有“三品一标”品牌9个，年销售绿色蔬菜8.7万吨以上，产值达1.75亿元。工业经济稳定增长。镇区北部规划建设1000亩标准化配套长旺工业园，建有风力发电、兴旺包装制品、伟翔塑料助剂、天源塑胶科技、隆鑫钢铁物流等新兴产业项目，县工业园区落户有明晟重工、宇鑫机械科技、新型医药食品复合材料包装等铝型材上下游产业链条项目。城镇建设日新月异。完成新柳路、金柳路、柳五路、柳上路等道路建设；实施“平改楼”、农村信用社、国土所、垃圾中转站建设及丹山湖治理为重点的公共服务项目建设，镇区“一山两湖六区”发展框架全面形成。

党委书记 耿怀金

镇　　长 刘洪科

【山旺镇】 位于临朐县东北部，面积108平方公里，辖16个中心村，0.95万户，人口3.2万人，耕地面积3600公顷。2015年，实现地方财政收入1317.9万元，同比增长28%。工业实现销售收入6.24亿元，利税1.08亿元。

工业经济后劲十足。推进中小企业创业产业园建设，水、电、路、天然气、通信、雨污管网等基础设施基本配套完成，办公服务区已投入使用。园区已落户17家企业，已有12家企业相继投产达效。现代农业发展迅速。重点发展大樱桃、大棚果、大棚蔬菜等特色农业，全镇大樱桃种植面积2.1万亩。其中，大棚樱桃5800亩，大棚瓜菜种植面积8000亩。社会事业全面发展。镇村道路提档升级，群众出行条件明显改善；城乡环卫一体化扎实推进，全镇环境卫生焕然一新。

党委书记 李守成

镇　　长 吕学志

【龙山高新技术产业园】 位于临朐县北部，面积67平方公里，辖16个行政村，3.4万人，耕地面积2997公顷。2015年，完成地方财政收入1850万元，同比增长17%；完成规模以上工业生产总值5.5亿元，同比增长12.7%；完成固定资产投资14亿元，同比增长17%。

新建营龙路、龙高路等“四纵四横”道路框架，总长度近40公里，项目区达到“七通一平”标准，储备项目用地1万余亩。鲁龙天然气、龙山110千伏变电站、第三污水处理厂等基础配套工程已投入使用，绿源热力项目正在建设。建特色园区。已落户宝龙达新材料、东临新材料、昌泰高分子、三义新材料、金成铝轮毂等标准工业项目，总投资近100亿元。与汽车配件工业园、光伏发电等10余个项目达成投资意向，储备项目30余个。建设4个便民服务社区，制定完善规章制度，园区干部下沉到社区办公。教育园区总占地面积120亩，幼儿园、小学、初中全部按照省级规范化学校标准施工，可容纳60个教学班、3000名学生。龙湖公园总规划占地面积1000亩，其中水面面积400亩，建成后将全面提升龙山城镇形象。建成以花卉苗木、瓜菜、果品、核桃为主的“四个万亩”现代农业示范基地。

党工委书记 王 军

管委会主任 李本元

【沂山风景区】 位于临朐县城南45公里处，总面积148平方公里，辖14个中心村，8493户，2.87万人，耕地面积1719.2公顷。紧邻227省道，离长深高速沂山出口6公里。2015年，完成地方财政收入1087.89万元，同比增长14.8%。

沂山风景区是国家AAAAA级旅游景区、国家森林公园、国家水利风景区、山东省风景名胜区、山东省地质公园。2015年，沂山风景区以“打造国家级旅游休闲胜地和度假天堂”为目标，以“最大限度地放大AAAAA品牌效应”为主线，统筹协调景区、农村、林场三者之间的关系，完成齐鲁森林第一漂项目、游客亲水改造项目、西草山亭村搬迁，沂山人家投入使用；举办第三届中国沂山文化节；保护国有林业、矿业资源；推进农业农村发展，建成15处村文化广场，全面开展精准扶贫，城乡环卫一体化成效明显。

党工委书记 王成德

管委会主任 刘 阳

（刘冠伟 程国栋）

昌乐县

【国民经济和社会发展概况】 昌乐县位于山东半岛中部，面积1101平方公里，人口62.3万，辖4个镇、4个街道、1个省级经济开发区、1个省级旅游度假区和1个水库管理区，共有53个新型社区。全县完成地区生产总值275亿元，增长8.3%，实现一般公共预算收入22.9亿元，增长13.1%，完成固定资产投资298.4亿元，增长14.4%。先后获得全国文明县城、全国义务教育发展基本均衡县、全国绿化模范县、国家园林县城、省级文明县、全省双拥模范县等称号，是全省唯一的承担国家积极发展农民股份合作、赋予农民对集体资产股份权能改革试点县。在全市科学发展综合考核和群众满意度调查中连续位居前列。

*产业结构不断优化。*工业主导产业、六大新兴产业、“一主多元”现代农业体系初具规模，三次产业结构由15.6：51.7：32.7调整为13.1：45.6：41.3。推动工业膨胀总量、提升质量、转型发展。重点培育壮大三大优势产业，推进三大传统产业向中高端升级，规模以上工业企业主营业务收入达到957.6亿元，年均增长13%。完成国家知识产权强县工程试点任务，获专利授权1777件。建成院士工作站、博士后科研工作站、省技师工作站、市级以上工程技术研究中心和企业技术中心54家，168个项目列入省技术创新项目，高新技术企业达到31家，智能制造产业园被确定为国家火炬特色产业基地，连续两次被评为全国科技进步先进县。建设9个蓝色经济特色产业园和昌乐滨海飞地工业园，落户项目372个。推动服务业上新创新、优化结构、提速发展。实施“十个一”工程，方山路贯通、城市综合体等建成投用。建成AAA级以上旅游景区、省以上农业旅游示范点等30个，古火山群被确定为国家自然遗产和国家地质公园。引进银行机构4家，金融机构存贷款余额分别增加123亿元、103亿元，不良贷款率保持全市最低。服务业增加值占比提高8.6个百分点。推动农业标准化生产、规模化经营、品牌化发展。建成市级以上标准化示范园区70个、农民专业合作社56个，建设家庭农场193家，市级以上农业重点龙头企业达到52家，“三品一标”商标达到252个，西瓜种植面积达到16万亩，农林牧渔业总产值由50.3亿元增长到72.5亿元。建成全国首个职业农民教育培训基地。无规定动物疫病区通过农业部验收。城乡面貌日新月异。实施“北优南拓、西控东接”城市发展战略，推进旧城改造和首阳山旅游度假区建设，建成区面积由23.4平方公里扩大到28.4平方公里。新建改造城区道路40.9公里、雨污管网191.2公里。10万吨管道供水、引黄入昌等重大水利工程建成投用。建成2处集中供热工程和10处加气站，城区集中供热普及率达到95%，管道燃气普及率达到88.7%。启动国家卫生县城创建工作，建设“智慧昌乐”。小城镇建设完成投入140.9亿元，镇区道路硬化率、亮化率和有线电视入户率、自来水普及率均达到100%；红河镇、鄌郚镇被评为全国重点镇和全省“百镇建设示范行动”示范镇。规划建设40个农村新型社区，17个实现搬迁入住；宝都街道被评为全省城市社区建设示范街道，红河社区、鄌郚社区被评为全省农村新型示范社区。新建农房15077户，改造农村危房4747户。城乡环卫一体化通过省全覆盖验收。改革开放不断深化。完成新一轮政府机构改革，政府更加精简、高效。深化行政审批制度改革，建立项目一站式办理“快车道”，审批效率提高30%以上。推进商事制度改革，新增市场主体3.3万家。农村“三项改革”基本完成，发展农民股份合作，赋予农民对集体资产股份权能，改革国家级试点取得成效。县级公立医院综合改革试点推进，基本药物制度全面实施。

日科化学成功上市，信用社银行化改革全面完成，4个项目入选国家发改委PPP项目库，发行企业债券18.5亿元。完成进出口总额68.7亿美元，利用外资1.8亿美元，招商引资到位资金436.8亿元。成功举办2届宝石节、3届宝石博览会。

大力推进造林绿化。实施荒山、水系、镇村（企业）绿化和绿色通道、生态林场建设五大绿化工程，成片造林15.2万亩，有林地面积增加到41万亩，被评为全国绿化模范县。推进城区绿化，新增园林绿地147万平方米，绿化覆盖率达到41%，被评为国家园林县城。推进污染治理。实施“三八六”环保行动，四项减排目标全部完成，空气、水、土壤环境质量持续改善。关停拆除环保不达标项目152个，淘汰黄标车8037辆，禁燃区内10吨以下燃煤锅炉全部停用或拆除，建筑工地全部落实扬尘防控措施，重点涉气企业全部新上脱硫、脱硝、除尘设施。实施河流综合治理，绿化河道241公里，建设湿地6000余亩。排查整治自备井8793眼，关闭260眼。建成3处镇级污水处理厂，全县7处污水处理厂全部达到一级A排放标准，城市污水处理率达到99%。严控农药、化肥使用量，发展标准化生产和循环农业，农业面源污染得到防控。推进资源节约保护。实施5个循环经济重大项目，25家企业通过省、市清洁生产审核验收，超额完成上级下达的节能降耗任务。3个镇被评为国家级生态镇，红河镇、鄌郚镇乡村连片治理试点分别获省、市考评第一名。城乡建设用地增减挂钩、工矿废弃地复垦利用等项目列入国土资源部试点，被评为全省国土资源节约集约模范县。

民生保障水平提升。五年新增民生支出79.7亿元，占一般公共预算支出的67.3%。推进创业就业，成立大众创业指导服务中心，建成创业示范园区8处，新增城镇就业5.5万人，农村劳动力转移就业7.5万人，被评为全国农村劳动力转移就业工作示范县。强化社会保障，城乡居民养老保险基本实现户籍人口全覆盖，医疗保险实现整合并轨，城镇职工参加社会保险超过10万人；在全省率先开展民生综合保险试点；低保、“五保”供养标准大幅提高，集中供养五保对象全部实现到县养老中心供养；建立“大保障”机制和特殊困难群体关爱救助体系，救助困难群众近2万人、特殊困难群众2817人。推进扶贫开发，帮助1.3万人脱贫。社会事业全面发展。新修、改造各类道路1026.4公里，公路通车里程达到1932.6公里。实验中学新校等15所学校建成投用，一中、英才实验学校等5所学校动工建设，新建、改建普惠性标准化幼儿园71所，普通中小学办学条件标准化建设任务圆满完成，被评为全国义务教育发展基本均衡县；宝石中专被评为全省首批规范化中等职业学校；教育品牌影响力显著增强，昌乐二中成为拥有9所学校的教育集团。县人民医院、中医院病房楼建成投用，大德国际医疗中心等项目加快推进。4个镇全部建成图书馆，村文化大院实现全覆盖。社区规模以上体育健身设施覆盖率达到100%，成功承办第二十一届中日韩青少年运动会足球赛。推进声、屏、报、刊、网、客户端、官方微信等融合，建成全省首家新型主流全媒体矩阵。连续5年荣获全市人口责任目标考核第一名，被评为全国计划生育优质服务先进县。建成城市公共自行车系统，更新新能源公交车及客车202台、出租车257台。为济南军区国防动员委员会全体会议暨国防动员实战化建设会议提供观摩现场，国防动员实战化建设成果和经验得到肯定和推广，蝉联全省双拥模范县。社会大局和谐稳定。开展“平安昌乐”建设，打防处突能力和公安大数据应用水平跃上新台阶。加强矛盾纠纷排查化解，被评为全省信访工作先进县。强化安全隐患排查治理和安全生产法治化、规范化、信息化建设，安全生产形势持续稳定，被评为全省安全生产工作先进单位。

【省委书记姜异康到昌乐县调研】 2015年5月15日，省委书记姜异康专程来昌乐县调研，并把昌乐作为联系点。上午，姜异康来到山东铭基中慧食品有限公司调研。该企业为消除安全隐患，2015年，投资3600万元，实施为期三个月的停产改造。姜异康了解了企业生产经营和安全生产整改情况。在山东世纪阳光纸业集团，姜异康仔细询问企业生产工艺、经营业态创新情况，对企业从传统造纸向包装整体解决方案服务商转型升级的做法给予肯定。下午，姜异康实地考察大德•国际医疗中心在建项目进展情况，肯定企业经营模式、管理模式和诊疗模式等方面的创新，对发展健康养老产业提出明确要求。姜异康到雷丁新能源电动汽车，考察企业自主研发生产的新产品。

【中国（昌乐）国际宝石博览会】 2015年10月16日～19日，2015中国（昌乐）国际宝石博览会在昌乐中国宝石城成功举办。主展馆展览面积1万平方米，共搭建国际标准展位260多个、特装展位3个。共有来自巴西、斯里兰卡、澳大利亚、比利时、巴基斯坦、韩国、印度、泰国、匈牙利、阿富汗、波兰、科特迪瓦、中国香港、中国台湾14个国家和地区的70多家知名珠宝企业前来参展，国际展商数量比上年增长了30%。其中，巴西、澳大利亚、比利时、波兰、科特迪瓦等国家的展商是首次前来参展。展会期间，举办国际彩色宝石发展高峰论坛、中国精品蓝宝石评比、精品宝玉石矿物晶体展、中国摄影家协会黄金珠宝摄影展、中国名家书画展等相关配套活动。博览会共接待游客和采购商4.36万人，实际交易额1.67亿元，意向交易额2.2亿元。

【昌乐县被评为全国绿化模范县】 昌乐县实施荒山绿化、水系绿化、镇村

（企业）绿化、城区绿化、绿色通道建设、生态林场和全民义务植树活动，建成市级以上绿化模范镇（街、区）9个、绿化模范村245个、绿化示范企业92家，市级以上花园式小区、花园式单位35家。全县90%以上的村庄绿化覆盖率达到32.4%以上，镇（街、区）政府（办事处、管委会）驻地绿化覆盖率均达到41.3%以上，人均公共绿地面积达到11.6平方米；城区绿化覆盖率达到44.1%，人均公园绿地面积达到12平方米。共建成生态林场7处，建有义务植树基地16个，“系统林”基地90多个。全县森林面积达到3.96万公顷，森林覆盖率达到36%。森林资源管护措施有力，古树名木全部落实保护措施。2016年2月，被全国绿化委员会表彰为“全国绿化模范县”。

【昌乐县继续保留“全国文明县城”称号】 昌乐县加强社会公德、职业道德、家庭美德、个人品德建设，建成“善行义举四德榜”506个；开展“感动昌乐”人物、昌乐好人、诚信昌乐人等评选活动，选树包括省道德模范、“中国好人”等在内的典型400余人；加强社会主义核心价值观的宣传，在城区设置公益广告2000余块（幅），形成浓厚的争先创优氛围。2011年，昌乐县被中央文明委授予“全国文明县城”称号。2015年，昌乐县明确职责目标，突出工作重点，营造浓厚氛围，通过复审验收，继续保留“全国文明县城”称号。

【昌乐经济开发区（宝城街道）】 位于昌乐县北部，面积43.4平方公里，辖8个行政村，7700户，人口2.63万人，耕地面积1587公顷。2015年，全区完成地区生产总值504268万元，比上年增长7.6%；完成地方财政收入14930万元，比上年增长18.2%；工业实现销售收入2866349万元，利税82924万元，分别增长8.68%和8.7%；第三产业增加值达149526万元；农民人均纯收入18674元。

昌乐经济开发区先后引进各类企业300多家，并规划蓝色经济产业园、黄金珠宝加工产业园、智能制造产业园、绿色房屋建材产业园等专业园区，实现装备制造、黄金珠宝首饰加工、造纸包装印刷等优势产业集群发展、集成创新、集中突破。其中，新规划建设的智能制造产业园成功入选首批国家火炬特色产业基地，潍坊市仅此1家。辖区现有规模以上企业33家，上市企业4家，国家重点扶持高新技术企业10家，高新技术企业产值占规模以上工业总产值达到40%以上。拥有中国驰名商标7个，建有省级技术中心4家、市级研发中心16家，荣获“山东最佳投资园区”“山东省低碳经济示范园区”“山东省生态工业和循环经济示范园区”等称号。

昌乐经济开发区党工委书记 张金涛
昌乐经济开发区管委会主任
昌乐经济开发区党工委副书记 高明胜
昌乐县宝城街道党工委书记
昌乐县宝城街道办事处主任 史志军

【首阳山旅游度假区】 位于昌乐县东南部，面积31.5平方公里，辖11个行政村，3647户，人口1.3万人，耕地面积580公顷，是潍坊市境内唯一集秀美的山、清澈的水、深厚的历史文化三种优势于一体的待开发区域，被喻为潍坊市的“绿肺”“天然氧吧”，是山东省人民政府批准设立的省级旅游度假区。辖区内有国家AAA级旅游景区桂河湿地公园和首阳山国家森林公园，首阳阁大酒店、三星级好客人家“农家乐”福乐生态园和罗泉山庄等形成一条集餐饮、住宿、观光、旅游、娱乐于一体的休闲娱乐旅游线路，吸引大量家庭、企业等前来旅游。已落户项目34个，总投资约165亿元，全部建成后，度假区将成为以生态旅游、休闲娱乐、商务会议、高尚居住为主体功能的宜居、宜业、富足、和谐的综合性、现代化示范园区。

党工委书记 刘德利
管委会主任 刘海龙

【朱刘街道】 位于昌乐县城东部，面积40.7平方公里，辖19个行政村，9888户，人口3.33万人，耕地面积1161公顷。2015年，全街道完成地区生产总值545000万元，比上年增长8.1%；地方财政收入11900万元，比上年增长-16.2%；工业实现销售收入4269700万元，利税188300万元，分别增长4.5%和2.9%；第三产业增加值达11800万元；农民人均纯收入25057元。

朱刘街道是一处以新能源电动汽车、新型建材、精细化工、现代物流和电子商务为主的“蓝色、高端、低碳”现代产业示范区。区域内已汇聚规模以上企业45家，各类中小企业280多家，从业人员达到2万多人。有5家企业跨入潍坊市工业百强，27家企业主营业务收入过亿元，其中潍焦集团101亿、万山集团73亿、比德文67亿元。25家企业利税过千万元，其中潍焦集团、比德文、万山集团、梅拉德4家企业过亿元。拥有中国驰名商标7个，省名牌名标13个，省级以上高新技术企业12家，市级以上企业技术中心、工程（技术）研究中心14家。街道先后被评为“中国电动车产业第一镇”“中国减水剂生产基地”“山东电动车产业基地”“山东省钢结构产业集群基地”“山东产业集群建设十大突出贡献镇”“山东省文明单位”“首批‘乡村文明行动’省级示范街道”“山东省无邪教街道”“山东省生态乡镇”等称号。

党工委书记 王永信
办事处主任 郭雪梅（女）

【宝都街道】 位于昌乐县县城，面积74.97平方公里，辖49个行政村，38455户，人口15.36万人，耕地面积2800公顷。2015年，全街道完成地区生产总值614290万元，比上年增长9.5%；地方财政收入35300万元，比上年增长

12%；工业实现销售收入1439154万元，利税172698万元，分别增长9%和10%；第三产业增加值达423230万元；农民人均纯收入18610元。

街道被评为全国“一村一品”示范镇、潍坊市普及学前教育工作先进镇街、潍坊市特色产业镇等。拥有昌乐西瓜、高家河苦菊两个国家地理标志证明，是著名的西瓜之乡。辖区内柠檬酸产量占全球30%，是“中国柠檬酸特色产业基地”；电子散热器产量占全国的65%，是“中国电子器件散热器产业基地”。建成的宝都医药电子特色产业园，是国家、省两级中小企业公共服务示范平台。建有市级以上企业技术中心、工程技术研究中心16个，省级产业技术创新战略联盟2个，建有国内首家柠檬酸行业首家院士工作站、博士后科研工作站。

党工委书记 黄省阶

办事处主任 赵中国

【五图街道】 位于昌乐县城南部，面积104平方公里，辖41个行政村，1.3万户，人口5.2万人，耕地面积4620公顷。2015年，全街道完成地区生产总值194000万元，比上年增长10%；地方财政收入5811.08万元，比上年增长22.3%；工业实现销售收入679140万元，利税97430万元，分别增长7.8%和8.3%；第三产业增加值达49000万元；农民人均纯收入16802元。

生态环境优美。境内方山、五虎山钟灵毓秀，南寨水库碧波荡漾，桂河、圩河、丹河等河流纵横交错，山灵水美，人杰地灵。矿产资源丰富。已探明蓝宝石矿藏面积54平方公里，储量数亿克拉，是亚洲最大的蓝宝石矿床；煤炭、油页岩储量丰富，开发前景广阔。经济转型发展。引进投资160亿元的九龙湖旅游度假区项目、15亿元的大德•国际医疗中心项目、6.5亿元的金都世纪城项目等一批重点项目，做大做强五图光电科技特色产业园，形成以电子配件、精细化工、塑料加工等为主的产业集群。农业优质高效。甜瓜种植历史悠久，“蜜罐儿”甜瓜甘润清冽，绵甜爽脆，远近闻名。有庵上湖省级现代农业示范园、昌乐西瓜科技示范园等现代农业园区，推行“党支部+合作社”模式，带领群众发展致富。

党工委书记 孔德奎

办事处主任 李永金

【乔官镇】 位于昌乐县中部，面积195平方公里，辖73个行政村，2.6万户，人口8.9万人，耕地面积9866公顷。2015年，全镇完成地区生产总值14.7亿元，比上年增长8.9%；地方财政收入3550万元，比上年增长7%；工业实现销售收入127.8亿元，利税18.4亿元，分别增长6.5%和5%；第三产业增加值达3.9亿元；农民人均纯收入15347元。

2015年，乔官镇被授予“山东省乡村旅游示范镇”等称号，响水崖村荣获“山东省旅游特色村”等4项省级荣誉，土埠沟村被授予“第二批省级传统村落”称号，乔官远古火山口群地质公园被中国科协授予“优秀全国科普教育基地”称号，“昌乐火山小米”成功注册国家地理标志证明商标；拥有“大葛狮子舞”“药王邓青云的传说”“火山能量石”等市、县非物质文化遗产10项；塑料、板材、织带、针织服装等特色产业鲜明；注册农产品品牌12个，打造出有机、绿色、无公害农产品48个，市级农业龙头企业8家、示范园区4个，省级示范社2个、国家级示范社1个。

2015年，投资480余万元，新建、改造、提升全镇10个社区的“一厅两室”，打造“智慧社区”；投资1360万元，新建乔官镇实验小学；总投资150万元的乔官镇图书馆建成投入启用；新建建筑面积884平方米的南音社区服务中心；新开工建设龙泉寺项目；引进2.15亿元集中供热项目；硬化农村道路165公里，送戏下乡26场次；实施精准扶贫工作，全镇减贫2080人；重点发展特色旅游产业，全镇构建“两山三村”旅游发展格局，对响水崖古村落进行保护性开发，建设五大景区、十二大景观节点。土埠沟村、姬家庄子村进入景点规划建设实施阶段。火山小米、火山能量石、荆山粉丝等特色旅游产品深受市场欢迎。

党委书记 王龙之

镇　　长 刘衍斌

【营丘镇】 位于昌乐县东南部，面积218平方公里，辖64个行政村，27271户，人口9.7万人，耕地面积12000公顷。2015年，全镇完成地区生产总值26.1亿元，比上年增长10.1%；地方财政收入2350万元，比上年增长9.2%；工业实现销售收入507103万元，利税16328万元，分别增长5.1%和6.2%；第三产业增加值达到8.4亿元；农民人均纯收入14297元。先后被评为中国拖拉机基地镇、山东省环境优美乡镇、山东省特色产业镇、潍坊市文明镇、潍坊市绿化示范镇、潍坊市平安建设先进镇、山东省文明镇等。

2015年，全镇30家规模以上企业实现主营业务收入41.4亿元，新落户企业12家。现代农业蓬勃发展。今年新建现代农业示范园区4个，总数达30个，农民专业合作社总数达到364家、家庭农场40个，培植农业龙头企业8家，登记注册农产品商标20个，确权颁证工作的自然村共计168个，小型农田水利重点项目一期、二期、三期工程及千亿斤粮食项目通过验收，全镇1万公顷农田实现旱能浇、涝能排。正在组织申报“崔家庄草莓”及“崔家庄芦笋”地理标志农产品。

城镇建设日新月异。聘请同济大学建筑设计院对全镇城镇建设、农村新型社区建设进行总体规划，城镇、社区建设步入发展快车道。投资7000余万元对11所幼儿园、7所完全小学以及营丘中学进行改造，全镇已达到教育均衡化县验收标准条件。投资7450万元、长165公里农村道路网格化工程已通过验收。崖头社区已建成入住，马宋社区4座多层住宅楼已完成主体。新建农村文化广场27个，建筑面积

12000余平方米。新建、完善农田林网3万亩，成片造林1.1万亩，栽植各类绿化苗木80万株，全镇森林覆盖率达到32.5%。文化旅游产业开始破题。投资1600万元的古城村太公文化广场已完成初步规划，崇山石祖林及王裒墓等旅游资源的保护开发工作正在进行招商、洽谈；姜太公文化节、白浪河桃花会等节会影响力增强。

党委书记 秦春军

镇　　长 崔爱江

【红河镇】 位于昌乐县南部，面积194.5平方公里，辖62个行政村，27308户，人口11.6万人，耕地面积10666.7公顷。2015年，全镇完成地区生产总值321060万元，比上年增长11.1%；地方财政收入7782万元，比上年增长36%；工业实现销售收入1300887万元，利税110998万元，分别增长10.9%和22.5%；第三产业增加值达127180万元；农民人均纯收入16800元。

2015年，红河镇被评为全国重点镇、国家级生态乡镇、全国标准化气象灾害防御示范乡镇，正申报国家卫生乡镇。产业转型升级明显加快。乐港公司2万吨军供食品直供总后勤部，乐化漆业建筑涂料、油漆被评为山东名牌产品，新引进德福高档生活用纸二期、荣华生物科技等项目8个。农业带头人惠俊清被评为全国百强农产品经纪人，朱汉苹果申报为国家地理标志证明商标，凤凰岭果蔬专业合作社纳入国家示范社名录，庵泉苗木等3家合作社被评为省示范社。城镇功能配套明显加强。建设天然气综合利用、榆横—潍坊1000千伏特高压变电站、热力管网等项目，新开工建设宅科社区，红河社区被评为“全国综合减灾示范社区”、省“农村新型示范社区”、市级绿色社区，城市功能日臻完善。生态文明环境明显改善。新增造林绿化7000亩，森林覆盖率达到38.7%，高泉等3个村被评为省级生态村。全市城乡环卫一体化现场推进会议在红河镇召开。红河村被评为潍坊市首个“省社会科学普及示范村”，小阿陀村被评为省级文明村。

党委书记 刘莹有

镇　　长 王琪华

【鄌郚镇】 位于昌乐县南部，面积166.3平方公里，辖26个行政村，24722户，人口8.2万人，耕地面积7500公顷。2015年，全镇完成地区生产总值17120万元，比上年增长7.2%；地方财政收入7192万元，比上年增长35.7%；工业实现销售收入273426万元，利税13591万元，分别增长17%和10.9%；第三产业增加值达51658万元；农民人均纯收入16104元。

2015年，鄌郚镇乐器产业园被认定为省级创业示范园，获评山东省“互联网+特色产业强镇”、山东省“科学•关爱•和谐”示范镇等。电声乐器被纳入“好品山东”。实施省级乡村连片治理等10余项重大工程，规划农村新型社区5处，鄌郚社区被评为省级示范社区。建成农业示范园区4处，实施千亿斤粮食等8个上级投资重点项目，覆盖面积5333公顷。权能改革试点经验在中央政策研究室调研中作典型发言。环卫一体化实现质的提升，多次为市、县检查验收提供场地。完成造林466.7公顷，实施汶河等河道的生态治理。卫生院病房楼、国医堂、数字化接种中心建成投用，启动镇中心中学等4所学校的校舍改造。推进精准扶贫，完成脱贫583户、1298人；为404名困难群众落实救助措施。开展党员培训12期，受训党员5000余人次，发展党员35名，为202名离任村干部落实补助。高度重视安全稳定，推行领导干部接访、带案下访和联合办案等机制。

党委书记 张义增

镇　　长 刘　刚

【高崖水库库区】 位于昌乐县南部，面积57.6平方公里，辖17个行政村，6799户，人口2.33万人，耕地面积1818.75公顷。2015年，高崖水库库区完成地区生产总值50200万元，比上年增长18%；地方财政收入880.62万元，比上年增长3.97%；工业实现销售收入83194.88万元，利税8507.8万元，分别增长18%和18%；第三产业增加值达19700万元；农民人均纯收入9660元。

高崖库区培植和开发芋头种植特色产业，被评为中国芋头之乡，成功注册“白塔”牌商标，白塔芋头被国际风筝联合会、中国食文化研究会批准认定为“中华饮食文化特色精品”。2015年，造林绿化面积2200亩。开展“三八六”环保行动，严密监控水源质量，控制农业面源污染。坚持“两区共建”，东篱湖畔社区试点村实现整体搬迁，新建白塔社区服务中心，实施11个村庄的社区规划建设和整体搬迁工作。规划建设山水田园、白塔农场、汶水庄园（桃花坞）等一批文化产业项目，系统建设环仙月湖产业发展圈，年接待游客量突破20万人次，正在申报国家AAAA级旅游景区。实施小农水、山区农业开发、高标准农田等惠民项目，硬化道路31.5公里，新建大口井、塘坝等水利设施186处，铺设引水上山管道17.5万米，新上变压器34台套。

党工委书记 李富强

管委会主任 刘　鑫

（赵保昌　张乐金　刘国强　刘　静）

开发区概况

Kaifaqu gaikuang

潍坊高新技术产业开发区

【国民经济和社会发展概况】 潍坊高新技术产业开发区成立于1991年，1992年获批国家级开发区，现辖2个街道、2个经济发展区，面积110平方公里，常住人口18.8万人，户籍人口14.9万人，增长4.7%。2015年，全区紧紧围绕全市“科技创新高地、科学发展引擎”主体功能定位，积极适应经济发展新常态，沉着应对经济下行压力，抢抓发展新机遇，大力实施创新驱动战略，推动经济发展提质、增效、升级，发展质量有了新提升，结构调整实现新进展，改善民生取得新成效，综合实力再上新水平。

2015年，全区实现地区生产总值359.6亿元，按可比价计算同比增长8.4%，分别高于全省、全市0.4个、0.1个百分点。服务业占GDP比重比上年末提高1.7个百分点。二、三次产业对GDP增长的贡献率分别为62.23%、37.77%，分别拉动GDP增长5.23个、3.17个百分点。全区规模以上工业企业实现工业总产值713.89亿元，增长0.8%，高新技术产值442.98亿元，增长0.5%。2015年，全区实现财政总收入73.88亿元，增长8.0%；完成一般公共预算收入37.12亿元，增长15.0%，总量居全市第五位，增幅高于全市平均2.4个百分点；一般公共预算支出21.03亿元，增长51.0%，增幅高于全市平均35个百分点，居全市第一位。全区累计完成全社会固定资产投资129.29亿元，增长14.0%，高于全市平均0.1个百分点。2015年，全区实现社会消费品零售总额317.99亿元，增长5.2%。

科技创新。2015年，潍坊高新区被省政府纳入全省“6+1”模式，参与创建山东半岛国家自主创新示范区，成为全国首批开展创新驱动发展示范工程的23家国家高新区之一。2015年，潍柴动力柴油机智能制造综合试点示范项目获批国家智能制造试点示范项目，潍柴动力获批“国家技术创新示范企业”；盛瑞传动获批国家工业强基工程，前置前驱8挡自动变速器项目荣获中国汽车工业科学技术奖一等奖。大力实施“3+1+N”政产学研用创新工程，引进北大、清华、中科院等国内顶尖高校院所，集聚高端创新要素合力打造潍坊蓝色智谷，获准省部共建中国（潍坊）创新创业孵化示范基地，成为中国创新创业大赛山东赛区永久承办地。在美国硅谷设立创源孵化器，开创了创新成果国外孵化、国内加速转化的国际科技合作新模式。与机械科学研究总院共建山东省3D打印与先进制造创新服务平台，抢占先进制造产业发展制高点。获批国家级、省级企业重点实验室各1家，省级以上科技计划项目17项、资金4160万元。累计完成专利申请2841件，同比增长34.45%，授权专利2174件，同比增长35.88%。新认定公示高新技术企业22家，复审公示高新技术企业12家，获批建设国家及省知识产权集群试点各1项。13项科技成果获得市科学技术奖励，居全市第一。人才特区建设有序推进。2015年，全区获批国家“千人计划”专家2人、省“泰山学者海外特聘专家”1人、省“泰山产业领军人才”5人、省有突出贡献中青年专家2人，入选科技部创新人才推进计划1人、市专业技术创新人才提升工程3人。截至2015年年末，全区聚集国家“千人计划”专家26人，省“泰山学者”“泰山产业领军人才”38人，市“双创人才”48人，博士556人，硕士4074人，科研人员达1.9万人，先后获批建设首批国家创新人才培养示范基地、省海外高层次人才创新创业基地。

金融服务。围绕打造区域金融资源聚集区和金融创新引领区，投资18亿元建成26万平方米的科技金融园区，聚集各类金融机构143家。截至2015年年末，全区银行金融机构存款余额783亿元，贷款余额441亿元，银行不良贷款率控制在1.18%，低于全市2.64%的平均水平。全区共有12家上市挂牌公司、13只股票，其中新三板挂牌企业已达6家，居全市首位。

环保建设。突出加强环保建设，全力推进“三八六”环保行动，2015年涉及的116项重点任务全部按期完成，主要污染物总量减排工作取得优异成绩，已连续5年在市属开发区中名列第一，节能降耗成效显著。2015年，全年投资3.24亿元开工建设十余个减排项目，已全部完成“十二五”和年度减排任务；落实潍坊发电厂发电机组脱硝和脱硫升级改造项目、汇胜集团燃煤锅炉烟气脱硫脱硝治理项目、特钢集团烧结机烟气脱硫脱硝项目等减排项目，全部投运并发挥减排效益；建设完成潍坊发电厂1#、2#、4#机组脱硫提效、电除尘改造和烟气旁路改造工程，新增煤场防风抑尘网，特钢集团转型升级及焦炭矿石输送系统5个转运站点除尘工程；加大汇胜集团、华潍热电等重点企业烟气脱硫、脱硝、除尘设施升级改造；持续开展白沙河、张面河、瀑沙河河道两岸环境综合整治，严防污染源反弹，水环境质量达标率100%；高新污水处理厂具备一级A排放标准能力，暂缓进行一级A升级改造，污水处理厂日常监管按照“一级A”标准实施；投资1.7亿元建设华电潍坊发电公司中水回用项目，对污水处理厂达标废水全部实施回用，有效缓解水资源压力，水污染物排放消减60%。2015年，全区共淘汰黄标车1775辆，空气异味整治工作涉及的12项重点任务全部按期完成，列全市第一名。2015年，全区大气主要污染物PM2.5、PM10、二氧化硫、二氧化氮分别较“三八六”环保行动实施前改善25.2%、18.3%、42.8%、14.8%，潍坊高新区总量减排工作列全市开发区第一名。2015年，全区“蓝天白云、繁星闪烁”天数达到234天，同比改善73天，较“三八六”环保行动实施前改善84天。

民生建设。深入推进社会保障城乡一体化，2015年，全区新增投入8000万元提高13项民生保障标准。整合资源，建立社会救助“一门受理、协同办理”机制，形成“区—街道—社区—小区”四级民生保障网络。财政对社保的补助力度进一步加大，2015年，财政对居民基本养老保险、城镇居民基本医疗保险分别补助1535万元、3658万元。对失独家庭实施紧急救助、生育关怀和精神抚慰，共对全区20户失独计生家庭发放一次性抚慰补助金14.5万元；全区0～14周岁独生子女意外伤害保险、节育手术保险参保率均达到100%，有效提升了计生家庭的抗风险能力。积极推进“政府买单、群众受益”的优生工作机制，全面落实免费唐筛、免费孕前优生健康检查、免费增补叶酸等制度，共开展免费唐氏筛查 1248例、免费孕前优生健康检查1454例，为782名育龄群众免费增补了叶酸，优生科学知识知晓率达到98%以上，病残儿父母再生育指导率达到100%。就业工作取得新突破。2015年，全区共争取省市就业创业资金1629.11万元。城镇新增就业12681人，完成年度任务的281.8%；城镇失业人员再就业643人，完成年度任务的160.8%；就业困难人员再就业199人，完成全年任务的165%；农村劳动力转移就业934人，完成全年任务的103.8%；参加失业保险66154人，完成年度任务的148%；城镇登记失业率控制在2.2%以内，远低于3.8%的调控目标，各项指标任务超额完成。城乡居民收入不断提高。2015年，全区城镇居民人均可支配收入36314元，增长8.4%，增幅高出全市平均0.1个百分点；农村居民人均可支配收入17908元，增长9.4%，增幅高出全市平均0.2个百分点。农村居民生活环境持续改善，城市承载能力大幅提升。全年完成道路18条，总长度21.5公里；在建道路45条，总长度64.5公里。完成保障性住房、棚户区改造386套，规划建设九大集中居住区、37个现代城市社区，建成楼房760栋、447万平方米，14977户群众迁入新居。至2015年年末，全区城市道路长度达到220公里，道路面积594万平方米。全区绿化面积达到760万平方米，建成区绿化覆盖率、绿地率等指标均超国家园林城市标准。教育事业全面发展。截至2015年年末，全区共有义务教育阶段中小学校12所，教职工1219人，在校生17441人；共有各类幼儿园48所，在园幼儿7739人。全区有11个中小学、幼儿园建设工程进入规划施工阶段，规划总投入8.4亿元，总建筑面积25万平方米。新引进教师97人，全区教师本科学历达到95%，研究生学历达到10%。完成千兆校园网改造升级，新建4个移动终端教室、2个录播教室。2015年，潍坊高新区在推进教育综合改革方面取得的显著成果，在潍坊市教育督导评估中，高新区综合成绩位居潍坊市区、市属开发区的第一名。其中，义务教育公用经费、教师工资标准、教育信息化等17项指标得满分。医疗卫生水平稳步提升。截至2015年年末，全区共有各类医疗卫生机构（含市属单位）178个。其中，医院11所，社区卫生服务机构10个，村卫生室90家，个体诊所59家，企事业单位医务室8家，各类卫生技术人员1428人，执业（助理）医师566人，病床887张，公立医院服务能力得到进一步提升。潍坊高新区人民医院卫生技术人员由100余名增加到近300名，新增高档彩超、数字胃肠等医疗设备1200余万元，开展腹腔镜下胆囊切除等新技术、新业务20项，启用了以电子病历为核心的医院信息管理系统。

文化事业。2015年，全区投入167万元，新建新昌经济发展区综合文化站1个、社区文化广场9个、社区文化大院4个。全年组织各类文化活动200余场，观众达9万多人次。截至2015年年末，全区拥有国家级、省级文化产业园区6个，规模以上文化企业46家。济南出版社潍坊分社、国防工业出版社山东分社相继落户潍坊高新区，结束了潍坊没有出版单位的历史。文脉教育、中呼信息两公司获评省级“版权示范单位、园区（基地）”称号，全区企业获评已达7家，数量居全市首位。

【潍坊生物医药产业技术创新战略联盟成立】 2015年4月2日，在潍坊生物园公共技术平台3楼会议厅召开潍坊市生物医药产业技术创新战略联盟成立大会。潍坊市科技局局长张宝胜、潍坊高新区管委会副主任董书礼、市科技局副局长安卫红、市科技局副局长董民、市食品药品监督管理局副局长宋希明以及市发改委、市经信委相关领导出席了会议。自2014年下半年开始，在潍坊市科技局的帮助下，潍坊生物园做了大量工作，最终确定由寿光富康制药有限公司任理事长单位，潍坊生物园发展有限公司担任秘书长单位，潍坊医学院、潍坊学院、山东畜牧兽医职业学院、青州尧王制药、山东沃华医药、诸城浩天制药、安丘鲁安药业、潍坊制药厂、山东华辰生物等潍坊市内38家科技创新能力强、市场发展潜力大的生物医药校企组成潍坊市生物医药产业技术创新战略联盟。该联盟主要针对潍坊市现阶段生物医药存在的中小企业多、科技原创力不足、科技成果转化率低、企业组织和产品结构不合理等特点，力求通过联盟合作攻关，产学研相结合，突破共性核心技术，做大做优生物医药企业，依靠自主技术创新和产业发展解决潍坊市生物医药产业发展存在的问题，为实施国家未来15年要在生物医药技术领域部署一批前沿技术贡献力量。

【潍坊蓝色智谷正式开园】 2015年4月18日上午，潍坊蓝色智谷开园暨清华科技园潍坊启迪创业孵化器入驻仪式正式启动，标志着该项目正式投入使用。高新城市广场B区是潍坊蓝色智谷的主要组成板块，由山东高创建设投资集团有限公司投资，潍坊昌大建设集团施工建设，项目包括3栋高层办公写字楼，建筑面积83000平方米，于2012年10月开工建设，2015年4月达到竣工使用条件。近年来，潍坊高新区围绕打造全市“科技创新高地、科学发展引擎”主体功能定位，把实施创新驱动战略放在首要位置，转变理念、优化机制、创新模式，引进中科院、北京大学、清华大学三大高校院所共建三大孵化器，打造校地院地合作3.0版新模式。以三大孵化器为龙头，潍坊高新区借助新型政产学研合作集聚高端要素资源，推动新兴产业孵化、加速和产业化，构筑起区域创新大平台，科学定位潍坊蓝色智谷创新服务平台发展方向，辐射引领潍坊乃至更大区域产业转型升级、创新驱动发展，全力构筑优势互补、错位发展、资源共享、协同联动的创新服务体系。

蓝色智谷 （供图：张 松）

【潍坊高新区开通全省首家企业名称网上自主申报系统】 潍坊高新区企业名称网上自主申报系统于2015年12月22日正式上线运行，成为全国第三个实行企业名称网上登记的地区，这是潍坊高新区以“降低门槛、简化程序、激发活力”为目标，自主研发建设的企业名称网上自主申报系统。凡是在潍坊高新区设立企业或已设立企业变更名称的，除潍坊市区重大项目或国有企业改制以及已取得国家工商总局、省工商局名称核准通知书的企业外，无须再到潍坊高新区行政审批大厅办理，均可登录潍坊高新技术产业开发区市场监督管理局官网，通过山东省工商局网上服务平台进行企业名称自主申报，申报成功后可直接办理企业登记，进一步方便了办事群众，提高了办事效率，节省了企业的时间，同时，也对审批环节提速提效有很大的作用。

【新城街道】 位于潍坊高新区西部，

6月8日，高新区在全省率先实施“多证合一、一照一码”登记模式，提速审批效能，为创业者带来便利 （供图：高新区市场监督管理局）

西至北海路，东至惠贤路，北至青银高速，南到胶济铁路，与奎文、市经济区、寒亭、坊子交界。辖24个村改居社区，面积31.3平方公里，7.3万户，人口24万（包括户籍和外来人口），现有经济活动单位12527家，其中纳税企业5041家。2015年，街道完成公共财政预算收入4.16亿元，增幅达到15%。

2015年，新城街道全面加大项目推进力度，全面完成华大基因、凤凰学校南校区、浩特变电站、东黄输油管线、怡和支路、瑞斯街、十甲集贸市场、地理信息、惠贤路、永惠路、潍柴佳苑一期、鹤翔安养中心、大观学校13个项目拆迁清表扫尾，瀚声国际学校、张面河、梨园街等重点项目完成90%以上，阳光融和医院、中医院、眼科医院等重点项目正在加速推进。

打破农村社区与城市社区界限，将辖区优化为23个社区网格，成立社区大党委，撤销12个村改居社区居委会，实现“一社一居”的社区达到14个；投资1500万元，改扩建23处社区服务中心，配套建设为民服务大厅、社区文化活动中心、警民联调室等服务设施，配齐配强社区党委班子，党委书记全部由科级干部任职，构筑起“街道党委—社区大党委—网格党支部—楼院党小组—党员中心户”五级组织体系。创新建立警民联动工作机制，与市公安分局党委联合，为23个社区党委全部配备警长，实现“一社一警”，并选派6名优秀民警任社区党委副书记。大力推行“四社联动”社会治理体系，建立起社区、社工、社会组织与社区志愿者“四社联动”的社区组织建设、服务模式，坚持“共同参与、多元治理”，2015年，孵化培育奕佳书院等66家社会组织，成立百花艺术团等135支社区志愿者团队，招募志愿者2万人，开展“迎七一•颂歌献给党”等126场文化活动。积极打造社区党建品牌，打造了“党心润民心”“党建领航 融福社区”等8个社区党建品牌。2015年，鸢都社区被评为“全国和谐社区建设示范社区”，北苑和北海2个社区被评为“首批市级创业型社区”，街道被评为“首批市级创业型街道”。

党委书记 孙 波

办事处主任 陈传刚

【清池街道】 位于潍坊高新区东部，面积39平方公里，辖34个村改居社区，8149户，人口2.65万人，耕地面积798公顷。2015年，清池街道完成地区生产总值287.7亿元，比上年增长8.1%；地方财政收入6827万元，比上年增长31.5%；工业实现销售收入566.6万元，利税68.3万元，分别增长0.4%和0.2%；第三产业增加值达36.7万元；农民人均纯收入16508元。

社区集体经济发展迅速。以丁家社区为代表，依托成立股份制公司发展集体经济，持续增强“造血”能力。先后成立广发经贸有限公司和广发建筑安装有限公司两家集体企业，半年实现净利润300余万元；建成占地面积1.33公顷的广发花卉交易市场，预计年收入可达380万元左右。

社区建设再上新台阶。投资1200余万元，建成面积4060平方米的泥景社区标准化服务中心并投入使用，配套建设有“一厅两室”、文化大院、健身广场、社区书屋等基础设施，提升了社区服务承载能力。

打造特色文化品牌。举办清池街道首届群众文化艺术节。先后举行5场以“共筑中国梦•同建新清池”为主题的社区文艺巡演、“舞动新清池•倡导新生活”广场舞大赛及“中国梦•清池美”书画摄影展。

党委书记 杜业新

办事处主任 牟海滨

【新钢经济发展区】 位于潍坊高新区东南部，面积25.43平方公里，辖20个村改居社区，4400户，人口14000人，耕地面积881.6公顷。2015年，完成工业总产值156亿元，税收9亿元；地方财政收入3.7亿元；人均纯收入13000元。

2015年，新钢经济发展区着力推进经济转型升级，规划建设了新材料产业园和高端装备制造产业园两大园区，成立了新钢城建和钢城实业两大市场运作主体，潍坊特钢集团钢帘线项目和胜达新材料两大项目实现投产达效，昌大新型建材产业园施工顺利，辖区逐步形成了以特种钢材、光电耗材、新型建材等为特点的新材料产业基地。着力提升城市化水平，开工建设渭水苑三期居住区，完成赵家石门、三岔河、渭阳3个社区440余户居民回迁安置，利用特钢集团余热建设了1200米长的供热管道，开工建设双羊街、胜达街等9条道路，群众居住环境显著改善。着力完善民生保障，装修使用5000平米的新钢卫生服务中心，建成张家官庄、向阳、后车留庄、高铁官庄4处社区文化广场，钢城现代学校二期建设顺利启动，生态林二期完成建设77.3公顷，生态环境更加宜居。着力规范社会治理，创新实施《村改居社区权力清单运行流程》（39条），规范社区权力行使，保障群众合法权益；严肃推进依法信访，通过实行领导干部AB岗接访、信访听证等制度，依法化解矛盾纠纷，保障群众合法权益；开展企业安全生产托管和安全生产标准化达标创建，确保社会安全稳定。

党委书记 聂绍俊

办事处主任 齐亚杰

【新昌经济发展区】 位于潍坊高新区东部，面积12.6万平方公里，辖13个社区居委会，2404户，人口7959人，耕地面积545.7公顷。2015年，完成地区生产总值8.83亿元，比上年增长3.4%；地方财政收入1657万元，比上年增长61%；农民人均纯收入7678元。

2015年，新昌经济发展区突出经济发展功能，加快管理体制转型，进一步明确发展定位、工作思路，在项目建设、基础设施改造、体制机制转型、社会民生事业发展等方面成效显著。

项目建设成效显著。开工建设潍柴物流园，烟草物流园完成主体建设，保证生物园加速区内9家企业顺利投产；开工建设泥水苑、寨子社区、健康8号3个集中居住区。

基础配套更加完善。加快建设新昌一路等6条道路，北冯桥、宁家桥、马宿桥建成通车；110千伏李寨变电站建成，保障辖区用电安全；开展瀑沙河治理行动，完成河道清淤，两岸通平。

体制机制高效转型。明确“一带六园三区四河”发展架构，成立产业发展公司、园区办公室及五大指挥部和34个项目组。推进社会民生发展：新昌学校建设顺利推进，预计2016年9月开始招生；投入使用新昌社区卫生服务中心；设立慈善超市。

党委书记 钟世旺

主　　任 刘相合

（李国强）

市委副书记、市长刘曙光（前左二）到滨海区调研　　（供图：侯　翔）

潍坊滨海经济技术开发区

【国民经济和社会发展概况】 潍坊滨海经济技术开发区（以下简称滨海区）是潍坊滨海海洋经济新区的核心区，陆域面积677平方公里，海域面积510平方公里，海岸线长69公里，辖2个街道，人口20万，是“黄区”重点发展的四大临港产业区之一，区内的滨海产业园是“蓝区”重点打造的三个中外合作产业园之一。全年完成地区生产总值291亿元，同比增长13.2%，规模以上工业主营业务收入844亿元，同比增长10.1%，固定资产投资381亿元，同比增长18%，公共财政预算收入28亿元，同比增长15.2%，主要经济指标均保持了两位数的增幅，增速居全市前列。

*以港口建设为龙头，重点抓基础设施建设。*围绕建设现代化综合性亿吨大港，实施多元化建港、一体化建港，2015年，吞吐量突破3000万吨，其中集装箱26万标箱。潍坊港5万吨级航道一期工程实现3.5万吨级航道通航，森达美2个5万吨级液化品泊位、3个5万吨级通用泊位和3个5万吨级多用途泊位加快建设。山东高速港2个5万吨级客货滚装泊位和2个5万吨级通用泊位进展顺利，客运枢纽中心开工建设。鲁辽陆海货滚甩挂运输大通道正式运营，开通了至温州、福州的集装箱航线，集装箱航线达到8条。潍坊渔港建设取得阶段性成果，龙威渔港8月开港运营，中心渔港、海恒威渔港开工建设。城海轻轨具备开工条件，潍日高速滨海连接线加快推进，疏港铁路开工建设；白浪河大桥主体完成、“渤海眼”摩天轮开始安装，游艇船闸主体建成，潍县路、渤海路二号桥竣工通车，新增通车里程150公里。开工总投资180亿元的86个城建项目，城市艺术中心建成投用，金融中心、未来大厦基本建成，湖光山舍、在水一方等16个生活小区主体完工。新铺设供热管线49公里、燃气管线135公里、供水

市委书记杜昌文（前左二）到滨海区调研　　（供图：侯　翔）

管道84公里，新建改造供电线路680公里。积极组织申报国家级产城融合示范区，申报方案获全省第一名，已报国家发改委审核确定。

以产业发展为支撑，新上一大批好项目、大项目。吸引外来投资，聚集优势资源，着力培育战略性新兴产业，逐步形成了以海洋动力装备、海洋化工、海洋生物医药、海洋能源、海港经济为主的现代产业体系。全年共有176个项目开工建设，总投资1580亿元。潍柴中速机实现量产，华创机器人完成试生产，海纳水下机器人完成设备安装；新和成30万吨蛋氨酸一次性开工单体31栋，15栋主体完工；卓达工厂化住宅产业园、石大昌盛100万吨凝析油顺利试生产；中海油石化盐化一体化全面开工建设；数字小镇、山东高速物流园、滨海海渔产业园、胜伟电商体验园、中韩华尚产业园等项目落地建设。年产2000台激光切割机、滨海之窗城市综合体、兴能电力等一批新项目签约，总投资211亿元。中以生态化工产业园、中以山东海洋工业技术研究院、潍坊滨海海水淡化项目、德国赢创食品级新材料等173个项目达成合作意向，取得实质性进展。

以申报山东海洋技术大学为引领，加快海洋科技大学园建设。紧紧抓住省部共建潍坊国家职业教育创新发展试验区的契机，全力推进山东海洋技术大学、公共实训基地建设，加快院校院所聚集，打造面向蓝黄两区乃至全国沿海的海洋经济应用型人才培养基地。山东海洋技术大学完成概念性规划，正在编制修建性详规，筹建请示及方案已通过省政府向教育部申报，2016年起步区开工建设，“十三五”前期全部建成。公共实训基地与山东海洋技术大学一体规划、同步推进，一期样板区7栋单体正式启用。山东海事职业学院与中国海洋大学实现联办本科招生，山东化工职业学院整体移交滨海区。潍坊体育学校、中小学生综合实践基地建成投用，招生院校达到10所，在校生超过5万人。

以环保安全为底线，全力推进绿色发展安全发展。扎实推进三年绿化全覆盖工程，新增绿化面积4133.3公顷，占全部工程量的84%，特别是山海湖河综合改造工程累计植树210万株、绿化面积866.7公顷；实施白浪河、弥河、崔家河等5条河流生态修复和湿地建设，清淤河道25公里，断面水质稳定达标，第二平原水库主体完工，中央商务区直饮水厂建成投用。深入实施“三八六”环保行动，持续抓好异味、污水、固废专项整治，全年拒批或缓批高污染、高耗能项目15个，总投资近百亿元，关停取缔企业4家，停产整顿59家，破获环境污染案件6起，查处了一批涉案人员。按照“党政同责、一岗双责、齐抓共管、失职追责”要求，全面落实安全生产主管部门监管责任、街道园区属地管理责任和企业主体责任，突出抓好危化品、食品、校园、建设、海上、交通、暴恐等重点行业、重点领域安全，实行安全隐患有奖举报制度，推进安全监管重心下移和隐患排查治理法制化、规范化，全区安全生产形势持续稳定。

以海洋文化为特色，打造滨海旅游新品牌新亮点。依托欢乐海省级旅游度假区，突出海洋特色、沿袭渔盐文化，全力打造一流滨海休闲旅游目的地，全年接待游客将超过150万人次。组建滨海旅游发展集团，实施政府监管、企业运作，提高旅游专业化开发水平，与平安银行合作设立100亿元滨海旅游发展基金，成功发行5亿元企业债券，为滨海旅游业发展提供充足资金保障。实施海水浴场、马来西亚馆、游客服务中心等重点工程，加快推进东方威尼斯水城、风筝文化产业园、游艇码头、金沙滩酒店等项目建设。开工建设北海渔村，配套渔人码头、海鲜休闲餐饮大排档等服务设施，改善渔民生产生活，拉长延伸滨海旅游链条。依托东周盐业生产遗址，规划建设盐文化博览园，举办渔盐文化节，彰显海洋民俗魅力。成功举办国际风筝冲浪大满贯赛、世界旅游小姐中国区总决赛、中国汽车工程学会巴哈大赛等大型赛事，打响“欢乐海”“车马泡”等滨海特色旅游品牌。

以全域城市化为目标，实现民生事业持续改善。实施城乡居民医疗保险一体化，将城镇居民医疗保险与新农合整合，把所有农民纳入城市居民保障范围，实现了城乡养老、医疗、救助等社保体系全覆盖，全面实施免费教育、免费公交、免费直饮水政策，全年财政拿出教育专项资金3000万元，惠及16000名学生，投放64辆新能源免费公交，全年客流量达300万人次。提升基础教育现代化、国际化发展水平，积极引进合作伙伴，与北京师范大学签订合作协议，共同建设运营中央商务区国际学校，计划2016年9月招生；潍坊滨海中学成为全国普通高考滨海考区考点，广大考生首次在区内参加高考。扎实推进新型城镇化建设，大家洼街道大社区二期全部完工，央子街道海港中心社区22栋单体建成投用。

以改革创新为抓手，增强经济社会发展内在动力。坚持把机制创新作为加快项目建设的动力源泉，在开发运营、工作推进、政府服务等方面进行了积极探索，全面推进经济体制、社会事业、生态文明等七大领域17项改革，充分释放改革红利，着力破解发展难题。创新政府服务机制，在全市率先推行企业“四证合一”登记模式，工作效率提速80%以上，打造质量最优、效率最高的营商环境。创新开发建设机制，推行“公司化、企业化、园区化、市场化”开发，每个重点片区、重大项目都成立公司，负责和主导园区开发、项目建设，将原有11个园区优化整合为七大重点片区，先后成立旅游集团、教育投资公司、滨城建设集团等6家国有公司，配合组建潍坊港集团，在山海湖河综合改造、第二平原水库等重大项目上也都建立了公司，有力促进了片区开发和项目建设。创新工作推进机制，健全完善常态指挥、发现问题、随时解决问题“三个机制”，对市政府和新区建设确定的126项重点任务，全面实行工作项目化管理、项目责任制落实，筛选了一批重点项目纳入区级调度，其余项目由所在园区、街道负责调度，每个项目都组建一个班子、制定一套推进方案，按月制定计划，按月调度考核，及时发现和解决遇到的困难和问题，推动项目快速建设、任务有效落实。

党的建设。严格落实管党责任。先后组织召开7次党工委会议、2次党建调度会议、2次社区建设会议专题研究基层党建工作，全面实行党组织书记抓基层党建工作述职评议制度和抓基层党建 “责任清单”“问题清单”制度，推动主体责任和“一岗双责”落实。严格执行民主集中制，对“三重一大”事项坚持集体研究、讨论决定，确保了集体决策的民主性和科学性。突出抓好基层党建四大工程。在学习先进、总结经验基础上，实施了素质提升、品牌党建、安居驿站、强基固本四大工程，取得了显著成效。素质提升工程，举办全区村居、企业党组织书记等各类培训班28期，提高了基层党员干部发展经济、维护稳定、搞好服务的能力。品牌党建工程，创建企业“品牌党建”和党建示范点，选树了新和成“老师文化”、龙威“红色引擎”、联兴“双培双带”“海上党旗红”等一批党建典型，发挥了良好的典型示范效应。安居驿站工程，各园区通过联合式、兼合式组建模式，在全区403家非公企业全部设立了党组织，实现了党建工作全覆盖；深化“支部建在项目上”，在项目工地设立党员驿站26个。强基固本工程，区级领导班子成员和部门单位都联系1个村，包靠2～3个项目，选拔163名优秀党员干部到农村社区、非公企业指导开展基层党建工作。建立科学的财政经费保障机制，每个村党组织运转经费不低于6万元，改造提升9处新型农村社区，高标准完成“两室一厅”建设，有效保障了基层党建工作顺利开展。

干部队伍建设。推进选拔任用规范化，在充分酝酿的基础上，全面落实民主推荐、组织考察、讨论决策、任前公示等制度，严格干部任前人事档案审核，坚决杜绝“带病提拔”“带病上岗”。全年调整科级以上领导干部99人次，均严格按照干部选拔任用有关规定执行。强化日常教育监督，坚持“每月一专题”，组织金融知识、现代海洋经济、新常态等系列专题培训班11期，培训人员1000余人次，组织到天津滨海、深圳前海、上海自贸区等先进地区考察学习。落实领导干部离任审计制度和个人有关事项报告制度，对11个部门单位进行经济责任离任审计，完成36名副县级干部个人有关事项报告及承诺书上报工作，做好副科级以上领导干部因私出国（境）登记备案工作。切实加强作风建设，按照习近平总书记“作风建设永远在路上”的要求，深入开展“三严三实”专题教育活动，以钉钉子精神抓好作风建设。针对工作中存在的“不严不实”问题，开展“不作为”专项整治，形成问题清单、限期整改销号。

党风廉政建设。坚持从严治党，完善主体责任、监督责任、岗位职责“三张清单”，推动“两个责任”全面落实。健全述廉和谈话监督等制度，累计开展廉政谈话115人次、诫勉谈话11人次，部门主要负责人述廉45人次。严格落实中央“八项规定”和省市相关条例意见，坚决纠正“四风”，树立风清气正的良好形象。规范机关事业单位工作人员企业兼职（任职）和出资办企业行为，共清理规范企业兼职62人，出资办企业11人次。强化执纪审查，2015年，受理案件85起，立案查处34起，给予党纪政纪处分31人。

【海洋科技大学园建设】 滨海区以省部共建潍坊国家职业教育创新发展试验区为契机，全力推进山东海洋技术大学、公共实训基地建设，加快院校院所聚集，打造面向蓝黄两区乃至全国沿海的海洋经济应用型人才培养基地。2015年，园区已有19所院校院所、科研机构入驻， 园区师生规模达到5万余人。山东海洋技术大学完成概念性规划，正在编制修建性详规，筹建请示及方案已通过省政府向教育部申报。公共实训基地与山东海洋技术大学一体规划、同步推进，一期样板区7栋单体正式启用。山东海事职业学院与中国海洋大学实现联办本科招生，山东化工职业学院整体移交滨海区。潍坊体育学校、中小学生综合实践基地建成投用。

【建设现代化综合性港口——潍坊港】 潍坊港是国家一类对外开放口岸、对台海运直航港口和山东省区域性重要港口，主要包括潍坊森达美港、山东高速港和潍坊渔港，实行一体化建港、多元化建港，建设现代化综合性港口。2015年，潍坊港吞吐量突破3000万吨，集装箱达26万标箱。潍坊港5万吨级航道一期工程实现3.5万吨级航道通航，森达美2个5万吨级液化品泊位、3个5万吨级通用泊位和3个5万吨级多用途泊位加快建设。山东高速港2个5万吨级客货滚装泊位和2个5万吨级通用泊位进展顺利，客运枢纽中心开工建设。鲁辽陆海货滚甩挂运输大通道正式运营，开通了至温州、福州的集装箱航线，集装箱航线达到8条。潍坊渔港与潍坊港一体规划、同步推进，主要建设潍坊中心渔港、龙威渔港、海恒威渔港、海渔产业园及运营中心，2015年8月龙威渔港开港运营，中心渔港、海恒威渔港开工建设，到2020年，港区规划达到5000万吨通过能力，可同时容纳万艘渔船进港停泊、补给，将成为环渤海地区渔业生产集中地、渔货交易集散地和水产品冷链物流的重要节点。

【滨海区获批国家循环化改造示范试点园区】 2015年6月5日，国家发改委、财政部公布全国25个2015年园区循环化改造示范试点名单，滨海区成功入围，成为全市首个国家园区循环化改造示范试点园区。滨海区充分认识园区循环化改造的重要意义，把园区循环化改造作为加快转变园区经济发展方式，推进园区绿色循环低碳发展，提升园区综合竞争力和可持续发展能力的重要抓手，切实加强组织领导，统筹协调，完善政策措施，明确部门分工，形成协调统一，共同推进的工作机制，全面做好园区循环化改造工作。

【大家洼街道】 大家洼街道地处潍坊北部沿海、渤海莱州湾南畔，东与滨海区央子街道毗邻，西与寿光市营里镇相连，南与寿光市侯镇接壤，辖区面积340平方公里，辖12个社区和21个行政村，总人口 3.7万人，耕地面积1686.7公顷，浅海滩涂面积9000公顷。

大家洼街道地下卤水资源丰富，静贮量近十亿立方米，含有钾、钠、钙、镁、溴、碘等多种经济价值较高的元素，发展海洋化工具有得天独厚的条件，近年来，以滨海海洋经济新区建设为契机，加快推动产业发展，逐步形成了海洋化工、海港物流、先进制造、商贸服务、特色养殖等为龙头的支柱产业。2015年，工业累计完成总产值74亿元，同比增长4.5%；主营业务收入55.2亿元，同比增长2.9%；固定资产投入8.9亿，同比增长3.2%；利税总额16亿元，同比增长6.2%。其中，全街道共32家规模以上工业企业，累计完成总产值49亿元，同比增长5.5%；主营业务收入37亿元，同比增长8%；固定资产投入4.1亿，同比增长5.4%；利税总额9.6亿元，同比增长4%。

党委书记 王全博

办事处主任 苏其昌

【央子街道】 央子街道位于潍坊市滨海区，陆域面积338平方公里，海岸线20公里，辖18个行政村，共5618户，1.64万人，街道工业实现销售收入58.2亿元，利税2.7亿元，分别增长9.6%和8.3%。18个行政村中，蔡一村、蔡二村、林家央子村、丰渔村4村为渔业村，现渔民大部分失海转产，享受失海渔民保险。其余14村为农业村，共有耕地面积2320公顷，主要从事棉花、小麦等农作物种植，新立村、丰渔村、西利渔村等村发展了狐狸养殖和卤淡水养殖等特色养殖业。

街道产业定位上以发展高档商住业、现代服务业和高效农业为重点，为园区做好配套服务。结合央子中心社区、嵩山镇、衡山镇、华山镇、白浪河综合治理，建设新型城市社区，引导群众向社区集中。2015年，央子中心社区已全面完成，澜海国际、新海路商旅中心等项目进展迅速，同时，加快现代新型城市社区服务综合体、高档商业步行街、新和成等商住开发项目建设进度，发展繁荣三产服务业，带动地方经济发展。

党委书记 李玉珂

办事处主任 袁希磊

（周滨涛　刘其鹏）

潍坊综合保税区

【国民经济和社会发展概况】 潍坊综合保税区于2011年1月25日获国务院批准设立，是全国第14个综合保税区。总规划面积30平方公里，其中网内保税区5.17平方公里、网外配套区24.83平方公里。分为南区、北区两部分，南区主要依托青岛机场和青岛港，为潍坊及周边地市企业服务；北区主要依托潍坊港、面向东北亚，为北部沿海2700平方公里地区服务。两区各有服务重点，又相互补充、相互融合，使潍坊综合保税区的功能政策覆盖全市、辐射全省，形成“一区两片”发展格局。

潍坊综合保税区具有“保税加工、保税物流、货物贸易、服务贸易、虚拟口岸”五大功能和“进境保税、入区退税、免增值税、区港直通、集中申报、快速中转”等优惠政策，具有“承东启西”的辐射带动作用，服务辐射半径达300公里，向东承接青岛、烟台、威海等沿海城市，向西服务淄博、滨州、东营等内陆城市，对全市、全省的经济发展有重要的政策服务、项目聚集和国际化平台作用。

2015年，在潍坊市委、市政府的正确领导下，潍坊综合保税区以自贸区的思想和标准指导全区工作，解放思想，艰苦创业，呈现出突破性的迅猛发展态势。目前，全区注册企业1000多家，服务社会企业1200多家。全年实现进出口额9.2亿美元，增长12.8%；保税物流货值14.6亿美元，增长54.9%；公共财政预算收入1.37亿元，增长15.5%，全区主要经济指标增幅连续4年在全国保税区中名列前茅。2015年4月，海关总署两区协会专门来潍坊召开全国创新发展经验交流大会，全国60多个海关特殊监管区参加，宣传推广了潍坊发展经验。

主导产业发展。以总投资300多亿元的86个重点项目为依托，全力打造6个100亿级产业链。一是百亿级跨境电商产业链。以跨境电商综合服务平台为龙头，引进电商平台企业20家以上，打造百亿级跨境电商产业集群。二是百亿级商品检测认证产业链。加快建设总投资15亿元的国家级检测认证产业园，包含三部分：全国商品检测认证中心、防伪芯片和二维码制造中心、食品和艺术品网上交易中心，打造商品检测认证产业链。三是百亿级中俄冷链物流产业链。以总投资6亿元的中俄冷链物流项目、年产值50亿元小分子肽项目、年进口澳大利亚30万头活体肉牛项目为龙头，建设集高端农副产品保税仓储、冷链物流、精深加工和进出口于一体的国际冷链物流加工产业链。四是百亿级棉花加工物流产业链。分为两部分：①区内华奇、中基两个项目在国外租种500万亩棉田，年进口加工棉花100万吨。②建设国际采购（纺织品）服务平台，为棉花、棉纱等商品进出口提供“一站式”服务，年交易额100亿元。五是百亿元级电子信息产业链。以总投资30亿元歌尔电子产业园为龙头，加快聚集一批电子信息配套企业，为苹果、三星、谷歌、微软等提供产业配套服务，年产值100亿元。六是百亿级新能源新材料产业链。以全国第一的天津力神动力电池、美国控股的佩特来百万台发电机、圣和新材料等总投资30多亿元的一批投产和在建项目为依托，为潍柴、福田、歌尔、宝钢等大企业提供配套服务，打造百亿元级新能源新材料产业链。

国家级项目申报。发挥综合保税区政策试点功能，在改革创新上先行先试，重点抓了5个国家级项目申报。一是保税区北区。按照市委、市政府要求，调整综合保税区发展规划，在潍坊港口附近设立保税区北区，服务北部沿海开发开放。申报建设进展顺利，国务院10个部委中已有9个同意，各项工程顺利推进。二是跨境电商试点。投资4000万元建成跨境电商综合服务平台，力争尽快获批国家跨境电商综合实验区。三是进口肉类和冰鲜水产品口岸。2015年7月经国家质检总局批准设立，明年底建成运营，努力打造山东半岛进口鲜活类产品分销中心。四是活体肉牛进境隔离区。8月，获国家质检总局批准筹建，使潍坊成为全国首批具备资质的试点城市。五是自贸试验区。牵头起草了潍坊现代农业纳入自贸试验区工作方案，已获省委、省政府原则同意，争取在涉农领域改革创新方面搞好试点。

功能政策创新。围绕发挥功能政策作用，着力搭建了“虚拟口岸、检验检疫、跨境电商、保税仓储、研发检测”五大国际服务平台，实现了青岛机场和青岛港口功能后移到潍坊保税区，落实了先进区后报关、批次进出集中申报、简化随附单证等7项上海自贸区通关便利新政策，在省内率先推行“三个一”通关报检新模式，建成了长江以北最大的进口商品直营中心，探索建立了与郑州、南京等综合保税区的联动发展新模式，综合保税区知名度、承载力和服务能力不断提升。来区开展业务的社会企业已达1200多家，有力地服务了潍坊及周边地区外向型经济发展。

民生和社会事业。一是构建党群沟通新平台。投资30多万元，搭建“保税之声”村村通广播、保税手机信息报、保税微信平台、保税网站“四位一体”的党群沟通新平台，播报广播110余期，刊发党建及各类信息200余条，及时将党的声音传递到基层。二是完善教育交通。投资2亿多元，建设行知高中、实验学校、幼儿园，让群众就近享受优质教育资源；投资5000余万元，新建扩建8条道路，全面整修了农村断头路、村内路。三是改善村居环境。投资1200余万元，完成6个村的乡村连片治理工程，建成1处垃圾中转站，在全市率先完成农村饮用水改造，城乡环卫一体化村居覆盖率达100%。四是丰富群众娱乐生活。加快高二路东侧沿街商业开发，完善了超市、银行、医疗等服务设施，新建8处农村健身娱乐广场。

党建和作风建设。全面加强基层党的建设，深入推进党风廉政建设工作，善始善终完成了“三严三实”专题教育、“两转变、两提升”活动，全区上下观念作风不断转变，境界标准不断提升，凝聚起了强大的发展合力，形成了创新、创业、创先、创优的浓厚氛围。制定了加强基层党建工作的实施意见和党工委、管委会工作规则，开展“为官不为”“慵懒散浮”等专项整治，邀请了中央党校、国家行政学院、浦东干部学院、山东行政学院、海关总署等领导和专家来区讲座30余场，强化了安全生产、食品药品、综合执法和社会稳定工作，全区作风建设明显提升，管委会机关被评为省级文明单位。

【保税区跨境电商服务平台建设完成】 突出抓好跨境电商平台建设，着力打造百亿元级跨境电商产业链，全力推进电商招商，建设立足潍坊、服务全省、辐射全国的跨境电商创新示范基地。2015年7月，跨境电商综合服务平台已建成并完成联调测试，吸引爱购天下、惠家家O2O等5家平台类企业和100多家外贸公司签约入驻。跨境电商综合服务平台总投资4000万元，具有跨境电商通关服务、综合管理、查验分拨三大功能，可以为全市、全省乃至全国电商企业提供通关报检、分拨配送、交易结算、出口退税、结汇付汇等全方位服务。

【建成长江以北最大的进口商品直营中心】 抢抓中韩、中澳自贸区战略机遇，全力建设20万平方米长江以北最大的进口商品直营中心，以此带动保税仓储、国际物流、国际贸易、商务服务等产业发展。实现一期2万平方米正式营业。采用“海外直采、国内直销”模式，设立韩国馆、国际馆、跨境电商O2O体验中心等特色片区，涵盖1万多种商品，价格便宜15%～30%，服务辐射潍坊及淄博、东营、临沂等周边城市。加快二期18万平米赛伯乐未来智慧生活城建设。总投资8亿元，已完成选址规划，打造集智能科技、智能教育、智慧生活、跨境电商、展览展示、大宗商品交易等于一体的大型智能化、智慧型园区。

【进口肉类和冰鲜水产品指定口岸获批设立】 8月5日，潍坊综合保税区进口肉类、冰鲜水产品指定口岸，获国家质检总局批准筹建。这标志着今后将有更多的进口鲜活类产品直接从综合保税区入境，对于提升全市对外开放水平，加快推动开放型经济转型发展，具有重要意义。国家对进口肉类、冰鲜水产品实行指定口岸制度。此前，潍坊市不具备进口资格，市面上销售的进口肉类、冰鲜水产品大多从上海、广东、青岛等口岸进口。获批后，潍坊市进口肉类、冰鲜水产品，不需再辗转外地，直接从综合保税区就可以进口，能够有效缩短运输时间，大大降低物流、运输等多方面成本，市内海鲜市场和市民餐桌也将迎来更多物美价廉的美食。

【进口澳大利亚活体肉牛口岸获国家批复】 8月4日，由潍坊综合保税区与市检验检疫局牵头申报的进口澳大利亚肉牛口岸获国家质检总局批准筹建。这标志着潍坊成为国内首批具备资质的试点城市。口岸建成后，来自澳大利亚等国家和地区的活体肉牛将直接从潍坊港入境，并在潍坊屠宰加工分销，有利于进一步发挥潍坊港、中国食品谷、东亚畜牧产品交易所、跨境电商服务平台、中俄冷链物流和小分子肽等资源优势，打造集饲料加工、肉牛育肥、肉牛屠宰、精深加工、冷链物流、跨境电商、交易结算等于一体的产业集群，既能更好地满足潍坊本地需求，又能服务辐射全省及周边地区，形成潍坊经济发展和对外开放新的增长点。

【全国海关特殊监管区创新发展情况交流会在潍坊召开】 4月22日，中国保税区出口加工区协会二届四次常务理事会议暨全国海关特殊监管区创新发展情况交流会在潍坊召开。潍坊市委书记杜昌文在会议期间会见了出席会议的部分嘉宾。来自中国（上海）自由贸易实验区及杭州、昆山、南昌、西安、北京、无锡、大连等地市的40多家综合保税区、出口加工区主要负责人或分管负责人，全国20多家省级保税区域协会负责人，共120余人参加了会议。本次会议的主要目的是，深入贯彻国务院关于加快海关特殊监管区域创新发展的要求，交流全国各海关特殊监管区的发展情况，特别是在全国推广潍坊综合保税区近年来的发展经验，促进各海关特殊监管区域又好又快发展。

【汶泉发展区】 位于潍坊综合保税区东南部，是潍坊综合保税区下设唯一镇级单位，设有汶泉、福田、张营、段家4个农村社区，共有基层党支部25个、625名党员。面积14.83平方公里，辖23个行政村，3770户，人口1.19万人，耕地面积793.3公顷。2015年，汶泉发展区充分利用综合保税区的政策优势和功能优势，大力推动招商引资工作，积极引进大项目、大企业，辖区内共落户企业30多家。依托区位地理优势，发挥土地、人力等资源优势，推动网内网外一体化发展，承接保税区内产业转移，提升了保税区的承载力。对接歌尔电子、潍柴动力、北汽福田、潍坊电厂等大企业，强化就业培训，提供配套服务，帮助解决周边村民就业问题。以乡村连片治理为契机，大力推进新庄、官路等6个村庄的各项惠民基础设施建设，累计硬化道路2.4万平方米，铺设管道7423米，绿化村内道路2426米，村庄面貌焕然一新，成效显著。

党委书记　蒋建新

管委会主任　李致颖

（李国杰）

全国海关特殊监管区创新发展情况交流会在潍坊召开　（供图：张　灏）

潍坊峡山生态经济开发区

【国民经济和社会发展综述】 潍坊峡山生态经济开发区（以下简称峡山区）于2008年1月1日正式组建运行，面积491平方公里，辖4个街道、277个行政村，23万人，耕地面积20400公顷。拥有山东省最大的水库——峡山水库，水面面积144平方公里，总库容14.05亿立方米，兴利库容5.5亿立方米，是潍坊市的主要水源地和蓝黄"两区"的战略水源地。建区以来，先后荣获国家可持续发展实验区、国家级水利风景区、国家湿地公园试点、国家有机产品认证示范区、国家出口食品农产品质量安全示范区等"国"字号牌子。2015年4月22日，省政府批准设立潍坊峡山生态经济开发区，峡山区成为全省首个以生态经济命名的开发区。

2015年，全区完成地区生产总值26.47亿元，同比增长7.8%；公共财政预算收入15464万元，同比增长18.8%；工业实现销售收入135157万元，利税1439万元，同比分别增长-1.6%和-12.56%；第三产业增加值达100684万元，同比增长10.6%；农民人均纯收入13836元。

生态建设。持续加力加严保护

潍坊峡山生态经济开发区正式揭牌　（供图：李培政）

生态环境，生态质量不断提升。净水方面，峡山水库增容工程完成投资2亿元，超额完成年度计划。“引黄入峡”四级泵站正式调水，共调水1550万立方米。环湖综合整治成效显著，制止浅滩非法耕种400余公顷，建成环湖及湿地全封闭围网。聘请中国科学院水生生物研究所博士生导师刘国祥教授为高级顾问，落实了蓝绿藻防治应急措施及中长期解决方案。在遭遇26年来最严重干旱的情况下，水质仍稳定保持在地表水Ⅲ类标准，共为下游供水1.93亿立方米。大力实施“绿满峡山”行动，完成造林1333.3公顷，森林覆盖率达45%。病死畜禽无害化处理中心实现规范运营，处理病死畜禽1800吨，成为全省4个无害化处理试点之一。空气质量综合排名稳居全市前列，获市级环境空气质量生态补偿资金115万元，为全市最高。初步建立起“标准化、市场化、专业化、常态化、产业化”的城乡环卫一体化运行机制，在2015年全省城乡环卫群众满意度调查中，居全市第2、全省第20位。

有机产业。全区有机农庄达到32个，面积1333.3公顷。华以国际农业科技孵化器建成国内最大的单体蔬菜种植智能温室，总投资2亿元的“有机汇”有机产品电商平台上线运营。深入开展农产品质量安全“百日”专项整治行动和食安创城工作，抽检的14批740个样品全部合格。10月，先后获批国家有机产品认证示范区、国家出口食品农产品质量安全示范区，成为全省乃至江北“两区”共创的唯一单位。国务院参事室对有机产业助推生态文明建设的“峡山模式”给予高度评价。

文化旅游。峡山湖生态湿地公园获批“省级原生态旅游景区”，郑公街道被评为2015山东最美旅游风情小镇，区游客接待中心正式运营。注册成立山东新影华安文化发展有限公司，完成微电影《峡山湖畔》、宣传片《宜人峡山》拍摄，微电影《峡山湖畔》荣获亚洲微电影艺术节和金丹若国际微电影艺术节8项大奖。成功举办了第六届国际乡野马拉松、首届国际骑士行、第七届晋冀鲁豫城市网球联谊赛、第二届全民运动会等赛事。

教育事业。突出抓“五校两基地”为主体的峡山现代教育园区建设，投资3.5亿元的“271”教育研发培训中心建成投用，投资3.6亿元的峡山双语小学、中心幼儿园加快建设，正在筹建创新技术大学，峡山现代教育园区被评为全市十大园区之一。投资700余万元，完成14所中小学校舍标准化建设，顺利通过全国义务教育发展基本均衡县验收。优质的教育资源，吸引8000余名区外学生来峡山就读，高考本科上线率创历史新高。

城乡建设。主城区加快建设，基础设施和公共服务设施趋于完善。中百佳乐家超市开业并运营良好，4个城中村完成整体搬迁，兴峡路南段通车，水中央公园建成，创建为“省级绿色生态示范城区”。4个街道驻地和高新项目区载体服务、辐射带动功能进一步增强。

要素保障。注重做好金融工作，在上海证券交易所、中国银行间协会成功发行总规模22亿元的中期票据和公司债，有效保障了实体经济发展。成立注册资金10亿元的区金融控股公司，设立2亿元过桥基金，建立企业互

2015年8月8日，有机汇电商平台上线运营　（供图：宋　晓）

保联盟，有力支撑了产业发展。着力破解土地难题，争取用地指标60.3公顷，为项目落地建设提供了保障。全力争取发展资源，共争取非普惠性项目81个，到位资金4.58亿元；引进注册企业121家，实现税收800多万元。

基层党建。分5批培训基层党员干部1740人，对9569名党员集中轮训一遍。整顿软弱涣散基层党组织28个，新建改建村办公场所16处。投资510万元建成农村新型社区26个，配备便民服务车26辆。狠抓党风廉政建设，扎实开展“三严三实”专题教育，领导干部率先垂范、干净干事，形成了风清气正的政治生态。加快转变作风，开展创新治理年、三访连民心和“上下谋良策、打谱‘十三五’”等活动，举办“峡山大讲堂”12期，培训1800人次，党员干部能力明显提升。切实保障民生，民生投入7.63亿元，占总支出的95%。实现精准脱贫15000人。新建改造公路50公里，潍胶路新收费站建成投用。维护安全稳定，推行安全生产实名制管理和行业监管机制，建成区消防站，初步构建起区、街道、村三级消防安全网格化管理体系。建立信访事项听证和警民联调制度，信访量下降28.7%，2015年度全市科学发展综合考核群众满意度测评居全市第3名、市属开发区第1名。

【获批省级生态经济开发区】 4月22日，山东省人民政府下发《关于撤销寒亭经济开发区设立潍坊峡山生态经济开发区的批复》，同意设立潍坊峡山生态经济开发区，面积3.37平方公里。峡山区成为全省首个以生态经济命名的开发区。

【获批国家有机产品认证示范区和出口食品农产品质量安全示范区】 10月14日，国家认监委下发《关于公布国家有机产品认证示范区名单的通知》，10月22日，国家质检总局下发《关于公布2015年国家级出口食品农产品质量安全示范区名单的公告》，峡山区获批国家有机产品认证示范区和国家级出口食品农产品质量安全示范区，成为山东省乃至江北“两区”共创的唯一单位。

【微电影《峡山湖畔》获多项大奖】 11月7日，微电影《峡山湖畔》在第三届亚洲微电影节上包揽最佳旅游题材奖、优秀作品奖、优秀男主角奖、优秀编剧奖、优秀音乐奖、评委会组织奖6项殊荣。12月16日，在第三届“金丹若”国际微电影艺术节暨“你好•城市”中韩文化交流盛典中，摘得最佳出品人和优秀影片桂冠。

【倡树文明新风】 积极开展社会公德、职业道德、家庭美德、个人品德四德教育，提升全民文明素质。组织开展了峡山主题歌曲公开征集活动，广大群众踊跃参与，创作《有个地方叫峡山》《峡山月》等十首歌曲，在全区唱响。

【王家庄街道】 位于峡山生态经济开发区西部，总面积148平方公里，辖107个村，2.4982万户，人口7.9万人，耕地面积6000公顷。2015年，全街道完成地区生产总值3.6亿元，比上年增长4%；地方财政收入638万元，比上年增长-42%；工业实现销售收入1.6亿元，利税2000万元，分别增长2%和1.7%；第三产业增加值达1.3亿元，比上年增长1.8%；农民人均纯收入13510元。

王家庄街道陆路畅通、交通便捷，下小路、景黄路穿境而过，王宿路横贯东西，峡山湖环湖路环绕南北，组成了四通八达的公路交通网。王家庄街道物产丰富，资源充足。境内矿产资源有铁矿、石墨、建筑石材等。主要农产品有大姜、圆葱、红冠蜜桃、红富士苹果、樱桃、葡萄、猕猴桃等。有机农业是该街道发展特色，韭菜、芹菜、白菜等13种蔬菜、水果获得有机产品和有机转换产品认证。王家庄街道历史悠久，人文荟萃。名人古迹较多，有战国时期的黄公庙，秦朝的古战场、孙猛冢，秦汉时期的盖公祠，汉代的古城堡、邓袭墓，北宋时期的青公庙，朱熹祠等遗址。王家庄街道环境优美，旅游兴旺。北依秀美峡山，东频万顷碧水，已建成30公里环湖柳堤、十里荷花长廊、龙湖庄园、千亩苗圃式环湖绿化基地、石头崖省级示范采摘园等，潍泉村入选山东最美乡村，成为休闲旅游的理想胜地。

党委书记 岳光德

办事处主任 于京凯

【太保庄街道】 位于峡山生态经济开发区中部，峡山水库北岸，潍河以东，总面积152.4平方公里，辖80个村，16400户，人口6万人，耕地面积7093.3公顷。2015年，全街道完成地区生产总值15.29亿元；地方财政收入733万元，比上年增长-6.6%；工业实现销售收入72454万元，利税3524万元，分别增长9.5%和8.4%；第三产业增加值达2000万元；农民人均纯收入11248元。

太保庄街道南邻峡山水库，具有丰富的淡水资源和鱼类资源，并与峡山、草山、鞋山相依偎，风景秀丽。在望仙埠村坐落着中国共产党著名的地下工作领导人之一卢志英烈士的故居，革命历史悠久，人杰地灵。潍峡路、潍胶路、兴峡路纵穿南北，胶济电气化铁路、甘丈路和潍胶路横贯东西。主城区框架基本形成，路、水、电、热、气等基础设施全部配套到位，主要道路全部完成绿化、亮化任务；生态建设强势发展，共发展有机农业园区16家，其中康净园生物科技有限公司、新北海有机农庄、绿德源有机农庄、润林蓝莓基地4家在全区具有示范和样板作用。积极开展抗旱工作，新建宫家屯提水站2座，并安装变压器1台，开展集中抗旱行动3次，投资达600余万元。进一步完善“村村通”“村内通”道路，修硬化道路19.6公里。

党 委 书 记 栾贵城

办事处主任 刘昌宝

【峠山街道】 位于峡山生态经济开发区北部，面积75.6平方公里，辖48个村，1.5万户，4.5万人，耕地面积4266.7公顷。2015年，全街道实现地方财政收入1076万元，比上年增长-47.1%；工业实现销售收入8.03亿元，利税786万元，分别比上年增长1.3%和2.6%；农民人均纯收入15742元。

峠山街道区位优越，交通便利，青银高速公路、潍胶公路、胶济铁路横穿东西，兴峡公路、潍峡公路纵贯南北，省道下小公路贯穿于整个街道。旅游资源得天独厚，境内峠山山、太祖山与潍河和太祖河相依相偎，景色秀丽。基础设施完善，医院、学校、敬老院等公共事业配套齐全。资源物产丰富，境内有丰富的石英石、铁矿石、水资源和沙资源。经济基础较好，街道北部高新技术项目区年产值达4亿；食品加工、机械制造、木制工艺品、纺织已经发展成为峠山的主导产业；木制工艺品蜚声海外，共有企业20多家，年生产能力超过2亿件，产品远销欧、美、日、韩和中国香港等国家和地区。现代农业蓬勃发展。建成润苑、万通、海新瑞成、棕榈园林等30余个农业园区，每年农民增收6200余万元。小城镇建设初具形态。完成“一路两街三片区”改造工程，新建潍水新村、盛荣苑等商住楼15万平方米；建成市民文化中心、太祖河公园等重点项目；高新社区、营辉社区两个新型农村社区实体化运行正在积极探索。先后荣获山东省“小城镇建设示范乡镇”、潍坊市“社会治安综合治理模范乡镇”、潍坊市“生态文明镇街”等多项称号。

党 委 书 记 彭长胜

办事处主任 刘振军

【郑公街道】 位于峡山生态经济开发区东南部，面积101平方公里，辖42个村，10948户，人口4.04万人，耕地面积3952.47公顷。2015年，全街道完成地区生产总值9.94亿元，工业实现销售收入9875万元，利税996万元，分别增长65.7%和4.09%；第三产业增加值达377万元，农民人均纯收入11469元。

郑公街道历史文化底蕴深厚，历史遗迹分布众多，其中以郑公祠为主线，龙且冢、韩信坝、张良沟、袁绍墓凉台遗址等历史遗迹星罗棋布；郑公街道有着天然的自然资源，西临峡山湖，拥有狭长的湖岸线，自然风光优美，气候温和。近年来，该街道加大对砺阜花廊的改造力度，环湖路沿岸风景优美，景色宜人，成为人们休闲度假的好地方。郑公街道农业比较发达，是峡山区最大的粮食基地，有著名的有机香米、有机面粉、有机仙桃，有机香米畅销全国，每年砺阜山仙桃采摘节都能吸引来自海内外的游客。郑公街道以深入发掘历史资源，着力打造生态旅游为主题，以使有机农业提水平、上档次为目标，全面打造宜居、宜业、宜游、和谐、幸福的小城镇。

党 委 书 记 韩法宝

办事处主任 高　胜

（郭夕武）

山东潍坊经济开发区

【国民经济和社会发展概况】 山东潍坊经济开发区是1994年5月经省政府批准成立，2006年4月国家发改委审核确认的省级开发区，位于潍坊核心市区北部，总规划面积96平方公里，辖3个街道，83个村（居），总人口15万。区内拥有北辰高新投国家级科技企业孵化器、白浪河国家湿地公园、山东省模具产业创新服务平台，目前，正在创建国家生态工业示范园区。

经济综合实力持续提升。2015年，全区实现地区生产总值42.9亿元，增长8.1%；固定资产投资110.7亿元，增长13.9%；公共财政预算收入5.39亿元，增长12.5%，税收占公共财政预算收入的比重达到90.6%，高于全市10.2个百分点；规模以上工业企业主营业务收入98.7亿元，利润4.4亿元，利税5.7亿元，分别增长4.9%、4.6%和7.4%；进出口总额1.8亿美元，实际到账外资2213万美元。在全省省级开发区综合排名中列第21位，连续四年稳居第一方阵。

结构调整步伐持续加快。高新技术产业产值占比提高到37.3%，三次产业结构优化到1.8∶67.4∶30.8。企业技术创新深入推进，万胜生物、亿斯特管业成果转化重大专项通过省科技厅验收，华裕实业被认定为省级国民经济动员中心，康华生物免疫分析系统列入省技术创新项目，芮米科技、万鑫视光获市科技进步奖，康瑞体育、华全动力通过高企认定，9个项目列入市科技发展计划。人才战略扎实推动，新引进高层次人才51名，其中泰山学者4人、省突出贡献专家1人。狠抓1020家企业包靠，柏立化学、润搏机械等骨干企业增势明显，新发展股份制企业4家。品牌建设取得新成效，康瑞体育成功申报山东省著名商标，截至2015年年底，全区拥有驰名商标1件、著名商标12件。诚信建设不断强化，21家企业通过市级“守合同重信用”企业认定，守重企业总数达31家。省级循环化改造示范园区建设有序推进，15个循环经济关键补链项目竣工投产，鑫山环保、金华信电炉等一批节能环保企业发展迅速，初步形成以中能光电为代表的光伏发电产业链和以长城建材为代表的节能建材产业链。资源集约节约利用水平显著提高，在全省省级开发区土地集约利用评价中，名列产城融合型开发区第三名。

发展内生动力持续增强。项目推进取得较好成效，总投资33.4亿元的山东跨境电商总部产业园、潍坊电商谷等14个项目成功签约，总投资30亿元的50个重点项目完成投资20亿元，其中潍坊总部基地一期开工不到半年时间，完成投资5亿元，73栋总部办公楼和8栋沿街高层全部封顶；马石油润滑油二期正式开工，建成后将成为马石油中国区基地和亚洲一流的润滑油生产中心。征地拆迁步伐不断加快，全年完成拆迁2900多亩。投融资创新取得突破，全年融资9.26亿元，文华高端教育园区入选国家发改委首批PPP项目库，实现融资7.2亿元。“一窗受理、各局通办”和国地税联合办税模式成效显著，审批服务满意度居全市首位。在安全生产、安全保卫、登记服务等领域试行政府购买服务，取得了良好效果。工商注册制度便利化改革持续推进，新登记市场主体、注册资本分别增长29.3%和40%。农村产权制度改革不断深化，友谊、西贾、东小营等10个村集体资产改制工作顺利完成。

城乡统筹发展持续深化。提升市区有序推进，13个重点项目完成投资14亿元。“四通一治”便民工程全部完成，累计投资 620万元，市民“获得感”显著增强，“门前三包”经验在全市推广，“PPP+摊点群整治”模式成为全市亮点，开发区在中心城区摊点群考核中排名首位。“做主人、争先锋，我与城市共提升”主题活动深入开展，市民参与度明显提升。公共基础设施不断完善，新修道路7万平方米，打通向阳路、清平路、泰祥街、古亭街“两纵两横”4条主干道路，迁移新元路、向阳路等14条电力线路。城乡环卫一体化实现市场化、精细化管理，环卫水平大幅提升。棚户区改造步伐持续加快，东贾二、郭家楼、阙庄社区等11个在建项目进展顺利，8个村完成村民安置。社区配套日益完善，11个新型农村社区完成“一厅两室”建设。文明城市建设形成长效机制，前阙庄村获评“全国文明村”。

民生社会事业持续改善。民生投入不断加大，全年支出3.4亿元，占财政预算支出的79%。教育基础设施加快建设，锦程中学二部完成主体工程，文华高端教育园区开工建设，北辰中学、特教中心、友谊学校有序推进。医疗卫生事业健康发展，实施乡镇卫生院和基层医疗卫生服务机构改革，公共卫生服务水平不断提升。文体事业加快发展，建成3个区级文体活动中心、15个村级文体活动站点。社会保障不断强化，养老日间照料中心“幸福9号”建成运营。安全形势良好，油气管道隐患整治全部完成，70家企业通过三级及以上安全生产标准化验收。社会大局和谐稳定，“天网”工程基本建成，劳务用工维权服务中心挂牌成立，信访事项办理满意度列全市第一。“三八六”环保行动扎实开展，提前完成整治任务，水环境、空气质量、污染物减排三项指标位居全市前列。生态建设深入推进，完成植树造林152.7公顷，白浪河湿地公园通过国家级验收，生态工业园区创建通过省级验收和国家级预验收。

全国文明村——前阙庄村　　（供图：胡晓丽）

【前阙庄村获评全国文明村】 2月28日，全国精神文明建设工作表彰暨学雷锋志愿服务大会在北京人民大会堂举行。大会公布了《关于表彰第四届全国文明城市（区）、文明村镇、文明单位的决定》，经济区前阙庄村被授予第四届“全国文明村”称号。近年来，该村以新型农村社区建设为中心，探索推行民主管理、土地流转、棚户区改造、文化建设、服务提升“五位一体”新农村建设模式，成为全省新农村建设的典范。

【总投资100亿元的潍坊总部基地开工建设】 4月17日，潍坊总部基地项目正式开工建设。该项目总投资100亿元，占地面积166.7公顷，计划建设800栋总部办公楼，建筑面积200万平方米。主要规划建设独栋别墅、双拼别墅、联排别墅办公楼，定制版独栋平层商务楼、LOFT办公楼、总部商业街等，建成后可吸纳1000余家总部企业和分支机构入驻，形成集研发中心、采购中心、运营中心、销售中心、金融机构等于一体的特色化园区。项目分五期建设，其中，一期工程投资10亿元，占地面积18.7公顷，截至2015年年底，81栋总部办公楼全部封顶。

【经济区通过省级生态工业示范园区验收和国家级预验收】 11月26日，省环保厅、商务厅、科技厅组织专家成立联合验收组，对潍坊经济开发区省级生态工业园区创建工作进行了验收，同时，作为国家生态工业示范园区的预验收。验收组现场察看了重点企业和项目，听取了园区创建工作报告和技术核查报告，一致同意通过考核验收。经济区于2012年8月正式启动生态工业园区创建工作，2013年7月获得省级创建批复，2014年12月获得国家级创建批复，2015年10月通过省级生态工业示范园区技术核查。

11月26日，省环保厅联合验收组对潍坊经济开发区省级生态工业园区创建工作进行验收
（供图：胡晓丽）

【白浪河国家湿地公园（试点）通过国家级验收】 12月31日，国家林业局印发《关于2015年试点国家湿地公园验收情况的通知》，公布通过验收的46处国家湿地公园名单，潍坊白浪河国家湿地公园（试点）位列其中，正式更名为“潍坊白浪河国家湿地公园”。该湿地公园位于白浪河中下游、经济区境内，南北跨度9300米，东西跨度355～1000米，总面积713.06公顷，其中湿地面积264.48公顷，占总面积的37.09%。

【张氏街道】 张氏街道位于潍坊经济开发区东部，北海路以西，白浪河以东，总面积24平方公里，辖18个行政村，3.5万户，9.5万人，耕地面积650公顷。2015年，农民人均纯收入1.6万元。

街道牢固树立高点定位、率先发展的工作理念，借力“一带一谷一区一基地”（北海路经济隆起带，中国食品谷，北辰中央休闲区，潍坊总部基地）四大项目，全力打造城市区域发展中心。2015年，辖区万创总部基地、文华高端教育园区、济青高铁等项目加快推进；18个村庄中已有6个村庄完成改造，10个村庄准备启动棚户区改造工作。全面推进农村集体资产股份制改造工作，村民生活得到大幅提升。先后荣获“市级文明单位”和“省级文明单位”称号。

党委书记 王丽君（女）

办事处主任 吴传华

【北城街道】 北城街道位于潍坊经济开发区西南部，北外环以南，白浪河以西，西外环以东，总面积30.2平方公里。辖29个行政村，7399户，2.8万人，耕地面积1114.5公顷。2015年，农民人均纯收入1.48万元。

街道始终以城乡统筹发展为核心，重点突破基层党建、棚户区改造、项目进地、农民增收四项工作，抓牢安全稳定、文化建设、招商引资、民生保障和社会管理5个基础，积极适应新常态，奋力开创新局面。2015年，有序推进西贾、小贾、小里、郭家楼村以及龙爪树社区的改造工作，完成投资2.07亿元，建成14.15万平方米；顺利推进引黄入白、潍坊总部基地、文冠果园等项目进地工作，腾退土地80余公顷；创新实行党员积分制管理办法，基层党建工作水平大幅提升；创办《北城生活报》，开展常态化志愿服务，广泛组织群众性文体活动，社会民生事业不断改善，居民满意度和幸福指数不断攀升。

党委书记 范绍顺

办事处主任 王立光

【双杨街道】 双杨街道位于潍坊经济开发区西北部，北外环以北，白浪河以西，总面积45.2平方公里，辖36个行政村，8419户，3.16万人，耕地面积2948公顷。2015年，农民人均纯收入1.12万元。

街道按照“带队伍、促项目、抓安全、保稳定”的工作思路，开拓创新，狠抓落实，经济社会保持平稳健康发展。2015年，制定《双杨街道制度汇编》，全面落实驻村员工作制度，加强农村党员干部管理，基层党建水平进一步提升；深入开展大走访活动，累计走访1.6万余户，群众满意度不断提升；完成引黄入白、潍日高速等重点项目拆迁40余公顷；前阙二期棚户区改造、向阳路北延、济青高铁等重点项目按期推进；深入开展城乡环卫一体化工作，农村生活条件显著改善；抓好潍坊市第六人民医院分院扩建，医疗服务提档升级；发放各类民政保障资金360多万元，落实计生奖励扶助资金103.19万元，积极开展文明创建活动，前阙庄村荣获“全国文明村”称号。

党委书记 牟涛

办事处主任 孙少帅

（王立 李田庆）

人物

Renwu

新任市级领导人

邹庆忠

男，汉族，1965年6月生，山东高唐人，1986年1月加入中国共产党，1991年7月参加工作，研究生学历，法学硕士学位，现任潍坊市委常委、副市长、市政府党组副书记。

1984年9月～1988年7月，聊城师范学院政治系政治专业学习。

1988年7月～1991年7月，中央党校中共党史教研部中共党史专业学习。

1991年7月～1993年4月，省委老干局人事处科员。

1993年4月～1996年12月，省委组织部杂志社科员。

1996年12月～1997年3月，省委组织部《党员干部之友》杂志社正科级干部。

1997年3月～2000年6月，省委组织部研究室主任科员。

2000年6月～2001年11月，省委组织部研究室主任科员、寿光市副市长（挂职）。

2001年11月～2001年12月，省委组织部研究室副主任、政策法规处副处长，寿光市副市长（挂职）。

2001年12月～2002年2月，省委组织部研究室副主任、政策法规处副处长，寿光市委副书记、副市长（挂职）。

2002年2月～2002年10月，寿光市委副书记、副市长（挂职）。

2002年10月～2002年12月，寿光市委副书记。

2002年12月～2003年1月，诸城市委副书记、副市长、代市长。

2003年1月～2006年12月，诸城市委副书记、市长。

2006年12月～2007年1月，诸城市委书记、党校校长。

2007年1月～2010年12月，诸城市委书记、市人大常委会主任、市委党校校长。

2010年12月～2012年2月，潍坊市委常委、政法委书记，市维稳办主任。

2012年2月～2012年10月，潍坊市委常委、市纪委书记、市委政法委书记，市维稳办主任。

2012年10月～2014年12月，潍坊市委常委，市纪委书记。

2014年12月～2015年1月，潍坊市委常委。

2015年1月至今，潍坊市委常委、副市长、市政府党组副书记。

林红玉

男，汉族，1970年6月生，山东荣成人，1995年12月加入中国共产党，1989年7月参加工作，在职研究生学历，管理学硕士学位，现任潍坊市委常委、组织部部长。

1986年8月～1989年7月，蓬莱师范学校英语专业学习。

1989年7月～1996年1月，荣成十九中教师、十二中教导处副主任（其间：1991年7月～1994年7月，在烟台师范学校英语专业学习）。

1996年1月～1998年12月，荣成市寻山镇文教助理（其间：1997年9月～1997年11月，在荣成市委党校中青年干部培训班学习）。

1998年12月～1999年11月，荣成市寻山镇党委组织委员（1996年8月～1999年7月，在莱阳农学院业余本科班经济管理专业学习）。

1999年11月～2001年1月，荣成市寻山镇党委副书记。

2001年1月～2001年4月，荣成市寻山镇党委副书记、镇长。

2001年4月～2003年2月，荣成市港西镇党委副书记、镇长（1999年9月～2002年6月，在山东大学成人高等教育法律专业专科班学习）。

2003年2月～2004年2月，荣成市港西镇党委书记。

2004年2月～2004年12月，荣成大天鹅自然保护区管委会主任（副县级）、荣成市港西镇党委书记。

2004年12月～2005年12月，荣成市副市长、石岛管理区管委会主任（2003年9月～2005年6月，在中国地质大学工商管理专业学习）。

2005年12月～2007年1月，荣成市委常委、石岛管理区党工委书记。

2007年1月～2007年11月，荣成市委常委，石岛管理区管委会主任、党工委书记。

2007年11月～2009年9月，威海市政府副秘书长，荣成市委常委，石岛管理区管委会主任、党工委书记，威海工程技术学院党委副书记（2006年9月～2008年6月，在中国地质大学政法学院行政管理专业学习，获管理学硕士学位）。

2009年9月～2009年12月，荣成市委常委，石岛管理区管委会主任、党工委书记，威海工程技术学院党委副书记。

2009年12月～2010年12月，荣成市委副书记、威海工程技术学院党委副书记。

2010年12月～2011年1月，威海市环翠区委副书记。

2011年1月～2011年2月，威海市环翠区委副书记、副区长、代区长。

2011年2月～2013年5月，威海市环翠区委副书记、区长。

2013年5月～2015年8月，威海市环翠区委书记。

2015年8月至今，潍坊市委常委、组织部部长。

王卫东

男，1956年7月生，山东龙口人，1976年1月加入中国共产党，1974年11月参加工作，省委党校研究生学历，现任潍坊市人大常委会副主任、党组成员。

1974年11月～1976年9月，淄博市临淄区敬仲公社胜利农场下乡知青。

1976年9月～1980年3月，山东黑旺铁矿工人。

1980年3月～1984年4月，淄博市检察院书记员。

1984年4月～1985年1月，淄博市检察院刑一处副处长。

1985年1月～1987年11月，淄博市检察院政策研究室副主任（1982年9月～1985年8月，在山东广播电视大学汉语言文学专业学习）。

1987年11月～1989年5月，淄博市检察院政策研究室主任（1985年10月～1988年7月，在山东大学自学考试法律专业学习）。

1989年5月～1990年7月，淄博市检察院政策研究室主任、副县级检察员（1989年3月～1990年5月，挂职任淄博市临淄区检察院副检察长）。

1990年7月～1995年1月，淄博市检察院副检察长（1989年9月～1992年7月，在华东政法学院函授法律专业学习）。

1995年1月～2002年12月，淄博市检察院副检察长（正县级）（其间：1995年9月～1997年12月，在省委党校在职研究生班经济学专业学习；1999年8月～2000年6月，在省委党校第十期中青年干部培训班学习）。

2002年12月～2003年2月，潍坊市检察院副检察长、代检察长、党组书记。

2003年2月～2011年12月，潍坊市检察院检察长、党组书记。

2011年12月～2012年2月，潍坊市政协党组成员。

2012年2月～2015年3月，潍坊市政协副主席、党组成员。

2015年3月至今，潍坊市人大常委会副主任、党组成员。

刘建国

男，汉族，1964年5月生，山东博兴人，1988年12月加入中国共产党，1984年7月参加工作，大学学历，高级管理人员工商管理硕士学位，现任潍坊市副市长、市政府党组成员。

1980年9月～1984年7月，山东工业大学第一机械工程系机械制造工艺及设备专业学习。

1984年7月～1994年12月，德州地区经委办事员（1993年5月～1994年3月，在夏津县夏津镇包村组工作）。

1994年12月～1996年4月，德州地区经委外经科副科长。

1996年4月～1996年12月，德州市经贸委技术科副科长。

1996年12月～1998年8月，德州市经贸委技术科科长。

1998年8月～1999年7月，德州市经贸委助理调研员、科技科科长（1997年4月～1999年1月，挂职任庆云县县长助理、党组成员，县经委主任、党组书记）。

1999年7月～2001年2月，陵县县委副书记。

2001年2月～2003年1月，陵县县委副书记、副县长。

2003年1月～2006年12月，齐河县委副书记、县长。

2006年12月～2007年1月，临朐县委书记、党校校长。

2007年1月～2011年11月，临朐县委书记、县人大常委会主任、县委党校校长。

2011年11月～2014年8月，潍坊市政府党组成员。

2014年8月～2015年10月，潍坊市政府党组成员，市食品药品监督管理局党组书记(正县级)。

2015年10月至今，潍坊市副市长、市政府党组成员。

孙忠礼

男，1962年5月生，山东安丘人，1984年4月加入中国共产党，1982年7月参加工作，中央党校大专学历，现任潍坊市政协副主席、党组成员。

1979年8月～1982年7月，山东省农机化学校农机专业学习。

1982年7月～1984年5月，安丘县柘山公社管委文书。

1984年5月～1989年9月，安丘县政府办公室秘书、信息科科长、法制科科长。

1989年9月～1992年7月，安丘县政府办公室副科级秘书、秘书科科长（1989年8月～1992年6月，在中央党校函授学院经济管理专业学习）。

1992年7月～1993年12月，安丘县农业委员会副主任。

1993年12月～1995年1月，安丘市政府办公室副主任、法制办主任。

1995年1月～1996年3月，安丘市安丘镇党委副书记、镇长（1992年10月～1995年12月，高教自学考试曲阜师范大学历史教育专业学习）。

1996年3月～1997年12月，安丘市安丘镇党委书记。

1997年12月～2003年1月，青州市委常委、组织部部长（其间：1999年9月～2002年8月，在山东省委党校在职干部研究生班经济管理专业学习）。

2003年1月～2006年4月，青州市委副书记、市纪委书记。

2006年4月～2010年8月，青州市委副书记、市长。

2010年8月～2010年11月，青州市委书记、党校校长。

2010年11月～2015年3月，青州市委书记、市人大常委会主任、市委党校校长。

2015年3月～2015年6月，潍坊市政协副主席、党组成员，青州市委书记、市人大常委会主任、市委党校校长。

2015年6月至今，潍坊市政协副主席、党组成员。

（谭海伟）

全国劳动模范和先进工作者

（11名）

姜　滨　歌尔声学股份有限公司董事长

张敏之　潍柴重机股份有限公司滨海铸造厂车间主任

康胜武　盛瑞传动股份有限公司壳体厂后方工段维修钳工

杨守伟（女）　潍坊市儿童福利院护理员

韩爱娥（女）　潍坊千业色纺有限公司纺二车间丙班班长

杨　明　寿光蔬菜产业控股集团有限公司董事长

东庆德　安丘市庆德线路维修队队长

张宜宗　高密市夏庄镇张家官庄二村党支部书记

李树国　诸城市人民医院党委书记兼院长

赵桂霞（女）　潍坊市广文中学校长

王新杰　潍坊市公安局刑警支队六大队副大队长、副主任法医师

山东省富民兴鲁劳动奖状

（6个）

山东新方集团股份有限公司

中化弘润石油化工有限公司

山东昌邑灶户盐化有限公司

潍坊市高新区国家税务局

潍坊滨海旅游集团有限公司

潍坊市教育科学研究院

山东省富民兴鲁劳动奖章

（26名）

王　丽（女）　潍坊医学院附属医院生殖中心护士长

王秋慧（女）　高密市第二实验小学教师

王洪珍（女）　诸城市文化路小学校长

冯子刚　国网高密市供电公司农网运检工

冯海强　山东潍坊百货集团超市事业部佳乐家坊子店生食组主管

朱现学　福田雷沃国际重工股份有限公司技术中心主任

任孝云（女）　潍坊市环境卫生管理处副主任

刘守吉　潍坊豪杰置业发展有限公司董事长

杜桂英（女）　潍坊东泰房地产开发有限公司董事长

李少波　中国农业银行股份有限公司青州市支行行长

张　丽（女）　山东寿光市实验小学教师

张　丽（女）　潍坊峡山中学教师

张　青（女）　潍坊综合保税区实验学校校长

张成元　潍坊市妇幼保健院新生儿科主任

赵世龙　山东寿光健元春有限公司董事长

胡秀荣（女）　山东新龙集团有限公司生产部部长

逄锦晶（女）　潍坊市寒亭区人民医院业务副院长

姚文波　潍坊市体育运动学校教练员

秦贞福　临朐县奶牛协会会长

都全荣　安丘市兴安街道社区卫生服务中心主任、党总支书记

殷好治　昌乐县人民医院院长

郭严平（女）　潍坊市公共交通总公司驾驶员

董双义　山东昌邑石化有限公司运行五部副部长

窦宝森　山东大业股份有限公司党委书记

滕春富　山东潍坊烟草有限公司诸城分公司经理

魏玉芳（女）　国网山东青州市供电公司营业一班班长

山东省工人先锋号

（12个）

青州市地方税务局纳税服务中心

山东晨鸣纸业集团股份有限公司特种纸工厂平切车间

诸城市地方税务局纳税服务中心

国网安丘市供电公司新安供电所

孚日集团冯建宏劳模创新工作室

潍坊英轩实业有限公司柠檬酸精提车间

潍坊市人力资源管理服务中心服务大厅

潍坊市博物馆保卫科
潍柴控股集团大机工厂装试车间试车班
临朐县邮政局柳山邮电支局
中国移动潍坊分公司市区和平路营业厅
山东世纪泰华集团有限公司鸢飞大酒店总服务台

潍坊市富民兴潍劳动奖状
（15个）

山东吉青化工有限公司
潍坊市奎文国家税务局
潍坊市潍城区人民法院
山东三元乳业有限公司
潍坊市地方税务局寒亭分局
诸城市为民服务中心
国网山东寿光市供电公司
山东鲁丰集团有限公司
山东畅通路桥股份有限公司
潍坊鲁邑橡胶制品有限公司
临朐县智慧城市建设管理中心
山东省昌乐县国家税务局
山东新海软件股份有限公司
潍坊市图书馆
潍坊市干部人事档案管理中心

潍坊市富民兴潍劳动奖章
（80名）

奎文区
刘明涛　潍坊神舟重工机械有限公司陕汽服务部维修小组组长
王向红（女）　潍坊市奎文区东关街道办事处奎文门社区党委书记
潍城区
孙宏伟　潍坊一立精密铸造有限公司工程师
牛建国　潍坊机床城物业管理有限公司董事长
坊子区
于建萍（女）　潍坊市坊子区人民医院主管护士
杜增东　潍坊市坊子区尚文初级中学校长
寒亭区
于其波　潍坊市三建集团有限公司项目技术负责人
孙德波　潍坊市寒亭区区乡公路管理处副主任
青州市
褚滨滨　青州盛景花卉苗木有限公司生产主管
郭保松　安徽江淮汽车股份有限公司山东分公司引车员
郭峻茜（女）　中晨圣维投资控股有限公司资金管理员
冯高云　山东云内动力有限责任公司分装组长
赵本明　山东华邦建设集团董事长
诸城市
周　剑　诸城中康农业开发有限公司生产部副部长
岳　军（女）　诸城市人民医院儿科主任
牛洪香（女）　北汽福田汽车股份有限公司诸城奥铃汽车厂党委副书记
刘　霞（女）　诸城百盛商场有限责任公司工会主席
黄　浩　山东金昊三扬环保机械股份有限公司总经理
刘　杰　福田雷沃国际重工股份有限公司诸城车辆厂总经理
寿光市
张爱秀（女）　寿光市嘉信生态科技有限公司落纱队长
张志炯　山东省寿光市圣都建设集团有限公司技术员
刘晓芳（女）　山东银宝轮胎集团有限公司车间主任
李会亮　山东英利实业有限公司车间主任
张道平　寿光市洛城街道卫生院院长
李新生　寿光市洛城街道斟都果菜专业合作社理事长
王峰忠　山东东方宏业化工有限公司总经理
安丘市
韩海华（女）　安丘市兴安街道东关小学教师
曹志升　安丘市人民医院传染科主任
张　强　山东蓝想环境科技股份有限公司副总经理
高密市
闫方清　豪迈集团股份有限公司研发中心主管
王艳红（女）　山东聚丰橡胶有限公司质检员
李　丽（女）　高密市人民医院ICU主任
芦明池　高密市第三实验小学校长
昌邑市
温述芹（女）　昌邑市地方税务局收入核算和财务科副科长
万春江　昌邑市外国语学校校长
丛陆军　昌邑市海美塑品有限责任公司党委书记、总经理
临朐县
胡道军　临朐县兴隆建安有限公司施工员
魏海霞（女）　临朐县人民医院呼吸内科副主任
张祥生　临朐县冶源中心卫生院院长
昌乐县
鞠福霞（女）　山东省昌乐特师附属小学教师
田　华　昌乐县城市管理行政执法局中队长
刘　巡　国网山东昌乐县供电公司总经理
高新技术产业开发区
郭炳国　北汽福田汽车股份有限公司山东多功能汽车厂工段长
黄　梅（女）　潍坊高新技术产业开发区人民医院特检科主任
滨海经济技术开发区
刘永启　潍坊联兴新材料科技股份有限公司技术中心主任
刘德明　潍坊尚舜化工有限公司常务副总经理
综合保税区
吴伟光　潍坊综合保税区政治工作部科员

峡山生态经济发展区

刘金娥（女） 潍坊市峡山生态经济发展区王家庄街道于戈小学教师

市　直

陈建丽（女） 山东省潍坊第一中学教师

赵学磊 山东省潍坊第一中学教师

姚　宁（女） 山东省潍坊第七中学学生发展中心主任

徐　磊 潍坊交运汽车运输有限公司副总经理

董　光 潍坊市人民医院党委书记

马晓强 潍坊昌大建设集团有限公司项目经理

王秀坤（女） 山东潍坊百货集团股份有限公司佳乐家昌盛店代理经理

李海滨 潍坊市市政工程养护管理处科员

霍连营 潍坊市公安局交警支队潍城大队指导员

杨晓峰 潍坊市艺术馆活动策划部主任

李　莉（女） 潍坊人民广播电台行风在线节目部主任

崔中军 潍坊市社会福利院副院长

花照顺 潍坊市农村经济管理处副主任

王　成 青岛啤酒(潍坊)有限公司总经理

夏学军 潍柴控股集团有限公司二号工厂维修工

唐卫东 山东海化股份有限公司纯碱厂生产运行部副部长

陈　婧（女） 国网山东省电力公司潍坊供电公司基建部技经专工

孙光玉 华电潍坊发电有限公司副总工程师兼生产技术部主任

杜传印 潍坊市烟草专卖局(公司)科技研发部主任

王爱刚 山东世纪泰华集团有限公司鸢飞大酒店总厨师长

刘国艳（女） 潍坊医学院附属医院皮肤科主任

刘春香（女） 潍坊学院教研室主任

侯宁宁（女） 潍坊医学院附属医院(临床学院)内科学教研室副主任

李寿冰 潍坊职业学院教务处副处长

陈晓洁（女） 临朐县邮政局柳山邮电支局营业员

邓鲁松 中国联合网络通信有限公司潍坊市分公司网络优化技术室班长

闫会军 中国移动通信集团山东有限公司潍坊分公司业务支撑中心网络班班长

陈立芳（女） 中国人民银行潍坊市中心支行宣传群工部副部长

周兴亮 中国农业银行股份有限公司潍坊分行资产处置部总经理

江佃伟 中国建设银行股份有限公司安丘支行行长

王凤玲（女） 交通银行股份有限公司潍坊分行国际业务部总经理

朱映凤（女） 潍坊银行股份有限公司执行经理助理

潍坊市工人先锋号
（60个）

潍坊海亚建工有限公司装饰分公司

潍坊茂华置业有限公司综合管理部

潍坊市潍城区国家税务局于河税务分局

山东德创喷墨科技有限公司生产中心

潍坊市坊子区国家税务局城区税务分局

山东坊子板桥酒业有限公司酿酒车间

锦江麦德龙现购自运有限公司潍坊商场肉类部门

山东圆友重工科技有限公司混凝土车间主结构班

山东中烟工业有限责任公司青州卷烟厂办公室小车班

山东省青州市国家税务局办税服务厅

山东青州农村商业银行股份有限公司恒元支行

国网山东诸城市供电公司营业一班

中国农业银行股份有限公司诸城市支行财会运营部

诸城市广播电视台新闻频道

山东省寿光市国家税务局办税服务厅

寿光市环境卫生管理处监察科集中处理中心

中国建设银行股份有限公司寿光支行营业室

安丘市房产管理中心登记窗口

安丘市自来水公司制水车间

山东银鹰化纤有限公司热电运行车间

中国联合网络通信有限公司高密市公司客户服务部

中国共产党高密市委员会党校青年创新教研组

山东省昌邑市国家税务局办税服务厅

昌邑市公安局交通警察大队事故处理中队

山东宝龙达实业集团有限公司制胶车间

临朐县中医院针灸科

山东昌乐农村商业银行股份有限公司乔官支行

山东含羞草卫生科技股份有限公司包装车间

潍坊市公安局高新技术产业开发区分局交警大队事故中队

山东赛马力发电设备有限公司研发小组

潍坊滨海经济技术开发区中医院内科

山东新和成药业有限公司603分厂三工段氢化A班田庆华班组

潍坊市地方税务局综合保税区分局办税服务厅

潍坊市峡山水库管理局水政渔政监察大队

潍坊市公路勘察设计院路桥三室

潍坊市公共交通总公司2路线5313车组

潍坊联运有限责任公司驾驶员考试服务中心

山东省潍坊聋哑学校职业教育部

潍坊市疾病预防控制中心性病与艾滋病科

潍坊农村商业银行股份有限公司营业部

中共潍坊市委政法委员会调查研究室

潍坊市外事与侨务办公室出国管理科(市公共政务服务中心外侨办窗口)

潍坊市公安局警务督察支队
潍坊市建筑工程管理处清欠科
山东潍坊百货集团股份有限公司便利店运营中心东明店
山东潍坊百货集团股份有限公司佳乐家超市新华店
潍坊市路灯管理处维修队
山东海化集团有限公司热力电力分公司检修部锅炉本体班
潍柴控股集团有限公司滨海铸造厂造型车间
国网山东省电力公司潍坊供电公司电力调度控制中心地区监控班
华电潍坊发电有限公司锅炉队磨煤机班
潍坊电视台节目部
潍坊市无线电管理办公室监测站
中国移动通信集团山东有限公司潍坊分公司网络优化中心测试室
青州市邮政局朝阳支局
潍坊学院文学与新闻传播学院
潍坊职业学院信息工程学院实验实训中心
中国人民银行潍坊市中心支行会计财务科
中国农业银行股份有限公司寿光市支行圣城分理处
交通银行股份有限公司潍坊分行新华路支行

（崔　放）

逝世人物

王灿德（1926—2015），男，山东省沂南县人，1926年10月出生，1945年4月参加革命工作，1945年2月加入中国共产党。历任边沿县河阳区武委会干事、河阳区政府公安助手、鲁中第三专署公安局侦察队副班长，益临县洱东区政府、营子区政府公安员，益临县公安局侦察股长，临朐县公安局副局长、局长，临朐县人民政府县长、县委副书记，昌邑县委书记，昌潍地委组织部副部长、部长等职，1983年10月～1984年2月任潍坊市人大常委会副主任，1984年2月～1993年12月任潍坊市人大常委会副主任、党组副书记。1993年12月离休。2015年3月21日逝世，享年90岁。

于洪吉（1935—2015），男，山东省文登市人，1935年10月出生，1953年12月参加工作，1956年5月加入中国共产党。历任潍坊建泰铁工厂工人、保卫科干事，潍坊华丰机器厂组织科长、党委副书记，昌潍地直机关党委副书记，昌潍地委组织部副部长、纪委副书记，潍坊市委组织部副部长、部长，潍坊市委常委、组织部部长等职。1993年3月～1998年4月任潍坊市人大常委会副主任、党组副书记。1998年7月退休。2015年7月24日逝世，享年81岁。

（郭凤孝）

王文岳（1929—2015），男，山东沂水人，1929年3月出生，1945年7月参加工作，1947年8月加入中国共产党。历任莒沂县诸葛区青联委员、儿童团长，昌乐县南郝区委组织委员、团县委组织部部长，寿光团县委副书记、书记，昌潍团地委宣传部部长、副书记、书记，益都铁厂党委书记，昌潍地区冶金煤炭局党委书记、局长，昌潍地区行署副专员兼经委主任，山东省电子工业局副局长、党组成员，山东省多种经营乡镇企业局副局长、党组副书记，政协第六届潍坊市委员会副主席、党组副书记，政协第七届潍坊市委员会副主席、党组成员。1993年12月离职休养。2015年11月18日逝世，享年86岁。

（惠　刚）

附　录

Fulu

2015年度潍发文件目录一览表

表19　　　　　　　　　　　　　　　　　　　　　　　　　填表单位：市委办公室

序号	发布文号	文件名称
1	潍发〔2015〕1号	中共潍坊市委关于印发《中共潍坊市委常委会2015年工作要点》的通知
2	潍发〔2015〕2号	中共潍坊市委印发《关于落实省委反馈意见从严执行党风廉政建设责任制的整改措施》的通知
3	潍发〔2015〕3号	中共潍坊市委关于印发《姜异康同志参加省十二届人大四次会议潍坊代表团审议讨论时的重要讲话》的通知
4	潍发〔2015〕4号	中共潍坊市委关于学习贯彻落实省委书记姜异康同志重要讲话精神的意见
5	潍发〔2015〕5号	中共潍坊市委关于废止和宣布失效一批规范性文件的决定
6	潍发〔2015〕6号	中共潍坊市委关于镇（街）党（工）委转变工作方式推进农村社区服务能力建设的指导意见
7	潍发〔2015〕7号	中共潍坊市委关于建设基层服务型党组织、规范村级治理机制的指导意见
8	潍发〔2015〕8号	中共潍坊市委、潍坊市人民政府关于加大改革创新力度、推动农业现代化建设走在前列的意见
9	潍发〔2015〕9号	中共潍坊市委、潍坊市人民政府关于推进现代农业综合改革试点的实施意见
10	潍发〔2015〕10号	中共潍坊市委、潍坊市人民政府关于进一步加强反恐怖工作的意见
11	潍发〔2015〕11号	中共潍坊市委、潍坊市人民政府关于推进开发区转型升级创新发展的实施意见
12	潍发〔2015〕12号	中共潍坊市委、潍坊市人民政府关于进一步加强禁毒工作的意见
13	潍发〔2015〕13号	中共潍坊市委、潍坊市人民政府关于贯彻落实鲁发〔2014〕22号文件精神、全面提升计划生育工作水平的实施意见
14	潍发〔2015〕14号	中共潍坊市委、潍坊市人民政府关于举行中国人民抗日战争暨世界反法西斯战争胜利70周年纪念活动的通知
15	潍发〔2015〕15号	中共潍坊市委、潍坊市人民政府关于加快建设人才强市的若干意见
16	潍发〔2015〕16号	中共潍坊市委、潍坊市人民政府关于印发《法治潍坊建设纲要》的通知
17	潍发〔2015〕17号	中共潍坊市委关于加强社会主义协商民主建设的实施意见
18	潍发〔2015〕18号	中共潍坊市委关于认真学习贯彻党的十八届五中全会精神的通知
19	潍发〔2015〕19号	中共潍坊市委关于加强和改进党的群团工作的实施意见
20	潍发〔2015〕20号	中共潍坊市委、潍坊市人民政府关于深入实施创新驱动发展战略、加快建设创新型城市的意见
21	潍发〔2015〕21号	中共潍坊市委关于印发《潍坊市贯彻〈中国共产党统一战线工作条例（试行）〉职责分工方案》的通知
22	潍发〔2015〕22号	中共潍坊市委关于制定潍坊市国民经济和社会发展第十三个五年规划的建议
23	潍发〔2015〕23号	中共潍坊市委、潍坊市人民政府关于印发《潍坊市市管企业负责人薪酬制度改革实施方案》的通知

2015年度市政府重要文件一览表

表20

序号	指定单位	文件名称
1	潍政发	关于印发2015年《政府工作报告》的通知
2	潍政发	关于下达潍坊市2015年国民经济和社会发展计划的通知
3	潍政发	进一步依法推进市区国有土地上房屋征收与补偿工作的意见
4	潍政发	关于认真落实中央和省有关政策规定支持企业转型发展的意见
5	潍政发	关于印发潍坊市城市房屋安全管理办法的通知
6	潍政发	关于进一步推进户籍制度改革的意见
7	潍政发	关于印发《潍坊市重大行政决策程序规定（试行）》的通知
8	潍政发	关于印发《潍坊市机关事业单位工作人员养老保险制度改革实施办法》的通知
9	潍政发	印发《关于打好稳增长调结构主动仗的若干政策措施》的通知
10	潍政发	关于印发《潍坊市支持创新创业财税政策30条》的通知
11	潍政办发	关于调整征地地面附着物和青苗补偿标准的通知
12	潍政办发	关于建立潍坊市疾病应急救助制度的实施意见
13	潍政办发	关于印发《潍坊市卫生和计划生育委员会主要职责内部机构和人员编制规定》的通知
14	潍政办发	关于印发《潍坊市文广新局主要职责内部机构和人员编制规定》的通知
15	潍政办发	关于印发《潍坊市农业局主要职责内部机构和人员编制规定》的通知
16	潍政办发	关于印发《潍坊滨海海洋经济新区建设推进办公室主要职责北部机构和人员编制规定》的通知
17	潍政办发	关于印发《市级财政支持经济转型发展的重点措施》的通知
18	潍政办发	关于进一步提高金融机构服务企业水平解决融资难问题的的意见
19	潍政办发	关于印发《潍坊市新能源汽车推广应用管理办法（试行）》的通知
20	潍政办发	关于印发《潍坊市公共租赁住房管理办法》的通知
21	潍政办发	关于开展工业用地供应制度改革试点工作的意见
22	潍政办发	关于重新公布潍坊市公共资源市场化配置监督管理办法的通知
23	潍政办发	关于规范市区公共停车管理秩序的实施意见
24	潍政办发	关于印发《潍坊市非制造业建设工程项目告知承诺制实施办法》的通知
25	潍政办发	关于印发《潍坊市按行业环保先进标准管理重大项目暂行办法》的通知
26	潍政办发	关于印发《潍坊市政府信息发布协调工作规定三个文件》的通知
27	潍政办发	关于重新发布《潍坊市企业登记并联审批实施办法（试行）》的通知
28	潍政办发	关于重新发布《潍坊市建设项目模拟审批实施办法（试行）》的通知
29	潍政办发	关于有效发挥政府法律顾问作用的意见
30	潍政办发	关于印发《潍坊市促进外贸稳定增长和转型升级政策措施》的通知
31	潍政办发	关于印发《潍坊市食品安全举报奖励办法(试行)》的通知
32	潍政办发	关于印发《潍坊市中心城区建设综合用地规划管理实施办法》的通知
33	潍政办发	关于进一步加强和完善政务督查工作的意见

索 引

Suoyin

说明：

1.本索引为主题索引。特载、大事记、附录这三部分内容未列入索引。

2.本索引按汉语拼音音序排列。同音字按声调，首字相同者按第二个字的音序排列，以此类推。

3.索引主题词后面的数字表示索引内容所在的页码，拉丁字母a表示该主题词在页码的左栏，b表示在中栏，c表示在右栏。

D

K

L

M

N

P

X

Y

Z